문화와 민주주의

문화와 민주주의

지은이 / 김남국
펴낸이 / 강동권
펴낸곳 / (주)이학사

1판 1쇄 발행 / 2019년 10월 31일

등록 / 1996년 2월 2일 (신고번호 제1996-000015호)
주소 / 서울시 종로구 율곡로13가길 19-5(연건동 304) 우 03081
전화 / 02-720-4572 · 팩스 / 02-720-4573
홈페이지 / ehaksa.kr
이메일 / ehaksa1996@gmail.com
페이스북 / facebook.com/ehaksa · 트위터 / twitter.com/ehaksa

© 김남국, 2019, Printed in Seoul, Korea.

ISBN 978-89-6147-350-7 93340

이 책의 저작권은 저자가 가지고 있습니다.
저작권법에 의해 보호를 받는 저작물이므로 이 책 내용의 일부 또는 전부를 재사용하려면
저작권자와 (주)이학사 양측의 동의를 얻어야 합니다.

* 책값은 뒤표지에 표시되어 있습니다.

"이 책은 2015년 정부(교육부)의 재원으로 한국연구재단의 지원을 받아 수행된 연구(NRF-2015S1A6A4A01013876)이다."

이 도서의 국립중앙도서관 출판예정도서목록(CIP)은 서지정보유통지원시스템 홈페이지(http://seoji.nl.go.kr)와 국가자료공동목록시스템(http://www.nl.go.kr/kolisnet)에서 이용하실 수 있습니다.(CIP제어번호: CIP2019043954)

문화와
민주주의

김남국 지음

이학사

책머리에

　문화를 중심으로 한 정치학 연구는 최근에 많지 않았다. 비교정치 분야에서 제3세계의 정치 발전을 연구하는 학자들에 의해 한때 문화 연구가 각광받은 시절이 있었지만 이내 시들해졌다. 문화정치 연구의 쇠퇴에는 문화가 갖는 독립변수로서의 포괄성과 문화 중심의 정치 발전 연구가 갖는 보수적인 경향성이 영향을 미쳤다. 문화는 또한 오랫동안 경제적 토대의 규정을 받는 부차적인 현상이라거나 정치 질서의 구성에서 비본질적인 위치를 차지한다고 여겨져왔다. 그러나 오늘날 문화는 의미와 상징의 재생산을 통해 오히려 경제적 토대를 규정하고 정치 질서를 바꾸는 영향력을 발휘하고 있다.
　사회경제적 균열에 기반한 정치에서 사회문화적 균열에 기반한 정치로 그 초점을 옮기는 현대사회의 변화에는 정체성 정치의 확산이 자리 잡고 있다. '정체성의 정치'란 인종, 문화, 종교 등 다양한 기준으로 구분된 소수 집단이 자신들의 생활양식이 가진 차이를 공공 영역에서 인정받기 위해 투쟁하는 것을 의미한다. 서로 다른 생활양식을 가진 여러 문화 집단이 공존하는 이른바 다문화적 상황에서 우리는 다양한 문화의 평화로운 공존을 기대한다. 그러나 현실은 문화 집단들이 크기에 따라 뚜렷한 위계질서를 형성한 가운데 심각한 긴장과 폭력적인 갈등을 수반하는 경우가 많다.

네이선 글레이저Nathan Glazer가 『이제 우리는 모두 다문화주의자』라는 책을 1998년에 출판했을 때 미국 사회는 소수 문화 집단의 동화를 당연하게 여기던 용광로melting pot 모델이 저물고 그 대안으로 다문화주의를 지지하는 물결이 대세를 이루고 있었다. 글레이저는 자신의 책에서 세상의 모든 것은 변하고 우리 역시 세상과 함께 변해간다고 말하면서 1889년 당시 영국의 재무장관 윌리엄 하코트William Harcourt가 "이제 우리는 모두 사회주의자"라고 말한 사실을 환기한다. 글레이저가 보기에 다문화주의는 미국 사회가 흑인의 통합에 실패했기 때문에 지불해야 하는 대가였다. 그는 미국이 백인과 흑인이라는 두 민족으로 구분된다고 보았다. 20세기에 미국으로 유입된 히스패닉이나 아시아인들이 있지만 이들은 거주지, 수입, 정치적 태도 등으로 볼 때 백인에 가까운 모습을 보이기 때문에 미국은 여전히 흑인과 그 외 집단으로 나뉜다는 사실에 변함이 없다고 주장했다.

이보다 앞선 1924년에 호러스 캘런Horace Kallen은 『미국의 문화와 민주주의』라는 책에서 당시 미국의 현실이 백인우월주의로 대표되는 KKK의 길을 갈 것인지 아니면 다양한 문화의 공존을 인정하는 문화적 다원주의의 길을 갈 것인지 갈림길에 서 있다고 보았다. 캘런은 문화적 다원주의라는 용어를 처음 만들어 사용하면서 미국의 민주주의가 문화적 다원주의 아래에서 더욱 번성할 것이라고 믿었다.

그러나 오늘날에도 미국은 여전히 백인 및 기독교 중심의 미국적 정체성 회복을 주장하는 신고립주의와 민주주의 및 인권의 확산을 추구하는 범세계주의가 맞부딪치는 가운데 캘런의 시대와 다름없는 문화 집단 간 갈등의 딜레마를 안고 있다. 더구나 2001년 9.11 테러를 계기로 시작된 다문화주의에 대한 비판적 입장의 확산은 미국 사회의 사회문화적 균열을 더욱 깊게 만들고 있다.

유럽의 상황도 다문화주의의 퇴조라는 흐름에서 미국과 크게 다르지 않다. 2005년 영국의 지하철 테러나 2015년 프랑스의 샤를리 에브도 테러는 유럽에서 나고 자란 유럽 국적의 무슬림들이 일으킨 것이라는 점에서 충격적인 사건이었다. 이러한 일련의 사건들 이후 고립된 거주지에 머무른 채 서로의 문화를 이해하려는 노력 없이 문화 집단 간 평행한 공존을 주장하는 다문화주의의 한계를 지적하는 담론들이 점점 강한 목소리로 등장하기 시작했다.

서구에서 나타난 이러한 변화는 지구화의 진전과 함께 모든 나라가 다문화적 이행을 경험하고 있는 현실과, 그 상황을 조정하는 틀로서 다문화주의의 이상 사이에 괴리가 생겨나고 있음을 보여준다. 한국의 상황도 규모의 차이는 있지만 이주 노동자와 탈북자, 결혼 이민자를 중심으로 다문화적 이행을 경험하고 있고 다문화주의 논의에 고조와 퇴조의 흐름이 있는 것은 마찬가지이다.

다문화의 도전은 정치 공동체의 구성원들이 아래로부터 다양하게 분화하면서 특히 지속 가능한 민주주의의 실현에 큰 과제를 던진다. 이 과제를 해결하기 위해서는 우선 우리가 직면한 변화의 사실 그 자체를 추적하는 작업이 필요하고, 사회적 다수와 소수가 합의할 수 있는 공정한 사회 구성의 원칙을 찾는 이론 작업이 이어져야 하며, 이러한 원칙에 근거해 기존의 제도를 바꾸거나 복잡한 현실에 상응하는 고차원의 새로운 정치제도를 도입하는 과정이 필요하다.

이 책은 다문화의 도전을 민주주의와 연계시켜 분석하면서 특히 두 번째 단계의 작업인 사회적 다수와 소수가 합의할 수 있는 공정한 사회 구성의 원칙을 찾는 이론 작업에 중점을 두고 있다. 다문화주의와 보편주의, 다문화주의와 자유주의, 다문화주의와 민주주의 등 3부로 나누어진 이 책의 구성도 이런 관심을 반영한 것이다. 이 책은 또한 시카고대학에서의 박사과정 시절 이래 지속된 문화와 민주주의에 대한 연구를 매듭지으면서 정리하는 의미도 가진다. 그동안 몇 권의 영문 저서를 펴낸 적은 있지만 이 책은 박사 학위를 받은 이후에 처음 출판하는 우리말 책이다.

이 책의 내용은 새롭게 쓴 장도 있고 이전에 출판했던 논문의 내용을 일부 포함시켰거나 수정, 보완하여 추가한 장도 있다. 1장 서론은 「한국에서 다문화주의 논의의 전개와 수용」(『경제와 사회』, 2008)의 내용 일부를 포함하고 있다. 2장은 「심의다문화주의」(『한국정치학회보』, 2005)를 수정, 보완한 것이다. 3장은 「문화적 권리와 보편적 인권」(『국제정치논총』, 2010)을 수정, 보완한 것이다. 4장은 영어로 출판한 논문 "Saving Human Rights from Cultural Relativism with Compassion"(*Peace Studies*, 2014)을 번역 및 수정, 보완한 것이다. 6장은 「다문화 사회에서 표현의 자유의 범위와 한계」(『국제지역연구』, 2017)를 수정, 보완한 것이다. 8장은 「다문화 시대의 시민」(『국제정치논총』, 2005)을 재구성하여 수정하고 일부 절을 추가한 것이다. 9장은 「경계와 시민」(『한국과 국제정치』, 2005)을 수정, 보완한 것이다. 11장은 「영국과 프랑스에서 정치와 종교」(『국제정치논총』, 2004)를 수정, 보완한 것이다. 12장은 「다문화의 도전과 사회통합」(『유럽연구』, 2010)을 수정, 보완한 것이다. 13장은 영어로 출판한 논문 "Justifying Ground of Multicultural Policies"(*Citizenship Studies*, 2014)의 내용 일부를 포함하고 있다. 14장은 영어로 출판한 "Consensus Democracy as an Alternative Model in Korean Politics"(*Korea Journal*, 2008)를 번역 및 수정, 보완한 것이다. 15장 결론은 영어로 출판한 논문 "Identity Crisis and Social Integration under Globalization in Korea"(*Korea Observer*, 2013)의 내용 일부를 포함하고 있다.

 이 책의 출판이 있기까지 자유로운 분위기에서 교육과 연구에 집중할 수 있게 지원해준 고려대학교와 고려대학교 정치외교학과의 동료 교수들께 감사드린다. 고려대학교를 사랑하는 교우들의 열정을 이어받아 고려대학교가 우리 사회의 자랑스러운 자산이자 세계의 명문 대학으로 발전하는 데 기여할 수 있음을 기쁘게 생각한다. 나의 학문적 성장에 영향을 미친 서울대학교 정치학과 은사님들과 학부 및 대학원의 동료들께도 감사드린다. 서울대학교 정치학과는 학자로서의 많은 문제의식과 생각의 실마리들이 시작되고 자라났던 내 학문적 고향이다.

시카고대학 시절 지도교수이셨던 로이드 루돌프Lloyd Rudolph 교수의 가르침에 감사드리고 2016년 초에 세상을 떠난 그분의 명복을 빈다. 내가 쓴 글들을 꼼꼼히 읽고 수정해주시던 일이나 인도에서의 연구년 기간에도 신문 스크랩과 자료들을 우편으로 보내주시던 그의 자상함을 잊을 수 없다. 다원적인 근대로의 길을 주장하던 훌륭한 학자이자, 학생을 사랑하는 교육자로서 수많은 박사 제자들을 배출한 그의 업적이 오랫동안 기억되기를 소망한다.

너무 일찍 세상을 떠난 시카고대학의 아이리스 영Iris Young 교수님을 추모하며 그의 가르침에도 감사드린다. 중요한 약속시간을 미뤄가며 내 논문을 가다듬기 위해 끊임없이 질문을 던지던 그의 모습을 지금도 선명하게 기억한다. 그처럼 유명한 교수가 외국에서 온 학생에게 다른 약속시간까지 미뤄가며 최선을 다하던 모습은 지금도 내가 학생들을 만날 때 떠올리는 모범으로서 마음속에 간직하고 있다.

연구와 직장생활로 바쁜 가운데서도 항상 내가 하는 일들을 지지하고 격려해준 아내 오윤나 박사와 두 아들 현성, 주현에게도 사랑한다는 말을 전하고 싶다. 미국에서 대학 재학 중에 군복무를 위해 돌아와 시간을 보내고 있는 현성이 건강하게 근무를 마치기 바란다. 이제 다섯 살이 된 주현은 아빠가 할머니, 할아버지와 함께 시골에서 살던 시절의 옛이야기를 잘 들어줘서 고맙게 생각한다. 아버지께는 생전에 여쭙고 싶은 이야기와 기록해두고 싶은 사연들이 많이 있었지만 바쁘다는 핑계로 시간만 흘렀고 그러는 사이 세상을 떠나신 지 10년이 되어간다. 할아버지는 우리의 기억에서나 사진에서 볼 수 있지만 만질 수는 없다는 말에 주현은 고개를 끄덕인다. 가족은 정치학을 공부하는 것 이외에도 이 세상에 소중한 것들이 많다는 사실을 가르쳐주는 존재다.

한국정치사상학회의 총서 제작과 여러 차례의 기획 출판을 통해 오랫동안 우정을 함께해온 이학사의 강동권 대표와 김대수 차장께 감사드린다. 특히 김 차장의 교정은 이 책의 내용을 독자들께 더 정확하게 전달하는 데 큰 도움이 되었다. 롤즈의 『정의론』을 비롯한 인문사회 분야의 이론서들을 흔들림 없이 출판해온 이학사가 오랫동안 살아남기를 기원한다. 이 정통 출판사의 생존은 우리 사회의 인문학적 수준을 가늠하는 잣대가 될 것이다.

이 책이 물리적인 힘을 중심으로 변화하는 세계 질서의 또 다른 모습을 독자들에게 보여줄 수 있기 바란다. 문화를 중심으로 한 정치학 연구의 활성화에도 기여할 수 있다면 좋겠다. 공공 정책의 철학적 해석을 통해 규범적 차원에서 정당화가 가능한 새로운 질서를 찾고자 하는 나의 작업이 도대체 무슨 내용인지 궁금해하던 동료 학자들에게도 이 책이 불완전하나마 그 의문에 대한 답이 되기를 바란다.

2019년 10월 15일
고려대학교 우당교양관 연구실에서
김남국 씀

차례

책머리에   **5**

제1부 다문화주의와 보편주의   **15**

1장 서론: 사회문화적 균열과 민주주의의 위기   **17**
2장 문화적 권리와 사회정의   **52**
3장 문화적 권리와 보편적 인권   **93**
4장 보편적 인권에서 이성과 연민   **132**
5장 다문화주의와 상호문화주의   **170**

제2부 다문화주의와 자유주의   **203**

6장 다문화 사회에서 표현의 자유와 인권   **205**
7장 다문화주의와 페미니즘   **249**
8장 다문화 시대의 시민, 시민권   **273**
9장 국민국가의 국경 통제는 정당한가?   **315**
10장 경계의 두 얼굴: 난민과 복수국적   **348**

제3부 다문화주의와 민주주의   **395**

11장 다문화 시대의 정치와 종교   **397**

12장 다문화의 도전과 사회 통합   **432**

13장 다문화 정책의 정당화 논리: 보편적 인권 대 다양성의 혜택   **485**

14장 다문화 시대의 민주주의 원칙과 제도   **525**

15장 결론: 다문화의 도전과 지속 가능한 민주주의   **560**

참고 문헌   **595**
찾아보기   **639**

제1부 다문화주의와 보편주의

1장 서론:
사회문화적 균열과 민주주의의 위기

1. 탈지구화 시대의 도래와 신고립주의의 등장

2016년 영국의 브렉시트 선택과 2017년 미국에서 트럼프 정부의 출범은 세계화가 각국에 가져온 편익이 결국 나의 이익을 의미하는 것은 아니었다는 시민들의 기성 체제에 대한 회의에서 비롯된 부분이 크다. 즉 정책 결정권을 가진 정치인과 이들을 주축으로 구성된 기존 질서가 국가 전체에 어떤 이익을 가져왔는지는 모르지만 그것이 곧 나를 위한 이익은 아니었다는 불신이 시민들의 선택에 영향을 미친 것이다.

흥미롭게도 이들이 나의 이익을 위해 일하지 않는 기성 체제를 흔드는 방식은 문화를 중심으로 한 '정체성의 정치'를 강화하는 것이었다. 다시 말해 영국이 유럽연합의 개입으로부터 주권을 탈환하고 국경 통제를 강화하여 영국 고유의 문화를 지키겠다는 점을 강조했다면, 미국은 백인과 기독교에 뿌리를 둔 미국적 기원의 확인을 통해 반이민과 반이슬람을 전면에 내세우면서 미국적 정체성의 강화를 주장하였다. 즉 세계화의 진전에서 이익 여부를 따지며 분노하던 시민들이 그 해법으로 내세운 것은 이익과는 상반되는 정체성의 정치의 강화였다.

오늘날 지구적 분업이 약화되고 기업들이 해외 생산 기지를 철수하는 탈지구화 시대에 인종과 문화, 종교적 기준을 중심으로 한 고립주의적 선택과 배타주의적 갈등은 세계적 현상이 되고 있다. 이러한 상황에서 기존 정치제도와 정치 질서는 정체성의 정치와 맞물려 적실성이란 측면에서 심각한 도전을 받고 있다.

19세기의 민족주의가 정치적 독립을 목표로 팽창을 지향했다면 21세기의 민족주의는 정치적 독립을 이미 확보한 상태에서 팽창이 아닌 고립을 지향하고 있다. 브렉시트와 트럼프 정부 출범으로 본격화된 이러한 움직임은 동유럽의 헝가리와 폴란드 등에서 민족주의 세력이 집권하면서 세계적인 흐름이 되고 있다. 2015년 시리아 난민 사태 이후 더욱 분명해진 유럽에서 민족주의의 재등장은 빈부 격차 확대와 경쟁의 심화에 반감을 갖는 시민들이 지구화에 대한 지지를 철회하고 유럽 통합과 이민에 반대하면서 고립주의를 선호하는 현실을 가리킨다.

이들은 지구화에 기초한 초국가주의적 흐름에서 벗어나 전통적인 주권의 부활을 희망하고 이를 통한 배타적인 고립을 지향한다. 이러한 변화는 이른바 4차 산업혁명의 진전에 따라 해외 생산을 줄이고 공급선을 재편하면서 국가 간 노동과 상품의 이동이 줄어드는 탈지구화 시대의 구조적인 세계 질서 변화를 반영하고 있다는 점에서 문제의 심각성이 있다.

민족주의의 재등장에 따라 신고립주의적 경향이 확산되고 민주주의 및 인권에 대한 범세계주의적 담론이 쇠락하는 현실은 최근 정체성의 정치가 유행하는 중요한 배경이 되고 있다. 오늘날 우리가 목격하는 정체성의 정치는 문화와 종교, 인종 등을 중심으로 결속하고 있는 억압받는 집단과 그 집단 내 개인들의 해방을 위해 유효한 투쟁의 기준을 제시하는 긍정적인 역할을 한다기보다는 다수 집단이나 기득권 세력의 배타적인 이익을 위해 고립을 선택하게 만드는 부정적인 차원의 특징이 더 두드러진다.

정체성의 정치와 관련하여 국제연합(UN)은 일찍이 1948년 세계인권선언을 채택하면서 소수민족이 자신들의 독립을 추구하는 데 있어 중요한 근거로 활용할 수 있는 문화적 권리에 대해 이것을 개인 차원의 권리로 국한하는 논의를 진행한 바 있다. 세계인권선언 제27조 문화적 권리 조항은 원래 인종, 언어, 종교적 소수가 자신들의 문화를 공공 영역에서 실천할 수 있다는 '집단 권리'를 인정한다는 내용을 담고 있었다. 그러나 미국이 의장을 맡은 워킹그룹에서 이 초안은 삭제되었다. 미국은 기본적으로 소수자 문제는 유럽의 문제이며 미국 내에는 소수 문제가 없다는 것을 이유로 제시했다. 벨기에는 히틀러가 1920년대 국제연맹 헌장에 규정된 소수의 권리에 근거하여 다른 나라에 있는 소수 독일인의 지위를 문제 삼아 개입과 침략을 정당화했다는 점을 들어 반대했다.

정체성의 정치는 여전히 문화적 소수의 권리 보호를 추구하면서 분리주의를 격려하고 궁극적으로 국민국가의 통일성을 위협할 수 있다는 두려움을 불러일으킨다. 따라서 역사 속에서 전쟁, 조약 등을 통해 비자발적으로 합병된 소수민족의 독립 요구가 초국가기구로서 유럽연합의 해체를 가져오거나 국민국가 중심의 기존 세계 질서를 위협할 수 있다고 걱정하는 것은 충분히 예상 가능한 범위의 일이다.

그러나 1948년 세계인권선언 이후 개인과 집단의 언어 및 문화에 대한 권리는 70여 년 동안 가장 중요한 인권 가운데 하나로 발전해왔다. 예를 들어 오늘날 스페인의 카탈루냐가 독자적인 문화적 정체성을 근거로 독립을 주장하는 것은 정당한 행동일 수 있다. 그렇지만 소수 집단의 권리와 해방을 위해 정치적 독립을 목표로 저항하던 과거의 민족주의와 달리, 최근의 민족주의는 저성장이 일반화된 탈지구화 과정에서 문화적 다수 집단이 자신들만의 배타적인 이익을 위해 고립을 목표로 하는 경우가 많다는 점에서 이들은 자신이 추구하는 민족주의가 배타적인 고립을 목표로 하는 것이 아니라 어떤 방식으로 보편적인 세계사의 발전에 기여하고 있는지 제시할 수 있어야 한다.

이 책은 이처럼 탈지구화와 신고립주의의 흐름 속에서 강화되고 있는 정체성의 정치를 중심으로, 사회경제적 균열에 기반한 경제 중심의 정치에서 사회문화적 균열에 기반한 문화 중심의 정치로 초점을 옮기는 현대사회의 변화를 추적하는 데 그 목적이 있다. 특히 의미와 상징을 둘러싼 문화와 정치의 관계에 초점을 맞춰 '다문화'의 도전을 중심으로 한 정치철학 및 실천의 맥락을 검토하여 민주주의의 지속 가능성이란 측면에서 그것이 가지는 의미를 설명하려고 시도할 것이다.

의미와 상징의 점유를 통한 권력의 행사는 인류 사회의 오래된 현상이지만 현대사회에서 문화와 정치의 관계는 중대한 전환을 경험하고 있다. 문화는 오랫동안 경제적 토대의 규정을 받는 부차적인 현상이라거나 정치 질서의 구성에서 비본질적인 위치를 차지한다고 여겨져왔다. 그러나 현대사회에서 문화는 의미와 상징의 자체적인 재생산을 통해 오히려 경제적 토대를 규정하고 정치 질서를 바꾸는 지배력을 발휘하고 있다. 지구화의 진전과 함께 심화되는 이러한 변화는 서로 다른 문화와의 공존이라는 과제를 제기하며 특히 상대적으로 동질적인 문화에 기반한 전통적인 국민국가의 능력을 시험하고 있다. '다문화 사회'는 하나의 정치 공동체 안에 서로 다른 소통의 방식과 문제 해결 방식이 동시에 존재하는 것을 의미하고 따라서 다문화 사회는 본질적으로 치열한 투쟁과 갈등의 가능성을 안고 있다.

문화는 사람들 사이에서 학습되고 공유된 생활양식이다. 문화는 학습을 통해 세대에서 세대로 전수된다는 점에서 생물학적 본능과 다르고, 사람들 사이에서 공유된다는 점에서 개인의 행동 양식이나 습관과도 다르다. 문화는 사회 구성원들에게 선택의 맥락과 의미를 제공하고 소통의 수단이자 문제 해결의 방식을 제시한다. 따라서 의미와 상징을 해석하고 규정하는 지배적 지위를 차지하기 위해 주체들은 투쟁하고 그 결과 한 사회 안에 존재하는 다양한 문화는 서로 간에 뚜렷한 위계질서를 갖는다. 이러한 권력관계의 특성상 다수 문화는 공공 영역에서 소수 문화의 문제 해결 방식과 소통의 방식이 인정받는 것을 좀처럼 용납하지 않는다. 다시 말해 다문화주의에 관한 논의가 더 활발해지고 다문화 정책이 더 본격적으로 시행된다고 해서 서로 다른 문화들이 평화롭게 공존하게 되는 것은 아니다. 오히려 그런 기대는 점점 더 심각한 도전에 직면하고 있다.

세계를 휩쓰는 지구화의 물결이 이념과 계급에서 비롯되는 전통적인 균열 구조를 대체하는 새로운 갈등을 불러오면서 인종과 종교 그리고 문화에 근거한 새로운 소수자의 등장은 개별 국민국가 내부의 국민적 단일성을 위협하는 상황을 가져온다. 하나의 정치 공동체가 서로 다른 인종과 종교, 지역에 근거한 이질적인 문화의 도전에 직면했을 때 가장 중요한 문제는 어떻게 민주주의에 필요한 사회적 연대와 정치적 대표의 문제를 해결하고, 다수와 소수가 함께 합의할 수 있는 사회 구성의 원리를 모색해나가느냐이다. 서구 세계는 지난 200여 년의 국민국가 경험이 보여주듯이 민족을 바탕으로 한 동질적인 문화와 역사적 경험의 공유를 통해 대내적인 사회 통합과 정치적 정당성의 확보에 성공해왔다. 그러나 20세기 말 자유주의의 승리는 자본과 노동의 세계화에 따른 불가피한 이주 노동자와 난민의 발생, 그리고 인종과 문화의 이동을 함께 가져왔다. 오늘날 국민국가의 경계 안팎에서 벌어지는 이질적인 문화의 충돌은 이미 해결된 것으로 보이던 사회 통합과 정치적 정당성의 문제를 다시금 사회의 전면에 제기하고 있다.

2. 문화 및 다문화주의의 정의

문화의 정의는 시대에 따라 변해왔다. 18세기나 19세기에 문화는 문학이나 예술 분야에서 보통의 수준을 넘어서는 뛰어난 성취를 의미했다. 그러나 20세기 이후, 특히 제2차 세계대전 이후 문화는 보통 사람들 사이에서 발견되는 모든 생활양식을 의미하는 것으로 그 범위가 확대되었다. 즉 문화는 특정한 시대에 특정한 사회에서 공유된 사람들의 생활양식이라고 정의할 수 있다.

단 여기에는 두 가지 조건이 붙는다. 첫째, 생활양식이 학습을 통해 세대에서 세대로 전수될 수 있을 때 그것을 문화라고 부른다. 바꿔 말하자면 사람들 사이에 존재하는 생물학적 본능은 문화가 아니다. 둘째, 사람들 사이에서 공유된 생활양식을 문화라고 부른다. 즉 개인의 습관이나 행동 양식은 문화가 아니다. 요약하면 문화란 보통 사람들 사이에서 공유되고 학습된 생활양식이라고 정의할 수 있다. 여기에서 보통 사람이라고 하는 범주는 20세기 중반 이후에 일반화된 개념이다(Arnold, 1963[1869]; Williams, 1958).

한 집단의 구성원들은 생활양식으로서 문화를 공유하며, 문화를 통해 의미를 생산하고 소통하고 세계를 보는 특정한 눈을 갖게 된다. 문화는 우리의 일상생활에 내재해 있으면서 개인의 정체성을 형성하는 주요 요소가 되며 근대 세계의 생활 단위인 민족이나 국가와 연계되어 남과 나를 구분하는 기준이 된다. 문화는 사람들 사이의 관계에서 발생하고 또 그 관계를 규정하고 재생산한다는 점에서 사회적으로 구성되는 것이다. 이처럼 서로 다른 생활양식을 공유하는 문화 집단이 하나의 공동체 안에 함께 존재할 때 우리는 그 상태를 '다문화 사회'라고 부를 수 있다.

앞서 말했듯이 하나의 사회 안에 공존하는 문화는 다수 문화와 소수 문화로 나뉘어 위계질서를 형성하고, 다수 문화는 그 사회의 지배적인 문제 해결 방식과 소통의 방식을 독점함으로써 배타적인 지위를 누린다. 즉 서로 다른 문화는 어느 방식의 소통이 더 지배적인 지위를 차지하느냐에 따라 권력관계를 형성하고 이 과정에서 지배적인 위치를 차지한 문화는 세계에 대한 다른 방식의 해석이나 소통의 가능성이 등장하는 것을 막음으로써 제국주의화한다(Giles and Middleton, 1999: 9-55; Said, 1993; Geertz, 2000[1973], 33-54).

다수 문화는 이와 같은 지위가 주는 편리함을 좀처럼 소수 문화에 양보하려고 하지 않는다. 따라서 공적 영역에서 소수 문화의 인정은 항상 투쟁을 통해 이루어진다. 어떤 문화가 지배적인 문화가 되느냐를 결정짓는 가장 큰 요인은 대체로 문화 집단의 크기이기 때문에 다수 집단은 소수 집단의 구성원이 증가하지 못하도록 하려고 애쓴다. 다수 집단이 소수 집단의 증가를 억제하기 위해 행하는 노력들 가운데 가장 전형적인 사례는 다양한 형태의 국경 통제일 것이다. 오늘날 모든 국민국가는 소수 집단의 보편적 인권을 보호하는 문제와 다수 문화의 지위를 유지하려는 지배 집단의 이해 사이에서 갈등한다.

그러나 이윤을 좇아 국경을 넘는 자본의 우월한 지위와 우리 사회 내부의 노동력 부족은 소수 집단의 증가를 불가피하게 만든다. 물론 이론적으로 노동력의 부족을 내부에서 해결함으로써 국경을 완전하게 통제할 수 있는 네 가지 대안이 있다. 첫째는 정년을 늘려서 노년 인구를 노동력으로 활용하는 것이다. 둘째는 여성 인구를 노동시장에 끌어들이는 것이다. 셋째는 기계화를 통해 생산성을 높이는 것이다. 넷째는 장기적인 해결책으로 출산율을 높이는 것이다.

그렇지만 이 모든 대안은 우리 사회의 근본적인 패러다임의 변화 없이는 가능하지 않다. 예를 들어 여성 인구를 노동시장에 끌어들이기 위해서는 육아와 가사 문제의 해결이 전제되어야 한다. 다시 말해 더 많은 세금을 거둬들이고 복지 예산에 배정하여 국가가 육아를 책임져주어야 하고, 남녀 간 평등한 가사노동 부담을 통해 여성이 가사노동으로부터 자유로워져야 한다. 그러나 이 네 가지 대안은 이론상으로 가능할 뿐 현실에서 구현하기는 쉽지 않다. 어떤 국가도 완전한 국경 통제를 실현할 수 없기 때문에 그 결과 다양한 문화적 배경을 가진 이주자는 늘어갈 것이며 우리 사회는 불가피하게 '다문화 사회'로 이행해갈 것이다.

'다문화주의'는 크게 두 가지 의미로 정의할 수 있다. 첫째는 서술적 의미로서, 자본과 노동의 세계화 때문에 새로운 인종과 종교, 문화가 유입되고 그에 따라 동질적이었던 국민국가가 다양한 기준에 의해 분화되어가는 현상을 가리킨다. 이 관점에서 보면 오늘날 모든 국민국가는 '다문화 사회'로 이행하고 있다. 둘째는 규범적 의미로서, 다문화 사회로 이행하는 정치 공동체에서 전통적인 사회경제적 차원의 균열 이외에도 인종과 종교, 문화를 중심으로 한 균열이 사회 구성원의 행복과 자아실현에 중요한 영향을 미친다는 점을 인정하고, 소수 집단이 요구하는 공공 영역에서의 문화적 인정과 문화적 생존을 적극적으로 뒷받침하기 위해 다양한 역차별적인 방법을 사용하여 '정체성의 정치'를 지지하는 것을 의미한다. 경제나 복지 차원의 정책 문제보다는 사회적 인정과 문화적 생존을 중요하게 생각하는 이러한 접근에서는 사회적 소수를 보호하기 위해 예외적인 역차별 제도를 만드는 것, 공공 영역에서 문화적 표현을 인정하는 것, 국가 차원에서 특별한 대표나 집단적 자치의 권리를 허용하는 것 등이 중요한 문제가 된다.

현대사회의 주된 정치적 전선이 경제와 복지를 중심으로 한 재분배 문제에서 문화를 중심으로 한 사회적 인정으로 바뀐다는 데 주목한 대표적 연구로는 프레이저와 호네트의 연구, 마켈의 연구를 들 수가 있고, 재분배 문제가 중심인 전통적 관점에서 다문화주의를 비판한 대표적 연구로는 배리와 설한의 연구가 있다(Fraser and Honneth, 2003; Markell, 2003; Barry, 2001; 설한, 2005). 기존 연구들을 이렇게 분류하는 관점에 따르면, 한국에서는 아직 두 번째 의미에 해당하는 '다문화주의'의 논의는 본격적으로 일어나지 않고 있다.

그렇다면 본격적인 다문화주의의 논의 단계에서 그 보장 여부를 두고 논쟁의 핵심이 되는 '문화적 권리'란 무엇일까? 문화적 권리의 내용은 대체로 '다문화의 권리polyethnic rights', '집단 자치권self-government', '집단 대표권self-representation' 등으로 이루어지고, 이러한 권리들은 소수 인종ethnic minority과 소수민족national minority의 서로 다른 요구에 따라 다르게 규정될 수 있다.

'소수 인종'은 자발적 이민을 통해 다수 사회로 삶의 근거를 옮긴 사람들로서 이들은 '다문화의 권리'를 요구하지만 집단 자치권이나 집단 대표권을 요구하지는 않는다. 즉 이들은 문화적 차원에서 자신들의 정체성을 지킬 수 있기를 바라지만 정치적, 사회적, 경제적 차원에서는 주류 사회에 차별 없이 편입되기를 원한다. 반면 '소수민족'은 역사 속에서 비자발적인 전쟁이나 정복, 조약 등을 통해 다수 사회로 합병된 집단을 가리킨다. 이들은 자신들만의 영토적 기반과 언어, 문화 등을 갖고 있고 따라서 집단 자치권이나 집단 대표권을 요구한다. 예를 들어 프랑스에는 코르시카, 바스크, 브르타뉴, 알자스로렌 등에 거주하는 소수민족이 있고, 옛 식민지였던 알제리, 모로코, 튀니지 등 마그레브 지역에서 이민 온 무슬림, 세네갈과 아이보리코스트 등 아프리카에서 이민 온 흑인, 베트남과 캄보디아 등에서 이민 온 아시아인 등의 소수 인종이 있다.

소수민족은 다시 '원주민indigenous people'과 구별된다. 구별의 기준은 그 집단이 국민국가 건설 과정에서 의미 있는 경쟁자였는가의 여부에 따라 달라진다. 예를 들어 영국(UK)의 웨일스인, 스코틀랜드인, 북아일랜드인들은 '소수민족'이라고 부르지만 호주의 애버리지니Aborigine는 '원주민'이라고 부른다. 전자의 집단들은 영국의 국가 건설 과정에서 잉글랜드인과 주도권을 다툰 의미 있는 경쟁자였지만 후자는 그러지 못했기 때문이다.

이러한 분류에 따르면 한국의 경우에는 소수민족이나 원주민은 존재하지 않고, 1980년대 후반부터 유입된 이주 노동자와 1990년

대 중반 이후 국제결혼을 통해 국내에 정착하기 시작한 결혼 이주자 등으로 구성된 소수 인종이 존재한다. 이런 이유로 한국에서는 문화적 권리를 둘러싼 갈등의 구도가 다른 나라들에 비해 훨씬 단순하다. 다만 남북한이 통일된 이후 북한이 집단 자치나 집단 대표권을 주장하는 소수민족의 역할을 할 가능성은 있다.

소수 인종이 요구하는 다문화의 권리 보장 정도는 다음의 구체적인 항목들을 통해 측정할 수 있다. 지방이나 중앙정부 차원에서 헌법이나 입법을 통해 다문화주의를 인정하는가의 여부, 학교 교육 과정에서 다문화주의를 채택하고 있는가의 여부, 미디어에서 소수 인종의 출연을 보장하고 있는가의 여부, 법에 의해 자유로운 복장이나 종교 행위를 보장하는가의 여부, 이중국적을 허용하는가의 여부, 소수 인종의 문화 활동을 위한 재정적 지원이 있는가의 여부, 이중 언어 교육을 위한 재정적 지원이 있는가의 여부, 불리한 이민자 집단을 위한 역차별 정책을 시행하는가의 여부 등이 그것이다.

반면 소수민족이 요구하는 집단 자치와 대표권의 보장 정도를 측정해볼 수 있는 구체적인 항목으로는 연방제 아래에서 영토의 자율성을 보장하는가의 여부, 지역이나 전국적인 차원에서 해당 민족의 언어에 공식적인 언어로서의 지위를 부여하는가의 여부, 중앙정부나 법원이 집단 대표권을 보장하는가의 여부, 소수 언어 사용 학교나 미디어를 위한 재정 지원이 있는가의 여부, 헌법이나 의회 차원에서 다민족주의를 보장하는가의 여부, 국제회의나 국제 기구에 소수민족 대표가 참여하는 것이 허용되어 있는가의 여부

등이 있다.

원주민이 요구하는 집단 자치와 대표권의 보장 정도 역시 다음의 항목들을 통해 측정할 수 있다. 토지권을 인정하는가의 여부, 자치권을 인정하는가의 여부, 소수민족이 맺은 기존 조약을 준수하고 인정하는가의 여부, 언어, 사냥 등을 위한 문화권을 인정하는가의 여부, 중앙정부가 원주민의 자문을 구하고 대표권을 인정하는가의 여부, 원주민에게 특별한 지위를 부여하는가의 여부, 원주민의 권리에 대한 국제적 인정 및 지지가 존재하는가의 여부, 사회적으로 원주민을 위한 역차별 정책을 인정하는가의 여부 등이 다(Banting and Kymlicka, 2006).

3. 국내 다문화주의 연구 현황

그렇다면 한국 사회에서 다문화주의는 정확하게 어떤 의미로 사용되고 있을까? 우리나라에서 다문화주의에 관한 논의는 서술적 의미의 첫 번째 단계에 주로 머물러 있다. 하지만 그 안에서도 '다문화주의'는 세 가지 서로 다른 대상과 환경을 지칭하면서 쓰이고 있다.

첫째, 한국 사회에서 '다문화주의'는 세계화에 따라 다양한 외국 문화가 유입되는 상황에서 서로 다른 문화와의 공존을 어떻게 이해하고 대응할 것인가를 묻는 맥락에서 쓰인다. 둘째, '다문화주의'는 성적 소수자 및 양심적 소수자가 등장함으로써 생겨난 차이와의 공존을 의미하는 용어로 쓰이기도 한다. 셋째, '다문화주의'는 인종적 소수자가 급속히 증가하는 다인종, 다문화 사회에서 인종적 다수와 소수의 공존을 논할 때 쓰이기도 한다.

대체로 이 세 가지 쓰임은 현재에도 공존하고 있지만 시간적으로 보면 그 의미가 달라져왔다. 예를 들어 우리나라에서 다문화주의에 대한 논의가 문학이나 철학 분야에서 처음 시작된 1990년대 중반에 다문화주의는 세계화에 따라 다양한 외국 문화가 유입되는 가운데 서로 다른 문화의 존재를 어떻게 이해하고 어떤 방식으로 대응할 것인가에 관한 것이었다. 이러한 맥락에서 문화 다원주의 및 보편주의에 대한 이론들과 한편으로는 서구의 제국주의적 유산을 극복하기 위한 대안으로서 다문화주의의 역할에 대한 논의들이 이루어졌다. 비슷한 시기에, 다문화주의는 성적 소수자 및 양심적 소수자의 등장에 따른 우리 사회 내부의 분화와 그에 따른 차이와의 공존을 강조하는 의미로도 사용되어왔다. 그러나 최근 들어 '다문화주의'는 인종적 소수자가 급속히 증가하는 다인종, 다문화 사회에서 어떻게 하면 다수와 소수가 공존할 수 있고 문화적 차이에 따른 갈등을 해소할 수 있는지 논의하는 맥락에서 가장 두드러지게 쓰이고 있다.

이른바 인종이나 종교, 문화를 중심으로 한 다문화주의 논의, 즉 새로운 사회적 소수의 유입 및 증가 그리고 이를 둘러싼 다양한 사회현상을 분석하고 해석하는 논의들은 크게 네 분야의 학자들에 의해 이루어져왔다. 첫째는 사회학자나 인류학자들에 의한 것으로, 소수자의 증가 추이를 알기 위한 통계 구축 작업과, 소수자의 증가가 야기한 사회 변화를 관찰하고 분석하는 작업이 있었다. 둘째는 정치학자들에 의한 것으로, 다문화주의를 이론적으로 이해하고 다문화 사회로의 이행이 갖는 정치제도적 함의를 찾는 작업들이 있었다. 셋째는 여성학자들에 의한 것으로, 이주 노동자나 국제결혼을 통해 들어온 여성 이주자들의 현실을 성 평등이나 인권의 관점에서 분석하는 작업이 있었다. 넷째는 교육학자들에 의한 것으로, 다문화 교육의 필요성을 주장하는 연구와 구체적인 학습 프로그램 개발 등이 있었다.

이러한 연구들은 이론의 측면에서 다문화주의 논의의 세계적인 흐름을 검토하고 한국의 현실에 맞는 구체적인 실천 대안이 무엇인지 모색한다는 점에서 공통점을 갖고 있다. 그러나 다문화주의의 구체적인 의미와 실천 방법, 특히 다문화주의 논의가 필요한 맥락과 다문화주의의 주체를 정하는 문제를 놓고 이 연구들은 서로 다른 두 입장으로 나뉜다.

우선 한쪽에서는 현재의 다문화주의 논의가 세계적인 유행에 따라 한국적 맥락에 대한 고려 없이 일반적인 의미의 문화에 대해 강조함으로써 역설적으로 사회적 소수의 생존이 위협에 처하는 상황에 대해 무지하다고 본다. 즉 다문화에 대한 주장들이 쏟아져 나오고 있지만 정작 다문화 사회의 주체라고 할 수 있는 이주민 자신들의 목소리는 어디에서도 찾아보기 힘들고, 그들 사이에 존재하는 상이한 정치적 입장과 문화적 욕구를 인식하고 그 차이를 존중하려는 노력은 적다는 것이다.

이 활동가들에 따르면 놀랍게도 이주민 공동체들 대부분은 '다문화'에 무관심하고 그 절박성에 공감하지 않는다. 이런 현실은 400여 개에 이르는 이주자 관련 단체 가운데 이주 여성 상담소를 중심으로 적은 수의 단체만이 다문화의 권리를 성취해야 할 목표로 제시하고 있다는 사실에서도 확인할 수 있다. 다시 말해 이주민을 위한 다문화주의이기는 해도 이주민에 의한 다문화주의는 아닌 상황에서 지원 단체의 활동에서조차 이주자들이 주변적인 존재로 머무는 상황이 계속되고 있는 것이다. 따라서 이들은 다문화 사회로의 전환을 논의하기 위한 민주적 공론장에 대한 고민을 간과한 채 선험적인 해답으로서 다문화주의를 전제하고 진행되는 논의는 다문화 사회의 핵심 구성 주체인 이주자들을 주변화하는 모순된 결과를 가져올 뿐이라고 주장한다. 다시 말해 이들은 다문화 정책의 가장 중요한 주체인 이주자들이 스스로 참여하는 민주적인 공론장에서 다문화주의의 구체적 내용이 무엇이어야 하는가를 결정해야 하며 이러한 결정은 선험적으로 해답이 주어진 것이 아니라 미래에 결정될 사항으로서 여러 가능성을 열어놓아야 한다고 주장하는 것이다.

반면 다른 입장의 학자와 활동가들은 포괄적이고 체계적인 전망이 미흡한 상태에서 이주 노동자나 시민 단체, 학술 단체 등 현장의 요구에 따라 다문화 정책이 진행되는 것은 위험하고 비효율적이라고 본다. 즉 초점이 반드시 이주자에게만 맞춰져야 하는 것은 아니며 논의는 다수 사회의 요구를 고려한 정책적인 판단과 장기적인 계획 속에서 진행되어야 한다고 보는 것이다. 이들 역시 다문화주의가 무조건적인 해답이라고 주장하는 것은 아니다. 이들은 다문화 사회를 시민/국민으로서 누릴 수 있는 사회·경제·정치·문화적 권리를 취득하고 향유하는 데 있어서 개인의 인종과 민족이 차별의 근거가 되지 않는 사회라고 정의한다. 그리고 다문화주의는 이를 견인해가는 이념이라고 정의한다.

그러나 한국에서 다문화주의 논의는 아주 짧은 시간에 별다른 갈등이나 균열을 겪지 않은 채 '다문화적 감수성과 문화 다양성의 고양'이라는, 정치적으로 바람직한 주장을 지지하는 입장이 주류를 점하게 되었고, 그 결과 전 국민이 보편 가치로서 '다문화주의'와 '다문화 사회 지향'을 받아들이고 쉽게 이에 대한 합의에 이른 것처럼 보인다. 후자의 학자와 활동가들은 한국 사회가 지향해야 할 목표가 다문화 사회라는 것에는 동의하지만 이런 지향점을 향해 사회를 견인해갈 이념으로서 지금 다문화주의를 채택해야 하는가에 대해서는 결론을 유보하고 있다.

이들이 보여주는 두 번째 차이점은 국가의 역할에 대한 시각에서 더욱 뚜렷하게 나타난다. 민주적 공론장에서 이주자의 참여를 강조하는 활동가들은 정치 지향으로서 다문화주의가 논리적으로 '탈물질, 비국가'적 사회 공동체의 구성을 목표로 한다고 본다. 따라서 비국가적 사회 공동체의 구성이 '국가 주도'로 이루어질 수 있으리라고 전망하는 것은 너무나 소박한 희망이라고 비판한다. 다시 말해 이들은 '다문화주의'를 근대 체제의 근간인 민족국가에 대한 급진적인 비판을 공유하는 정치 이념으로 이해하며, 비슷한 맥락에서 '탈물질' 사회를 지향한다는 것 역시 근대 자본주의 체제의 가부장적 생산력주의에 대한 전복적인 탈주를 의미하는 것으로 이해하여 '다문화주의'를 급진적인 비판의 기획이라고 본다.

이 활동가들에 따르면 한국의 관 주도형 다문화주의는 민족적 동질성을 유지하기 위한 것으로 결혼 이민자와 그 자녀들을 중심으로 실시하는 사회 통합 정책을 다문화 정책의 핵심으로 간주하고 있다. 결국 이들은 다문화의 주체여야 하는 이주자를 대상화하는 관 주도형 다문화주의의 한계를 지적하며, 정부의 통치 전략을 넘어선 다문화주의, 즉 탈범주적인 다문화 주체들이 생존의 자유를 누리며 존재하는 가운데 소수자 연합으로서의 정치와 다원주의를 지향하고 실천하는 다문화주의를 주장한다.

반면 다문화 논의의 초점이 반드시 이주자에게만 맞춰져야 하는 것은 아니라며 다수 사회의 요구를 고려한 정책적인 판단과 장기적인 계획 속에서 논의가 진행되어야 한다고 보는 사람들은 다문화주의 실천의 주요 주체로서 국가의 정책 능력을 중요시한다. 즉 이들에게는 국내 거주 외국인, 관련 활동을 하는 NGO, 그리고 정책을 입안하고 시행하는 정부 주무 부처가 똑같이 한국 사회의 다문화 이행 과정에서 중요한 역할을 맡고 있는 주체인 것이다.

이러한 입장을 보여주는 저서로서 『다문화주의의 한국적 이론화』에서는 이를테면 법무부 출입국·외국인정책본부의 주무담당관이 직접 정부 정책에 대해 설명하는 논문을 집필하고 있고, 몇몇 학자들은 주요 국가정책을 분석하고 있다. 이들 가운데에는 한국 정부가 근래 발표한 일련의 정책들을 평가하면서 그간 경제적 측면을 부각한 '인력 정책'에 머물렀던 '외국인 정책'이 인구 및 차별 철폐 정책, 가족 정책, 사회문화 정책으로 변모하고 있다고 주장하는 경우도 있고, 관 주도형 다문화주의를 비판하면서 국가 주도형과 시민사회 주도형을 혼합한 단계적 다문화주의(1단계: 합법 체류와 불법 체류의 강한 구분, 차별적 적용. 2단계: 장기 체류자 합법화, 제한된 주민권 부여. 3단계: 이민 조건 완화, 적극적 조치, 인정의 정치 허용)를 주장하는 경우도 있다.

4. 국내 다문화주의 논의에 내재한 이론적 갈등

그렇다면 이와 같은 두 입장의 차이점은 어떤 기준에 의해 평가가 가능할까? 물론 우리 사회가 한 번도 가보지 않은 길에 대해, 각자 이론적 정당성과 정치적 신념을 가지고 주장하는 문제에 대해 옳고 그름을 따지는 일은 무의미하다. 다만 이러한 차이점에 내재한 이론적 갈등과 그 함의에 대해 짚고 넘어갈 필요는 있을 것이다.

우선 문화적 권리를 둘러싼 주체에 대해 논의할 때 이주자나 비정부기구 또는 정부 등 그 강조점을 어디에 두든 간에 이 논의는 적어도 확인해야 할 두 가지 사항을 건너뛰고 있다. 첫째는 우리 사회에서 문화적 권리가 무엇인가에 대한 정의와 그 권리의 부여를 둘러싼 찬반 논쟁이 없었다는 점이다. 이러한 상태에서 사회적 다수가 문화적 권리를 사회적 소수의 권리로 당연히 전제하는 것은 다수의 우월한 지위를 전제한 계몽적 접근으로서 오경석 등의 주장처럼 이 과정에서 주체로서의 사회적 소수자가 배제될 확률은 높아진다. 둘째는 사회적 소수가 문화적 권리를 포함한 자신들의 선호를 대표할 민주적 공론장에 참여할 수 있는지의 여부를 확인하는 과정 역시 생략되어 있다는 점이다. 즉 사회적 소수자가 자신들의 목소리로 자신들의 이해를 대표할 정치적 권리를 갖고 문화적 권리에 대한 자신들의 선호를 말할 기회가 충분히 주어졌는가를 따져야 한다. 이 두 가지 사항을 고려하면 문화적 권리 논쟁의 한 주체로서 사회적 소수가 지금 당장 무조건적인 문화적 권리를 지지하리라고 볼 근거는 없다.

다음으로 다문화주의 실천 과정에서 국가의 역할에 대한 서로 다른 평가에 대해서도 논란의 여지가 있다. 일군의 활동가들은 한국의 다문화주의 정책을 관 주도형 또는 통치 전략으로 간주하면서 국가의 역할에 대해 부정적인 평가를 내린다. 다문화주의를 소수자 연합에 근거한 다원주의 정치로 이해하는 입장에서 보면 당연한 귀결일 것이다.

그러나 다문화주의의 속도와 깊이를 결정하는 현실적인 두 변수는 사회적 소수의 다문화적 권리에 대한 요구 정도와 이에 대한 국가의 수용 여부이다. 즉 기본적으로 다문화주의는 국가 중립성과 개인의 자유 우선성 그리고 자의성의 회피라는 자유주의의 세 원칙과 갈등한다. 다시 말해 다문화주의에 따르면 국가는 역차별적인 정책을 채택해서라도 사회적 소수의 열등한 지위를 의도적으로 사회적 다수와 동등한 지점까지 끌어올리기 위해 개입을 해야 하고, 개인의 자유보다는 집단의 문화적 권리를 우선해야 할 때가 있고, 문화적 권리의 부여를 놓고 그 대상이 될 문화 집단을 선정해야 하는데 그 과정에서 자의성을 의심받을 수밖에 없다. 이렇게 보면 다문화 정책의 수립 과정에서 국가의 적극적 역할을 인정하는 입장이 훨씬 더 현실적일 수 있다.

물론 이러한 두 가지 이론적 입장에 따른 갈등의 전제를 해소한다고 해서 문화적 권리와 문화의 역할에 대해 모든 학자의 의견이 긍정적인 방향으로 일치하는 것은 아니다. 서구에서 다문화주의 이론은 주로 문화 집단에 근거한 문화적 생존 주장과 문화적 권리의 인정이 개인의 자유와 권리를 근거로 한 자유주의 전통과 양립 가능한가에 초점을 맞추고 있다. 문화적 권리를 지지하는 학자들은 공공 영역에서 문화적 인정의 문제를 적극적으로 존중함으로써 더 존엄하고 평등한 사회의 성립이 가능하다고 주장하는 반면, 이에 반대하는 학자들은 집단을 근거로 한 문화적 권리의 인정이 문화 집단 내부의 개인의 동등한 자유를 보장하지 못하고, 국가의 자의적인 권리 부여로부터 자유롭지 못하다고 주장한다.

예컨대 브라이언 배리Brian Barry는 문화적 권리에 대해 매우 부정적으로 평가한다. 그는 우리가 가진 인종에 대한 의무는 단순히 육체적인 것이지만, 정치적 국민국가에 대한 의무는 윤리적인 것이기 때문에 근대 국민국가의 의미가 인종 집단의 종합으로 축소될 수 없다고 본다. 즉 생물학적 조상을 따지는 것과 인간의 필요와 목적을 완성하기 위한 이해는 아무 상관이 없다는 것이다. 따라서 공동의 사업에 대한 협력을 쉽게 만들고 시민들 사이에서 재분배를 보다 쉽게 받아들일 수 있게 만드는 특별한 정치 공동체, 즉 국민국가의 내부에서 따로 인종이나 문화 등 생물학적 분류에 따른 집단 권리를 요구하는 것은 당연히 허용될 수 없다고 본다.

반면 비쿠 파레크Bhikhu Parekh는 소수 집단의 예외적인 문화적 권리를 인정하는 것 역시 사회적 화합이나 문화적 다원성, 공동의 귀속감 등 집합적인 목표를 위해 가치 있다는 점에서, 단순히 다른 집단과의 평등을 의식하여 이를 부정적으로 평가할 필요는 없다고 본다. 평등은 중요한 가치이지만 한 사회가 고려해야 할 유일한 가치는 아니며, 소수 집단의 문화적 권리 역시 사회가 존중해야 할 많은 가치 가운데 하나라고 보는 것이다. 그러므로 평등과 함께 경쟁하는 다양한 가치들 사이의 균형을 맞추는 일이 중요하며 사회적 소수의 문화적 권리를 존중하는 것은 정의를 구현하는 또 하나의 길이다.

그러나 파레크의 경우처럼 규범적 차원에서 다문화주의를 적극적으로 인정하는 경우에도 해결해야 할 실천적 쟁점들이 여전히 남는다. 첫째는 문화적 권리를 갖는 집단의 선정 과정에서 국가의 개입 범위와 자의성을 어떻게 정할 것인가 하는 문제이다. 둘째는 문화적 권리를 갖는 소수 집단 내에서 동등한 개인의 권리를 어떻게 보호할 것인가 하는 문제이다. 셋째는 다양한 집단이 자신들의 문화적 권리를 중심으로 분화할 때 하나의 정치 공동체를 유지하는 준거로서 사회적 연대감을 어떻게 찾을 것인가 하는 문제이다.

첫 번째 쟁점과 관련하여 한 집단의 인종 및 문화적 정체성을 인정하고 다문화의 권리나 자치의 권리, 특별한 대표의 권리 등을 부여하는 일은 문화 집단의 크기와 요구의 강도, 주변의 인정 등 여러 요소를 고려하는 가운데 이루어져야 한다. 이를 위한 절차는 어떤 심사숙고의 과정을 전제하더라도 항상 중립성에 대한 의문과 자의적인 결정의 여지를 남긴다. 즉 절대적인 평등이라는 관점에서 보면, 한 집단에게 특별한 문화적 지위를 허용하는 다문화주의 정책의 본질적인 모순은 영원히 해결 불가능한 것이다. 따라서 사회정의의 실현을 위해 소수 집단이 주장하는 문화적 생존의 논리를 존중하는 것보다는, 인종과 문화, 종교에 상관없이 모든 개인에게 똑같이 적용되는 법 앞의 평등을 보장하는 것이 더욱 정의의 실현에 가까워지는 길이라고 주장하는 비판이 나오는 것이다.

두 번째 쟁점은 집단에게 문화적 권리를 부여한다고 해서 그 집단에 속한 개인의 권리가 평등하게 보장되는 것은 아니라는 점인데 다문화 정책은 오히려 불평등을 심화시키는 정반대의 결과를 가져올 수도 있다. 예를 들어 어떤 집단에게 부여된 문화적 권리가 그 집단 안에 존재하는 지배적 파벌의 이익을 옹호하는 데 사용됨으로써 그 집단의 주변에 머물고 있는 개인들에 대해서는 그 권리를 동등하게 보장하지 않는 경우가 생길 수 있다. 궁극적으로 다수 집단이든 소수 집단이든 그 집단의 운명을 결정할 권리는 구성원 개개인에게 있는 것이지, 전체로서의 집단에 있는 것은 아니다. 나아가 두 집단 모두 현재의 상태로 고정된 것이 아니라 역사와 상황에 규정받는 개인들의 집합적인 선택에 의해 변화를 겪게 된다. 집단의 운명 자체가 구성원들의 선택에 의해 끊임없이 변하기 때문에 다수 집단이든 소수 집단이든 그들의 현재 상태가 최종적인 권위를 갖는 것처럼 이해되어서는 안 되는 것이다.

세 번째 쟁점인 다양한 문화 집단이 공존하는 현대사회에서 사회적 연대감을 유지하기 위한 공동의 정체성과 근거, 즉 서로 다른 개인과 집단들을 묶어줄 신뢰의 기초를 어디서 구할 수 있는가 하는 질문에 대해서 다문화주의는 뚜렷한 답을 제시하지 못한다. 물론 문화적 인종주의는 국가를 단일한 문화적 공동체로 상상 속에서 규정함으로써 스스로를 표현하고 다문화주의를 거부한다. 즉 실제로는 안팎으로부터의 끊임없는 공격에 직면해 있는 국가 정체성에 대해, 동질적인 민족 문화라는 고정된 이미지를 구성하여 방어하려고 하는 것이다. 하지만 인종에 근거한 절대주의는 쉽고 빠른 해결책을 제시해줄 수 있을지 몰라도 이에 근거한 유사 연대감은 현실의 고통을 덜기에는 궁극적으로 부적절하다. 따라서 인종에 근거한 문화는, 사회적 다수이든 소수이든, 인류의 보편적인 정체성과 소통을 필요로 한다. 배리와 하버마스 같은 학자들은 그 소통의 근거가 인종과 종교, 문화에 근거한 배타적인 정체성이 아니라 정치적 가치와 제도에 근거한 민주주의적 신념이어야 한다고 주장한다.

5. 다문화주의를 둘러싼 갈등의 전면화 변수들

이와 같은 이론적 갈등의 불완전한 해결에도 불구하고 오늘날 모든 국민국가는 서술적 의미의 다문화 사회로 빠르게 이행하고 있다. 서구 사회에서 다문화주의가 전면화하는 상황적 변수들은 크게 다섯 가지로 나누어볼 수 있다.

첫째는 인구학적으로 사회적 소수가 빠르게 증가하고 있다는 점이다. 전통적인 국민국가의 동질성을 위협하는 사회적 소수가 이민을 통해 증가하는 것도 사실이지만 높은 출산율을 통해 소수 집단의 절대적 숫자가 증가하고 있는 것 역시 다문화주의의 진전을 가져오는 중요한 변수이다. 둘째는 사회 구성원의 권리를 향한 자각이 진행되고 있다는 점이다. 사회적 소수가 자신들의 권리를 위해 전투적으로 투쟁하기 시작하면서 사회적 다수 역시 소수의 권리를 인정하지 않을 수 없는 상황에 직면하고 있다. 셋째는 민주주의의 증진에 따라 평등 의식이 고양되고 있다는 점이다. 사회적 다수의 우월한 지위를 당연하게 받아들이던 사회적 소수가 그러한 전제를 의심하면서 자신들의 동등한 권리를 주장하기 시작하고 있다. 넷째는 평화의 증진에 따라 내부의 소수가 국가안보를 위협할 것이라는 불안이 해소됨으로써 더 안정적으로 다문화주의 정책을 실시할 수 있게 되었다는 점이다. 다섯째는 자유민주주의적 합의에 따른 소수의 인권 보호를 사회적 다수 역시 중요한 덕목으로 간주하게 되었다는 점이다(Kymlicka and He, 2005).

한국 사회도 이와 같은 다섯 가지 상황적 변수에 의해 다문화주의가 전면화할 수 있는 조건을 갖추고 있다고 볼 수 있다. 우리 사회에서도 사회적 소수가 인구학적으로 빠르게 늘어나고 있고, 사회 구성원의 권리를 향한 자각과 민주주의의 증진에 따른 평등 의식의 고양 및 소수의 인권 보호 등에 대해 사회적 합의가 이루어지고 있다. 다만 한반도의 지정학적 조건과 분단의 특수한 사정 때문에 평화의 증진에 따라 국가안보를 위협하는 요인이 사라짐으로써 다문화주의가 훨씬 더 번성할 수 있다는 점은 여전히 유동적인 요인으로 남아 있다. 그러나 이와 같은 상황적 변수의 진전에도 불구하고 한국에서 아직 다문화주의를 둘러싼 갈등은 본격화하지 않고 있다. 그 원인은 대체로 세 방향에서 찾아볼 수 있다.

첫째는 다문화주의의 폭과 깊이를 결정하는 가장 직접적 변수인 우리 사회의 인종적, 종교적, 문화적 소수가 아직까지 다문화의 권리보다는 보편적인 자유주의적 권리를 요구하고 있다는 점이다. 새로운 사회에 유입된 사회적 소수는 대체로 첫 단계에서 "우리는 당신들과 같다"고 주장한다. 즉 "우리는 당신들과 동등한 인격을 갖는 인간이다. 그러므로 동일한 임금과 동일한 노동조건을 보장해달라"고 주장한다. 그러나 일정한 시간이 지나고 그 집단의 크기와 복잡함이 임계점을 지난 두 번째 단계에서 사회적 소수는 "우리는 당신들과 다르다"고 주장하기 시작한다. 즉 "우리는 당신들과 인종적, 문화적, 종교적으로 다르다. 그러므로 공공 영역에서 우리의 다름을 공식적으로 인정해달라"고 요구한다. 적어도 우리 사회의 소수는 아직 문화적 차이의 본격적인 인정보다는 사회경제적 평등과 자유주의적인 보편적 인권의 문제에 더 초점을 맞추고 있는 것으로 보인다.

둘째는 다문화주의의 폭과 깊이를 결정하는 또 다른 주요 변수인 한국 정부의 정책 인식이 민주화 이후 보편적 인권을 보장해야 한다는 '정치적 올바름 political correctness'의 압력으로부터 자유롭지 못하다는 점이다. 다시 말해 우리가 이룩한 민주주의가 일국 수준에서 그치지 않고 세계 수준에서도 손색이 없기 위해 이주 노동자를 비롯한 사회적 소수에게 완전한 평등과 보편적 인권을 보장해야 한다는 야망이 다문화주의에 너그러운 환경을 만들었고 그 결과 다문화주의를 둘러싼 갈등은 아직 전면화되지 않고 있다. 이러한 상황은 이른바 지난 민주 정권 10년 동안 지속되었고, 담당 부처 사이의 경쟁은 다문화주의를 더욱 적극적으로 추진하게 만들었다. 예를 들어 2003년 불법 체류자의 자녀도 거주 증명 서류나 이웃의 증언이 있으면 취학할 수 있게 허용한 교육부의 정책이나, 2004년 주민투표법과 2005년 공직자선거법에서 3년 이상 국내에 거주한 영주권자에게 지방선거 투표권을 부여한 정책 등은 유럽과 미국에서도 오랜 기간 투쟁을 통해 겨우 합의에 이른 정책들이었다.

셋째는 다문화주의를 둘러싼 갈등의 폭과 깊이를 결정하는 매개변수로서 시민사회 내의 두 가지 흐름을 언급할 수 있다. 하나는 다문화주의가 우리 사회에서 극우 집단의 의제로서 아직 본격적으로 이슈화되지 않았다는 점이다. 유럽이나 미국의 사례를 보면 단순히 인종적, 문화적, 종교적 소수가 증가한다는 이유만으로 다문화주의를 둘러싼 갈등이 폭발하지는 않는다. 갈등은 이민과 문화적 차이를 적극적으로 활용하는 극우 집단과 정치인이 있을 때 비로소 사회문제로 폭발한다. 특히 경제 후퇴기에 이들은 선동을 통해 사회적 소수를 둘러싼 갈등을 증폭시키고 모든 비난을 쏟아부을 희생양으로 이주자를 선택하여 공격하게 만든다.

한국의 시민사회 내에서 다문화주의를 둘러싼 갈등의 전면화를 막는 다른 하나의 흐름은 이주자와 관련된 시민 단체들은 거의 대부분 신 앞에서 인간의 평등을 주장하며 보편적 담론을 펼치는 종교 단체들이라는 사실이다. 이들은 비록 종교적, 문화적, 인종적 소수를 지원하는 NGO들이지만 문화적 특수성을 강조하거나 문화적 권리를 주장하기보다는 사회적 다수와 소수가 동등하게 공존하는 세계주의적 담론을 주장한다. 이들 시민 단체의 주장과 사회적 소수가 주장하는 사회경제적 평등 및 자유주의적 권리는 아직까지 전략적으로 상응하는 측면이 있다.

이러한 세 가지 이유 때문에 다문화주의를 지지하는 다섯 가지 상황 변수에도 불구하고 한국에서 다문화주의는 규범적 의미보다는 서술적 의미로 쓰이고 있다. 그리고 다문화주의를 둘러싼 갈등 역시 아직 전면화되지 않고 있다고 보인다. 다시 말해 이와 같은 시간과 상황의 변수를 고려할 때 우리 사회에서 다문화주의 논의는 앞으로 문화적 권리를 둘러싼 논쟁이 본격화하기 전에 사회적 소수가 선호를 표현하는 데 필요한 정치적 권리의 보장과 민주적 공론장의 구축에 우선 집중되어야 하고, 그 과도기에는 문화적 권리에 초점을 맞추기보다 자유주의의 보편적 세례를 통해 우리 사회의 부정적인 관습을 타파하는 데 초점을 맞추어야 할 것이다.

6. 한국인의 다문화 수용성 변화와 민주주의의 도전

한국에서 다문화주의 논의와 실천은 탈지구화 시대에 일어나는 세계적인 고립주의와 배타주의의 흐름에 영향을 받으면서 우리 사회의 민주주의 발전에 중대한 도전을 제기하고 있다. 지구화 시대에 국경을 넘는 자본과 노동의 움직임이 불가피하게 다문화적 상황을 가져올 때 두 가지 문화가 갈등하며 경쟁하는 '문화 충돌', 둘 이상의 문화가 서로 융합하여 새로운 제3의 문화를 만들어내는 '문화 적응', 그리고 하나의 문화가 다른 문화를 동화시키는 '문화 흡수', 이렇게 세 가지 현상이 나타났다면, 탈지구화 시대에는 지구적 분업 체계의 해체나 생산 기지의 귀환offshoring을 통해 고립주의와 배타주의가 강화되는 가운데 문화 충돌의 가능성을 회피하기 위한 노력으로서 서로 다른 문화 주체와 집단 사이에서 '분리segregation'를 선택하는 흐름이 커지고 있다.

고려대학교 아세아문제연구소와 동아시아연구원이 2015년 실시한 한국인의 정체성 여론조사 분석을 살펴보면 최근 한국 사회의 변화 역시 이러한 흐름의 연장선상에 있는 것으로 보인다. 2010년과 2015년의 한국 사회 조사를 비교했을 때 인상적인 변화는 세 가지로 요약할 수 있다(이내영·윤인진 편, 2016). 첫째는 한국 사회의 다문화 수용성이 전체적으로 저하하고 있으며 특히 20대에서 그런 변화가 더 두드러지게 나타난다는 점이다. 개방화, 지구화 추세 속에서 이처럼 미래 세대가 폐쇄적인 성향으로 변화한 것은 취업과 양극화 등의 문제로 치열한 경쟁에 내몰린 젊은 세대의 상황을 반영한 결과로 보인다. 이들은 가능한 한 단일한 기준을 통한 공정한 경쟁을 선호하고 따라서 예외적인 기준을 요구하는 다문화적 상황에 대해 불편함을 숨기지 않는다. 즉 젊은 세대의 다문화 수용성 저하는 다문화적 상황에 대한 직접 경험을 통해서라기보다는 치열한 경쟁에서 게임의 규칙을 복잡하게 만들 수 있는 다문화적 미래에 대한 우려를 드러낸 것으로서 이는 교육 정책과 정부 정책의 수립 시에 고려해야 할 문제이다.

둘째는 젊고 고학력일수록 개방성과 다문화 수용성이 높았던 일반적인 추세도 무너지고 있으며 2015년 조사에서는 이들도 다문화 수용성에서 긍정적으로 나타나지 않았다는 점이다. 유럽의 경험에 비춰보면 담론 차원에서 머물던 다문화의 문제가 특히 안보security와 복지welfare를 중심으로 한 구체적인 이해를 둘러싸고 충돌할 때 이러한 변화가 관찰된다. 사회문화적 소수자의 존재는 평화가 지속될 때는 문제가 없지만 세계정세가 불안해지고 이웃 국가와의 갈등이 심해지면 반란을 일으킨다거나 내전 상황에서 현재 거주하는 국가를 배신할 수 있는 위험한 세력으로 인식되어 부정적인 평가를 받게 된다. '복지'에 관한 사안은 기존의 시민들이 새로운 이주자들의 유입을 반대하는 가장 강력한 논리를 제공한다. 사회경제적으로 열악한 현실의 이주자는 더 나은 기회를 찾기 위해 국제적인 이주를 시도한다. 하지만 이들의 유입에 따라 세금 부담이 늘어나고 혜택을 빼앗기는 기존 시민들이 복지국가에 대한 지지를 철회해서 궁극적으로 복지국가의 토대가 무너진다는 주장이 대두하는데, 이는 대표적인 반反이민의 논리다. 여기에는 사회에서 이질적인 요소의 증가가 복지국가의 토대를 침식한다는 '이질성과 재분배 교환 가설heterogeneity and redistribution trade off hypothesis' 또는 '침식 효과corroding effect 가설'이 있고, 사회적 인정에 초점을 맞춰 투쟁하는 과정에서 사회경제적 재분배의 문제가 주요 이슈에서 밀려난다는 '이질성과 인정의 교환 가설heterogeneity and recognition trade off hypothesis' 또는 '구축 효과crowding out effect'가 있다.

세 번째 인상적인 변화는 여전히 우리나라 시민들은 한국인, 아시아인, 세계인으로서 다층적 정체성을 선호하고 있고 이를 자연스럽게 받아들인다는 점이다. 다문화 수용성이 저하되고 있는 앞의 두 가지 변화와 비교할 때 이런 변화는 이중적, 위선적 태도로 이해될 수도 있다. 그러나 이처럼 한국인들이 여전히 보편적, 규범적 기준을 강하게 의식하고 있다는 점을 반드시 비판적으로 볼 필요는 없다. 정체성을 형성하는 기본 요소로서 귀속적 애착이 중요하지만 그러한 경향을 견제할 반성적 성찰의 필요성을 인식하고 개인적인 균형을 추구한다는 점은 긍정적으로 평가할 수 있기 때문이다.

이러한 변화가 왜 일어나고 있는지 이해하기 위해서는 이런 변화를 추동하는 네 가지 주요 행위자를 추적해야 한다. 첫째, 사회문화적 소수자의 규모, 요구 내용, 요구 강도 등을 추적해야 한다. 둘째, 정부 정책의 어떤 변화가 이런 흐름의 차이를 가져오는지 추적해야 한다. 셋째, 소수자와 정부를 매개하는 시민사회의 활동이 어떻게 작용하고 있는지 추적해야 한다. 넷째, 국제사회가 제시하는 규범의 내용과 방향에 변화가 있는지 추적해야 한다. 한국 사회의 최근 변화가 기존 틀로는 설명되지 않는 상호 모순되고 일관되지 않은 발전의 모습을 보인다고 할 때 연구자에게는 오히려 이런 변화가 새로운 틀과 개념을 동원해 분석을 시도할 수 있는 흥미로운 도전이 된다.

　이 책은 3부로 나누어 제1부 다문화주의와 보편주의에서는 기존의 보편주의를 위협하는 문화와 문화적 권리를 둘러싼 다양한 이론적 쟁점에 대해 다루고, 제2부 다문화주의와 자유주의에서는 국민국가의 경계와 시민권을 중심으로 자유에 관한 논의를 다루며, 제3부 다문화주의와 민주주의에서는 다문화의 흐름이 민주주의에 가져오는 도전에 대해 분석하고 제도적 대안을 제시하는 논의를 다룬다.

　구체적으로 2장에서는 문화적 권리와 사회 정의에 대한 두 질문을 중심으로 논의를 진행한다. 첫 번째 질문은 "문화 주체로서 집단의 존재는 가능한가? 그리고 보편적인 기준에 의거하여 그들이 가진 문화를 서로 비교하는 것은 가능한가?"이다. 두 번째 질문은 "문화는 왜 존중되어야 하는가?"이다. 이 두 질문에 대한 답을 모색하면서 내가 대안으로 제시하는 심의다문화주의에 대해 설명한다. 3장에서는 보편적 인권 개념의 성립 가능성을 둘러싼 논쟁을 검토하고 1948년 세계인권선언 이후 보편적 인권 개념의 발전 및 확장 과정을 살펴봄으로써 문화적 권리가 인간의 보편적 권리 가운데 하나로 자리 잡아가는 과정을 분석한다. 4장에서는 보편적 인권에 도전하는 문화 상대주의의 공격을 극복하기 위해 그동안 전통적으로 이성이 주목을 받아왔다면 오히려 연민이 더 설득력 있는 기반을 가질 수 있다는 점을 논의한다. 5장에서는 다문화주의의 쇠퇴와 그 대안으로 등장하는 상호문화주의에 대해 유럽의 경험을 중심으로 논의한다. 상호문화적 대화나 상호문화도시 프로그램 등 공동체 통합을 강조하면서 동화주의와 다문화주의 사이의 제3의 길을 찾는 상호문화주의 논의는 결국 이론적으로 다수 문화의 영향력 아래 동화주의로 귀결되는 것이 아닌가 하는 의문을 남긴다.

6장에서는 덴마크 만평 사건과 샤를리 에브도 사건을 통해 다문화 사회로의 이행에서 대표적인 도전 가운데 하나인 표현의 자유와 혐오 표현의 관계 그리고 종교의 자유와 혐오 표현의 관계를 정치 이론 차원에서 추론하고, 표현의 자유와 종교의 자유가 혐오 표현의 범주를 피해서 양립할 수 있는 가능성을 심의다문화주의 모델을 통해 살펴보고자 한다. 7장에서는 한 인간을 보편적인 개인이자 동시에 여성으로서 존중하는 것이 어떻게 가능할지를 중심으로 다문화주의와 페미니즘의 양립 가능성에 대해 논의한다. 다문화주의가 문화적 소수 집단이 겪는 문화 집단 간의 불평등에 대해 문제 제기를 하고 있다면 페미니즘은 여성이 겪는 남성과 여성 사이의 불평등에 대해 문제 제기를 하고 있다. 그러나 두 주장이 여성과 문화를 중심으로 한 평등이라는 잣대를 서로에게 들이댈 때 두 입장은 심각하게 충돌한다. 8장에서는 다문화 시대에 적합한 시민의 개념을 모색하기 위해 자유주의와 자유방임주의 그리고 공화주의 전통에서 주장하는 시민의 모습에 대해 검토하고, 이 세 가지 이념형을 기준으로 최근 우리나라에서 이루어지고 있는 바람직한 사회 구성의 원칙과 시민의 역할을 둘러싼 논의를 검토한다. 9장에서는 "국민국가의 국경 통제는 정당한가?"라는 질문을 중심으로 시민권과 경계를 둘러싼 논의의 검토를 통해 국민국가의 경계가 민주주의 완성에 기여했던 긍정적 차원의 의미를 실현하는 일, 즉 개인의 자유와 존엄 및 기회의 평등을 보장하고, 궁극적으로 경계의 가치에 이의를 제기할 수 없을 정도의 민주적인 정치 공동체를 만드는 일이 인권 존중과 극심해지는 국경 통제 사이의 모순을 해소하는 매개 지점이 됨을 보여준다. 10장에서는 지구화의 흐름 속에서 국민국가의 경계를 둘러싸고 발생하는 양 극단의 얼굴인 난민과 복수국적 문제에 대해 논의한다. 인간안보 개념의 등장에 따라 개인의 안전과 인권을 중시하는 안보 흐름에 맞춰 난민이나 복수국적 논의 역시 개인의 권리라는 관점에서 논의가 활발해지고 있다. 여전히 국민국가의 경계와 주권의 중요성은 줄어들지 않고 있지만 통제할 권리로서의 주권이 아니라 책임으로서의 주권이라는 개념의 변화 속에 인권과 주권을 양립시킬 수 있다는 시각이 강해지고 있다.

  11장에서는 냉전의 종식과 함께 주요 정치적 동원의 자원으로 재등장한 종교의 부활 현상에 대해 루슈디 사건과 헤드스카프 논쟁을 살펴봄으로써 영국과 프랑스가 문화적 생존과 사회적 인정의 문제에 대응하는 방식을 살펴본다. 영국과 프랑스의 대응 방식은 각국이 역사적으로 정립한 정치와 종교 관계의 틀을 크게 벗어나지 않고 있다는 점에서 경로 의존성을 확인할 수 있다. 12장에서는 영국, 프랑스, 미국 세 나라의 다문화 사회현상과 서로 다른 다문화 정책을 비교하고 각국의 사회 통합 원칙을 자유주의적 심의 다문화주의, 공화주의적 시민동화주의, 자유방임주의적 선의의 묵인으로 개념화하여 세 가지 통합 원칙의 장단점을 고찰한다. 13장에서는 자유주의의 보편적 인권 대 공리주의적 다양성의 혜택이라는 두 가지 논리를 중심으로 다문화 정책을 정당화하는 미국과 한국의 입장을 분석한다. 특히 공리주의에 근거한 다문화적 상황에 대한 합리화는 인종, 문화, 종교적 다양성이 가져다주는 이익이 사라질 때 쉽게 철회될 수 있고 갑작스럽게 차별적인 상황으로 치달을 수 있기 때문에 규범적 정당화의 논의를 통한 균형이 필요하고 그러한 논의가 활성화되어 구성원들 사이에 내면화될 필요가 있다는 점을 주장한다. 14장에서는 한국 정치에서 심화되고 있는 대표의 위기와 연대의 위기를 해소하기 위해 한국 정치의 틀을 다수제 민주주의에서 합의제 민주주의로 바꾸는 것이 필요하다는 점을 주장한다. 특히 제도와 정책을 정당화하는 논리로서 결과주의론적 추론과 의무론적 추론을 비교 분석한다.

15장에서는 결론적으로 다문화의 도전에 직면하여 사회경제적 균열과 사회문화적 균열이 동시에 심화될 때 우리 사회의 근본적인 변화를 반영하는 지속 가능한 민주주의를 위해 사회적 다수와 소수의 갈등을 넘어선 새로운 거버넌스의 형태를 찾아야 하고 그 핵심적 원칙은 공공성의 함양을 중심으로 한 시민적 정체성을 재구성하는 데 있다고 본다. 나아가 이와 같은 제도적 대안과 바람직한 시민의 모습을 통해 최근 세계적으로 관찰되는 민주주의의 후퇴와 권위주의의 귀환을 저지할 가능성에 대해 논의한다.

2장 문화적 권리와 사회정의

1. 문화의 도전과 문화의 역할

　인류는 고대로부터 새로운 삶의 기회를 찾아 자신이 태어난 곳을 떠나 멀리 이동하는 지구화의 역사를 경험해왔다. 고대 제국의 지구화가 가까운 대륙으로의 이동에 국한된 것이었다면, 19세기 제국주의 시대에 이르러 인류는 세계적 단위의 식민지에서 이루어지는 생산과 소비의 지구화를 경험하였다. 그러나 21세기에 일어나는 현대의 지구화 현상은 고대 및 근대의 지구화 경험과 적어도 세 가지 차원에서 구별된다. 첫째, 변화의 속도, 둘째, 변화의 양, 셋째, 변화의 다양성이란 측면에서 현대의 지구화는 이전까지 모든 시대의 변화를 압도한다. 오늘날 지구화는 기술적 진보와 함께 국민국가의 경계를 넘어서 자유롭게 이동하는 자본과 노동의 균일하지 않은 분포와 동시에 진행되고 있다.

지나간 20세기의 세계가 이데올로기라는 지배적인 갈등을 중심으로 양분되는 모습을 보였다면, 오늘의 세계는 인종과 문화, 종교를 중심으로 한 국지적 갈등에 의해 다양하게 구획되고 있다. 파시즘과 공산주의의 도전을 물리친 자유주의의 승리에 의해, 자유와 평등을 향한 이성적인 국가권력의 완성이 미국에 의해 이루어졌다고 외치던 많은 사람들은 아마도 이러한 현실 앞에서 당혹스러울 것이다. 종교 세력과 민족주의에 의한 도전을 예측하기는 했지만 누구도 미국 중심의 단일 패권 체제가 이렇게 많은 통제 불가능성을 가져올 것으로는 예측하지 못했었다(Byman, 2002; Huntington, 1996).

지난 200여 년의 국민국가의 경험이 단일한 문화와 역사적 경험의 공유를 통해 대내적인 사회 통합과 정치적 정당성의 확보에 성공해왔음을 보여준다면, 오늘날 국민국가의 경계를 중심으로 그 안팎에서 벌어지는 이질적인 문화의 충돌은 정확하게 자유주의 승리의 산물이라는 점에서, 즉 자본과 노동의 세계화에 따른 이주 노동자와 난민의 불가피한 발생 그리고 인종과 문화의 이동에 기인한다는 점에서 역설적이다. 인종과 문화, 종교적 동질성이 높은 사회에서 다른 사람과의 차이는 쉽게 차별의 이유가 된다. 다수 집단에 속하는 사람들은 자신들에게 익숙하지 않은 인종, 문화, 종교적 소수자와의 차이를 낯설어 한다. 그 낯설음은 때로는 거친 말이나 전단 등에 쓰인 표현expressive의 형태로, 또는 특정 자격시험이나 가게, 집을 구하는 일 등에서 접근access을 방해하는 차별의 형태로, 더욱 심하게는 소수자에게 직접 폭력을 행사하는 물리적physical 형태로 나타나기도 한다(Bleich, 2003).

대부분의 정치 공동체는 소수 문화의 도전에 직면했을 때 다수 문화에의 흡수와 동화를 시도해왔다. 소수의 이방인은 당연히 그들의 과거를 버리고 새로운 문화에 적응해야 하는 것으로 전제되었다. 아마도 가장 관대한 경우는 다수가 소수의 문화를 '관용tolerance'해주는 정도였을 것이다.

즉 다수가 소수의 다름을 너그러운 마음으로 참아주는 것인데, 세계화의 바람은 두 측면에서 이 관용의 한계를 시험하고 있다. 첫째는 점증하는 소수의 숫자가 다수에 의한 소수의 흡수, 동화를 현실적으로 불가능하게 만든다는 것이고, 둘째는 소수 집단이 그동안 단지 숫자가 많다는 이유로 우월한 지위를 차지해온 다수 집단의 정당성을 부정하면서 더 이상 다수의 관용에 호소하지 않는다는 점이다. 이들은 아예 한 걸음 더 나아가 자신들의 문화적 정체성 유지를 양보할 수 없는 생존의 권리로 주장하고 있다.

이들의 주장은 종교적 신념과 문화적 틀이 한 사람의 정체성을 이루는 근거가 되며 그의 인생을 의미 있게 만드는 중요한 지표가 된다고 전제한다. 이 입장에서 보면, 만약 어떤 사람이 소수 집단의 일원이라는 이유만으로 그의 종교적 신념과 문화적 틀을 포기해야 한다면 그의 삶은 의미를 잃게 된다(Rudolph and Piscatori eds., 1997). 따라서 문화적 우월성에 바탕을 둔 소수 집단에 대한 흡수, 동화는 소수 집단에 속하는 개인의 삶을 무의미하게 만드는 폭력이라고 할 수 있다.

그렇다면 이들이 주장하는 소수 집단의 '문화적 권리'는 어떤 이론적 근거에 의해 정당화될 수 있을까? 문화적 집단 권리라는 개념은 규범 이론의 입장에서도 정당화가 가능할까? 나아가 소수 집단의 이질적인 문화 때문에 기존의 지배적인 다수 문화의 지위나 전통적인 국가 정체성이 침식당한다고 우려하는 입장은 과연 타당한 것일까?

사회적 소수 집단의 문화적 생존을 위하여 문화 보존의 권리, 문화적 대표의 권리, 문화적 자치권 등을 보장하는 정책은 더 근본적으로 무엇이 정의인가에 대해 다시 생각하게 만든다. 즉 서구의 자유주의 전통에서 보면 문화 집단에 대한 예외적인 존중은 개인 우선의 원칙이나 자의성 회피의 원칙, 평등의 원칙 등과 모순되는 논리적 혼란을 초래한다. 과연 다문화 시대에 소수 집단의 문화를 공공 영역에서 존중하는 것은 정의에 반하는 원칙 없는 타협의 길일까, 아니면 정의를 실현하는 더 넓은 원칙의 길일까? 어떤 학자들은 개인 사이의 '평등'을 '문화적 권리'보다 우위에 놓는 반면 다른 학자들은 '평등'을 성취하는 하나의 길로서 '문화적 권리'의 중요성을 강조한다.

이 장에서는 문화적 권리를 둘러싼 이와 같은 다양한 질문에 답하기 위해 먼저 대표적인 다문화주의 이론가들인 홀과 파레크의 논의를 통해 소수의 문화적 권리를 옹호하는 논리적 근거를 살펴보고, 이에 대한 비판의 입장을 배리와 케이텝, 거트만의 논의를 통해, 그리고 지지의 입장을 테일러와 라즈, 킴리카의 논의를 통해 검토하기로 한다. 이와 같이 지지와 비판의 두 입장을 검토한 다음 두 입장의 차이를 중재하는 차원에서 나는 심의다문화주의를 제안하고 설명할 것이다. 나는 두 입장의 차이를 좁힐 수 있는 문화의 도구적 역할에 주목하여 대표의 위기와 연대의 위기를 가져오는 문화의 도구적 역할 때문에 소수 집단이 주장하는 문화적 생존의 요구가 어떤 식으로든지 해결되어야 한다는 점에 대해서도 설명한다. 단, 문화의 중요성과 문화 집단의 인정 여부, 그리고 문화적 권리에 대해 긍정적인 답을 얻기 위해서는 상호 존중과 합리적 대화 그리고 정치적 권리라는 세 가지 규범조건들로 이루어진 심의다문화주의의 틀이 전제되어야 한다고 본다.[1]

2. 문화는 왜 존중되어야 하는가?

영국의 다문화주의 이론가인 스튜어트 홀은 문화적 정체성이란 시대에 의해 영향을 받는 유동적인 것이라고 정의한 바 있다. 그에 따르면 하나의 정체성은 끊임없이 재규정되고 있는 다른 정체

---

[1] 문화적 권리에 대해 비판적인 관점에서 검토하는 배리, 케이텝, 거트만과 이를 지지하는 테일러, 라즈, 킴리카 등 여섯 명의 학자들은 각각 공화주의와 자유방임주의 그리고 자유주의적 입장에서 다문화주의를 논하는 대표적인 이론가들이다. 배리와 테일러는 동일한 공화주의의 입장이지만 한 사람은 문화적 권리에 대한 비판을, 그리고 다른 한 사람은 지지를 보여준다. 자유주의 관점에서 다문화주의에 비판적인 거트만과 우호적인 킴리카, 자유방임주의에 가까운 입장에서 문화적 권리를 비판하는 케이텝과 지지하는 라즈의 논의 역시 좋은 대조를 이룬다. 이러한 사실은 기존의 정치철학적 입장과는 상관없이 문화에 대한 비판과 지지를 중심으로 이론 진영을 새롭게 구분할 수 있다는 점을 보여준다.

성과의 차이에 의해, 또한 역사에 의해 영향을 받는다. 예를 들어 내가 누구라고 스스로를 규정하는 이유는 내 안에 있는 어떤 실제적인 자아 때문이 아니라, 다른 사람들이 어떻게 나를 인식하느냐에 따라 좌우된다. 다른 사람들이 나를 흑인이라고 부른다면 그것은 단순히 나의 피부 색깔만을 말하는 것이 아니라, 내가 문화적으로, 역사적으로 그리고 정치적으로 흑인이라는 뜻이다. 즉 한 사람의 정체성은 생물학적인 것 또는 자연적인 것에 의해서만 결정되지 않는 것이다(Hall, 1991: 15-16).

홀의 정의에서 문화적 정체성은 주위 환경에 의해 규정받는 자아encumbered self를 전제한 것이다. 또한 한 사람의 정체성 형성에 영향을 미치는 정치적, 경제적 측면까지 포함하고 있다. 따라서 문화적 정체성의 문제는 물질적 박탈이나 기회의 균등, 직접적인 차별 등과는 다른 문제라고 단순하게 말해서는 안 되며, 이러한 불이익들과 밀접한 관련이 있다고 보아야 한다. 홀에 따르면 문화적 정체성의 차이에 바탕을 둔 인종차별은 소수를 상징적으로 배제하기 위한 하나의 담론과 대표의 구조이다. 하지만 소수는 다수의 배타적인 시선에서 벗어나 다른 집단과 소통하기를 원한다. 어떤 소수 집단도 자신들의 주변화가 영원히 지속되어도 괜찮다고 보지는 않는 것이다(Hall, 1991: 19-39).

예를 들어 한 국민국가 안에서 다수 집단이 소수 집단에게 "당신들은 우리의 일원인가?" 하고 물었을 때 여기서 중요한 것은 경제적 생존이나 실정법상의 권리문제가 아니라 소수의 사회적 존재에 대한 인정 여부이다. 따라서 홀은 실제적인 사회적 정체성을 인정받기 위한 문화적 투쟁의 중요성을 지적하며 문화의 비교 불가능성incommensurability을 옹호한다(Hall, 1993).

문화의 비교 불가능성에 대해 비쿠 파레크는 인간의 공통성과 문화적 차이 사이의 균형이라는 관점에서 실마리를 찾는다. 그는 문화가 비교 불가능하고 오직 그 문화 내부의 논리에 의해 판단되어야 한다는 입장이 절반만 맞다고 본다. 그에 따르면 문화는 좋은 삶에 대해 독특하고 매우 복합적인 시각을 제공하고 있기 때문에 그것이 하나의 일반적인 기준으로 환원될 수 없다는 점에서 문화의 비교 불가능성 주장은 맞다. 그러나 파레크는 어떤 문화가 인간의 삶을 더 풍요롭게 하는가 또는 어떤 문화가 보편적으로 공유된 인간의 특징들을 더 존중하는가에 따라 서로 다른 문화를 비교할 수 있다고 주장한다(Parekh, 2000a: 172-174).

파레크는 소수 집단에 예외적인 문화적 권리를 인정하는 것 역시 사회적 화합이나 문화적 다원성, 공동의 귀속감 등 집합적인 목표를 위해 가치 있다는 점에서 단순히 다른 집단과의 평등만을 의식한 채 부정적으로 평가할 필요는 없다고 본다. 평등은 중요한 가치이지만 한 사회가 고려해야 할 유일한 가치는 아니며, 소수 집단의 문화적 권리 역시 사회가 존중해야 할 많은 가치들 가운데 하나이다. 따라서 평등과 함께 경쟁하는 다양한 가치들 사이의 균형을 맞추는 일 역시 중요하다(Parekh, 2000a: 263).

그렇다면 문화 집단은 실재한다고 보아야 할까? 파레크에 따르면, 오직 개인의 존재만을 인정하고 집합체로서 집단의 존재에 대해 부정하는 입장은 사실과는 거리가 있다. 인간의 집합체는 신념이나 실천 그리고 의례 등을 통해 존재하며 그것들이 제도화되었을 때 지속하게 된다. 집합체는 개인들로 구성되지만 개인들 역시 집단에 의해 영향을 받는다. 따라서 두 개념 모두 허구라고 말할 수는 없는 것이다(Parekh, 2000a: 215).

그는 문화 집단의 실재라는 논리의 연장선상에서 매우 재미있는 주장을 이끌어낸다. 전통적인 연방 국가가 영토를 중심으로 한 자치단체들로 이루어진 것이라면, 문화를 중심으로 구분되는 자치단체들로 이루어진 연방 체제도 상상할 수 있다는 것이다. 파레크는 영토, 주권 그리고 문화적 동질성에 근거한 근대 국가가 그 적실성을 잃어가는 현실에서 새로운 국가 모델로서 주권을 공유하거나 서로 다른 정도의 자율성을 누리는 다양한 공동체들의 집합체를 구상한다. 그는 이러한 구상 위에서 문화 집단 역시 국가를 구성하는 다양한 공동체들 가운데 하나가 될 수 있고, 문화 집단에 바탕을 둔 정치의 가능성도 충분히 있다고 본다(Parekh, 2000a: 194).

동시에 파레크는 국가 정체성의 역할을 인정한다. 그는 다양한 공동체들로 이루어진 사회에서는 공동의 귀속 의식을 고양하기 위해 모두가 공유하는 국가 정체성의 역할이 필요하다고 주장한다. 그러나 국가 정체성의 역할을 받아들이기 위해서는 적어도 네 가지 조건이 충족되어야 한다고 본다. 첫째는 국가 정체성 논의가 인종과 문화에 기반하기보다는 정치제도적인 측면에서 규정되어야 한다. 둘째는 민주적인 토론을 통해 가능한 한 넓은 범위의 입장들을 포괄해야 한다. 셋째는 최선의 생활양식에 대한 다양한 선택을 존중해야 한다. 넷째는 정체성 논의가 고정된 것이 아니라 미래의 변화 가능성을 향해 열려 있는 유동적인 것이어야 한다(Parekh, 2000c). 다시 말해 파레크는 국가 정체성 논의의 필요와 그 역할을 인정하지만 그것이 다수 인종과 문화에 기반을 둔 배타적인 성격을 갖거나 과거의 원형에 집착하는 고정적인 성격을 갖는 것이어서는 안 된다고 주장하는 것이다.

홀과 파레크의 논의는 적어도 두 가지 주제를 중심으로 다시 검토될 수 있다. 첫 번째 주제는 파레크의 주장처럼 문화의 주체로서 집단의 존재는 가능한가 그리고 보편적인 기준에 의거하여 그들이 가진 문화의 비교가 가능한가이다. 이러한 주장에 반대하는 사람들은 문화의 주체는 궁극적으로 개인이라고 주장한다. 문화의 흡수나 동화라는 개념은 암묵적으로 집단 사이의 문화는 비교 가능하다는 사실을 전제하고 있다. 반면 문화적 생존권을 주장하는 다문화주의자들의 입장은 문화 주체로서 집단의 존재는 당연히 인정되어야 한다고 보고, 일방적인 기준에 의한 문화 사이의 비교와 평가는 가능하지 않다고 본다.

두 번째는 더 근본적인 내용으로서 문화는 왜 존중되어야 하는가라는 질문이다. 만약 문화가 어떤 이유에서든 개인의 풍요로운 삶을 위해 당연히 존중되어야 하는 것이라면, 개인이나 집단이 주장하는 문화를 둘러싼 권리에 대한 주장, 즉 문화적 권리 역시 당연하게 존중되어야 할 것이다.[2] 다음 절에서는 이 두 가지 질문에

---

[2] 여기에서 '문화적 권리'란 표현이나 접근, 물리적 차별에 의해 희생될 수 있는 문화적 소수의 정체성을 보호하기 위해 예외적인 규정이나 역차별을 통해 지원하는 것, 공적 영역에서 문화적 정체성을 드러내는 언어나 의상, 소품 등

대해 비판적인 의견을 제시하는 배리와 케이텝 그리고 거트만 세 사람의 의견을 먼저 검토하기로 한다.

3. 평등의 가치와 문화적 권리 비판

개인 간의 평등을 강조하는 공화주의 입장에서 브라이언 배리는 무엇보다도 문화가 공정의 의무를 따져야 하는 도덕적 실체가 아니라고 비판한다. 또한 문화가 공동의 기준에 의해 평가될 수 없다는 문화의 비교 불가능성이나, 모든 문화가 똑같은 가치를 갖는다는 문화의 평등성에 대해서도 반대한다. 배리에 따르면 문화는 우리의 행동을 위한 변명이 될 수 없다. 문화는 개인의 삶을 어렵게 만드는 문제도 아니지만 그렇다고 해서 해결책도 아니다. 만약 모든 문화가 자기 폐쇄적인 도덕적 세계를 갖고 있다고 전제한다면 우리는 문화의 차이나 갈등을 다룰 어떤 원칙도 갖지 못하게 될 것이다. 따라서 배리는 우리가 어떤 문화 행위를 오랫동안 해왔다는 사실이 앞으로도 그러한 행위를 계속할 수 있다는 주장을 당연하게 만들어주는 것은 아니라고 본다. 배리는 우리가 그러한 문화 행위를 정당화하기 위해서는 그 행위가 합리적인 이유를 갖는 인권의 원칙과 양립할 수 있어야 한다고 주장한다(Barry, 2001: 258).

의 사용을 허용하고 지원하는 것, 지방이나 국가 차원에서 특별한 대표의 권리나 자치를 허용하는 것 등을 말한다.

이와 같은 맥락에서 배리는 살만 루슈디 사건에서 영국 정부가 루슈디를 이란에 인도하지 않은 것이나 무슬림들이 요구하는 『악마의 시』 판매 금지를 받아들이지 않은 것에 대하여, 이를 우리가 영국에서 오랫동안 일을 처리해온 전통이라거나 또는 영국의 자유주의 문화라고 설명하는 것으로는 부족하다고 본다. 오히려 배리는 영국 정부의 정책만이 루슈디의 인권과 표현의 자유를 보호하는 유일하고 정당한 해결책이며, 이것은 무슬림들도 당연하게 받아들여야 하는 보편적인 원칙이라고 강력하게 주장해야 한다고 믿는다(Barry, 2001: 284). 즉 이 일이 영국에서 일어났기 때문에 영국의 문화와 전통에 따라야 한다는 것이 아니라, 어느 나라, 어떤 경우라도 영국의 입장은 인간의 존엄과 표현의 자유를 보호하는 정당하고 보편적인 원칙 위에 서 있기 때문에 당연하게 존중되어야 한다는 것이다.

배리가 보기에 오늘날 서구의 몇몇 나라들이 문화적 차이에 대해 눈을 감는 것은 차이를 무시하는 보편적인 접근이 가져올 수 있는 긍정적인 결과 때문이다. 오히려 문제는 소위 다문화주의자들이 그 차이를 더해가는 문화 사이의 장벽에 개탄스러울 정도로 무관심하다는 데 있다. 배리는 집단이 물질적 박탈이나 기회의 결여, 그리고 직접적인 차별 때문에 어려움에 부딪힐 수 있다고 본다. 그러나 이러한 어려움이 그들이 특별한 문화를 가졌기 때문에 생겨났다고 볼 근거는 어디에도 없다(Barry, 2001: 315).

배리는 또한 우리의 인종에 대한 의무는 단순히 육체적인 것이지만, 정치적인 국민국가에 대한 의무는 윤리적인 것이기 때문에 근대 국민국가의 의미가 인종 집단의 종합으로 축소될 수 없다고 주장한다. 즉 생물학적 조상을 따지는 것과, 인간의 필요와 목적을 완성하기 위한 성숙한 시민의 이해와는 아무 상관이 없는 것이다. 따라서 공동의 사업에 대한 협력을 쉽게 만들고, 시민들 사이의 재분배를 보다 쉽게 받아들일 수 있게 만드는 국민국가라는 이 특별한 정치 공동체 내부에서 인종이나 문화 등 생물학적 분류에 따른 집단 권리를 요구하는 것은 절대 허용되어서는 안 된다고 주장한다(Barry, 1983: 121-154).

배리에 따르면 문화 집단에 특별한 권리를 부여하는 이른바 집단에 근거한 정치는 제도의 일관성을 손상시킬 뿐 아니라, 만약 인정한다 하더라도 한 집단이 내부적으로 완전히 동질적이고, 서로 배타적이며, 분명한 경계를 갖고 있기란 사실상 불가능하다. 따라서 일정한 문화의 구성원으로서 개인이 갖는 이해관계를 도외시하고 집단의 문화적 생존에 내재적 가치를 부여하는 것은 성립될 수 없는 논리이다(Barry, 2001: 68).

배리처럼 평등을 강조하는 공화주의 관점에서 다문화주의를 비판하는 것에 대한 전형적인 반론의 방식은 공화주의가 주로 공공 영역에서 시민들의 일체성을 강조한다는 사실에 초점을 맞추는 것이다. 공화주의는 한 사람이 정치 공동체의 시민인 한 자신의 특수함과 차이를 사적 영역에 맡기고, 보편적인 공동선의 관점과 일반의지를 받아들여서 공공 영역의 활동에 참여할 것을 요구한다. 결국 이러한 사회는 개인이나 집단들 사이에 존재하는 차이를 인정하지 않음으로써 공공 영역을 지배하는 특정 집단의 목소리와 관점이 더 우월하게 반영되는 경향이 생겨날 수 있다. 다시 말해 공화주의 사회는 다수의 전제라는 위험성을 항상 안게 되고, 소수 집단의 구성원은 지배적인 담론과 문화 앞에서 자신들의 정체성을 유지하는 데 어려움을 겪을 수 있다. 이러한 갈등 상황은 차이에 대한 존중이 단지 관용이나 사적인 영역의 문제가 아니라 문화와 정치의 영역에서 풀어야 하는 적극적인 권리의 문제라고 주장하는 목소리들이 확산되면서 더욱 첨예해진다(Young, 1990: 117; 2000).

배리가 공화주의 관점에서 다문화주의를 비판한다면, 조지 케이텝은 자유방임주의에 가까운 민주적 개인주의라는 관점에서 다문화주의를 비판한다. 케이텝은 근대가 성취한 인간 해방의 목표는 자유로운 개인이 되는 것이었다고 본다. 민주헌정은 모든 사람에게 자유로운 개인이 될 수 있는 기회를 제공하기 위해 존재한다. 즉 가치 다원주의의 정신은 집단의 구성원이 되기보다는 자유로운 개인이 되는 것을 의미한다.

케이텝은 이러한 전제 위에서 다문화주의의 세 가지 주장을 검토한다. 첫째는 문화적 다원주의가 자유 사회에서 불가피한 것이라는 주장이다. 그는 이 주장이 일단 유효하다고 본다. 사람들은 스스로 결사를 추진하기 때문이다. 따라서 차이에 따른 서로 다른 수준의 모임들이 생겨날 수 있다. 둘째는 문화적 다원주의가 민주적 개인주의를 위한 불가결한 바탕이 된다는 주장이다. 케이텝은 이 주장의 경우 주장 자체는 가능하지만 결정적으로 설득력이 있다고 보지는 않는다. 그가 회의하는 이유는 강한 집단 소속감은 한 개인의 입장에서 볼 때 종종 완전하게 극복되지 못하고 개인의 삶을 지배하기 때문이다. 따라서 케이텝은 이 주장을 받아들이지만 완전히 동의하지는 않는다. 셋째는 문화적 다원주의가 민주적 개인주의의 궁극적인 완성이라는 주장이다. 그는 이 주장에는 전적으로 동의하지 않는다. 전통과 관습은 사람들이 지켜야 하는 하나의 형식을 만들어낸다. 사람들은 자신이 강한 소속감을 갖는 문화 집단의 삶의 방식을 표현함으로써 마치 자아를 찾은 것 같은, 허위의 열망이 충족되는 느낌을 가질 수도 있다. 그러나 케이텝이 보기에 이것은 민주적인 개인성의 완성이 아니다(Kateb, 1994: 517-523).

케이텝은 문화적 다원주의가 민주적 개인주의의 궁극적인 완성이라는 주장에 뒤따르는 나쁜 점 여섯 가지를 제시한다. 첫째는 자기만족적인 착각이다. 강한 집단 소속감을 가진 사람들은 개인은 개인일 뿐이라는 사실을 잊어버리고, 개인을 단순한 개인이 아닌 그보다 큰 무엇이라고 막연하게 상상하게 된다. 둘째는 나쁜 미학적 관점을 키운다는 점이다. 문화적 다원주의에 따르면 세계는 개인이 아니라 집단에 의해 구성된다. 이렇게 보면 개인은 항상 너무 작아서 거의 눈에 띄지 않고 다른 것과 구별되지 않는다. 셋째는 간접적이고 무의식적인 자기애이다. 문화적 다원주의에서 개인은 문화 집단에의 강한 귀속감이라는 수단을 통해 스스로를 사랑하게 된다. 여기서 문제는 개인들이 개인 바깥의 집단을 경유해서 비로소 자기 자신을 사랑한다고 주장하는, 이른바 자신으로부터 탈출하는 자기 사랑을 하고 있다는 점이다.

넷째는 문화적 다원주의를 지지하는 개인은 스스로가 정직하지 못하다는 사실을 잊고 있다는 점이다. 어떤 사람이 한 문화 집단의 일원으로서 자신이 물려받은 정체성에 대해 자부심을 가질 때 그는 마치 자신이 그 정체성을 선택한 것처럼 이야기하지만, 사실은 자신에게 주어진 전통과 관습이라는 틀에서 벗어나지 못한 것일 뿐이다. 즉 스스로가 좋아서 선택한 것이 아니라 오랫동안 그 집단의 생활환경 속에서 다른 선택의 여지 없이 주어진 것을 자신이 선택한 것처럼 여기고 있는 것이다.

  다섯째는 자기 스스로를 전혀 엉뚱한 방향으로 신비화한다는 점이다. 문화 집단의 정체성에 귀속되는 존재로서 개인을 지지함으로써 그는 개별 인간이 우연성에 의해 영향을 받는 존재일 뿐 아니라 아직 결정되지 않은 무한성의 존재라는 사실을 잊어버리게 된다. 모든 인간은 개인으로서 고유한 성격을 갖는 독특한 존재이지만 동시에 다른 인간들과 보편적인 인간성을 공유하는 존재이기도 하다.

  여섯째는 집단을 통해 희망하거나 그렇게 될 것이라고 스스로 믿게 만든다는 점이다. 케이텝은 이 점이 자신의 독립적인 인격을 송두리째 부정하는 자기기만으로서 문화적 다원주의가 가져오는 가장 나쁜 영향이라고 본다(Kateb, 1994: 525-531).

  그렇지만 케이텝은 민주적 개인주의에도 두 가지 단점이 있다고 말한다. 하나는 전적으로 사적인 생활만을 강조할 때 생기는 문제이고, 다른 하나는 물질적인 생활만을 강조할 때 생기는 문제이다. 특히 이러한 문제가 냉정과 협소한 마음, 이기주의, 도덕적 무관심 등과 겹칠 때 상황은 더욱 심각해진다고 본다. 케이텝은 이러한 나쁜 점들이 강한 집단 소속감에 내재적으로 뒤따르는 위의 여섯 가지 특징들에 의해 어느 정도 치유될 수 있다고 인정한다. 그러나 케이텝은 문화적 소속감을 통한 연대감은 그 자체로서 가치 있는 개념이 아니고, 오직 전략적이고 도구적인 측면에서 임시적으로 필요할 뿐이라고 주장한다(Kateb, 1994: 535).

케이텝이 옹호하는 자유방임주의의 추상적인 개인과 비역사적인 시장의 결합을 가정할 때 한 가지 긍정적인 점은 아마도 급속한 경제적 생산력을 창출해낼 수 있다는 사실일 것이다. 하지만 그 생산력은 대체로 원심력의 방향으로 흩어져가는 해체의 다원주의와 동시에 일어날 확률이 높다. 물론 자유방임주의는 개인 사이의 불평등과 그가 속한 집단 사이의 상관관계를 부정한다. 따라서 이와 같은 상황에서 경제적 결핍과 빈곤이 문화 집단 간 또는 인종 간 불평등과 중복되어 나타날 때 케이텝은 사회의 양극화를 극복하기 위한 연대감의 필요성은 인정할지라도, 이러한 연대감 자체는 본질적인 가치를 지닌 절대적인 것이 아니며 전략적인 측면에서 필요한 임시적인 개념이라고 본다.

에이미 거트만은 자유주의 원칙에 근거해 다문화주의가 주장하는 각각의 내용들을 훨씬 비판적으로 고찰하고 있다. 우선 그녀는 정체성에 근거한 문화 집단의 출현은 자유주의가 허용하는 결사의 자유에 의해 당연한 것이라고 본다. 문제는 어떤 집단이 그 활동을 통해 자유와 평등, 기회의 균등이라는 자유주의적 기준에 따라 민주주의와 사회정의를 구현하는 데 기여하느냐, 그렇지 않느냐로 나누어 이해할 수 있다는 것이다. 예를 들어 미국의 백인우월주의자 집단인 큐클럭스클랜Ku Klux Klan(KKK)과 소수 인종 인권운동 집단인 전미유색인지위향상협회National Association for the Advancement of Colored People(NAACP)는 모두 자신들의 인종에 근거한 문화적 정체성을 주장하지만, 전자는 미국의 민주주의 발전에 나쁜 영향을 미치는 반면, 후자는 긍정적 기여를 하고 있다고 평가할 수 있다. 이렇게 서로 다른 평가를 내리는 기준은 각 단체의 활동이 시민의 평등과 동등한 자유, 공정한 기회 보장이라는 자유주의의 핵심적인 세 가지 가치를 증진시키느냐의 여부에 달려 있다고 거트만은 주장한다(Gutmann, 2003: 16-26).

거트만은 민주 정치가 공식 언어, 학교 교과과정, 공휴일 등에 반영되고 있는 지배적인 문화에 근거해 운영되는 것은 사실이지만, 하나의 문화가 한 사람의 정체성을 포괄적으로 규정한다는 주장에는 반대한다. 문화의 미덕은 개인에게 선택의 맥락을 제공해주고 자존과 안정감을 제공해주는 데 있다. 그러나 그렇다고 해서 개인에 대한 한 문화의 독점적인 주권을 인정하는 것은 개인이 그러한 자신의 문화를 건너뛰어서는 스스로 생각하거나 상상할 수 없다고 주장하는 것과 마찬가지이다. 개인은 자신에게 주어진 지배적인 문화에 의해 사회화되지만 인생의 어느 단계에서 다른 문화에 의해 영향을 받을 수도 있다. 하나의 문화 역시 시간의 흐름에 따라 다른 문화와의 교류 속에 변해간다. 즉 거트만은 다수 문화이든 소수 문화이든 오직 하나의 문화에 의해 개인이 포괄적으로 지배받을 수 있다고 생각하는 것은 문화 집단에 대한 개인의 우선성을 부정하는 논리라고 본다(Gutmann, 2003: 50-51). 따라서 구성원을 포괄적으로 지배하는 문화적 정체성이라는 조건을 전제하고, 그 위에서 집단으로서 사회적 소수의 권리를 정당화하는 논리도 틀린 것이다. 특히 다수 집단이나 소수 집단이 주장하는 문화적 권리의 내용이 개인의 자유와 권리를 침해하는 것이라면 더욱 허용될 수 없다는 것이 거트만의 논리이다.

거트만은 '문화적 생존'이라는 개념도 정확한 뜻을 정의하기가 쉽지 않다고 본다. 만약 문화적 생존이 불리한 조건에 있는 소수 문화의 구성원 개인의 인권을 보호해야 한다는 의미라면 자유주의는 언제든지 문화적 생존을 지지할 것이다. 그러나 문화적 생존은 종종 언어나 생활 방식, 종교 등을 공유하는 특정 집단의 안정적인 지속이나 집합적 생활의 재생산을 의미한다. 이러한 의미의 문화적 생존은 개인과 문화 집단의 관계를 영속적인 것으로 규정하고, 개인이 자신이 속한 문화 이외에 다른 문화를 선택할 가능성을 봉쇄하는 것이다. 특히 국가가 특정 문화의 생존을 지지한다는 것은 의사 표현의 자유나 종교의 자유 등 기본 인권을 침해할 가능성을 안고 있다. 따라서 거트만은 문화적 생존을 주장하는 문화 집단에게 특별한 권리를 무조건적으로 부여해야 하는 것은 아니며 그러한 권리는 자유주의 기본 원칙, 특히 개인의 자유와 권리 우선이라는 원칙과 모순되지 않을 때에만 주어질 수 있다고 주장한다(Gutmann, 2003: 73-80).

배리와 케이텝 그리고 거트만의 논의는 정도의 차이는 있지만 문화 집단의 존재 및 권리 부여 여부와 문화가 중요한 이유라는 두 가지 질문에 대해 비슷한 답변을 내놓고 있다. 우선 이들은 문화의 주체로서 집단의 존재와 집단의 권리에 대해 강하게 부정한다. 이들의 비판에서 주요한 개념 가운데 하나는 문화의 궁극적인 주체로서 개인이 갖는 우선성이다. 개인은 문화 속에 존재하지만 하나의 문화에 의해 포괄적으로 지배받지는 않는다는 것이 이들의 입장이다. 개인은 자신의 출생이나 사회화 과정에서 주어진 문화를 벗어나 제3의 문화를 선택할 수도 있고, 한 개인이 고수하는 최초의 문화란 것도 다른 문화와의 교류 속에서 끊임없이 변화하는 것이다. 따라서 이들이 보기에 서로 다른 문화는 개인의 보편적인 인권을 얼마만큼 존중하고 있는가라는 기준에 따라 당연히 비교 가능하다.

문화가 중요한 이유를 묻는 두 번째 질문에 대해 이들은 극단적인 형태의 다원주의가 갖는 불안정성을 줄여준다는 차원에서 문화의 중요성 자체를 부정하지는 않는다. 그러나 이들의 시각은 기본적으로 문화를 도구적인 차원에서 인식한다는 점에서 공통점을 갖고 있다. 즉 공정한 자유와 평등한 기회라는 개인의 인권을 향상시키는 데 기여할 때 문화는 존중할 만한 가치를 갖지만, 문화 그 자체는 본질적, 도덕적 의미의 가치를 갖고 있다고 보지 않는 것이다. 따라서 개인의 자유 및 권리와 관계없이 특정 소수 문화 또는 다수 문화가 단지 소수이거나 다수 문화라는 이유만으로 보호받고 존중받아야 할 근거는 어디에도 없다. 물론 이들은 자신들이 제한적으로 지지하는 도구적 입장에서 문화가 구체적으로 어떻게 작동하여 개인의 자유를 향상시키고 평등을 증진할 수 있는

지에 대한 검증은 하고 있지 않다(Johnson, 2000).

4. 정체성의 위기와 문화적 권리 지지

문화적 권리에 대한 비판론자들과 비교하면 문화적 권리의 지지자들은 문화가 인간의 삶에 선택의 맥락과 자유의 의미를 제공함으로써 본질적인 가치를 차지한다고 본다. 가치 다원주의 입장에서 사회적 소수를 배려하는 원칙으로서 다문화주의에 대해 검토하는 라즈는 다문화주의가 적어도 두 가지의 규범적인 근거를 전제하고 있다고 본다. 하나는 개인의 자유와 번영이 문화 집단의 완전한 구성원이 됨으로써 가능하다는 것이고, 다른 하나는 서로 다른 사회의 다양한 가치들은 때때로 양립 불가능하다는 가치 다원주의에 대한 믿음이다(Raz, 1995: 172-173).

라즈가 보기에 다문화주의를 비판하거나 반대하는 사람들은 세 가지 이유를 제시한다. 첫째는 다문화주의가 문화 집단의 권리를 강조함으로써 개인의 자유를 침해할 수 있다는 점이다. 둘째는 문화의 수준에 차이가 있다고 전제한 뒤 열등하고 억압적이며 종교적인 문화와 그렇지 않은 서구 문화에 동등한 권리를 부여하는 데 대한 반감 때문이다. 세 번째는 다양한 문화 집단의 인정이 사회의 파편화를 가져온다고 보고 사회를 결속하기 위해서는 공동의 문화가 필요하다고 주장하는 경우이다.

다문화주의가 개인의 자유를 제한한다는 첫 번째 비판에 대해,

라즈는 자신의 삶을 책임지는 선택의 자유가 개인의 풍요로운 삶을 위한 근본적인 전제 조건이며 따라서 개인의 선택을 제한하는 법적, 사회적 제한들이 제거되어야 한다는 데 동의한다. 그러나 문제는 개인의 자유의 실현이 문화적 맥락 속에서 규정되는 조건들을 필요로 한다는 점이다. 라즈는 누구든지 자신만의 규칙에 따라 자신의 모든 행동을 지배하며 삶을 살아가는 것은 불가능하다고 본다. 예를 들어 개인이 가진 선택의 자유가 핵심을 이루는 사항들, 즉 우리가 추구하는 직업이나 우리가 가질 수 있는 우정, 우리가 지키는 충성과 약속, 이해관계, 그리고 우리가 좋아하는 스포츠 등은 이미 특정한 문화 속에서 공유된 의미와 공동의 실천을 전제로 한다. 이와 같은 삶의 질문들에 대한 선택은 그 선택이 가지는 의미를 알고 있을 때 가능하다. 그런데 그 의미는 결국 문화적 맥락 속에서 규정되고 달라지는 것이다. 따라서 특정한 문화 집단의 일원이 되는 사회화를 통해 개인은 비로소 다양한 삶의 선택이 문화적 맥락 속에서 가지는 의미를 알게 되고, 그 의미를 알고 난 다음에야 자유로운 선택을 할 수 있게 된다. 즉 문화는 궁극적으로 삶의 기회의 지평을 규정하며, 일정한 문화적 배경이 전제되지 않는 한 개인의 삶은 의미를 획득하지 못하는 것이다. 라즈는 이처럼 개인은 문화 속에서 비로소 자유로워지기 때문에 문화가 개인의 자유를 제한할 수 있다는 비판은 틀린 것이라고 주장한다(Raz, 1995: 176-180).

라즈는 문화 사이에 우열이 존재한다는 두 번째 비판에 대해, 우리가 우리 문화를 사랑하거나 그 문화를 지키기 위해 헌신하는 것은 우리 문화가 다른 문화보다 우월하다고 믿기 때문이 아니라, 그 문화 안에 자신의 삶을 풍요롭게 해주는 어떤 진실이 있다고 믿기 때문이라고 본다. 따라서 모든 문화의 구성원들은 자신들의 문화를 지지하는 나름의 이유를 가질 수 있다. 그러나 라즈는 사람들의 삶을 풍요롭게 하는 데 기여하지 못하는 문화, 즉 억압적이거나 인종차별적인 문화를 관용할 수는 없다면서 반드시 그 문화의 구성원들이 자유롭게 탈퇴할 수 있는 안전장치가 마련되어야 한다고 주장한다. 또한 자기 문화를 보존하려는 것이 자연스러운 본능이듯이, 한 문화가 다른 문화에 의해 흡수되거나 동화되는 것 역시 그 과정에 강제가 수반되는 것이 아니라면 자연스러운 현상으로 인정해야 한다고 본다. 라즈는 이와 같은 예외적인 경우를 제외하고는 어떤 문화가 열등하다는 자의적인 판단에 근거해 그 문화의 동등한 가치를 인정하지 않는 것은 성립될 수 없는 논리라고 반박한다.

  사회를 유지하기 위한 접착제로서 공동의 문화가 필요하다는 세 번째 비판에 대해 라즈는 전적으로 동의한다. 다문화주의는 분명히 공동의 문화가 가져올 수 있는 사회적 연대감의 증진과는 반대의 방향으로 작용할 확률이 높다. 따라서 라즈는 다문화주의의 부정적인 영향을 인정하고 이러한 상황에서 어떻게 하면 시민들의 연대감을 증진하는 공동의 문화를 창출해낼 수 있을 것인가에 더 초점을 맞춘다. 라즈는 그 방법으로서 교육을 통해 서로 다른 문화 사이에 상호 인정과 관용의 전통을 만들어나갈 것을 제안한다. 또한 동일한 경제 공동체 안에서 이루어지는 경제활동이 서로 다른 문화 집단을 더 가깝게 만들 것이라고 본다. 라즈는 궁극적으로 이 모든 활동이 하나의 정치 공동체 안에서 이루어진다는 점에서 서로 다른 문화 집단이 동등한 권한을 가지고 공동체의 의사결정 과정에 참여한다면 점진적으로 공동의 문화가 창출될 수 있을 것이라고 주장한다(Raz, 1995: 183-188).

라즈의 논의는 균형 감각과 통찰력을 보여준다. 사실 서구 사회가 말하는 '관용'은 소수가 다수의 방식에 도전하지 않는 한 사회의 평화를 깨뜨리지 않기 위해 참는다는 소극적인 의미를 갖고 있고, '차별 금지'는 다수가 동의해줄 수 있을 정도의 법적인 보호 제공을 의미하는 것이다. 라즈는 관용과 차별 금지보다 한 차원 더 나아간 '다문화주의'에 대해 문화가 개인을 자유롭게 한다는 강력한 주장으로 이를 정당화한다.

그러나 라즈의 다문화주의 논의는 신뢰를 바탕으로 하는 하나의 유기체로서 서구 사회를 전제하고 있으며 보이지 않는 손의 조정에 의해 각자의 기능을 담당하는 부분들이 스스로 작동하여 결국에는 서구 사회에 평화를 가져다줄 것으로 기대한다. 그의 논의는 문화 갈등이 가져오는 전투적인 투쟁의 강도에 비추어 지나치게 낙관적이다.

라즈의 이러한 개인의 자유와 문화의 역할 사이의 긍정적인 관계에 대한 논의는 윌 킴리카의 이론에서도 중요한 전제를 이룬다. 킴리카는 보편적 개인주의에 기반한 자유주의가 소수에게 특별한 권리를 부여하는 것에 대해 호의적이지 않을 것이라는 예상은 잘못된 것이라고 비판한다. 그는 개인의 자유와 자율성을 신장하려는 자유주의의 목표는 '자유주의 사회적 문화liberalized societal culture'를 통해 더욱 원활하게 성취될 수 있다고 본다.

킴리카에 따르면 '사회적 문화'란 그 구성원들에게 인간 활동의 전 영역에 걸쳐서 의미 있는 삶의 방식들을 제공하는 문화이다. 이 문화는 영토적으로 집중되어 있고, 언어의 공유에 기반하고 있다. 따라서 개인에게서 선택의 맥락을 제거하는 것, 즉 사회적 문화를 빼앗는 것은 그의 개인적 자율성을 빼앗는 것과 마찬가지이다. 킴리카는 사회적 소수에게 문화적 특수함을 표현할 수 있도록 부여한 권리 즉 '자치self-government'와 '집단 대표self-representation' 그리고 '다문화의 권리polyethnic right' 등이 개인의 자유와 양립할 뿐 아니라 개인의 자유를 실질적으로 증진시킨다고 주장한다(Kymlicka, 1995a: 75-106).

그러나 이러한 권리를 부여함에 있어서 킴리카는 소수 인종과 소수민족을 구분한다. 소수민족은 많은 경우 정복, 식민화 또는 조약 등에 의해 강제로 더 큰 국가에 합병된 경우로서 이들은 전체 국가 안에서 구별되는 사회로 남기를 원한다. 반면 소수 인종은 자발적인 이민에 의해 한 나라에서 다른 나라로 이동한 경우로서 소수 인종에 속하는 개인들은 주류 사회에 통합되기를 원한다(Kymlicka, 1995b: 130-137).

그러므로 킴리카가 보기에 집단의 차이에 근거한 권리들, 즉 자치권이나 거부권, 중앙 기구 안에 특별대표 권리의 보장, 영토나 언어 보호 등의 권리는 소수민족에게 마땅히 부여되어야 한다. 그러나 소수 인종에게 이러한 권리를 부여할 수는 없다. 다시 말해 소수민족은 자치나 집단 대표의 권한을 가질 수 있지만, 소수 인종은 그들의 문화적 특수함을 표현할 수 있는 다문화의 권리만을 가질 수 있다(Kymlicka, 1998). 킴리카는 이처럼 인종과 민족에 근거한 집단 권리의 인정이 사회적 문화라는 매개를 통해 자유주의의 개인 우선 원칙과 양립할 수 있다고 주장한다.

킴리카의 논의는 캐나다의 경험에 근거한 특수성contextualism을 자유주의 관점에서 일반화하려는 시도이다. 그는 자유주의에 대한 포괄적인 이해를 통해 다문화주의의 흐름을 자유주의 안에 포용하려고 한다. 그가 제시하는 풍부한 사례는 장점이지만 경험과 이론의 접점에서 과도하게 훼손된 자유주의 원칙들은 아직 해결되어야 할 과제이다. 예컨대 자유주의의 국가 중립성과 자의성의 회피, 개인의 평등한 자유와 공정한 기회의 원칙 등이 집단 대표와 집단 자치, 다문화의 권리 등과 어떻게 논리적으로 양립할 수 있는지를 설명하기 위해 두 가지 전략이 있을 수 있다. 하나는 기존의 자유주의 원칙들을 과도하게 확대해석하여 캐나다식 다문화주의를 정당화하는 것이고, 다른 하나는 기존의 논의에 얽매이지 않고 이러한 정책들을 정당화할 새로운 정의의 원칙을 제시하는 것이다. 킴리카는 지나치게 첫 번째 방식에 집착하고 있지만, 오히려 두 번째 방식이 더 효율적일 수도 있을 것이다.

공화주의 입장에서 문화적 권리를 지지하는 대표적인 이론가인 찰스 테일러는 문화의 중요성을 둘러싼 논쟁을 두 차원으로 나누어 접근한다. 그가 말하는 두 차원은 '존재론적ontological 차원'과 '정책 지지advocacy의 차원'이다. '존재론적 차원'은 하나의 사회현상을 이해하는 기본 요소로서 무엇을 강조하는가에 따라서 개인에 기반한 원자적atomist 관점을 강조하느냐 아니면 공동체에 기반한 총체적holist 관점을 강조하느냐의 차이가 존재한다. '정책 지지의 차원'은, 이러한 존재론적 입장의 차이와 상관없이, 개인의 자유와 권리를 더 중시하느냐 아니면 공동선과 공동체 생활을 더 중시하느냐 하는 선호의 차이를 일컫는다. 테일러가 보기에 여기서 중요한 점은 존재론적 차원에서 원자적 관점의 개인주의를 지지하는 경우라도 정책 지지의 차원에서 공동선과 공동체의 생활을 더 강조하는 데 아무 논리적 문제점이 없다는 것이다(Taylor, 1997).

테일러 자신은 물론 존재론적 차원에서 총체적 이해의 관점을 택하고, 정책 지지의 차원에서 공동선과 공동체 생활의 중요성을 강조한다. 문화 집단의 권리와 관련하여 그는 총체적 이해의 관점에서 문화의 역할이 가진 중요성을 강조하고, 정책 지지의 차원에서도 문화적 생존과 사회적 인정이 공동선을 증진하는 역할을 한다고 본다. 따라서 그는 문화 집단의 존재와 문화적 권리의 인정에 대해 긍정적이다.

테일러에 따르면 모든 문화는 그 문화를 공유하는 사람들에게 삶의 의미를 제공해왔다. 어떤 사람들이 특정 문화를 싫어하고 거부할 수 있지만, 다른 사람들에게 그 문화는 선의 의미와 존중의 느낌을 불러일으킬 수 있다. 이런 맥락에서 테일러는 모든 문화가 동등한 가치를 갖는다고 주장한다. 문화의 동등한 가치에 대한 인정은 곧 인간의 평등함에 대한 인정이다. 인종과 문화에 상관없이 모두가 동등한 시민의 권리와 투표의 권리를 갖듯이 문화 집단의 구성원은 자신의 전통문화가 가치 있는 것이라는 전제를 즐길 권리가 있다는 것이다(Taylor, 1997: 253).

테일러가 보기에 이제까지 서구 지식인들이 다른 문화를 판단하는 기준은 자기중심적이었다. 즉 비서구 문화를 평가하는 근거는 유럽과 미국 중심의 북대서양 문명이었다. 따라서 그들이 다른 문화에 찬사를 보낼 때 그것은 종종 비서구 문화가 북대서양 문명과 똑같아지는 것에 대한 찬사였다. 이러한 태도는 결국 세계의 모든 문화를 동일하게 만드는 결과를 가져올 수 있다. 예를 들어 누군가 "아프리카 줄루족이 만약 톨스토이를 배출한다면 우리는 그것을 읽을 것이다"라고 말했을 때 이 말은 두 가지 의미를 담고 있다. 첫째는 자신들에게 익숙한 톨스토이가 모두에게 위대해야 한다고 생각하는 자민족 중심주의를 당연하게 가정하면서 너희도 톨스토이를 배출해보라고 강요하는 것이다. 둘째는 줄루족이 톨스토이를 배출해내기 전까지는 그들의 문화는 세계 문화에 기여한 바가 없기 때문에 우리는 현재 상태의 그 문화를 존중할 수 없다는 뜻을 담고 있다(Taylor, 1997: 236).

혹자는 아예 한 걸음 더 나아가 오늘날 문화 갈등의 문제는 서구 문화와 다문화주의 사이의 대결이 아니라 문명과 야만 사이의 대립이라고 말한다. 그들은 비서구의 야만에 대항하여 어떻게 서구의 문명을 지킬 것인가가 세계적인 상황의 핵심이라고 주장한다(Kimball, 1991: 13). 테일러가 보기에 이러한 인식들은 상대방과 나 사이의 상호 동등함에 대한 인정의 태도를 결여하고 있다. 테일러는 루슈디 사건에서 볼 수 있었던 "이것이 이곳에서 우리가 행동하는 방식이다"라는 논변이야말로 서구 중심주의와 우월주의가 드러난 가장 대표적인 사례라고 비판한다. 서구 사회는 이미 많은 나라를 식민지로 삼은 자신들의 제국주의 역사와, 다른 문화를 지닌 소수 집단을 주변화시킨 죄로 충분히 잔인했고 무감각했다는 것이 그의 생각이다(Taylor, 1997: 250).

결국 테일러는 존재론적 차원과 정책 지지 차원의 분리를 통해 공화주의 입장에서 소수 집단의 문화적 생존과 사회적 인정의 문제에 대해 가장 적극적인 지지를 보낸 대표적인 이론가가 되었다. 또한 테일러는 이와 같은 분리를 통해 개인과 문화의 관계에 대한 논의를 서구의 문화적 제국주의와 비서구의 문화적 자결권이라는 구도로 바꾸어놓았다. 개인의 우선성을 앞세운 문화에 대한 보편주의적 비판이 곧 서구의 문화적 제국주의와 연결될 수 있다는 그의 논점은 세계적 차원에서 문화적 권리 문제를 바라보는 시각이라는 점에서 의의가 있다. 그러나 이와 같은 단순한 도식화가 문화적 자결권이라는 이름 아래 인간의 보편적 권리와 존엄의 문제를 덮어버릴 가능성 역시 항상 존재한다고 보아야 할 것이다.

테일러와 라즈 그리고 킴리카의 논의는 문화 집단의 존재와 문화적 권리의 인정 여부, 그리고 문화가 중요한 이유라는 질문에 대해 각자 서 있는 철학적 입장의 차이에도 불구하고 비슷한 대답을 내놓고 있다. 이들은 문화가 개인의 정체성 형성에 중요한 역할을 한다는 점을 인정하고, 이와 같은 정체성이 개인의 삶에 의미를 부여하고 그 지평을 결정한다는 점을 인정한다. 또한 이들의 논의에서 문화는 인간의 삶에서 단지 도구적인 수단이 아니라 본질적인 가치를 갖는 것으로 간주되며, 문화적 해석을 통해 인간은 비로소 자유로워지는 것으로 상정된다. 따라서 개인이나 집단이 요구하는 문화적 권리는 당연히 존중되어야 한다. 물론 이들은 모든 인간이 평등하듯이 자신들의 문화에 대한 인간들의 감정 역시 동등한 가치를 가지며, 서로 다른 문화를 하나의 기준으로 비교하는 것은 불가능하다고 믿는다.

그러나 이들의 주장처럼 문화 집단의 존재와 문화적 권리를 적극적으로 인정한다고 해서 다문화 사회가 갑자기 평화로워지는 것은 아니다. 오히려 그러한 사회는 특정 집단에 문화적 권리를 부여함에 따라 서로 다른 문화 집단 사이에 생겨날 수 있는 불평등의 문제를 어떻게 해결할 것인가라는 더 심각한 이론적 문제에 직면하게 된다. 사실 오늘날 인종과 종교, 문화 집단 사이에 일어나는 사회적 인정과 문화적 생존을 둘러싼 전투적인 투쟁들은 이미 그 자체로 불평등을 전제하고 있는 문화적 권리라는 개념에 근거해 다른 집단과의 평등한 권리를 요구하고 있다는 점에서 논리적으로 명쾌하게 정리하기 어려운 복잡함을 안고 있다.

5. 타협으로서 심의다문화주의

이제까지 살펴본 두 진영의 논의는 소수 집단의 문화적 권리가 규범 이론의 입장에서도 정당화될 수 있지만, 그 반대 역시 가능하다는 점을 보여준다. 문화 집단의 사회적 인정 여부와 문화의 중요성에 대한 논의 역시 비판과 지지의 입장이 나름의 근거를 갖고 팽팽한 대치를 이룬다. 여기서 두 진영이 갖는 존재론적 입장의 차이를 어느 한 의견을 지지하면서 해소하려는 시도는 어떤 의미로 중요하지 않을 것이다.

그럼에도 불구하고 두 입장을 매개할 수 있는 최소한의 실마리를 찾는다면 그것은 아마도 문화의 도구적 역할에 대한 평가일 것이다. 즉 문화가 민주주의의 발전과 개인의 인권을 신장하는 데 기여한다면 그 도구적 역할을 인정할 수 있다는 비판론자들의 입장에 근거하여, 비판론자와 지지자들 사이에 합의 가능한 결론을 끌어낼 수 있는 것이다. 테일러의 분류를 빌리면, 오늘날 입장의 차이에 상관없이 왜 문화에 대한 정책 차원의 지지가 필요한가에 대한 검증을 할 수 있다.

상대적으로 동질적인 문화와 인종, 종교의 전통을 갖고 있던 국민국가가 다름과의 공존을 요구하는 다문화의 도전에 직면했을 때 이와 같은 사회 변화는 그 공동체의 민주주의 실현에 두 가지 차원의 위기를 가져온다. 첫째는 대표의 위기이고, 둘째는 연대의 위기이다. 오늘날 많은 문화적 소수 집단들은 하나의 정치 공동체 안에 존재하지만 스스로를 대표할 정치적 권리를 갖고 있지 않다. 시민권citizenship과 영주권denizenship을 구분하는 가장 중요한 기준은 정치적 권리의 보유와 행사 여부인데, 이들은 정치과정에서 스스로의 선택에 의해 자신들을 대표하지 않거나, 또는 대표를 원함에도 불구하고 제도적 제한에 의해 대표되지 못한다. 이들 역시 자신들이 거주하는 정치 공동체를 위해 소비세나 부가가치세 등의 간접세를 납부할 것이다. 분명 공동체 안에 존재하고 있지만 정치과정에 반영되지 않고 있는 사각지대의 사람들이 많다는 사실은 사회 구성원의 목소리가 빠짐없이 대표되어야 한다는 민주주의 원칙에 비추어보면 결코 바람직하다고 말할 수 없다.

예컨대 아렌트 레이파트는 1996년에 행한 자신의 미국정치학회 회장 연설에서 미국 사회의 낮은 투표 참여율 문제를 심각하게 지적하면서 벨기에와 호주가 채택하고 있는 의무투표제의 도입을 제안하였다. 그는 지방선거의 경우 30퍼센트를 겨우 웃도는 투표율도 문제지만, 투표 참가자들을 분석해보면 사회경제적으로 여유 있는 계층이 압도적으로 많기 때문에 사회경제적 약자와 소수의 목소리가 정치과정에 거의 반영되지 않고 있다면서 현재 미국 사회는 중대한 대표의 위기 문제를 겪고 있다고 보았다(Lijphart, 1997). 레이파트의 지적처럼 낮은 정치 참여도 문제지만, 구조적으로 대표의 권리를 거부당하는 집단이 점점 늘어간다는 것은 민주주의 원칙에 비추어볼 때 결코 긍정적인 현상은 아니다.[3]

다문화 사회가 가져오는 민주주의 위기의 두 번째 측면은 사회적 연대의 문제이다. 하나의 정치 공동체는 다수 의견이 요구하는

---

[3] 이 장에서 다루는 민주주의는 시민들의 직접 참여나 그 시민들을 대표하는 의회를 통해 정부를 구성하고 이렇게 구성된 정부는 그 주요 활동에 대해 정기적인 선거를 통해 시민들에게 책임지는 체제라고 정의한다(Schmitter, 2000: 3). 정당성의 근원을 강조하는 규범적 차원의 민주주의 정의에 따르면, 민주적인 체제의 실현을 위한 가장 중요한 전제 조건은 정치적 권리를 갖고 자발적으로 참여하는 시민의 존재 여부, 사회 구성원 모두가 정치과정에서 빠짐없이 대표되고 있는지의 여부, 궁극적으로 정부 권력이 시민들의 힘에 의해 통제가 가능한지의 여부이다.

희생에 소수 의견을 가진 사람들이 승복할 수 있을 정도의 일체감을 요구한다. 갈등을 비폭력적인 방법으로 해결하기 위해서는 시민들이 다수결의 원칙에 동의해야 하고, 이 원칙에 동의할 수 있을 정도의 사회적 연대를 갖기 위해서는 사회적, 문화적 공동의 정체성이 필요하다. 물론 민주주의는 다수결의 원칙과 함께 소수의 권리 보호라는 두 원칙을 필요로 한다. 다수결의 원칙이 받아들여지기 위한 근본적인 전제 조건은 우선 게임의 규칙이 누구에게나 공평하다는 데 동의할 수 있어야 하고, 그 규칙을 통해 내가 이 사회의 소수가 될 때도 있고 다수가 될 때도 있을 것이라는 기대가 가능해야 한다는 것이다. 항상 내가 소수가 되고 항상 내가 희생해야 하는 규칙에는 누구도 동의할 수 없을 것이다. 바꿔 말해 다수결의 원칙과 소수의 권리 보호라는 두 원칙이 공동체의 구성원 모두에게 받아들여진다는 사실은 그들 사이에 공정한 규칙에 대한 합의가 있고, 그 합의를 존중하기 위해 자신의 희생을 감수할 수 있을 정도의 사회적 연대감이 존재한다는 것을 의미한다(김남국, 2004a).

그런데 이 사회적 연대를 위한 조건으로 왜 역사적, 문화적 공동의 정체성까지 거론해야 할까? 그 이유는 만약 규칙을 제정한 역사적 맥락과 사회적 기준이 다르다면 상대방이 제시하는 규칙 자체에 동의할 수 없는 경우가 있기 때문이다. 예를 들어 오늘날 유럽연합에서 2,000만 명에 이르는 이민자 집단의 대부분을 구성하는 무슬림들의 문화는 유럽 문화의 주요 원칙들과 근본적인 차이를 보인다. 이들은 개인의 자유와 사회의 역할 그리고 국가 개입의 범위라는 사회 구성의 원리에 대해 다른 개념을 가지고 있다 (Cantori, 2000). 이처럼 서로 다른 원리에 기반한 두 문화권의 시민들이 공존할 때 그들이 정치 공동체의 목표에 합의할 가능성은 아마도 매우 제한적일 것이다. 또한 그 합의를 담보해줄 사회적 연대감 역시 적어도 동일한 문화를 공유한 집단보다는 약할 것이다. 이렇게 이질적인 시민들이 다수결의 원칙을 받아들이고 그 합의를 지키기 위해 자신의 희생을 감수할 것이라고 기대하는 것은 불가능한 일은 아니지만, 그들이 공유하는 공동의 정체성과 사회적 연대의 수준은 자신들이 속한 국가를 허약한 정치 공동체에 그치게 할 것이다.

이처럼 대표와 연대의 문제라는 두 가지 위기를 가져오는 원인으로서 문화는 오늘날 다문화 사회의 민주주의 실현에 점점 더 핵심적인 변수가 되고 있다. 따라서 인간의 삶에 영향을 미치는 문화의 도구적 중요성은 이미 충족되고 있다고 보아야 한다. 다시 말해 문화적 권리에 대한 지지의 입장은 말할 것도 없지만, 비판의 입장에 서 있더라도 문화가 현실적으로 갖는 도구적 중요성 때문에 어떤 식으로든 소수 문화나 다수 문화 집단이 주장하는 문화적 생존의 요구들을 정치과정에서 고려할 수밖에 없는 것이다.

하지만 문화적 권리를 긍정적으로 고려한다고 해서 모든 문제가 한꺼번에 해결되는 것은 아니다. 문화의 도구적 중요성 때문에 다문화주의 정책의 불가피성을 인정하는 입장에서 보면 다문화주의는 그 실천 과정에서 적어도 세 가지 현실적인 문제점에 부딪치게 된다. 첫째는 문화적 권리를 부여하는 과정에서 생기는 대상

집단 선정의 자의성과 집단 간 불평등의 문제이다. 한 집단의 인종 및 문화적 정체성을 전적으로 인정하고, 다문화의 권리나 자치의 권리, 특별한 대표의 권리 등을 부여하는 일은 문화 집단의 크기와 요구의 강도, 주변의 인정 등 여러 요소를 고려해야 한다. 이러한 절차는 어떤 심사숙고에도 불구하고 항상 중립성에 대한 의문과 자의적인 결정의 여지를 남긴다.

예를 들어 킴리카의 이론에서 개인의 정체성을 형성하는 데 영향을 미치는 두 가지 공동체 즉 민족과 문화 공동체는 종교나 다른 하위 공동체들보다 우월한 지위를 차지하는 것으로 상정된다. 이 기준에 따르면, 만약 다양한 종교를 가진 국가에서 여호와의 증인 신도가 종교적 신념에 근거해 학교에서 국기에 대한 맹세를 거부하고 병역의 의무 이행을 거부했을 때, 민족 공동체의 이해를 위해 종교 공동체의 이해는 희생될 수 있다는 결론을 가능하게 한다. 그러나 여호와의 증인 신도의 정체성은 민족과 문화 공동체보다는 종교 공동체에 기반해 있고, 이 사실을 무시하면 그의 삶의 의미는 심하게 훼손당하게 된다. 즉 다문화주의에서 중요하게 생각하는 개인의 정체성에 대한 존중이, 다문화주의 내부의 공동체에 대한 자의적인 서열 때문에 전혀 보호받지 못하게 되는 결과를 가져오는 것이다(Charney, 2003).

결국 평등이라는 관점에서 보면, 한 집단에게 특별한 문화적 지위를 허용하는 다문화주의 정책의 모순은 영원히 해결 불가능한 것이다. 따라서 배리의 공화주의적 해석처럼 사회정의의 실현을 위해 소수 집단이 주장하는 문화적 생존의 논리를 존중하는 것보다는, 인종과 문화, 종교에 상관없이 모든 개인에게 똑같이 적용되는 법 앞의 평등을 보장하는 것이 더욱 정의의 실현에 가까워지는 길이라고 주장하는 비판이 나오는 것이다.

두 번째 문제는 문화 집단 안에서 개인이 차지하는 지위의 문제이다. 다수 집단이 주장하는 흡수 동화나 소수 집단이 주장하는 강력한 다원주의는 개인이 아닌 집단이 그런 주장을 할 수 있는 도덕적 권리를 가지고 있다고 간주한다. 다시 말해 흡수 동화주의자들은 다수 집단이 단지 크다는 이유만으로 스스로를 보존할 권리를 가지고 있는 것처럼 생각하고, 다원주의자들은 소수 집단이 약자이기 때문에 당연히 스스로를 보존할 권리를 가지고 있다고 생각한다. 그러나 집단에 문화적 권리를 부여한다고 해서 그 집단에 속한 개인의 권리가 보장되는 것은 아니다. 이러한 정책은 오히려 반대의 효과를 가져오기 쉽다. 예컨대 어떤 집단에 부여된 문화적 권리가 그 집단 안에 존재하는 지배적인 파벌의 이익을 옹호하는 데 사용됨으로써 그 집단의 주변에 머물고 있는 개인의 권리를 동등하게 보장하지 않는 경우가 생기는 것이다.

궁극적으로 다수 집단이든 소수 집단이든 그 집단의 운명을 결정할 권리는 구성원 개개인에게 있고, 전체로서 집단에 있는 것은 아니다. 나아가 두 집단 모두 현재의 상태로 고정된 것이 아니라, 역사와 상황에 의해 규정받는 개인들의 집합적인 선택에 의해 변화를 겪게 된다. 집단의 운명 자체가 구성원들의 선택에 의해 끊임없이 변하기 때문에 다수 집단이든 소수 집단이든 그들의 현재 상태가 최종적인 권위를 갖는 것처럼 이해되어서는 안 되는 것이다(Kukathas, 1992; 1994).

세 번째 문제는 다문화주의와 국가 정체성과의 관계이다. 다문화주의는 서로 다른 개인과 집단들을 묶어서 하나의 공동체로 기능하게 하는 상호 신뢰의 기초를 어디에서 구할 수 있는가라는 질문에 대해서는 뚜렷한 답을 제시하지 못한다. 물론 다문화주의를 거부하는 문화적 인종주의는 국가를 단일한 문화적 공동체로 상상 속에서 규정함으로써 스스로를 표현하고 있다. 즉 실제로는 안팎으로부터 끊임없는 공격에 직면해 있는 국가 정체성에 대해, 동질적인 민족 문화라는 고정된 이미지를 구성하여 방어하려고 하는 것이다(Gilroy, 1987: 49-50). 인종에 근거한 절대주의는 쉽고 빠른 해결책을 제시해줄 수 있을지 몰라도 이러한 유사 연대감은 현실의 고통을 덜어주는 데는 궁극적으로 부적절하다. 따라서 인종에 근거한 문화는 인류의 보편적인 정체성과 소통을 필요로 한다(Gilroy, 2000: 6-7). 즉 다문화주의가 사회적 연대의 문제에 답해야 한다면, 문화적 인종주의에 근거해 국가 정체성을 유지하려는 입장 역시 다문화주의의 요구에 답해야 하는 것이다.

다문화주의의 실천에서 생겨날 수 있는 이러한 문제점들은 우리가 추구하는 모든 정치철학은 시대의 산물로서 '지금 여기'라는 시간과 공간의 제약을 받고 있다는 근본적인 철학적 인식에 눈을 돌리게 만든다. 아마도 우리가 알고 있는 모든 도덕적 주장을 반영하고, 갈등하는 서로 다른 개념에 대해 가중치를 두어 문화적 생존을 요구하는 주장에 대응하는 종합적인 원칙을 찾아낸다는 것은 불가능할 것이다. 더구나 서로 다른 삶의 방식을 양립시키기 위해 간신히 찾은 균형점은 '지금 여기'를 지배하는 조건들의 변화에 따라 한 지점에서 또 다른 지점으로 계속해서 이동하고 있다(Raz, 1995: 170). 이러한 사실들은 소수의 요구를 무조건 수용하는 것이 정의는 아니지만, 동시에 선험적인 논리나 논리적 정합성의 필요를 위해 현실적인 삶의 요구를 무시하는 것 역시 불완전한 정의라는 것을 말해준다(김남국, 1993).

결국 문화 집단 간 불평등의 문제나 문화 집단 내 취약한 개인의 지위 문제, 그리고 국가 정체성을 둘러싼 기존 시민과 새로운 이주자 사이의 갈등 등 다문화주의 정책이 현실에서 부딪히는 문제들의 해결책은 타협이 될 수밖에 없다. 이 타협은 문화를 달리하는 개인 사이에 선한 삶에 대한 기준과 평가가 다를 수 있다는 사실, 따라서 모두가 합의할 수 있는 종합적인 원칙의 발견이 가능하지 않다는 사실을 전제한 것이다. 그렇다면 어떤 과정을 통해 이질적인 문화는 타협에 이를 수 있을까? 어떤 방식의 타협일 때 이해 당사자들은 승복할 수 있을까? 우리는 사안에 따라 달라질 타협의 내용을 규정할 수는 없을 것이다. 결국 우리가 제시할 수 있는 것은 타협에 이르는 최소한의 절차적인 규정들이다.

서로 다른 가치 기준을 가지고 있는 개인들 사이의 공정한 타협은 관련된 이해 당사자들이 충분한 토론을 통해 자신들의 의견을 개진한다는 의미의 '심의deliberation'를 통해 이루어질 수 있다. 대화와 토론은 상대방에 대한 이해를 증진할 수 있는 최선의 방법이다(Larmore, 1996: 131-133). 그렇지만 공정한 타협을 위한 심의는 다시 합의 가능한 절차적인 규칙들을 필요로 한다. 그 규칙들은 '상호 존중mutual respect'과 '합리적 대화rational dialogue' 그리고 관련 당사자, 특히 소수에 속하는 개인이나 집단의 '정치적 권리political right' 보장이다. 이 규칙들은, 공동의 문화적 정체성이나 종교적 신념의 공유 등이 사회적 연대의 증진에 더 효율적인 방식들이라 할 수 있지만 그와 같은 방식들로는 시민들이 합의에 이를 수 있다고 보지 않기 때문에 강구된 그보다 더 최소화한 연대를 위한 전제 조건들이다.

'상호 존중'은 상대방 역시 나와 동일하게 인간으로서 권리와 존엄을 가진 평등한 존재라는 인식에서 시작된다. 이것은 사람들이 서로 다른 생활의 방식과 가치 기준을 가지고 있다는 것을 당연하게 인정하는 태도이다. '합리적 대화'에서 '합리적'이란 협력의 공정한 조건으로서 원칙과 기준을 제시할 준비가 되어 있고 다른 사람들도 그렇게 할 것이라는 확신 아래 그 원칙들을 스스로 지킬 생각을 가지고 있음을 말한다. 또한 합리적이기 때문에 모두가 받아들일 것으로 보는 규칙을 자신이 제시하고 자신 또한 다른 사람이 제시하는 공정한 조건에 대해서 토론할 준비가 되어 있음을 의미한다(Rawls, 1993: 49-50).

세 번째 '정치적 권리'란 상호 존중하고 합리적 대화가 이루어지는 공공장에 참여할 수 있는 개인들의 권리를 말한다. 즉 이것은 자신이 속한 공동체의 운명을 결정하는 의사 결정 과정에 시민으로서 참여할 수 있는 권리이다. 정치적 권리는 상호 존중과 합리적 대화라는 절차적 규칙들에 일정한 방향성을 부여한다. 정치적 권리를 통해서 이루는 의사의 결집은 공화주의적 공동선에 대한 관심이 될 수도 있고 또 다른 자유주의적 절차규칙에 대한 관심이 될 수도 있을 것이다.

그렇다면 여기서 정치적 권리는 왜 중요할까? 두 가지를 지적할 수 있다. 첫째, 문화적 소수 집단에게 주어지는 사회복지와 경제적 이익은 민주주의 없이도 제공이 가능하다는 점이다. 예컨대 독재 하에서도 상당 기간 지속적으로 경제적 유인을 제공하는 데 성공한 나라들이 있었다. 이 나라들에서는 사회적 권리와 함께 소극적 의미의 자유까지도 부여되었다(Habermas, 1996: 504-505). 그러나 우리가 그 나라들을 이상적인 정치 공동체로 생각하지는 않는다. 정치적 권리를 갖지 못하는 소수 집단의 존재를 경제적 이익의 지속적인 제공에 근거해서 정당화해야 한다면 그러한 정치 공동체를 민주적이라 부를 수는 없다(김남국, 2004a).

둘째, 정치적 의사 결정 과정에서 소외된 채로 고립된 자치 지역 내에서만 허용된 문화적 권리는 민주적인 정치 공동체가 택하는 안정적인 해결책이 될 수 없다는 점이다. 정치적 권리 없이 주어진 문화적 권리나 사회복지는 상황의 변화에 따라 언제든지 당사자의 동의 없이 일방적으로 철회될 수 있다. 자신이 속한 정치 공동체의 운명에 무관심하고 무능한 상태에서 고립된 지역 내에서 허용된 문화적 정체성의 인정은 쉽게 반전되고 상처를 입는다. 특히 경제 쇠퇴기에 득세하기 시작하는 배타적인 극우파들은 가장 먼저 이들을 희생양으로 삼는다. 정치적 권리는 자신과 자신이 속한 문화 집단의 운명에 대한 자결권을 의미한다. 집약된 의사 표출의 내용에 상관없이 소수 집단이 대표된다는 의미에서 그러

한 정치 공동체는 민주적이다.4

결국 상호 존중과 합리적 대화 그리고 정치적 권리에 의해 이루어지는 '심의'는 이론상 타협을 의미할 수도 있고, 타협을 뛰어넘는 완전한 해결책을 의미할 수도 있다. 그러나 현실에서 그 결과는 근본적인 해결책이라기보다 타협에 더 가깝고, 혁명적인 방법이라기보다 점진적인 방법에 더 가까울 것이다. 따라서 당사자 모두가 심의의 결과에 불만을 느낄 수도 있다. 말하자면 심의를 통해 결정된 어떤 다문화 정책은 기존의 시민이나 다수 집단에게는 너무 큰 양보일 수 있고, 새로운 이주자나 소수 집단에게는 너무 느린 권리의 진전일 수 있다. 하지만 우리가 살아가는 이 사회는 소수의 권리를 보장하는 정치적 공간이 자동으로 펼쳐지는 당

---

4 자유주의와 공화주의의 단점을 보완하는 제3의 접근으로서 심의에 중점을 둔 절차적 민주주의에 대해서는 이미 하버마스가 말한 바 있다. 그는 정치적 공공장political public sphere을 전제하고 정치 문화political culture에 근거한 심의를 주장한다. 그러나 이러한 주장은 다문화 사회의 갈등을 이루는 주요 요소들인 인종과 문화, 종교를 심의의 대상에서 (의도적으로) 제외한다는 점에서 제한적이다. 라모아는 상호 존중과 합리적 대화를 말하고 있지만 기본적으로 절차적 자유주의에 근거하여 공화주의가 가지는 과도한 도덕적 부담을 피하기 위해 정치적인 모든 것을 배제한다. 내가 주장하는 심의다문화주의는 아마도 벤하비브가 강조하는 세 가지 규범조건들과 가장 유사할 것이다. 그녀는 다문화 사회의 도전을 헤쳐 나가기 위한 덕목으로 평등한 상호성egalitarian reciprocity과 자발적인 문화 선택의 권리voluntary self-ascription, 그리고 결사와 탈퇴의 자유freedom of exit and association를 강조하고 있다. 평등한 상호성은 소속 집단의 크기에 상관없이 모두가 똑같은 권리를 가져야 한다는 점에서 상호 존중을 말하고 있으며, 자발적인 문화 선택의 권리는 문화가 자동적으로 개인에게 주어지는 것이 아니라 선택할 수 있는 권리여야 한다는 것으로 합리적 대화를 전제하고 있다. 문화 집단의 결성 및 탈퇴의 자유는 정치적 권리를 보유하고 있을 때 가능한 일이다(Benhabib, 2002).

위의 세계가 아니며, 동시에 분출하는 다양한 목소리들을 평등의 가치에 따라 일방적으로 구획할 수 있는 균질한 세계도 아니다(Kim, 2005b). 따라서 어떤 문화 정책이 정치적 권리를 갖는 구성원들의 참여에 의해 상호 존중과 합리적 대화라는 절차를 통해 도출되었다면 모두가 승복할 만한 정당성을 가지고 있다고 보아야 한다. 이 단순한 규범적 조건들로 이루어진 논의 구조를 우리는 '심의다문화주의'라고 부를 수 있을 것이다. 문화적 권리와 문화 집단의 인정 여부 그리고 문화의 중요성에 대한 논의는 심의다문화주의의 전제 아래 긍정적인 방향의 해결책을 찾을 수 있다.

3장 문화적 권리와 보편적 인권

1. 인권 개념의 변화와 문화적 권리

 문화적 생존이 개인의 자유와 평등을 실현하기 위해 필요한 조건이고 따라서 문화적 권리에 대한 이론적 정당화가 가능하다면, 이러한 권리가 보편적 인권으로 인정받기 위해서는 어떤 조건들을 추가적으로 충족해야 할까?
 서구의 역사에서 시민적 권리와 정치적 권리, 사회적 권리가 차례대로 그 보편적 지위를 획득해왔다면 '문화적 권리'는 1948년 세계인권선언에서 간단하게 언급된 이래 20세기 후반과 21세기 들어 본격적으로 논의의 대상이 되기 시작했다. 따라서 문화적 권리는 여전히 변화하고 있는 유동적인 개념으로 볼 수 있고 이 권리가 보편적 인권으로서 지위를 얻기 위해서는 시간적 제약과 공간적 제한 그리고 도덕적 차이라는 세 가지 한계를 뛰어넘어야 한다.

물론 아직도 보편적 인권이라는 개념이 성립하는지에 대해서는 학자들 사이에 상반된 주장이 대립하고 있다. 예컨대 매킨타이어는 보편적 인권이라는 개념이 공동체적 근거를 결여한 상상 속의 허구라고 주장하며(MacIntyre, 1981: 69-70), 벤담은 실정법에 의해 뒷받침되지 않는 도덕적 권리로서의 인권은 존재하지 않는다고 주장한다(김범수, 2009: 56-57). 반면 크랜스턴은 인간이 인간으로서 가지는 보편적이고 도덕적인 권리로서 인권이 존재한다고 주장하며(Cranston, 1967: 50), 롤즈는 다양한 문화와 종교, 이념을 가진 사람들이 중첩적 합의overlapping consensus를 통해 도달할 수 있는 보편타당한 도덕 원칙에 근거한 인간의 권리가 있다고 본다.

보편적 인권을 지지하거나 비판하는 입장을 두루 고려하면서 인권의 보편성을 구체적인 사회적 맥락 속에서 찾으려는 논의도 있다(양운덕, 2003; 박구용, 2004; 장은주, 2000; 2006; 2009; 장동진, 2006). 인권 논의에서 이들이 현실을 중요시하는 이유는 현실과 분리된 방식으로 정당화된 보편적 인권 개념이 현실을 이상적으로 변화시키는 것이 아니라 오히려 추상화된 이상으로 현실을 파괴할 수 있는 가능성 때문이다(박구용, 2004: 170).

서구의 근대는 권리와 의무를 가지는 개인을 발견해내면서 이성과 과학에 근거해 스스로를 해방시키는 자유주의 철학을 바탕으로 시간적 제약을 뛰어넘어 가장 보편에 근접한 인권의 개념을 만들어냈다. 그러나 근대의 인권 개념이 보편적이라는 수준에 도달하기 위해서는 적어도 두 가지 경계를 더 넘어서야 한다. 하나는 국민국가의 물리적 경계를 넘어서는 것이고, 다른 하나는 문화의 차이가 만들어내는 도덕적 경계를 넘어서는 것이다. 물론 국민국가의 물리적 경계를 넘어서는 일과 문화에 따른 도덕적 경계를 넘어서는 일은 해결하기 쉽지 않은 딜레마에 직면한다.

예컨대 아렌트가 1962년의 아이히만 재판이 두 가지 점에서 잘못되었다고 주장하면서 첫째, 피고를 인류에 대한 범죄가 아니라 유대인에 대한 범죄로 기소한 점, 둘째, 국제법정이 아니라 예루살렘의 법정에서 재판을 진행한 점을 지적했을 때(아렌트, 2006: 54) 그녀는 아이히만의 행위를 세계사적 차원의 반인류적 범죄로 이해해야 한다고 주장하며 이 재판을 이스라엘이라는 국민국가 차원을 넘어서 세계사의 보편적 차원으로 끌어올리고자 하였다.

오늘날 국제형사재판소(ICC)의 출범과 공소시효를 없앤 반인류적 범죄의 신설은 국민국가의 경계를 넘어서는 보편적 인권의 성립에 세계가 한 발 더 다가섰음을 보여준다. 아렌트는 일찍이 배제를 통해 근대성의 법칙을 드러내는 국민국가의 정체성을 형성하는 공간으로서의 집단 수용소, 즉 정치사회적 생명은 없고 생물학적 생명만 남은 사람들로(아감벤, 2008) 이루어진 나치의 집단 수용소를 둘러싼 가장 근대적인 범죄를 국민국가를 넘어서는 세계사적이고 보편적 차원의 범죄로 그 의미를 재규정하기 위해 노력한 것이다.

그러나 이러한 시도는 성취와 함께 위험한 측면을 동시에 갖는다. 보편적 인권이 가지는 상징적 허구의 힘을 무시해서는 안 되지만 구체적인 맥락을 벗어난 논의의 추상화는 현실적 감각을 떨어뜨리고 집행력을 약화시키기 때문이다. 우리는 국민국가의 경계를 넘어서는 과정에서 특정 개인이 추상적인 인간 일반으로 환원되고 그가 직업, 성, 종교, 시민권, 민족적 정체성과 무관하게 보편적 인권의 담지자가 되는 순간 역설적이게도 그의 인권은 사라지는 현상을 목격한다(지젝, 2006: 399). 국민국가의 경계를 넘어서는 정치적 망명자와 난민들, 다양한 사회적 소수자와 원주민들이 직면하는 현실이 대표적인 경우이다.

그렇기 때문에 아이히만 재판에서 이스라엘 총리 다비드 벤구리온과 법무장관 기드온 하우스너가, 예루살렘의 이 역사적인 재판의 심판대에 서 있는 것은 한 개인이 아니며 나치 정부도 아니고 바로 역사 전체에 나타나는 반유대주의라고 주장하면서(아렌트, 2006: 69) 예루살렘의 법정에서 유대인에 대한 범죄를 단죄하는 자신들의 일국주의적 재판을 정당화했을 때 이 재판이 세계사적 차원에서의 반인류적 범죄에 대한 재판으로 승화되지 못한 사실을 일방적으로 비난할 수는 없는 것이다.

다시 말해 국민국가를 배경으로 하는 정치투쟁의 우연적 영역과 무관하게 역사로부터 면제된 천부적 인간 권리로 인권을 설정하는 본질주의적 환원도 위험하지만, 실정법과 공동체적 경계에 의해 구체적인 역사 과정에서 생겨난 사물화된 물신으로만 인권을 간주하는 것도 한계를 갖는다(지젝, 2006: 404). 우리는 보편적 인권을 향한 인간의 열망이 실질적 효력을 가질 수 있는 상징적 허구라는 사실을 인정해야 하고, 국민국가를 배경으로 하는 정치투쟁의 우연적 영역 가운데서 인권의 개념과 내용이 변해왔다는 사실도 인정해야 한다.

근대의 인권이 보편의 수준을 획득하기 위해 넘어야 하는 두 번째 문턱인 문화의 차이에 따른 도덕적 경계는 좀 더 복잡한 논의를 필요로 한다. 이 논의에서 핵심적인질문은 서로 다른 문화를 가진 독립적인 공동체들 사이에서 문화적 차이를 초월하여 도덕적으로 정당화할 수 있는 보편적 인권의 내용이 과연 존재할 수 있는가이다. 이 질문에 답하기 위해서는 우선 인권을 정당화하는 도덕 원칙이 문화에 따라 상대적이기 때문에 보편적 인권은 존재할 수 없다고 하는 문화 상대주의의 주장에 대답해야 한다.

문화에 대한 강조와 천착은 기본적으로 선험적인 천부의 인간적 권리보다는 공동체의 경계를 전제로 한 정치투쟁의 구체적인 역사 과정을 더 자세하게 보여준다. 이처럼 서로 다른 문화에 기반한 도덕 원칙들이 어느 정도까지 보편적인 합의에 이를 수 있는지 대답하기는 쉽지 않다. 그러나 보편적인 인권 개념에서 보편주의의 의미를 다시 점검하여 세분화해보면 문화의 영역에서 확보 가능한 보편적 인권의 내용과 그 변화 과정을 파악할 수 있다. 다시 말해 문화적 상대주의와 보편주의의 다양한 차원을 개념적으로 정리한 다음, 문화의 의미와 문화적 권리의 내용이 1948년 세계 인권선언부터 2005년 문화 다양성 협약에 이르기까지 어떻게 변화해왔는지 살펴보면 보편적 인권과 문화적 권리 사이의 긴장 관계를 이해할 수 있는 것이다.

인권 논의는 이른바 1세대의 시민, 정치적 권리에서, 2세대의 경제, 사회적 권리, 그리고 3세대의 사회적 연대와 문화의 권리로까지 발전해왔다. 예를 들어 마셜의 시민권 논의는 점증하는 계급 갈등을 재분배의 복지를 통해 완화함으로써 모든 시민이 계급을 초월해 신사가 될 수 있는 복지국가의 이론적 토대를 제공했다. 그러나 그가 제시하는 시민적, 정치적, 사회적 권리로 이루어진 시민권의 발전은 기본적으로 재분배의 단위가 되는 국민국가의 경계를 뚜렷하게 전제하고 있다는 점에서 지구화 시대의 인권 모델로서는 한계를 갖는다(Marshall, 1950). 오늘날 사회적 소수가 증가하는 다문화 사회에서 보편적 인권의 논의는 제3세대의 문화적 권리를 포괄해야 하는 지점까지 진전해 있다. 여전히 국민국가의 경계가 가지는 규정력을 무시할 수 없지만 국민국가를 넘어서 지구적 차원에서, 동시에 국민국가 내부의 지역 차원에서 문화적 권리와 보편적 인권의 관계를 논의해야 하는 시점에 와 있는 것이다 (오영달, 2001a; 2001b; 김범수, 2008; 장준호, 2008; 홍태영, 2009).

 이 장에서는 근대의 인권 개념이 보편의 수준에 도달하기 위해 넘어야 하는 두 경계, 즉 국민국가의 물리적 경계와 문화의 차이가 만들어내는 도덕적 경계 가운데 두 번째 차원인 도덕적 경계에 초점을 맞춰 논의를 진행한다. 다음 장에서는 차례대로 문화적 상대주의와 보편주의에 대해 논의하고, 문화적 권리의 내용이 국제협약과 국제적 논의에서 어떻게 변화해왔는지를 살펴본 다음, 결론적으로 보편주의와 상대주의의 차원들을 대비시켜 문화적 권리와 보편적 인권이 양립할 수 있는 상황에 대해 설명하고자 한다.

2. 문화적 상대주의와 보편주의의 다양한 차원

문화는 다양하게 정의될 수 있지만 크게 세 가지 관점으로 나눠 볼 수 있다. 첫째, 문화를 인류의 축적된 물질문명이라고 정의하는 것이다. 이 정의는 물질적인 산물에 초점을 맞추고 있다. 둘째, 예술적, 과학적 창조의 과정을 문화라고 부를 수도 있다. 이 정의는 문화의 창조와 창조하는 사람들에 초점을 맞추고 있다. 셋째, 인류학적 관점에 따라 생활양식을 문화라고 보는 것이다. 유네스코도 이 관점에 따라 문화를 한 사회나 사회적 그룹의 독특한 정신적, 물질적, 정서적 특징들의 집합이라고 정의한다(Stamatopoulou, 2007: 109). 인류학적 관점에서 말하는 문화란 특정한 시대에 특정한 사회에서 공유된 사람들의 생활양식을 일컫는 넓은 의미의 개념이다. 오늘날에는 이러한 인류학적 관점의 정의가 주류를 이루지만 문화의 정의는 시대에 따라 변해왔다. 19세기에 문화는 평범한 것을 뛰어넘는 특별한 문학 및 예술 활동의 결과를 의미했다면, 제2차 세계대전 이후 문화는 일상생활에서 이루어지는 모든 삶의 행위를 뜻하는 것으로 그 의미가 바뀌었다(Arnold, 1963[1869]; Williams, 1958).

생활양식으로서 문화는 한 공동체 안에서 의미를 생산하고 소통시키며 구성원들로 하여금 세계를 보는 특정한 눈을 갖게 함으로써 선택의 기준을 제공한다. 즉 문화는 개인의 정체성 형성에 중요한 영향을 끼치며 근대 세계의 생활 단위인 민족이나 국가와 연계되어 민족 문화나 국가 문화라는 이름으로 안과 밖을 구분하는 경계를 만들어내고 나와 타자를 구분하는 기준을 제공한다(김남국, 2005b: 88). 이러한 관점에서 보면 개인은 체계적인 문화의 산물이다.

그렇지만 모든 생활양식이 문화인 것은 아니다. 생활양식이 문화로 인정받기 위해서는 두 가지 조건을 충족해야 한다. 하나는 특정 생활양식이 학습을 통해 세대에서 세대로 전수될 수 있어야 한다는 점이고, 다른 하나는 그것이 사람들 사이에 공유된 생활양식이어야 한다는 점이다. 다시 말해 사람들 사이에 존재하는 생물학적 본능은 문화가 아니고, 개인의 습관이나 행동 양식 또한 문화가 아니다. 따라서 문화란 보통 사람들 사이에서 공유되고 학습된 생활양식이라고 정의할 수 있다. 여기에서 보통 사람이라고 하는 범주는 상류 계층에 속하는 사람들이 문화의 주체였던 19세기와 비교하여 20세기 중반 이후, 특히 제2차 세계대전 이후에 등장하여 일반화된 개념이다(김남국, 2008: 344).

문화는 생물학적 차이를 중요한 상징으로 사용하지만 생물적인 본능과는 다르다. 다시 말해 문화는 사람들 사이의 관계에서 발생하고, 관계를 규정하고 재생산한다는 점에서 사회적으로 구성되는 것이다. 한 국가 안에서도 다양한 사회적 집단들에 의해 서로 다른 문화가 존재할 수 있다. 이처럼 서로 다른 생활양식을 공유하는 문화 집단이 하나의 공동체 안에 함께 존재할 때 우리는 그 상태를 '다문화 사회'라고 부를 수 있다.

다문화 사회의 미래는 세 갈래로 예상할 수 있다. 첫째, 다양한 문화가 평화롭게 양립하는 문화 공존과, 둘째, 서로 다른 문화가 갈등하는 문화 충돌, 그리고 셋째, 하나의 문화가 다른 문화를 흡수하는 문화 동화가 그것이다.

그러나 오늘날 다문화 사회에서 볼 수 있는 현실은 이러한 세 가지 예상과는 차이가 있다. 말하자면 서로 다른 문화가 어느 방식의 소통이 더 지배적인 지위를 차지하느냐에 따라 권력관계를 형성하고, 이렇게 떠오른 지배적인 문화는 소수 문화로부터 세계에 대한 새로운 해석의 방식이 등장하고 그 해석이 소통되는 기회를 막기 위해 애쓰는 것이다(Geertz, 2000[1973]: 33-54; Giles and Middleton, 1999: 9-55; Said, 1993). 즉 하나의 공동체 안에서 그 사회의 지배적인 문제 해결 방식과 소통의 방식을 독점한 다수 문화는 우월한 지위가 주는 편리함을 좀처럼 소수 문화에 양보하려고 하지 않으며, 대체로 지배적인 문화를 결정짓는 가장 큰 요인이 문화 집단의 크기이기 때문에 다수 집단은 소수 집단의 인원이 증가하는 것을 억제하기 위해 노력한다. 오늘날 소수 집단의 증가를 억제하기 위한 노력의 가장 전형적인 사례는 다양한 형태의 국경 통제일 것이다.

그렇다면 다수 문화와 소수 문화 또는 지배적 문화와 비지배적 문화 사이의 권력관계를 정당화하고 평가할 하나의 기준이 존재할 수 있을까? 표현의 도구로서 언어와 가치 체계로서 종교 등을 포함하는 문화들 사이의 차이는 비교 가능할까? 그 비교를 통해서 문화의 우열을 가릴 수 있을까?

문화의 차이를 비교하는 것이 불가능하다고 보는 입장은 첫째, 인지와 상징이 갖는 특징을 고려하면 가치나 관습을 비교하는 일은 아무 의미가 없고 애초에 이들을 비교할 단일한 기준을 찾기가 어렵다고 본다. 둘째, 문화는 속성상 인접 문화와의 교류를 통해 끊임없이 변화하기 때문에 한 문화로부터 다른 문화와 뚜렷하게 구분되는 어떤 모습을 찾는 것이 쉽지 않다고 본다. 셋째, 그렇지만 이들도 모든 문화가 똑같이 존엄성을 인정받아야 하는 것은 아니고 그 가치를 존중받을 수 없는 문화도 있다고 본다(아리스페 외, 2008: 90). 문화 사이의 비교 가능성을 거부하는 이와 같은 입장은 문화적 상대주의로 간주될 수 있다. 문화적 상대주의는 독립된 공동체의 경계를 초월해 적용 가능한 단일한 법적, 도덕적 기준은 있을 수 없다고 주장한다.

문화적 상대주의에 대해 파레크는 인간의 공통성과 문화적 차이 사이의 균형이라는 관점에서 문화를 비교하고 평가하는 것이 가능하다고 주장한 바 있다(김남국, 2005b: 90). 그는 문화가 비교 불가능하고 오직 그 문화 내부의 논리에 의해 판단되어야 한다는 강한 상대주의의 입장이 절반만 맞다고 본다. 즉 문화는 좋은 삶에 대해 독특하고 복합적인 시각을 제공하고 있기 때문에 하나의 일반적인 기준으로 환원될 수 없고 따라서 문화의 비교 불가능성 주장은 타당한 데가 있지만, 어떤 문화가 인간의 삶을 더 풍요롭게 하는가 또는 보편적으로 공유된 인간의 특징들을 더 존중하는가를 기준 삼아 서로 다른 문화를 비교할 수 있다고 파레크는 주장한다(Parekh, 2000a: 172-174). 결국 파레크는 한편으로 문화적 상대주의의 주장 가운데 인정할 수밖에 없는 부분이 있고, 다른 한편으로 문화적 상대주의를 반박해야 하는 부분이 있다고 말하고 있다.

문화적 상대주의의 다양한 차원을 이해하기 위해 우리는 상대주의의 서로 다른 내용을 서술적, 초윤리적, 규범적 상대주의의 세 차원으로 구분해서 접근할 수 있다(Teson, 1984). 첫째, 서술적 상대주의descriptive relativism는 인류학자들이 그렇듯이 서로 다른 사회는 서로 다른 옳음과 그름에 대한 인식을 갖고 있다고 본다. 즉 우리 사회는 도덕성이란 측면에서 우리 문화 고유의 사회적 실천과 관점을 가지고 있고, 다른 사회는 그 사회에 맞는 도덕의 관점과 실천을 가질 수 있다고 보는 것이다. 이러한 입장은 서로 다른 문화의 가치가 하나의 기준으로 환원될 수 없다는 점을 인정하지만, 동시에 인간의 존엄성을 존중하는 보편적 기준의 성립 가능성도 열어놓고 있다. 따라서 서술적 상대주의는 상대주의의 입장이지만 보편주의와 아직 본격적으로 갈등하지 않는다.

둘째, 초윤리적 상대주의metaethical relativism는 도덕적 진실을 발견하는 것이 불가능하다고 보는 입장이다. 다시 말해 도덕적 문제에 대해 과학적 수단과 같은 타당하고 유효한 방법을 찾을 수 없다고 보는 것이다. 이 입장은 어떤 도덕적 원칙의 올바름을 증명해 보이는 것이 가능하다고 믿지 않기 때문에 서술적 상대주의와 비교할 때 훨씬 더 심각한 도전을 불러일으킨다. 그러나 이 입장도 롤즈의 반성적 평형reflective equilibrium을 고려하면 반드시 보편주의와 양립이 불가능한 것은 아니다(롤즈, 2003: 90-93). 롤즈에 따르면 모든 사람이 즐길 권리에 대해 말하기 위해 도덕적 진실을 발견할 무오류의 수단을 가질 필요는 없다. 단지 미래에 변경 가능성이 열려 있는 하나의 도덕적 원칙을 상대로 다른 하나의 도덕적 원칙을 검증함으로써 궁극적으로 또 다른 도덕적 결론에 이를 수 있다. 즉 초윤리적 상대주의가 주장하는 것과 다르게 서로 다른 문화 사이에서 도덕적 진실을 발견하는 것이 불가능하지 않을 수도 있는 것이다.

셋째, 규범적 상대주의normative relativism는 서로 다른 문화 사이에 적용 가능한 보편적 도덕 원칙은 없으며 개인은 자신의 문화 집단이 제시하는 도덕 원칙에 따라 행동해야 한다고 보는 입장이다. 이 입장은 서로 다른 문화에 속한 인간이 발견해낼 수 있는 보편적 원칙의 가능성을 부정하면서 동시에 그 불가능성을 보편적 원칙으로 주장하는 논리적 모순을 보여준다. 이 관점에서 보면 우리 공동체가 정한 규칙은 도덕적 관점에서 옳을 수밖에 없다. 왜냐하면 이것이 우리의 문화이고 우리는 우리 문화가 제시하는 도덕 원칙에 따라 행동하면 되기 때문이다. 결국 규범적 상대주의는 역설적이게도 문화적 절대주의와 극단적 보수주의로 흐를 가능성을 안고 있다. 그러나 개인이 특정한 사회적 그룹이나 공동체에 속한다는 우연은 도덕적으로 의미 있는 사실이 아니다. 즉 개인의 선택과 상관없이 정해진 출생과 문화적 환경은 개인의 인권을 보장하거나 그의 도덕적 가치를 정하는 일과 아무 상관이 없는 것이다. 따라서 규범적 상대주의는 보편적으로 공유된 인간의 존엄성을 기준으로 하여 서로 다른 문화를 비교할 수 있다고 보는 보편주의적 입장에 대해 가장 취약한 근거를 갖고 있는 셈이 된다.

그렇다면 이와 같은 세 가지 상대주의가 서로 다른 수준에서 갈등하게 되는 보편주의의 내용은 어떻게 구성될까? 문화적 보편주의를 서로 다른 사회의 문화 차이를 뛰어넘는, 우리가 발견할 수 있는 하나의 도덕적 기준이라고 할 때 여기서 보편주의의 의미는 크게 개념, 해석, 실천의 세 차원으로 나누어 생각해야 한다(Donnelly, 2003: 89-106).

첫째, 합의에 이를 가능성이 가장 높은 차원은 추상적 개념 abstract concept 수준에서의 보편주의이다. 예를 들어 1948년의 세계인권선언이 제1조에서 "모든 인간은 태어날 때부터 자유롭고 존엄성과 권리에 있어서 평등하다"라고 규정할 때 어떤 문화적 상대주의도 이 주장을 반박하기는 쉽지 않다. 다시 말해 우리가 보편주의라고 말하는 것은 이처럼 추상 수준이 높은 개념 차원에서 문화의 차이에 상관없이 합의에 이를 수 있는 어떤 사실을 의미하는 경우가 많다.

그렇지만 둘째, 해석interpretation의 차원에서 보편주의가 성립하기는 쉽지 않다. 세계인권선언 제18조의 종교의 자유나, 제19조 의사 표현의 자유 경우에는 개념 차원에서는 보편적 권리로 합의에 이를 수 있더라도 문화의 차이에 따라 그 해석은 다르게 나타날 수 있다. 다시 말해 어떤 문화도 종교의 자유나 표현의 자유를 원칙적으로 거부하지는 않겠지만 그것이 무엇을 의미하는지는 문화적 맥락에 따라 다르게 나타날 수 있는 것이다. 예를 들어 포르노그래피의 허용 범위와 유통 범위는 표현의 자유에 대한 해석에 따라 서구 국가와 이슬람 국가가 다르게 규정할 수 있다. 종교의 자유도 한 나라에서 허용되는 특정 종교 활동이 다른 나라에서는 사이비로 규정되어 금지되는 경우가 있다. 특히 표현의 자유와 종교의 자유가 충돌할 때 이 둘 사이의 관계는 학자에 따라, 국가에 따라, 문화에 따라 해석이 다를 수 있다.

우리는 이 문제에 대한 대표적인 경우를 루슈디가 쓴 책『악마의 시』를 둘러싸고 벌어진 배리와 파레크의 논쟁에서 찾아볼 수 있다. 1988년에 출판되어 이슬람에 대한 신성모독과 표현의 자유를 둘러싸고 세계적 논쟁을 불러일으켰던 루슈디의 책에 대해 두 사람은 서로 다른 입장을 보여준다. 파레크는 만약 아우슈비츠의 비극적인 희생자들을 조롱하고 비웃고 그들의 고난을 사소한 것으로 간주하는 작가가 있다면, 사람들이 그의 소설에 대해 분노하고 소설의 존재 가치를 부정하고 작가에게 비난을 퍼부을 수 있다고 본다. 여기에는 작가에게 좋은 것이 반드시 사회에 유익한 것은 아니라는 판단이 전제되어 있다. 즉 작가는 사회의 관용을 이용하여 자신의 표현의 자유를 남용하고 있는 것이다. 따라서 파레크는 작가의 표현의 자유는 개인이나 집단의 자존심을 지키려는 다른 사람들의 권리와 균형을 이루어야 한다고 주장한다(김남국, 2006a: 406).

반면 배리는 조롱하고 비웃고 희화화할 수 있는 권리는 표현의 자유와 불가분의 관계라고 주장한다. 그는 이와 같은 표현의 자유가 보편적인 인권의 일부로서 문화나 종교의 압력에 의해 영향을 받을 수 있는 것이 아니라고 주장한다. 따라서 루슈디의 표현이 신성모독이라는 비판을 받는 것과 별개로 그것이 정당한 표현의 자유로 인정되어야 한다고 본다.

한편으로 루슈디 자신은 종교적인 언어가 그렇지 않은 다른 언어보다 더 많은 특권을 가져야 한다는 주장은 성립될 수 없다고 말한다. 만약 그렇게 되면 특정 종교의 추종자들은 더 많은 자유를 갖게 된다는 것이다. 즉 그들은 자신들이 믿는 것을 믿을 자유를 가질 뿐만 아니라, 다른 사람들이 그 믿음에 대해 동의하지 않는 것을 방해할 자유까지 갖게 된다(김남국, 2004b: 355; 2006a: 407).

이처럼 파레크와 배리, 루슈디는 어느 누구도 표현의 자유 자체에 대해 부정하지는 않지만 그 구체적 해석에 있어서는 서로 다른 입장을 보여준다. 즉 문화 상대주의가 가지는 부정적인 점을 비판하면서 보편주의의 성립 가능성을 주장하더라도 추상적인 개념 차원을 넘어선 해석의 차원에서도 보편주의가 성립하기는 쉽지 않은 것이다.

이러한 어려움은 셋째, 실천implementation의 차원으로 가면 더욱 뚜렷해진다. 예를 들어 세계인권선언 제5조 "누구도 고문을 당하거나 잔인하고 비인간적이고 불명예스러운 대우나 처벌을 받아서는 안 된다"는 조항을 놓고 과연 잔인하다는 범주에 사형제가 들어가는가에 대해 세계 각국은 서로 다른 실천을 보여주고 있다. 유럽연합은 국제적인 사형제 폐지 운동을 주도하면서 자신들이 이 운동에서 보여주는 영향력을 '규범적 권력normative power'이라고 명명한 바 있다(Manners, 2002). 즉 무엇이 이상적이고 정상적인 것인가에 대한 관념을 형성하고 스스로 모범을 보임으로써 영향력을 행사하는 것을 기존의 시민적, 군사적 권력과 구분하여 '규범적 권력'이라고 부른 것이다. 유럽연합의 주요 회원국 가운데서는 영국이 1999년에 사형제를 폐지하였고 현재는 거의 모든 국가가 사형제를 잔인한 대우와 처벌을 금하는 세계인권선언 제5조의 위반으로 간주하고 있다. 반면 미국과 일본, 러시아, 중국, 인도 등은 여전히 사형제를 시행하고 있으며 한국의 경우에는 1997년 12월을 마지막으로 사형 집행이 없다는 이유로 사실상 사형제 폐지 국가로 분류되고 있다.

유럽 각국은 헤드스카프 등 종교적 상징물을 공공장소에서 착용할 수 있는가에 대해서도 서로 다른 실천을 보여준다. 독일과 영국, 네덜란드, 스위스 등은 종교적 상징물의 착용에 대해 어떤 규제도 가하지 않지만 터키와 벨기에, 프랑스 등은 법을 통해 그러한 행위를 엄격하게 규제한다. 물론 후자의 나라들 역시 추상적 개념 차원의 종교의 자유에 대해서는 누구도 반대하지 않을 것이다. 그런데 유럽 국가들의 반대 이유도 동일하지는 않다. 예를 들어 벨기에는 공교육의 형평성과 중립성이 종교의 자유보다 우선한다는 이유를 내세웠고, 프랑스는 정교분리의 세속주의가 프랑스 민주주의를 지키는 주요 이념이라는 이유로 그러한 행위를 금지하고 있다. 2004년 유럽인권재판소European Court of Human Rights는 이스탄불대학의 헤드스카프 금지에 대해 종교와 양심, 신앙의 자유는 침해할 수 없는 권리이지만 다양한 종교가 공존하는 민주 사회에서 서로의 이해를 양립시키고 모두의 믿음이 존중받기 위해서는 제한이 필요할 수도 있다고 판결하였다(European Court of Human Rights, June 29, 2004).

종교의 자유와 잔인한 처벌의 금지라는 개념 차원의 보편적 인권에 동의하면서도 구체적 실천의 차원에서 나라에 따라 다른 모습으로 나타나는 이와 같은 현실은 서술적 상대주의가 아직 호소력을 갖는 영역이 있음을 보여준다. 다시 말해 해석과 실천의 차원에서 보편주의를 주장하기는 쉽지 않으며 이 두 차원에서 각각 초윤리적 상대주의와 서술적 상대주의가 영향력을 발휘할 여지가 남아 있는 것이다.

다음에서 살펴볼 1948년 세계인권선언에서 2005년 유네스코 문화 다양성 협약에 이르기까지 문화적 권리에 관한 규정의 변화를 추적하면, 그 의미와 내용을 놓고 여전히 '해석'과 '실천'의 차원에서 초윤리적 상대주의와 서술적 상대주의의 영향력이 강력하게 남아 있지만, 문화적 권리가 '개념' 차원에서 구체화되는 방식으로 보편적 인권에 속하는 문화적 권리의 범위를 점점 확장해왔다는 사실을 발견할 수 있다.

3. 1948년 세계인권선언: 전후 정치 환경과 문화적 권리의 부재

문화적 권리는 국제사회에서 그동안 상대적으로 주목받지 못했거나 때로는 적대적인 시선으로 외면을 받은 주제였다. 그 이유는 다양하게 찾아볼 수 있다. 첫째, 문화적 권리가 갖는 배타적 성격이 한 이유일 것이다. 대부분의 인권이 권리 주체의 보편적 확장을 지향하는 데 비해 문화적 권리는 특정 공동체의 역사적 경험을 바탕으로 형성된 정체성에 근거하여 권리 주체의 배타적 설정을 주장한다. 둘째, 문화적 권리는 문화적 소수나 원주민의 권리와 정체성을 보호하기 위한 것이지만 동시에 분리주의를 장려하고 궁극적으로 국민국가의 통일성을 위협할 수 있다는 점 때문에 쉽게 지지받지 못하기도 하였다. 셋째, 문화적 권리는 사회경제적 권리를 확보한 이후에 시도해야 하는 예외적인 권리라는 인권의 발달 순서에 대한 인식 그리고 그 과정에서 이미 성립된 보편적 권리와 문화적 권리가 충돌할 가능성에 대한 염려도 한 이유가 되었다. 넷째, 문화적 권리는 또한 공동체의 경계를 강화함으로써 상품과 서비스, 노동과 자본의 자유로운 이동을 주장하는 현재의 신자유주의 조류와 갈등을 불러일으킬 수 있기 때문에 외면받기도 하였다. 다섯째, 문화에 대한 논란 자체가 문화적 상대주의를 불러일으킬 수 있다는 우려, 나아가 제2차 세계대전 이후 간신히 확보한 보편주의를 상실할 수 있다는 두려움도 국제사회에서 문화적 권리를 논의하기 어렵게 만든 하나의 이유였다(Francioni and Scheinin, 2008: 3-6; Stamatopoulou, 2007: 4-6).

1948년 세계인권선언에도 전후 문화적 권리에 대한 부정적 시각이 반영되어 있다. 이 선언은 예외적인 권리의 보장을 통해 인권을 향상시키기보다는 보편적 권리의 제시를 통해 인권을 향상시킨다는 자유주의적 접근을 택하고 있었다. 당시 유엔이 보편적 인권에 대한 선언문을 준비하려고 하자 미국인류학회는 세 가지 경고를 보낸 바 있다. 이를 요약하면 다음과 같다. 첫째, 개인은 자신이 가진 문화를 통해 개인성을 실현하며 따라서 개인의 차이에 대한 존중은 문화적 차이에 대한 존중을 의미한다. 둘째, 문화 사이의 차이에 대한 존중은 문화를 질적으로 평가할 기술이 발견되지 않았다는 과학적 사실에 의해 유효하다. 셋째, 기준이나 가치는 문화마다 상대적이기 때문에 어떤 한 문화의 믿음이나 도덕률에 근거한 명제를 보편적 인권으로 이론화하려는 시도는 바로 그만큼 그것의 인류 전체에의 적용을 불가능하게 만든다(American Anthropological Association, 1947: 539). 미국인류학회가 제시한 이러한 원칙은 한 사회에서 받아들여진 인권의 원칙이 다른 사회에서는 거부될 수 있으며 문화의 차이를 무시한 보편적 인권의 제시가 오히려 인권을 손상시킬 수 있다는 서술적 상대주의 또는 초윤리적 상대주의에 기반한 것이었다.

그러나 세계인권선언은 '해석'이나 '실천' 차원에서 서술적 상대주의의 유효성을 인정하면서 '개념' 차원의 보편주의를 확보하는 데 주력했고 논란을 불러일으킬 수 있는 문화적 권리의 내용에 대해서도 높은 추상 수준의 정의를 제시할 뿐 '해석'과 '실천'의 차원에 이르기까지 구체적으로 규정하지는 않았다. 이 선언의 제27조 1항 "모든 사람은 공동체의 문화생활에 자유롭게 참여하고, 예술을 감상하며, 과학의 진보와 그 혜택을 향유할 권리를 가진다"와 2항 "모든 사람은 자신이 창조한 모든 과학적, 문학적, 예술적 창작물에서 생기는 정신적, 물질적 이익을 보호받을 권리를 가진다"가 직접적으로 문화적 권리를 언급하는 유일한 구절이다. 이 조항은 문화적 권리의 내용과 주체에 대해 문화적 소수나 원주민의 공동체적 권리보다는 개인적 차원의 권리로 규정하고 있다. 다시 말해 제27조는 지배적인 문화 공동체의 일원으로서 문화생활을 향유하는 개인이 국가정책으로 나타나는 문화를 즐길 수 있는 권리에 대해 말하는 것인지 아니면 종교적, 언어적, 인종적 소수에 속하는 개인이 지배적인 문화 체계 아래에서 정체성을 찾지 못할 때 마땅히 누려야 하는 권리에 대해 말하는 것인지 뚜렷하게 구분하고 있지 않다.

흥미롭게도 문화적 권리를 다룬 제27조를 최종 채택하는 과정에서 유엔인권위원회와 소수자 보호 및 차별 방지에 관한 소위원회는 더 구체적이고 적극적인 문화적 권리에 대해 초안을 준비하거나 토론한 바 있다. 세계인권선언 준비를 위한 위원회의 비서로서 인권선언의 초안 대부분을 쓴 험프리John Humphrey는 소수minorities에 대해 문화, 종교, 언어 면에서 한 나라의 지배적 그룹과 달라서 자신들의 문화적, 종교적, 언어적 정체성을 보존하거나 육성하기를 원하는 그룹이라고 정의하고 소수의 보호는 차별로부터의 보호와 동화로부터의 보호를 포함한다고 보았다. 소위원회가 채택했던 로터파트와 험프리의 문화적 권리 조항은 "인종, 언어, 종교적으로 다수 이외에 상당한 숫자의 소수가 존재하는 국가에서 그러한 소수에 속하는 사람들은 공공질서 및 안보와 양립하는 한 학교와 문화, 종교적 기관을 설립하고 유지할 권리를 가지며 언론, 공공집회, 법정, 국가기관에서 자신의 언어를 사용할 권리를 가진다"고 규정하고 있었다(Morsink, 1999: 270-272).

그러나 이 초안은 미국이 의장을 맡은 워킹그룹에서 몇 가지 이유로 삭제되었다. 미국은 기본적으로 소수 문제는 유럽의 문제이며 미국 내에 다양한 인종적, 언어적 집단들이 존재하지만 소수 문제는 없다는 이유를 제시했다. 벨기에는 히틀러가 1920년대 국제연맹 헌장에 규정된 소수의 권리에 근거하여 다른 나라에 있는 소수 독일인의 지위를 문제 삼아 개입과 침략을 정당화했다는 점을 들어 반대하였다. 브라질은 외국인이 학교와 법정, 그 외 환경에서 그들의 모국어를 사용하게 되면 포르투갈어를 배우는 데 관심이 없을 것이며 결국 브라질 국민들 사이로 동화되려는 관심도 갖지 않게 될 것이라는 이유로 반대하였다. 그 외에 많은 나라들이 설득당한 또 하나의 중요한 반대 근거는 세계인권선언 제2조의 차별 금지, 제18조의 종교의 자유, 제26조의 교육의 권리 등에 의해 소수의 권리가 충분히 보장될 수 있기 때문에 굳이 문화적 소수의 권리를 따로 넣을 필요가 없다는 것이었다.

결정적으로 대다수의 나라가 문화적 권리에 등을 돌리게 된 것은 벨라루스 대표 카민스키의 연설을 통해서였다. 그는 언어와 문화에 대한 권리는 개인이 누려야 할 가장 중요한 인권 가운데 하나라고 주장하며 호주가 애버리지니 집단의 강제 제거 정책을 수행해왔다는 사실, 미국에서 인디언이 거의 멸종 위기에 처했다는 사실을 모른 체할 수 없다고 말하였다. 또한 그는 식민지에서 원주민의 문화가 발전하거나 장려되고 있다는 증거는 없으며 영국 식민지에 사는 사람들의 90퍼센트가 문맹자라고 비판하였다(Morsink, 1999: 272-280). 이 연설은 비판의 대상이 된 해당 국가들과 식민지를 경영했던 유럽의 많은 나라들을 문화적 권리에 대한 반대 입장으로 돌아서게 만들었다.

유엔인권위원회는 문화적 권리처럼 논란이 심한 조항들을 삭제하거나 최소화하면서 합의 가능한 추상적인 '개념' 차원에서 보편적 인권에 대해 정리해나갔다. 하지만 이렇게 정리된 높은 추상 수준의 선언문을 채택하기 위한 1948년 12월 10일의 3차 유엔총회 마지막 표결에서도 모든 참석 국가가 찬성한 것은 아니었다. 마지막 표결에서 48개 국가의 찬성과 반대 없음이 나왔지만 그 외에도 8개 국가의 기권이 있었다. 소련은 제29조에 규정된 "개인의 권리와 자유는 도덕의 정당한 요구와 공공질서, 민주적 사회democratic society의 일반 복지를 충족시키려는 목적에서 제한될 수 있다"는 내용에 "민주적 국가democratic state의 상응하는 요구에 의해서도 제한될 수 있다"는 내용의 추가를 제안했다가 표결로 거부당하자 최종 투표에서 기권하였다. 사우디아라비아는 제16조의 남녀가 동등한 결혼의 권리를 가진다는 내용, 제18조의 종교와 믿음을 바꿀 권리를 가진다는 내용에 반대하여 기권하였다. 남아프리카공화국은 세계인권선언이 자국 내에서 벌어지는 인도인에 대한 대우를 비난하는 데 이용될 수 있다는 이유로 기권하였다(Morsink, 1999: 21-28).

세계인권선언은 나치의 반인류적 범죄에 대한 혐오를 배경으로 서로 다른 문화권의 대표들이 모여서 보편적 인권의 전범을 마련한 이른바 중첩 합의의 대표적 사례로 간주될 수 있다(김비환, 2009: 22-24). 적어도 37개 기독교 국가, 11개 이슬람 국가, 6개 사회주의 국가, 4개 불교국가 등이 모여서 이루어낸 '개념' 차원의 보편적 인권 수립을 향한 중요한 성취였다. 그러나 이 선언은 제2차 세계대전 직후의 국제정치 환경과 각국의 이해를 반영하고 있고 따라서 그 과정에서 논란이 심했던 문화적 권리는 가장 소극적 형태의 추상적인 '개념' 차원 언어로 표현되는 데 그치고 있다.

4. 1966년 협약들과 2005년 문화 다양성 협약: 문화적 권리의 발전

세계인권선언에서 소극적으로 언급된 문화적 권리는 1966년 두 개의 규약 '경제적, 사회적, 문화적 권리에 관한 국제 규약(ICE-SCR)'과 '시민적, 정치적 권리에 관한 국제 규약(ICCPR)'에서 다시 등장한다. 문화적 권리와 관련하여 두 규약은 공통점과 차이점을 동시에 보여주는데, 예를 들어 세계인권선언에서 언급되지 않은 민족자결권이 두 규약에서는 제1조에서 똑같이 언급되고 있다. 세계인권선언 이후 국제사회에서 민족자결권에 대한 언급은 1960년의 유엔총회 결의안 1514호 '식민지국가와 민족에 독립을 주기 위한 선언'에서 처음 나타난다. 이 선언은 "모든 민족은 자결권을 갖는다. 이 권리를 통해 그들은 자신들의 정치적 지위를 자유롭게 결정하고 경제적, 사회적, 문화적 발전을 자유롭게 추구한다"고 규정하고 있다. 1966년의 두 규약은 1960년 유엔총회 결의안에서 처음 등장한 민족자결권을 그대로 이어받고 있는 셈이다.

그러나 '경제적, 사회적, 문화적 권리에 관한 국제 규약'이 문화적 권리에 대해 이를 개인적 차원의 권리로 국한하며 세계인권선언의 내용을 그대로 반복하고 있다면, '시민적, 정치적 권리에 관한 국제 규약'은 최초로 집단의 문화적 권리에 대해 언급하고 있다는 차이가 있다. 즉 '경제적, 사회적, 문화적 권리에 관한 국제 규약'은 제13조에서 교육의 권리에 대해, 제15조에서 문화생활에 참여할 권리, 과학적 진보를 향유할 권리, 자신이 저자인 과학, 문학, 예술 활동의 결과로부터 나오는 도덕적, 물질적 이해를 보호받을 권리 등에 대해 규정하고 있는 반면, '시민적, 정치적 권리에 관한 국제 규약'은 제27조에서 "인종적, 종교적, 언어적 소수가 존재하는 국가에서 소수에 속하는 사람들은 공동체 내의 다른 사람들과 함께 자신의 문화를 향유하고, 자신의 종교를 고백하고 실천하며, 자신의 언어를 사용할 권리를 거부당하지 않는다"고 하여 개인의 차원을 넘어선 소수 집단의 문화적 권리에 대해 규정하고 있다.

  1992년의 '민족적, 인종적, 종교적, 언어적 소수에 속하는 사람들의 권리에 대한 선언'은 1966년 '시민적, 정치적 권리에 관한 국제 규약'에서 부정문 형식의 소극적 표현에 그쳤던 소수 집단의 문화적 권리에 대한 규정을 긍정문 형식의 적극적 표현으로 바꾸고 있다. 즉 이 선언의 제2조는 "소수 집단에 속하는 사람들은 어떤 방해나 차별 없이 자유롭게 자신의 문화를 향유하고, 자신의 종교를 고백하고 실천하며, 사적, 공적 장소에서 자신의 언어를 사용할 권리를 가진다"고 규정하고 있다. 1992년의 이 선언은 1989년의 '아동의 권리에 관한 협약' 제30조에 등장했던 원주민의 권리에 대한 보장과 1990년 유럽안보협력회의(CSCE) 코펜하겐 문서에 등장했던 소수 집단의 권리에 대한 보장 등 여러 계기를 통해 제기되어온 비슷한 내용의 문서를 유엔이 뉴욕총회에서 강화된 결의안으로 채택한 것이다. '시민적, 정치적 권리에 관한 국제 규약'

제27조 및 1992년 유엔의 권리선언 제2조에 규정된 소수 집단의 문화적 권리에 대한 해석은 점점 더 적극적으로 그 범위를 확대해 가면서 토지와 자원의 사용 권리, 이러한 사용 권리와 개발계획의 제한 여부, 토지 및 자원과 관련된 결정에서 국가의 사전 협의 요구 등 주요한 이슈를 만들어냈다.

그러나 대체로 유엔인권위원회의 결정은 토지와 자원의 사용에 관한 내용이 소수 집단의 문화적 권리 실현과 불가분의 관계에 있기 때문에 이를 존중해야 한다는 것이었다. 예를 들어 1990년 캐나다의 오미나약Ominayak 사례의 경우 독특한 문화적 공동체로서 원주민의 생존은 토지와 밀접한 관계를 갖고 있기 때문에 원주민 땅에서 가스나 기름 탐사를 위한 리스 허용과 목재 개발 허용이 불법이라고 결정하였다. 1993년 뉴질랜드의 마후이카Mahuika 사례의 경우에도 어업권에 대한 통제와 사용은 소수 집단의 문화 보호에 결정적인 역할을 하기 때문에 이를 존중해야 한다고 결정하였다. 이러한 결정들은 '시민적, 정치적 권리에 관한 국제 규약' 제27조가 규정하는 소수 집단 및 원주민의 생활 방식에 관한 권리를 보호하기 위해 토지와 자원의 사용권을 보장하는 것이 문화적 권리의 핵심 내용을 이룬다고 본 데 따른 것이다(Stamatopoulou, 2007: 180-181).

소수 집단의 권리 범위가 토지 및 자원에 대한 사용권으로 확장되면서 집단적 문화 권리의 내용도 그 권리의 주체에 따라 세분화되기 시작했다. 현재까지의 논의는 소수 집단을 다시 소수 인종과 소수민족 그리고 원주민으로 구분하고 각각의 집단이 요구하는 권리의 종류가 다르다고 보는 것이다. 소수민족과 소수 인종을 구분하는 가장 중요한 기준은 새로운 사회로의 통합이나 이주 과정에서 자신들이 스스로 다수 사회와의 통합을 원했는지 따지는 '자발성voluntariness'의 여부이다. 소수 인종은 비교적 최근에 자발적인 이민을 통해 자신의 삶의 근거를 정착 국가로 옮긴 사람들인 반면 소수민족은 역사 속에서 비자발적인 전쟁이나 정복, 조약 등을 통해 다수 사회로 합병된 사람들을 가리킨다. 따라서 소수민족의 경우 자신들의 영토적 기반과 언어, 문화 등을 가지고 있고 이에 근거하여 집단 자치권self-government이나 집단 대표권self-representation을 요구한다. 반면 소수 인종은 다문화의 권리polyethnic rights를 요구하지만 자신들의 전통적인 영토나 공동체로서 뚜렷한 물리적인 경계를 갖고 있지 않기 때문에 집단 자치권이나 집단 대표권을 요구하지는 않는다. 즉 이들은 문화적 차원에서 자신들의 기존 정체성을 지킬 수 있기를 바라지만 정치적, 사회적, 경제적으로는 정착한 국가의 주류 사회에 차별 없이 편입되기를 원한다. 소수민족은 다시 원주민과 구별되는데 이 두 그룹을 구분하는 기준은 그들이 국민국가 건설 과정에서 다수 집단에 대항하는 의미 있는 경쟁자였는가 여부이다. 따라서 영국의 스코틀랜드 사람들은 소수민족이라고 부르지만 호주의 애버리지니는 원주민이라고 부른다(김남국, 2008: 345-346).

  킴리카와 밴팅은 각 집단이 요구할 수 있는 문화적 권리의 내용을 구체적 항목으로 정리하고 있다. 먼저 소수 인종이 요구하는 문화적 권리로는 헌법이나 입법을 통한 다문화주의의 인정, 학교 교과과정에서 다문화주의의 채택, 미디어에서 소수 인종의 출연 보장, 법에 의한 자유로운 복장이나 종교 행위의 보장, 이중국적의 허용, 소수 인종의 문화 활동을 위한 재정적 지원, 이중 언어 교육을 위한 재정적 지원, 불리한 이민자 집단을 위한 역차별 정책의 시행 등이 있다.

반면 소수민족이 요구하는 집단 자치와 대표권의 항목으로는 연방제 아래 영토의 자율성 보장, 지역이나 전국적 차원에서 공식적인 언어 지위의 부여, 중앙정부나 법원에서 집단 대표의 보장, 소수 언어 사용 학교나 미디어에 공적인 재정 지원, 다민족주의에 대한 헌법이나 의회 차원의 보장, 국제회의나 기구에서 소수민족의 대표 허용 등이 있다.

원주민이 요구하는 집단 자치와 대표권의 항목으로는 토지권의 인정, 자치권의 인정, 소수민족이 맺은 기존 조약 준수 및 인정, 언어 및 사냥 등의 문화권 인정, 중앙정부에서 자문 및 대표권 인정, 원주민에 대한 특별한 지위 부여, 원주민의 권리에 대한 국제적 지지, 역차별 정책 인정 등이 있다(Banting and Kymlicka, 2006: 56-62).

이처럼 소수 집단 및 원주민의 문화적 권리가 그 내용상 세계인권선언 이후 최근에 이르기까지 보편적 인권의 항목으로서 범위를 확장해가고 있는 것은 사실이지만 아직 국제사회에서 완전히 합의에 이르지 못한 내용들도 많이 있다. 소수 집단의 권리 보호를 통해 문화 다양성을 보호하고 장려한다는 발전 방향 자체가 문화적 상대주의를 인정하는 측면이 있고 이러한 인정은 문화적 보편주의와 긴장하는 측면이 있기 때문이다. 예를 들어 1993년 6월 유엔 세계인권회의에서 채택한 '비엔나 선언'은 인권의 보편성을 확인하면서도 국가 및 지역의 특수성과 역사, 문화, 종교적 배경의 중요성을 고려하여 인권의 내용을 판단해야 한다는 조건을 추가하였다. 문화 다양성의 보호가 중요하다는 사실 자체는 보편적으로 인정되지만 서로 다른 사회에서 어느 정도 넓이와 깊이의 권리가 문화 다양성의 이름 아래 보장되어야 하는지에 대한 합의에는 이르지 못하고 있는 것이다.

문화 다양성의 보호에 대해 현재까지 진행된 논의를 가장 포괄적으로 담은 문서는 2001년에 채택된 '유네스코 세계 문화 다양성 선언'이다. 이 선언은 제1조에서 문화 다양성이 인류 공동의 유산임을 규정하고, 제4조에서 문화 다양성의 보호는 인간 존엄성의 존중과 분리될 수 없고 특히 소수 집단과 원주민의 자유와 인권을 지키는 것을 의미한다고 주장한다. 제7조에서는 창의성의 원천으로서 문화유산이 보존되고 고양되어야 한다고 주장하고, 제8조에서는 문화 상품과 서비스의 특수성에 대해, 제10조에서는 국제 연대를 통해 경쟁력 있는 문화 산업을 육성할 필요성에 대해, 제11조에서는 시장의 힘만으로 보장될 수 없는 문화 다양성의 보전과 증진을 위해 공공 부문, 민간 부문, 시민사회의 협력이 중요하다는 것을 강조하고 있다. 이 선언은 실천을 위한 실행 계획으로 20개 항으로 이루어진 별도의 문서를 채택하였다.

그러나 가장 포괄적인 이 선언에서도 초안에 포함되어 있었지만 최종안에서 합의에 이르지 못해 채택되지 않은 내용들이 존재한다. '문화 정체성'에 대한 논의가 이에 해당하는데, 일반적 가치로서가 아닌 구체적 권리로서 문화 정체성이 존중받을 권리, 문화 정체성의 토대로서 언어권, 그리고 문화 정체성을 존중하는 교육권 등은 최종 논의 과정에서 삭제되었다(UNESCO, 2001). 아마도 문화 다양성 대신에 문화 정체성이라는 개념을 도입할 경우 이 단어가 가지는 포괄성의 범위가 국민국가의 주권을 위협할 정도로 넓다는 점이 그 이유였을 것이다. 이 선언의 제5조는 문화 다양성을 존중하는 문화적 권리에 대해 세계인권선언 제27조와 '시민적, 정치적 권리에 관한 국제 규약' 제13조 및 제15조에 근거해 구체적으로 정의하고 있다. 즉 문화적 권리란 모든 사람들이 스스로 선택한 언어로 자신의 작품을 창조하고 배포할 자유와 문화 다양성을 존중하는 교육과 훈련을 받을 수 있는 권리, 그리고 자신이 선택한 문화적 생활에 참여하고 실천할 수 있는 권리라고 규정하고 있다.

　2005년 10월 유네스코는 미국과 이스라엘 등 2개국이 반대하고, 오스트레일리아와 니카라과, 라이베리아, 온두라스 등 4개국이 기권하고, 148개국이 찬성하는 가운데 '문화적 표현의 다양성 보호와 증진에 관한 협약'을 채택하였다. 이 협약은 30개 국가가 비준을 마치고 나서 3개월이 지난 시점인 2007년 3월 18일부터 국제 협약으로서 효력을 발휘하기 시작하였다. 이 협약은 2001년 선언의 연장선상에 있지만 몇 가지 점에서 2001년 선언과 뚜렷한 차이를 보여준다. 첫째, 이 협약은 문화 다양성 선언 제1조부터 제7조까지에서 규정된 문화 다양성과 창조성, 인권과의 관계, 그것이 문화유산으로서 가지는 가치 등에 대해 언급하지 않고, 제8조부터

제11조까지에서 강조된 문화 상품성과 표현의 문제에 초점을 맞춰 문화의 경제적 측면을 강조하고 있다. 둘째, 문화 다양성 협약의 제2조 2항은 "국가는 유엔헌장과 국제법의 원칙에 따라 자국 영토 내에서 문화적 표현의 다양성을 보호하고 증진하기 위한 조치와 정책을 채택하는 주권적 권리를 갖는다"고 하여 국민국가의 주권적 권리를 강조하고 있다(박선희, 2009).

유네스코는 이 협약이 2001년 선언의 일부만을 다루고 있는 것은 문화 다양성의 측면들이 이미 존재하는 다른 협약들, 즉 세계저작권협약, 세계문화유산 및 자연유산 보호협약, 무형문화유산 보호협약 등을 통해 보장되고 있기 때문이라고 주장한다. 따라서 이 협약은 주로 문화적 활동과 상품 그리고 서비스를 통해 접근 가능한 문화적 표현의 다양성에 중점을 두고 있다는 것이다(유네스코한국위원회 편, 2008: 316). 이 협약은 무엇보다도 자본과 노동의 세계화에 직면한 여러 나라가 문화 다양성의 가치 증진을 바탕으로 세계화의 부정적인 측면에 맞서 자국의 문화 산업을 보호하려는 이해를 반영하고 있는 것으로 볼 수 있다. 즉 이 협약에서 갑자기 문화적 권리의 경제적 측면과 국민국가의 주권적 권리가 강조된 배경에는 미국 문화 산업의 위협으로부터 자국의 문화 산업을 보호하고자 하는 유럽 국가들이 미국 중심의 신자유주의적 흐름에 저항하는 유효한 수단으로서 문화 다양성 협약을 이용하려는 국제정치적 현실이 자리 잡고 있는 것이다.

물론 이 협약은 문화적 가치와 정체성을 다루는 문화 상품의 특수성을 강조하여 문화 주권의 중요성을 언급하는 것 외에도 동시에 문화 상품의 공정한 무역과 서비스를 규제할 수 있는 국제통상의 규범을 만들려는 데 그 목적이 있다. 따라서 이 협약의 제20조 관계 정립 조항은 다른 국제 협정과의 충돌 가능성을 염두에 두고 '동등성의 원칙'이나 '구법 우선 원칙' 등을 포괄적으로 제시하고 있다(박현석, 2006; 박경신, 2008). 즉 문화 다양성 협약 제20조 1항은 문화 다양성 협약보다 다른 국제조약을 우선시해서는 안 되며 다른 국제조약을 해석하거나 규정하고 의무를 받아들일 때 문화 다양성 협약의 관련 규정을 고려해야 한다는 동등성의 원칙을 분명히 하고 있다. 그러나 이 협약의 제20조 2항은 문화 다양성 협약의 어떤 조항도 당사국이 가입한 다른 국제조약에 따르는 권리와 의무를 변경하는 것으로 해석되어서는 안 된다고 하는 구법 우선의 원칙을 동시에 제시하고 있다. 따라서 제20조 2항의 구법 우선의 원칙에 따르면 문화 다양성 협약과 자유무역협정(FTA), WTO 협정 사이에 이해의 충돌이 발생할 때에는 WTO 협정이 먼저 고려되어야 한다. 그러나 이 조항이 WTO 협정의 무조건적인 우위를 보장하는 것은 아니다. 국제조약의 해석에 관한 1969년 비엔나 협약 제31조 3항에 따르면 WTO 협정을 해석하는 과정에서 당사국들은 '당사국들 사이의 관계에 적용될 수 있는 국제법 규범'인 문화 다양성 협약의 제20조 1항 동등성의 원칙을 반드시 고려하여 해석해야 한다. 결국 문화 다양성 협약은 WTO 협정과 충돌이 발생할 때 제20조 1항이 규정하는 동등성의 원칙에 근거하여 문화 상품의 특수성에 기초한 문화 주권을 옹호할 수 있는 좋은 논리를 제공하고 있다(박경신, 2008: 409-421).

문화 다양성의 토대로서 국민국가의 주권적 권리를 강조한 이 협약은 국민국가 내부에 존재하는 소수 집단과 원주민의 문화적 권리 역시 중요하게 언급하고 있다. 예컨대 이 협약의 전문은 부의 원천으로서 원주민이 가진 전통 지식 체계의 중요성과 이것의 적절한 보호 필요성에 대해 말하고 있고, 전통문화를 자유롭게 창조, 보급, 배포하고 활용하는 데 있어서 소수 집단과 원주민을 포함한 모든 사람에게 문화가 가지는 힘의 중요성을 고려해야 한다고 언급하고 있다. 또한 이 협약의 제2조 3항은 모든 문화에 대한 동등한 존엄성 인정이라는 지도 원칙 아래 소수 집단과 원주민의 문화 역시 똑같이 존중되어야 한다는 것을 포함하고 있다. 즉 이 협약은 국민국가 내부의 사회적 소수를 차별하지 않을 국내의 소극적 의무와 동시에 재정적 지원 등을 통해 소수 집단을 지원해야 하는 국내의 적극적 의무에 대해 규정하고 있다. 또한 문화 다양성 협약은 다른 나라의 문화 보존과 발전을 위해 재정적 지원을 장려하는 국가 간 적극적 의무에 대해서도 언급하고 있다. 그렇지만 이 협약은 자국의 문화 산업을 보호하기 위한 조치를 취할 경우 외국의 문화 상품 및 서비스를 차별 대우하지 않는다는 국가 간 소극적 의무, 이른바 보호와 개방 사이에 균형이 있어야 한다는 의무에 대해서는 규정하지 않고 있고, 이에 따른 분쟁 해결 절차 역시 제시하지 않고 있다(박경신, 2008: 406-409). 이런 점 때문에 문화 다양성 협약은 WTO 협정과 비교해서 상대적으로 법적 구속력이 약한 자유주의적 또는 제도주의적 시각의 규범적 내용을 담고 있다는 한계를 지닌다(조한승, 2008).

5. 보편적 인권으로서 문화적 권리

세계인권선언 이후 60여 년 동안 개인 차원에서 정의되었던 문화적 권리는 점점 집단 차원의 권리를 의미하는 것으로 변화해가면서 그 범위도 토지와 자원을 비롯한 경제적, 사회적 활동까지 포괄하는 것으로 확장되어왔다. 다시 말해 개인 차원에서 문화생활에 참여할 권리, 과학적 진보를 향유할 권리, 자신이 저자인 과학, 문학, 예술 활동의 결과로부터 나오는 도덕적, 물질적 이해의 보호를 얻을 권리 등으로 정의되던 문화적 권리는 소수 집단 및 원주민이 공적, 사적 생활에서 고유 언어를 사용할 권리, 학교를 세우고 고유 언어를 가르칠 권리, 토지와 자원의 전통적 사용과 관련된 특별한 경제활동을 계속할 권리 등 집단적 문화 권리에 대한 강조로 바뀌고 있다(Stamatopoulou, 2007: 173).

이 시기는 대체로 문화를 둘러싼 서술적 상대주의가 강력하게 남아 있는 상태에서 문화적 권리가 개념 차원에서 구체화됨으로써 보편적 인권에 속하는 권리의 범위가 확장되어간 과정으로 볼 수 있다. 물론 전후에 이처럼 공유된 합의들은 당연히 그때그때 국제정치 환경을 반영하여 성립된 잠정적인 균형일 수 있다. 예를 들어 2005년 유네스코 협약은 미국과 유럽 사이의 힘 관계를 반영하여 문화적 권리의 경제적 측면과 국민국가의 주권적 권리를 강조하고 있었다. 그러나 시간이 흐를수록 권리 주체의 배타적 설정을 통해서만 비로소 보편적 인권을 누릴 수 있는 주변부의 사회적 소수들이 있고 그들에 대한 정당한 배려가 필요하다는 합의가 설득력을 얻어가면서 문화적 권리의 배타적 성격에 대한 비호의적 시각들이 줄어들고 있는 것도 사실이다.

이러한 합의는 여전히 해석과 실천 차원에서 또 다른 도전에 직면할 것이다. 예컨대 공유된 합의이기 때문에 정당성을 가지는 것이 아니라 도덕적으로 정당화가 가능해야 공유된 합의가 될 수 있다는 주장은 개념 차원에서의 느슨한 보편주의에 회의를 보내면서 해석과 실천 차원에서도 보편주의를 확립하려는 강력한 도전이라고 볼 수 있다. 이러한 주장을 감안하면서 서로 다른 문화를 가진 독립적인 공동체들 사이에서 문화적 차이를 초월하여 도덕적으로 정당화할 수 있는 보편적 인권을 수립하기 위해 극복해야 할 상대주의의 내용들은 다음과 같이 정리할 수 있다.

	보편주의가 극복해야 할 상대주의의 내용들		
보편주의의 차원들	개념	해석	실천
상대주의의 차원들	규범적 상대주의	초윤리적 상대주의	서술적 상대주의

우선 상대적으로 보편적인 합의에 이를 가능성이 가장 높은 '개념' 차원에서의 문화적 권리에 대한 논의는 규범적 상대주의 normative relativism를 극복해야 한다. 규범적 상대주의는 서로 다른 문화 사이에 적용 가능한 보편적 도덕 원칙은 없으며 개인은 자신의 문화 집단이 제시하는 도덕 원칙에 따라 행동해야 한다고 본다. 규범적 상대주의가 가지는 문화적 절대주의나 극단적 보수주의의 역설적인 약점은 인간의 존엄성에 대한 존중과 이러한 존엄

을 보장하는 조건으로서 문화 다양성에 대한 존중이라는 논리에 의해 반박될 수 있다. 배타적인 도덕 원칙이 다양하게 존재할수록 모순과 불일치가 증가하고, 상대주의가 극단화될수록 그만큼 보편적 합의와 공공성의 필요성에 대한 자각도 커질 것이다. 즉 인간은 자신의 의지와 상관없이 태어난 특정 장소와 시기, 주위 환경의 영향을 받는다는 점에서 우연성contingency을 중요한 특징으로 갖지만 동시에 이러한 환경을 뛰어넘어 소통하고 교류하면서 인간 공통의 보편성을 지향하고자 하는 무한성infinity을 가지고 있다. 물론 다원성을 우선시하는 문화적 절대주의와 다원성을 아예 부정하는 문화적 보수주의는 서로 대립적인 것처럼 보이지만 사실 보편적 합의를 향한 소통 자체를 부정한다는 점에서 근본주의적 입장을 공유하고 있다. 따라서 개념 차원에서 합의에 이를 가능성은 합리적 불일치를 부정하는 규범적 상대주의의 강한 주장이 가지는 역설적인 약점 때문에 비교적 높다고 볼 수 있다.

'해석' 차원에서 보편적 합의에 이르기 위해서는 단일한 기준에 의한 도덕적 진실의 발견 가능성을 부정하는 초윤리적 상대주의metaethical relativism를 극복해야 한다. 보편적 인권을 강력하게 주장할 수 있는 논리로서는 특정 종교의 관점에서 정당화한 인권 개념이나 자연법적 전통에서 정당화한 인권 개념, 그리고 특정 학문 전통의 실천이성에 근거한 도덕을 일반화한 사회계약론적 인권 개념 등이 있다(박구용, 2004: 155-156). 그러나 다양한 문화, 종교, 인종적 배경을 가진 시민들 사이에서 이러한 인권 개념이 이의 없이 받아들여지기는 쉽지 않다. 이 점에서 초윤리적 상대주의는 자신들의 주장에 대해 비교적 강력한 근거를 갖고 있다고 볼 수 있다.

하버마스는 이처럼 쉽지 않은 초윤리적 상대주의를 극복하는 논리로서 인권을 도덕 담론이 아닌 법적 담론을 통해 정당화할 것을 주장한다. 그는 도덕과 법, 자연법과 실정법, 인권과 주권, 타당성과 사실성 사이의 긴장 관계에서 도덕 담론과 인권 담론, 인권 담론과 문화 담론을 구별하고 도덕적으로 정당화한 인권의 현실적 적용은 언제나 법을 필요로 한다는 점을 강조하면서 인권을 법적 개념으로 이해하는 절차주의적 패러다임을 제시한다. 하버마스는 인권 개념이 특수한 사회적 이념이나 도덕 원칙, 문화적 전통에 근거해서는 안 되며 민주적 담론 구조를 가진 공론장의 활성화와 의사소통적 자기 결정이라는 실천을 통해 생겨나는 사회적 연대성에 근거해야 한다고 본다. 이 사회적 연대성에 근거해 제정된 법을 통해 하버마스는 서구의 도덕 관점에 치우친 인권 제국주의를 비판하고 자연법적 전통에서 벗어나며 법실증주의나 초윤리적 상대주의의 함정에서도 벗어날 수 있다고 본다. 그는 최근 종교와의 대화를 통해 후기 세속 사회post secular society에서 종교가 가지는 영향력을 인정하고 종교의 원칙들을 세속의 언어로 번역하여 연대의 함양과 법의 제정 과정에 관한 문제에 대해 유연한 입장을 보이지만, 이성과 합리적 불일치에 근거한 소통과 공론장을 강조하는 그의 입장에 아직 근본적인 변화가 있어 보이지는 않는다(하버마스·라칭거, 2009).

'실천' 차원에서 보편적 합의에 이르기는 가장 어렵고 이와 대비되는 서술적 상대주의descriptive relativism는 가장 강력하게 자신의 존재 근거를 제시할 수 있다. 아마도 문화적 권리와 보편적 인권의 논리가 가장 치열하게 부딪치는 곳이 '실천'을 둘러싼 보편적 합의의 시도와, 옳고 그름에 대한 서로 다른 인식과 실천이 존재하는 서술적 상대주의의 주장이 공존하는 공간일 것이다. 이 치열한 공간에서 각자가 자신들의 주장을 펼칠 때 기억해야 할 사실은, 우리가 이룩한 문명과 우리의 생활양식이 더 우월하기 때문에 세계의 실천 기준이 우리의 방식으로 통일되어야 한다는 보편적 인권 주장이 가지는 문화 제국주의적 태도도 위험하지만, 동시에 문화적 권리의 우선성을 주장하면서 문화적 자결권의 이름 아래 억압적이고 비인간적인 문화적 실천과 관습이 온존될 가능성과, 보편적 시각에서 쉽게 거부될 인권 유린 사례들이 은폐될 가능성 또한 위험하다는 점이다. 실천을 위한 조건의 합의는 폭력적인 방법을 배제한다면 대화를 통해 이룩될 수 있다. 그렇지만 우리는 대화를 위한 구체적인 조건을 찾아야 할 것이다. 이른바 심의를 위한 다양한 조건이 존재하지만 하나의 예로서 상호 존중과 합리적 대화 그리고 논의에 참여하는 당사자들 사이에 보장된 정치적 권리로 이루어진 심의다문화주의가 제시될 수 있고(김남국, 2005b), 비지배적 상호주의에 근거한 공화주의적 접근(곽준혁, 2009)도 실천을 위한 합의에 이르는 방법으로 제시될 수 있을 것이다.

   문화적 상대주의를 향한 어떤 극복의 노력도 쉽지 않은 갈등과 긴장을 수반한다. 따라서 문화적 권리를 둘러싸고 실천에서 생겨날 수 있는 다양한 차이를 떠올리자면, 우리가 추구하는 모든 정치철학은 시대의 산물로서 '지금 여기'라는 시간과 공간의 제약을 받고 있다는 근본적인 철학적 인식에 눈을 돌리게 만든다. 아마도 우리가 알고 있는 모든 도덕적 주장을 반영하고, 갈등하는 서로 다른 개념에 대해 가중치를 두어 문화적 다수와 소수의 주장에 대응하는, 그리고 개념과 해석, 실천 차원을 포괄하는 종합적인 원칙을 찾아내는 일은 불가능할 것이다. 더구나 서로 다른 삶의 방식을 양립시키기 위해 간신히 찾은 균형점은 '지금 여기'를 지배하는 조건들의 변화에 따라 한 지점에서 또 다른 지점으로 계속해서 이동하고 있다(김남국, 2005b: 106). 이러한 입장은 개념 차원에서 보편적 합의의 가능성을 부정하는 것은 아니지만, 해석과 실천 차원에서 서술적 상대주의나 초윤리적 상대주의가 가지는 설득력을 인정하는 것이다.

개인과 집단 두 차원 모두에서 문화적 권리는 궁극적으로 대화와 타협의 과정을 거쳐 개념과 해석, 그리고 실천 차원에서 보편적 인권의 내용으로 그 합의의 범주를 확장해갈 수 있을 것이다. 모든 문화적 권리를 둘러싼 논의들은 매우 높은 추상 수준을 보여주지만 다양한 차이들이 부딪치는 정치투쟁의 장을 배경으로 존재한다. 아마도 이 과정은 합리적 주체들 간의 순조로운 합의보다는 갈등과 투쟁을 통해 형성되는 주체들의 정체성이 부딪치는 장이 될 확률이 높다(진은영, 2008). 따라서 문화적 권리를 둘러싼 보편적 인권의 논의 방향이 천부적 인권으로의 본질주의적 환원일 수는 없을 것이다. 다시 말해 우리는 국민국가를 배경으로 하는 정치투쟁의 우연적 영역 가운데서 문화적 권리를 비롯한 인권의 개념과 내용이 변해왔다는 사실을 인정해야 한다. 그러나 동시에 인권 논의를 해석과 실천 차원에서 초윤리적 상대주의와 서술적 상대주의의 지배를 받는 정치투쟁의 결과일 뿐인 것으로 물신화하는 일도 피해야 할 것이다. 즉 문화의 차이를 넘어서 도덕적으로 정당화가 가능한 개념의 확장을 통해 보편적 인권을 수립하려는 인간의 열망이 실제적 효력을 가질 수 있다는 점을 인정해야 하는 것이다. 세계인권선언 이후 70여 년에 걸친 문화적 권리의 발전 과정은 이 상징적 허구가 가지는 규정력을 잘 보여주고 있다.

4장 보편적 인권에서 이성과 연민

1. 보편적 인권과 문화 상대주의의 도전

보편적 인권의 개념을 이론적으로 정당화할 때 우리가 쉽게 추론할 수 있는 정당화의 세 가지 방법은 첫째, 자연법에 근거해 정당화하는 것, 둘째, 특정 종교적 신념에 근거해 정당화하는 것, 셋째, 특정 철학적 신념에 근거해 정당화하는 것이다.

그러나 선험적으로 주어진 당위적인 권리를 전제하는 자연법은 한때 보편적 인권의 강력한 이론적 토대로 받아들여졌지만, 법실증주의가 힘을 발휘하기 시작한 20세기 초반에 이르면 자연법적 논리를 지지하는 것은 자신의 지적 허약함을 고백하는 일과 다름없는 것으로 인식되었다. 종교적 신념에 근거한 인권의 정당화도 물론 여전히 가능하지만 세계 모든 사람들이 동일한 종교적 신념을 따르는 것은 아니라는 점에서 그리고 지구상에 존재하는 다양한 종교는 인간과 인간의 권리에 대한 이해를 각자 고유한 방식으로 달리한다는 점에서 어려움이 있다.

만약 사람들이 특정한 철학적 신념을 공유하고 그에 따른 도덕적 원칙을 동일하게 받아들인다면 보편적 인권의 정당화는 의외로 간단할 수 있다. 아마도 가장 강력하고 광범위한 영향력을 발휘한 철학의 사조는 근대 서구의 자유주의일 것이다. 특히 자유주의가 인간의 핵심 요소로 삼는 이성은 근대 이후 오랫동안 인권의 지배적인 토대로 기능해왔고, 이성에 근거한 개인의 자유와 평등의 실현이라는 계몽의 프로젝트는 지역과 문화에 상관없이 세계적으로 보편적인 적용이 가능하다고 주장되어왔다. 그러나 분출하는 다문화주의의 흐름은 자유주의 세례의 제국주의적 성격을 비판하면서 각 지역과 문화에 고유한 삶의 방식과 인간에 대한 이해가 존재할 수 있고 이러한 방식들이 자유주의 문화보다 저열하게 평가될 이유가 없다고 주장한다.

지난 세기 동안 인권의 보편성에 대한 가장 강력한 비판은 문화 상대주의로부터 나왔다. 문화인류학과 비교 문화 연구는 가치가 문화에 따라 상이하다는 사실을 경험적으로 보여주는데, 많은 상대주의자들은 이것이 도덕적 가치의 상대성을 경험적으로 뒷받침하는 것으로 생각해왔다. 그러나 상대성과 다양성은 구분되어야 한다. 도덕 상대주의는 모든 문화에 동일하게 적용되는 보편적 윤리 원칙이란 존재하지 않기에 개인에 대한 윤리적 판단은 그가 속한 문화적 맥락에 따라서만 이루어져야 한다고 말한다. 반면에 가치 다원주의는 가치의 폭넓은 다양성을 인정하면서도 그 다양성의 범주에 분명한 한계를 둔다. 다시 말해 가치 다원주의는 가치의 문화적 다원성을 존중하지만, 각 사회에서 인정되는 모든 가치를 무차별적으로 존중하지는 않는다. 가치 다원주의는 분명한 객관적 기준을 설정하고 여기에서 벗어나는 가치들은 정도에 따라 비판과 비난, 부정, 심지어 억압이 정당하게 허용된다고 본다. 이러한 이유로 가치의 객관적 한계를 인정하지 않는 인권 이론은 인권에 대한 정당화의 근거로서 한계를 갖는다(Kim, 2010).

오늘날 인권을 정당화하기 위해서는 인권의 보편성뿐만 아니라 다양성을 함께 정당화할 수 있는 도덕적 근거가 필요하다. 즉 인권의 토대는 지구화 시대의 다양한 도덕적 가치들을 민감하게 고려하면서 동시에 결정적으로 보편적일 것을 요구받고 있다. 이 도덕적 근거는 객관적 기준을 인정한다는 점에서 본질적essentialist이지만, 이러한 객관적 기준이 사회적, 문화적 영향에 따라 일정한 한계 내에서 변형될 수 있다는 사실을 수용한다는 측면에서 맥락적contextual이다. 다시 말해 이 도덕적 근거는 무한히 가변적이지 않으며 오직 충분히 유연하다. 이러한 조건을 고려할 때 문화적 영향에 지나치게 둔감한 이성은 문화 상대주의가 드러내는 가치 다원성을 수용하기에는 부족한 것이다.

인권에 대한 개념은 고대 그리스와 로마 때부터 등장하였지만, 이를 이론적으로 정당화하려는 본격적인 시도는 토마스 아퀴나스에 의해 시작되었다. 아퀴나스는 천부 자연법에 근거하여 인권을 정당화하였고, 이는 후기 중세까지 인권의 모태가 된 자연권의 근본적인 토대로 인식되었다. 그러나 17, 18세기 계몽주의 시대에 이르러 이성이 자연법을 물리치고 새로운 인권의 토대로 등장하였고, 그 결과 인종과 민족, 국적, 성, 언어, 종교와 같은 생물학적 특징이나 사회적 지위와 관계없이, 모든 인간은 단지 인간이라는 이유만으로 권리를 갖는다는 근대적 의미의 인권 개념이 탄생하였다. 그리고 이때 탄생한 근대적 인권 개념은 현대까지 본질적인 차이 없이 그대로 이어지고 있다.

그러나 근대의 보편적 인권 개념은 역사적으로 여러 비판을 받아왔다. 18세기에 프랑스 인권 선언문이 발표되었을 때 벤담은 이를 가리켜 "죽마 위의 난센스nonsense upon stilts"라 조롱하였고(Bentham, 2002), 그로부터 수세기가 흘러 유엔총회를 통해 세계인권선언문이 채택되었지만 매킨타이어는 인권에 대한 믿음이 마녀와 유니콘에 대한 믿음과 다를 바 없다고 힐난하였다(MacIntyre, 1984[1981]: 69). 하지만 사실 이들이 인권이라는 아이디어 자체를 비판했다고 보기는 힘들다. 이들의 비판은 인권 자체보다는 인권의 보편성 주장에 대한 것이었다. 서구나 비서구 사회 각각이 가진 문화에 따라 서로 다른 인권이 존재할 수는 있지만, 시공간을 초월하여 모든 인간에게 동일하게 적용되는 하나의 인권이 존재한다는 주장을 이들은 비판한 것이다.

이 장에서는 자유주의가 주장하는 이성에 근거한 보편적 인권에 대한 정당화 논의의 한계를 검토하기 위해 로티Rorty와 누스바움Nussbaum 그리고 흄Hume과 스미스Smith의 도덕적 감각에 기반한 인권 이론들을 분석한다. 이를 통해 우리는 첫째, 도덕적 감각이 단지 맥락적이기보다는 훨씬 더 정초적이며, 둘째, 이성보다는 연민이 이러한 인권의 정초적 요소를 이룬다고 본다. 이러한 주장은 특히 흄의 공감 이론이나 스미스의 공정한 관찰자 이론을 비판적으로 검토할 때 추론이 가능하다. 이성과 연민은 둘 다 개인이 도덕적 존재가 되기 위해 필요한 요소들이지만, 이 글은 이성보다는 연민이 인간이 보편적 인권을 갖게 만드는 도덕의 근원이라는 입장을 지지한다.

이성과 대비되는 인권의 가장 설득력 있는 대안적 근거는 도덕 감정, 특히 동정심[1]에서 찾을 수 있다. 도덕 판단에서 감정의 중요성을 강조해온 대표적인 학자들로는 흄과 스미스, 로티 그리고 누스바움이 있다. 특히 로티는 최근 '동정심'을 이성을 대신할 수 있는 새로운 인권의 원천으로 제시했다. 로티의 동정심에 기반한 인권 이론은 기존의 이성에 기반한 인권 이론과 달리 가치의 문화적 다양성을 성공적으로 포용해낸다. 하지만 그의 이론은 동정심의 주관적 측면만을 지나치게 강조한 나머지 인권의 보편성을 정당화하는 데 실패한다. 우리는 이러한 실패를 로티가 동정심으로부터 연민compassion을 구분해내지 못한 결과라고 주장하고자 한다.

누스바움은, 로티의 이론처럼 도덕 감정의 객관성을 완전히 부정하는 인권의 정당화 이론들이 가지는 한계를 정확히 지적해낸다. 그녀는 인간의 공통성을 부정하는 비본질주의적 동정심 이론

---

[1] 이 글에서는 연민compassion or pity, 공감empathy, 동정심sympathy을 서로 구분하여 사용한다. 연민은 인간에게 보편적으로 존재하는 타인의 고통에 대한 생물학적 직관으로, 공감은 상상을 통해 타인의 입장에 서는 일종의 심리학적 메커니즘으로, 그리고 동정심은 이 둘을 포괄하는 의미로 사용한다.

은 인권의 보편성을 정당화할 수 없다고 주장하면서, 이러한 한계를 '연민' 개념의 도입을 통해 보완하려고 시도한다. 그렇지만 누스바움은 도덕 판단과 연민의 관련성을 인정하면서도 연민의 역할을 이성의 보조적 역할로 한계 짓는다. 이는 그녀가 사회적 계급 그리고 두려움이나 질투, 수치심, 혐오감과 같은 여러 병리학적 감정들이 연민의 정상적인 작동을 가로막는다고 보았기 때문이다. 누스바움의 연민에 대한 이러한 분석은 연민을 상상력의 산물로 이해한 결과이다. 하지만 연민을 상상력이 불필요한 어떤 직관으로 이해한다면, 이러한 누스바움의 분석은 큰 설득력을 갖지 못한다. 우리는 연민을 생물학적 직관으로 이해함으로써 연민이 여전히 인류 보편의 직관으로서 도덕 판단의 독립적인 역할을 수행할 수 있다고 주장한다.

  이 장에서는 먼저 로티와 누스바움의 인권, 도덕 이론을 살펴보고, 이어서 도덕 감정에 대한 흄의 이론과 '공정한 관찰자'에 대한 스미스의 이론을 차례대로 분석한다. 흄과 스미스의 이론 분석을 통해 주장하고자 하는 핵심은 흄의 도덕 감정론에 나타나는 동정심 개념에는 연민의 요소가 포함되어 있는 반면, 스미스의 동정심 이론에는 연민이 포함되어 있지 않기 때문에 흄은 한 사회의 도덕적 몰락 속에서도 지속적으로 동정심에 호소할 수 있지만 스미스는 동정심을 버리고 대신 이성에 의존할 수밖에 없었다는 것이다. 흄이 자신의 동정심 개념이 연민을 포함한다고 명시적으로 주장하지는 않지만, 그의 이론은 그렇게 해석할 여지를 충분히 내포하고 있다.

2. 연민을 통한 인권의 정당화: 로티와 누스바움

보편적 인권을 도덕적 차원의 권리로 인정하는 사람들도 있지만 이러한 이해를 부정하는 사람들도 적지 않다.2 그들은 인권이 순진한 이상가들에 의해 만들어진 유토피아적 망상이라고 생각하거나, 심지어 인권이 서구 열강의 국익을 위해 만들어진 사상적 도구에 불과하다고 믿는다(Evans, 2005). 그들은 주어진 문화적 맥락 속에서 도덕적이라고 이해되는 행동은 그것이 외부적 맥락에서 얼마나 비도덕적이라고 해석되는지에 관계없이 도덕적으로 정당화된다고 주장한다. 이러한 주장은 도덕을 '가치의 우연들contingencies'로 환원시킨다. 그들은 이러한 주장이 인류학적 증거에 의해 경험적으로 뒷받침된다고 여기는 경향이 있다.

하지만 틸리는 "도덕적 상대주의가 문화인류학의 공리axiom라는 주장은 잘못되었거나 50년 전에 이미 폐기되었다"고 주장한다(Tilley, 2002: 508). 세계인권선언에 대한 미국인류학회의 입장 변화는 이를 잘 대변해준다. 미국인류학회는 한때 인권선언문 채택을 강력하게 반대했지만 현재는 인권선언문을 지지하고 있다.3 해치

---

2 발렌티니는 인권에 대한 현대의 접근 방식은 도덕적-철학적 접근과 법적-정치적 접근으로 나뉜다고 말한다(Valentini, 2012: 180-914). 이 글에서 인권이 보편적이라고 할 때 이 말은 도덕적-철학적 의미로 쓰고 있는 것이다. 이는 게위스가 "인권은 도덕적 권리의 한 종류이다"라고 말한 것과 상통한다(Gewirth, 1982: 1). 도덕적 권리는 "예상되는 위협 속에서 그 실제적 향유가 사회적으로 보장되는 정당한 요구를 합리화하는 토대"를 제공한다(Shue, 1980: 13).

3 1947년에 미국인류학회는 인권과 관련해 다음과 같은 성명을 낸다. "기준이나 가치는 문화마다 상대적이기 때문에 어떤 한 문화의 믿음이나 도덕률에

가 선언한 바와 같이 "도덕 상대주의는 최근 문화인류학에 의해 거의 보편적으로 거부된 것처럼 보인다"(Hatch, 1983: 103). 그 대신 문화인류학의 증거들은 도덕 상대주의가 아닌 가치 다원주의라고 보는 것이 더 타당하다. 가치의 문화적 상대성을 무한히 인정하는 도덕 상대주의와 달리, 가치 다원주의는 가치의 문화적 다양성을 폭넓게 포용하면서도 다양성의 정도에 분명한 한계를 둔다. 그렇기 때문에 보편적 인권은 가치 다원주의와 양립 가능하다.

이제까지 많은 정치 이론가들은 자유, 자기결정권, 책임감 그리고 인간의 존엄성 등의 개념을 통해 인권을 정당화해왔는데 이러한 가치들은 결국 모두 이성에 근거한다. 인간의 보편적 도덕성을 이성에서 발견한 사상가는 칸트이다. 그의 정언명령은 개인들이 "모든 개인에 의해 보편적 법칙으로 받아들여질 수 있는 원칙에 따라서만 행동해야" 한다고 규정하는데(Kant, 1998[1785]), 이는 곧 도덕 원칙을 인간의 보편적 능력이라고 할 수 있는 이성적 사고의 산물로 보는 것이라 할 수 있다.

이성을 통한 정당화는 본질주의적이다. 본질주의적 정당화는 공

근거한 명제를 이론화하려는 시도는 바로 그만큼 세계인권선언문의 인류 전체에의 적용을 불가능하게 만든다."(American Anthropological Association, 1947: 539-543) 하지만 1999년에 미국인류학회는 세계인권선언문의 역할을 긍정적으로 재인식하는 다음과 같은 선언을 발표한다. "[미국인류학회의 인권 보호 활동은] 세계인권선언문과 그와 관련된 국제적 입법을 따르는 것을 기본으로 하지만 또한 인권의 범위를 기존 국제법에서 정의한 범위 밖으로 확장하는 것도 포함한다. 여기에는 개인적 권리뿐만 아니라 집단적 권리, 문화적, 사회적, 경제적 발달과 깨끗하고 안전한 환경을 누릴 권리 등이 포함된다."(American Anthropological Association, 1999)

리公理적 가정을 근본에 두고 이로부터 결론을 이끌어내는데, 공리적 가정의 진리가 담보되는 한 그로부터 도출되는 결론은 반드시 참이다. 이러한 명료성과 엄밀성으로 인해 많은 철학자와 사상가들이 본질주의적 방식을 통해 자신들의 이론을 정당해왔다. 이성뿐만 아니라 신과 인간의 존엄성, 인간의 본질을 이용하는 정당화 이론은 모두 본질주의적 정당화 전략을 이용한 것이라고 할 수 있다.

그러나 이성은 가치 다원주의를 수용하는 보편적 인권을 정당화하기에는 너무나 본질주의적이다. 로티는 이러한 맥락에서 "인간의 합리성에 기반한 인권에 대한 본질주의적 정당화는 구시대적이다"라고 주장한다(Rorty, 1993: 116). 그는 이성을 이용해 도덕을 정당화하려는 시도가 "인간, 어른, 남성"과 "동물, 아이, 여성"의 임의적 구별만을 만들어낼 뿐이라고 본다(Rorty, 1993: 112-116). 그리고 스스로를 이성적인 존재로 만드는 데 성공한 이들은 이성적으로 저열하다고 분류되는 이들을 억압하고 지배한다. 로티는 이러한 인간에 대한 임의적인 구분이 "왜 우리는 나와 피를 나누지 않은 구역질 나는 습관을 가진 낯선 이들에 대해서 신경을 써야 하는가?"라는 질문을 무시하고 "우리가 가짜 인간이라 생각하는 이들의 고통에 무관심해왔기" 때문에 발생한다고 주장한다(Rorty, 1993: 124, 133).

그렇다면 우리는 어떻게 우월한 '우리'와 저열한 '그들'이라는 망상주의적 차별을 없앨 수 있을까? 로티는 이를 위해 무엇보다도 인간과 동물이 "우리는 알 수 있고 그들은 단지 느낄 수만 있다"라는 기준이 아닌 "우리는 그들보다 훨씬 더 서로를 느낄 수 있다"라는 기준을 통해 구분된다는 것을 인정해야 한다고 말한다(Rorty, 1993: 122). 여기서 그는 도덕 감정을, 더 정확히는, 동정심을 인권의 원천으로 제안하고 있는 것이다.4 로티가 감정을 인권의 대안적 원천으로 선택한 핵심 이유는 그가 공감을 "문화적으로 형성된 직관"으로 이해하기 때문이다. 즉 그는 동정심이 "직관의 본질을 형성하기보다는 사회문화적 영향 아래서 다양한 도덕적 판단의 경험에 따라 직관을 형성시키기 때문에" 동정심이 도덕의 문화적 다양성을 더 잘 반영한다고 보는 것이다(Rorty, 1993: 117).

우리는 도덕 감정이 문화적으로 형성된 직관이며 따라서 그것이 이성에 비해 도덕의 문화적 다양성을 더 잘 반영할 수 있다는 로티의 주장에는 동의하지만, 도덕 감정이 오로지 사회적, 문화적, 역사적 맥락의 총체라는 주장에는 반대한다. 도덕 감정에 대한 이러한 이해는 인간을 "역사적 인공물"로 축소시키기 때문이다(Rorty, 1993: 116). 물론 현대적 인권 개념은 가치의 문화적 다양성을 폭넓게 인정해야 하지만, 그렇다고 해서 이것이 인간의 객관성을 완전히 포기해야 한다는 의미는 아니다. 하지만 로티는 인간의 생물학

---

4   누스바움에 따르면 18세기 영국의 많은 도덕 이론가들은 동정심과 연민을 동일한 의미로 사용하였다(Nussbaum, 2001: 301). 스미스는 연민과 동정심을 분명하게 구분하면서 전자를 "타인의 고통에 대해 느끼는 동류의식fellow-feeling"으로 후자를 "감정의 종류에 상관없이 느끼는 동류의식"이라고 정의한다(Smith, 2005[1790]: 6). 몇몇 도덕 이론가나 심리학자들은 여전히 이 둘을 혼동하여 사용한다. 예를 들어 슬롯은 동정심을 우리가 흔히 연민이라 지칭하는 감정, 즉 "고통을 느끼는 이에 대해 느끼는 감정"이라고 정의한다(Slote, 2010: 15).

적 본성을 완전히 부정하기 때문에 그의 동정심 이론은 오히려 모든 인류를 포괄하는 전 인류적인 감정으로 진화하지 못하고 "유럽 중심주의적" 감정에 머문다(Rorty, 2007: 26). 로티의 동정심 개념은 차이의 정당화 기반만을 제공할 뿐 공통성의 기반을 제공하지는 못하는 것이다. 로티는 도덕 감정을 인류에 대한 임의적 구분을 극복할 해결책으로 제시하지만 인간의 객관적 본성을 완전히 부정하는 한 그의 이론은 이성과는 또 다른 방식으로 인간 사이의 차별을 낳는다.

그렇다면 로티는 왜 이러한 오류에 빠지는가? 왜 그는 동정심을 완벽히 주관주의적인 감정으로 보는가? 그 이유는 그가 동정심과 연민을 구분하지 못하기 때문이다. 그는 동정심을 "아테네인들이 아이스킬로스의 『페르시아 사람들』을 보고 나서 갖게 되는, 미국의 백인들이 『톰 아저씨의 오두막』을 읽고 나서, 우리가 보스니아의 학살에 대한 TV 프로그램을 시청하고 나서 갖게 되는 그런 종류의 반응"이라고 정의한다(Rorty, 1993: 128). 그렇다면 이러한 "종류의 반응"이란 무엇을 말하는가? 로티는 이에 대해 두 가지 단서를 제공한다.

우선 로티는 동정심이 안정감security과 비례한다고 지적한다. 왜냐하면 인간은 불안정할수록 "낯선 사람들이 어떠할지를 생각해 볼 수 있는 시간과 노력을 내기 힘들기 때문이다"(Rorty, 1993: 128). 이는 곧 로티가 동정심을 상상력에서 오는 감정으로 이해하고 있음을 보여준다. 이어서 그는 '감정적 진보sentimental progress'는 교육을 통해 달성 가능한 것이라고 주장한다. 감정이 교육을 통해 수정될 수 있다고 보는 이러한 시각은 로티가 동정심을 감정의 직관적인 측면보다는 문화적 영향에 의해 형성되는 것으로 보고 있음을 드러낸다. 결국 위의 두 단서 모두 로티가 도덕 감정을 상상력의 산물로 보고 있음을 보여준다.

그런데 이러한 로티의 도덕 감정에 대한 이론은 사실 많은 부분 흄의 도덕 감정에 대한 이론을 차용한 것이다. 그렇다면 로티가 흄의 이론을 정확히 해석했다고 할 수 있을까? 흄이 동정심에 있어 상상력의 역할을 강조한 것은 사실이지만, 그는 동정심이 가지는 본성적인 측면을 완전히 부정하지 않았다. 이러한 사실은 특히 로티와 비교하여 흄의 교육에 대한 관점에서 분명하게 드러난다.

흄은 고대와 근대의 회의주의자들은 "모든 도덕적 구분이 교육에서 기원하며 정치인들의 기술에 의해 처음 만들어지고 이후 줄곧 권장되어왔다"고 믿는 경향이 있다고 지적하면서, 교육은 도덕 형성에 "강력한 영향"을 미치며 간혹 그 영향력이 "매우 강력"해서 "어떠한 자연적 원칙 없이도 새로운 감정을 만들어낼 수 있을 정도"라고 보았다(Hume, 1998[1751]: 34). 그러나 흄은 모든 도덕이 오직 교육에 의해 형성된다는 주장은 거부한다. 그는 오히려 "만약 자연이 인간의 마음을 기준으로 도덕을 구분 짓지 않았다면, 많은 도덕적 덕목이 나타나지 않았을 것"이라고 주장한다(Hume, 1998[1751]: 34). 이는 곧 흄이 도덕 감정을 문화에 의해 형성되는 것으로 인정하면서도 여전히 생물학적 특성을 반영하는 것으로 이해하고 있음을 보여준다. 그리고 이는 로티의 동정심 이론이 흄의 이론에 대한 잘못된 해석에 기반해 있음을 의미하며 따라서 로

티는 동정심의 개념을 이용해 인권의 보편성을 정당화하는 데 실패하고 있다고 볼 수 있다.5

결국 로티의 이론처럼 도덕 감정을 상대주의적인 방식으로 이론화하는 것은 "완전히 일관적일 수 없고" 그 결과 이를 시도하는 이들은 종종 몰래 "일반적인 차원에서 본질주의적이 되는 방식"으로 속임수를 쓸 수밖에 없다는 누스바움의 지적은 정확해 보인다. 로티는 "인간은 무엇인가?"라는 칸트의 물음을 "다음 세대의 아이들을 위해 우리가 무엇을 할 수 있을까?"라는 물음으로 대체해야 한다고 말한다(Rorty, 1993: 122). 하지만 애초에 아이들을 위해 무엇이 좋은 것인지 나쁜 것인지 알지 못한다면 어떻게 그들을 위한 세상을 만들 수 있단 말인가? 만약 우리가 무엇이 객관적으로 선이고 악인지 구분할 수 없다면, 단순히 "우리 민족" 그리고 "우리와 같은 사람들"의 범주를 확대하는 것만으로는 그들을 위한 세상을 만들 수 없다(Rorty, 1993: 123). 나치가 전 인류를 지배하는 세상을, 단지 우리 모두가 서로를 우리로 받아들인다는 이유로, 우리

---

5 흄은 전통적으로 주관주의적 이론가로 이해되어 왔다. 흄을 주관주의적 이론가로 이해하는 이들은 그가 이성이 아닌 감정을 도덕의 원천으로 이해한다는 사실이 그를 주관주의적 이론가로 판단하는 충분한 근거가 된다고 믿는다. 이들은 감정이 본질적으로 주관적인 느낌인 이상 만약 도덕 판단이 이러한 느낌에 근거한다면, 어떠한 도덕 판단도 주관주의적일 수밖에 없다고 말한다. 그러나 흄을 객관주의적 이론가로 해석하는 학자도 존재한다. 노턴은 흄이 도덕 감정을 인간의 본성에 굳게 근거시키기 때문에 그만큼 흄의 이론은 객관주의적으로 해석될 수 있다고 말한다(Norton, 1975: 523-543). 결국 흄의 도덕 이론은 주관주의적 해석과 객관주의적 해석의 가능성을 모두 열어놓고 있다고 말할 수 있다.

아이들을 위해 더 좋은 세상이라고 말할 수 있을까? 아마 누구도 그럴 수 없을 것이다. 주관주의적 가치는 오직 과거를 반영할 뿐 결코 미래를 위한 비전을 제시해줄 수 없다.

그렇기 때문에 인간의 어떠한 객관성에 기반하지 않는 완벽히 주관주의적인 동정심 이론은 "이기적인 감정과 타인의 상황에 대해 단절되고 호기심 어린 태도만을 허용한다"는 누스바움의 주장은 다시 한번 옳다(Nussbaum, 1992: 240). 우리가 어떤 인류 보편의 감정에 의존하지 못하고 오직 상상만을 통해 공감을 할 수 있다면, 우리는 공간적으로 멀리 떨어져 어떠한 경험도 공유하지 못하는 낯선 사람들의 고통을 느낄 수 없을 것이다. 우리는 그들에게 누스바움이 "관광객의 감정"이라 일컫는 "놀라움, 호기심, 흥미"의 감정만을 느낄 수 있을 뿐 "슬픔, 실재적인 결단, 그리고 연민"을 느끼지 못할 것이다(Nussbaum, 1992: 240).

누스바움은 이처럼 어떠한 객관성도 가정하는 않는 주관주의적인 감정 이론의 한계를 정확히 지적해낸다. 그리고 누스바움은 이 주관주의적 감정 이론이 갖는 한계를 연민을 통해 보완한다. 하지만 그녀는 연민에 독립적인 도덕의 기준의 지위를 부여하지 않는다. 그녀는 연민이 기본적으로 "오류 가능성이 크고 불완전한 동기"라고 믿기 때문이다(Nussbaum, 2001: 401).

이러한 견해에는 두 가지 이유가 있다. 첫째, 개개인마다 태생적 특징이나 계급, 민족, 종교, 성에 따른 사회적 특성이 다르기 때문에 모두가 "고통에 대한 공통된 취약성"을 갖기는 힘들다. 서로 다른 생물학적, 사회적 차이를 가진 개인들이 동일한 고통에 대해서 똑같이 공감하기는 쉽지 않으며, 그들은 서로의 고통에 대해서 오직 "고상한 무관심과 지적 호기심"으로 반응하기 쉽다(Nussbaum, 2001: 317, 391). 둘째, "수치심이나 질투, 역겨움"과 같은 병리학적 감정들이 동정심의 핵심적인 작동 메커니즘인 공감의 정상적인 작동을 가로막기 때문이다(Nussbaum, 2001: 342). 이러한 부정적 감정들은 우리의 도덕적 판단을 왜곡하고 불확실하게 만들기 때문에 연민은 도덕 기준으로서 "매우 불안정"하다(Nussbaum, 2001: 350).

위의 두 가지 이유로 누스바움은 연민을 이성에 종속시킨다. 그녀의 이론에서 연민은 "이성의 한계 내"에서 "합리적인 정치적 심리"라는 이름으로 역할을 수행할 뿐이다(Nussbaum, 2001: 402, 414). 누스바움은 도덕 판단에 있어 연민의 관련성을 강조함으로써 도덕 감정 이론의 한계를 극복하지만, 연민의 역할과 영향력을 지나치게 과소평가한다. 누스바움은 이러한 "이성적 연민"이 "사람들에게 기회와 능력을 우선 제공하고, 이후 이들이 그들의 기회를 이용할지 말지 선택할 수 있는 충분한 여유를 줌으로써" 다원주의를 수용하는 인권 이론에 대한 적절한 정당성의 기반을 제공한다고 주장한다(Nussbaum, 2001: 425).

누스바움의 이론은 인간의 객관성을 가정하는 것에는 아무런 문제가 없지만 객관적 인간 본성이 자유주의적 가치에 의존한다는 데 문제가 있다(Gould, 2004: 57). 누스바움은 자신의 이론이 자유주의적 가치에 기반해 있음을 명시적으로 인정한다. "나는 기본 능력에 대한 이론을 발전시키면서 자유라는 언어를 점점 더 사용하였다."(Nussbaum, 1997b: 277) 이러한 이유로 그녀는 표현의 자유나 결사의 자유, 정치적 발언의 자유와 같은 자유들을 인간의 능력을 위한 필수 조건으로 포함시킨다. 이러한 방식으로 그녀는 인권에 대한 자신의 이론을 "자유주의적" 이론으로 만든다(Nussbaum, 1997b: 292). 다시 말해 누스바움은 동정심에 객관적인 측면이 있음을 인정하고 그것을 연민에서 발견해내지만, 도덕을 연민이 아닌 이성에 근거한 것으로 봄으로써 자유주의로 기운 인권 이론을 내놓는다. 이는 곧 누스바움이 인간의 보편적 특성보다는 자유주의라는 하나의 특정 가치로 인권의 보편성을 정당화하고 있음을 보여준다. 그리고 이러한 이론은 인권에 보편성을 가져다주기에 한계가 있다.

하지만 이러한 문제는 연민과 이성의 역할을 맞바꾸면 해결이 가능하다. 다시 말해 연민이 본질적인 기준이 되고 이성은 보조적 역할을 수행할 때 인권 개념은 보편성을 획득할 수 있다. 이 논의를 위해 다음 절에서는 흄을 검토하기로 한다. 흄의 동정심 이론은 본질주의적 특성과 맥락주의적 특성을 동시에 갖고 있다. 흄 스스로가 동정심으로부터 연민을 명시적으로 구분하여 연민을 도덕의 근본적인 기반으로 두지는 않지만, 동정심에 대한 그의 이야기는 그러한 해석의 여지를 충분히 포함하고 있다. 우리는 이를 보여줌으로써 흄의 동정심 이론을 인권의 기반으로 삼아 가치 다원성을 인정하면서도 보편성이 인정되는 인권 개념을 정당화할 수 있다고 주장하고자 한다.

3. 흄의 동정심 개념에 나타난 본질주의와 맥락주의

흄의 동정심 개념은 객관적 개념일까 아니면 맥락적 개념일까? 앞에서 간단히 살펴본 것처럼 로티는 흄의 동정심 개념을 맥락적으로 해석한다. 그러나 동정심에 대한 흄의 이론은 맥락주의적인 동시에 본질주의적이라고 보는 게 맞을 것이다. 우리는 흄을 맥락주의적으로 해석하는 이론을 반박함으로써 이 주장을 지지하고자 한다.

정치학자들 사이에서 흄은 흔히 주관주의적 이론가로 분류된다. 헤르조그 역시 흄을 주관주의적 이론가로 보았다. 그는 흄을 "본질주의적인 주장을 하지 않는, 사회적 맥락에 근거한 강력한 정당화 이론을 발전시킨" 주관주의적 이론가로 묘사한다(Herzog, 1985: 161). 하지만 헤르조그는 동시에 흄의 저작에서 "본질주의와의 급진적인 단절과 같은 극적인 모습"을 발견하는 것은 불가능하다고 고백한다. 예를 들어 헤르조그는 흄이 "사람들은 모두 다르지만, 그들은 규칙적인 원칙에 따라 다르다"(Herzog, 1985: 160) 또는 "그러므로 도덕에서의 모든 차이는 단 하나의 일반적인 근본으로 환원될 수 있다"(Herzog, 1985: 174)라고 말한 사실을 근거로 "시간을 초월한 입법을 시도하는 그의 주장이 본질주의적 주장을 떠올리게 한다"(Herzog, 1985: 179)고 고백한다. 결과적으로 흄에 대한 헤르조그의 해석은 일관적이지 않다. 그렇다면 그 이유는 무엇일까? 그 이유는 애초에 흄이 도덕 감정을 본질적인 동시에 맥락적으로 이해하고 있기 때문이다.

흄이 자신의 저작에서 사회적 맥락이 인간의 다양성을 유발한다고 쓴 것은 분명한 사실이다. 그렇기 때문에 그는 실제로 도덕과 정치를 설명하는 데 있어 "사회적 관점에 더 가까운" 입장을 취하는 모습을 자주 보인다(Herzog, 1985: 175). 그러나 도덕에 대한 그의 이론에서는 본질주의적 측면도 동시에 드러난다. "도덕 원칙의 일반적 본질"의 탐구에 대한 그의 의지는 이를 대표적으로 드러낸다(Hume, 1998[1751]: 3). 그렇다면 흄이 생각하는 도덕의 본질은 무엇일까? 그는 도덕의 본질을 '도덕 감정', 즉 "자연이 모든 종에게 보편적으로 갖게 한 내적 감각이나 느낌"으로 이해한다(Hume, 1998[1751]: 5). 프랑스 시인 오비드의 말로 표현하면, '도덕 감정'은 "인간은 동족의 행복이나 불행에 대하여 완전히 무관심할 수 없다는 것을 선험적으로 결론 내리도록" 해주는 도덕의 "씨앗이자 첫 번째 원칙"이다(Hume, 1998[1751]: 40, 45).

이와 같이 흄은 맥락적인 동시에 본질적인 특성을 가진 도덕 감정이 도덕의 본질을 형성하고 있다고 본다. 그렇다면 흄은 왜 도덕 감정에 대해 이와 같이 모순되는 관점을 취하는 것일까? 그 이유는 흄이 인간의 본질 자체를 매우 복잡하게 판단한다는 데 있다. 헤르조그의 표현을 빌리면, 흄의 본질 개념은 "혼란을 부르는 다층적인 동음이의어"라 말할 수 있을 정도로 복잡하다(Herzog, 1985: 168).

흄 자신도 인간의 본질이 복잡하다는 것을 뚜렷하게 인정한다. 흄은 인간의 본성 개념이 그 단어를 어떻게 정의하느냐에 따라 달라질 수 있다고 말하면서, 구체적으로 이것을 "기적"과 대비할 때, "드문 빈도"와 대비할 때, 또는 "인공적인 것"과 대비할 때 그때마다 본질에 대한 서로 다른 답변이 가능하다고 말한다(Hume, 2007[1738]: 304). 여기서 도덕과 관련하여 우리가 가장 관심을 갖는 정의는 인공적인 것과 대비되는 것으로서의 본질이다. 도덕은 자연적으로 존재하는 것인가 아니면 인공적으로 인간에 의해 만들어진 것인가? 흄은 "지금 이 질문에 대한 대답은 당장은 할 수 없다"고 말하면서 일단은 명확한 답변을 피하였다(Hume, 2007[1738]: 305).

우리는 흄의 이러한 대답을 어떻게 이해해야 할까? 이것은 최소한 자연적인 인간의 본질이란 존재하지 않는다는 것을 의미하는 것일까? 아니면 인간의 본질은 너무 복잡하기 때문에 흄 역시 알 수 없다는 고백을 한 것으로 이해해야 하는 것일까?

이에 대한 올바른 해석은 인간의 본질에 근거한 도덕 원칙들이 존재하지만 이와 동시에 인간들에 의해 인공적으로 만들어진 원칙 또한 존재한다고 보는 것이다. 이러한 해석은 흄이 위에 말한 답변 바로 뒤에 이어지는 "다음의 논의 속에서 우리가 가진 몇 가지 덕목virtue에 대한 감각은 자연적인 것으로, 몇 가지는 인공적인 것으로 드러날 것이다"라는 그의 말과도 일치한다(Hume, 2007[1738]: 305).

그렇다면 자연히 우리는 어떤 덕목이 본질적이고 또 어떤 덕목이 인공적인 것인지 묻지 않을 수 없다. 흄은 이에 대한 정확한 답변은 각각의 덕목을 하나하나 검토한 후에야 가능하다고 말한다. 그렇다면 그는 동정심과 관련해서는 어떤 결론을 내놓을까? 흄은 동정심이 인간의 본질에 근거한 매우 강력한 원칙임을 반복적으로 인정하지만 동시에 문화적 영향에 매우 민감하다고 결론을 내린다(Hume, 2007[1738]: 394).

이러한 흄의 진술은 어떻게 이해하는 것이 옳을까? 아마도 이는 흄이 연민과 동정심이라는 서로 다른 두 개념을 동정심이라는 하나의 개념으로 이해한 결과라고 해석할 수 있을 것이다. 흄은 연민을 동정심이라는 원초적 감정original affection에서 발현된 부차적 감정secondary affection으로 분류한다(Hume, 2007[1738]: 238). 그는 이에 대해 두 가지 근거를 제시한다. 첫째, 모든 종류의 공감의 감정들이 모두 동일한 방식으로 발현되는데 오직 연민만이 "독창적인 특질"로부터 발현된다고 보는 것은 "비합리적"이다. 둘째, 연민의 발현은 "대상과 얼마나 가까이 존재하는가, 심지어는 직접 눈으로 볼 수 있는가"에 많은 부분이 달려 있는데, 흄은 이를 연민이 "상상으로부터 발현"되는 증거로 해석한다(Hume, 2007[1738]: 238-239). 흄은 결국 연민도 상상력에 의해 발현되기 때문에 연민도 공감에 포함되는 하위 감정으로 봐야 한다고 주장하는 것이다. 그러나 흄의 이러한 주장은 누스바움이 "공감"이라고 부르는 심리학적 메커니즘과 연민을 혼동한 결과이다(Nussbaum, 2001: 302). 연민은 단순히 공감에 포함되는 여러 감정 중 하나가 아니다. 연민은 공감과 독립적으로 존재하는 생물학적 직관이다. 공감 그 자체는 어떤 이타적인 감정이 아니며 감정의 의사소통을 가능케 하는 심리학적 메커니즘을 가리킨다.

사실 흄은 "고통과 슬픔" 같은 감정, 즉 연민은 다른 종류의 감정과 비교하여 우리에게 더 생생한 방식으로 발현된다고 인정한다. 다시 말해 연민은 "기쁨이나 쾌락" 같은 감정들보다 더 강렬하고 영속적이고 이 부분에서 연민은 다른 종류의 감정과 구별되는 특징을 가지고 있다고 인정한다. 흄은 바로 이러한 특성 때문에 연민은 "어떠한 우정도 나누지 않은 타인들"에게까지 닿을 수 있다고 말한다(Hume, 2007[1738]: 238). 여기서 연민은 인류 보편의 공감을 가능하게 해주는 것으로 이해된다. 즉 모든 인간은 사회화 과정 이전부터 이미 존재하는 어떤 동일한 이타적 감정을 가지고 있고 그렇기 때문에 어떠한 경험도 공유하지 않는 완전히 낯선 사람들에게도 연민을 느낄 수 있다. 사람들이 갖는 감정은 근본에서 동일하기 때문에, 그들은 마치 타인의 고통이 "스스로에게 스며드는 것 같은 느낌을 받는 것이다". 다시 말해 오직 연민만이 가족, 친지, 친구의 범위를 벗어나 완전히 낯선 이들과도 함께 공유할 수 있는 감정이다. 만일 연민이 상상만을 통해 발현되는 것이라면, 우리가 어떻게 전혀 경험을 공유한 적 없고 따라서 상상 자체가 불가능한 타인에게 연민을 느끼는지 설명할 수 없다.

연민과 동정심이 구분되는 감정이라는 사실은 누스바움을 통해 명확히 드러난다. 누스바움은 동정심, 혹은 더 정확히 표현하면 공감으로부터 연민을 분리한다. 공감은 하나의 감정이라기보다 "직접적인 경험 없이도 타인의 경험을 상상을 통해 재구성하도록 해주는" 일종의 심리학적 메커니즘이다. 누스바움은 이 공감이라는 심리학적 메커니즘은 연민의 감정과는 구분되며 연민의 발현을 위한 필요조건일지 모르지만 충분조건은 아니라고 말한다

(Nussbaum, 2001: 302). 즉 여기서 누스바움은 연민을 단순히 동정심의 하위 감정이 아닌, 모든 인간에게 공통적으로 존재하는 일종의 생물학적 직관이라고 보고 있는 것이다.

그렇다면 정말 누스바움의 주장처럼 연민은 동정심과 독립적으로 존재하는 생물학적인 직관이라고 볼 수 있을까? 이에 대해 자연과학 분야의 최근 연구들은 연민이 생물학적 직관에 가깝다는 사실을 보여준다. 도덕 심리학의 직관 이론은 우리의 도덕 판단이 직관의 결과이며 도덕적 추론은 주로 직관적 판단 이후에 발생한다고 주장한다(Haidt, 2003: 12). 진화 심리학의 연구는 공감이 자연선택의 과정에서 인간의 보편적인 생물학적 특징으로 진화해왔다는 사실을 보여주고, 거울 뉴런mirror neuron의 존재를 이에 대한 구체적인 증거로 제시한다(Goetz et al., 2010: 351-374).[6] 또한 최근의 뇌과학 연구는 개인이 고통을 겪는 과정에서 생성된 신경 메커니즘은 타인의 육체적, 사회적 고통에 대한 연민의 발달에 관여한다는 사실을 보여준다(Immordino-Yang et al., 2009: 8021-8026). 이러한

---

[6] 거울 뉴런은 어떤 대상이 자기 스스로 특정 행동을 할 때와 타인이 비슷한 행동을 하는 것을 목격할 때 동일하게 작동하는 신경 뉴런이다. 신경학자들은 거울 뉴런의 활동을 공감이나 행동 학습, 언어 학습과 같은 다양한 기능과 연결한다. 하지만 거울 뉴런을 연민의 존재 유무와 직접적으로 연관시킬 수 있는지는 아직 알려지지 않았다. 거울 뉴런과 관련된 연구는 주로 원숭이와 새의 관찰을 통해 이루어졌다. 그렇지만 인간에게도 거울 뉴런이 동일하게 존재한다는 많은 연구 결과가 나와 있다. 이탈리아 파르마대학의 신경학자인 자코모 리촐라티와 그의 연구팀은 거울 뉴런의 존재를 원숭이에서 처음 발견하여 발표하였다(Rizzolatti et al., 1996: 593-609). 거울 뉴런에 대한 더 자세한 설명은 케이서스(Keysers, 2010: 971-973)를 참조하라.

과학적 증거에 더해, 문화 비교 연구는 연민이 시공간을 초월하여 중국부터 미국까지 또 고대부터 근대까지 보통 불교나 기독교, 이슬람이나 유대교와 같은 거대 종교의 형태로 보편적으로 발견된다는 사실을 보여준다. 이러한 자연과학적, 문화인류학적 증거들은 연민이 모든 인류가 공유하는 보편적 감정임을 부분적으로나마 증명하고 있다.

요약하면 흄은 연민과 동정심이라는 서로 다른 감정 또는 심리학적 메커니즘을 동정심이라는 하나의 개념으로 뭉뚱그려 이해한다. 그가 동정심을 때로는 본질주의적인 도덕의 기반으로, 때로는 맥락주의적으로 묘사한 것은 바로 이러한 이유 때문이다. 그리고 이처럼 연민과 동정심을 개념적으로 분명하게 구분해내지는 못했지만, 흄의 동정심 개념은 연민의 감정을 포함하고 있기 때문에, 다음 절에서 살펴보겠지만, 한 사회가 도덕적 위기를 겪을 때에도 그대로 도덕의 근본 기반으로서의 지위를 유지하게 된다. 이는 도덕의 위기에 대한 스미스의 태도와 분명한 차이를 보여준다. 스미스의 동정심 개념은 이러한 객관적인 도덕 감정 즉 연민을 포함하고 있지 않기 때문에 도덕의 위기 앞에서 동정심이 아닌 이성을 택하게 된다.

4. 스미스의 '공정한 관찰자'가 느끼는 연민

스미스의 '공정한 관찰자impartial spectator' 개념을 통해 우리는 동정심에 대한 서로 다른 이해가 어떻게 도덕에 대한 서로 다른 두 관점을 낳는지 볼 수 있다. 스미스는 동정심을 순전히 우리가 '이성적 상상'이라고 부르는 것에 의해 발현되는 사회적 감정으로 보고 인류 보편의 연민의 존재를 인정하지 않는다. 다시 말해 그는 흄과 달리 동정심 안에 본질적 또는 생물학적으로 존재하는 어떤 객관적인 차원을 인정하지 않는다. 그리고 바로 그런 이유로 그는 한 사회가 도덕의 위기를 극복하기 위해서는 최후의 순간에 동정심이 아닌 이성에 호소할 수밖에 없다는 결론에 이른다.

스미스의 '공정한 관찰자'는 동정심 개념과 밀접하게 연결되어 있다. 왜냐하면 스미스에게 있어 "관찰자는 그 누구보다도 동정을 하는 존재"이기 때문이다(Broadie, 2006: 158). 스미스는 동정심이 "고통에 시달리는 자와 상상을 통해 입장을 바꿈으로써" 발생한다고 이해하는데(Smith, 2005[1790]: 5) 이는 흄이 동정심을 고통으로 일그러진 타인의 표정을 읽은 결과로 이해하는 것과는 차이가 있다. 여기서 우리는 스미스가 흄에 비해 동정심의 발현에 있어 상상력의 측면을 더 강조하고 있다고 추론할 수 있다. 스미스는 마치 우리가 아무런 물리적 상호작용 없이도 죽은 사람과 공감을 할 수 있는 것과 마찬가지로 "우리가 전혀 느낄 수 없는 강렬한 감정을 다른 사람을 대신해서" 종종 느끼는 것은 우리가 그들의 입장을 상상하기 때문에 가능하다고 말한다(Smith, 2005[1790]: 8).

공감이 상상을 통해 이루어지는 것이라면, 고통을 겪는 자와 관찰자 사이의 거리는 매우 중요하다. 왜냐하면 우리가 머릿속에 그리는 상상의 생동감은 거리에 비례하기 때문이다. 그러나 여기서 중요한 점은 그 거리가 단순히 물리적 거리만을 가리키는 것이 아니라 사회문화적 거리를 포함한다는 점이다. 흄과 스미스는 거리에 대한 관념에서도 조금 차이를 보인다. 즉 동정적 상상력 발현에 있어 흄은 물리적 거리에 더 초점을 맞추는 반면, 스미스는 문화적 거리에 더 중요성을 부여한다. 이러한 차이 때문에 스미스는 동정심을 개인들이 일상의 상호작용을 통해 스스로의 도덕을 타인과 일치시켜나가고 "사회적 존재"가 되도록 만들어주는 하나의 "사회적 관습"으로 이해한다(Forman-Barzilai, 2010: 12-13).[7]

이처럼 스미스의 '관찰자'는 동정을 메커니즘으로 하여 그가 속한 사회의 도덕적 관습을 학습하는 사람이다. 즉 스미스의 '관찰자'는 "사회라는 거울"을 통해 자기 스스로와 사회 내 다른 구성원들을 끊임없이 비교 관찰하고, 그들과 공감을 하는 과정에서 그들의 가치와 도덕 원칙을 학습한다. 이는 곧 관찰자가 주변 개인들과의 반복된 공감의 경험을 통해 "그를 둘러싼 사회적 맥락"을 반영하는 사회적 양심을 내면화한다는 것을 의미한다(Smith,

---

[7] 흄이 "타인에 대한 동정심은 우리 스스로에 대한 관심보다 더 흐릿하고, 멀리 떨어져 있는 타인에 대한 동정심은 가까이 있는 타인에 대한 동정심보다 훨씬 더 흐릿하다"라고 말할 때 그가 거리를 물리적 의미로 이해하고 있음을 알 수 있다(Hume, 1998[1751]: 49). 흄이 거리를 이처럼 물리적 의미로 파악하는 이유는 그가 "사물의 시야"를 중시하기 때문이다(Hume, 2007[1738]: 239). 이러한 공간 중심의 거리 관념은 동정심에 대한 이해에 그대로 적용된다. 그 결과 그는 "멀리 떨어진 덕목은 고정된 별과 같다"라고 말하며 또한 "이 덕목을 좀 더 가까이 가져오면 우리의 마음은 즉시 사로잡히고 동정심은 발휘될 것이다"라고 말한다(Hume, 1998[1751]: 45). 이러한 거리에 대한 공간 중심의 이해는 흄으로 하여금 동정심은 오직 관찰자가 감정의 "원인"과 "결과"를 직접적으로 인식할 때만 발생한다고 생각하도록 만든다(Hume, 2007[1738]: 368).

2005[1790]: 100).

이렇게 동정심을 통해 도덕을 모두 학습하는 스미스의 관찰자는 근본적으로 도덕 상대주의자이다. 왜냐하면 그는 오직 그가 속한 사회에서 인정되는 도덕 원칙만을 받아들일 뿐, 그가 속한 사회를 초월하여 존재하는 어떤 객관적인 도덕 기준을 알지 못하기 때문이다. 그렇다면 이러한 윤리 상대주의적 관찰자는 자신이 속한 사회의 타락을 어떻게 극복할 수 있을까? 예를 들어 이 사회가 영아 살해와 유기를 하나의 관습으로 받아들이고 있다면, 공감만을 통해 도덕적 관점을 키운 이 스미스의 관찰자는 어떻게 이 관습을 수정 또는 폐기할 수 있을까? 아마 그는 애초에 영아 살해나 유기와 같은 관습이 도덕적으로 타락했다는 사실을 인정하려 들지 않을 것이다. 그에게 중요한 것은 오직 그가 공유하는 도덕 기준이기 때문에 관습으로 굳어진 이러한 행위를 자신이 스스로 비도덕적이라고 받아들이지 않을 것이다.

여기서 만약 스미스가 애초에 자신의 관찰자를 도덕적 상대주의자로 개념화했다면 이는 논리적으로 아무런 문제가 되지 않는다. 하지만 스미스는 그의 관찰자를 도덕적 상대주의자로 그리지 않는다. 스미스는 그의 관찰자가 당연히 위의 행위들을 도덕적으로 타락한 행위로 판단할 것이라고 여긴다. 그렇다면 문제는 그가 개념화한 동정하는 관찰자가 오직 사회라는 거울을 통해서만 도덕을 학습할 수 있다고 할 때, 이 관찰자는 이러한 행위들에 대해서 어떻게 비판을 할 수 있는 것일까? 다시 말해 이 관찰자는 어떻게 자신의 문화적 맥락에서 벗어나 객관적 판단을 내릴 수 있는 것일까?

스미스는 이러한 논리적 어려움을 해결하기 위해 그의 관찰자를 단순히 동정하는 관찰자를 넘어서 이성적 사고가 가능한 '공정한impartial 관찰자'로 변화시킨다. 스미스는 다음과 같이 진술한다. "가장 강력한 자기애(이기심)의 충동을 물리칠 수 있는 것은 인류의 부드러운 힘이 아니며 이는 자연이 인간의 마음에 불붙인 연약한 박애의 불꽃도 아니다. 그것은 이성이고 원칙이며 양심이고 가슴속에 존재하는 어떤 이상이며, 우리 안의 어떤 사람, 우리의 행위의 위대한 심판자이며 중재자이다. 옳지 못한 방식으로 구현된 자기애는 오직 공정한 관찰자의 눈을 통해서만 수정될 수 있다."(Smith, 2005[1790]: 120)

스미스는 이처럼 객관적인 도덕 판단이 요구되는 순간 동정하는 관찰자를 "어느 정도의 성찰 그리고 심지어는 철학"을 하는 "제3의 눈을" 가진 공정한 관찰자로 변신시킨다(Smith, 2005[1790]: 119). 이러한 변신을 통해 스미스의 관찰자는 주관적인 관찰자에서 갑자기 객관적인 관찰자로 변화한다. 이러한 맥락에서 누스바움은 스미스의 공정한 관찰자에 대해 "오직 세상에 대한 합리적 생각과 견해, 공상들만을 갖도록 함으로써 합리적인 도덕 관점을 본뜨도록 고안되었다"고 평가한다(Nussbaum, 1997a: 73).

센은 이 공정한 관찰자가 그를 둘러싼 사회적 맥락으로부터 거리를 두는 만큼 도덕 판단을 내리는 데 있어 동정보다 이성을 선호한다고 말한다. 스미스가 말하는 동정적 상상에는 연민과 같은 객관적 관점의 개입이 없고 따라서 이것은 본질적으로 사회적 성격을 갖는다. 센은 그렇기 때문에 사회의 타락을 동정심을 통해서는 수정할 수 없다고 판단한다. 왜냐하면 동정심은 그 사회적 타락의 결과물이거나 최소한 그 타락을 반영한 것일 수밖에 없기 때문이다(Sen, 2009: xx). 위의 예를 다시 인용하면, 동정심만을 가진 관찰자는 영아 유기나 살해와 같은 관습을 도덕적으로 용인하거나 최소한 잘못되지는 않았다고 판단할 수밖에 없다. 그렇기 때문에 스미스는 객관적 판단이 필요한 순간 동정을 버리고 이성에 기댈 수밖에 없었던 것이다.

하지만 스미스의 관찰자는 어떻게 동정하는 관찰자에서 객관적인 도덕 판단이 가능한 공정한 관찰자로 스스로를 변화시킬 수 있을까? 그리스월드는 그 대답을 스미스의 동정심 개념에서 찾는다. 그에 따르면 스미스에게 동정하는 관찰자는 기본적으로 동정적 상상을 통해 타인의 입장에 서봄으로써 타인을 이해하는 자가 맞지만 스미스가 개념화한 동정적 상상은 단순히 대상을 "있는 그대로 대표하거나 재생산하지 않는다". 스미스의 동정적 상상은 "상대의 상황으로 흘러들어가 이를 채우려는, 그리고 이 과정 속에서 발견한 것들을 하나의 응집성 있는 이야기로 엮어내는 어떤 내러티브narrative"에 가깝다. 스미스의 관찰자는 이러한 능동적인 상상을 통해 "상대방의 특성, 아니, 이를 넘어 그의 이야기에 접근할 수 있게 되고" 그리고 그 결과로 공정한 관점을 획득할 수 있게 된다(Griswold, 2006: 25-26).

하지만 그리스월드의 설명에도 불구하고 여전히 애초에 사회화를 통해서만 도덕을 학습할 수 있다고 개념화된 관찰자가 어떻게 이러한 제3의 관점을 갖게 됐는가에 대해서는 의문이 남는다. 포만-바질라이 역시 이러한 문제를 지적한다(Forman-Barzilai, 2010: 163). 그는 스미스 스스로가 "고독 속에서 혼자 성장한 개인은 자신의 얼굴이 아름다운지 아니면 추한지 알 수 없고 마찬가지 이유로 그는 자신의 성격, 도덕 감정과 행위의 특성이나 문제점, 자기 마음의 아름다움이나 타락에 대해서 알 수 없다"고 진술한 사실을 지적하며, 그의 관찰자가 도대체 어떻게 객관적 도덕 판단을 가능하게 하는 객관적 관점을 획득할 수 있는가에 대해 의문을 제기한다.

이 질문은 분명 스미스의 공정한 관찰자를 객관적 관찰자로 해석하는 이들에게 강력한 도전이 된다. 맥락주의적인 관찰자가 갑자기 객관적 관찰자로 변신하는 지점에서 스미스의 이론이 일관성이 없거나 심지어 모순적이라 생각될 여지는 충분히 있다. 여기서 한 가지 주목해야 할 사실은 스미스가 이성이라는 단어를 사용하지만 그가 직접 자신이 말하는 이성이 객관적이라고 말하고 있지는 않다는 점이다. 이미 소개했듯이, 스미스는 이성을 오직 "원칙이며 양심이고 가슴속에 존재하는 어떤 이상이며, 우리 안의 어떤 사람, 우리의 행위의 위대한 심판자이며 중재자"로 정의할 뿐이다. 이러한 발견은 스미스가 공정한 관찰자를 말할 때, 그가 이를 통해 어떤 객관적인 관찰자를 의도한 것이 아닐 수 있음을 암시한다. 다시 말해 그가 "제3자의 눈"을 통해 의도한 것은 어떤 초월적인 객관적 시각이 아닌 단순히 ― 반드시 객관적이라고 할 수 없는 ― 외부의 시각 그 이상 그 이하도 아닐 수 있다는 것이다.

센은 바로 이러한 이해에서 '열린 공정성'이라는 개념을 제시한다. 열린 공정성은 객관성으로서의 공정성이 아닌 열림openness으로서 공정성을 의미하는데, 이는 곧 외부 사회로부터의 사심 없는disinterested 사람들에 의해 내려지는 판단을 가리킨다. 이 열린 공정성은 자기 문화 중심주의에서 벗어나 좀 더 객관적인 도덕 원리를 찾을 수 있도록 해주지만, 이때 이 작업은 초월적인 객관적 관점이 아닌 "다른 곳으로부터의 다른 관점"과의 비교를 통해 끊임없는 자기 성찰을 하도록 하는 "진지한 검토"를 통해서 이루어진다(Sen, 2009: 125-130).

센은 열린 공정성의 개념을 이용해 공정성을 초월적 의미의 객관성이 아닌 외부 관점과의 비교 검토를 통해 도출되는 열린 객관성으로 재정의함으로써 스미스의 관찰자 개념이 빠질 수 있는 모순을 효과적으로 극복한다. 공정성은 더 이상 시공간을 초월하는 객관성이 아닌 자신이 속한 사회와 외부의 비교를 통해 달성될 수 있는 것이기 때문에 스미스의 공정한 관찰자는 더 이상 주관성에서 객관성을 도출해내는 데 아무런 모순을 겪지 않게 된다. 하지만 만약 이렇게 공정성을 열림으로 재정의하게 될 때 이성의 역할을 어떻게 생각해야 하는지에 대한 의문이 남는다. 왜냐하면 센의 열린 공정성은 이성을 도덕 판단의 기준 그 자체라기보다는 특정한 도덕 감정에 근거하여 장점과 단점을 구분하고 이에 따라 기존의 도덕 감정을 수정하는 수단으로 개념화되기 때문이다. 만약 그렇다면 센의 열린 공정성 개념은 스미스의 공정한 관찰자 개념보다 도덕 감정과 이성에 대한 흄의 관점과 더 유사하게 된다.

다시 흄으로 돌아가보자. 흄은 일반적으로 이성보다 도덕 감정을 우선시한 사상가로 여겨지지만, 사실 그는 도덕 판단에서 이성이 매우 중요한 역할을 수행한다는 점을 인정한다. 심지어 그는 이성이 우리의 도덕적 욕망을 이해하는 데 필수적인 도구이기 때문에 종종 "우리의 강렬한 (도덕)감정은 아무런 저항 없이 이성에 굴복"할 수 있다고 말하기까지 한다(Hume, 2007[1738]: 435).8 다시 말해 흄은 비록 이성이 도구적 수단이긴 하지만 도덕 판단에 있어 그 중요성을 무시할 수 없다는 점을 인정하고 있는 것이다. 하지만 "이성은 감정의 노예이고, 노예여야만 하며, 감정에 봉사하고 복종하는 것 이외에 아무런 역할도 할 수 없다"는 그의 주장은 흄이 여전히 이성이 아닌 도덕 감정을 더 본질적인 도덕 판단의 기준으로 인식하고 있음을 보여준다(Hume, 2007[1738]: 266). 그렇다면 도덕 감정을 도덕 판단의 근본 기준으로 삼는 흄은 어떻게 도덕 상대주의를 극복하는가?

스미스와 마찬가지로 흄의 경우에도 동정은 관찰자가 도덕을

---

8   흄이 이성보다 감정을 더 본질적인 도덕 판단의 근거로 보는 것은 사실이지만 그가 이성의 역할을 완전히 무시하는 것은 아니다. 흄은 사실 도덕 판단에 있어 이성이 매우 중요하다고 보는데 그래서 노턴은 다음과 같이 말한다. "흄은 우리의 모든 사고되지 않은 반사적인 판단은 이성의 돌봄을 받아야 한다고 주장하는 것으로 또는 오직 반성적이고 편향되지 않은 태도를 가질 때에만 도덕적 판단이 가능하다고 주장하는 것으로 이해될 수 있다"(Norton, 1982: 12). 프레이저 또한 흄의 도덕 감정론을 "단순히 이성을 감정의 노예로 놓는" 것으로 이해하기보다는 "반성적 도덕 감정", 즉 "이성을 포함한 모든 능력이 조화롭게 하나의 정신을 형성하는" 것으로 이해해야 한다고 주장한다(Fraser, 2010: 3-14, 40-64).

형성하는 핵심 메커니즘이다. 하지만 동정에 대한 흄의 아이디어는 스미스의 그것과는 뚜렷한 차이를 보인다. 가장 핵심적인 차이는 스미스가 동정을 상상의 결과물, 누스바움의 분류를 이용하면 단순히 공감과 일치시키는 반면, 흄은 동정을 공감에 더해 생물학적으로 모든 인간에게 보편적으로 존재하는 연민을 포함하는 개념으로 이해하고 있다는 점이다.9 이러한 차이로 인해 흄은 스미스의 주장과는 구분되는 "공통 감각의 도덕common sense morality" 체계를 완성한다. 노턴의 해석에 따르면, 이 공통 감각의 도덕은 흄의 이론에서 도덕 판단의 세 가지 핵심적인 역할을 수행한다. 첫째, "공통 감각의 도덕은 스스로의 협애한 이익에서 벗어나도록 해준다." 둘째, "공통 감각의 도덕은 우리가 타인과 판단, 의견, 감정을 공유하고 있다는 사실을 알 수 있도록 해준다." 셋째, "공통 감각의 도덕은 옳고 그름에 대한 일반적이고 간주관적인 도덕 기준을 만들도록 해준다."(Norton, 1975: 541-542)

  공통 감각의 도덕의 첫 두 기능은 도덕을 사회적 영향력에 민감

---

9 이처럼 흄이 연민compassion을 인간의 객관적인 천성으로 보는 것은 많은 부분에서 루소의 연민pity 개념과 유사하다. 루소는 인간이 두 가지 천성을 갖는다고 보았다. 하나는 "우리로 하여금 스스로의 안위와 자기보존에 관심을 갖도록 해주는" 자기애이고, 다른 하나는 "감정을 가진 동물, 특히 인간이 고통을 겪거나 죽는 모습에 대해 자연적인 반감을 불러일으키는" 연민이라고 보았다. 그는 이러한 두 감정이 모든 인간에게 자연적으로 내재해 있고, 이 둘의 조합이 "모든 자연권의 원천"이며, 특히 연민이 도덕의 기반을 이룬다고 보았다. 그는 "인간이 연민의 내적 충동에 저항하지 않는 한, 자신의 목숨이 위협받는 경우를 제외하고는, 다른 인간들 심지어는 감정을 가진 동물들에게 악행을 행하지 않을 것"이라 주장한다(Rousseau, 1994[1755]: 17-18).

하도록 만드는 기능을 하는데, 이는 스미스의 공감 기능과 유사하다. 하지만 마지막 기능은 흄의 공감 개념만이 갖는 독특한 기능이다. 옳고 그름에 대한 일반적이고 간주관적인 기준은 단순히 주관적이지 않다. 이는 흄의 말에 따르면 "어떤 성격과 행동 방식을 승인하거나 불허하도록 하는 일반적으로 불변의 기준"에 해당한다(Norton, 1975: 542). 그렇다면 여기서 스미스의 공정한 관찰자에서와 같은 동일한 의문이 제기된다. 이 도덕에 대한 "불변의 기준"은 도대체 어디서 오는가? 우리는 이미 스미스의 공정한 관찰자를 검토하면서, 단순히 사회화만을 통해서는 이러한 객관적인 관점을 획득하기가 불가능하다는 사실을 알고 있다. 그렇기 때문에 스미스는 객관적 판단이 필요한 순간 동정을 버리고 이성을 택했다는 것 또한 알고 있다. 여기서 흄은 이 객관적 판단의 기준을 바로 연민으로부터 얻는다. 그리고 이 연민이 그의 동정심의 개념에 포함되어 있기 때문에 그는 객관적 도덕 판단이 필요한 순간 스미스처럼 공감을 버리고 이성을 택할 필요 없이 동정이라는 도덕 감정에 의존할 수 있는 것이다.

5. 결론: 보편적 인권을 규정하는 이성과 연민

지금까지 살펴본 도덕 판단의 기준으로서 '연민'은 몇 가지 약점을 갖는다. 연민의 인식론적 구조에 대한 누스바움의 분석은 그 약점을 이해하는 데 좋은 출발점이 될 수 있다. 그녀는 연민이 발현되기 위해서는 네 가지 인식론적 조건이 충족되어야 한다고 말한다. 첫째, 상대방의 고통이 충분히 심각해야 한다. 둘째, 그 고통이 자기 자신이 아닌 타인에 의해 유발된 것이어야 한다. 셋째, 그 사건이 내 삶이나 목적에 영향을 미칠 정도로 중요한 의미를 지녀야 한다. 넷째, 그 고통이 내 삶에서도 일어날 가능성이 있다고 생각되어야 한다. 여기서 '비슷한 사건의 발생 가능성에 대한 판단'은 관찰자가 경험을 공유하지 않는 타인들에게까지 관심을 갖도록 해주는 역할을 한다. 흄과 스미스에서 공감적 상상은 관찰자가 상상을 통해 고통을 받는 자의 입장에 설 수 있도록 함으로써 이러한 '비슷한 사건의 발생 가능성에 대한 판단'을 쉽게 해준다(Nussbaum, 2001: 297-341).

그러나 누스바움은 연민이 항상 긍정적인 방식으로 발현되지는 않는다고 말하면서 이는 개인 간의 사회 계급이 연민의 발현을 위해 필요한 공감과 '비슷한 사건의 발생 가능성에 대한 판단'을 종종 가로막기 때문이라고 지적한다. 다시 말해 마치 고대의 귀족이 노예의 고통을 공감하지 못했던 것처럼 어떤 부류의 사람들은 자신의 삶의 가능성이 타인과 질적으로 다르다고 여기기 때문에 타인의 고통에 공감하지 못한다는 것이다. 누스바움은 세 개의 병리학적 감정이 이러한 차별적 믿음을 유발한다고 분석한다. 첫째, 수치심shame은 관찰자를 "병리학적으로 나르시시즘"에 빠지게 만들어 그가 자기 자신의 밖으로 나오지 못하게 만든다. 둘째, 질투envy는 타인의 성취에 대해 비관용적으로 만듦으로써 관찰자가 타인의 상실과 슬픔에 무감각하게 만든다. 셋째, 혐오감disgust은 관찰자로 하여금 '우리'와 '그들'을 임의적으로 갈라 '그들'을 무조건적으로 증오하도록 만든다(Nussbaum, 2001: 342-350).

그렇다면 어떻게 연민을 이러한 장애로부터 보호할 수 있을까? 누스바움은 그 해결책으로서 이성을 제시한다. 그녀는 이성에 의해 만들어진 규칙과 제도가 연민이 올바른 방향으로 발현되기 위한 필수적 요소라고 말한다. 연민이 사회적 지위나 병리학적 감정으로 인해 발현되지 않거나 왜곡되기 쉽다는 그녀의 분석을 고려할 때 이는 충분히 합리적인 제안이라 할 수 있다. 그러나 연민에 대한 그녀의 분석은 연민이 가진 힘을 지나치게 과소평가하고 있다. 누스바움은 연민의 작용에 있어 상상력의 메커니즘에 큰 비중을 두기 때문에 연민의 왜곡 가능성을 너무 크게 판단한 것이다. 그렇지만 연민의 발현이 이러한 상상력 없이도 가능하다면 연민의 실패에 대한 누스바움의 지적은 설득력을 잃게 될 수 있다.

물론 누스바움은 이러한 비판을 받아들이려 하지 않을 것이다. 왜냐하면 그녀 스스로가 공감이 "연민의 발현에 반드시 필요한 것은 아니며 단지 연민이 발현되는 두드러진 방식일 뿐"이라고 말하고 있기 때문이다. 이는 누스바움의 입장에서 자신의 이론을 일관되게 만들기 위해 인정해야만 하는 부분이다. 왜냐하면 만일 스미스의 동정심 개념과 마찬가지로 연민이 단순히 상상력의 결과물이라면, 연민은 본질적인 도덕적 원천으로서의 객관적 성격을 잃기 때문이다. 그러나 그녀는 이 부분에 대한 주장에서 일관되지 못하다. 누스바움은 이후의 저작에서 "연민을 성공적으로 발현시키려는 목적의 모든 대화는 상상력의 작용을 필요로 한다"라고 진술함으로써 연민의 발현에 있어 상상력이 필수 불가결한 역할을 한다고 보는 것으로 입장을 바꾼다(Nussbaum, 2003: 24). 여기서 연민은 공감과 거의 동일시되고, 이는 그녀의 이론을 그녀 스스로 공격했던 주관주의적 동정심 이론처럼 비판에 취약하게 만든다.

공감은 분명 연민을 일깨울 수 있는 하나의 중요한 매개체의 역할을 수행한다. 그러나 공감은, 그녀가 애초에 지적한 것처럼, 연민의 발현을 위한 하나의 메커니즘이 아니며 또한 필수적이지도 않다. 연민은 타인에 대한 상상 없이도 즉각적으로 발현될 수 있다. 예컨대 한 사람이 큰 소리를 지르며 매우 고통스러워하고 있다고 가정해보자. 우리는 정말 그의 입장에 서서 생각해볼 시간이 필요할까? 그가 느끼는 고통이 충분히 크고 이 상황을 내가 즉각적으로 알 수 있다면 내가 그에게 연민을 느끼는 데는 누스바움이 말한 것 같은 상상, 그가 나의 목표에 얼마나 도움이 되는 존재인지에 대한 판단 등은 거의 불필요하다. 그것은 연민의 감정이 동물의 고통에 대한 직관적인 반응이기 때문이다. 여러 병리학적인 감정들이 공감적 상상을 방해한다는 누스바움의 분석은 분명 일리가 있다. 하지만 만일 공감이 애초에 연민에 필수적인 메커니즘이 아니며 본능적으로 발동되는 것이라면, 우리는 더 이상 그러한 부정적 감정들이 연민의 발현에 큰 방해가 될 수 없다는 사실을 받아들일 필요가 있다.

도덕은 공정함에서 오는 것이 아니다. 어떤 관찰자가 완벽히 공정하다 하더라도 그가 동정의 마음을 가지고 있지 않다면 그는 고통에 빠진 사람을 발견한다 하더라도 아무런 조치를 하지 않을 것이다. 왜냐하면 그는 공정할 뿐 연민의 마음이 없어서 타인을 위해 행동할 동기를 갖고 있지 않기 때문이다. 반면 어떤 사람이 불공정하지만 연민의 마음을 갖고 있다면 그 또한 아무것도 하려 하지 않을 것이다. 그의 이기심이 스스로 손해를 보면서 남을 돕는 행위를 막을 것이기 때문이다. 그렇지만 그가 이성의 도움을 받아 스스로를 공정하게 만들게 되면 그는 이제 고통에 빠진 사람을 위해 그가 할 수 있는 모든 것을 하려 할 것이다. 이 설명은 한 개인이 도덕적인 인간이 되기 위해 이성과 동정심이 모두 필요하지만 동정심은 도덕적 원천으로서, 그리고 이성은 도구로서 작용한다는 사실을 말해준다. 스미스의 관찰자는 공정한 관찰자처럼 보이지만 사실 자세히 들여다보면 연민을 느끼는 관찰자인 것이다.

  이성은 오랫동안 보편적 인권의 도덕적 기반으로 여겨져 왔다. 그러나 문화적 다양성이 점점 더 널리 나타나는 현대사회에서 이에 둔감한 이성은 더 이상 인권의 기반으로 여겨지기 힘들게 되었다. 이제 우리는 보편적이면서도 동시에 가치의 다양성에 민감하게 반응하는 새로운 원천이 필요하다. 이 장에서 나는 '도덕 감정'을 인권을 위한 새로운 원천으로 제시하였다. 우리는 공감하는 존재이기에 사회적 그리고 문화적으로 변형 가능한 존재이다. 또한 우리는 타인과 공감하기 때문에 우리가 보고 경험하는 것에 맞추어 우리의 관점을 변화시킬 수 있다. 우리는 연민을 느끼는 동시에 공감하는 존재이다. 그리고 바로 그렇기 때문에 우리에게는 보편적 인권이 가능하다.

  다시 말해 우리는 생각하는 존재이기 때문이 아니라 감정을 느끼는 존재이기 때문에 인권을 필요로 한다. 우리가 명예살인이나 고문, 강간 같은 끔찍한 행위를 목격하거나 그 상황에 대해 전해 들을 때 우리는 그들과 일상적인 경험을 공유하지 않음에도 불구하고 마음의 괴로움을 느끼는데 이는 무엇보다도 우리 스스로가 생물학적으로 연민을 느끼는 존재이기 때문이다. 그리고 바로 그렇기 때문에 이러한 비도덕적인 행위들이 한 공동체 안에서 협의를 통해 지지되고 용인된다고 하여도 우리는 이를 비도덕적이라고 비판하고 거부할 수 있는 것이다. 이러한 행위들이 한 문화권 내에서 정당화되고 행해진다는 그 사실이 결코 이러한 행위를 도덕적으로 정당화하는 이유가 될 수는 없다. 인권은 단지 세상에 존재한다는 이유만으로 인간이 가지는 권리이며, 이러한 도덕적 무게에 비례하는 정당화 기반을 요구한다. 그렇기 때문에 인권은 어떠한 초월적인 기반을 요구하지 않으며 인권을 정당화하기 위해 필요한 것은 단지 인류를 진정으로 대표할 수 있는 인간의 보편적 감정이면 충분하다. 우리는 이 인간의 감정이 '연민'이라고 믿으며 바로 이 '연민'이 인권의 보편성을 지지한다고 믿는다.

5장 다문화주의와 상호문화주의

1. 다문화주의의 위기와 대안들

서구 국가들에서 다문화주의 정책의 채택은 각국이 자신들의 고유한 문제를 해결하기 위해 노력하는 가운데 점진적으로 진행되었다. 예를 들어 캐나다에서 다문화주의는 퀘벡 지역의 프랑스인들과 원주민인 이누이트들의 소외 문제를 해결하고 그들을 캐나다 사회에 어떻게 통합시킬 것인가 하는 문제를 다루는 과정에서 자연스럽게 등장했다. 호주의 경우 다문화주의는 애버리지니와 백인 사이에 태어난 아이들을 강제로 수용하거나 입양 보냈던 이른바 '도둑맞은 세대stolen generation'에 대한 문제 제기가 이루어지는 가운데 자국이 더 이상 유럽의 일원이 아니라 경제적으로 밀접한 이해를 갖고 있고 지리적으로 가까운 아시아의 일원이라는 자각에 기반해 등장하기 시작했다.

유럽에서 다문화주의가 등장하게 된 배경에는 19세기와 20세기에 비자발적으로 다수 민족에 병합된 여러 민족적 소수의 문화적 생존 요구를 필두로 지구화와 함께 시작된 이민이나 난민 유입에 따른 문화적 소수의 증가, 민주주의의 증진에 따른 평등 의식의 고취, 평화의 고양에 따른 안보 위협의 약화 등 여러 요인이 있었다. 이 가운데 특히 유럽으로 유입되는 이민이나 난민의 특징은 유럽에서 다문화주의의 등장과 퇴조에 중요한 역할을 하고 있다.

유럽에서 제국주의 경영의 경험을 가진 나라들은 식민지 독립 이후에도 인적 네트워크를 통해 옛 식민지 국가들과 긴밀하게 연계되어 있었고 이들이 가족 재결합의 형태로 이민해 오는 것을 막을 수 없었다. 즉 유럽에서 이민은 가족 재결합의 형태가 지배적인 유형이어서 노동 이민을 선별해 받아들이는 미국과는 다른 모습을 보인다. 이민자들은 주로 노동시장과 교육기관을 통해 이민 수용국가에 통합되는데, 유럽에서 가족 이민의 형태로 유입된 사람들은 노동시장과 교육기관을 통해 수용국가와 연계를 갖기가 쉽지 않았다. 특히 원활한 사회적 연계 없이 문화인종별로 고립된 거주지에 기거하면서 문화적 권리에 대해 주장하는 이들의 모습은 기존의 국가 정체성에 도전하면서 분리주의를 조장하는 것으로 받아들여져 사회적 차별의 표적이 되는 경우가 많았다.

문화적 인정에 대한 요구는 사회적 소수의 인권을 보호해야 한다는 정치적 올바름의 압력 아래 많은 지지를 끌어내며 다문화주의의 활성화를 가져왔지만, 동시에 다수 문화 집단과 소수 문화 집단 사이에 높은 수준의 긴장과 갈등을 가져왔다. 이러한 집단

간 긴장감이 조성된 가운데 유고 내전이나 시리아 내전을 통해 많은 수의 난민이 유럽에 추가적으로 유입되자 기존의 시민들은 눈에 띄게 늘어난 문화적 소수 집단을 보면서 자신들의 안전과 복지에 심각한 위협을 느끼기 시작했다. 유럽 시민들의 이와 같은 인식 변화는 견고했던 다문화주의 지지 흐름이 바뀌는 주요 원인이 되었다. 물론 소수의 증가와 시민들의 인식 변화 사이에는 자신들의 정치적 목적을 위해 상황을 과장하고 위기의식을 부추기는 극우 집단의 선동이 중요한 변수로 자리 잡고 있었다.

예를 들어 영국의 경우 다수 문화 집단과 소수 문화 집단 사이의 갈등은 인종 폭동의 형태로 폭발하면서 점진적으로 다문화주의에 대한 지지를 철회하게 만드는 요인이 되었다. 영국에서 인종 폭동은 1950년대로 그 기원이 거슬러 올라간다. 1958년에 런던 교외 노팅힐에서 전후 최초의 인종 폭동이 일어났을 때 이 사태에서 소요를 일으킨 가해자는 백인 노동자들이었고 피해자는 주로 카리브해 지역에서 이민 온 흑인 노동자들이었다(Kim, 2005a: 135-139). 1950년대의 인종 폭동은 아직 '빈민화된 거주지slum residence'나 '분리된 거주지segregated residence' 등의 유형화된 이해가 생겨나기 이전에 발생한 사건이었다. 영국에서 두 번째 인종 폭동은 1970년대 후반에서 1980년대 초반에 일어났다. 이때 인종 폭동은 슬럼화된 도심 지역에서 흑인 청소년들과 백인 경찰들이 대치하다가 방화와 파괴를 동반한 폭동 사태로 치닫는 유형이었다. 이 시기의 충돌은 차별에 저항하는 흑인들이 주도했고, 빈민화된 거주지에서 사람들이 느끼는 상대적 박탈감의 문제가 주요 관심 대상이었다.

영국에서 세 번째 인종 폭동은 아시아인들이 주동이 되어 영국의 기존 질서에 저항하는 유형이었다. 이 폭동은 2001년 5월 중서부 공업지대인 리버풀과 맨체스터 지역 북부에 위치한 작은 도시 올담에서 시작되어 곧 리즈, 번리, 브래드퍼드로 번져갔다. 이 시기의 폭동은 빈민화된 거주지의 관점보다는 분리된 거주지의 관점에서 보는 시각이 우세하다. 다시 말해 빈곤지수 통계로 볼 때 전국 354개 도시 가운데 하위 61위였던 올담에서 폭동이 발생한 반면 오히려 더 열악한 인근의 하위 35위 레스터에서는 폭동이 일어나지 않은 결과에 대해 사회경제적 균열 요인을 강조하는 빈민화된 거주지의 문제보다는 사회문화적 균열 요인을 강조하는 분리된 거주지의 문제를 더 중요한 원인으로 보는 시각이 등장한 것이다.

2000년대 초반 일련의 인종 소요 사태를 검토한 테드 캔틀Ted Cantle의 보고서는 레스터에 존재했던 다문화 도시를 향한 비전이나 다양한 종교 집단 간 대화의 장 등에 주목하면서 상호문화적 대화의 중요성을 강조하기 시작했다. 분리된 거주지 문제의 심각성에 주목하는 이러한 흐름은 2005년 7월 52명이 죽고 700여 명의 사상자를 낸 런던 지하철 테러가 발생하면서 더욱 분명해졌다. 2005년 테러는 영국에서 나고 자란 영국 국적의 무슬림들이 일으킨 테러라는 점에서 충격적인 사건이었다. 이 사건을 계기로 고립된 거주지에서 서로의 문화를 이해하려는 노력 없이 문화집단 간 평행한 공존을 주장하는 다문화주의의 한계를 지적하는 담론들이 점점 강한 목소리로 등장하기 시작했다.

2005년 10월 27일 프랑스 파리의 교외 클리시수부아Clichy-sous-bois에서 세 명의 십대 소년이 경찰의 추격을 피해 변전소에 들어갔다가 두 명이 감전되어 사망하고 한 명은 심각한 부상을 입은 사건이 발생했다. 이 사건은 수많은 차량이 불타고 시위자가 체포되는 전국적인 인종 폭동으로 번져갔고 2005년 12월 10일에는 자크 시라크 대통령이 각료회의에서 3개월의 비상사태를 선포하기에 이르렀다.

2001년 뉴욕에서 발생한 9.11 테러 공격에 이어 2000년대에 유럽에서 일어난 일련의 사태를 목도하며 정치인들은 공개적으로 다문화주의의 실패를 언급하기 시작했다. 2010년 10월 독일 총리 앙겔라 메르켈은 독일에서 사람들이 평행하게 이웃해 사는 다문화주의의 실험은 실패했다면서 새로운 이민자들은 독일어를 배우는 등 독일 사회에 통합되기 위해 더욱 노력해야 한다고 주장했다. 2011년 2월에 뮌헨안보회의에서 당시 영국 총리였던 데이비드 캐머런 역시 다문화주의에 대한 그의 비관적인 견해를 밝히면서 영국은 수동적인 관용보다는 더 강력한 자유주의를 실행할 필요가 있다고 언급했다. 2011년 프랑스의 사르코지 총리도 그동안 프랑스가 이민자들의 정체성에 너무 많은 관심을 기울이는 동안 정작 그들을 받아들이는 프랑스의 정체성 문제에 대해서는 충분한 관심을 쏟지 않았다며 다문화주의의 실패를 공언하였다.

결국 이러한 언급들은 다문화주의의 핵심 주장인 '문화의 비교 불가능성cultural incommensurability'과 상호 존중을 통한 문화의 '평행한 공존parallel co-existence'을 비판하면서 다문화주의가 오히려 소수 문화 집단의 고립을 가속화하고 문화 집단 사이의 갈등과 긴장을 더욱 증폭시키고 있다는 부정적인 평가를 드러내고 있다. 이와 같은 평가 이후에 등장한 대안들은 기존 다문화주의의 한계를 극복해야 하지만 그렇다고 해서 동화주의를 지향해서도 안 된다면서 제3의 길을 주장하였다. 제3의 길은 여러 갈래로 제시되었지만 문화 집단 사이의 대화를 강조한다는 점에서 일치점을 보인다. 이 논의들은 2008년 유럽평의회Council of Europe의 상호문화적 대화intercultural dialogue 보고서에서 시작하여 상호문화도시 프로그램, 캔틀의 상호문화주의 논의 등으로 이어지는데 다음에서는 이러한 논의를 차례대로 살펴보면서 상호문화주의의 이론적 구성과 그 의미에 대해 검토한다. 마지막 절에서는 다문화주의의 퇴조 이후에 등장한 흐름인 욥케가 제기하는 '시민 통합 모델'에 대해 설명하고 상호문화주의와의 유사성 및 차이점에 대해 분석한다.

2. 유럽평의회의 상호문화적 대화 보고서

유럽평의회는 1949년 출범한 후 1950년에 유럽인권선언을 주도하였고 1959년 스트라스부르에 소재한 유럽인권재판소European Court of Human Rights를 창설했으며 현재는 유럽 지역 47개 국가가 회원으로 참여하고 있는 정부 간 지역 협력기구이다. 2008년에 유럽평의회가 발표한 상호문화적 대화 보고서는 기존의 다문화주의가 유럽에서 더 이상 작동하지 않는다고 평가하면서 다양한 수준에서 진행되는 서로 다른 문화 사이의 상호문화적 대화를 대안으로 제시하였다. 이 보고서는 기껏해야 분리된 공동체 안에서 다르게 규정된 권리와 책임을 갖는 다수와 소수가 서로 무관심한 채로 공존하는 것이 다문화주의가 성취할 수 있는 최고 수준이었으며 따라서 다문화주의는 실패했다고 진단한다. 다문화주의는 동화주의로부터 벗어나고자 했지만 다수와 소수의 분리를 대안으로 제시하는 것 외에는 아무것도 추가적으로 기여하지 못했다는 것이다. 특히 고립된 공동체의 존재와 상호 불완전한 이해는 소수 집단 내부의 개인과 여성의 권리를 보호하는 데 취약했다고 주장한다(Council of Europe, 2008).

보고서는 대신 모든 개인의 평등한 존엄에 대한 존중과 공동의 유산 및 문화적 다양성에 대한 존중, 공유된 공동의 가치 등이 유럽의 정체성을 규정하는 핵심적인 요인이 될 것이라고 주장한다. 즉 유럽평의회가 제시하는 상호문화적 대화는 개인의 인간적 존엄성에 기초하고 있으며 이 기초 위에서 인권과 민주주의, 법의 지배가 핵심 가치로 추구될 것이라고 본다. 보고서는 먼저 인권의 차원에서 젠더에 근거한 차별이나 특정 신앙을 믿거나 믿지 않을 종교의 자유 침해 또는 문화의 맥락에서 정당화하는 인권유린 등에 결코 찬성할 수 없으며 지배적인 문화가 종교와 인종, 정체성에 근거해 소수를 차별하는 것도 정당화될 수 없다고 주장한다. 둘째, 민주주의 차원에서 대화는 상호 존중하고 공동의 토대를 찾을 준비가 되어 있음을 의미하며, 비판적이고 건설적인 대화는 그 자체로 민주적인 원칙으로서 다원주의, 포용성, 평등을 내포하고 있다고 본다. 마지막으로 법의 지배는 대화를 풍성하게 만드는 틀로서 기능하며 공공 기관이 자의적이고 차별적인 결정을 내리지 못하게 개입한다. 또한 권력의 분립과 법 앞에서의 평등을 통해 권리가 침해된 개인의 사례를 사법부를 통해 교정하는 역할을 한다.

보고서는 상호문화적 대화를 막는 방해물 가운데 특별히 권력과 정치, 가난과 착취 등을 언급하고 있으며 종교의 역할에 대해서도 중요하게 언급하고 있다. 즉 유럽인권선언 제9조가 규정하듯이 사상의 자유, 양심의 자유, 종교의 자유는 유럽을 상징하는 기본적인 권리이며 상호문화적 대화가 성공하기 위해서는 종교 공동체 사이의 대화가 중요하고 나아가서 종교 공동체와 공공 기관 사이의 대화가 중요하다고 본다. 유럽평의회는 정기적이고 투명한 종교 공동체와의 대화를 지속할 필요가 있다는 2006년 볼가포럼 선언이나 2007년 산마리노 선언 등의 요구를 신중하게 받아들이며 중립적이고 보편적인 가치와 원칙을 지지하는 선에서 시민들의 다양한 종교적 활동을 대화의 중요한 통로로 지지한다.

유럽평의회의 보고서는 이러한 원칙과 목표에 근거해 상호문화적 대화를 증진할 다섯 가지 정책적 접근을 제안하고 있다. 첫째는 문화적 다양성을 다룰 민주적 거버넌스의 중요성에 대해 언급하고 있다. 상호문화적 대화가 원활하게 진행되기 위해서는 다양성을 높이 평가하고 인권과 표현의 자유 등 기본적인 자유를 존중하는 정치 문화가 존재해야 한다. 국가는 당연히 강력한 입법을 통해 인종차별, 외국인 혐오, 동성애 혐오, 이슬람 혐오, 반집시 등을 드러내는 혐오 표현을 불법화해야 한다. 또한 '유럽사회헌장'이나 '이주노동자의 법적 권리에 관한 유럽협약'이 규정하고 있듯이 합법적으로 거주하는 모든 이주 노동자와 그의 가족들이 단지 기회의 평등을 누리는 수준을 넘어서 자신들의 권리를 평등하게 즐길 수 있는 상태로 진입해야 한다. 특히 보고서는 상호문화적 대화와 관련된 유럽인권재판소의 사례들을 설명하는 해설집을 발행하고 널리 알리는 작업이 중요하다고 보고 있다.

두 번째 정책 제안인 민주적 시민권의 확립과 참여 격려의 필요에서는 지방정부의 역할이 특히 중요하다. 청소년이나 이주 노동자, 외국인 거주자의 경우 지역이나 지방의 통합위원회에서 공공 기관과 만나 자신들의 관심사를 전달할 수 있고 그 과정에서 민주적 참여의 문화를 확산할 수 있다. 자발적으로 참여하는 민주적 시민권의 확산이라는 차원에서 중요한 상호문화도시 프로그램은 유럽평의회가 지역의 도시 거버넌스나 미디어, 문화 정책 등의 우수 사례를 타 도시와 공유하고 전수해줌으로써 상호 대화의 공간을 넓혀가는 데 중점을 둔 기획이다. 상호문화도시 프로그램은 2008년에 11개 도시로 시작하여 2019년에는 136개 도시가 참여하며 성공적인 사업 진행을 보여주고 있는데 이 프로그램의 내용과 특징에 대해서는 다음 절에서 자세하게 다루기로 한다.

세 번째 정책 제안은 상호문화적 경쟁력에 대해 배우고 가르치는 것이다. 보고서는 구체적으로 민주적 시민권과 언어, 역사를 가르치는 것이 중요하다고 제안한다. 민주적 시민권에 관한 교육은 한 사회의 문화적 유산과 인권, 정치적 권리 등을 그 내용으로 한다. 언어는 상호문화적 대화를 가능하게 만드는 불가결한 도구이기 때문에 소수 집단의 언어에 대한 사회적 인정도 물론 필요하지만 문화적 소수는 완전한 사회참여를 위해 다수 집단의 언어를 배울 필요가 있다. 또한 문화적 소수는 집단 학살이나 반인도적 범죄, 문화인종적 청소, 인권에 대한 광범위한 침해, 홀로코스트 부정 등 과거의 나쁜 선례를 반복하지 않기 위해서 역사를 배워야 한다. 특히 역사 교육은 외국인 혐오나 인종차별주의, 반유대주의, 극우 민족주의 등을 부추기는 이데올로기적 조작이 되어서는 안 된다고 보고서는 주장한다. 교육의 장은 초등, 중등, 대학 교육뿐 아니라 비공식적 교육까지 포괄하는 것이고 교육과정에서 교육자의 역할과 가족의 역할이 중요하다고 본다.

네 번째 정책 제안은 상호문화적 대화를 실행할 공간의 확보이다. 말 그대로 대화가 이루어지는 물리적 공간인 거리, 시장, 가게, 집, 유치원, 학교, 대학, 문화센터, 사회센터, 청소년클럽, 교회, 모스크, 유대교회당, 회사의 회의실, 작업장, 박물관, 도서관, 휴양 시설, 미디어와 같은 가상공간 등이 성공적인 상호문화적 대화를 위해 관심을 가지고 북돋워야 할 장소이다. 공공 기관과 사회의 주체들, 특히 종교 공동체들은 일상생활이 이루어지는 공간에서 사회문화적 대화를 발전시키기 위해 참여해야 한다. 언론도 책임 있는 자세로 저널리스트를 문화에 민감한 사람으로 훈련시키고 상호문화적 대화를 증진하는 데 기여해야 한다.

다섯 번째 정책 제안은 국제정치에서 상호문화적 대화이다. 지역의 공공 기관들은 유럽 이외의 지역과 교류 협력을 위해 노력해야 하고 언론 역시 지역, 국가, 유럽연합 차원에서 비관용에 대항하여 공동체 간 관계를 증진하기 위해 노력해야 한다. 베니스위원회는 아프리카, 아시아, 아메리카, 아랍 지역 국가들의 헌법재판소나 비슷한 역할을 하는 기관들의 협력을 통해 헌정주의 전통을 기초로 상호문화적 대화를 이어가는 중요한 사례이다. 국제적인 차원에서 유럽평의회의 상호문화적 대화 노력은 인권, 민주주의, 법의 지배라는 유럽평의회가 추구하는 근본적인 가치의 확산을 중심으로 계속되어야 한다는 것이 보고서의 입장이다(Council of Europe, 2011).

이처럼 상호문화적 대화를 강조하는 유럽평의회의 보고서는 서로의 생활양식에 대한 개입을 전제한다는 점에서 무관심한 채로 평행한 공존을 주장한 기존 다문화주의의 입장과 근본적으로 다르다. 소수 집단의 언어를 존중하지만 더 원활한 대화를 위해 다수 집단의 언어, 즉 이미 광범위하게 사용되는 유럽 수용국가의 언어를 배울 필요성을 강조한 것도 분명한 차이점이다. 나아가 유럽평의회가 기본으로 내세우는 인권, 민주주의, 법의 지배라는 원칙이 대화의 수단이자 목표라는 점을 선언함으로써 새로운 문화에 대한 평가의 기준을 제시하고 있다. 다시 말해 상호문화적 대화의 장에서는 다수 문화 집단과 소수 문화 집단이 동등한 주체로 평행하게 공존하는 것이 아니라 다양한 문화 집단들이 인권, 민주주의, 법의 지배라는 원칙 위에서 상호문화적 대화를 통해 보편적인 공존의 문화를 찾아나간다. 이 과정에서 다양한 문화 집단들은 보편적인 문화의 발견 가능성을 향해 열려 있는 개별 문화 집단으로서 크기에 상관없이 하나의 단위를 이룬다.

즉 다문화주의에서 '다수 문화majority cuture'와 '소수 문화minority culture'가 주요 개념이라면 상호문화적 대화에서는 '보편 문화universal culture'와 '개별 문화singular culture'가 주요 개념이 된다. 이러한 인식의 전환은 이미 인권, 민주주의, 법의 지배가 대화의 수단이자 목표로 제시되었듯이 결국 상호문화적 대화가 유럽 중심의 기존 문화의 틀을 벗어나지 못하는 동화주의로의 회귀가 아닌가 하는 의심을 받게 만든다. 즉 상호문화적 대화가 목표로 내세우는 동화주의도 다문화주의도 아닌 제3의 길을 추구한다는 선언이 사실상 유럽의 다수 문화를 중심으로 이루어지는 동화의 결과를 정당화하는 것 아닌가 하는 우려를 갖게 하는 것이다.

3. 상호문화도시 프로그램

상호문화도시 프로그램은 2008년 유럽평의회와 유럽연합 집행위원회가 공동 주관하여 11개의 도시를 회원으로 출범했다. 초기에는 영국의 싱크탱크 코메디아Comedia가 주도적 역할을 했으며 2010년에 20개 도시가 참여했고 2019년에는 3개 대륙 136개 도시가 참여하고 있다. 나라별로 보면 26개 도시가 참여한 이탈리아가 가장 많고 19개 도시가 참여한 스페인이 그 뒤를 잇고 있다. 상호문화 도시 프로그램은 문화 집단 간 대화 없이 정형화된 선입견을 갖고 상대 집단을 인식하는 것이 비관용과 차별을 키우고 결국 극단주의와 테러리즘으로 연결된다는 분석을 바탕으로 하고 있다. 따라서 이 프로그램은 다양성을 존중하는 사회 통합의 목표를 위해 개별 도시의 경험과 문제 해결을 공유하고 회원 도시에 대한 컨설팅과 상호문화도시 지표index를 제공한다.

상호문화도시 프로그램은 개별 도시의 상호문화적 인식의 수준을 보기 위해 14개 분야 69개 항목에 대해 평가하는데 14개 분야는 구체적으로 상호문화적 대화에의 약속 정도, 교육체계, 이웃 정책, 공공서비스, 비즈니스와 노동시장, 문화적 시민적 생활 정책, 공공 공간, 중재와 갈등 해결, 언어, 미디어, 국제적 관점, 지적 경쟁력, 환대의 체계, 도시의 거버넌스 등이다. 이 가운데 특히 문화의 관점에서 중요한 6개 분야를 따로 평가하는 상호문화적 렌즈lens에는 교육체계, 이웃 정책, 공공서비스, 비즈니스와 노동시장, 문화적 시민적 생활 정책, 공공 공간 등이 포함된다.

상호문화도시 프로그램에 가입하기 위해서는 신청서와 함께 자기 시의 상호문화도시 지표를 스스로 평가해서 제출해야 한다. 신청서를 접수한 후 프로그램 위원회에서는 2인의 전문가와 유럽평의회 위원이 해당 도시를 방문하여 실사 및 진단을 하고 평가보고서를 작성하여 프로그램 위원회에 제출한다. 이 평가보고서에 근거하여 상호문화도시 프로그램에 필요한 여타 조건들을 규정한 합의서를 해당 도시와 프로그램 위원회가 채택하게 된다. 신청 도시는 상호문화적 관점에서 도시 정책을 다시 세우고 지지 그룹을 만들며 상호문화의 도시가 되기 위한 종합 전략을 수립한다. 신청

도시는 또한 시민들이 상호문화적 발전 전략에 참여하고 성공의 지표를 잘 이해하고 실행할 수 있도록 모니터링을 하고 유럽평의회는 시의 공무원과 다양한 참여자들이 함께 토론하는 워크숍과 연구 방문을 조직하고 이를 위해 전문가를 파견한다. 참여 도시는 1년에 5,000유로의 행정 비용을 납부해야 한다.

상호문화도시 프로그램에 가입한 도시의 사례로서 덴마크의 코펜하겐을 살펴보면 이 도시는 인구 55만여 명 가운데 80%가 덴마크인이고 15%의 이주자가 주로 파키스탄, 터키에서 온 사람들로 이루어져 있다. 코펜하겐은 4년 단위로 포용 정책을 세웠고 다양성위원회를 발족시켰으며 다양성 헌장을 발표하기도 했다. 또한 코펜하겐은 교육과 노동 현장, 도시 생활 등에서 대화의 활성화에 대해 적극 개입하는 정책을 추진했다. 코펜하겐의 상황에 대해 상호문화도시 프로그램 위원회가 제시한 정책 조언은 다음과 같다.

우선 상호문화도시 프로그램에 참여한 도시로서 약속을 분명히 하는 의미에서 시청 홈페이지 언어를 공식 언어 외에 터키어 등의 소수 언어로 제공할 것, 교육 부문에서 다양한 배경의 교사를 충원할 것, 공공서비스 부문에서 시민의 구성 비율을 반영하는 공무원을 충원하고 공무원에 대한 상호문화적 훈련을 실시할 것, 문화적, 시민적 생활 정책 부문에서 상호문화적 배경의 단체 및 활동에 지원금을 늘릴 것, 공공 공간 부문에서 빌딩과 공간을 디자인할 때 인종, 문화적 배경의 소수 시민들에 대한 고려를 할 것, 중재와 갈등 해결 부문에서 독립적인 인도주의 조직의 상호문화적 활동에 지원을 강화할 것, 언어 부문에서 지방 미디어의 소수 언어 프로젝트에 재정 지원을 늘리고 시민들이 소수 언어 교육을 원할 때 지원할 것, 지적 경쟁력 부문에서 이민자와 소수자에 대한 시민들의 인식을 묻는 여론조사를 실시할 것, 도시 거버넌스 부문에서 인종적 소수의 대표로 구성된 독립적인 정치 기구를 만들고 학교나 공공서비스를 감독하는 기구에 소수자를 대표로 참여시키는 기준을 만들 것 등이다.

이러한 정책 조언들은 이 프로그램이 상호문화적 대화가 이루어지는 공간으로서 도시의 거버넌스를 어떻게 바꿔나가려는 것인지 그 방향을 잘 보여준다. 그런데 이 프로그램에 참여하는 도시 수를 따져보면 흥미로운 사실을 발견할 수 있다. 즉 프랑스의 참여 도시가 파리, 리옹, 스트라스부르 등 3개 도시에 그치고, 독일은 뮌헨, 함부르크, 도르트문트 등 7개 도시에 그치고 있다. 19개 도시가 참여하는 스페인이나 26개 도시가 참여하는 이탈리아와 비교하면 상대적으로 적은 수의 도시가 상호문화도시 프로그램에 관심을 보이고 있는 것이다. 바꿔 말해 남유럽의 스페인이나 이탈리아가 적극적으로 이 프로그램에 참여하고 있는 반면 프랑스나 독일 등 서유럽 국가의 참여는 저조한 편이다.

공화주의적 시민 통합의 전통을 오랫동안 고수해온 프랑스와 혈연 중심의 민족 확장형 사회 통합 정책을 고수해온 독일에서 더 분명하게 나타나는 이러한 분화는 두 나라 모두 강력한 국가 중심의 전통을 가졌다는 점에서 비롯된다. 반면 상호문화주의를 선호하는 스페인이나 이탈리아는 국가 중심의 전통이 상대적으로 약하고 대신 지방을 중심으로 강한 분권의 전통이 있던 나라들이다.

다시 말해 스페인이나 이탈리아는 국가 중심의 단일한 사회 통합의 원칙이 전국적으로 작동하는 나라가 아니기 때문에 오히려 지방 중심의 상호문화도시 프로그램이 더 활발하게 작동할 수 있는 것으로 보인다. 다문화주의 쇠퇴 이후 나타나는 이러한 분화를 프랑스와 독일의 '시민 통합 모델'과 스페인과 이탈리아의 '상호문화주의 모델'로 구분해서 이름 붙일 수 있을 것이다(Joppke 2007, 2017; Agustín, 2012; Zapata-Barrero, 2015).

프랑스와 독일의 '시민 통합 모델'은 신자유주의 시대에 개인의 노동력 동원을 극대화하기 위해 일단 국내로 입국한 이주 노동자에게는 강력한 반차별 정책을 시행해 노동력 제공자인 개인을 보호하고, 동시에 의무적인 언어 교육 이수 시간과 정치, 역사적 지식 습득 요구 등을 통해 시민 통합을 강조함으로써 사실상 소수 문화 집단의 존재를 전제하는 다문화주의 전통으로부터 멀어져 있다. 즉 문화 집단이 아니라 개인을 중심으로 한 시민 통합과 반차별 정책의 강화에 초점을 맞추는 이 모델은 다문화주의의 퇴조 이후에 새롭게 등장한 상호문화적 대화를 강조하는 흐름에서도 일정 정도 벗어나 있다.

4. 캔틀의 상호문화주의

캔틀은 2001년 영국 북부에서 발생했던 인종 폭동의 원인에 관한 보고서를 작성하면서 자신의 조사 경험에 근거하여 이미 다문화주의의 한계를 지적하고 상호문화주의의 필요성을 주장한 바 있다. 그는 이 보고서에서 영국의 문화적 소수 집단이 다른 세계와 어떤 교류도 없이 분리된 거주지에서 평행한 공존을 추구하는 현실이 인종 폭동의 가장 중요한 원인이라고 보았다. 그가 대안으로 강조한 모든 공동체가 다양한 차원의 교류를 통해 서로 섞일 필요가 있다는 주장은 이후 자신이 발전시켜나간 상호문화주의의 원형이 되었다(Cantle, 2001).

캔틀은 지구화가 가져온 다양성의 정도가 우리의 예상을 뛰어넘는다는 점에서 현재의 세계를 '슈퍼 다양성super diversity'의 사회라고 부른다. 캔틀에 따르면 이처럼 슈퍼 다양성의 세계에서 인종에 근거한 다수와 소수를 기준으로 세계를 이해하는 다문화주의는 사회 변화의 속도와 폭을 제대로 따라잡지 못하는 낡은 모델이다. 다문화주의는 아직도 개별 국민국가 내부에서 인종적 또는 종교적 다수와 소수가 서로 협상하거나 주어진 규정에 따라 상대방의 수용 가능성 여부를 따지고 있다. 다문화주의는 점점 더 복잡해지고 공동체는 다양한 얼굴을 하고 있으며 따라서 다수와 소수 중심의 단순한 분류에 근거한 이해는 작동하지 않는다. 민족주의와 세계주의가 나란히 앉아 있지만 서로 반대되는 것이 아닌 상황은 다문화주의 입장에서 결코 이해할 수 없는 현상인 것이다.

다양성의 모순이란 사람들이 점점 차이에 노출될수록 정체성의 정치를 지지하면서 동시에 분리주의를 지지하는 현상을 말한다. 그러나 우리는 새로운 집단의 유입으로 정체성의 위기에 직면했을 때 더 크고 넓은 정체성을 만들어내야 한다. 다양성의 도전에 직면한 근대 사회의 핵심 과제는 더 넓은 범주의 우리를 포괄할 새로운 정체성을 창조해내는 것이다. 캔틀은 인구의 유동성과 초국적 디아스포라의 영향력이 여러 차원에서 개인들의 삶의 다양성을 극대화하는 현실에서 다문화주의가 갖는 한계를 뛰어넘어 상호문화주의에 근거한 문화들 사이의 지속적인 상호작용이 필요하다고 본다.

지구화는 민주주의와 주권을 위협하며 개인을 경제적인 면에서 독립적이지만 시민으로서는 고립되고 무능한, 소비자라는 보편적 종족으로 바꾸고 있다(Younge, 2010). 예컨대 정체성이 고정적이고 제한된 범위를 갖는다고 생각하는 다문화주의는 세계가 문화와 종교를 중심으로 더욱 뚜렷하게 분리되어 간다고 보고 사람들이 계급이나 언어, 젠더, 직업, 문학, 과학, 음악, 도덕, 정치 등을 통해 스스로를 볼 수 있는 다양한 방식이 있다는 사실을 무시한다. 어떻게 보면 다문화주의는 차이와 혼합의 거부를 통해 얻은 공간적으로 구분되고 고립된 장에서 '스스로 선택한 인종분리self-imposed apartheid'를 실천하고 있는 것이다(Sondhi, 2009). 이들은 사회적 자본과 구분되는 어떤 문화적 가치를 위해 특정 소수 집단만을 향해 발언한다.

다문화주의를 옹호하는 미어와 모두드가 보기에 상호문화주의는 대화와 상호작용을 강조하고 종합을 강조하면서 집단에 대한 의존을 줄이고자 한다. 또한 사회 통합이나 국가시민권 등 전체에 대한 강한 감각을 가지고 반자유주의적 문화 행태를 비판한다(Meer and Modood, 2012). 모두드는 이런 상호문화주의의 특징이

다문화주의가 원래 갖고 있는 장점들이라고 주장한다. 반면 캔틀은 모두드의 주장이 현실적인 근거 없이 제시되고 있다고 비판한다. 그러나 캔틀도 평등한 대우와 반차별 정책의 중요성이라는 다문화주의의 핵심 전제들로부터 상호문화주의가 설계되어야 한다는 점은 인정한다. 다만 그것으로 충분하지 않고 상호문화주의는 평등한 기회와 문화적 차이에 대한 존중, 공공 공간과 제도, 시민 문화의 다원적 전환을 넘어서 나아가야 한다고 주장한다. 특히 상호문화적 대화가 상대방에 대한 이해와 감정이입을 증진하는 도구나 수단일 뿐 그 자체가 상호문화주의와 동일시될 수는 없다고 본다.

캔틀에 따르면 상호문화주의에서 주요 목표인 공동체 화합community cohesion은 모든 하위 공동체가 소속감을 갖는 공동의 비전과 다양성이 긍정적으로 평가되는 과정, 서로 다른 배경의 사람들이 비슷한 삶의 기회를 가지고 작업장과 학교, 이웃에서 긍정적인 관계를 발전시켜나가는 과정에서 달성된다. 불평등을 해소하고 다양성을 증진하며 소속감과 상호작용을 통해 지역에 뿌리내린 상호문화주의는 공동체 화합의 프로그램 아래에서 실현되며 이 과정에서 상호문화적 대화는 서로 다른 정체성 집단 사이에 신뢰와 이해를 쌓고 장벽을 무너뜨리는 수단으로서 역할을 한다.

캔틀은 상호문화주의를 성공적으로 실천하기 위해 고려해야 할 정책적 제안을 다음과 같이 제시한다. 첫째, 다문화주의의 분열적인 모델을 대체할 거대 담론 형태의 상호문화주의 리더십과 비전이 필요하다. 둘째, 그 비전의 중요한 부분은 학교, 공동체, 작업장 등 공유된 공간에서 드러나는 혼합된 공동체mixed communities의 구축이어야 한다. 혼합 공동체는 집단이 자신들의 유산을 잃어버리는 용광로를 의미하는 것은 아니고 집단 외부에서 개입이 불가능했던 고립된 환경을 개선하는 것이다. 셋째, 많은 정치인들이 정체성의 정치와 다른 민족이나 종교에 대한 공포를 동원하여 정치적 지지를 유지하는 대신 공유된 의제와 경계를 넘는 협력과 같은 새로운 비전을 제시해야 한다. 넷째, 정치 지도자들은 혼종 및 유동적인 정체성을 가진 개인의 등장과 함께 전통적인 하향식 체계보다 경계를 가로지르는 수평적 체계로 민주주의 구조가 변해가는 상황을 대비해야 한다. 다섯째, 몇 가지 분류 체계에 따라 고정되고 귀속적인 정체성을 기준으로 개인을 이해하는 대신 끊임없이 상상하고 흔들리는 차이에 의해 개인의 정체성이 재규정되는 사회적 변화를 고려해야 한다. 여섯째, 차이가 위협이 아닌 기회라는 인식을 가능하게 만드는 상호문화적 교육이 필요하다. 일곱째, 단일, 순수 정체성을 주장하는 사람들과 비교하여 다인종, 다신앙, 다민족 등의 정체성을 주장하는 사람들도 평등하게 존중받아야 한다. 여덟째, 다종교 사회에서 각자의 신앙을 존중할 공간이 제공되어야 하지만 특정 믿음을 옹호할 지원금이 국가로부터 제공되어서는 안 된다. 마지막으로 아홉째, 종교가 공공 영역의 한 부문이라는 점에서 더 이상 세속 사회secular society의 전통을 유지하기 쉽지 않지만 세속 거버넌스secular governance는 분명하게 유지하면서 특정 종교에 우월한 지위나 특권을 부여해서는 안 된다(Cantle, 2013).

5. 다수와 보편의 귀환?

지금까지 살펴본 내용을 요약하면 상호문화주의는 다문화주의에 대해 서로 다른 문화 집단의 구성원들이 최소한의 접촉과 상호작용 속에서 평행하게 공존하는 것을 지지한다고 판단한다. 그러나 이런 지향은 상호 무관심과 불신을 키울 수 있다. 다문화주의 비판자들은 다문화주의가 집합적인 정체성과 공동의 가치, 국가 정체성, 충성심을 약화시킨다고 본다. 때로 다문화주의는 자유주의 사회에서 받아들이기 힘든 소수 문화 집단의 반자유주의적 문화 실천을 지지하기도 한다. 다문화주의는 불만을 품은 청소년들을 폭동이나 소요에 참여하도록 격려하기도 하고 무슬림 청소년들에게 종교적 근본주의와 극단주의, 테러리즘을 부추긴다는 비판을 받는다. 다문화주의는 또한 문화가 유동적이며 이질적이고 내부적으로 경합하는 집합적 실체라는 현실을 무시하고 구성원에 의해 공유되는 신념과 실천의 체계로서 분명한 경계를 갖는다고 간주한다. 그런 다음 단일하고 정적인 공동체를 전제로 하여 문화적 차이를 제도화한다. 다문화주의는 인종, 이민, 문화인종 등과 연계된 사회문제의 존재를 부정하고 다문화주의에 대한 비판을 인종차별주의로 낙인찍는 정치적 올바름의 시각을 견지한다. 결국 비판자들이 보기에 다문화주의는 사회문제에 대한 정직한 토론을 막는 역할을 해왔고 이런 문제는 지난 수십 년간 토론되어왔지만 어떤 해답도 얻을 수 없었다(Barrett, 2013: 22).

상호문화주의는 다문화주의의 이와 같은 한계를 극복하려고 시도하면서 문화적 다양성과 다원주의를 지지하고 사회 통합과 포용을 강조한다. 상호문화주의는 자신의 입장이 관철되기 위해 불평등, 차별, 가난, 주변화 등의 구조적 원인이 제거되어야 한다고 본다. 상호문화주의에서는 상호문화적 대화, 상호작용, 교류를 중요시하며 공유된 보편적인 가치를 중심으로 화합하는 강한 사회의식을 만들어낼 것을 추구한다. 또한 모든 시민이 교육을 통해 상호문화적 경쟁력을 가져야 하고 상호문화적 대화와 접촉을 위해 문화적으로 중립적인 제도적 프레임과 정책이 발전되어야 한다고 본다. 상호문화주의 접근에서 개인과 집단, 정치적 조직들은 혐오 발언과 불관용에 대해 반대해야 하고 소수 문화 집단의 구성원은 지배적인 다수 문화 집단의 언어를 배워야 하며 소수 문화 집단의 언어 교육 역시 지지되어야 한다. 나아가서 모든 구성원은 복수의 언어를 구사할 수 있는 경쟁력을 갖출 기회를 가져야 한다. 상호문화적 대화를 위한 공공의 공간이 개발되어야 하고 영향력을 가진 지도자들의 상호문화적 비전이 요구되며 상호문화적 대화는 개인 간, 공동체 간, 조직 간, 제도 간, 국제 수준에서도 작동할 수 있게 준비되어야 한다(Barrett, 2013: 28-29).

상호문화적 대화와 공동체 화합을 중요하게 추구하는 상호문화주의는 다문화주의와 마찬가지로 다음과 같은 이론적, 실천적 비판에 직면한다. 첫째, 문화에 초점을 맞추는 많은 사회운동이 그렇듯이 사회의 구조적 문제를 과소평가하고 있다. 불평등과 구조적 불이익 상황이 동시에 고쳐지지 않는다면 상호문화적 대화는 관용 및 공동의 목표에 대한 존중이라는 결과를 가져오기가 쉽지 않을 것이다. 둘째, 상호문화적 대화는 불가피하게 권력관계와 사회적 신분의 차이에 의해 영향을 받는다. 따라서 권력을 가진 엘리트가 다수 문화 집단으로부터 대화의 규칙을 이끌어낼 때 소수 문화 집단은 다수의 의견에 의해 지배받을 가능성이 항상 존재한다. 셋째, 개인이 열린 마음으로 대화에 참여한다고 하지만 지역의 상호문화적 환경에서 개인의 시각은 어떤 집단에 대해 열려 있고 다른 집단에 대해 그렇지 않은 경우가 있다. 상호문화적 대화는 다수 집단의 의견에 영향을 받고 동시에 개인의 편견과 오해에 의해 지배받는다. 그리고 넷째, 상호문화주의가 주장하는 상호문화적 대화와 공동체 화합은 기존 다문화주의의 주장과 사실상 차이가 없다. 오히려 상호문화주의는 시민사회 중심의 지역 접점을 제공하고 일상생활의 유쾌함을 위해 대화를 강조하면서 사실상 정치적인 영역을 제외하는 반정치적apolitical인 성격을 갖고 있다. 결국 상호문화주의는 다수와 소수의 권력관계에 민감한 다문화주의와 비교할 때 아무런 실질적 변화를 가져오지 못하는 순진한 시도에 그칠 수 있다.

캐나다의 경험에 근거하여 다문화주의 이론을 발전시켜온 테일러는 문화적 차이에 대한 긍정적인 인정이 소수 문화 집단을 고립된 게토로 주저앉게 만들었고 궁극적으로 이들이 자유민주주의의 기본적인 정치적 윤리조차 거부하게 만들었다는 비판을 받아들이지 않는다. 테일러가 보기에 다문화주의에 대한 이와 같은 유럽 사회의 비판은 이민자의 특성을 충분히 이해하지 못한 데서 기인한다. 모든 이민자는 이민 초기에 원활한 정착을 위해 자신이 문화적으로 잘 알고 있는 익숙한 분위기의 공동체에 자리를 잡는다. 그러나 이러한 초기 정착 유형이 게토로 발전해가는 것은 다문화주의의 실패 때문이 아니라 유럽 사회가 내부적으로 이들의 사회통합과 반차별 정책 관철에 실패한 결과이다. 그럼에도 불구하고 이를 다문화주의의 실패로 비난하는 것은 유럽 사회가 엉뚱한 외부의 이데올로기를 동원하여 자신들의 정책 실패를 변명하는 것일 뿐이다. 테일러는 유럽에서 어떤 나라의 경우 상호문화주의가 이민자에 대응하는 방식으로서 적절할 수 있지만 캐나다의 퀘벡처럼 동화의 위협에 처한 서로 다른 생활양식을 갖는 집단이 존재하는 경우 상호문화주의가 아닌 다문화주의가 훨씬 더 올바른 접근이라고 주장한다(Taylor, 2012).

상호문화주의는 기존의 다문화주의가 문화 집단에 기반해 다른 공동체를 낙인찍고 편견을 재생산한다고 비판하면서 다수 문화와 소수 문화라는 개념을 버리고 대신 보편과 개별이라는 새로운 범주를 도입했다. 상호문화주의 지지자들은 그들의 논의에 등장하는 보편이 단지 유럽적인 것을 의미하는 것이 아니라 국민국가에 국한되지 않고 초국적 영역을 추구하는 세계주의적 보편이라고 주장한다. 상호문화적 대화를 통해 이루게 될 이러한 코즈모폴리턴 비전이 유럽 공동체의 한계를 극복할 수 있고 국민국가의 동질성도 극복해낼 수 있다고 보는 것이다. 그러나 다수와 소수 사이의 구분 철폐는 권력을 향한 접근성의 차이 때문에 비대칭적인 관계를 재생산해낼 수 있고 보편은 타자를 배제하면서 쉽게 유럽적인 것으로 대체될 수 있다. 결국 유럽평의회의 상호문화적 대화에서 보듯이 민주주의, 인권, 법의 지배와 같은 원칙을 뚜렷하게 제시하는 상호문화주의의 보편주의적 전환은 애초 의도와는 달리 고전적인 동화주의로의 길을 열어놓은 것이라는 해석의 여지가 남아있는 것이다.

크리스티안 욥케는 유럽의 변화하는 환경에서 다문화주의의 실패와 후퇴를 읽어내면서 새로운 대안적 흐름으로서 상호문화주의가 아니라 시민 통합 모델의 등장을 주장한다. 그는 다문화주의가 유럽에서 지금까지 국가의 공식적인 정책이었던 적이 없고 사회 통합의 요구가 약했을 때 자유방임적인 흐름 위에서 나타났지만 그렇다고 해서 특별한 집합적 권리를 부여받은 적도 없었다고 본다. 종교가 사회 통합의 주요 의제였지만 다문화주의의 맥락에서 이야기되어온 것은 아니었고 단지 자율적인 법체계와 헌법이 보장하는 자유에 의해 수용되고 있었다. 욥케는 이 상황을 정리하는 새로운 대안적 흐름이 유럽 사회의 정치적, 시민적 생활에 필요한 지식을 배우고 유럽의 언어 습득을 요구하는 시민 통합 모델이라고 본다(Joppke, 2014).

시민 통합 모델은 문화 집단의 역할보다는 개인의 자율성을 강조하고 그 자율성의 내용은 이민 수용국가의 노동시장과 정치 활동에의 참여뿐만 아니라 국가에 대한 충성 맹세를 통해 사회 통합에 적극 참여하는 개인적인 헌신을 요구한다(Goodman, 2012; Goodman and Wright, 2015). 이처럼 이주자 개인에게 특정한 자격과 의무를 요구하는 시민 통합 모델은 반자유주의적 입장이라는 비판을 받을 수도 있다. 또한 각국이 걸어온 역사와 제도의 연장선상에서 각국에 고유한 사회 통합의 유형을 유지하려는 시도를 국민국가의 회복 탄력성으로 볼 수도 있다. 그러나 욥케는 새로운 이주자들을 시장의 참여자와 법을 어기지 않는 사람 정도로 만들려는 노력이 국민국가의 회복 탄력성이라고 보는 것은 과장이라고 본다. 다문화주의의 원칙은 중앙정부 수준에서 사라지고 있지만 여전히 지역 차원에서 개인을 통합의 단위로 간주하는 자유주의적 다양성 관점이나 상호문화적 실용주의 접근이 다문화주의와 함께 공존하고 있다.

욥케는 시민 통합의 요구가 동화주의로의 회귀를 뜻하는 것도 아니라고 주장한다. 예를 들어 독일이 2015년 100만 명에 가까운 시리아 난민을 받아들이면서 '지지와 요구support and demand'의 원칙을 말했을 때 그 의미는 난민의 인권을 보호하고 그들의 처지를 개선하기 위해 당연히 난민 수용을 지지하지만 그에 따른 요구를 동시에 제시한다는 것이었다. 독일이 난민에게 요구하는 조건은 시민 통합의 핵심이 되는 노동시장에의 참여와 독일 언어 구사 능력 두 가지이다. 이 간단한 조건이, 유럽에서 국가별로 약간의 차이는 있지만, 거의 모든 나라에서 공통되는 시민 통합 모델의 주요 내용이라고 욥케는 주장한다(Joppke, 2017).

욥케는 규범 이론 차원에서나 실천 차원에서 다문화주의의 쇠퇴 이후에 이민자 통합 문제를 다룰 때 국가가 고려해야 할 다섯 가지 사항을 제시한다. 첫째, 유럽에서 다문화주의가 쇠퇴하고 반차별 정책이 강조되는데 두 정책은 별개의 정책이기 때문에 혼동하면 안 된다. 다문화주의는 차이를 영구화하려는 시도이지만 반차별 정책은 차이를 없애려는 시도이다. 따라서 반차별 정책을 지지하는 것이 다문화주의를 지지한다는 것을 의미하지는 않는다. 특히 고용이나 교육, 공공 기관에서 간접적인 차별을 이야기하는 경우 이러한 상황은 어떤 소수 집단의 존재를 전제하는 다문화적 환경에서 이들의 과소대표를 문제 삼을 때 생겨난다. 그렇기 때문에 다문화주의와 반차별 정책이 마치 운명 공동체인 것처럼 오해받기도 한다. 그러나 반차별 정책은 다문화주의의 쇠퇴와 아무런 상관이 없고 다문화주의의 부침 여부에 구애받지 않고 반차별 정책은 꾸준히 시행되어야 한다.

둘째, 다문화주의는 마치 소수 문화 집단의 보호를 위해 존재하는 것처럼 간주되는 경향이 있는데 그래서는 안 되고 다수 문화 집단의 권리를 존중하는 것도 필요하다. 욥케는 특히 유럽인권재판소가 2011년 학교 교실에 십자가를 거는 것을 허용한 이탈리아 라우치 판결을 다수 문화 집단에 대한 존중의 필요성이 인정된 사례로 들고 있다. 그가 보기에 이 판결은 종교에 대한 판결이 아니라 기독교 전통 아래 형성해온 이탈리아의 주류 문화에 대한 인정이다. 다시 말해 무슬림들이 헤드스카프를 쓸 수 있듯이 교실에서 십자가를 거는 것은 자유주의 사회가 보장하는 다원주의 원칙에 의해 정당화될 수 있다는 것이다. 그 외에 히잡의 착용 금지와 부르카 착용 금지 결정에 관한 판결에서 유럽인권재판소는 프랑스 정부와 유럽의 다수 문화 집단을 존중하는 판결을 내린 바 있다 (이철우, 2017).

셋째, 유럽에서 무슬림 수용과 관련된 대부분의 결정은 눈에 띄지 않게 조용히 국가 관료 조직이나 비공개된 법원에 의해 이루어졌다. 그러나 이러한 결정은 공론장에서 토론 과정을 거치고 대의민주주의의 절차에 따라 이루어질 필요가 있다. 욥케는 비공개된 사법절차와 관료 조직에 의한 결정도 바람직하지 않지만 직접민주주의에 의존하는 방식도 민감한 소수 집단의 문제를 다루기에 적절하지 않다고 본다. 따라서 그가 지지하는 방식은 대의민주주의에 의해 선출된 대표들의 중재를 거치는 것이고, 이 과정에서 정치 지도자의 리더십이 중요한 역할을 해야 한다. 물론 욥케는 여론에 민감하게 반응하면서 여론의 눈치를 보는 정치인들에 의해 민주주의가 후퇴할 가능성을 우려한다.

넷째, 사회 통합의 문제가 이민자의 선발에서부터 시작된다는 점에서 적절한 이민자의 선별이 필요하고 이 과정이 무시되어서는 안 된다. 욥케는 캐나다의 성공을 예로 들면서 2010년 캐나다에 살고 있는 외국 출신 거주자 가운데 46%가 대학 이상의 학력 소지자였던 반면 독일의 경우 대학 이상 학력 소지자가 17%에 그쳤다는 사실을 지적한다. 캐나다의 이민에 필요한 점수 제도가 이러한 선별을 가능하게 만든 요인인데, 사실 유럽은 가족 재결합과 정치적 망명 신청이 이민의 주류를 이루기 때문에 유럽 국가들이 선호하지 않는 낮은 기술의 보유자도 유입될 수밖에 없고 이런 점에서 이민자 선별이 쉽지 않은 현실이 있다.

다섯째, 이민자 통합에 있어서 정책 이외에도 제도의 역할이 중요하고 특히 이민자들이 편입된 노동시장과 교육체계가 어떤 특징을 갖고 있는지가 중요하다. 욥케는 다문화 통합 지표로 볼 때 낮은 순위를 기록한 독일, 오스트리아, 스위스에서 이민자의 노동시장 참여율이 매우 높게 나타난 반면, 통합 지표에서 높은 순위를 기록한 스웨덴, 네덜란드, 벨기에에서는 노동시장 참여율이 낮게 나타나는 점을 지적한다. 즉 사회 통합의 수준은 정책의 유무를 따지는 다문화 지표보다는 노동시장 참여율과 훨씬 더 상관관계가 높다. 교육에서도 독일과 오스트리아의 계층화된 학교 체계보다는 프랑스와 스웨덴처럼 원주민과 이민자를 구분하지 않는 종합적인 학교 체계가 사회 통합에 유리하다고 주장한다. 충분한 보육 시설과 긴 학교 체류 시간은 이민자 배경의 학생들로 하여금 일찍이 다수 문화 집단 사람들과 어울리게 만들어 사회 통합에 유리한 환경을 제공한다는 것이다(Joppke, 2014).

욥케는 이처럼 유럽 사회가 다문화주의의 쇠퇴를 분명하게 보여주면서 이민자의 시민적, 정치적 지식 습득과 수용국 언어 습득을 강조하는 시민 통합 모델로 이행하고 있다고 주장한다. 그러나 킴리카는 욥케의 이와 같은 주장을 반박하면서 상호문화주의나 시민 통합 모델이 다문화주의와 충분히 양립 가능한 다문화주의의 일부라고 본다. 킴리카는 다문화 정책의 지표를 동원하여 이론이나 실천 차원에서 다문화주의가 쇠퇴하고 있다는 주장 역시 반박한다. 그는 특히 다문화주의가 다양성을 지지하기 위해 실업이나 고립과 같은 사회적 문제들을 외면한다는 비판에 대해 다문화주의는 인권을 중심으로 한 새로운 민주적 시민권을 수립해가려는 시도라고 주장한다(Kymlicka, 2012).

킴리카는 다문화주의를 향한 시민 통합 모델의 비판들이 주로 다문화주의에 대한 편견에 근거하고 있다고 본다. 시민 통합 모델이 주장하는 정치적 참여와 경제적 기회, 인권과 자유, 포용적인 국가 정체성의 수립, 문화적 변화와 혼종 가능성의 문제들이 다문화주의에서도 충분히 다루어질 수 있는 의제이지만 다문화주의가 소수 문화 집단의 의상이나 음식, 음악에 관한 내용을 다루는 것일 뿐이라는 편견이 다문화주의를 더욱 왜곡하여 이해하게 만들었다는 것이다. 이런 관점에서 보면 다문화주의는 단지 문화적 차이를 찬양하면서 정치적, 경제적 불평등의 문제를 외면하고 소수 문화 집단을 영원히 타자화하며 소수 문화 집단 내부의 불평등한 권력 관계에 무관심한 것처럼 보인다.

  킴리카는 시민 통합 모델이 주장하는 고용의 중요성, 자유민주주의 원칙에 대한 존중, 반차별 정책의 필요성 등에 동의하지만 이민 수용국의 역사와 언어에 대한 이해 요구가 이민자의 권리가 아닌 의무로 전환되는 과정에서 섬세한 다문화 정책과 동반되지 않으면 문화적 소수에게 억압적이고 공정하지 않은 처사가 될 수 있다고 우려한다. 그는 캐나다의 다문화적 성공도 이민자의 선별 정책 때문만은 아니고 다양한 다문화 정책들이 동반되었기 때문에 가능했다고 본다. 그가 말하는 다문화 정책이란 이 책의 1장에서 살펴보았듯이 다문화주의를 지지하는 법률적 뒷받침, 다문화주의적 교육과정, 미디어에서 문화적 소수의 대표, 일괄적인 복장 규정으로부터의 면제, 복수국적의 허용, 문화적 소수의 활동을 지원하는 재정 정책, 다중 언어 교육을 위한 지원 정책, 이민자 집단의 불이익을 교정하기 위한 역차별 정책 등이 포함된다.

킴리카는 또한 다문화주의의 성공과 실패에 영향을 미치는 다섯 가지 사회적 변수에 대해 설명하고 있다. 첫째, 국가와 소수 문화 집단의 관계가 사회정책 차원의 문제로 이해되지 않고 국가안보 차원에서 안보 위협으로 간주되기 시작하면 다문화주의에 대한 지지가 떨어지고 소수를 위한 공간도 줄어든다. 둘째, 만약 국가가 특정 소수 문화 집단에 대해 자유민주주의 규범들을 받아들이지 않고 인권에 대한 존중이 없는 것으로 인식하면 그들에게 다문화주의적 권리나 자원을 부여하지 않을 가능성이 높다. 셋째, 어떤 나라가 다수의 불법 이민자나 정치적 망명 신청자의 유입에 직면했을 때 사람들이 적절한 국경 통제가 이루어지지 않고 있다고 느끼면 다문화주의는 더욱 비판적인 논쟁의 대상이 된다. 넷째, 다문화주의는 이민자가 다양한 나라로부터 유입된 것이 아니라 단일한 배경을 가진 집단으로 구성되어 다수 문화 집단과 일대일로 양분되는 관계를 형성하게 되면 성공을 장담하기 어렵게 된다. 다섯째, 다문화주의에 대한 지지는 우리 사회의 경제 발전에 이민자 집단의 기여가 높다는 인식이 퍼지면 함께 올라간다(Kymlicka, 2012: 3).

다문화주의가 시민 통합 모델과 양립 가능하다는 주장을 통해 다문화주의의 외연을 확장하려는 킴리카의 노력에도 불구하고 오늘날 다문화주의가 누리는 지지는 글레이저가 1998년 "이제 우리는 모두 다문화주의자"라고 주장하던 시절과 비교하면 확연하게 줄어들었다(Glazer, 1998). 다문화주의를 비판하는 상호문화주의와 시민 통합 모델의 논리는 사람들의 변화하는 인식을 반영하여 설득력이 있다. 두 입장은 전자가 문화 집단을, 후자가 개인을 주체로 새로운 질서의 구성을 논의한다는 점에서 차이가 있지만 문화를 변수로 세계의 변화를 이해하려는 시도를 계속하고 있다는 점에서 공통점이 있다. 특히 두 입장 모두 다수의 귀환과 보편의 성립 가능성을 열어 두고 있다는 점에서 다문화주의와 분명히 차이점을 보인다.

문화를 어떻게 이해할 것인가에 대한 입장은 다르지만 유럽 사회의 변화 과정에 문화가 여전히 중요한 변수로 자리 잡고 있다는 사실은 2019년 5월 치러진 유럽의회 선거 결과에서도 확인할 수 있다. 전통적인 좌, 우파 정당의 쇠퇴와 극우 정당 및 녹색당의 선전으로 특징지을 수 있는 이번 선거는 사회경제적 균열 중심의 정치 지형에서 사회문화적 균열 중심의 정치 지형으로 변화해가는 유럽의 현실을 보여준다. 이미 1990년대부터 녹색당의 등장과 함께 사회경제적 균열 구조에 대한 도전이 시작되었고 극우 정당의 활발한 활동과 더불어 이러한 균열 구조의 변화는 더욱 분명해졌다. 1990년대에 시작된 균열 구조의 변화에 대해 허버트 키트셸트는 경제적 차원에서 시장 중심의 분배를 추구하는 우파와 국가 중심의 재분배를 추구하는 좌파라는 패러다임이 약화하고, 사회적 차원에서 권위에 대한 존중을 강조하는 우파와 권위에 대한 해방적인 흐름을 강조하는 좌파라는 새로운 패러다임이 생겨나고 있다고 주장한 바 있다(Kitschelt, 2004).

1990년대에는 이러한 흐름이 유럽 차원에서 본격적인 새로운 균열 구조의 등장을 의미한다고 말하기가 쉽지 않았다. 그러나

2019년 유럽의회 선거는 사회경제적 균열에서 사회문화적 균열로 더욱 분명한 균열 구조의 이행을 보여준다. 즉 시장에 의한 분배와 정부에 의한 재분배를 기준으로 하는 사회경제적 접근 중심의 전통적인 좌, 우파 구분이 약화하고, 사회문화적 가치를 중심으로 극우 정당이 대표하는 고립적 민족주의와 녹색당이 대표하는 다원적 세계주의라는 새로운 균열 구조가 뚜렷하게 등장하기 시작한 것이다. 이러한 변화는 다문화주의의 퇴조에도 불구하고 상호문화주의나 시민 통합 모델 등의 이어지는 담론을 통해 사회 변화의 주요 변수로서 '문화'를 중심으로 한 논의가 계속될 것임을 말해준다.

제2부 다문화주의와 자유주의

6장 다문화 사회에서 표현의 자유와 인권

1. 덴마크 만평과 샤를리 에브도

한 사회가 인종과 문화, 종교를 달리하는 여러 집단이 공존하는 다문화 사회로 이행하는 과정에서 마주하는 가장 대표적인 도전 가운데 하나는 표현의 자유 제약 여부를 둘러싼 논란이다. 이러한 논란은 평화로운 공존이 필요한 다문화 사회에서 인종이나 문화적 차이에 기반해 증오나 폭력을 불러일으키는 혐오 표현은 규제되어야 하며 따라서 표현의 자유에 대한 제약이 불가피하다는 입장과 자유주의 사회의 핵심 가치로서 표현의 자유는 어떤 상황에서도 타협될 수 없다는 입장이 충돌하면서 벌어진다. 특히 혐오 표현에 대한 규제의 범주에 종교를 근거로 한 혐오 표현도 포함되어야 하는가를 두고 갈등은 더욱 첨예해진다. 이 장에서는 종교를 매개로 발생한 대표적인 사건으로서 2005년 덴마크 만평 사건과 2015년 샤를리 에브도 사건을 표현의 자유라는 관점에서 재구성하면서 표현의 자유와 혐오 표현의 관계 그리고 종교의 자유와 혐오 표현의 관계를 정치 이론 차원에서 추론하고, 표현의 자유와 종교의 자유가 혐오 표현의 범주를 피해서 양립할 수 있는 가능성을 심의다문화주의 모델을 통해 논의하고자 한다.

2005년 9월 30일 덴마크 일간지 '윌란스 포스텐Jyllands-Posten'은 "무함마드의 얼굴"이라는 제목 아래 12장의 만평을 실었다. 이 기획은 '윌란스 포스텐'의 문화 담당 편집자 플레밍 로즈Flemming Rose에 의해 덴마크 사회에 존재하는 이슬람에 대한 자기검열 분위기에 문제 제기를 하려는 의도에서 시도되었다. 로즈는 '선지자'의 얼굴을 그렸다가 받게 될 비난을 두려워하는 분위기 때문에 덴마크 아동작가 코레 블루이트겐Kåre Bluitgen이 무함마드의 일생을 다룬 자신의 책에 삽화를 그릴 화가를 찾지 못하고 있다는 소식을 듣고 나서 이 기획을 실행하기로 결정했다. 또한 그의 이런 결정에는 2004년 〈복종Submission〉이라는 영화를 만들어 여성에 대한 이슬람의 태도를 비판한 덴마크 영화감독 테오 반 고흐Theo van Gogh가 모로코계 이슬람 극단주의자에 의해 살해당한 사건도 영향을 미쳤다. 로즈는 2005년 9월 19일 40명의 신문만평협회 소속 화가들에게 연락하여 그들이 생각하는 '무함마드'를 그려 달라고 부탁하고 일단 제출하면 모두 게재해주겠다고 약속하였다. 그 가운데 15명이 답장을 보내왔는데 그중 3명은 거절의 의사를 표시했고 12명은 자신의 작품을 보내주었다(Cottee, 2016).

12개의 그림 가운데에는 무함마드의 얼굴을 그렸지만 동시에 무슬림을 테러리스트로 묘사한 것으로 이해될 수 있는 그림들이 있었다. '윌란스 포스텐'의 만평가였던 쿠르트 베스테르고르Kurt Westergaard가 그린 것으로서 심지에 불이 붙은 폭탄을 터번처럼 두르고 있는 무함마드 그림, 니캅을 입어 전신을 가린 채 눈만 내놓은 두 여자를 등 뒤에 두고서 초승달 모양의 칼인 킬리지를 들고 허리춤에는 언월도를 차고 눈은 검은 띠로 가린 무함마드 그림, 세 명의 무슬림 가운데 한 명은 언월도를 들고 있고 다른 한 명은 폭탄을 든 상태에서 무함마드로 보이는 지도자가 "안심해 친구들, 결국 이것은 남유틀란트주 출신의 불신자가 그린 그림일 뿐이야"라고 말하고 있는 그림, 무함마드가 하늘의 구름 위에서 폭탄 테러를 일으킨 순교자들이 올라오는 것을 맞이하면서 "그만, 그만, 이제 처녀가 부족해"라고 말하는 그림 등이 대표적이다. 마지막 그림은 이슬람을 위해 순교한 사람은 72명의 처녀를 상으로 받는다는 코란의 구절을 풍자한 것이라고 한다.

12개의 만평 가운데 두 개는 선지자 무함마드의 얼굴이 전혀 등장하지 않은 것이었는데, 라르스 레픈Lars Refn이 그린 그림은 발비Valby 학교의 7학년 무함마드란 이름의 소년이 축구복을 입고 페르시아어로 "윌란스 포스텐의 편집진은 모두 극우 쓰레기들"이라고 써진 칠판을 가리키고 있는 내용이었다. 그러나 만평들에 담긴 이러한 전복적인 표현들은 정작 덴마크 만평 사건의 논란 과정에서 전혀 언급되지 않았다.

만평들이 게재되자 몇몇 이슬람 지도자들은 모여서 정치적 대응 방안을 논의했고, 10월 15일 코펜하겐에서 3,500여 명이 모여 평화로운 분위기를 유지한 가운데 시위를 벌였다. 그리고 이슬람 지도자들의 지원 요청을 받은 덴마크 주재 11개 이슬람 국가의 대사들이 종교 간 화합과 통합, 무슬림 세계와의 더 나은 관계를 위해 덴마크 정부가 책임을 다해줄 것을 요청하는 편지를 라스무센 총리에게 보냈다. 하지만 라스무센 총리는 대사들의 면담 요청을 거절했고 어떤 조치도 취하지 않았다. 이슬람 지도자들은 또한 '윌란스 포스텐'을 덴마크 형법에 근거한 신성모독죄로 고소했다. 그러나 2006년 1월에 검찰이 내린 결론은 만평이 공공 이해와 관련된 주제를 다루고 있고 편집진은 이 문제를 다룰 수 있는 표현의 자유를 갖고 있으며 따라서 누구도 형법상의 규정을 어기거나 범죄 행위를 한 바가 없다는 것이었다. 검찰은 특히 표현의 자유는 차별과 모욕, 비하로부터 보호받을 다른 사람의 인권을 고려하는 방식으로 실행되어야 한다는 점을 언급하였다. '윌란스 포스텐'은 이 그림들이 그간 자신들이 게재해온 예수나 정치인, 덴마크 왕실에 대한 풍자와 다를 게 없다고 주장했다.

 덴마크의 이슬람 지도자들은 덴마크 신문이나 검찰 그리고 총리 등을 상대로 뚜렷한 진전을 보지 못하자 이 문제를 해외의 무슬림들에게 호소하기로 결정하고 2005년 12월에 중동의 시리아와 이집트, 레바논 등을 방문하였다. 이들은 중동 방문에서 자료를 배포했는데 여기에는 원래 '윌란스 포스텐'에 실린 12개의 만평 외에 새로 3개의 만평이 추가되고 일부 부정확한 정보가 담겨 있었다. 이런 점들 때문에 일각에서는 이슬람 지도자들이 대중의 분노를 자극하는 방향으로 원래 그림을 과장, 왜곡, 조작하여 사태를 키웠다고 비판한다(O'Leary, 2006: 22-33).

초기에 잠잠했던 국제사회의 대응은 2006년 1월 말이 되자 본격적으로 터져나오기 시작했다. 많은 시위가 폭력적으로 변질되어 세계적으로 200여 명이 사망하는 결과를 가져왔고 특히 레바논 주재 덴마크와 노르웨이 대사관은 시위대에 의해 불에 타서 파손되었다. 노르웨이 대사관이 공격 목표가 된 것은 2006년 1월 노르웨이 신문 '매거지넷Magazinet'이 '윌란스 포스텐'의 만평을 자신들의 지면에 실어 다시 소개했기 때문이었다. 시리아 주재 덴마크와 노르웨이 대표부도 파손됐고, 사우디아라비아는 덴마크에서 자국의 대사관을 철수했다.

57개 국가가 참여한 조직인 이슬람협력기구Organization of Islamic Cooperation가 만평을 비난하며 덴마크 정부의 개입을 촉구했지만 덴마크 정부의 대응은 표현의 자유와 법의 지배라는 원칙 위에서 어떤 구체적인 결정도 내리지 않는다는 것이었다.

한편 정치와 종교, 극우 세력에 대한 풍자를 주로 하는 반인종차별과 세속주의, 좌파 노선의 프랑스 시사 잡지 '샤를리 에브도Charlie Hebdo'는 2006년 2월에 '윌란스 포스텐'의 만평을 그대로 다시 옮겨 실었고 무함마드의 얼굴을 그린 만평을 새롭게 추가 게재하면서 연대를 표명하였다. 새로운 그림은 선지자 무함마드가 자신을 따르는 광적인 신도들을 해산시키면서 "멍청이들에게 사랑받기도 힘들다"라고 말하는 내용이었다.

2007년 2월에 파리 모스크는 '샤를리 에브도'를 프랑스 혐오 표현 금지법에 근거하여 고소하였다. 하지만 프랑스 올랑드 총리는 표현의 자유를 지지한다고 선언하였고, 일간지 '리베라시옹Libération'은 자신들의 지면에 무함마드 만평을 옮겨 실었다. 2007년 3월에 파리 법원은 '샤를리 에브도'의 만평이 무슬림을 인종적으로 표현한 것이 아니라 근본주의자를 풍자한 것이라며 무혐의 처분을 내렸다(*The Telegraph*, 2015. 5. 4).

2008년에 2월에 덴마크 경찰은 '윌란스 포스텐'의 만평 가운데 폭탄을 터번으로 두른 무함마드를 그린 베스테르고르를 살해하려고 음모를 꾸민 사람들을 체포하였다. 2010년에는 소말리아 무슬림 청년이 베스테르고르를 살해하려고 손도끼와 칼을 들고 그의 집에 침입했다가 체포되어 9년형을 선고받았다.

2011년 11월 아랍의 봄 시기에 튀니지와 리비아의 이슬람 정당들이 온건한 샤리아법을 도입할 것을 제안하자 '샤를리 에브도'는 이를 풍자하는 특별호를 발행하였다. 이 특별호가 출간되기 전날 '샤를리 에브도' 사무실은 폭탄 공격을 받았고 편집자인 스테판 샤르보니에Stéphane Charbonnier는 경찰의 특별경호를 받아야만 했다.

이 공격의 1주년을 맞아 2012년에 '샤를리 에브도'는 다시 발가벗은 무함마드를 그린 만평을 실었고 이번에는 '샤를리 에브도'의 온라인 홈페이지가 공격을 받았다. 2013년에 '샤를리 에브도'는 만평으로 그린 65쪽의 무함마드 일대기를 펴냈고 알카에다는 '샤를리 에브도' 편집진들을 가장 먼저 처형하길 원하는 지명수배자 명단에 올려놓았다.

그리고 2015년 1월 7일 프랑스 태생의 쿠아치 형제가 '샤를리 에브도' 사무실을 습격해 선지자의 복수라며 편집자 샤르보니에를 포함해 12명을 죽인 이른바 '샤를리 에브도 테러 사건'이 발생했다. 4일 뒤인 1월 11일에는 프랑스 전역에서 약 400여만 명의 사람들이 모여서 "내가 샤를리다"를 외치며 표현의 자유를 옹호하는 시위를 벌였다(The New York Times, 2015). 2015년 5월 국제펜클럽(PEN) 미국 본부는 '샤를리 에브도'에 '용기 있는 표현의 자유상'을 수여하였다.

2. 표현의 자유와 혐오 표현의 규제

종교를 매개로 표현의 자유를 시험하는 사례는 유럽에서 드물지 않게 발생한다. 이 사건들은 주로 이슬람을 대상으로 신성모독 여부를 다투는 것이었다. 살만 루슈디가 1988년에 출판한 책 『악마의 시』는 무슬림들의 격렬한 항의에 직면했지만 영국에서 휘트브레드 문학상을 받고 독일에서는 올해의 작가상을 수상함으로써 사회적 소란과는 상반되는 문학적 찬사를 받았다. 무슬림들은 이 책이 문학의 이름을 빌려 예언자를 조롱하면서 이슬람의 신성함을 모욕하고 있다고 보고 책의 판매 금지와 신성모독죄에 근거한 처벌을 요구하였다(김남국, 2004b). 2005년 덴마크 일간지에 실렸던 이슬람을 풍자한 만평 사건도 비슷한 소용돌이의 경로를 밟아갔다. 그러나 영국과 덴마크 정부는 '표현의 자유'와 '법의 지배'라는 두 원칙을 근거로 무슬림들의 어떤 처벌 요구도 거부하였다(김남국, 2014).

 이 사건들에서 제기된 표현의 자유의 한계에 대해 정치철학자 파레크와 배리는 서로 다른 입장을 보여준다. 파레크는 만약 아우슈비츠의 비극적인 희생자들을 조롱하고 비웃으면서 그들의 고난을 사소한 것으로 간주하는 작가가 있다면 사람들은 그의 소설에 대해 분노하고 소설의 존재 가치를 부정하고 작가에게 비난을 퍼부을 수 있다고 본다. 이 경우 작가에게 좋은 것이 반드시 사회에 유익한 것은 아니다. 즉 작가는 사회의 관용을 이용해 자신의 권리를 남용하고 있는 것이다(Parekh, 2000a). 반면 배리는 조롱하고, 비웃고, 희화화할 수 있는 권리는 표현의 자유를 이루는 중요한 요소라고 주장한다. 그는 이와 같은 표현의 자유는 세계 어느 곳에서나 지켜져야 할 보편적인 인권의 일부로서 특정 문화나 종교의 압력에 의해 영향을 받아서는 안 된다고 본다(Barry, 2004; 김남국, 2014).

 표현의 자유는 자유주의 정체성을 구성하는 핵심적 가치이지만 배리의 주장처럼 어떤 경우에도 보장되어야 하는 절대적 권리일까? 1948년의 세계인권선언은 제19조에서 "모든 사람은 의견과 표현의 자유를 누릴 권리를 가진다. 이 권리는 간섭을 받지 않고 자신의 의견을 가질 자유를 포함하며, 또한 모든 수단을 통하여, 국경을 넘거나 넘지 않거나에 관계없이, 정보와 사상을 추구하고 받고 전할 자유를 포함한다"고 규정하고 있다. 1966년의 '시민적, 정치적 권리에 관한 국제 규약'은 제19조에서 "1. 모든 사람은 간섭받지 아니하고 의견을 가질 권리를 가진다. 2. 모든 사람은 표현의 자유에 대한 권리를 가진다. 이 권리는 구두 서면 또는 인쇄 예술의 형태 또는 스스로 선택하는 기타의 방법을 통하여 국경에 관계없이 모든 종류의 정보와 사상을 추구하고 받고 전달하는 자유를 포함한다"라고 규정하고 있다. 그러나 이 국제 규약은 표현의 자유를 행사할 때 특별한 의무와 책임이 따른다는 점도 규정하고 있다. 즉 제19조 3항에서 타인의 권리와 신용의 존중 그리고 국가안보, 공공질서, 공중보건 또는 도덕의 보호를 위해 이 권리의 행사가 일정한 제한을 받을 수 있다고 본다. 다만 그 제한은 법률에 의하여 규정되어야 한다고 적고 있다.

1950년의 유럽인권협약도 제10조에서 "모든 사람은 표현의 자유에 대한 권리를 가진다. 이 권리는 의견을 가질 자유와 공공당국의 간섭을 받지 않고 국경에 관계없이 정보 및 사상을 주고받는 자유를 포함한다. 이 조항이 방송, 텔레비전 또는 영화 사업자에 대한 국가의 허가 제도를 금지하는 것은 아니다"라고 규정하고 있다. 이 협약도 2항에서 "이러한 자유의 행사에는 의무와 책임이 따르므로 법률에 의하여 규정되고, 국가안보, 영토의 일체성이나 공공의 안전, 무질서 및 범죄의 방지, 보건과 도덕의 보호, 타인의 명예나 권리의 보호, 비밀리에 얻은 정보의 공개 방지, 또는 사법부의 권위와 공정성의 유지를 위하여 민주사회에서 필요한 형식, 조건, 제약 또는 형벌에 따르게 할 수 있다"고 덧붙이고 있다.

그렇다면 표현의 자유는 어떤 이론적 근거에 의해 자유주의 사회의 핵심적 가치로 간주될 수 있을까? 표현의 자유는 규범적 차원에서 세 가지 방식으로 정당화가 가능하다. 첫째, 사회계약론의 관점에서, 자유롭고 평등한 계약의 주체가 갖는 독립성을 유지하기 위해 표현의 자유가 전제되어야 한다는 주장이다. 이 관점에서 보면 계약 당사자의 어떤 견해도 사전에 배제되어서는 안 된다. 따라서 표현의 자유는 핵심적 가치로 보호받아야 한다. 그러나 동시에 동료 계약 당사자의 자유롭고 평등한 자율성을 훼손하는 방식의 표현은 견제될 필요가 있다. 즉 사회계약론의 관점에서 보면 표현의 자유와 함께 혐오 발언의 규제에 대한 정당성도 제시되고 있는 셈이다.

둘째는 진실의 추구를 위해 사상의 자유 시장에서 무제한의 검증을 거치는 표현의 자유가 불가피하다는 주장이다. 이 관점에서는 어떤 진실이 발견되기 위해서는 시행착오를 거치는 점진적인 과정이 필요하고 따라서 서로 다른 의견을 검증할 무제한의 토론이 허용되어야 한다고 본다. 물론 이 경우에도 다른 사람의 자유를 해치지 않는 범위 안에서 진실이 추구되어야 하기 때문에 표현의 자유에 대한 최소한의 제한이 가능할 수 있다.

세 번째 정당화의 방법은 민주주의 관점에서 접근하는 것으로서 주권자인 시민의 자치self-government를 핵심적인 내용으로 하는 민주주의 정치과정에서 표현의 자유는 반드시 보장되어야 하는 불가결한 가치라는 주장이다. 특히 이 관점은 민주적 정당성의 개념을 중심으로 표현의 자유를 절대적 가치로 끌어올릴 수 있는 근거를 제공한다. 밀Mill이나 홈즈Holmes 판사에 의해 대표되는 진실 추구나 사상의 자유 시장에서 경쟁의 필요성 주장도 여기에 포함된다. 즉 진실을 발견하기 위해 사상의 자유 시장에서는 혐오 발언도 관용하는 자유로운 경쟁이 필요하다는 주장이다. 그러나 이 관점은 표현의 자유를 정당화하기 위해 그것이 가져오는 결과를 강조하는 도구적 또는 공리주의적 관점을 전제하고 있다.

반면 정치철학자 드워킨은 표현의 자유를 민주적 정당성의 관점에서 강조한다. 그는 자유롭고 평등한 공동체의 일원으로서 개인의 지위를 존중하는 방식의 결정에서 정부는 국가의 강제력을 사용해 의견을 달리하는 개인에게 집합적이고 공식적인 의견을 강요할 수 없다고 본다. 즉 공정한 민주주의는 모든 성인이 다수 의견을 정하는 과정에 투표를 통해 참여해야 하고 단지 투표할 뿐 아니라 목소리를 낼 수 있어야 한다. 다수결의 결정 과정에서 모든 사람이 자신의 의견, 공포, 선호, 전제, 선입견, 이상을 표현할 공정한 기회를 가져야 하는 것이다.

사람들은 자신이 집합행동collective action의 수동적인 희생자가 아니라 책임 있는 당사자로서 자신의 지위를 확인하고 다른 사람에게 영향력을 행사할 수 있기를 기대한다. 더구나 이 과정에서 확인될 수 있는 다수는 어떤 결정이 내려지기까지 반대나 토론, 시위를 통해 자신의 목소리를 내는 것이 금지된 사람들에게 그들의 결정을 다수의 이름으로 강요할 권리가 없다. 그것이 혐오 발언이라고 해서 그들을 배제할 권리는 없는 것이다. 우리는 우리가 경멸하는 사람들을 침묵하게 만들 힘을 가지고 있을 수 있다. 그러나 그 침묵은 민주주의 체제의 정치적 정당성을 희생하고 얻는 것이다. 드워킨은 우리가 당장 더 중요하다고 생각하는 목적을 위해 표현의 자유를 양보할 때 그 타협을 이용하는 힘은 우리가 아니라 성전으로 무장한 광신적인 성직자나 특유의 혐오를 갖고 있는 광신적인 도덕주의자의 손에 들어가 있을 것이라고 경고한다. 그리고 혐오 발언을 규제하기 위해 국가의 공권력을 동원하는 것은 혐오하고 분노하는 사람들조차 복종하기를 원하는 법을 만드는 집합적 의견 수렴 과정에 국가가 개입함으로써 궁극적으로 민주적 정당화 과정을 약화시킨다고 주장한다(Dworkin, 2012a: v-ix).

민주적 정당성에 기초하여 표현의 자유를 절대화시키는 드워킨의 주장에 대해 정치철학자 월드론은 이런 추론이 지나치게 인위적인 정당성에 집착하고 있다고 비판한다. 어떤 다수 의사에 근거한 법도 만약 인종차별주의자가 다음 라운드에서 다수를 설득할 기회를 갖는 끊임없는 토론을 보장하지 않는다면 정당하지 못하다는 주장은 이미 검증을 거쳐 다음 단계로 이행한 정치과정을 소급해서 무효화시키는 무리한 주장이라는 것이다. 월드론은 특히 정당성에 있어서 정도의 문제를 거론하면서 자유롭게 선출된 정권이 혐오 발언을 규제하는 입법을 했다고 해서 그것이 군사 정권이 민주적으로 선출된 정부를 전복시킨 것과 같은 수준으로 정당성이 훼손되었다고 말할 수는 없다고 주장한다. 또한 혐오 발언에 대한 규제를 통해 얻고자 하는 효과는 인종차별주의자들의 생각이나 믿음을 바꾸겠다는 것이 아니고 권리를 존중하는 사회에서 그들의 시도 때문에 취약한 소수 구성원의 평등한 입장이 덜 안전해졌다는 인상을 주는 것을 막는 것이라고 말한다(Waldron, 2012a: 332-337).

드워킨은 거듭 이것은 정도의 문제가 아니며 타협될 수 없는 원칙이라고 주장한다. 그는 월드론도 입법 과정에서 그 법에 반대하는 사람들에게 말할 권리를 주지 않은 채 진행되는 정치과정에 정당성의 문제가 있음을 인정한다고 지적한다. 나아가 여전히 정부는 인간의 존엄에 관한 어느 하나의 도덕적 신념을 그 신념에 반대하는 시민에게 강제할 수 없고 어떤 시민도 자신들이 달리하는 신념을 표현할 기회를 봉쇄당한 채 특정한 공식적인 윤리적 신념을 받아들일 것을 강요당해서는 안 된다고 주장한다. 정부는 인간의 존엄성이 요구하는 시민의 도덕적 독립성에 관한 시민의 권리를 어길 수 없다. 심지어 어떤 종류의 존중을 동료 시민에게 가져야 하는지에 대한 특정 집합적 의견을 강요할 수 없는 것이다. 특히 드워킨은, 정치적 시위에 대한 명백하고 현존하는 위험clear and present danger에 근거한 제한이 시간, 장소, 방법에 따라 달라지는 것처럼 혐오 표현에 대한 제재도 정도에 따라 이루어질 수 있다는 월드론의 주장은 내용 중립적content neutral이어야 한다는 조건을 잘못 이해한 것이라고 비판한다. 시간, 장소, 방법에 따른 제재는 제한되는 표현이 거짓인지 공격적인지 검열을 통해 판단하지 않는 중립적인 방식으로 이루어져야 하는 것이다(Dworkin, 2012b: 342-343).

 1965년에 유엔에서 채택된 '모든 형태의 인종차별 철폐에 관한 국제 협약' 제4조는 "인종적 우월성이나 증오, 인종차별에 대한 고무에 근거를 둔 모든 관념의 보급 그리고 피부색 또는 종족의 기원이 상이한 인종 또는 인간의 집단에 대한 폭력 행위나 폭력 행위에 대한 고무를 의법 처벌해야 하는 범죄로 선언"하고 있다. 또한 1966년의 '시민적, 정치적 권리에 관한 국제 규약' 제20조는 "차별, 적의 또는 폭력의 선동이 될 민족적, 인종적 또는 종교적 증오의 고취는 법률에 의하여 금지된다"고 규정하고 있다. 이것은 이 규약 제19조에서 규정한 표현의 자유를 제한할 수 있는 범주 가운데 공공질서나 타인의 명예와 권리에 대한 보호의 필요성의 구체적인 내용에 대한 언급으로 볼 수 있다. 표현의 자유를 적극적으로 옹호하는 입장에서 보면 표현의 자유는 폭력의 선동incitement to violence이 명백하고 현존하는 위험이 예상될 때에 한하여 내용 중립적인 잣대에 의해 예외적으로 제한할 수 있다. 원칙적으로 혐오하고 경멸하는 의견일지라도 표현의 자유에 의해 보호받아야 하며 표현에 대한 억제와 배제는 그 자체로 민주적 정당성에 심각한 훼손을 가져온다. 따라서 민주적 정당성을 강조하는 입장은 혐오 표현을 광범위하게 규제하는 것 자체에 대해 반대한다.

그렇다면 혐오란 어떤 감정이고 혐오 표현은 어떻게 정의할 수 있을까? 표현의 자유는 불가피하게 혐오 표현이 어떻게 정의되고 그 규제 범위가 어떻게 정해지느냐에 따라 영향을 받는다. 혐오 표현의 사전적 정의는 "인종이나 종교, 성적 성향에 근거하여 특정 집단에 대해 모욕적이거나 위협적인 말 또는 글로써 편견을 드러내는 것"(*Oxford Dictionaries*, 2017) 또는 "인종, 종교, 성별 또는 성 정체성에 근거하여 개인이나 집단에 대해 증오를 나타내거나 폭력을 선동하는 공개된 표현"(*Cambridge Dictionaries*, 2017)이다. 물론 근거가 되는 집단의 범위나 선동의 범주에 대한 판단 등은 국가별로 다르다. 혐오 표현은 일종의 표현이기 때문에 예외적인 경우를 제외하고는 원칙적으로 표현의 자유에 의해 보호받는 대상이 되며 형법적으로 범죄 구성 요건을 갖춰 처벌의 대상이 되는 혐오 범죄와는 다른 차원의 권리이다(박지원, 2016a).

누스바움에 따르면 혐오는 자신의 몸 안과 밖의 경계와 관련하여 문제 있는 물질이 자신의 몸 안으로 들어온다고 여길 때 생기는 감정이다. 혐오는 오염물로 간주되는 대상에서 시작하여 인간의 유한성과 동물적 취약성을 연상시키며 사람들 사이에서 심리적 오염을 통해 사회적으로 학습된다(누스바움, 2015: 176). 즉 혐오는 자신이 오염될 것이라는 생각에서 생기는 감정이며 자신을 오염시키는 것에 대한 거부를 표현하는 방식이다.

혐오는 분노와 비교할 때 더 분명해진다. 분노는 우리가 중요하게 여기는 사람이나 사물이 부당한 일을 당했을 때 생기는 감정이다. 분노하기 위해서는 부당한 일을 겪었다고 추정할 만한 근거의 제시가 필요하다. 또한 분노는 실제 위해와 손상이 있어야 생긴다. 그러나 혐오는 실제 일어난 위험보다 자신이 오염될 수 있다는 추상적 사고에 근거하고 있다. 따라서 혐오는 우리가 될 수 없는 어떤 존재, 즉 동물성을 갖지 않는 불멸의 존재가 되려는 소망을 중심으로 움직이며 우리 자신을 인간이 아닌 존재로 만들려는 비합리적이고 헛된 열망에 바탕을 두고 있다. 역사상 모든 사회는 혐오와 같은 강한 감정을 통해 인간의 동물성이 드러나는 경계를 단속하면서 혐오를 특정 집단을 배척하기 위한 사회적 무기로 사용해왔다(누스바움, 2015: 191-193).

따라서 우리의 사회적 관계는 혐오스러운 것과 이를 피하려는 다양한 시도로 이루어진다. 대부분의 사회는 혐오감을 주는 특정 집단이나 오염물을 지닌 사람들을 기피하도록 가르친다. 법에서도 혐오는 특정 행위를 불법적인 것으로 정당화할 때 우선적으로 고려되는 근거로 사용된다(누스바움, 2015: 140-141). 혐오가 긍정적인 역할을 하는 측면을 강조하는 학자들도 있다. 예컨대 카스는 혐오가 담고 있는 지혜에 주목하며 이것이 인간성의 핵심을 옹호하기 위해 내세울 수 있는 유일하게 남겨진 목소리라고 본다(Kass, 1998). 데블린은 모든 사회는 자신을 보존할 권리를 지니며 공동체 구성원의 혐오에 반응하여 법을 정하지 않으면 사회가 유지될 수 없다고 주장한다(Devlin, 1965). 케이헌은 혐오가 단호하고 강경한 판단을 드러내며 잔인함을 인지하고 이를 비난하는 데 있어 본질적인 중요성을 갖는다고 본다(Kahan, 1998).

물론 실제 혐오감을 유발하는 사적 소유물을 사용하거나 향유하는 데 방해가 되는 경우에는 국가가 개입하여 다른 사람의 재산을 손상하지 않는 방식으로 자신의 재산을 사용하게 하며 실제 위해가 발생한 때에는 생활에 대한 방해죄가 성립한다(누스바움, 2015: 293). 그러나 혐오를 유발하지 않지만 사회 구조에 위험을 초래할 수 있는 행위 즉 인종주의나 성차별, 가혹한 사업 방식 등은 혐오가 인권을 침해하고 인간의 존엄성을 침해하는 방식과 연관이 있다는 것을 보여준다(누스바움, 2015: 152). 결국 혐오는 우리 자신의 유한성을 떠올리게 하거나 자신을 오염시킬 수 있는 원천이라고 생각하기 때문에 생겨나는 거부의 감정이지만 실재하는 위험에 대한 두려움의 감정과는 다른 것이며 우리를 실제 모습에서 멀어지게 하는 기능을 하는 자기기만적 감정이다. 또한 우리가 날마다 대면하기 힘든 우리 자신에 대한 사실을 감추는 역할을 한다(누스바움, 2015: 377-378).

혐오가 실제 발생한 손상이나 위해보다는 자신이 오염될 가능성에 대한 추상적 사고에 근거하고 있고 그것이 특정 집단을 배척하기 위한 사회적 무기로 사용된다는 지적은 혐오 표현을 정의하고 범주를 정하는 데 유용한 함의를 제시해준다. 혐오 표현의 정의와 입법의 기준은 나라마다 다르지만 최근 한 가지 설득력 있는 제한의 기준은 자신이 선택할 수 없었던 집단적 정체성immutable characteristic을 대상으로 한 비하와 혐오 발언은 처벌하는 것이다. 이 기준에 따르면 자신의 선택과 무관하게 주어진 인종에 대한 차별은 당연히 처벌받아야 하지만 누구나 선택 가능한 종교에 대한 비판은 자유롭게 보장되어야 한다. 만약 종교에 대한 비판이 제한되어야 한다면 특정 종교의 추종자들은 자신들이 믿는 것을 믿을 자유를 가질 뿐만 아니라, 다른 사람들이 그 믿음에 대해 동의하지 않는 것을 방해할 자유까지 갖게 되는 셈이다.

물론 이슬람의 경우 아랍인이 신자의 다수를 차지하는 현실 때문에 종교에 대한 비판이 사실상 인종차별로 이어질 수 있다는 점에서 이 기준을 적용하는 데 어려움이 있다. 즉 혐오 표현에 대한 규제를 자신이 선택할 수 없었던 주어진 정체성을 기준으로 할 때 종교가 여기에 포함되는가 하는 부분은 논란이 있을 수 있다. 물론 서구 자유주의의 세속주의 전통에 근거할 때 종교 자체에 대한 비판은 언제든지 가능하다. 그러나 이것이 그 종교를 믿는 신자 개인이나 집단에 대한 혐오 발언을 허용한다는 의미는 아니다. 혐오 표현의 특징은 특정 정체성을 공유하는 집단과 개인을 대상targeting으로, 구성원의 인격을 무화시키는 부정적인 낙인naming을 찍은 다음, 사회적 적대감의 대상으로 몰아 차별discrimination하는 것이다(Parekh, 2012).

혐오 발언은 두 가지 점에서 해악을 가져온다. 첫째, 혐오 발언은 다양한 인종과 문화, 종교를 가진 사람들이 공존하는 현대사회에서 동료 시민들에게 궁극적으로 적의와 폭력, 차별을 걱정하게 만든다는 점에서 사회 통합이라는 공공의 이익을 저해한다. 만약 이 발언들이 지속적으로 용인된다면 매우 천천히 사회의 구성원들은 이러한 발언들에 익숙해지면서 혐오 발언을 대수롭지 않게 생각하게 되고, 사람들이 느끼는 안전감은 줄어들게 된다. 마치 우리가 마시는 공기가 오염되었을 때 느끼는 불안감과 마찬가지로 혐오 발언에 의해 오염된 사회의 분위기가 불안감을 증폭시켜 사회의 평화를 해치게 되는 것이다.

둘째, 특히 사회적 소수를 대상으로 하는 혐오 발언은 그 소수 집단에 속하는 개인이 가지는 존엄감, 즉 정상적으로 작동하는 사회에서라면 누구나 동등하게 대접받는 정당한 구성원이라는 확신을 위협하여 그들의 존엄함을 무너뜨린다. 자신이 선택하지 않았던 귀속적인 특징을 공유하는 소수 집단을 대상으로 하는 혐오 발언은 정당한 사회 구성원으로서 그들의 자격을 문제 삼아 소수 집단의 명성에 흠집을 내고 결국 그들이 딛고 있는 구성원으로서의 토대 자체를 흔드는 것이다(Waldron, 2012b: 4-5).

오늘날 전 세계적으로 혐오 발언의 처벌은 일반적인 경향이 되고 있다. 다음 절에서 살펴볼 수 있듯이 혐오 발언에 대한 규제는 유럽식의 광범위한 규제와 미국식의 최소 규제 접근으로 나눌 수 있다.

3. 종교의 자유와 혐오 표현의 규제

표현의 자유가 자유주의 사회의 핵심 가치임을 인정하더라도 공공질서나 타인의 권리 및 명예와 충돌할 때 제한될 수 있다는 점에 대해서는 모든 학자들이 동의한다. 물론 인종이나 종교, 성적 성향을 근거로 한 혐오 표현을 처벌을 통해 배제하는 것이 민주적 정당성에 큰 훼손을 가져온다는 주장도 존재한다. 그러나 표현의 자유의 절대적 가치를 옹호하며 최소 규제를 주장하는 사람이든 표현의 자유가 사회 통합이나 사회적 소수의 존엄 등 다른 사회적 가치와 조화를 이루는 과정에서 제한될 수 있다고 보는 광범위 규제를 주장하는 사람이든 모두가 종교에 대한 혐오 표현의 범주에 대해서 한 가지 기준에는 합의하고 있는 것으로 보인다. 그것은, 덴마크 만평 같은 실제 사례에서 보듯이 결코 구분이 쉽지는 않지만, 종교 자체에 대한 비판과 종교를 근거로 정의된 개인 또는 집단에 대한 혐오를 구분해야 한다는 것이다. 전자는 표현의 자유에 의해 보호받지만 후자는 표현의 자유에 의해 보호받지 못하는 혐오 표현으로 분류된다.

예를 들어 기독교 신자는 기독교인 개인 또는 기독교인 집단에 대한 명예훼손으로부터 보호받을 권리를 가진다. 그러나 이 권리는 교황이나 성인, 기독교의 교리가 보호받을 수 있거나 예수의 권위가 보호받을 수 있다는 의미는 아니다. 마찬가지로 이슬람 신자는 무슬림 개인 또는 무슬림 집단에 대한 명예훼손으로부터 보호받을 권리를 갖지만 선지자 무함마드가 보호받거나 무슬림 집단의 교리적 믿음이 보호받을 수 있다는 것을 뜻하지는 않는다(Waldron, 2012b: 123). 물론 무슬림들은 이슬람 교리에 대한 풍자나 무함마드에 대한 조롱과 만평이 자신들의 종교를 존중하지 않는 신성모독이며 무슬림에 대한 공격이라고 간주하기 때문에 여전히 두 입장 사이에는 큰 차이가 존재한다.

표현의 자유가 가진 절대적 가치를 지지하며 신성을 모독할 용기와 권리를 강조하는 사람들은 이것이 종교적 독재에 대항해 유럽이 이룩한 투쟁의 성취라고 주장한다. 프랑스 언론인인 카롤린 푸레는 한 방송에서 '샤를리 에브도' 사건에 대해 인터뷰하면서 "내가 샤를리다"라고 쓰인 팻말과 무함마드 그림을 들었더니 방송 카메라가 재빨리 초점을 딴 곳으로 돌리고 불쾌감을 느낀 시청자들에게 사과의 말을 전했다는 사실을 전하며 오늘날 뉴욕 타임스나 가디언, BBC 등이 모두 반反세속주의적 상대주의에 빠져서 표현의 자유를 자기검열하고 있다고 비판한다. 이들 매체는 '샤를리 에브도'의 만평을 보여주지 않는 것이야말로 도덕적 책임감의 적절한 발로라고 주장하고 있다는 것이다.

푸레는 이러한 과정에서 광신적 이슬람 종교분파에 대한 비판은 무슬림에 대한 인종차별로 취급되고 이슬람 공포증Islamophobia 은 모든 지적 토론을 방해하고 어떤 건전한 종교 비판도 삼켜버리는 기호가 되었다고 본다. 심지어 '샤를리 에브도' 사건의 언론인 학살과 해당 언론이 행한 신성모독이 똑같이 비판받아야 하는 것으로 이야기되고, 과거 유럽에서 박해받던 유대인과 현재 유럽에서 차별받는 무슬림을 동격으로 간주하면서 '샤를리 에브도'를 공격한 것이 마치 나치 출판사를 공격한 것과 같은 정의로운 행동으로 이야기된다고 그녀는 비판한다. 그녀는 영국의 다문화주의는 평화로운 공존을 위해 모든 공동체의 토템과 터부를 똑같이 존중해야 하는 것처럼 말하는데 오직 공격을 피하고 논란을 피하는 것을 목표로 하면 독재와 광신자들의 믿음을 받아들여 그들의 감각을 우리의 법 위에 놓게 되는 결과에 이를 것이라며 우리가 열린 사회를 원한다면 '샤를리 에브도'의 풍자는 당연히 우리가 감수해야 할 그 일부라고 주장한다(Fourest, 2015).

물론 '샤를리 에브도' 사건 직후 "내가 샤를리다"라는 구호 아래 표현의 자유를 옹호한 대규모 시위는 프랑스 사회가 표현의 자유를 절대화하는 거대하고 단일한 흐름 위에서 사실상 이 사건에 대해 다른 의견을 허용하지 않는다는 것을 보여준다는 비판도 있었다. 니스에서 테러리스트의 주장에 동의하며 '샤를리 에브도' 희생자를 위해 묵념하기를 거부했던 여덟 살 학생이 경찰의 조사를 받은 사건도 있었다(Kiwan, 2016). 표현의 자유를 절대화하는 분위기 속에서 표현의 자유를 지지하는 흐름에 의견을 달리하는 사람들의 표현의 자유는 오히려 제약되는 아이러니한 상황이 발생한 것이다. 예컨대 행진에 참여한 사람들 중에는 국가적인 위기 상황에서 연대를 표명하고 희생자를 추모하며 표현의 자유를 원칙적으로 옹호하기는 하지만 '샤를리 에브도'가 추구하는 방식의 표현의 자유나 만평의 내용에 동의하지 않은 사람이 있을 수 있다(Klug, 2016).

표현의 자유를 절대화하는 주장에 대해 모두드는 무슬림을 악마화하는 만평의 표현 방식을 통해 이미 무슬림은 종교 집단이 아니라 하나의 인종이 되었다며 유럽에서 사회적 소수로서 무슬림이 대우받는 방식이 사실상 인종차별이라는 점을 인식할 필요가 있다고 주장한다. 유럽은 무슬림을 조롱할 표현의 자유를 보장하는 것이 더 중요한가와 무슬림을 통합해서 평화를 유지하는 것이 더 중요한가 사이에서 선택해야 하며, 만약 통합이 더 중요하다면 표현의 자유를 제한해야 하고 이때 그 방식은 "유럽식 표현의 자유 전통을 받아들이거나 아니면 떠나라"가 아니라, 서로의 문화를 고려하면서 일정한 권리를 주고받는 타협의 방식이어야 할 것이라고 모두드는 말한다(Modood, 2006: 4-7).

이에 대해 한센은 통합과 표현의 자유 사이에서 선택해야 한다는 대비 자체가 틀렸다고 주장하며, 이 문제는 유럽이 선택할 수 있는 것이 아니라 표현의 자유에 제한을 가하고자 하는 사람들이 그가 무슬림이든 유럽의 시민이든 이민자든 상관없이 자유민주주의 사회에서 살 것인가 아닌가를 결정해야 하는 문제라고 말한다. 그가 자유민주주의 사회에서 살고 싶다면 표현의 자유는 타협 불가능한 원칙이며 이슬람에 대한 비판에 반대하여 평화적으로 시위할 수 있겠지만 그러한 비판에 폭력적인 범죄 행위로 대응하는 것은 면죄부를 받을 수 없다는 것이다(Hansen, 2006).

세속주의를 근간으로 하는 서구의 근대가 종교의 권위를 비판할 수 있는 자유를 절대적인 가치로 주장하면서 출발한 것은 사실이다. 이와 같은 전통에서 보면『악마의 시』저자인 살만 루슈디는 이슬람을 풍자하면서 종교 내부의 기득권 세력과 그들의 권위를 가차 없이 비판함으로써 이성과 과학을 두 축으로 하는 근대 세계를 대표하는 전형적인 지식인의 모습이다. '샤를리 에브도' 역시 종교적 권위와 보복에 겁먹지 않고 줄기차게 신성모독을 저질러온 명예로운 잡지다(Pollitt, 2015). 따라서 종교를 비판하는 것이 인종을 차별하는 것으로 간주되어 제한된다면 서구가 성취한 근대 세계의 핵심적인 가치를 부정하는 중대한 도전으로 여겨질 여지가 있다. 특히 인종처럼 선택 가능하지 않은 주어진 정체성과 종교처럼 언제든지 선택 가능한 정체성의 요소는 구분되어야 하는 것이다.

종교의 자유가 무엇을 의미하는지에 대한 합의는 일찍이 1948년 세계인권선언의 논의 과정에서도 쉽지 않았다. 세계인권선언 제18조는 "모든 사람은 사상, 양심 및 종교의 자유를 누릴 권리를 가진다. 이 권리는 종교 또는 신념을 바꿀 자유, 단독 또는 타인과 함께 공적 또는 사적으로 포교, 행사, 예배 및 의식을 통하여 종교나 신념을 표명할 자유를 포함한다"고 규정하고 있다. 그러나 종교의 자유에 개종의 자유를 포함하는 것에 반대하던 사우디아라비아는 최종 표결에서 기권하였다(Morsink, 1999). '시민적, 정치적 권리에 관한 국제 규약'도 제18조에서 종교의 자유에 대해 규정하고 있다. 특히 제18조 2항은 "어느 누구도 스스로 선택한 종교 또는 신념을 갖거나 받아들일 자유를 침해할 수 있는 강제에 예속되지 않는다"고 규정하여 종교가 자신이 선택할 수 없었던 정체성을 구성하는 귀속적인 사안이 아니고 자유롭게 선택 가능한 사안임을 분명히 하였다. 물론 제18조 4항은 "이 규약의 당사국은 부모 또는 경우에 따라 법정 후견인이 그들의 신념에 따라 자녀의 종교적, 도덕적 교육을 확보할 자유를 존중할 것을 약속한다"고 하여 종교의 선택 가능 여부를 둘러싼 문제의 복합성을 보여주고 있다.

유럽에서 가장 앞서 1965년에 인종관계법을 도입하고 1986년 공공질서법에서 인종에 근거한 혐오를 처벌하는 조항을 명문화했던 영국은 2006년에 종교에 근거한 혐오를 처벌하는 '인종과 종교 혐오 금지에 관한 법 2006'을 제정했고 2008년에는 성적 성향에 근거한 혐오를 처벌하는 '형사사법 및 이민법 2008'을 제정했다. 2006년 법에 따르면 종교적 혐오란 종교적 신념 유무를 근거로 정의된 집단을 대상으로 한 혐오로서 이 법은 단어의 사용이나 행동, 글로 쓴 문서의 게시 및 출판, 배포 행위, 공연, 영상물, 녹음의 전시 배포, 문제되는 자료의 소지 등의 경우에 적용된다. 종교적 혐오를 불러일으킬 의도를 가지고 위협적인 단어를 사용하거나 행동을 하는 사람, 위협이 되는 문서를 게시하는 사람의 경우 혐의는 공적, 사적 장소에 모두 적용된다. 그러나 거주 공간 안에서 한 사람에 의해 단어나 행동이 사용되고 문서가 게시되었지만 다른 사람이나 다른 거주 공간의 사람에 의해 듣거나 목격되는 등의 실제 공격이 일어나지 않았다면 죄를 구성하지 않는다. 다만 이런 상황이 거주 공간 안에서 일어났고 다른 사람에게 들리거나 보였다고 믿을 합리적 이유가 없다는 사실은 피고가 증명해야 한다. 이 법에서 특이한 점은 경찰이 종교적 혐오의 범죄가 저질러지고 있다고 의심되는 상황에서 누구든지 영장 없이 체포할 수 있다는 사실이다. 물론 종교적 혐오를 불러일으키는 단어나 행동의 사용, 문서의 게시가 방송 프로그램 안에 포함되어 제공하기 위한 목적이라면 이 죄에 해당하지 않는다.

그러나 이 법의 제29조 J항은 표현의 자유의 보호에 관해 분명하게 종교 자체에 대한 비판과 종교를 근거로 한 개인이나 집단에 대한 혐오를 구분하고 있다. 즉 "종교적 혐오를 처벌하는 이 조항은 어떤 경우에도 특정 종교나 그 신자들의 믿음, 실천, 신앙 체계 등에 대한 토론, 비판, 반종교적 표현, 싫어함, 조롱, 모욕, 남용 등을 제한하거나 금지하는 방식으로 읽히거나 효력을 발휘해서는 안 된다"고 규정하고 있는 것이다. 유럽식 광범위 규제를 대표하는 영국의 경우도 종교에 대한 비판을 표현의 자유로 보장하고 있다는 점에서 여전히 이슬람의 교리나 선지자 무함마드에 대한 풍자와 조롱을 자신들의 종교에 대한 신성모독으로 여기며 무슬림에 대한 공격이라고 간주하는 입장과는 거리가 있다. 이는 루슈디의 『악마의 시』에 대한 신성모독 처벌과 책의 판매 금지를 주장하던 무슬림들의 요구에 대해 표현의 자유와 법의 지배라는 원칙 아래 어떤 적극적 조치도 취하지 않았던 영국 정부의 대응을 잘 설명해준다.

그렇다면 미국식 최소 규제 방식에서 표현의 자유와 종교의 자유 그리고 혐오 표현의 규제는 어떤 모습으로 나타날까? 미국 전통에서 표현의 자유는 기본적으로 국가에 대항하여 개인에 속하는 자유로 간주되어왔다. 즉 정부의 개입을 통해 개인의 표현의 자유를 증진하는 것보다는 개인의 자유로운 의사 표현에 정부의 개입을 막는 데 초점을 두어왔다.

미국 역사에서 표현의 자유의 초점이 이동해온 것을 네 단계로 나눠서 보면 1776년 영국에 대항한 독립전쟁 시기에 표현의 자유는 정부에 저항하여 시민들이 갖는 자유로운 의사 표현의 자유를 보호하는 것이 목적이었다. 그 이후 표현의 자유는 정부가 아니라 다수의 전제tyranny of majority에 의한 위협에 초점을 맞춰 다수의 분노로부터 소수 의견을 제시하는 사람을 보호하는 데 초점을 두었다.

1950년대에서 1980년대에 이르는 이데올로기 시대의 특징은 공산주의와 자본주의 사이의 체제 대결 아래 자유주의적인 기본 가치에 대한 합의와 이를 지지하는 동질적인 사회 분위기의 확산이었다. 이 시기에 표현의 자유는 관용의 확대에 초점을 맞춰 말하는 사람의 권리에 대한 제한을 철폐하는 것에서 청중들이 낯선 소수 의견을 열린 마음으로 듣는 것으로 그 중심이 이동하였다. 1980년대 이후에는 페미니즘, 비판 이론, 대안적인 담론이 본격적으로 등장하면서 백인 남성 위주의 억압적인 담론에 이의를 제기하기 시작하였다. 따라서 이 시기에 표현의 자유의 초점은 주변화되고 억압된 담론에 대한 보호와 패권적 담론에 대항해 소수의 담론을 제기하는 사람들에 대한 보호로 옮겨갔다고 볼 수 있다(Rosenfeld, 2012: 249).

미국에서 표현의 자유를 보장하는 중요한 원칙은 '명백하고 현존하는 위험'의 원칙과 '내용 중립적 규제'이다. 두 원칙은 1919년 미국 사회당 당수 찰스 솅크Charles Schenck의 간첩법 위반 혐의를 다룬 재판에서 홈즈 판사에 의해 제기되었다. 제1차 세계대전 중에 징집 연령 청년들에게 징집에 응하지 말 것을 선동하는 전단지를 나눠준 솅크에 대해 그의 행위는 표현의 자유에 의해 보호받지 못한다는 유죄판결을 내리면서 표현의 내용이 아닌 시간적 근접성과 위험의 정도라는 가치중립적 기준에 따라 유죄의 판단이 이루어져야 한다는 설명, 즉 내용 중립적 규제 원칙과 명백하고 현존하는 위험의 원칙이 제시된 것이다(Schenck v. United States, 1919).

제2차 세계대전 이후 1950년대 반공산주의 흐름이 미국 사회에서 팽배할 때 표현의 자유 원칙은 왜곡되거나 후퇴하는 모습을 보이기도 했다. 1940년 제정된 뉴욕주의 스미스법은 무력으로 정부를 전복하거나 이를 옹호하는 행위, 이를 위해 사람을 조직하는 행위를 불법으로 규정했다. 이 법에 의해 공산주의자 데니스는 정부 전복 혐의로 유죄판결을 받았다. 이 사건에서 대법원은 기존의 명백하고 현존하는 위험에서 후퇴한 기준, 즉 해악의 발생 가능성이 적더라도 그 중대성을 이유로 표현의 자유를 제한할 수 있다는 기준을 새롭게 제시하였다. 즉 '명백하고 현존하는 위험clear and present danger'의 기준은 '명백하고 가능한 위험clear and probable danger'으로 바뀌었고 '급박성의 요건immediacy'은 '해악의 발생 가능성probability'과 '해악의 중대성seriousness'을 강조하는 방향으로 변화하게 되었다. 이 결정의 의미는 정부에 중대한 해악을 가져올 수 있는 공산주의자의 급진적인 표현은 그 자유를 보장받지 못한다는 것이었다(Dennis v. United States, 1951).

표현의 자유 보장에서 생긴 이와 같은 후퇴는 1957년 예이츠와 13인의 공산주의자를 스미스법에 근거해 유죄로 판결한 사건을 대법원이 뒤집으면서 그 흐름이 바뀌었다. 이 결정에서 대법원은 폭력에 의한 정부 전복의 구체적인 행위를 선동incitement하는 것과 정부 전복에 대한 추상적인 원리나 사상을 옹호advocacy하는 것을 구분함으로써 불법적 행위의 선동에 대한 정부 규제는 합헌이지만 추상적 원칙에 대한 옹호를 금지하는 정부 규제는 위헌이라는 의견을 밝혔다(Yates v. United States, 1957).

예이츠 판결에 이어서 표현의 자유 보장을 다시 엄격하게 강조한 판결은 1969년 대법원이 백인우월주의자 단체인 KKK의 지도자 브랜던버그가 오하이오주 범죄조직법ciriminal syndicalism statute에 의해 유죄로 처벌받은 사건을 뒤집은 것이다. 브랜던버그는 12명의 KKK 단원이 모인 소규모 집회에서 백인 탄압에 항의하며 유대인과 흑인을 경멸하는 발언들을 했다가 그의 발언이 산발적으로 들리는 장면을 자신이 초청한 지역 방송사 기자가 녹화해 방영하자 피소되었고 유죄판결을 받았다. 그러나 대법원은 이 시위가 즉각적인 불법적 행동을 선동할 의도와 가능성을 갖고 있지 않기 때문에 수정헌법 제1조가 규정하는 표현의 자유에 의해 보장되는 범위 안에 있다고 보았다. 즉 이 사건에서 강화된 표현의 자유는 명백하고 현존하는 위험의 해석에서 추상적 원리에 대한 옹호와 불법적 행위에 대한 선동을 구분했고 그 선동의 성격도 '즉각적인 불법 행위에 대한 선동incitement to imminent lawless action'일 때만 규제 가능하다고 판결한 것이다(Brandenburg v. Ohio, 1969).

인종이나 종교적 혐오와 관련하여 이처럼 강화된 명백하고 현존하는 위험 기준과 내용 중립적 규제라는 두 원칙이 적용된 대표적 사건은 1977년 나치를 추종하는 국가사회주의자당의 일리노이 주 스코키 시내 행진 허용을 둘러싼 사건과 1992년과 2003년 십자가 소각을 둘러싼 사건의 위헌 여부 결정이다. 국가사회주의자당은 나치 제복과 스와스티카swastika 문장을 들고 유대인 학살의 생존자가 많은 스코키 시내를 의도적으로 행진하고자 했다. 대법원의 판단은 스와스티카를 게시하는 것이 수정헌법 제1조에 의해 보호되는 상징적 표현의 자유에 해당하며 금지 가능한 도발적 언사fighting words에 해당하지 않는다는 것이었다. 이 결정은 사실상 나치 추종 세력의 행진이 미국 사회에 줄 영향력을 고려할 때 명백하고 현존하는 위험과 일정한 거리가 있다는 판단이었다(NSPA v. Skokie, 1977).

미네소타주 세인트폴시에서 벌어진 흑인이 거주하는 집의 정원에서 청소년들이 십자가를 불태운 사건에 대한 1992년 대법원의 결정은 세인트폴시의 '편견에 기반한 범죄 조례'가 내용 중립적 규제 원칙을 어긴 것으로 보고 위헌 판결을 내린 것이었다. 이 조례는 십자가를 불태우거나 나치 스와스티카 등을 게재하여 다른 사람에게 인종이나 종교에 근거한 위협이나 분노를 불러일으킬 경우 범죄를 구성한다는 내용을 담고 있었다(R.A.V. v. City of St. Paul, 1992). 비슷한 상황의 십자가 불태우기에 관한 2003년 버지니아 사건의 경우 "사람 또는 단체를 위협할 목적으로 다른 사람의 부동산, 고속도로 또는 그 밖의 공공장소에서 십자가를 불태우는 행위를 중범죄로 처벌한다"고 규정한 버지니아 법이 내용과 견해에 근거하여 특정 행위만을 처벌하고 있기 때문에 위헌이며, "십자가 불태우기는 그 자체로 목적을 추론할 수 있는 충분한 증거가 된다"고 주장하면서 모든 십자가 불태우기가 당연하게 위협을 목적으로 한다고 추정하는 것은 이 법에 의한 기소 가능성을 현저히 증가시켜 보호되어야 하는 언론의 표현을 지나치게 위축시키는 광범위한 규정이기 때문에 위헌이라고 판결하였다(Virginia v. Black, 2003). 이 판결에 따라 정부는 십자가 불태우기를 금지할 수는 있지만 각각의 경우에 어떤 구체적인 위협이 있었는지를 자세하게 증명해야 하는 부담을 안게 되었다.

내용 중립적 규제와 명백하고 현존하는 위험 원칙은 국가의 사전적이고 자의적 개입을 최소화하여 모든 개인의 표현의 자유를 최대한 보장한다는 미국식 최소 규제 전통을 잘 보여준다. 특히 인종 혐오를 담고 있다고 볼 수 있는 나치의 스와스티카 게시나 종교적 상징인 십자가 불태우기도 명백하고 현존하는 구체적인 위협이 없는 한 표현의 자유를 나타내는 상징으로 보는 것은 자유주의 전통의 핵심 가치인 표현의 자유를 최대한 존중하는 모습으로 이해할 수 있다.

그러나 이러한 행위는 그 표현의 목표가 되는 유대인이나 흑인에게, 각자가 느끼는 위협의 정도에 차이는 있겠지만, 혐오 표현으로 받아들여질 확률이 높다. 만약 이것이 자유주의 사회에 사는 대가로서 개인이 관용해야 할 정도의 혐오 표현이라면 이것은 이 세계의 누구에게나 적용되는 보편적 원칙이라기보다 미국적 정치 문화의 산물이라고 보는 것이 더 적절할 것이다. 즉 우리가 추상적 개념 차원에서 보편적으로 합의하는 종교의 자유나 표현의 자유라는 원칙은 그 내용을 둘러싸고 다양한 해석의 차이를 보일 수 있고 각 지역에서 구체적으로 실천될 때는 더 큰 편차를 보이게 된다.

무슬림들의 요구도 이러한 실천의 편차 안에 포함될 수 있을까? 다음 절에서는 심의를 통해 표현의 자유와 혐오 표현의 규제가 양립할 수 있는 가능성에 대해 모색하기로 한다.

4. 심의를 통한 대안의 모색

유럽식 광범위 규제 접근에 해당하는 덴마크 형법 제266조 b항은 "누구든지 공개적으로 또는 광범위하게 유포할 목적으로 문서를 만들거나 말을 통해 인종이나 피부색, 국적, 문화인종적 배경, 종교적 신념 또는 성적 성향을 근거로 특정 집단을 위협하거나 조롱하거나 폄하하는 경우 벌금이나 2년 이하의 징역에 처한다"고 규정하고 있다. 독일 형법 제130조 1항도 "누구든지 공공의 평화를 해칠 가능성이 있는 방식으로 특정 사회 집단에 대한 혐오를 불러일으키거나 그들에 대한 폭력과 자의적인 잣대로 재단하는 것을 요청하거나 모욕, 악의적인 비방, 명예 훼손을 통해 다른 사람의 인간 존엄성에 대해 공격하는 자는 3개월 이상 5년 이하의 징역에 처한다"고 규정하고 있다.

이와 같은 법적 규제는 말로써 시작되어 점점 심각해지는 폭력의 악순환을 예방하고 담론의 영역에서 저항의 자원을 충분히 갖지 못한 사회적 소수를 분명하게 보호한다는 장점이 있다. 그러나 법의 규제 영역을 모호하게 피해가는 혐오 표현의 위험을 막을 수 없고 실정법이 규정하는 혐오 표현 이외의 모든 것을 사실상 허용하는 최소한의 보호에 그칠 수 있다는 단점이 있다(홍성수, 2015).

그러나 더 근본적인 문제는 버틀러가 지적하듯이 법이 가지는 금지와 생산의 동시성이라는 그 성격에 있다. 즉 법적 규제가 갖는 한계는 법에 내재한 폭력성 때문이 아니라 담론과 법의 복잡한 관계를 단순화함으로써 사실상 금지되고 배척된 것을 오히려 생산하고 보존하는 작용을 하는 법의 기능에 있다. 예를 들어 군대에서 동성애는 군 당국과 정부의 권위에 의해 금지되는 동시에 생산된다. 즉 강화된 문화적 투쟁 공간으로서 군대는 이성애 집단의 통일성을 유지하기 위해 동성애를 필요로 한다. 동성애를 단념하는 행위는 그 욕망을 보존하는 하나의 방법이고 존재론적 본질이 아닌 구성된 결과로서 동성애는 금지의 발화 속에서 존속되는 것이다(Butler, 1997: 117-118).

버틀러에 따르면 행위자는 단순히 행함에 의해 생겨나는 허상에 불과하다. 혐오 표현 행위자의 정체성은 그것의 결과라고 말해

지는 표현들에 의해 수행적으로 구성된다. 행위가 일어나기 전에 이미 주체가 정해져 있다고 간주하지만 그를 그런 방식으로 호명한 담론이나 이데올로기는 고소당하지 않는다. 그를 비난하고 책임지우기 위해 법은 개별 주체에게 행위를 귀속시키는 것이다. 버틀러는 화자가 자신이 말한 것을 완전하게 통제할 수 없다고 보고 발화에서 독립적인 주체성sovereign autonomy의 성립 가능성을 부정한다. 말은 끊임없이 인용되는 관습 속에서 행해지기 때문에 발화의 유일한 발신자를 가정하는 것은 허구일 가능성이 높다. 즉 그들이 혐오 표현에 일정 부분 책임이 있겠지만 기소를 통해 법률적 조치를 취하는 것은 전복적 전유와 재배치보다 효과적이지 않은 것이다(Butler, 1990: 34; 1993: 170-171).

우리가 담론 가운데서 구성된다고 할 때 이는 이미 존재하는 주체가 시작하는 과정이 아니며 담론은 단일한 행위자로 귀속시킬 수 있는 한 사람의 행위가 아니라는 점을 의미한다. 언어에 선행하는 정체성은 존재하지 않으며 정체성이 담론이나 언어를 행하는 것이 아니라 담론이나 언어가 정체성을 행하는 것이다. 화자는 그들이 언어를 구성하듯 언어에 의해 구성된다. 버틀러는 정체성이 의미화하는 실천이고 주체는 원인이 아니라 효과이기 때문에 수행성performativity은 주체라는 개념 자체를 의문시한다고 주장한다. 수행성의 개념을 분명한 시작과 끝이 없이 지속적으로 연장되어가는 행위라고 정의하면 말은 특정 발화자나 최초의 맥락에 의해 구속되는 것은 아닌 것이다(Butler, 1997: 39-41).

독립적인 발화의 주체가 불분명하고 발화에 의해 주체가 구성된다고 할 때 어떤 혐오스런 표현에 대해 누구를 고소하고 법적 소송을 벌이는 것이 가능할 수 있을까? 이 경우에 법적인 처벌 절차를 밟는다는 것은 무슨 의미를 가질까? 버틀러는 담론의 폭력 앞에서 법은 객관적 심판자가 될 수 없다고 보고 따라서 법률적 조치에 의하지 않고 혐오 표현에 대응하는 방식을 지지한다. 즉 담론의 실천이나 긍정적 전유의 실천 과정에서 사람들에게 부정적으로 사용되는 어떤 낙인을 찍는 억압적인 언어를 빼앗아 전복적으로 재의미화하는 작업이 필요하다고 보는 것이다.

물론 차별금지법 제정과 같은 법적 규제 장치는 사상의 자유 시장이 평등하지 않으며 항상 좋은 의견이 승리하는 것도 아니기 때문에 여전히 사회적 약자를 보호하는 상징적인 효과를 낼 것이라 기대할 수 있다. 그러나 차별금지법이 존재한다고 해도 구체적인 사례를 두고 표현의 자유와 혐오 표현 사이에 선을 긋는 판단 작업이 지속적으로 필요하다는 사실은 결국 법적 규제의 범위를 둘러싸고도 담론의 경쟁과 실천이 끊임없이 계속된다는 것을 의미한다. 버틀러의 지적처럼 담론의 경쟁에서 주체가 구성된다고 거꾸로 사유할 때 무슬림의 요구를 공적 영역에 끌어들여 심의의 주체로 인정하는 것은 매우 중요한 의미를 갖는다.

모든 표현은 기본적으로 사회적 행동이고 사회적 행동은 타자를 필요로 한다. 즉 어떤 것을 말함으로써 우리는 어떤 것을 행하고 있으며 그 행위에 의해 누군가는 영향을 받는다. 따라서 언어적 학대와 물리적 폭력 사이에는 말과 행위라는 종류의 차이가 아니라 같은 행위이면서 정도의 차이만 존재한다. 물리적 폭력과 유사한 언어적 학대로서 도발적 언사fighting words, 외설obscenity, 명예훼손defamation은 당연히 표현의 자유에 의해 보호받지 못한다. 그러나 혐오 범죄를 구성하지 않으면서 인종, 종교, 성적 성향을 근거로 발화된 혐오 표현 역시 법적 규제의 의해 배제하는 범위를 최소화하고 모든 발화와 발화의 주체를 심의에 참여할 수 있게 하여 다른 담론과 경쟁하는 과정에서 전복적으로 재전유하는 것 역시 중요한 대응 방식이다.

그렇지만 서구 자유주의의 정치 문화는 현실에서 종교적인 진리를 추구하거나 종합적인 원칙을 추구하는 세력을 배제한다. 그러면서 자신들의 세속주의 원칙과 표현의 자유 원칙이 보편적인 가치라고 주장한다(Malik, 2013). 이와 같은 자유주의 가치들은 서구의 정치 문화와 밀접한 관련을 맺고 있는 유럽의 역사적인 산물이지만 마치 어떤 문화와도 상관없이 추상적으로 존재하는 것처럼 말하는 것이다(Rostboll, 2010). 그러는 과정에서 롤즈의 정치적 자유주의 주장에서 볼 수 있듯이 정치적 공존을 위한 원리를 문화 집단들 사이의 잠정적인 공존의 생활 방식으로 이해하지 않고 중첩적 합의로부터 구성된 보편적 원리로 삼음으로써 중첩적 합의 과정에서 배제된 문화 집단들의 억압 또는 해체를 영구화시키는 결과를 가져오게 된다(김비환, 1996a).

덴마크 만평 사건에서도 무슬림의 주장을 반계몽적이고 상대주의적인 주장으로 간주하는 이면에는 덴마크의 문화가 보편주의적인 가치를 대표하는 것으로 생각하고 이 보편적인 가치는 타협 불가능하다고 여기는 입장이 있다. 따라서 만약 누군가 '월란스 포스텐'의 만평에 반대한다면 그는 일반적으로 자유주의 원칙에 반대하는 것이고 더 구체적으로는 표현의 자유에 반대한다고 여겨지는 것이다. 그러나 어떤 보편성도 구체적인 지역의 맥락 없이 존재하지는 않는다. 또한 구체적인 지역의 문화적 맥락 속에서 나타나는 특수성이 반드시 보편성을 훼손하는 것도 아니다. 지역의 고유한 문화와 가치가 서로 부딪치면서 갈등하고 소통할 때 비로소 경계를 넘어서는 보편성이 생겨나는 것이다(Kim, 2014b: 1-12). 또한 만약 어떤 보편적 가치가 존재한다면 그 원칙은 반드시 민주적인 심의 과정을 통해 지역의 공동체에 의해 받아들여져야 비로소 의미를 갖고 존재하게 된다. 즉 규범은 지역의 맥락 속에서 존재하는 것이다. 보편적 가치와 지역의 문화를 연계시키는 작업은 끊임없이 심의하고 해석하고 수정하는 작업을 거친다는 것을 의미한다. 이런 관점에서 보면 '윌란스 포스텐'의 만평에 대해 논하면서 표현의 자유가 더 시험해볼 필요가 없는 자명한 원칙이고 타협할 수 없는 가치라고 말하는 것은 무슬림들을 주변화하고 그들의 목소리의 정당성을 박탈하면서 그들에게 덴마크 사회의 설계자로 참여할 기회를 주지 않는 것이다. 민주적 과정에서 서로를 존중하는 대화는 폭력적인 투쟁보다 낫고 덴마크 사람들이 보편적이라고 생각하는 자유주의 원칙들은 문화적 다양성의 맥락 위에서 일정한 해석을 거쳐 구체적인 사례에 적용되는 방식을 찾아야 한다(Rostboll, 2010).

  인종이나 종교적 극단주의 세력을 심의의 과정에 끌어들여 민주적 정당성을 제고하는 과정은 담론의 윤리를 필요로 한다. 벤하비브는 이 원칙에 대해 평등한 상호성egalitarian reciprocity, 자발적 자기 귀속성voluntary self-ascription, 탈퇴와 결사의 자유freedom of exit and association로 제시한 바 있다. '평등한 상호성'이란 여성과 문화, 종교, 언어, 인종적 소수가 시민적, 정치적, 사회적 권리에서 사회적 다수 집단과 동등한 권리를 보장받는 것을 의미한다. '자발적 자기 귀속성'이란 사회적 집단의 구성원 자격을 자신이 정할 수 있어야 하며 국가가 특정 집단에 그러한 권리를 부여해서는 안 된다는 것을 의미한다. '탈퇴와 결사의 자유'란 기존 사회적 집단으로부터 탈퇴할 자유와 다른 집단에 참여할 자유가 보장되어야 한다는 것을 의미한다. 벤하비브는 이 원칙 아래 심의가 지속되면 문화는 재구성되거나 재해석되면서 변화하고 그 결과들은 법적 다원주의나 제도적으로 권력을 공유하는 체제들과 양립할 수 있다고 본다(Benhabib, 2002).

나는 앞서 심의다문화주의 이름 아래 상호 존중, 합리적 대화, 정치적 권리를 사회적 소수와 다수, 원주민과 이민자 사이의 지속적인 심의의 원칙으로 제시한 바 있다. 롤즈의 정치적 자유주의가 개인들 사이의 공존을 위한 최소한의 조건이라면 '상호 존중'은 상대방 역시 나와 동일하게 인간으로서 권리와 존엄을 가진 평등한 존재라는 인식에서 시작된다. 그것은 사람들이 서로 다른 생활의 방식과 가치의 기준을 갖고 있다는 점을 당연하게 인정하는 것을 의미한다. '합리적 대화'에서 '합리적'이란 협력의 공정한 조건으로서 원칙과 기준을 제시할 준비가 되어 있고 다른 사람들도 그럴 것이라는 확신 아래 그 원칙들을 스스로 지키려는 생각이 있는 것을 가리킨다. 또한 '합리적'이기 때문에 모두가 받아들일 것으로 보는 규칙을 자신이 제시할 수 있고 다른 사람이 제시하는 공정한 조건에 대해서도 토론할 준비가 되어 있는 것을 의미한다(Rawls, 1993: 49-50).

담론의 영역에서 사회적 다수의 영향력으로부터 소수의 저항을 보장하기 위한 장치인 세 번째 '정치적 권리'란 상호 존중하는 가운데 합리적 대화가 이루어지는 공론장에 참여할 수 있는 개인들의 권리를 말한다. 즉 자신이 속한 공동체의 운명을 결정하는 의사 결정 과정에 시민으로서 참여할 수 있는 권리이다. 정치적 권리는 상호 존중과 합리적 대화라는 절차적인 규칙들에 일정한 방향성을 부여한다. 정치적 권리를 통해서 이루는 의사의 결집은 공화주의적 공동선에 대한 관심이 될 수도 있고, 또 다른 자유주의적 절차규칙에 대한 관심이 될 수도 있을 것이다. 정치적 권리는 자신과 자신이 속한 문화 집단의 운명에 대한 자결권을 의미하기 때문에 집약된 의사 표출의 내용과 상관없이 소수 집단이 대표된다는 의미에서 그러한 정치 공동체는 민주적이다. 어떤 정책이 정치적 권리를 갖는 구성원들의 참여에 의해 상호 존중과 합리적 대화라는 절차를 통해 도출되었다면 그것은 모두가 승복할 만한 정당성을 갖고 있다고 보아야 한다. 사회적 다수와 소수, 원주민과 이민자가 정치 공동체의 미래를 결정하는 정치적 권리를 갖는 주체로서 상호 존중과 합리적 대화의 원칙 아래 심의에 참여했다면 그 정책이 표현의 자유의 범위와 한계에 관한 것이고 혐오 표현의 규제에 관한 것이라고 해도 마찬가지이다(김남국, 2005b; Kim, 2011a:

125-144; 2011b).

　이 과정에서 표현의 자유는 다른 사람과의 관계에서 발전하고 실현되는 사회적인 자유로 이해될 수도 있다. 단순히 방해가 없는 상태에서 독립적인 선택을 할 수 있는 자유를 넘어서 인간으로서 가지는 한계를 없애는 것이 아니라 그 한계 안에서 다른 사람과의 관계를 고려하는 표현의 자유로 발전할 수 있는 것이다(Hietalahti et al, 2016). 따라서 선지자 무함마드와 자신들의 인생이 깊은 관련을 갖는 것으로 인식하는 사람들이 그들의 선지자가 폄훼되었을 때 느끼는 도덕적 상처를 고려하는 것도 가능하다(Veninga, 2016). 나아가 표현의 자유와 신성모독이라는 이분법으로 덴마크 만평이나 샤를리 에브도 사건을 이해하는 데 그치지 않고 누가 덴마크인이고 누가 샤를리인가 하는 정체성의 관점에서 추적해볼 수 있다. 프랑스의 시위에서 대부분의 사람들이 "내가 샤를리다"라고 외칠 때 어떤 이는 '샤를리 에브도' 테러 공격에서 숨진 무슬림 경찰관 아흐메드 메라베트 이름을 따서 "내가 아흐메드다"라고 외치고 있었다. 하나가 된 공화국을 상징하며 진정한 프랑스인 여부를 구분하는 리트머스 시험지가 된 "내가 샤를리다"라는 단일한 구호 앞에서 자신이 존중받는다고 느끼지 못한 주변부의 젊은이나 가난한 노동자, 무슬림들은 자발적으로 또는 비자발적으로 사실상 샤를리에 포함되지 않았던 것이다(Todd, 2015).

　인간이 갖는 우연contingency의 규정력과 무한infinity을 향한 열망의 조합은 개인들 사이에 독특한 차이difference를 만들어낸다. 개인들이 갖는 차이 때문에 관용이 필요하고 관용에 힘입어 개인의 고유한 차이가 유지된다. 개인들 사이의 차이는 세계를 풍부하게 만들지만 동시에 인간이 갖는 혐오의 토대가 된다. 관용은 회의주의skepticism가 너무 많은 의심을 던진 나머지 혐오 그 자체를 없애 버리면 불가능해진다. 차이에 토대한 혐오는 관용의 필요조건이기 때문이다. 따라서 우리가 가진 혐오를 의심하고 그 혐오에 근거한 행동의 정당성을 의심하는 적절한 회의주의가 필요하다. 차이에서 생겨나는 혐오에 대한 의심을 통해 비로소 관용이 가능해진다(Tate, 2016: 664-675). 이러한 과정을 심의라고 부를 수 있을 것이다.

5. 비판과 존중의 양립

서구의 근대는 자유롭고 평등한 개인이 이성과 과학을 바탕으로 스스로를 해방시키는 계몽의 기획과 함께 시작되었다. 이 기획을 이룩할 정치 공동체인 근대 국민국가는 프랑스혁명을 통해 최초로 탄생했고, 공화국을 지탱하는 핵심에는 공적 영역과 사적 영역을 구분한 다음 종교를 사적인 영역에 유폐시킨 세속주의가 자리 잡고 있었다. 따라서 중세의 유혈 종교 갈등을 세속주의 원칙으로 해결했다고 믿는 프랑스 공화주의자들에게 공적 영역에서 벌어지는 무슬림의 인정 투쟁은 중세의 전철을 다시 밟으려는 어리석은 시도로 보일 것이다. 당연히 이들에게 원시적 부족주의와 종교적 신념이 싸우는 암흑의 정글로 떨어지지 않을 방법은 공화주의 원칙의 굳건한 고수일 수밖에 없다.

군주를 제거하고 종교를 사적 영역에 유폐시키면서 시작된 프랑스 공화주의 전통에서 보면 모든 세속적 권위와 근엄한 종교 권력에 풍자와 조롱을 퍼붓는 '샤를리 에브도'는 가장 프랑스적인 잡지다. 샤를리 에브도 사건에서 우리가 이의 없이 합의하는 관점은 테러에 대한 비판일 것이다. 신념의 차이를 이유로 폭력을 동원해 상대를 멸절하는 것이 반문명적이라는 점에 사람들은 동의하고 테러 집단을 비난한다.

그러나 테러가 아닌 표현의 자유를 중심으로 이 사건을 보면 타 종교에 대한 존중을 고려해야 한다는 입장과 제한 없는 비판을 옹호하는 이른바 표현의 자유 근본주의자가 나뉜다. 사실 존중과 비판의 양립이 불가능하지는 않다. 예를 들어 홀로코스트 희생자에 대한 비난처럼 자신이 선택할 수 없었던 사건의 피해자를 조롱하는 것은 표현의 자유를 벗어난 혐오 발언에 해당하고 이것은 우리가 속한 문화 전통이나 종교적 신념 체계를 비판하는 것과는 차원이 다르다. 무제한의 비판과 풍자가 갖는 미덕은 상대에 대한 단순한 모욕이 아니라 기성 권위와 획일화된 시선의 해체를 통해 우리가 익숙해져 있던 신념의 체계를 되돌아보게 만드는 데 있다.

만약 샤를리 에브도 테러를 문화 사이의 갈등이라는 관점에서 보면 문제는 더 복잡해진다. 프랑스 공화주의는 공동체의 의사 결정에 자발적으로 참여하는 시민의 덕목을 강조한다. 또한 개인과 국가를 매개하는 중간 집단의 존재를 인정하지 않고 구성원들에게 개인적인 정체성을 사적 영역에 남겨두고 추상적인 시민으로 공화국 앞에 나올 것을 요구한다. 이와 같은 입장은 우리도 동등한 인간이기 때문에 보편적 인권을 보장받아야 한다는 사회적 소수의 한 가지 이해는 잘 반영하지만, 동시에 우리는 다르기 때문에 차이에 대한 사회적 인정을 필요로 한다는 또 다른 측면의 요구에는 취약하다. 무엇보다 프랑스의 상징인 관용은 공화주의 원칙을 공유하지 않는 사회적 소수에 대해서는 적용되지 않으며 이런 이유로 공화주의는 세속근본주의의 이름 아래 다양한 신념을 가진 개인을 파괴하는 역할을 하고 있다고 비난을 받기도 한다.

사회적 소외와 종교적 신념이 잘못 결합해 빚어진 샤를리 에브도 테러는 오늘날 프랑스 사회에서 추상적인 보편주의가 사회적 소수를 통합하기보다 배제하는 데 더 큰 영향을 미치고 있음을 보여준다. 더구나 인종적, 문화적, 종교적 배경과 상관없이 개인의 평등을 보장하던 공화주의적 덕목과 제도가 쇠퇴하는 가운데 개인의 정체성 표현을 억압하는 것은 사회적 소수 집단에게 최악의 조합이 될 수 있다. 결국 공화주의의 단선적이고 비타협적인 원칙들은 더 확장된 개념으로 바뀔 필요가 있을 것이다. 버크의 언어로 표현하면, 역사적으로 형성된 제도나 관습, 종교 등이 제공하는 사회 관리의 원칙들을 무시하고 검증되지 않은 선험적 가치나 추상적인 논리에 따라 세계를 구획하려는 프랑스의 시도는 차이와의 공존을 요구하는 다문화 시대를 맞아 심각한 도전에 직면하고 있는 것이다(김남국, 2015b에서 재인용).

덴마크 만평 사건에서 나타난 무슬림의 신성모독죄 처벌 요구와 덴마크 사회의 표현의 자유에 대한 지지도 문화의 갈등이라는 차원에서 살펴볼 수 있다. 표현의 자유는 이미 보편적인 가치로서 전 세계 어디에서나 받아들여져야 할 절대적 가치라는 주장은 이 가치의 절대성에 동의하지 않는 사회적 소수에게는 권위주의적인 통합 방식으로 여겨지고 비판받을 수 있다. 덴마크 사회의 지배적인 자유주의 문화가 표현의 가치를 지지하는 것은 사실이겠지만 그것이 특정 사회와 문화를 초월하여 선험적으로 주어진 보편적 가치인 것은 아니다. 즉 표현의 자유도 덴마크 문화라는 토양에서 자라나서 다른 국가보다 더 강하거나 또는 약한 강도와 범주를 갖는 덴마크 사회만의 고유한 실천을 통해 드러나는 권리이다. 만약 표현의 자유가 자유주의 정체성의 핵심 요소로서 타협 불가능한 가치라고 주장한다면 이 신념 아래에서 보호받는 혐오 표현에 의해 사회적 소수가 배제되거나 차별당하는 현실적인 상황도 신중하게 고려해야 한다. 물론 이 상황에 대응하는 방식은 법적인 규제를 통해서 가능할 수도 있고 도덕적 비난을 통해서 가능할 수도 있을 것이다.

덴마크 만평 사건과 샤를리 에브도 사건에서 나타난 표현의 자유와 혐오 표현의 규제 여부를 둘러싼 논쟁은 표현의 자유가 혐오 표현의 규제에 의해 제약될 수 있으며 그 기준은 자신이 선택할 수 없었던 주어진 정체성에 근거한 혐오 표현이 우선 해당되고 종교 역시 선택 가능한 후천적 정체성 요소에 해당되어 표현의 자유가 보장하는 비판의 대상에 포함된다는 점을 보여준다. 그러나 이 경우에도 종교 자체에 대한 비판과 그 종교를 따르는 개인 및 집단에 대한 혐오 표현은 구분되어야 한다. 전자는 표현의 자유의 권리가 보장되지만 후자는 혐오 표현으로 규제의 대상이 된다. 그렇지만 법적 규제는 그 상징성에 의해 특정 가치의 금지와 생산을 동시에 진행시킨다는 한계가 있고 따라서 오히려 심의와 전복적 사유에 주목할 필요가 있다. 심의에 참여하기 위한 윤리적 조건들 즉 사회적 소수와 다수, 원주민과 이민자가 상호 존중과 합리적 대화, 정치적 권리의 원칙을 지키면서 이루어낸 정책 결정들은 민주적 정당성을 증진시킨다. 이 심의의 과정에서 우리는 이슬람을 조롱할 표현의 자유와 무슬림의 사회참여를 보장할 통합의 중요성 사이에서 균형을 고려할 수 있고, 표현의 자유가 자유주의 사회의 핵심 가치로서 법적인 권리를 보장받더라도 시민사회의 공적 주체로서 신문사와 같은 기관은 시민적 의무를 항상 고려하면서 타인의 모욕감을 유발하는 행위에 대해 신중을 기할 필요가 있다고 말할 수 있다. 그리고 궁극적으로 추상적인 원칙으로서 표현의 자유가 구체적인 지역의 맥락에서 해석되고 실천되는 방식에 합의할 수 있다.

7장 다문화주의와 페미니즘

1. 불평등에 대한 서로 다른 문제 제기

　남성 중심으로 유지되는 전통적인 가족을 정의로운 공간으로 전제해온 기존 정치사상의 시각을 비판했던 정치철학자 수전 몰러 오킨Susan Moller Okin은 "다문화주의는 여성에게 나쁜가?Is multiculturalism bad for women?"라는 중요한 질문을 던진 바 있다(Okin, 1999). 뉴질랜드 태생으로 옥스퍼드와 하버드에서 공부하고 스탠퍼드대학에서 교수를 지내던 중 50대 후반의 이른 나이에 아깝게 세상을 떠난 오킨은 여성에 대한 인식을 중심으로 정치사상사를 재구성한 연구로 유명하다. 그는 소수 문화의 집단 권리를 지지하는 다문화주의가 페미니즘과 기본적으로 갈등 관계에 있다고 보았다. 특히 집단 권리를 지지하는 다문화주의는 사적 영역, 즉 가족이나 가정 내부의 문제에 관심을 쏟지 않는다고 비판하면서 대부분의 문화가 남성에 의한 여성의 억압을 주요 목적으로 하고 있으며 따라서 젠더 불평등의 문제는 집단 권리가 주어질수록 더 나빠진다고 주장했다.

오킨에 따르면 여성에 대한 불평등한 대우는 계급이나 인종, 종교에 의한 불평등과 비교하면 정치사상의 전통에서 부끄러울 정도로 너무 오랫동안 관심 바깥에 있어왔다(Okin, 1992). 페미니즘은 여성이 그들의 성에 따른 불이익을 받아서는 안 되며 남성과 평등한 인간의 존엄을 갖는 것으로 인정받아야 하고 남성들과 마찬가지로 자유롭게 선택한 삶을 살고 완성할 기회를 가져야 하는 것을 의미한다(Okin, 1998: 661-684). 반면 다문화주의는 모든 문화가 고유한 삶의 원칙과 가치를 구현하고 있으며 서로 다른 삶의 양식들은 단일한 기준에 의해 그 우열을 평가할 수 없기 때문에 각 문화가 정당하게 존중받으면서 평행하게 공존할 것을 주장한다.

다문화주의와 페미니즘은 기본적으로 현대사회의 불평등에 대해 문제 제기를 하고 있다는 점에서 공통점을 갖는다. 다문화주의가 문화적 소수 집단이 겪는 문화 집단 간의 불평등에 대해 문제 제기를 하고 있다면, 페미니즘은 여성이 겪는 남성과 여성 사이의 불평등에 대해 문제 제기를 하고 있다. 그러니까 다문화주의와 페미니즘은 서로 다른 영역에서 평등이라는 가치를 추구하는 공통의 목표를 갖고 있다. 그러나 두 입장은 여성과 문화를 중심으로 한 평등이라는 잣대를 서로에게 들이댈 때 심각하게 충돌한다. 페미니즘은 여성에 대한 평등을 요구하면서 지구상의 거의 모든 문화를 비판하는 입장에 스스로를 위치시킨다. 즉 다문화주의가 모든 문화적 전통에 대한 동등한 존중을 요구한다면 페미니즘은 존중할 만한 전통만을 존중할 것을 주장하면서 지구상의 거의 모든 문화가 남성에 의한 여성의 통제를 조장하는 것으로 의심하는 것이다(Pollitt, 1999: 27-30).

사실 추상적인 무연고적 자아unencumbered self를 전제하는 자유주의 입장에서 보면 문화나 여성은 개인의 보편성을 훼손할 수 있는 부가적인 범주이다. 다문화주의가 문화를 중심으로 불평등의 문제를 다루듯이 페미니즘은 젠더에 초점을 두고 불평등의 문제를 다루면서 그 불평등의 문제를 해결하기 위한 예외적인 기준이나 특별한 정책의 채택을 요구한다. 즉 페미니즘과 다문화주의는 자유롭고 평등한 개인을 기반으로 하는 자유주의의 보편적인 접근과는 다른 입장을 취하고 있는 것이다. 특히 오킨은 다문화주의에 대해 인류 역사의 거의 모든 문화가 남성에 의한 여성 억압을 의도하고 있으며 엄격한 젠더 평등의 시험을 통과할 문화는 지구상에 없다고 신랄한 비판을 제기하고 있다. 오킨의 이러한 주장은 세 가지 관점에서 비판될 수 있다. 첫째, 문화에 대한 정치적 고려가 없는 이해, 둘째, 자신의 공동체 전통을 바꿀 수 있는 주체로서의 가능성을 배제한 여성에 대한 이해, 셋째, 개인과 집단, 국가의 관계를 결정하는 제도적인 조건의 중요성에 대한 무관심 등이다(Shachar, 2009: 154).

그렇다면 한 사람을 보편적인 개인이자 동시에 여성으로서 존중하는 것은 어떻게 가능할 수 있을까? 즉 인간으로서의 보편성과 여성으로서의 특수성을 함께 고려하면서 한 개인을 온전하게 존중하는 것은 과연 가능할까? 오킨은 개인의 자율성과 스스로의 인생을 선택할 수 있는 합리적인 능력을 강조한다. 반면 다문화주의는 개인이 자신의 정체성을 발전시켜나갈 수 있는 문화에 대한 존중을 강조한다. 아마도 우리에게 필요한 것은 자율성에 대한 주장과 공동체를 향한 의무에 대한 주장을 모두 존중함으로써 결국 인간을 존중하게 만드는 어떤 섬세함일 것이다. 이 두 주장 사이의 불가피한 충돌은 어느 한 주장을 선택하고 다른 주장을 거부해야 하는 것을 의미하는 것이 아니라 둘 사이의 관계를 더 깊게 생각해서 공존할 수 있는 방법을 찾아야 함을 의미한다(Berkowitz, 1999).

다문화주의와 페미니즘 사이에서 정의는 한 개인이 여성이자 시민, 그리고 소수 집단의 구성원일 수 있다는 사실을 두루 인정하면서 동시에 평등을 성취하는 다양한 차원의 시도를 통해 구현된다. 무엇보다도 여성은 공동체의 구성원이자 그 공동체의 변화를 위해 기여하는 적극적인 주체로 자리 잡아야 한다. 다음 절에서는 오킨의 주장에 대해 가능한 세 가지 비판을 문화와 정체성culture and identity, 집단 권리와 평등group rights and equality, 탈퇴와 발언권exit and voice 등의 주제 아래 차례대로 살펴본다.

2. 문화와 정체성

오킨은 자유주의의 핵심 원칙을 자율성과 평등으로 강조하면서 젠더 범주를 아예 없앨 필요가 있다는 매우 급진적인 결론을 주장한다. 그는 경제와 문화의 영향력을 줄임으로써 개인이 가지는 선택의 기회가 넓어지면 더 나은 인본주의적 정의가 만들어질 것이라고 믿는다(Jagger, 2009: 180). 오킨의 논의에서 문화는 단일하고 총체적이며 스스로 지속되는 전체로 간주된다. 이러한 관점에서 소수 문화는 일관되게 여성에게 불이익을 주는 실체로서 의심받는다. 결국 개인의 권리가 우선성을 갖는다는 오킨의 주장은 개인의 권리 발현에 궁극적인 영향력을 갖는 문화의 중요성을 과소평가하고 있다는 비판을 받는다.

오킨은 또한 때때로 본질주의적 자유주의 페미니스트라는 지적을 받는다. 본질주의라는 것은 어떤 대상의 정체성을 설명하면서 객관적인 특징의 유무를 강조하는 것이다. 오킨을 일러 본질주의적 페미니스트라고 하는 것은 그녀가 자신이 속한 서구 사회에서 다수 집단인 백인, 중산층, 이성애 성향의 장애가 없는 정상적인 여성의 이미지를 전제하고 지배적인 인구 집단인 그들 사이에서 나타나는 규범들을 보편적으로 일반화하면서 다른 예외적인 가능성을 간과한다는 점을 지적하는 것이다. 즉 본질주의적 입장은 생물학적 결정론과 친화성을 보이며 정작 여성들 사이의 불평등과 중요한 차이를 무시하는 경향을 보인다. 이런 맥락에서 오킨의 본질주의적 자유주의 페미니즘은 인종주의적이고 자민족 중심주의적이며 신식민주의적이라는 비난을 받기도 한다(Jagger, 2009: 171).

특히 소수 집단 내부에서 문화의 역할을 부정적으로 평가하는 페미니스트의 입장은, 마치 유색인종은 문화에 의해 동기를 부여받지만 백인들은 어떤 합리적 선택에 의해 동기를 부여받는 것처럼 우월적인 자민족 중심주의를 바탕에 두고 있다고 비판받는다(Volpp, 2001: 1190). 이와 같은 문화 갈등과 차별의 조건 아래에서 고통과 분노의 장은 문화 집단 내부의 젠더 불평등으로부터 문화 집단 사이의 지배와 차별의 동학으로 옮겨지면서 지구화한다(Sassen, 1999: 76-78). 즉 문화는 한 공동체의 가치와 원칙을 제시하는 삶의 양식으로서 문제 해결의 합법적인 방식과 의사소통의 표준 지위를 점유하기 위해 다른 문화와 전투적으로 경쟁하며 이 과정에서 문화 집단 내부의 젠더 불평등 문제는 곧 문화 집단 사이의 지배와 억압을 둘러싼 지구적 투쟁으로 전환하는 것이다.

물론 자유롭고 평등한 개인의 우선성에 초점을 맞추는 자유주의 역시 분명히 서구라는 특정 지역에 기반한 정치 문화의 산물이다. 하지만 자유주의는 마치 자신이 개별 문화를 초월한 보편적인 합리성의 특징을 선험적으로 갖고 있는 것처럼 주장한다. 이러한 주장은 원래 정치적인 성격을 갖는 문화의 특징을 개인으로부터 분리시켜 비정치적으로 이해하는 전형적인 자유주의의 방식이다. 결국 좋은 삶에 이르는 과정에서 문화와 공동체가 갖는 중요성을 인정하지 않고 개인의 자율과 평등을 주장하는 본질주의적 자유주의자에 대해 우리는 '세계주의적 제국주의자cosmopolitan imperialist'라는 명칭을 붙일 수 있을 것이다.

문화는 개인에게 선택의 맥락을 제공하고 안정감을 주며 자존감을 갖게 함으로써 한 사람의 삶을 의미 있게 만드는 역할을 한다. 예를 들어 사랑과 우정, 부와 명예 등 갈등하는 개념을 놓고 우리의 선택은 대부분 개인이 속한 문화가 제공하는 가치와 원칙 위에서 이루어진다. 현실적인 이익을 포기하면서도 우정과 명예가 더 중요하다고 판단하는 것은 개인의 성장 과정에서 그가 속한 문화 집단으로부터 배운 가치와 원칙에 근거하고 있다. 학생들은 대학 입시에서 왜 지방의 사립대가 아닌 서울의 명문대를 선택했는지에 대한 물음에 대해 자기 자신의 독립적인 판단에 따른 것이라고 대답할 수 있겠지만 그들의 선택은 우리 사회에서 누적된 대학 명성의 서열을 고려한 결과일 확률이 높다.

즉 문화는 개인이 가치 있게 생각하는 자원이나 재화 등의 선호에 우선순위를 제시함으로써 우리의 삶을 의미 있게 만드는 선택의 맥락을 제공한다(Christensen, 2011: 33-48). 물론 개인의 선택에 문화적 맥락이 주는 과도한 영향력을 걱정할 수는 있겠지만 만약 문화적 맥락이 제공되지 않는다면 대부분의 개인은 아무런 선택도 하지 못하게 될 것이다. 문화의 역할을 강조하는 다문화주의 입장에서 보면 서로 다른 문화를 하나의 기준에 의해 평가하는 작업은 불가능할뿐더러 중요하지도 않은 일이다. 오히려 어떤 문화가, 혹 서구의 기준에 따를 경우 그것이 우월한 것이든 저열한 것이든, 나름의 독특한 방식으로 구성원 개인에게 주는 자존감이 훨씬 의미 있고 중요하다. 이런 점에서 문화 집단의 역할은 문화가 한 개인의 삶을 의미 있게 만드는 데 기여하느냐 그렇지 않느냐의 여부에 따라 그 가치가 결정되는 것으로 이해되어야 한다.

만약 문화가 젠더 불평등을 훼손할 수 있는 힘을 지닌다면 문화는 분명히 젠더 평등을 증진할 힘도 가지고 있을 것이다(Christensen, 2011: 44). 우리는 문화가 젠더 불평등을 드러내는 과정에 주목하지만 동시에 다양한 문화적 맥락에서 삶을 위한 의미 있는 선택을 가능하게 하는 문화의 역할에도 주목해야 한다. 문화의 역할 가운데 개인의 정체성 형성에 미치는 영향 역시 중요하다. 정체성은 개인이 가지는 어떤 소속감이나 다른 사람과 공유하는 공통성에 대한 인식을 의미한다. 정체성은 생물학적으로 주어지기도 하고 사회적으로 구성되기도 한다. 사회적으로 구성되는 정체성이 더 총체적인 영향을 미치지만 여전히 생물학적 특징들은 개인을 구별하는 중요한 상징으로 사용되고 있다. 예를 들어 우리가 누군가를 흑인이라고 부를 때 이 명칭은 단순히 그가 생물학적으로 피부가 짙다는 의미를 넘어서 그를 둘러싼 정체성의 성격이 정치적, 경제적, 사회적, 문화적인 차원에서 총체적으로 흑인이라는 뜻이다. 즉 그의 생물학적 특징이 그를 규정하는 근거로 작용하지만 흑인이라고 부를 때 이 명칭의 사회적 의미는 단순한 생물학적 특징을 뛰어넘는 것이다.

개인의 정체성은 두 영역으로 구성되어 있다. 하나는 정서적인 감각을 형성하는 귀속적인 애착이고, 다른 하나는 자아실현을 위해 의지하는 합리적 성찰이다. 문화는 귀속적인 애착에 중요한 토대를 제공하는 반면 개인 내면의 공적인 영역은 합리적 성찰의 토대를 제공한다. 합리적 성찰과 귀속적인 애착이 함께할 때 개인은 비로소 자율적이고 평등한 인간이 될 수 있다. 따라서 자유주의 페미니즘이 주장하는 문화에 대한 의심은 문화의 긍정적인 역할을 고려하면서 좀 더 신중하게 이루어질 필요가 있다. 물론 많은 비판들은 마치 페미니즘이 소수의 문화적 권리를 존중하지 않는 것처럼 전제하고 다문화주의는 여성의 권리를 존중하지 않는 것처럼 이분법적으로 단순하게 전제한다. 하지만 현실에서 개인은 보편적인 시민이자 소수 문화의 담지자이고 여성일 수 있으며 이러한 다면적인 정체성의 구현은 문화 집단이 주는 귀속적인 애착과 내면의 공적 영역에서 작동하는 합리적인 성찰이 함께 작동할 때 가능해지는 것이다.

지구화에 따른 사회문화적 균열은 두 가지 서로 다른 논리의 가능성을 동시에 보여주고 있다. 하나는 지구화가 이성과 과학에 근거한 자유주의의 보편적인 세례를 통해 개인을 해방시키는 역할을 하고 있다는 주장이고, 다른 하나는 자유주의의 보편성에 저항하는 다문화주의의 등장에 따라 비서구의 문화적 자결권 주장이 강화되고 있다는 주장이다. 다문화주의는 기본적으로 서구의 근대를 대표하는 자유주의의 보편성을 부정하면서 다른 삶의 원칙과 가치를 갖는 비서구 문화와의 평등한 공존을 주장한다. 다시 말해 비서구의 문화가 각 지역에 진지를 구축하고 이성과 과학의 보편적 세례를 주장하는 서구 중심주의에 저항하는 것이다.

그렇다면 서구 중심주의는 어떤 특징을 갖고 있을까? 서구 중심주의는 첫째, 유럽의 문명이 인류가 성취한 가장 높은 수준의 문명이라는 주장, 둘째, 이 문명은 보편적이기 때문에 세계 어느 지역에나 적용 가능하다는 주장, 셋째, 서구화가 검증된 근대화의 길이기 때문에 근대화하기를 원한다면 서구의 길을 따르라는 주장을 주요 명제로 담고 있다. 다문화주의는 이처럼 서구의 근대가 성취한 자유롭고 평등한 개인을 중심으로 세계 이해의 보편성을 주장하는 서구 중심주의를 거부한다는 점에서 탈근대적이고, 변화를 모색하는 주체로서 근대적인 개인이나 전근대적인 문화 집단을 해체하지 않는다는 점에서 근대적이다. 물론 자유주의가 보편성의 이름 아래 지역에 따른 고유한 문화적 차이를 무시할 가능성을 안고 있다면, 다문화주의는 문화적 자결권의 이름 아래 불합리한 관행과 비인간적인 관습의 온존을 정당화할 수 있는 위험성을 항상 안고 있다.

3. 집단 권리와 평등

오킨은 다문화주의에 대해 정체성의 정치나 인정의 정치와 구분되는 자신만의 제한된 이해를 제시한다. 즉 그는 다문화주의에 대해 국민국가 내부의 사회, 경제, 정치적 맥락에서 다수 문화로부터 구분되는 문화적 특징을 갖는 사람들이 소수 집단에 속하는 자신들의 권리가 보호받지 못하고 있다고 주장하면서 요구하는 문화적 집단 권리와 관련된 것으로 한정한다. 이와 같은 집단 권리는 구체적으로 정치적 대표의 권리, 문화적 활동이나 교육을 위한 공공 지원, 일반적으로 적용되는 법에서 예외적인 면제를 받을 권리 등을 일컫는다. 오킨에 따르면 문화의 경계를 이루는 주요 변수로는 언어, 역사, 종교 등이 있고 원주민이나 소수 인종, 소수 종교 집단, 탈식민의 경험을 가진 사람들이 문화적 집단 권리를 주장하는 주체로 파악된다. 오킨은 이들의 주장을 성과 성적 정체성에 근거해 사회적 인정을 요구하지만 문화적 집단 권리를 추구하지 않는 여성, 게이, 레즈비언의 그것과 비교하면서 다문화주의의 주장이 실제보다는 허구에 근거한 투쟁이라고 주장한다(Okin, 1998: 661-662).

특히 오킨이 보기에 문화적 집단 권리의 주장은 문화 집단의 내부 구성이 젠더화되어 있다는 점을 간과하고 있고 대부분의 문화에 기초한 젠더 불평등이 사적인 영역과 가족 내부의 생활에서 벌어진다는 점을 무시하고 있다. 즉 문화적 실천의 대부분은 사적이고 성적이며 재생산과 관련된 생활에 관련되어 있고, 종교적, 문화적 소수 집단의 경우 결혼, 이혼, 어린이양육권, 가족 재산의 분할, 상속 등에 관련된 속인법의 통제에 관심을 쏟기 때문에 이러한 실천은 당연히 남자와 소년보다는 여성과 소녀의 삶에 더 영향을 미친다는 것을 의미한다(Okin, 1998: 664-665). 그러니까 킴리카가 아무리 개인의 선택과 의미 있는 삶을 위해 긍정적인 역할을 하는 문화의 기여를 강조해도, 오킨은 그 문화 내부에서 여성과 남성 사이에 평등한 실천이 이루어지지 않고 있고 사적인 영역에서 여성의 불평등한 역할에 근거해 그 문화가 재생산되고 있다면 문화적 집단 권리의 부여는 바람직하지 않다고 보는 것이다.

특히 자유주의가 이러한 집단 권리에 대해 논의할 때는 집단 내부의 불평등에 초점을 맞춰서 충분히 검토할 필요가 있고 문화적 소수 집단 내부의 나이 든 여성의 경우 이미 젠더 불평등을 강화하는 데 협조적인 경우가 많기 때문에 문화 집단 내부의 젊은 여성이 충분히 대표된 상태에서 문화적 권리 허용에 대해 이들의 동의가 전제되어야 한다고 본다(Okin, 1998: 683-684). 결론적으로 오킨은 자유주의 국가가 여성을 억압하거나 차별하는 문화적, 종교적 집단에 특별한 권리를 부여하거나 일반적인 법의 적용을 면제해서는 안 되고 오히려 이들 집단에 대해 개인의 권리를 보호하는 정책들을 더욱 강화해나가야 한다고 주장한다. 그러지 않으면 여성이나 어린이, 다른 상처 입기 쉬운 이들의 권리는 다양성에 대한 관용이 폭주하는 가운데 위험한 상황에 처하게 된다는 것이다(Okin, 2002: 229-230).

오킨이 다문화주의를 문화적 집단 권리의 문제로 축소해 이해하면서 페미니즘의 관점에서 가차 없이 비판하는 것에 대하여 파레크는 다문화주의가 특히 자유주의의 패권적 지위와 스스로 무조건 옳다고 생각하는 자유주의적 입장에 저항하고 있다는 사실을 그가 놓치고 있다고 본다(Parekh, 1999: 73). 다문화주의는 단순히 자신들의 이해를 위해 집단 권리를 요구하는 수준을 넘어서 자유주의적 원칙의 전 세계적 지배에 저항하는 훨씬 근본적인 도전이라는 사실을 이해하지 못하고 있다는 것이다. 또한 문화는 집단 권리라는 우산을 통해 그 구성원들이 적대적이고 차별적인 주류 문화 사이에서 생존할 수 있는 연대를 키워나가는 데 도움을 준다(Sassen, 1999: 77). 특히 특정 문화 집단에 대한 누적된 역사적 억압은 그 집단에 문화적 권리를 부여하는 것을 정당화해준다. 물론 문화적 집단 권리 논의에서 진정한 목적은 집단 권리 그 자체가 아니고 그 집단 권리를 통해 소수 집단에 속하는 개인들이 성취하는 평등이라고 말할 수 있다.

이런 맥락에서 킴리카는 전통이나 문화의 수호라는 이름 아래 구성원 개인의 선택을 제한하는 일부의 문화적 집단 권리는 개인의 자율성 침해 및 집단 내부의 불의를 만들어내기 때문에 받아들일 수 없다고 주장한다. 그러나 킴리카는 다수 집단의 경제적, 정치적 힘 앞에 선 소수의 취약성을 줄이기 위해 언어 권리, 정치적 대표권, 토지 권리, 역사적 불의에 대한 보상, 지역 분권 등의 외부적 보호를 문화적 집단 권리라는 형태로 부여할 수 있다고 본다. 이 원칙에서 보면 현실적인 문화적 집단 권리의 사례들은 아미쉬 종교 집단의 경우 어린이 노동 금지의 예외를 허락할 것인지, 기독교 근본주의 집단의 학생은 진화론 수업에서 빠질 수 있는지, 불교도의 경우 군대 징집에서 면제될 수 있는지, 환각 물질인 메스칼린의 흡연을 금지할 때 라코타 부족의 경우 예외를 허용할 수 있는지 등이다. 그러나 오킨이 문화적 집단 권리의 사례로 드는 내용은 이미 각국에서 불법화된 매우 극단적인 사례들이기 때문에 논란의 여지가 있다. 예컨대 성기 절제, 일부다처제, 강제 결혼, 명예 살인 등은 선명하고 부정적인 이미지 때문에 이런 관습과 문화적 집단 권리를 연계하는 경우 문화적 집단 권리는 당연히 비판의 대상이 되고 문화적 집단 권리에 대한 사람들의 지지가 쉽게 철회될 수 있는 분위기를 초래한다.

따라서 문화적 집단 권리의 역할에 긍정적인 학자들은 이러한 집단 권리가 그 집단 내부의 개인 권리를 보장하는 전제가 된다는 차원에서 자유주의적 국가는 젠더 불평등을 위반하지 않으면서 동시에 여성 집단에 미치는 영향을 측정하는 가이드라인을 가지는 문화적 집단 권리를 부여할 수 있다고 본다(Biggs, 2012: 84). 심지어 종교재판소의 결정일지라도 그 숙고의 내용이 세속적인 가족법의 판단이나 조정의 합리적인 범주 안에 든다면 채택할 수 있다고 보는 학자도 있다(Shachar, 2009: 164). 자유주의 전통에서 일반적인 법의 적용에도 불구하고 예외적인 경우를 인정하듯이 환경에 대한 고려는 언제나 중요한 변수가 된다. 문화적 집단 권리의 주장 역시 자유주의 논리에서도 예외적인 경우로서 성립 가능한 것이다.

오킨이 제한적으로 규정하는 문화적 집단 권리는 1948년 세계인권선언 이후 점진적인 발전 과정을 거쳐 오늘날 보편적인 인권의 한 분야로서 인정받는 상황이 되었다. 예컨대 시민적, 정치적 권리가 제1세대의 인권이었다면, 사회적, 경제적 권리가 제2세대의 인권이었고, 문화적 권리와 국제적 연대의 권리는 제3세대의 인권으로 간주된다. 제2차 세계대전 직후의 세계인권선언 작성 과정에서도 인종, 종교, 문화를 중심으로 한 문화적 집단 권리의 주장이 등장했지만 당시에는 문화적 집단 권리의 인정이 소수민족의 분리주의를 부추기면서 국제 질서를 혼란스럽게 만든다는 부정적인 시선이 강하게 작동하여 채택되지 못하였다. 그러나 1948년 세계인권선언에서 개인적 차원의 권리로서 소극적으로 인정되었던 문화적 권리는 1966년 '시민적, 정치적 권리에 관한 국제규약'에서 인종적, 종교적, 언어적 소수가 자신들의 문화와 종교, 언어를 사용할 집단 권리를 인정하는 방향으로 변화했고, 1992년

'민족적, 인종적, 언어적, 종교적 소수에 속하는 사람들의 권리선언'에서는 자신들의 언어와 문화, 종교를 향유할 집단적 권리를 적극적으로 인정하는 수준에 이르렀다.

2001년 '유네스코 세계 문화 다양성 선언'은 문화 다양성 보호가 인간의 존엄성 존중과 분리될 수 없으며 특히 그것이 소수 집단과 원주민의 자유와 인권을 지키는 것이라는 점을 분명히 하였다. 2005년 '문화적 표현의 다양성 증진과 보호에 관한 협약'은 문화도 상품의 일종으로서 자유로운 교환이 가능한 신자유주의적 무역 질서 아래에 있다는 미국의 주장과, 세계화의 흐름에 저항하면서 문화적 권리 보호에 필요한 국민국가의 주권을 강조하는 유럽의 입장이 충돌하면서 문화적 권리의 경제적 성격과 국민국가의 주권적 질서를 동시에 강조하는 일정한 타협을 보여주고 있다.

물론 문화적 집단 권리의 발전에도 불구하고 여전히 오킨이 지적한 모순과 긴장의 측면은 남아 있다. 문화적 집단 권리를 부여했을 때 그 집단 내부에서 구성원 개인의 권리, 특히 여성과 어린이의 권리가 평등하게 보호되는가 하는 문제, 집단의 재생산과 관련된 사적 영역에서 여성의 차별적인 역할에 근거해 문화 집단이 유지되는 문제, 그리고 문화적 집단 권리의 부여 여부를 따지는 과정에서 어떤 집단은 법적, 제도적 차원에서 정당한 소수 집단으로 인정받고 어떤 집단은 인정받지 못하는 것에 대한 판단의 자의성 여부가 여전히 해결해야 할 문제로 남아 있는 것이다.

4. 탈퇴와 대표

여성 차별의 관습이 온존하는 문화 집단에 대해 우리가 생각할 수 있는 논리적인 대안은 '소멸extinct'과 '탈퇴exit' 그리고 '변경alter'의 세 가지다. 오킨은 여성 차별적인 문화 집단이 소멸함으로써 그 구성원들이 덜 여성 차별적인 문화로 통합되는 것도 좋은 방법일 수 있고, 여성의 평등을 강화하는 방향으로 변화할 것을 장려함으로써 다수 문화에서 지켜지는 수준까지라도 여성의 평등을 확보하는 방법이 있다고 주장한다(Okin, 1999: 22-23).

그러나 문화의 '소멸'은 매우 어려운 개념이다. 문화는 보이거나 보이지 않는 방식으로 사람들의 일상생활에 스며들어 있기 때문에 한 문화 집단의 구성원이 통째로 사라지지 않는 한 하나의 문화가 소멸한다는 것은 거의 불가능한 이야기다. 호니그는 문화란 세대에 걸친 인간 활동의 누적된 문법으로서 다양하고 때로는 충돌하는 서사narratives이기 때문에 모든 남자는 모든 여자에 비해 더 권력을 갖고 있다거나 하는 것처럼 하나의 차이 축을 기준으로 특권이 일관되게 분배되는 경우는 실제 세계에서 매우 드문 일이라고 주장한다(Honig, 1999: 39). 특히 라즈는 어떤 문화 집단의 소멸에 대해 주장하는 것 자체가 기본적으로 우리가 그 문화 집단의 밖에 외부자로 서 있기 때문에 가능한 것이라고 비판한다(Raz, 1999: 97).

두 번째로 가능한 대안은 '탈퇴'이지만 이 대안 역시 현실에서 작동하기는 쉽지 않다. 오킨은 집단 권리를 지지하는 자유주의자들이 반드시 그 문화 집단 내부의 개인이 형식적으로 자유로울 뿐 아니라 실질적으로 자신의 종교나 문화를 떠날 현실적인 탈퇴의 권리와 자유를 인정해야 한다고 주장한다(Okin, 2002: 206). 또한 일정 집단 내부에서 구성원들의 다양한 목소리가 대표되어야 하고 특히 젊은 여성들의 목소리가 중요하지만 현실에서는 잘 들리지는 않는다고 주장한다(Okin, 1999: 126).

오킨의 지적처럼 어떤 문화 집단에서 가장 억압받기 때문에 진정으로 탈퇴가 필요한 사람들은 사실 탈퇴를 위한 사회경제적 자원이 거의 없는 경우가 대부분이다. 한 집단 안에서도 어떤 사람들은 새로운 삶의 방식을 선택하고 실행할 가능성이 크지만 다른 사람들은 그렇지 못한 경우가 있고 특히 여성의 탈퇴 능력은 남성보다 훨씬 더 제한되어 있다(Okin, 2002: 216-222). 오킨은 일찍이 롤즈의 '정의론'을 비판하면서 그가 한 가족의 가장인 남성만을 대상으로 자유롭고 평등한 개인을 설정하고 있다고 주장하면서 여성의 경우 남북전쟁 직후 해방노예에게 약속된 40에이커의 땅과 한 마리의 노새에 해당하는 해방에 필요한 자원이 결여되어 있다면서 여성 차별의 구조적 현실을 지적한 바 있다(Okin, 2005: 233-248). 따라서 원칙적으로 탈퇴의 자유와 권리가 보장된다고 해서 현실적으로 모두가 이를 실현할 수 있는 것은 아닌 것이다. 그러나 파레크는 이와 같은 탈퇴의 대안에 대해 잘못 인도된 문화적 세뇌의 희생자를 구출한다는 식의 외부자적 시선이 반영된 것일 뿐이라고 비판한다(Parekh, 1999: 75). 빅스 역시 외부자들은 종종 소수 문화 집단의 여성 자신이 생각하는 최선의 이해가 무엇인지 파악하지 못한 상태에서 문화적 세뇌에 의해 허위의식에 사로잡혀 있기 때문에 탈퇴가 필요한 것처럼 인식한다고 비판한다(Biggs, 2012: 72-85).

세 번째로 가능한 대안인 '변경'은 앞의 두 대안인 소멸과 탈퇴에 비해 실현 가능성이 크다는 장점이 있다. 사실 탈퇴라는 대안은 문화의 힘을 과소평가하는 문제가 있다. 문화 집단을 탈퇴하는 것만큼이나 문화 집단 내에서 목소리를 내는 것이 중요하고 떠날 권리는 머물 권리에 의해 보완되어야 하는 것이다(Phillips, 2007: 157). 여성은 문화를 변화시키려는 시도에서 주체로서 기여할 수 있고 그럴 수 있는 역량을 갖고 있다고 봐야 한다(Christensen, 2011: 33-48). 사센은 글로벌시티의 상호문화적 전투에서 동맹을 형성하는 것은 남성과 여성, 어린이가 직면한 하나의 특징적인 환경이며 애초의 문화 집단을 근거로 배타적인 조건을 고집하면서 고립을 시도하는 것은 거의 불가능하다고 본다. 여성과 남성은 새로운 혼종적 조건을 협상해내는 주체로서 각자 중요한 역할을 할 수 있다고 주장하는 것이다(Sassen, 1999: 78). 이런 맥락에서 샤차르는 여성이 문화의 향유자이자 권리의 담지자로서 자신의 일상생활 경험을 바탕으로 젠더와 문화의 복잡한 교차지점을 항해할 때 자신의 주체성과 목소리를 내는 것이 중요하다고 주장한다(Shachar, 2009: 152).

여성 차별적이거나 비인간적인 관습이 만연한 문화를 변화시키려고 할 때 중요한 것은 문화에 대한 우리의 고정적인 이해를 수정하고 민주적인 시민사회에서 다문화적인 만남을 통해 자신의 정체성과 차이에 대한 재협상을 시도하는 정치적 행위자로서 자신의 능력에 신뢰를 갖는 것이다. 벤하비브는 이러한 맥락에서 민주적인 정치는 여성과 어린이를 그들의 의사에 반해 애초의 문화 공동체에 국한시키지 않고 그들의 귀속적인 정체성에 반해 자율적인 주체를 발전시켜나갈 것을 장려해야 한다고 주장한다(Benhabib, 2002: 86). 벤하비브는 소멸이나 탈퇴가 아닌 변화가 일어나는 사회에서 전제되어야 하는 세 가지 협상의 조건을 제시한다. 첫째는 평등한 상호성egalitarian reciprocity이다. 둘째는 자발적으로 선택한 귀속성voluntary self-ascription이다. 셋째는 탈퇴와 결사의 자유freedom of exit and association이다.

이와 같은 세 조건이 갖춰진 상태에서 여성 차별의 문제를 해결하기 위해 무엇보다도 여성이 민주적 공공 영역에 적극적으로 참여하는 것이 중요하다. 진정한 문화 다원주의 사회에서는 서로 다른 문화적 배경을 갖는 모든 사람들이 자신의 목소리를 낼 수 있어야 하고 여성은 자신의 운명을 선택할 권리를 가져야 한다. 벤하비브는 이러한 목적을 위해 소수 집단의 여성에게 특히 교육의 기회가 중요하다고 주장한다. 교육은 자신의 문화를 재해석할 수 있는 기회를 제공하고 진정한 탈퇴의 기회를 제공한다. 다시 말해 오킨이 주목하는 사적인 가족의 공간에서 벌어지는 여성 불평등의 문제를 해결하기 위해서는 오히려 사적 영역의 구성과 역할을 둘러싼 재협상 과정을 위해 그 전제 조건으로서 공공 영역에서 여성의 참여를 보장하는 정치적 권리가 중요한 것이다.

5. 결론: 보편주의로의 전환?

킴리카가 지적하듯이 페미니즘은 남성을 정상적인 규범으로 당연하게 전제하는 사회의 제도적 구조에 저항하는 투쟁이고, 다문화주의는 다수 문화를 정상적인 규범으로 당연하게 전제하는 사회의 제도적 구조에 저항하는 투쟁이다. 따라서 페미니즘과 다문화주의는 자유롭고 평등한 개인을 중심으로 완전성을 추구하는 자유주의에 저항한다는 의미에서 공통의 이해를 갖고 있다(Kymlicka, 1999: 34). 추상적이고 무연고적인 자아를 중심으로 하는 자유주의적 세계의 이해에 반대하면서 여성과 문화라는 예외적인 범주를 중심으로 평등을 위해 투쟁한다는 점에서 페미니즘과 다문화주의는 서구의 주류 세계관에서 벗어난 새로운 도전임에 틀림없었다.

그러나 페미니즘과 다문화주의를 둘러싼 최근의 움직임은 또 다른 보편주의의 가능성을 탐색하는 일종의 전환을 보여주고 있다. 2001년 미국에서 일어난 9.11 테러 공격과 연이은 유럽에서의 테러 공격 이후 다문화주의는 빠르게 지지를 잃으면서 문화적 집단 권리보다는 개인을 중심으로 한 시민적 통합civic integration과 반차별 정책anti-discrimination 위주로 재편되기 시작했다(Joppke, 2007: 243-273). 다문화주의를 대체하는 가장 큰 흐름은 상호문화주의interculturalism로 볼 수 있을 것이다. 다문화주의가 다수 문화와 소수 문화 사이의 비교 불가능성incommensurability을 주장하면서 서로 다른 문화가 평행하게 공존할 것을 주장했다면 상호문화주의는 상호문화적 대화를 통해 초국적 영역과 코즈모폴리턴 비전의 성립 가능성을 열어둔 채로 보편universal과 개별singular로 전체적인 구성을 달리했다는 점에서 차이가 있다.

이런 맥락에서 유럽평의회Council of Europe와 유럽연합 집행위원회European Commission는 다문화주의와 동화주의로부터 거리를 두면서 서로 다른 문화가 게토화된 고립 상태로 평행하게 공존하는 것이 아니라 다양한 문화가 상호문화적 대화intercultural dialogue를 통해 지속적인 공존의 제도화를 시도하는 이른바 상호문화주의interculturalism를 도입했다(Agustín, 2012). 상호문화주의는 기존의 다문화주의가 다수 문화에 기반해 다른 공동체를 낙인찍고 편견을 재생산했다고 비판하면서 다수 문화와 소수 문화라는 개념을 버리고 대신 보편과 개별이라는 새로운 범주를 제시하고 있다. 유럽평의회는 상호문화주의에서 등장하는 보편이 유럽적인 것을 의미하는 것이 아니라 상호문화적 대화를 통해 국민국가에 국한되지 않고 초국적 영역을 추구하는 보편이라고 주장한다. 이러한 코즈모폴리턴 비전이 유럽공동체의 한계를 극복할 수 있고 국민국가의 동질성도 극복해낼 수 있다고 본다. 물론 다수와 소수 사이의 구분 철폐는 그들 사이에 권력을 향한 접근성의 차이 때문에 비대칭적인 관계를 재생산할 수도 있고 보편은 타자를 배제하면서 유럽적인 것으로 대체될 수도 있다. 결국 이와 같은 보편주의적 전환은 상호문화주의의 애초 의도와는 달리 고전적인 동화주의로의 길을 열어놓은 것이라고도 해석될 여지가 있다.

페미니즘의 흐름 역시 최근에 새로운 전환을 보여주고 있다. 페미니즘 연구의 방법론 차원에서 보면 비판critic으로부터 구성construction으로 변화가 두드러지고, 내용의 차원에서는 평등equality에서 자유liberty로 이동하고 있으며, 분석의 대상으로 보면 특정 젠더에 대한 관심gender specific으로부터 일반적인 사회정의에 대한 관심social justice in general으로 이동하고 있다(김희강, 2006a). 토마시의 지적처럼 페미니즘은 사전에 이미 결정된 젠더에 대한 어떤 전제로부터 시작하고 그 전제들을 제거하기 위해 정부의 역할이 필요하다고 생각한다. 즉 페미니즘은 헌정주의적 권리와 자유를 통해 사람들이 뜻하는 대로 젠더의 미래가 전개될 가능성을 열어놓기보다는 정부의 역할을 통해 젠더 불평등의 전제가 되는 조건들을 제거하려고 시도해온 것이다(Tomasi, 2009: 67-90). 따라서 이런 경향의 페미니즘이 정말 국가주의로부터 해방될 수 있는지를 묻게 되면서 구성주의적이고 자유를 지향하며 사회정의의 맥락을 고려하는 보편주의적 전환이 등장한 것으로 보인다.

한국의 경우에도 글로벌 맥락에서 보이는 보편주의적 전환과 비슷한 흐름을 확인할 수 있다. 특히 2016년 강남역 여성혐오 살인 사건을 계기로 그 이후 나타나는 한국 여성운동은 적어도 세 가지 특징을 보여준다. 첫째는 엘리트 여성들의 대리자 운동에서 일반 여성들의 직접행동주의로 전환이다. 그동안 한국 여성운동은 소수의 여성들이 다수의 대중을 설득해 정책 산출에 영향을 미치려는 시도가 두드러졌다면 2016년 이후 여성들은 여성운동 단체나 페미니스트 운동가가 내세우는 깃발 아래 모이는 것을 거부하고 일반 여성들이 직접 스스로의 요구를 말하고 집회를 조직하는 등의 변화가 뚜렷하게 나타난다. 둘째는 사회적 성에서 생물학적 성으로 논의의 초점의 이동이다. 2016년 강남역 사건이 생물학적 여성의 몸에 대한 공격이었다는 이해가 일반화된 이후 여성에 대한 사회적 억압의 기초는 여성의 몸에 대한 억압에서 시작되고 생물학적인 여성에 대한 억압을 기초로 하여 사회적 여성에 대한 억압으로 나아간다는 인식의 전환 아래 여성의 몸에 관한 각종 억압으로부터 자유로워지는 것이 페미니즘의 중요한 목표가 되었다. 셋째는 남성과의 평등에 대한 관심에서 남성으로부터 자유로 관심의 전환이다. 그동안 한국의 여성운동은 호주제, 여성할당제, 성폭력 문제 등 대부분의 논의들이 양성 평등의 논리 아래 전개되었다. 이 과정에서 여성의 자유에 관한 논의는 거의 이루어지지 않았고 여성 삶의 기준이 지나치게 남성에 있는 것은 아닌가 하는 의문을 가지게 했다. 2016년 이후 한국 여성운동은 여성이 원하는 것을 선택하고 자유롭게 할 수 있게 내버려두라는 자유의 주장을 펴고 있는 것이다(김민정, 2019).

　페미니즘과 다문화주의에서 나타난 이와 같은 보편주의적 전환은 그동안 두 입장이 보여준 갈등에서 벗어나 여성과 문화를 중심으로 한 평등의 추구라는 공통의 토대 구축을 더 쉽게 만들 수도 있다. 그러나 문화의 역할과 집단 권리의 부여, 탈퇴와 대표를 둘러싼 해석과 실천에서 다수와 소수의 구분 철폐가 그들 사이의 비대칭적 관계를 재생산하는 것으로 귀결된다면 결국 상호문화적 대화를 통해 추구하는 보편이 다시 서구적 가치로 대체될 수 있다는 우려는 여전히 남는다. 페미니즘의 보편주의적 전환 역시 사회

정의의 일반적 맥락 속에서 구성주의적으로 논의되는 자유 중심의 여성 차별에 대한 논의가 기존의 강고한 성 불평등의 전통적 구조가 지속되는 것으로 귀결될 가능성을 우려하게 만든다.

'사적인 것이 정치적인 것'이라는 페미니즘의 명제는 공적 영역뿐 아니라 사적 영역에 광범위하게 스며들어 남성 우위와 여성 차별 체제를 재생산해내는 사회 작동 방식의 해체 및 재구성을 주장하고 있다. 결국 우리는 차별적인 문화의 변화를 시도해야 하고 여성뿐만 아니라 남성도 차별적인 사회에서 정형화된 남성성을 강요받는 피해자라는 점에서 여성과 함께 변화의 주체가 되어야 한다. 문화가 사람들 사이에서 학습되고 공유된 생활양식이라면 새로운 성 평등 문화는 장기적이고 꾸준한 학습과 대화, 차별금지법 같은 제도적, 정책적 장치에 힘입어 발전한다. 강고한 남성 위주 문화의 카르텔을 깨는 과정은 평화롭지 않을 수 있고 생각보다 훨씬 긴 시간의 투쟁을 요구할 것이다(김남국, 2016에서 재인용).

8장 다문화 시대의 시민, 시민권

1. 다문화 사회에서 사회 통합의 과제

 인종과 문화, 성과 종교를 기준으로 끊임없이 분절되는 다문화 사회에서 시민이 된다는 것은 어떤 의미일까? 이와 같은 사회에서 시민으로서 권리와 의무는 무엇이어야 하고, 시민으로서 공동의 정체성은 어떻게 확보될 수 있을까? 나아가 한 사람의 시민이 탄생하는 데 있어 국가의 역할은 어떻게 정의되어야 할까?
 오늘날 전 지구적인 현상이 되고 있는 다문화 사회의 유형은 크게 두 가지로 구분할 수 있다. 첫째는 영국이나 독일, 프랑스처럼 비교적 동질적인 문화를 가졌던 전통적인 국민국가들이 자본과 노동의 세계화에 따른 이주 노동자와 낯선 문화 그리고 새로운 종교의 유입과 함께 다문화 사회의 도전에 직면한 경우이고, 둘째는 캐나다나 미국처럼 출범 초기부터 다양한 인종과 문화로 구성된 이민자의 나라로서 상대적으로 다문화 사회의 도전에 익숙하지만 여전히 사회 통합의 문제가 심각한 경우이다.

단일 민족과 단일 문화를 강조해온 한국은 첫 번째 유형에 가깝다. 하지만 우리나라 역시 점점 다양하게 분화되는 인종과 문화, 지역과 종교 등의 도전으로부터 자유롭지 못한 상황에 직면하고 있다. 예를 들어 이주 노동자들에 대한 불법체류 관리와 인권 보장 사이의 갈등, 농촌 총각 세 명 중 한 명이 외국인 신부와 결혼하고 그들 사이에 태어난 2세들이 늘어가는 현실, 양심적 병역 거부나 동성 결혼 문제가 점점 사회의 이슈가 되는 상황 등은 우리 사회가 정치권력이나 경제적 분배 문제를 둘러싼 사회적 다수 중심의 전통적인 갈등 이외에도 사회적 소수의 문제 제기를 따라 다양하게 분화되어가고 있음을 보여주는 사례들이다. 이처럼 다원화되는 사회에서 사회적 다수와 사회적 소수 또는 기존 시민들과 새로운 이주자들이 함께 공존할 수 있는 사회 구성의 원칙을 찾는 일은 우리 사회가 광범위한 토론과 성찰을 통해 풀어나가야 할 중요한 과제 가운데 하나이다.[1]

---

[1] 2016년 현재 한국에 거주하는 외국인 숫자는 176만여 명으로 전체 인구의 약 3.4퍼센트를 차지한다. 이는 다시 54만여 명의 이주 노동자(30.7%), 15만 9,000여 명의 결혼 이민자(9%), 15만 9,000여 명의 귀화자(9%), 외국인주민 자녀(출생) 19만여 명(10.8%), 그리고 9만 5,000여 명의 유학생(5.4%) 등으로 구성된다. 이 숫자는 이민과 인종 갈등이 사회문제화되기 시작하던 1960년대 말 유럽과 비슷한 수준이다. 서구에서 다문화주의가 전면에 등장하는 과정은 두 단계로 이루어진다. 첫째, 사회적 소수의 숫자가 일정 수준 이상 증가하여 임계점에 도달하는 것이고, 둘째, 이들이 경제적 보상에 만족하지 않고 문화적 생존을 주장하기 시작하는 것이다. 물론 서구의 모든 나라들은 소

오늘날 국민국가의 경계 안팎에서 새로운 이주자와 기존의 시민들, 사회적 소수와 사회적 다수 집단이 공존하면서 겪는 갈등은 적어도 네 가지 상충하는 이해들을 동시에 반영하고 있다. 기존 시민의 입장에서 보면, 낯선 사람들의 등장이 가져올 일상생활의 충격이나 노동시장에서 경쟁의 심화, 전통문화에 미치는 영향을 걱정하는 것은 자연스러운 감정이다. 따라서 기존 시민들은 새로운 이주자들에게 그들이 선택한 새로운 사회의 규칙과 관습, 생활양식 등을 존중하고 적응해줄 것을 기대하게 된다. 그렇다고 해서 기존 시민들이 새로운 이주자들의 문화를 완전히 무시하거나 자신들이 그들의 인권을 거들떠보지 않는 인종차별주의자로 보이기를 원하는 것은 아니다. 기존 시민들은 자신의 오랜 이웃에게 보여주는 심정적 유대를 새로운 이주자들에게도 보여줄 수 있고, 그들의 정착을 도우려는 인간적인 노력도 보여줄 수 있다. 이처럼 상반된 두 가지 감정은 한 사람의 의식 안에 동시에 존재할 수 있고, 집단을 달리하여 좀 더 배제 쪽으로 기우는 이른바 극우 집단

수의 숫자, 특히 이주 노동자의 증가를 막기 위해 노력해왔다. 그러나 국내의 낮은 출산율에 따른 노동력 부족, 그리고 저임금을 선호하는 자본의 우월한 지위 때문에 어떤 나라도 소수의 증가를 완벽하게 통제하지는 못한다. 우리 사회의 전통적인 갈등 기준에 따른 사회경제적 약자는 2016년 최저생계비 기준 가처분소득 빈곤율은 전체 인구의 9.3퍼센트, 465만여 명에 이른다. 따라서 노약자, 어린이가장, 비정규직 노동자 등의 사회경제적 약자 문제는 여전히 중요하다. 그럼에도 불구하고 우리가 이주 노동자를 비롯한 사회적 소수 문제에 관심을 갖는 것은 이들의 존재가 지구화 시대의 등장을 반영하는 준거적 현상이고, 우리 사회의 가장 주변적인 부분에서 우리 사회의 존엄과 민주주의를 시험하는 사례가 되고 있기 때문이다.

과, 좀 더 포용 쪽으로 기우는 인권 관련 집단들로 다르게 나타날 수 있다.

새로운 이주자들 역시 서로 다른 두 욕구를 동시에 갖고 있다. 우선 이들은 기존의 사회 구성원들로부터 자신들의 인종과 문화와 관계없이 보편적인 한 개인으로 인정받기를 원한다. 즉 기존의 시민들과 동등한 자격을 갖는 한 개인으로서 오직 자신들의 능력에 의해 평가받기를 원하고, 그 결과에 따라 새로운 사회의 주류 집단에 참여하고 성취하기를 원하는 것이다. 그러나 동시에 이들은 새로운 사회에서도 소수 집단의 일원으로서 자신들의 문화적 정체성이 인정받기를 원하고, 자신들의 문화와 전통을 유지하기를 바란다. 다시 말해 새로운 사회에의 완전한 동화를 바라지도 않지만, 그렇다고 해서 새로운 사회에서 고립된 소수 집단으로 살기를 바라지도 않는다. 사회적 소수로서 새로운 이주자들은 본질적으로 갈등하는 이 두 욕구가 동시에 충족될 때 자신들이 완전한 사회적 인정을 받았다고 느낄 것이다.

이처럼 갈등하는 사회적 다수와 소수, 새로운 이주자와 기존 시민들 사이의 서로 다른 요구를 조정하는 과정에서 시민이라는 개념은 중요한 매개체로 자리 잡고 있다. 경계를 기준으로 외부에 배타적인 하나의 공동체는 구성원에게 요구되는 의무와 권리를 시민이라는 개념 아래 규정한다. 즉 하나의 정치 공동체 안에서 함께 생활하게 되는 구성원들은 서로에 대한 의무와 권리 그리고 개인과 공동체의 관계 등을 시민이라는 개념 속에 포괄적으로 규정하고 있고, 이 기준에 맞추어 공동체가 받아들일 수 있는 새로운 시민의 자격을 제시하고 있다.

근대적 의미의 시민은 경계 안의 모든 사람들을 종교와 신분, 가족과 지역에 상관없이 하나의 범주로 묶을 수 있는 보편적인 개념이었다. 따라서 공화국을 구성하는 주권의 담지자로서 시민들은 자유롭고 평등함을 원칙으로 했지만, 경계를 중심으로 구획된 개별 국민국가의 전통에 따라 시민의 개념은 서로 다른 발전의 길을 걸어왔다. 다시 말해 시민에 대한 정의는 국가에 따라 다르고, 하나의 국가 안에서도 시대의 흐름에 따라 변해왔다. 따라서 사회적 다수가 이미 정해놓은 시민의 개념과 역할에 사회적 소수가 일방적으로 복종할 것이라고 믿는 것도 현실성이 없지만, 사회적 소수의 요구를 무조건 수용하는 것도 사회적 다수의 동의를 얻기가 쉽지 않다. 사회적 소수나 새로운 이주자들의 존재가 공동체를 풍부하게 만드는 다원화의 증거라는 긍정적인 평가를 받기 위해서는 적어도 갈등하는 두 집단의 서로 다른 네 가지 요구들을 동시에 고려하면서 사회적 연대의 위기와 대표의 위기 문제를 해결하는 일이 먼저 이루어져야 할 것이다.

사회적 연대는 다수결의 원칙에 따른 민주적 의사 결정을 존중하기 위해 비록 자신의 의견이 소수에 속할지라도 자신의 희생을 기꺼이 감수할 수 있을 정도의 신뢰를 공동체의 구성원들이 가져야 한다는 것을 의미하고, 대표의 문제는 사회의 모든 구성원이 정치적 권리를 갖고 자신의 의견을 정책 결정 과정에 반영할 수 있어야 한다는 사실을 뜻한다. 그러나 인종과 문화, 종교를 달리하는 사회적 소수의 증가는 이미 존재하는 사회적 연대의 수준에 도전을 가져온다. 다수가 느끼는 낯선 사람에 대한 공포는 종종 소수에 대한 배제의 시도로 나타나고, 그 결과 사회적 소수는 대표의 권리를 갖지 못한다. 우리는 새로운 구성원에 대한 서로의 연대가 확인되었을 때 비로소 소수의 정치적 권리를 보장하는 대표의 문제에 합의할 수 있을 것이다. 이러한 현실은 우리가 다문화 시대에 사회적 연대를 고양할 방법을 찾아야 하고 이에 근거해 대표의 위기 문제를 해결해야 한다는 것을 뜻한다.

  이 장에서 나는 이와 같은 문제의식을 바탕으로 사회적 다수와 소수가 동의할 수 있는 바람직한 시민상을 통해 다문화 시대에 가능한 사회 구성의 모델을 추론해보고자 한다. 이를 위해 우선 자유주의 전통에서 롤즈와 하버마스Habermas, 자유방임주의 전통에서 노직Nozick과 하이에크Hayek, 그리고 공화주의 전통에서 스키너Skinner와 샌델Sandel이 말하는 시민의 개념에 대해 검토한다. 이들의 논의는 국가의 역할과 사회의 책임 그리고 개인의 자유라는 세 차원에서 시민의 개념을 어떻게 규정할 수 있는가에 대해 뚜렷한 차이를 보여주는 이념형으로서 의미를 지닌다. 즉 규범 이론으로서 이들의 논의는 무엇이 옳은가 또는 바람직한가를 기준으로 논리적 일관성에 초점을 맞춰 주장을 구성하고 있기 때문에 현실을 보는 분석틀로서 직접 사용할 수는 없지만, 새로운 시민의 모델을 추론하는 과정에서 현실을 판단하는 준거로서는 유용하다. 물론 이들의 논의는 전통적인 국민국가의 비교적 균질한 시민사회를 전제하고 있고 따라서 다문화주의 관점에서 보면 그 강점과 한계가 확연하게 드러난다.[2]

이렇게 재구성한 시민의 이념형을 근거로 나는 최근 들어 우리 나라에서 이루어지고 있는 바람직한 사회 구성의 원칙과 시민의 역할을 둘러싼 논의의 장단점을 검토하고자 한다. 오늘날 우리 사회에는 의외로 공화주의적 입장의 강화 필요성을 강조하는 목소리들이 많다. 그러나 이 문제는 배타적인 선택의 문제는 아닐 것이다. 즉 자유주의 아니면 공화주의식의 배타적인 선택보다는 개인이나 공동체 가운데 어느 한쪽의 비중이 커지는 시대의 흐름에 따라 때로는 공화주의, 때로는 자유주의를 강조하는 균형이 더 필요할 것이다.

이 장의 결론에서 나는 '심의다문화주의'라는 개념 아래 앞서

---

2 시민에 대한 논의의 전통은 고대 도시국가의 시민에 대해 다룬 플라톤의 『공화국』, 근대 국민국가의 바람직한 시민상을 다룬 루소의 『에밀』까지 거슬러 올라갈 수 있다. 최근에는 마셜이나 터너, 포크 등의 논의가 있었다. 그러나 비교적 동질적인 국민국가를 전제하는 이들의 논의는 사회적 다수 사이의 정치나 경제적 권리의 분배에 중점을 두었고, 문화적 차이가 가져오는 새로운 갈등의 등장에 대해서는 고려하지 않았다. 이 글에서 주목하는 지구화가 초래하는 다문화 시대의 시민권에 대한 대표적인 논의로는 킴리카와 바우뵉의 연구를 들 수 있다(Kymlicka, 1995a; 2001; Bauböck, 1995; 1999). 이 두 사람의 논의는 문화의 본질적 가치와 문화적 소수 집단의 권리를 적극적으로 인정하고, 소수의 구체적 권리의 내용 및 정당성의 근거를 찾는 데 집중하고 있다. 이에 비해 나의 논의는 소수의 문화적 생존 주장과 다수가 느끼는 공포감 사이의 거리에 주목하고, 그 차이를 매개할 합의 가능한 조건, 즉 정치 공동체를 함께 구성하는 시민으로서, 문화적 차이에도 불구하고 동의에 이를 수 있는 시민의 덕목을 통한 사회 통합에 초점을 맞추고 있다. 다문화 현상은 자본과 노동의 세계화에 따른 지구화의 보편적 세례 아래 이루어지는 과정이므로 오히려 한국적 특수성이 약화되어가는 현상으로 해석될 수 있다. 따라서 우리와 비슷한 서구의 전통적 국민국가들이 채택했던 사회 구성의 원칙을 원용하여 우리 사회를 분석함으로써 얻을 수 있는 시사점이 있다.

이론화한 '상호 존중'과 '합리적 대화' 그리고 '정치적 권리', 이 세 조건을 갖춘 시민을 다문화 시대에 적합한 시민의 모습으로 제시한다.

2. 자유주의: 국가 중립성과 최소주의 전략

다문화 사회에서 시민이 된다는 것에 대해 자유주의 전통이 제시하는 기준, 즉 다수와 소수가 함께 합의할 수 있는 시민의 권리와 의무 그리고 사회적 책임과 국가 개입의 범위에 대한 기준은 최소주의 전략과 국가 중립성이라는 두 개념으로 요약할 수 있다. 예컨대 정치적 자유주의를 대표하는 롤즈는 시민권을 인종과 종교, 성, 문화와 상관없이 모든 자유롭고 평등한 인간이 받아들일 만한 이유가 있는 일련의 원칙들이라는 관점에서 해석한다. 다원화된 근대 사회에서 우리가 공유할 수 있는 부문은 많지 않다고 보기 때문에 롤즈의 자유주의에서 규정하는 시민의 의무는 얇고 단순하다.

롤즈가 보기에 서구 사회는 무엇보다 합리적인 사람들이 오직 한 가지 최고의 삶의 방식에 동의할 것이라 기대할 수 없다는 다원성을 그 특징으로 한다. 사람들은 논쟁하는 질문에 대한 공식적인 정당화를 가능하게 하는 합의된 근거를 찾지만 오늘날 서구 사회에서 그와 같은 근본적인 합의가 가능할 것이라 기대할 수는 없다. 따라서 롤즈는 공공 정치 문화를 통하여 얻을 수 있는 최대공

약수에 눈을 돌린다.

그는 공공 정치 문화의 가장 중요한 특징으로 합리적인 다원주의를 예로 든다. 합리적인 다원주의의 범주 안에서 정의의 요구를 수행하기 위해 시민들은 공적 이성과 비공적 이성을 구분할 수 있어야 한다. 롤즈는 공적 영역과 사적 영역을 구분하고 공적 이성public reason과 비공적 이성nonpublic reason을 구분한 다음, 사람들은 오직 공적 영역에서 시민의 역할을 수행할 때에만 공적 이성을 따를 것을 요구받는다고 본다(Rawls, 1993a: 36-38, 49-50).

공적 이성은 사람들이 자발적인 모임의 일원으로서가 아닌 시민의 일원으로서 행하는 논리적 사유이다. 즉 질서 있는 사회well-ordered society에서 헌정의 주요 요소들constitutional essentials이나 근본적인 정의의 문제matters of basic justice 등에 대해 평등한 시민들이 행하는 정치적으로 최종적이면서 동시에 강제를 수반하는 논리적 사유이다.[3] 그렇다면 공적 이성의 사유는 구체적으로 어떤 기준에 의해 이루어져야 할까? 롤즈는 공적 이성의 기준, 즉 공공 의제를 다룰 때 어떤 사유의 방법이 적절하고, 어떤 증거들이 적합한가를 결정하는 틀로서 자신의 정치적 영역에 한정된 정의의

---

[3] 여기에서 롤즈가 말하는 질서 있는 사회란 첫째, 팽창 지향적이지 않고 평화적이며, 둘째, 그 법체계가 시민들이 보기에 정당성을 갖추고 있으며, 셋째, 안전과 생계 수단의 보장, 강제 노예 상태로부터의 자유, 사유재산의 보장, 법 앞의 평등, 이민의 허용 등으로 구성되는 인권을 존중하는 사회이다. 반면에 질서 없는 사회는 불법적인 정권에 의해 통치되거나 사회적, 경제적, 역사적 조건이 절대적으로 갖춰지지 않아서 질서 있는 사회가 되는 것이 불가능한 사회를 말한다(Rawls: 1993b: 62-75).

원칙political conception of justice을 제시한다.

롤즈가 도덕이나 종교, 형이상학적 개념이 아닌 정치적 개념의 정의를 제시하는 이유는 모든 시민에 의해 동의에 이를 수 있는 합리적인 하나의 대원칙이란 정치적 영역의 정의에 국한하지 않고는 존재할 수 없다고 보기 때문이다. 다시 말해 그는 합리적으로 조직된 질서 있는 헌정국가에서 헌정의 주요 요소나 근본적인 정의의 문제들은 오직 정치적인 가치들에 의해서만 결정될 수 있으며, 정치적인 가치들에 의한 결정은 쉽사리 뒤집어지지 않을 것으로 본다.4

결국 롤즈는 일반 시민이란 마치 책임 있는 정부의 자리를 맡았을 때와 같이 행동함으로써 시민으로서 의무를 다할 수 있다고 주장한다. 즉 개인들은 사적 영역이 아닌 공적 영역에서 시민으로서 의무를 요구받을 수 있고, 그때 정치적 개념의 정의에 입각한 공적 이성의 내용을 기준으로 행동함으로써 시민의 의무를 다할 수 있다고 보는 것이다. 롤즈는 이 과정에서 정부의 역할은 시민들이 옹호하는 다양한 도덕적, 종교적 관점들로부터 중립적이어야 한다고 믿는다. 사람들은 오직 한 가지 최고의 삶의 방식이 존재할 수

---

4 롤즈가 공적 이성에 근거한 논리적 사유의 대상으로 한정한 헌정의 주요 요소와 근본적인 정의의 문제는 오늘날 다문화적인 갈등의 주요 현장이 되고 있는 교회나 대학, 기타 자발적 결사 등을 배제하고 있다. 사실 사회적 의제를 헌정의 주요 요소인가 아닌가로 구분하는 것도 어려운 일이지만, 혹 구분한다고 하더라고 비헌정적인 의제를 이해하기 위해 사용했던 사유의 근거를 헌정적인 의제를 다룰 때 기계적으로 배제한다는 것은 어려운 일이다 (Greenawalt, 1993: 669).

있다는 사실에 동의하지 않기 때문에 정부는 특정한 삶의 방식을 법으로 규정하는 어떠한 행위도 해서는 안 된다. 그 대신 정부는 자유롭고 독립적인 자아를 존중하고 개인들이 자신의 가치와 목적을 선택할 수 있는 권리의 틀을 제공해야 한다(Rawls, 1997: 767).

자유주의 정치 문화에 근거한 롤즈의 이와 같은 도덕적 최소주의 입장은 하버마스에 의해 세계적 차원의 다문화주의 논의에 적용되고 있다. 하버마스는 근대 국민국가가 두 개의 얼굴을 갖고 있다고 본다. 시민들의 자발적 의사를 결집하는 데 성공한 국민국가는 민주적 정당성의 근원이지만, 다른 한편으로 국민국가는 동일한 인종을 바탕으로 사회적 통합을 이룩한 귀속적인 유산의 범주이다. 하버마스에 따르면, 근대 국민국가는 일정 단계까지는 사회적 통합과 정치적 정당성의 문제를 동시에 해결하면서 민주주의의 발전에 기여해왔다. 그러나 민족에 대한 인종 중심주의적 해석이 범세계주의적 해석보다 우선하기 시작하는 순간부터 그 긍정적 기능은 멈추고 부정적 측면이 두드러지게 된다. 하버마스는 이제 국민국가가 많은 경우에 인종적으로나 문화적으로 동일하지 않은 사람들을 배제하는 억압적 기제로 작동하기 시작했다고 본다(Habermas, 1999: 155).

따라서 하버마스는 사회적 통합을 달성하고 서로 다른 문화들의 공존을 가능하게 하는 새로운 방법을 모색해야 한다고 주장한다. 하지만 그는 이러한 차이를 묶는 새로운 힘은 인종적 동질성이나 문화적 유사성에 근거한 것이 아니라, 민주적 절차와 원칙에 대한 시민들의 충성심에서 찾을 수 있다고 믿는다. 즉 민족이나 인종적 정체성에 근거한 것이 아니라, 보편적인 자유주의 정치 문화를 중심으로 한 사회화를 통해 시민들 사이의 연대를 증진할 수 있다고 보는 것이다.

하버마스는 자신의 이러한 주장을 '법의 지배'와 '의사 표현의 자유', '관용의 원칙' 그리고 '시민의 동의에 근거한 정부' 등으로 이루어진 '헌법애국주의constitutional patriotism'라는 개념으로 정리한다. 그는 헌법애국주의를 중심으로 한 자유주의 헌정의 정치적 원칙들이 서로 다른 생활 방식과 서로 다른 문화를 매개할 수 있는 유일한 수단이라고 주장한다. 이에 따르면 시민들이 주장하는 자결의 권리는 자신들의 정치 문화를 보존할 권리를 의미하는 것일 뿐 특별한 지위를 갖는 문화적 생활을 보존할 권리를 의미하는 것은 아니다. 하버마스는 이 과정에서 국가가 계몽적 정치의 주요 행위자가 될 필요는 없다고 본다. 자유주의 정치 문화는 기본적으로 자율적인 개인을 전제한 것이기 때문이다.

하버마스가 보기에 민주적 법의 지배라는 헌정의 틀 안에서 다양한 삶의 형식들은 평등하게 공존할 수 있으며, 보편적인 정치 문화는 새로운 형식의 문화가 가져오는 미래의 충격으로부터 열려 있다. 그는 자유주의 정치 문화에 근거한 세계적인 소통의 체계를 구축함으로써 세계 시민권의 출현을 위한 범세계적인 공론장의 형성이 더 이상 신기루가 아니라 정치적인 현실이 되고 있다고 믿는다(Habermas, 1996: 491-515).

롤즈와 하버마스가 보편적인 시민의 덕목으로 제시하는 공적 이성의 사유나 헌법애국주의의 원칙에서 공통되는 점은 두 개념 모두 자유주의 정치 문화에 기반한 국가 중립성과 도덕적 최소주의를 주장한다는 사실이다. 이들은 다양한 궁극적 가치들이 공존하는 다문화 시대의 현실에서 강제력을 수반하는 국가권력이 특정한 삶의 방식을 보다 우월한 것으로 믿고 옹호해서는 안 된다는 점을 강조하고 있고, 시민의 역할을 사적 영역과 구분되는 공적 영역의 장으로 제한하면서, 문제 해결 방식에 있어서도 ― 포괄적인 문화와 종교의 원칙들을 배제하고 ― 문화와 신념의 차이와 상관없이 합의에 이를 수 있는 최소한의 원칙을 제시하고 있다.

정치적 자유주의가 주장하는 시민의 개념들은 다문화주의 관점에서 보면 새로운 평가가 가능해진다. 예를 들어 롤즈의 논의는 오직 출생에 의해 가입하고 죽음에 의해 탈퇴하는 자족적인 닫힌 사회를 전제로 한 논리적 추론의 산물이다. 즉 그의 논의는 새로운 이주자나 난민의 유입이 일상화된 다문화 시대의 적극적이고 역동적인 측면을 고려하고 있다기보다는, 출생과 죽음에 의해서 귀속이 결정되는 닫힌 사회를 전제로 하고 있다(Benhabib, 2002: 168-171). 따라서 그의 논의는 국민국가의 경계를 자유롭게 넘나드는 자본과 노동의 현실을 정확하게 반영하지 못한다. 오늘날 현실의 자유주의 국가는 어떤 강제에 의해서도 국경을 완벽하게 통제하지 못하고, 모든 나라는 공동체로부터의 탈퇴와 결사의 자유를 기본 인권의 하나로 인정하고 있다.

또한 하버마스의 정치적 자유주의는, 합리적 대화를 거부하고 절대 진리를 정치 세계에서 구현하려는 개인이나 집단에게 궁극적으로 강제력의 동원이나 대화의 포기를 통한 전쟁을 선포하고 있다. 그러나 이러한 입장은 유럽의 무슬림 이민자들이 공적 영역에서 자신들의 종교적 정체성과 문화적 생존권의 인정을 요구하며 유럽의 전통에 도전하는 현실을 설명하거나 해결하지 못한다. 즉 유럽의 구성원으로 엄연하게 존재하는 이슬람 이주 노동자들에게 전쟁을 선포하면서 스스로의 합리적인 태도에 한계를 설정하는 정치적 자유주의의 논리가 완벽하게 성공적인 논의 체계라고 볼 수는 없는 것이다(Miller, 1995: 440-443). 다문화 시대의 갈등 양상은 공적 영역보다는 대학과 교회, 문화 단체 등 시민사회의 사적인 결사의 영역에서 더 활발하고, 그 갈등이 강제를 수반한 공적 이성의 사유에 의해 명쾌하게 결론나기보다는, 오랜 시간에 걸쳐 끊임없이 지속된다는 점에서 더욱 그러하다.

아마도 가장 강력한 자유주의 시민 개념에 대한 공격은 이 개념이 서구의 가치에 근거하여 모든 문화의 차이를 무시하려는 문화제국주의적 성격을 갖고 있다는 비판일 것이다. 영국과 미국, 그리고 프랑스혁명이 성취한 근대의 정치 문화는 인간의 자유와 존엄, 그리고 기회의 평등이라는 가치들이 경계를 달리하는 모든 정치 공동체에 동일하게 받아들여질 수 있는 보편적인 이념 체계라고 주장해왔다. 그러나 문화적 자결권과 문화의 비교 불가능성을 주장하는 입장에서 보면 보편적인 시민권의 개념은 이른바 인권의 위기를 이유로 종종 제3세계에 대한 서구의 제국주의적 침략을 정당화하는 논리로 사용되어왔다. 물론 이와 같은 비서구 사회의 비판은 문화적 자결권이라는 이름 아래 경계 안의 보편적인 인권 침해를 정당화하는 특수한 사례들을 언제든지 만들어낼 수 있다는 한계를 안고 있다.

3. 자유방임주의: 개인 자유 우선의 원칙

정치적 자유주의가 공적 영역과 사적 영역을 구분하고 사적인 개인이 공적 영역에 나아갈 때 시민이 될 것을 요구한다면, 자유방임주의는 모든 공적 영역을 자유로운 시장 교환에 맡기는 사적 영역으로 전환시켜 공적 영역 자체를 최소화하는 탈정치화의 정치를 지향한다. 따라서 자유방임주의 세계에서 개인들은 오직 자발적인 결사나 시장 교환 그리고 사적 활동에 의해 성취되기 힘든 공공재가 필요할 때만 공동의 의사 결정과정을 통해 시민이 된다.

자유방임주의는 국가 개입에 대한 강한 거부감과, 사회적 책임에 대한 부정적인 견해 그리고 개인의 자유에 대한 적극적인 옹호 때문에 급진적이라는 인상을 준다. 그러나 아나키즘과 달리 자유방임주의는 국가의 역할을 인정한다. 다만 그 역할이 개인의 재산권과 개인 간 계약을 보호하는 최소한에 그쳐야 한다고 본다. 자유방임주의 전통에서는 또한 개인들의 선택과 자발적인 계약이 전제되지 않은 선험적인 공동체의 책임이란 것이 존재하지 않기 때문에 개인은 다른 사람의 필요가 무엇이든지 간에 단지 그가 내 이웃이기 때문에 남을 도와야 한다는 의무를 갖지 않는다.

예를 들어 로버트 노직은 일부 시민들이 다른 시민들을 돕게 만드는 데 억압적 국가기구를 사용하거나, 자신의 즐거움이나 자신의 보호를 위해 시민들의 활동을 금지하는 데 국가의 힘을 사용해서는 안 된다고 주장한다(Nozick, 1974: ix). 그는 국가의 역할이 사적 계약을 보호하고 강제와 도둑질, 사기로부터 개인을 보호하는 데 그쳐야 한다고 본다. 노직에 따르면 개인의 삶은 외부의 어떤 개입도 배제된 상태에서 스스로의 선택에 의해 결정되고 형성되어갈 때 의미를 갖기 때문이다.

노직이 상정하는 자연 상태에는 칸트의 원칙처럼 인간은 수단이 아닌 목적으로 대접받아야 한다는 도덕적 제한이 자연법으로서 존재한다. 따라서 개인의 권리를 침해하는 것은 절대적으로 금지된다. 개인의 권리는 전체적인 권리 침해를 줄이기 위해서라고 하더라도 잠시라도 유보될 수 있는 성질의 것이 아니다. 다른 사람들을 위해 우리 가운데 일부를 희생시키자는 시도 또한 정당화될 수 없다. 이러한 관점에서 보면 국가는 개인의 권리를 보호하거나 개인의 권리를 침해한 자를 벌주기 위해 개인들이 구성한 그 사회의 지배적인, 상호 보호를 위한 결사mutual protection association 같은 것일 따름이다(Nozick, 1974: 22-33).

노직은 복지 정책을 펴기 위해 국가가 세금을 거두는 것 역시 정의롭지 못하다고 본다. 그에 따르면 이와 같은 재분배는 특정한 사람들을 다른 사람의 이익을 위해 도구로 사용하는 것이다. 또한 노동을 통해 벌어들인 수입에 대해 세금을 매기는 것은 도둑질일 뿐 아니라 사람들을 노예화하는 것과 똑같다고 주장한다. 노직의 정의의 원칙 가운데 양도에 대한 논의principle of justice in transfer에 따르면, 이미 한 사람이 소유한 재산은 다른 사람의 소유로 양도될 수 있는데 여기에는 선물gift이나 양도bequest, 시장 교환market exchange의 방식이 있다. 이에 비추어 보면 재분배를 위한 세금은 위 세 가지 양도 방식 가운데 어디에도 해당하지 않는 강제적인 것으로서 개인의 권리를 근본적으로 침해하는 것이다(Nozick, 1974: 169-172).

노직이 보기에 정당화가 가능한 오직 한 가지 종류의 세금은 사유재산권을 보호하기 위해 국가가 거두는 세금이다. 노직은 자유시장 체제에서 보장되는 이와 같은 재산권의 보호가 사회적 생산을 증진시키고 궁극적으로 고용 창출을 가져올 것이라고 본다. 그의 주장은 공동선보다 개인의 권리가 우선한다는 자유방임주의의 전형적인 논리를 반영하고 있다. 이러한 관점에서 보면 공동체를 전제로 한 시민의 의무와 권리라는 개념은 개인의 선택의 자유와 상호 갈등하는 관계이기 때문에 최대한 배제하는 것이 당연한 결론일 것이다.[5]

하이에크도 국가의 필요성 자체를 부정하지는 않는다. 하지만 국가는 궁극적으로 타인에 의해 개인에게 강제된 상황을 제거하거나 개인의 자유를 증진하는 법의 지배를 가져오는 경우에만 정

---

[5] 노직은 그의 후기 저작들에서 선명한 상상으로 이루어진 자신의 재산권과 자유 이론이 현실에 직접 적용될 때 잘 들어맞지 않을 수 있다는 점을 말하고 있다. 그러나 오늘날 자유방임주의를 추구하는 세계의 많은 단체들은 보다 간단하고 분명한 노직의 초기 이론으로부터 주로 그들의 활동 근거를 찾는다. 그의 후기 저작들로는 *Philosophical Explanation*(1981), *The Examined Life: Philosophical Meditation*(1989), *The Nature of Rationality*(1993), *Invariances: The Structure of the Objective World*(2001) 등이 있다.

당화될 수 있다. 다시 말해 국가가 법을 통해 사적인 영역의 존재를 인정하고, 사적인 영역을 보호하는 법의 기능을 원활하게 하는 경우에만 국가의 억압적인 권력은 정당화될 수 있는 것이다. 여기에서 말하는 개인의 자유란 다른 사람에 의한 강제에 종속되지 않은 상태를 의미한다.

그렇다면 만약의 경우 발생할 수 있는 국가권력의 침해로부터 개인이 자신의 자유를 안정적으로 지킬 수 있는 방법은 무엇일까? 하이에크는 개인이 국가와 타인에 의한 침해로부터 스스로를 보호할 수 있는 방법은 자신만의 사적 영역을 만들어내는 것이라고 주장한다. 하이에크에 따르면 사적인 영역의 확보는 모든 개인들이 독립적인 사적 재산의 소유자가 됨으로써 가능해진다. 즉 하이에크는 강제를 줄이고 개인의 자유를 극대화하는 최선의 방법은 사유재산권을 보호하고 재산의 소유를 장려하는 것이라고 주장한다. 하이에크가 보기에 개인이 독점의 힘에 의해 조종당하지 않고 자신만의 계획을 행동으로 옮기기 위해서는 물질적인 뒷받침이 반드시 필요하다. 그러나 사유재산이 없다면 개인은 곧 돈 많은 타인이나 독점 자본에 의해 간섭당하게 된다(Hayek, 1960: 140-142).

이런 맥락에서 하이에크는 사회주의와 복지국가론을 비판한다. 그에 따르면 정치권력의 수단으로서 중앙 집중화된 경제 권력은 사람들 사이에 노예 상태와 구별되지 않을 정도의 의존 문화를 만들어낸다(Hayek, 1944: 108). 사유재산권은 불가피하게 투자의 위험과 그에 따른 책임을 동시에 요구하지만, 사회주의는 권리와 책임 사이의 올바른 균형을 파괴한다. 왜냐하면 사회주의는 그 전제 자체가 집단 책임과 사회보장을 통해 개인적인 책임을 회피하게 만드는 제도이기 때문이다(Hayek, 1944: 157). 그러므로 하이에크의 입장에서 보면, 사회적 권리를 위한 투쟁과 공동체주의는 개인적인 책임감을 약화시킴으로써 이상적인 시민의식을 갉아먹는 것이다. 개인들은 점점 더 자신들의 경제적 풍요로움을 위해 국가에 의존하게 되고, 복지국가의 집중화된 관료권력은 개인의 자유를 침해한다. 결국 국가의 사회복지를 위한 지출은 사적 영역에서 부를 창출하는 기반 자체를 심각하게 훼손하게 된다.

요약하면, 자유방임주의는 시민으로서 도덕적 의무감을 전제한 분배적 정의나 국가의 개입을 통한 사회보장이 개인의 독립적인 사고와 개인의 자유로운 선택권을 침해한다고 보고, 이러한 형태의 외부 개입을 거부한다. 따라서 개인을 시민으로서의 의무감으로 짓누른 사회주의나, 개인을 공동체의 구성원으로 격하시킨 민족주의 등은 동일하게 조악한 부족적인 감정들로서 위대한 자유방임주의 사회의 달성에 방해가 된다고 본다(Hayek, 1976: 133-134).

개인의 자유와 사회의 책임 그리고 국가의 개입에 대한 자유방임주의의 이와 같은 주장에 대해 다문화주의는 두 가지 상반된 결론을 이야기할 수 있다. 우선 자유방임주의는 다문화주의에 가장 강력한 논리를 제공해줄 수 있다. 자유방임주의에서 말하는 가치다원주의는 국민국가의 전통을 이미 선점하고 있는 기존의 다수 문화나 새로운 집단의 소수 문화에 대해서 어느 것이든 동등한 가치와 중요성을 갖는 개인들의 생활양식일 뿐이며 그 이상의 의미는 없다고 간주하기 때문이다.

그러나 국가의 개입과 집단의 역할을 최대한 배제하고 순전히 개인의 선택에 최고의 가치를 두는 이러한 주장은 곧 한계에 부딪힌다. 사회적 인정과 문화적 생존을 주장하는 다문화주의는 환경에 의해 구속받는 자아encumbered self를 전제하고 있고 동시에 문화 집단을 전제하고 있는 반면, 집단과 국가 개입을 외부의 강제로 간주하는 자유방임주의는 추상적인 개인을 중심으로 가치를 설정하기 때문이다. 결국 두 입장은 근본적으로 서로 다른 전제 위에 서 있는 셈이다.

따라서 많은 경우에 자유방임주의적 다문화주의는 기존의 전통을 존중받으면서 새로운 이주자와 타협할 수 있기를 원하는 현실의 국민국가와 갈등하게 된다. 즉 집단과 국가의 역할을 부정하거나 최소화하려고 노력하는 이 전통은 곧 국민국가의 경계를 중심으로 구성되어 있는 엄연한 현실 세계의 벽에 부딪치게 되고, 개인 이외의 모든 존재 가치를 부정하는 입장으로서, 다문화 사회의 서로 다른 개인과 집단들을 묶어서 하나의 공동체로 기능하게 하는 상호 신뢰의 기초를 어디에서 구할 수 있는가라는 질문에 대해서는 뚜렷한 답을 제시하지 못하는 것이다.

자유방임주의는 사회적 소수의 문제 역시 평등보다는 자유의 원칙에 초점을 맞춤으로써 국가의 개입, 즉 국가가 특정 소수 집단을 위한 역차별을 도입하는 것에 반대한다. 또한 자유에 중점을 둔 자유방임주의의 시장 교환에서 재분배의 측면은 사라지고, 시장에서 결정된 소득의 차이는 공공재에 대한 동등한 접근 역시 방해한다. 예를 들어 재분배의 측면이 고려되지 않는다면 도로와 치안, 전기, 수도 등의 사회간접시설과 교육, 의료, 복지 등의 공공재적 성격이 강한 자원들도 단순하게 사람들의 소득 수준에 따라 접근 여부가 결정될 것이다. 대체로 사회적 소수의 지위는 인종과 종교, 문화라는 세 차원에서 서로 중복되어 나타난다. 즉 경제적 결핍과 사회적으로 낮은 지위는 특정 인종과 종교, 문화를 공유하는 집단에 집중되는 경향이 있다.

물론 공적 영역과 시민 개념이 가지는 의의에 대해 회의적인 자유방임주의 전통은 국가의 개입을 통한 차이의 해소와 사회적 공동선의 확보라는 접근 자체에 반대할 것이다. 결국 자유방임주의는 모든 개인의 문화를 동등하게 존중함으로써 다문화주의를 지지할 수 있는 강력한 이론적 근거를 가지고 있지만, 사회적 소수가 차별받는 시장 구조를 개선하려는 의도적인 국가 개입을 배제함으로써 다문화주의에 가장 비우호적인 접근이 될 가능성도 함께 갖고 있다.

4. 공화주의: 시민의 덕목과 정치 참여

공화주의는 국가의 적극적인 역할과 사회의 책임 그리고 시민의 의무와 권리를 강조한다는 점에서 자유주의 및 자유방임주의와 매우 다른 입장을 보여준다. 공화주의 전통에서 전제하는 형성의 정치formative politics는 정치 공동체가 지향하는 가치들을 보호하고 육성하기 위해 국가가 정치과정의 중요한 주체가 되어 적극 개입해야 하는 것으로 본다. 다시 말해 국가는 자치를 위해 요구되는 시민들의 자질을 키우고 공동체를 보호하기 위해 필요한 모든 정책의 중심에 서 있어야 한다. 만약 국가가 이와 같은 적극적 역할을 하지 않는다면 정치적 담론의 빈곤화와 사회적 통합의 손상이 불가피하다는 것이 공화주의의 입장이다.

공화주의 전통에서 정치는 그 시민들이 지향하는 가치와 목적으로부터 중립적일 수 없다. 공화주의자들은 그러한 중립이 가능하지도 또 바람직하지도 않다고 본다. 따라서 공화주의 사회에서 개인의 자유는 공동체의 자치self-government에 참여하는 정도에 따라 그 실현 여부가 달라진다. 즉 개인은 자신이 속한 정치 공동체의 시민으로서 공공 활동에 적극 참여함으로써 비로소 스스로의 자유를 완성할 수 있고, 공화주의적 시민은 동료 시민들과 함께 그 사회의 공동선에 대해 토의하고 자신이 속한 공동체의 운명을 결정하는 데 있어 책임을 공유할 것이라고 기대된다(Sandel, 1996).**6**

공화주의 전통은 다시 추상적인 시민적 덕목의 고양을 통해 강한 공동체를 지향하는 그리스 전통과, 법이나 제도적인 틀을 통해

---

6   공화주의는 공동체주의와 많은 공통점을 가지고 있고, 공동체주의의 한 흐름으로 분류될 수 있다. 나는 여기에서 공화주의가 국가의 역할을 중시한다는 점을 강조하고자 한다. 다시 말해 국가의 역할을 적극적으로 인정하는 공동체주의의 한 흐름을 공화주의라고 부를 수 있을 것이다. 좌우파 구분을 극복하고 보수와 진보를 아우르려는 공동체주의의 범주는 매우 넓다. 예컨대 혁명적 낭만주의와 급진적 참여민주주의에 근거한 개인들의 결사체를 꿈꾸는 아나키즘 역시 (국가를 부정하는) 공동체주의의 한 흐름으로 분류할 수 있다. 물론 아나키즘은 국가의 역할을 부정한다는 점에서 국가의 역할을 제한적으로 인정하는 자유방임주의와는 다르다.

공화주의 국가를 지향하는 로마 전통으로 나뉜다. 아리스토텔레스나 헤겔이 그리스 전통의 대표적인 이론가들이라면, 키케로나 마키아벨리는 로마 전통의 대표적인 이론가들이다.

스키너는 개인의 자유와 사회적 공동선의 상호관계에 대해 로마 전통의 공화주의적 입장에 서서 우리의 사적인 자유를 극대화하는 길은 정치적 활동에 적극 참여함으로써 개인의 권리보다 앞서는 시민으로서의 의무를 먼저 완수하는 것이라고 주장한다. 즉 모든 시민들이 강력한 시민의 덕목으로 무장하고 공공의 의무를 다할 때 비로소 개인의 자유는 유지되고 극대화될 수 있다고 주장한다(Skinner, 1998: 85-86). 이러한 입장은 정치적 자유주의의 근본 전제, 즉 개인의 자유를 보장하는 최선의 길은 개인에게 부여된 사회적 의무를 최소화하는 것이라는 주장을 정면으로 반박하는 것이다.

스키너에 따르면, 자유로운 국가에 사는 개인은 자신이 선택한 삶의 방식에 따라 자유의 권리를 향유하고, 자유 국가는 이러한 공동의 혜택을 자유 헌법을 통해 보장한다(Skinner, 1992: 215-217). 개인의 자유가 자유로운 국가에 의해 보장된다는 공화주의 주장에 대한 유명한 비판으로서 스키너는 홉스의 예를 든다. 홉스는 개인의 자유가 자유로운 국가의 존재 여부에 달려 있다는 주장에 대해, 개인의 자유를 위해 문제가 되는 것은 법의 근원이 무엇이냐가 아니라 그 법이 허용하는 정도가 어디까지인가라고 주장한 바 있다. 즉 신민의 자유는 주권의 무제한적인 권한과 일치하기 때문에 개인이 콘스탄티노플의 군주제 아래 거주하든 루카의 자유 국가free state에 거주하든 간에 자유의 크기에는 아무런 차이가 없다는 것이다(Hobbes, 1996[1651]: 149).

군주제건 자유 국가이건 개인의 자유를 허용하는 체제의 근원과는 상관없이 그 나라의 법이 허용하는 정도에 따라 자유를 누린다는 홉스의 주장은 이미 제임스 해링턴에 의해 반박된 바 있다. 해링턴은 어떤 사람이 만약 술탄의 신민이라면 그 사람은 루카의 시민보다 덜 자유롭다고 주장한다. 왜냐하면 콘스탄티노플에서 한 사람이 누리는 자유의 범위가 아무리 넓다고 할지라도 그의 자유는 순전히 술탄의 선의에 의지하고 있기 때문이다. 다시 말해 군주제에서 법의 근원은 군주의 의지와 동일하다. 따라서 만약 술탄이 마음을 바꾼다면 신민의 자유는 어느 순간 줄어들거나 사라져 버릴 것이다. 그러므로 해링턴은 콘스탄티노플에서 가장 자유로운 신민이 누리는 자유가 루카의 가장 비천한 시민이 누리는 자유보다도 못한 것이라고 주장한다(Harrington, 1998: 20).

결국 이러한 논의들은 자의적인 자유의 범위보다는 안정적인 자유의 근원이 더 중요하다는 사실을 강조한다. 또한 사회적 의무를 자유에 대한 침해로 간주할 것이 아니라 개인의 자유를 증진하는 지름길로 간주할 것을 요구한다. 즉 공화주의 전통은 자유의 근원이 되는 정치 공동체를 지키기 위해 모든 시민들이 공적 영역의 활동에 적극 참여할 때 비로소 자유로운 시민의 삶 역시 보장된다고 보는 것이다.

스키너가 로마 전통의 공화주의 이론을 지지한다면, 샌델은 그리스 전통의 공화주의 입장에 서서 아리스토텔레스의 이론을 출발점으로 하여 논의를 전개한다. 아리스토텔레스식의 닫힌 정치 체제를 전제하는 완전주의 이론perfectionist theory에서는 이상적인 헌정이 무엇인가를 규명하거나 사람들의 권리에 대해 정의를 내리기 위해 우선 바람직한 삶의 본질이 무엇인가라는 것을 먼저 결정해야 한다. 이상적인 삶에 대한 정의가 분명하지 않으면 이상적인 헌정의 내용 역시 불분명하게 남게 되기 때문이다(Sandel, 1998: x-xi).

샌델에 따르면 아리스토텔레스는 정치적 공동체가 단순히 동일한 장소에 거주하는 거주자들의 모임이라는 의미를 넘어선다고 본다. 그의 정치 이론에서 국가의 존재 이유는 시민들의 좋은 삶을 위한 것이다. 또한 시민들은 정치적 결사에의 참여를 통해 비로소 자신들의 본성을 실현하고 삶의 최고 목표를 성취하게 된다(Sandel, 1996: 7). 즉 그리스 전통의 강한 공화주의 입장에서 보면, 시민의 덕목과 정치적 참여는 자유를 확보하기 위한 절대적 요소들이고, 정치적 존재라는 인간의 본성 때문에 우리는 오직 사회의 공동선을 위해 토론하고 국가의 공적 활동에 참여할 때만 자유로워진다.

그리스 전통의 공화주의에서 말하는 시민의 덕목은 명예를 소중히 여기는 감정이나 종교적 경건성, 적극적인 공공 활동에의 참여, 공동체에 대한 헌신, 국가에 대한 애국심 등을 일컫는다. 샌델은 이러한 덕목들이 그 자체로서 선한 인간성의 완성을 위해 필요한 요소이기 때문에 정치적 최선을 확보하기 위한 도구나 수단으로 쓰일 때만 긍정적 의미를 갖는 것은 아니라고 주장한다. 즉 샌델은 시민의 덕목이 궁극적 자유를 위한 도구라고 보는 입장이 결국 개인의 자유와 권리를 확고하게 만들지 못하고, 개인의 본래적인 존엄성을 손상시킨다고 본다.

예컨대 이러한 접근은 공리주의적인 계산 가운데서 개인을 그 자체가 목적이거나 존중해야 할 가치가 있는 것으로 보기보다는 다른 사람의 행복을 위한 수단으로 볼 가능성이 있다. 따라서 샌델은 자신이 지지하는 강력한 그리스 전통의 공화주의, 즉 모든 시민이 그 자체로서 절대적 가치를 갖는 시민의 덕목으로 무장하고, 주제와 소재의 차별 없이 모든 정치적 토론이 무제한 허용되고, 이를 바탕으로 하여 도덕적, 시민적 에너지가 충만한 사회를 이루는 것이 가장 이상적인 길이라고 주장한다(Sandel, 1996: 9-26).[7]

요약하면, 그리스와 로마의 공화주의 전통에 대한 현대적 해석은 개인이 정치적 참여를 통해 시민이 됨으로써 비로소 개인의 자유를 완성할 수 있다고 보고 이 과정에서 국가의 주도적인 역할을 인정한다는 점에서 일치된 견해를 보인다. 그러나 샌델의 강한 공화주의에서는 시민의 덕목과 정치적 참여가 내재적인 가치를 지닌 자유의 본질적인 내용인 반면, 스키너의 온건한 공화주의에서

---

[7] 샌델은 무제한의 토론이 가져올 수 있는 위험에 대해 내재적인 가치를 갖는 시민의 덕목과 그 덕목들을 바탕으로 진행되는 토론은 선험적으로 그 결론이 예측되지 않는 비결정성indeterminacy을 본질로 하기 때문에 더 이상 최악의 상황을 언급하는 것은 무의미하다고 본다(Sandel, 1999: 324-327). 내재적 가치와 비결정성이 공화주의의 본질적인 내용이라는 말을 끝으로 더 이상의 설명 없이 침묵하는 샌델에 대하여, 팽글은 샌델의 논의가 다른 논의와 구분되는 선명한 지점에 이르기도 전에 흐릿하게 사라져버린다고 비판한 바 있다(Pangle, 1999: 28-30).

는 자의적인 권한 행사를 방지하는 법의 지배를 지지하는 한에서만 그 중요성이 인정된다. 물론 두 전통 사이의 이러한 차이는 개인의 자유와 시민의 의무를 서로 다른 영역으로 파악하는 자유주의나 사회적 의무와 국가 개입이 개인의 선택의 자유를 제한한다고 보는 자유방임주의의 입장과 비교하면 사소한 차이일 뿐이다.

다문화주의의 관점에서 보면 공화주의는 사회적 소수가 가지는 두 가지 욕망 가운데 하나인 동등한 인간으로서 개인에 대한 존중을 충실하게 보장한다. 즉 공화주의는 우리도 동등한 인간이기 때문에 보편적 인권을 보장받아야 한다는 사회적 소수의 이해를 잘 반영한다. 하지만 공화주의는 우리는 다르기 때문에 그 차이에 대한 사회적 인정을 필요로 한다는 사회적 소수의 또 다른 측면의 요구를 들어주는 데는 취약하다. 무엇보다도 공화주의는 정치 공동체에 지배적인 의견을 중심으로 한 일체감의 형성을 강조함으로써 사회적 소수의 의견을 억압할 가능성을 항상 안고 있다. 이른바 '다수의 전제 가능성tyranny of majority'은 공동체에 대한 소속감을 강조하는 공화주의 전통에서 언제든지 발생할 수 있다.

문화와 인종 그리고 종교적 소수 집단이 사회적 의무를 다하거나 공공 안건에 정통한 공화주의적 시민이 되기 위해서는 정치적 권리의 보장이 선행되어야 한다. 즉 사회적 소수 집단의 일원이 특정 정치 공동체의 법적 시민이자 정치적 시민이 되는 일이 선행되어야 하는 것이다. 그러나 이주 노동자를 비롯한 사회적 소수 집단들로서는 소속감과 연대감을 통해 분명한 경계를 갖고 있는 공화주의적 공동체의 내부로 진입하는 것이 쉬운 일은 아니다.

물론 일단 진입에 성공하면 공화주의는 다수와 소수 모두에게 평등한 시민으로서의 권리를 보장할 것이다. 그러나 이 지점은 다시 문제의 시작을 의미한다. 공화주의적 정치 공동체의 시민으로서 모두가 동등하다고 말할 때 사회적 소수 집단은 그들의 다를 수 있는 권리를 보장받지 못하는 셈이 되고, 다른 집단과 분명한 차이를 보이는 그들의 정체성 또한 다시 도전받게 되기 때문이다.

5. 한국 현실에서 논의의 가능성과 한계

그렇다면 한국 사회에서 우리가 생각하는 시민의 권리와 의무는 자유주의와 자유방임주의 그리고 공화주의 전통 가운데 어떤 이념형에 가장 가까울까? 다문화의 도전에 직면하기 시작한 우리 사회에서 사회적 소수와 다수가 동의에 이를 수 있는 새로운 시민의 모습을 찾는 데 이 세 가지 이념형은 어떤 시사를 줄 수 있을까? 사실 우리 사회의 시민권에 대한 논의를 규범 이론 차원에서 추적하기란 쉽지 않다. 이러한 어려움은 무엇보다 우리 근대사에서 개인에 대한 논의가 충분하지 않았다는 사실에서 기인한다. 지난 30여 년 동안 계속된 군사 정권 아래서 국가는 사회의 모든 부분을 압도하면서 사적인 영역에까지 광범위하게 개입할 수 있었고, 시민사회는 국가의 영향력에 짓눌려 독립적인 공간을 갖지 못했으며, 개인은 대부분의 경우 감시와 동원의 대상이었다.

그러나 민주화 이후 이러한 상황은 우리 사회의 모든 주체들이 원심력의 방향으로 뛰쳐나가기 시작하면서 급작스런 반전을 보였다. 아마도 현재 시점에서 새로운 주체는 내면의 욕망에 근거한 유희, 쾌락 또는 소비의 이미지를 중심으로 형성되고 있으며, 이제 민주주의의 미래는 "주관적이고 감성적인 쾌락의 주체들에 근거하여 어떻게 보편적인 합의"를 이끌어낼 수 있느냐에 달려 있다고 말할 수 있을 것이다(홍태영, 2005a: 172-173).⁸

이러한 반전에 대한 대응은 공화의 가치를 중심으로 한 공동체적 성찰이 부족했다는 결론으로 치닫는 경향을 보인다. 예를 들어 "건강한 국가 경영에 필요한 애국심, 헌신, 절제 등의 공화주의 원리"를 우리가 잊고 있었다는 주장이나(정윤재, 2005) "사회경제적 평등을 확보하고 참여 민주주의를 확산시킴으로써 자유민주주의에서 평등과 참여의 요소를 강화하는 것"이 중요하다는 주장(강정인 외, 2001: 10-11), 공화주의의 "공론 정치를 민주주의에 적대적인 것인 양 몰아붙이면서 국민의 정치 참여를 포퓰리즘으로 부정하고 비난"해왔다는 주장(김대영, 2005: 80-81) 등은 우리 사회에서 공화주의적 전통의 필요성을 강조하는 사례들이다.

8 전인권은 한국 사회의 근대적 시민에 대한 논의의 기원을 1896년 4월부터 1899년 12월 사이에 발행된 『독립신문』의 존재로까지 끌어올리고, 1898년 3월부터 같은 해 12월까지 열린 만민공동회의 활동을 한반도 최초의 근대적 시민사회의 출현으로 해석한다. 이후 군주국의 신민에서 공화국의 시민으로 비상을 시도하던 한국인들은 일본 제국의 점령 아래 황국신민이 될 것을 강요받았고, 반공을 국시로 한 군사정권 아래서는 국민 총화의 깃발 아래 뭉칠 것을 요구받았다. 1990년대 문민정부의 출현과 함께 시민사회와 비정부기구들은 급속히 팽창하였고, 때때로 부분적인 파괴와 해체의 과격한 모습이었지만 개인들은 비로소 우리 사회의 전면에 등장하기 시작하였다(전인권, 2004).

이러한 주장들은 분명히 설득력을 갖고 있다. 공론장을 통해 만들어지는 시민의 덕과 공공성, 나아가 "공공 영역으로서 정치 세계는 민주주의 이념의 핵심으로서 정치 공동체를 유지시키는 집단적 역량"임에 틀림없기 때문이다(유홍림, 2003: 404).

그러나 공동체 사이의 경계와 경계 안의 동질성을 강조하는 공화주의적 주장은 우리 사회가 아래로부터의 다양한 기준에 따라 얼마나 걷잡을 수 없을 정도로 분화하고 있는가에 대해 상대적으로 과소평가하고 있다. 특히 아직 우리 사회의 고층에 남아 있는 공동체 지향의 강고한 국가주의적 전통을 생각하면 이러한 주장들은 더 신중한 접근을 필요로 한다.

예를 들어 양심적 병역 거부나 동성애 등의 사회적 소수에 대한 논의들이 사회문제로 제기될 때 우리 사회의 다수는 개인의 권리보다는 국가의 안위를 먼저 걱정하는 모습을 확연하게 보여준다. 그 자체로서 결코 부정적인 것은 아니지만 우리 헌법 제1조 "대한민국은 민주공화국이다"와 제2조 "대한민국의 주권은 국민에게 있고, 모든 권력은 국민으로부터 나온다"는 "공동체적 삶에의 끊임없는 참여와 교육을 통해 자신의 지위를 획득"해가는 공화주의적 국민을 전제하고 있다(한상희, 1998). 차이에 대한 존중이 우리 사회의 중요한 담론이 되고 있지만, 아직까지 우리 헌법 제11조에서 "모든 국민은 법 앞에 평등하다"라고 말할 때 우리가 생각하는 다원성의 기준은 누구든지 성별, 종교, 사회적 신분이라는 세 기준에 의해 차별받지 않는다는 것이다. 물론 우리 사회는 이미 이 세 기준 외에도 지역과 연령, 인종 그리고 문화 등에 의해 생겨나는 다양한 차별을 걱정해야 하는 상황이 되어가고 있다. 나아가 우리 헌법 제37조는 "국민의 모든 자유와 권리는 국가안전보장, 질서유지 또는 공공복리를 위하여 필요한 경우에 한하여 법률로써 제한"할 수 있음을 분명히 하고 있다. 이러한 사례들은 무엇보다도 우리 헌법이 보편적 인간이나 '세계시민'적 이상을 강조하고 있기보다는 대한민국이라는 국민국가의 배타적인 '국민'됨과 그 안에서의 동질성을 강조하고 있음을 보여준다(홍윤기, 2005).[9]

우리 사회의 국가를 중심으로 한 사고 경향은 새로운 이주자에 대한 태도에서도 확인할 수 있다. 양계 혈통을 물려받는 방법을 제외하고, 대한민국의 국민이 되기 위해 이른바 '귀화'의 자격을 얻고자 하는 경우에는 국내에서 5년을 살았어야 하고, 품행이 단정하고, 국어 능력과 대한민국 풍습을 이해하는 기본 소양을 갖추어야 한다. 만약 귀화 또는 시민권을 획득할 의사 없이 대한민국의 거주체류증을 갖기 위해서는 최장 7년을 거주해야 하고, 영주체류증을 갖기 위해서는 다시 5년을 더 거주해야 한다.[10]

이 조건들이 갖는 의미는 크게 두 가지다. 첫째, 거주나 영주 자격보다 귀화 자격을 더 쉽게 규정함으로써 개인 자격의 외국인으로서 단순 거주를 선택하기보다는 아예 대한민국의 국민이 될 것

---

9 그 외에도 우리 사회의 국가주의적 경향에 대한 문제의식을 추적한 대표적인 글로는 임지현 외, 『우리안의 파시즘』(서울: 삼인, 2000), 박노자의 『당신들의 대한민국』(서울: 한겨레출판, 2001)과 그의 일련의 저작, 권혁범의 『국민으로부터의 탈퇴』(서울: 삼인, 2004) 등이 있다.

10 우리나라 국적법 제2조 및 출입국관리법시행령 제12조 '외국인의 체류자격' 별표 중 27항 '거주' 및 28의 3항 '영주'를 참고하라.

을 장려하고 있다. 둘째, 이주 노동자를 대상으로 한 고용허가제의 규정에 최장 3년의 연속체류만을 허가함으로써 더 긴 체류 기간을 필요로 하는 귀화나 거주 또는 영주 자격의 경우 이들을 대상으로 신청 자격 자체를 아예 부여할 의사가 없다는 점을 분명히 하고 있다.

결국 폐쇄적인 국가주의적 전통이 여전한 상황에서 지나친 공화주의에 대한 관심은 바람직하지 않다. 이에 대해서는 두 가지 이유를 부연할 수 있을 것이다. 첫째, 국가와 공동체 지향의 담론이 아직도 강하게 남아 있는 사회에서 공화주의적 전통에 대한 강조는 또 하나의 추상적 담론이 될 수 있다는 점이다. 개인의 이익에 근거한 "구체적이고 실용적 주체"가 아닌, 시민의 덕목과 헌신에 근거한 "추상적, 형식적 주체"에 대한 담론은(박동천, 2001: 212-214) 현실적인 개인의 존재를 사적 이익을 초월한 추상적 인간으로 왜곡함으로써 담론 자체의 사회적 적실성을 떨어뜨린다.

둘째, 개인의 자유에 대한 천착 없이 공화주의적 시민의 덕목들을 예찬하는 것은 우리 사회를 전체주의의 나락으로 몰고 갈 위험을 안고 있다는 점이다. 공화주의 전통이 강조하는 참여와 공론장은 개인의 자유와 개인의 내면적 자율이 숨 쉴 수 있는 사적인 공간의 크기와 비례할 때 비로소 의미를 가질 수 있다. 특히 다양하게 분화하는 사회적 소수의 목소리를 포함한 개인들의 자유의 크기와 비례할 때 공화주의적 전통에 대한 강조는 비로소 정당화될 수 있다.

물론 자유주의 역시 개인의 자유에 대한 존중과 공적, 사적 영역의 구분을 통해 우리 사회를 분열과 갈등으로 이끄는 극단적 신념의 경쟁이라는 문제를 어느 정도 해결할 수 있지만, 다양한 도전에 직면한 우리의 현실을 이론적으로 완전하게 뒷받침하지는 못한다. 절차적 측면을 강조하면서 방법론적 개인주의와 개인의 권리를 우선적으로 주장하는 자유주의적 접근은 대부분의 민주적인 의사 결정 과정을 법의 심판에 사후적으로 맡기는 경우가 많아지는 결과를 가져온다. 즉 절차적 자유주의 사회에서는 중요한 안건들이 시민들의 민주적인 참여를 통해 사전에 정치의 영역에서 결정되기보다는 사후에 법의 절차를 통해 보상되는 절차를 밟는 경우가 많아지는 것이다.

  법에 의한 보상 절차는 문제를 둘러싼 환경의 적실성이 이미 바뀔 정도로 긴 시간을 필요로 하고, 시민들의 참여에 의해 진행되는 정치의 절차보다 훨씬 낮은 정당성을 보유한다. 따라서 법의 판단을 의심하고 승복을 미루는 소송 사태가 끊임없이 일어나게 되고, 법률가의 역할이 시민의 역할을 압도하게 된다. 다시 말해 절차적 자유주의가 융성한 나라에서는 시민의 역할과 공적 영역의 크기가 축소되고, 법이 정치의 역할을 대신함으로써 생겨나는 정당성의 문제가 항상 존재하는 것이다. 우리 사회는 2004년 대통령 탄핵 사태와 수도 이전 문제 헌법소원 과정에서 법이 정치의 역할을 대신하고 법률가가 시민의 역할을 압도하는 사례, 이른바 정치의 사법화 현상을 이미 경험한 바 있다.[11]

---

[11] 한국 사회의 법과 정치 관계를 논한 유용한 글로는 김홍우, 『법과 정치: 보통

반면 강한 공화주의 전통의 국가는 시민의 참여와 정치의 활성화를 통해 정당성의 문제를 근본적으로 해결할 수 있지만, 시민들이 겪게 되는 도덕적 과부하와 다수의 전제라는 위험을 늘 안게 된다. 공화주의 사회에서 개인은 공적 영역에 항상 노출되면서 자유로운 상상력의 빈곤에 시달릴 수 있고, 소수 집단은 공동체의 일반의지를 따르면서 정체성의 위기를 겪을 수 있다.

도덕적 과부하와 다수의 전제라는 공화주의의 특징적인 폐해 역시 우리 사회의 경험에서 확인할 수 있다. 1960년대 이래 한국의 사회운동에서 발견되는 공화주의 전통은 참여와 도덕, 열정과 낭만이라는 측면에서 서구의 전통과 비슷했다. 이들은 "민주화 이후의 사회를 이상화"하면서 "총체적 인간으로서 과도한 도덕적 의무를 당연시"했고, 이 과정에서 사적인 개인에 대한 관심은 상대적으로 적었다. 그러나 이와 같은 상황은 곧 "민주화 이후의 자기 부정"과 실망 그리고 단절로 이어졌다(최장집, 2002: 229-230). 즉 한국의 사회운동은 도덕적 과부하와 거대 담론의 영향 아래서 왜소화되었던 개인이 민주화 이후 정체성의 위기와 자기 부정에 직면하게 되는 전형적인 과정을 보여주었던 것이다.

이와 비교하면 공동체의 의무에 묶인 정치적 시민의 개념을 부정하는 자유방임주의의 전통은 서구의 근대가 발견해낸 개인의

법의 길』(파주: 인간사랑, 2012), 최진홍, 『법과 소통의 정치』(서울: 이학사, 2009), 박명림, "헌법, 헌법주의, 그리고 한국 민주주의", 『한국정치학회보』 39집 1호 (2005), 김두식, 『헌법의 풍경』(서울: 교양인, 2004), 정태욱, 『정치와 법치』(서울: 책세상, 2002) 등이 있다.

개념을 극단까지 밀어붙인 가장 급진적이고 과격한 인간 해방의 개념이라고 말할 수 있다. 어떠한 외부의 속박도 배제하고 개인의 자유로운 선택에 최선의 가치를 두는 이 전통은, 공동체에 대한 강조가 가져올 수 있는 다수의 전제에 대한 우려를 생각하면 더욱 절실한 대안으로 떠오른다. 또한 국민국가의 힘이 커져 가고 그 공동체적 의미가 강조될수록 지나친 국가 개입은 항상 개인의 자유에 대한 침해를 걱정하게 만든다는 점에서 자유방임주의적 접근에 대한 지지와 열광이 끊이지 않는 이유가 된다.

그러나 시민의 개념이 갖는 본질적 가치를 부정하는 자유방임주의는 현실에서 자유를 강조하는 원래의 의도와는 전혀 다른 결과를 가져올 수 있다. 예를 들어 공공재에 대한 대안적 접근으로서 자유방임주의에서 주장하는 수익자 부담의 원칙은 소수의 부자와 다수의 가난한 사람들 사이의 격차를 더욱 벌리면서 사회를 양극화시킨다. 이 접근은 서비스를 공급받는 대신 지방세를 통해 그 가격을 지불하는 폐쇄적인 지역사회의 형성을 부추긴다. 따라서 치안이라는 공공재에 대한 보편적인 사회적 권리의 틀이 보장되지 않는다면 가난한 다수는 무방비 상태에서 범죄에 노출되고, 이 상황에서 다른 폐쇄 지역으로 이동할 선택의 자유가 있다고 말하는 것은 실현 불가능한 교과서의 원칙을 되풀이하는 것이 된다. 부자 동네와 가난한 동네 사이에 존재하는 물리적인 장벽은 결국 사람들의 마음속 심리적인 장벽으로 자리 잡게 되고, 시민들의 마음을 가로지르는 이러한 장벽은 궁극적으로 그 사회를 유지하기 위한 최소한의 사회적 연대감마저도 위협한다. 신자유주의의 물결이 휩쓰는 시대에 세계화와 양극화를 주제로 한 담론들이 한국 사회에서 지속적으로 등장하는 것은 이러한 맥락에서이다.

특히 문화적 공동체를 개인에게 꼭 필요한 생존의 조건으로 보는 다문화주의 입장에서 보면, 시민을 단지 자유 시장경제의 소비자로 인식하는 자유방임주의의 접근은 회피 불가능한 문화적 공공재에 관한 것이 사회적 쟁점이 될 때 논리적 한계를 드러낸다. 예를 들어 사람들은 자신이 속한 사회가 비폭력적이거나 종교적 신념을 존중하는 등의 일정한 특징을 갖기를 원한다. 따라서 시장에서 유통되는 폭력적인 영상물이나 포르노그래피를 이용하는 것이 개인의 선택의 문제라고 말하는 것은 설득력을 갖지 못한다. 이러한 경우의 요구는 불가피하게 공공의 성격을 갖는 제품에 관한 것이기 때문에 개인의 선택에 그치지 않고 그 사회의 전체적인 성격에 영향을 미치게 된다. 즉 그와 같은 선택에 동의하지 않았던 개인 역시 불가피하게 타인의 선택의 영향 아래 놓이는 것이다. 그러므로 개인의 선택이 무조건 보호받아야 되는 최선의 가치라는 자유방임주의의 주장은, 문화적 자산과 사회의 공동선을 추구해야 할 가치로 전제하는 다문화주의와 서로 갈등할 소지를 안고 있다.

사실 우리가 어떤 사회를 자유주의적이라고 부를 때 이것은 많은 경쟁하는 이념 가운데 자유주의가 더욱 지배적인 사회라는 뜻이다. 즉 어느 사회든 오직 하나의 이념에 따라 구성되지는 않는다. 따라서 나름의 장점과 한계를 갖는 자유주의와 자유방임주의 그리고 공화주의가 제시하는 세 가지 시민의 이념형은 배타적인 선택의 문제가 아닌 균형의 문제라고 말할 수 있을 것이다. 다시 말해 개인이나 공동체 가운데 어느 한쪽의 비중이 커지는 시대의 흐름에 따라 때로는 공화주의, 때로는 자유주의를 강조하는 균형의 유지가 더욱 중요할 것이다.

예컨대 국가주의적 전통이 여전한 상황에서 우리 사회에 지금 필요한 것은 자유주의의 보편적 인권 담론을 통해 개인들을 억압하고 착취하는 비인간적인 관행들을 타파함으로써 개인의 자유와 존엄을 고양하는 것이라고 말할 수 있다. 그러나 자유주의를 포함하여 세 전통 가운데 어느 입장의 필요성을 강조하더라도 각각의 입장에서 다문화 시대의 다양함을 수용할 수 있는 유연성을 고민할 필요는 그대로 남는다. 즉 자유주의의 보편적 인권이 갖는 제국주의적 성격, 공화주의적 시민의 덕목이 내포하는 다수의 전제 가능성, 그리고 자유방임주의의 극단적인 해방 지향이 갖는 해체의 위험에 대해 다문화주의 관점에서 볼 때 어떻게 이러한 모순을 해결할 수 있는가에 대한 성찰이 필요한 것이다.

6. 다문화 시대 시민의 바람직한 모습

다문화 시대의 시민적 실천에서 생겨날 수 있는 이와 같은 문제점들은 우리가 추구하는 모든 정치철학은 시대의 산물로서 '지금 여기'라는 시간과 공간의 제약을 받고 있다는 근본적인 철학적 인식에 눈을 돌리게 만든다. 아마도 우리가 알고 있는 모든 도덕적 주장을 반영하고, 갈등하는 서로 다른 개념에 대해 가중치를 두어 문화적 다수와 소수의 주장에 대응하는 종합적인 원칙을 찾아낸다는 것은 불가능할 것이다. 더구나 서로 다른 삶의 방식을 양립시키기 위해 간신히 찾은 균형점은 '지금 여기'를 지배하는 조건들의 변화에 따라 한 지점에서 또 다른 지점으로 계속해서 이동하고 있다. 이러한 사실들은 문화적 소수의 요구를 무조건 수용하는 것이 정의는 아니지만, 동시에 선험적인 논리나 논리적 정합성의 필요를 위해 현실적인 삶의 요구를 무시하는 것 역시 불완전한 정의라는 것을 말해준다.

결국 다문화 시대에 문화 집단 간 불평등의 문제나 문화 집단 안에서 취약한 개인의 지위 문제, 그리고 국가 정체성을 둘러싼 기존 시민과 새로운 이주자 사이의 갈등 등 다문화주의 정책이 현실에서 부딪치게 되는 문제들의 해결책은 '타협'이 될 수밖에 없다. 이 타협은 문화를 달리하는 개인 사이에 선한 삶에 대한 기준과 평가가 다를 수 있다는 사실, 따라서 모두가 합의할 수 있는 종합적인 원칙의 발견이 가능하지 않다는 사실을 전제한 것이다. 그렇다면 어떤 과정을 통해 이질적인 문화의 시민들은 타협에 이를 수 있을까? 어떤 방식의 타협일 때 이해 당사자들은 승복할 수 있을까? 사실 우리는 사안에 따라 달라질 타협의 내용을 규정할 수는 없을 것이다. 결국 우리가 제시할 수 있는 것은 타협에 이르는 최소한의 절차적인 규정들이다.

서로 다른 가치 기준을 갖고 있는 개인들 사이의 공정한 타협은 관련된 이해 당사자들이 충분한 토론을 통해 자신들의 의견을 개진한다는 의미의 '심의deliberation'를 통해 가능할 수 있다. 대화와 토론은 상대방에 대한 이해를 증진할 수 있는 최선의 방법이다. 그렇지만 공정한 타협을 위한 심의는 다시 합의 가능한 절차적인 규칙들을 필요로 한다. 그 규칙들은 '상호 존중'과 '합리적 대화' 그리고 관련 당사자 특히 소수에 속하는 개인이나 집단에 대한 '정치적 권리'의 보장이다. 다시 말해 다문화 시대에 바람직한 시민의 모습은 형식의 차원에서 '상호 존중'과 '합리적 대화' 그리고 '정치적 권리'라는 세 가지 조건으로 이루어진 심의다문화주의의 틀로써 제시할 수 있다. 이 원칙들은 모든 사람이 자신의 문화적 배경과 종교적 신념에 상관없이 합의에 이를 수 있다고 보는 시민으로서 갖춰야 할 조건을 최소화한 것이고, 다문화 시대가 가져오는 사회적 연대와 대표의 위기 해소를 목표로 한 것이다.

 '상호 존중'은 상대방 역시 나와 동일하게 인간으로서 권리와 존엄을 가진 평등한 존재라는 인식에서 시작된다. 그것은 사람들이 서로 다른 생활의 방식과 가치의 기준을 갖고 있다는 점을 당연하게 인정하는 것을 의미한다. '합리적 대화'에서 '합리적'이란 협력의 공정한 조건으로서 원칙과 기준을 제시할 준비가 되어 있고 다른 사람들도 그렇게 할 것이라는 확신하에 그 원칙들을 스스로 지킬 생각을 가지고 있는 것을 가리킨다. 또한 합리적이기 때문에 모두가 받아들일 것으로 보는 규칙을 자신이 제시하듯이, 다른 사람이 제시하는 공정한 조건에 대해서도 토론할 준비가 되어 있다는 것을 의미한다. 반대로 비합리적이란 공정한 협력의 조건이 되는 원칙과 기준을 제시하지 않거나, 설사 제시하더라도 자신의 원칙에 대해 토론하는 것을 허용하지 않는 상태이다.

'정치적 권리'란 상호 존중하는 가운데 합리적 대화가 이루어지는 공론장에 참여할 수 있는 개인들의 권리, 특히 사회적 소수의 권리를 말한다. 즉 자신이 속한 공동체의 운명을 결정하는 의사 결정 과정에 시민으로서 참여할 수 있는 권리이다. 정치적 권리는 상호 존중과 합리적 대화라는 절차적인 규칙들에 일정한 방향성을 부여한다. 정치적 권리를 통해서 이루는 의사의 결집은 공화주의적 공동선에 대한 관심이 될 수도 있고, 또 다른 자유주의적 절차 규칙에 대한 관심이 될 수도 있을 것이다. 정치적 권리는 자신과 자신이 속한 집단의 운명에 대한 자결권을 의미하기 때문에 집약된 의사 표출의 내용에 상관없이 사회적 소수가 대표된다는 의미에서 그러한 정치 공동체는 민주적이다.

그렇다면 이와 같은 세 조건으로 이루어진 심의다문화주의의 주장은 기존의 자유주의 및 공화주의 전통과 어떻게 구분되는가? 다문화 시대의 시민들이 합의할 수 있는 규칙들을 최소화한다는 측면에서 보면 나의 주장이 자유주의적인 것은 맞다. 그러나 자유주의를 개인의 자유에 대한 존중과 절차주의적 공정을 추구하는 것으로 정의하고 국가 중립성과 자의성의 회피 그리고 공동선에 앞서는 개인 자유의 우선성을 그 특징으로 제시한다면, 나의 주장을 자유주의적이라고 말하는 것은 한계를 갖는다. 자유주의를 특징짓는 이러한 내용 자체도 시민들 사이에서 합리적 대화를 통해 합의되어야 한다는 나의 관점에서 보면 자유주의의 특정 덕목들은 공화주의자에 의해 거부될 확률이 높다. 나의 주장은 오히려 형성의 정치를 통한 합의의 구성 과정을 전제한다는 점에서 공화주의에 가까운 측면이 있다. 그러나 공화주의처럼 국가의 개입을 당연하게 전제하지 않고 정치적 권리를 갖는 시민들의 합의사항으로 남겨두었다는 점에서 공화주의와는 차별성을 갖는다.

매우 다른 정치적 신념과 문화적 배경을 갖는 다문화 시대의 시민들 사이에서는 적어도 이 세 조건이 거부되지 않을 것이라고 예상할 수 있다. 다시 말해 누구도 이 세 조건을 받아들이지 않을 정당한 이유를 찾기는 쉽지 않다. 문제는 이 세 가지 최소한의 조건만으로도 하나의 정치 공동체를 구성하기에 충분할 정도의 사회적 연대감을 만들어낼 수 있을 것인가이다. 동시에 그러한 연대가 대표의 위기를 해소하기에 충분할 정도로 두터울 것인가이다. 물론 사회적 연대감의 증진을 위해 종교적 신념과 문화적 전통을 공유하는 것이 훨씬 더 효율적일 수 있겠지만, 다문화 시대의 시민들 누구도 이와 같은 기준을 통해 합의에 이를 수는 없다. 결국 모든 개념들이 합의의 대상이 되어야 하는 상황에서 갈등하는 시민들이 가장 쉽게 합의에 이를 수 있는 조건은 상호 존중과 합리적 대화 그리고 정치적 권리라고 말할 수 있다. 이 조건들은 자유주의나 공화주의라는 기준에 따라 분류되어야 하는 개념이라기보다는 두 전통이 나뉘는 경계 지점보다 훨씬 앞서 존재하는 더 근원적인 개념이라고 보아야 한다.

결국 심의다문화주의를 지지하는 다문화 시대에 이상적인 시민의 모습을 한마디로 묘사하면, 개인의 자유와 자유로운 내면의 가치를 지지하고, 다른 사람과의 문화적 차이를 존중하면서, 동시에 자신의 주변에서 일어나는 정치과정에 적극적으로 참여하는 사람이라고 말할 수 있을 것이다. 즉 다문화의 도전에 직면하기 시작한 우리 사회에서 사회 통합을 매개할 바람직한 시민의 모습은, 형식의 측면에서 기존의 시민들과 새로운 이주자 모두 상호 존중과 합리적 대화 그리고 정치적 권리라는 세 조건을 갖추고, 구체적인 내용의 측면에서 개인이 침잠할 수 있는 자유로운 사적인 공간을 확보하고, 그 공간의 크기에 비례하는 정치적 참여를 실천하는 사람이라고 말할 수 있다.

9장 국민국가의 국경 통제는 정당한가?

1. 시민권과 경계의 의미

톰 행크스가 주연하고 스티븐 스필버그가 감독을 맡은 영화 〈터미널〉(2004)의 실제 주인공인 메르한 카리미 나세리Mehran Karimi Nasseri는 프랑스 파리의 드골공항에서 18년을 살았다. 이란인 아버지와 영국인 어머니 사이에서 태어난 그는 1970년대 영국 유학 시절 이란 왕정 반대 데모에 참가한 것이 문제가 되어 1976년 이란에서 추방을 당했다. 그후 나세리는 영국으로 돌아가서 정치적 망명을 요청했으나 거절당하였고, 이어서 독일, 네덜란드, 벨기에 등지에서도 정치적 망명을 신청했지만 모두 거절당하였다. 1980년대 중반 그는 영국으로부터 가까스로 난민확인증을 받았으나 안타깝게도 런던 히드로공항에서 이를 분실하였고 이후 1988년부터 파리 공항에서 체류하기 시작하여 2006년까지 머물렀다. 나세리는 프랑스 정부의 선의로 더 이상 공항에서 내쫓기지는 않게 되었지만 이후 경계의 어디에도 속하지 않은 중간지대에 머무르고 있었던 셈이다.

우리나라의 인천공항에도 20-30여 명의 사람들이 짧게는 1-2주일에서 길게는 4달까지 출국대기실detention room에서 머무른다. 이 가운데 아프리카 출신의 한 사람은 스위스에 도착해 스스로 여권을 찢고 아프리카 본국의 내전 상황을 이유로 난민 신청을 했지만 거절당했다. 그는 곧바로 이전 경유지인 한국으로 보내졌고, 인천공항에서도 난민 신청을 하고자 했지만 여권이 없어서 본인 확인이 되지 않았다. 이 사람은 일본에 있는 본인의 출신국 대사관에 신원을 확인하는 동안, 분명 한국의 공항 구내에 있지만 공식적으로는 한국에 입국하지 못한 상태로 경계의 어디에도 속하지 못한 채 벌써 4달째 머무르고 있었다.

유엔난민기구(UNHCR)의 통계에 따르면 2016년 12월 기준 전 세계에는 약 6,500만여 명의 난민이 존재한다. 이 가운데 전쟁이나 정치적 억압을 이유로 본국을 떠난 피난민이 2,250만여 명, 자국 내에서 집을 잃은 강제이주민이 4,300만여 명으로 집계되었다. 전체적인 강제이주민 규모로 보면 국가 전체 인구의 65%인 1,200만여 명이 국내 실향민이 되거나 해외에서 난민으로 살아가는 시리아인들이 가장 큰 부분을 차지했다. 그다음 콜롬비아인(770만 명)과 아프간인(470만 명)이 2위와 3위를 차지했으며 이라크인(420만 명)이 그 뒤를 따르고 있다. 이 가운데 280만여 명이 정치적 망명을 신청했다(유엔난민기구, 2016).

한국은 1992년에 '유엔 난민의 지위에 관한 협약'(1951)과 '난민의 지위에 관한 의정서'(1967)에 가입했다. 그후 1994년부터 난민 신청을 받기 시작하여 2001년에 국내 최초로 에티오피아인 데구Degu가 난민 지위를 인정받은 이래 2017년 현재 3만 2,733명이 한국에서 난민 신청을 하였고 이 가운데 792명이 난민 지위를 부여받았다. 2017년 기준 한국의 인구 대비 난민 수용률은 세계 139위이며 난민 인정률 2.41%는 전 세계 평균 인정률인 24.1%, 유럽연합의 33%, 미국의 40%와 비교하면 매우 낮은 수치이다. 우리나라에 입국하기를 희망하는 난민이 있었던 반면, 우리나라를 떠난 사람들도 있었다. 한국에서는 2017년 한 해 동안 약 1,400여 명의 사람들이 외국으로 이민을 떠났다. 2008년에 2만여 명이었던 것에 비하면 많이 줄어든 숫자이지만 여전히 적지 않은 사람들이 한국을 떠나고 있다(법무부, 2017).

이들은 모두 자의에 의해서든 아니면 어쩔 수 없는 선택이었든 자신의 나라를 떠나서 새로운 나라에 정착하기를 원하는 사람들이다. 다시 말해 출생으로 인해 자동으로 그 구성원이 되었던 본래의 정치 공동체를 탈퇴하고 새로운 공동체에 가입하기를 원하는 경우이다. 그러나 이들이 가입하기를 희망하는 나라들은 쉽게 국경을 열지 않는다. 오늘날 세계의 모든 국민국가는 자국의 시민이 될 수 있는 자격을 제한하고 있고, 엄격한 심사를 통해 매우 적은 수에 대해서만 가입을 허용한다. 나아가 세계의 모든 나라는 자국에 입국하려는 사람들 가운데 불법적인 방법으로 들어오는 경우를 막기 위해 물리력을 동원하여 국경을 감시하고 통제한다. 이러한 현실은 하나의 정치 공동체가 그 경계를 통제할 수 있는 배타적 권한을 가지고 있고 공동체의 구성원이 될 자격을 규정할 권한 역시 가지고 있다고 당연하게 전제하고 있음을 확인시켜준다.1

오늘날 국민국가가 갖는 이러한 현실적인 힘에 대해 의문을 제기하기는 쉽지 않다. 그러나 국민국가가 설정하는 배타적인 경계는 종종 열악한 상황에 처한 난민들의 보편적 인권과 충돌한다. 예를 들어 우리가 선처를 호소하는 난민들을 국경 밖으로 돌려세울 때 그들의 처지는 훨씬 더 나빠지거나 위험해진다. 이 경우에 우리의 행위는 어떤 이론적 근거에 의해 정당화될 수 있을까? 이곳은 우리의 땅이라는 사실을 암묵적으로 전제하고 있는 국민국가의 국경 통제는 과연 정당한 것일까?

이 장에서는 기존 정치 공동체로부터 탈퇴하기를 원하거나 새로운 공동체에 가입하기를 원하는 사람들에 대해, 또는 이들의 이전을 규제하려고 하는 국민국가의 정책에 대해 어떤 이론적 정당화가 가능한지를 세 가지 정치사상의 전통, 즉 자유주의와 자유방임주의, 공화주의 전통의 관점에서 살펴보기로 한다. 국경 통제를 정당화하는 논리적 근거를 국가 개입의 범위, 사회의 책임 그리고 개인의 자유라는 세 차원에서 비교했을 때 자유주의와 자유방임

---

1 이러한 현상은 지구화 시대의 국민국가 쇠퇴와 강화 그리고 전환이라는 세 가지 논의와 연관 지어 생각해볼 수 있다. 세계적인 국경 통제의 흐름은 위의 세 가지 논의 가운데 국민국가가 그 기능을 더욱 강화해가거나 또는 기능의 전환을 통해 국가 차원의 국제 경쟁력 제고에 모든 자원을 동원하는 히르쉬의 '국민적 경쟁국가'나 홀로웨이의 '탈국민적 자본유치국가'로 변화해가는 경향을 반영한 것으로 해석할 수 있다(Hirsch, 1995; Holloway, 1994: 23-49).

주의, 공화주의는 각각의 범주에 대해 가장 뚜렷한 차이를 보여주는 이념형으로서 의미를 지닌다.

국민국가의 경계가 가지는 의미에 대한 해석은 하나의 정치 공동체의 시민이 된다는 것이 무엇을 의미하는지에 대한 규정과 밀접히 연관되어 있다. 다시 말해 시민으로서의 의무와 권리는 무엇이어야 하는지에 대한 입장과, 그로부터 유추할 수 있는 국경 통제의 정당성, 그리고 이민 또는 난민에 대한 이론적 입장들은 일정한 상관성을 갖고 있다.

시민권과 국민국가는 프랑스혁명 이후에 보편화된 개념들이다. 1789년 프랑스혁명에서 공화주의 이념은 두 가지 의미에서 혁명적이었다. 첫째는 모든 프랑스 국민들을 종교와 신분, 가족, 지역에 상관없이 하나의 범주로 묶을 수 있는 시민이라는 새로운 개념을 만들어냈다는 점이고, 둘째는 절대왕정으로 상징되는 과거의 지배체제를 파괴하고 공화국이라는 새로운 형식의 국민국가를 탄생시켰다는 점이다. 프랑스혁명을 기점으로 프랑스 국경 안의 모든 사람은 시민이라는 하나의 신분으로 통일되었다. 혁명 이전까지 시민의 상대되는 개념이 주로 노예였다면, 혁명 이후부터 시민의 상대되는 개념은 프랑스 국경 밖의 외국인이 되었다. 양도할 수 없는 천부의 권리를 지닌 시민과 이들의 동의에 기초한 공화국의 개념은 나폴레옹의 군대와 민법 체계를 통해 유럽으로 퍼져나갔고, 20세기에 이르러 전 세계가 받아들이는 보편적인 개념이 되었다.[2]

---

[2] 물론 프랑스혁명의 인권선언, 즉 주권의 소재가 하나의 전체로서 국민에게

적어도 20세기 말에 이르기까지 국민국가는 동질적인 문화를 지닌 시민들과 이들이 공유하는 역사적 경험을 바탕으로 대내적인 사회 통합과 정치적 정당성의 확보에 성공해왔다. 민주주의를 위한 선거나 재분배를 위한 시민들 사이의 동의는 모두 세계를 구획하는 지배적인 단위로 떠오른 국민국가의 경계 안에서 가능했다. 경계 안의 사람들이 배타적으로 갖는 지위로서 시민권은 국민국가의 지위를 다른 모든 공동체와 뚜렷하게 구분되게 만들었다.

그러나 신자유주의의 눈부신 승리에 의해 자본과 노동의 세계화가 급속히 진행되기 시작한 지난 세기 말부터 경계 안의 상대적인 안정은 무너지기 시작하였다. 신자유주의에 기반한 지구화는 불가피하게 이주 노동자와 난민의 이동, 이에 따른 낯선 문화와 종교의 유입을 가져왔고, 동질적인 문화를 가진 전통적인 국민국가들은 이제 다문화 사회의 도전에 직면하기 시작한 것이다.

정치적인 단위의 성격을 가지면서 민주주의 발전에 긍정적으로 기능하던 국민국가는 이 시기부터 경계 안의 다수 인종과 다수

있다는 원칙은 그 이상이 실현되기까지 오랜 시간이 걸렸다. 실제로 1848년에서야 프랑스의 모든 남자들은 보통선거권을 갖게 되었고, 1944년에 비로소 여자들에게까지 보통선거권이 확대되었다. 시민의 개념은 고대 그리스의 공동체polis와 로마의 공화국res publica에서도 찾아볼 수 있다. 그러나 고대의 시민 개념은 기본적으로 신분의 차이와 세습을 당연하게 생각하고, 노예의 노동력과 여성의 희생에 기반한 성인 남자만을 대상으로 했다는 점에서 배타적이고 제한적이었다. 그리스의 시민이 법을 제정하고 지배와 피지배의 권리를 갖는다는 점에서 정치적인 의미가 강했던 반면, 로마의 시민은 이미 존재하는 로마법 체계의 보호를 받을 수 있는 권리를 갖는다는 점에서 법적인 의미가 강했다(Pocock, 1999).

문화를 중심으로 소수 인종과 소수 문화를 억압하는 배제의 기제라는 성격을 더 강하게 나타낸다. 지구화를 외치는 오늘날 역설적이게도 국민국가 사이의 경계는 점점 더 강화되고, 보편적 인권도 경계의 위력 앞에서 무력해진다. 그렇다면 이러한 현실은 규범 이론의 차원에서도 정당화될 수 있을까? 시민권이라는 배타적인 지위를 유지하기 위해 경계의 장벽을 높이는 행위는 어디에서 그 이론적 근거를 찾을 수 있을까? 다음 절에서는 우선 자유주의 전통의 논의부터 살펴보기로 한다.[3]

2. 자유주의: 탈퇴의 자연권과 가입의 시민권

자유주의자들이 생각하는 개인의 자유와 시민으로서의 의무 그리고 국가의 역할에 대한 정의는 사람들의 자유로운 이동을 제한하려는 국경 통제 시도에 대해 논리적 추론의 근거를 제공한다. 자유주의 전통을 지지하는 많은 이론가들은 오늘날처럼 다원화된 세계에서 개인들이 동의할 수 있는 시민으로서의 의무는 매우 단순하고 얕을 수밖에 없다고 주장한다. 예를 들어 롤즈는 현대 서구 사회의 가장 큰 특징으로 합리적인 사람들이 동일한 내용의 최

---

[3] 이하의 논의에서는 정치 공동체로부터 탈퇴하거나 가입하기를 원하는 다양한 부류의 사람들, 즉 난민, 피난민, 정치적 망명자, 이민자, 역이민자 등에 대하여 일일이 그 사유를 구분하여 밝히기보다 이를 통칭하여 거주 국가를 옮긴다는 일반적인 의미를 갖는 '이민'과 '이민자'라는 용어를 쓰기로 한다.

고의 삶의 방식에 동의하는 것을 기대할 수 없다는 다원성을 꼽았다. 따라서 롤즈로 대표되는 정치적 자유주의자들은 개인이 오직 공공 영역에 관한 일에서만 시민의 역할을 요구받는다고 본다. 즉 사람들은 서로 다른 다양한 가치관과 기준으로 세상을 살기 때문에 그들이 합의 가능한 영역이란 좁을 수밖에 없고, 오직 최소한의 정치적 가치들을 중심으로 공공 영역에서 참여를 요구받을 때에만 비로소 시민이 되는 것이다. 나머지 대부분의 사적 영역에서 자유주의의 시민들은 어떠한 공적 의무 없이 자신만의 다양한 생활을 통해 개인으로 남는다.

롤즈는 이 경우에 시민이 갖추어야 할 덕목으로서 자신이 정립한 정치적인 정의의 원칙에 근거한 공공합리성의 사유를 제시하고 있다. 여기서 롤즈가 말하는 합리적인 사람이란 협력의 공정한 조건으로서 원칙과 기준을 제시할 준비가 되어 있고, 다른 사람들도 그렇게 할 것이라는 확신하에 그 원칙들을 스스로 지킬 생각을 가지고 있는 사람이다. 이들은 또한 합리적이기 때문에 모두가 받아들일 것으로 보는 규칙을 자신이 제시하듯이, 다른 사람이 제시하는 공정한 조건에 대해서도 토론할 준비가 되어 있다(Rawls, 1993a: 36-38).

롤즈의 정치적 자유주의를 지지하는 하버마스는 다문화 시대를 헤쳐 나아갈 보편적인 시민의 덕목으로 헌법애국주의 원칙을 제시한다. 주위 환경에 의해 구속받지 않는 자아unencumbered self를 지지하는 자유주의 관점에서 보면 시민의 개념은 공동체에의 소속감을 통해 얻게 되는 집단 정체성, 특히 국가 정체성과는 관련이 없다. 오히려 자유주의 전통은 국민국가의 경계를 넘어서는 보편적인 헌법애국주의의 가치들 즉 법의 지배, 표현의 자유, 관용의 원칙 그리고 국민의 동의에 기초한 정부 등 누구나 받아들일 수 있는 최소한의 가치를 중심으로 한 사회적 연대의 모색에 더 주력해왔다(Habermas, 1999: 155).

공공 합리성의 사유나 헌법애국주의의 원칙들은 모두 자유주의 정치 문화에 기반한 국가 중립성과 도덕적 최소주의 입장을 전제하고 있다. 자유주의 전통에서 국가의 역할은 반드시 중립적 조정자여야 하며 따라서 국가는 특정한 삶의 양식을 지지해서는 안 되는 것으로 간주되어왔다. 즉 자유주의자들은 다양한 가치들이 공존하는 다문화 시대의 현실에서 강제력을 수반하는 국가권력이 특정한 삶의 방식을 보다 우월한 것으로 믿고 옹호해서는 안 된다는 점을 강조한다. 특히 국가가 사회문제 해결을 위해 특정 문화와 종교의 원칙들을 지지해서는 안 되고, 문화와 신념의 차이에 상관없이 합의에 이를 수 있는 최소한의 정치적 가치들을 중심으로 문제 해결을 시도해야 한다고 주장한다.

그렇다면 정치적 영역에 국한된 최소한의 원칙들로 함께 묶일 수 있는 자유주의의 시민들은 자신의 의지대로 기존의 공동체에서 탈퇴하고 새로운 공동체에 가입할 수 있을까? 자유주의는 다문화 시대를 불가피하게 만든 주요한 현상 가운데 하나인 이민과 정치적 망명에 대해, 즉 자신이 원래 속했던 국민국가의 경계를 넘어서 새로운 공동체로 옮겨가고자 하는 개인들의 희망에 대해, 또는 이들을 거부하거나 그 숫자를 제한하고자 하는 각국의 주장에 대해 어떤 입장을 보일까?

오늘날 서구 사회에서 점점 폐쇄적인 방향으로 규제를 강화해 가는 이민 정책의 가장 대중적인 논리는 복지 혜택의 남용에 초점을 맞추는 것이다. 다시 말해 이민은 대체로 가난한 나라의 사람들이 보다 부유한 나라로 이주하기를 원함에 따라 나타나는 현상이고, 이민자들은 부유한 나라로 이주함으로써 교육, 의료, 최저생계비 등 시민들의 세금으로 유지되는 복지 혜택을 받게 된다. 이민자들은 더 많은 복지 혜택을 받을 수 있는 국가로 몰려들게 되고 당연히 그 나라의 재정적 부담은 늘어날 것이다. 그리고 이는 기존의 시민들에게 동등한 시민권의 향유를 보장했던 복지국가의 약속을 지킬 수 없는 상황을 초래한다. 즉 한 나라의 정책이 다른 나라보다 더 관대하다면 이민자들은 관대한 나라로 더욱 몰리게 되고, 복지 부문 및 노동시장에서 이민자들과 직접 경쟁을 벌이면서 피해를 입게 되는 그 사회의 주변 계급부터 시작하여 점점 많은 계층들이 복지국가정책에 대한 지지를 철회하게 되는 것이다. 이러한 현상은 이민의 대상이 되는 정치 공동체의 존립 자체를 위협하게 되기 때문에 이민에 대한 규제가 불가피하다는 주장의 중요한 논가가 된다.

이처럼 복지국가의 보호를 위해 가난한 나라로부터 부유한 나라로의 이민을 억제하는 것이 정당하다는 논리는 이민 당사국의 시민들에게 상당한 설득력을 갖지만, 규범적 차원에서 정치적 자유주의의 주장과는 배치된다. 우선 어떤 사람이 가난한 나라의 시민인가 또는 부유한 나라의 시민인가는 도덕적 관점에서 보면 판단의 대상이 아닌 자연적 우연일 뿐이다. 따라서 특정 지역에서 태어났다는 우연한 사실을 근거로 자유로운 이주를 통제하고 그러한 차별을 정당화하는 것은 성립될 수 없는 논리이다.

롤즈의 정치적 자유주의에서 자유 우선의 원칙에 따르면 자유는 오직 자유의 이익을 위해서만 제한될 수 있다. 예를 들어 무제한의 이민이 혼란과 공공질서의 파괴를 가져온다고 하자. 이러한 상황에서는 기존의 시민과 새로운 이주자 모두의 기본 자유가 더욱 악화될 것이다. 이 경우에 이주의 자유를 제한하는 것은 모두의 자유를 위해 정당화될 수 있다. 실제로 소수의 나라들은 극우 집단의 목소리를 이용하여 이민으로 인한 치안 불안의 증가나 범죄의 증가 등을 과장함으로써 규제를 정당화하기도 한다. 그러나 복지국가를 보호하기 위해 이민을 규제해야 한다는 논리에서처럼 다른 사람들의 경제적 부를 증진하기 위해 자유로운 이주의 권리를 제한해야 한다는 논리 또한 어떤 이유에서도 정당화될 수 없다(Carens, 1987: 251-273).

나아가 롤즈의 차등의 원칙에 따르면, 불평등이 정당화될 수 있는 경우는 오직 그러한 불평등에 의해 가장 불리한 조건에 있는 사람이 이익을 얻을 수 있는 경우로 제한된다. 자유로운 이주의 권리에 이 논리를 대입하면 여기에서 가장 불리한 사람은 이민을 원하는 외부인이다. 그러므로 잠재적인 이민자가 기존의 시민들보다 더 가난하고, 만약 이민을 허용해서 그들의 경제적 상황이 더 나아질 수 있다면, 정치적 자유주의는 기존 시민들의 입장에 미칠 수 있는 어떤 효과와도 상관없이 이주의 권리를 지지한다(Carens,

1988).4

 이러한 자유주의적 접근은 1948년 유엔이 발표한 세계인권선언에서도 확인할 수 있다. 이 선언의 제13조 2항은 "모든 사람은 자신의 나라를 비롯하여 어떤 나라도 떠날 수 있는 자유를 갖는다"고 규정하고 있고, 제15조 2항은 "누구도 자신의 국적을 바꿀 권리를 자의적으로 거부당해서는 안 된다"고 규정하고 있다. 그러나 여기서 우리가 주목해야 할 점은 탈퇴의 자유와 가입의 자유 사이의 차이이다. 즉 세계인권선언은 자유로운 이주 가운데 기존 공동체로부터 탈퇴할 자유에 대해서는 무조건적인 자유로 규정하고 있지만, 새로운 공동체로의 가입에 대해서는 자의적으로 거부당하지 않을 권리라고 기술함으로써 조건적인 자유로 규정하고 있다.

 이러한 차이는 탈퇴의 자유가 인간이 자연 상태에서 가지는 자연권의 일부로 이해되는 반면, 가입의 자유 즉 국적을 바꿀 수 있는 자유는 자연권이 아니라 18세기 이후에 존재하기 시작한 시민권의 일부라고 보는 데서 기인한다(Whelan, 1981: 163). 다시 말

4　물론 롤즈의 정의의 원칙에 근거하여 탈퇴와 가입의 자유를 인정한 이러한 유추는, 그의 이론이 출생과 죽음에 의해서만 가입과 탈퇴가 결정되는 닫힌 사회를 전제했다는 점에서 공동체 밖의 외부인이 공동체 안으로 들어오는 문제에 직접 적용할 수 있느냐는 반론이 제기될 수 있다. 롤즈의 만민법에 근거한 국제사회의 정의 개념은 차등의 원칙을 적용한 전 지구적 재분배를 지지하지 않는다. 국가의 가난과 부유 여부는 자연자원의 편재에 따르기보다는 선택 가능한 정치문화적 요소에 의해 결정된다고 보기 때문에 롤즈는 국제사회의 주요 행위자로서 개인이 아닌 국민국가의 주권을 인정하는 현실주의적 접근과 전 지구적 재분배 대신 일정한 목표 및 중단점을 갖는 원조 의무를 지지한다(Ralws, 1999).

해 새로운 공동체에 가입하고 새로운 국적을 취득하는 문제는 자연권의 일부가 아니라 프랑스혁명에 의해 탄생한 국민국가로 이루어진 근대 세계 질서를 전제로 한 것이다. 따라서 적어도 자유주의가 근대 서구 세계의 국가 질서를 근본적으로 부정하지 않는 한, 가입의 권리는 무조건적인 천부의 권리가 아니라 이민 상대국의 자의적인 거부를 당하지 않을 수 있다는 조건이 붙은 권리가 된다.

정치적 자유주의는 서구 혁명의 전통과 밀접한 관련을 갖고 있고, 정치적 자유주의가 강조하는 서구의 공공정치 문화는 혁명의 전통을 빼놓고는 이해될 수 없다. 이러한 관점에서 합리적인 이유에 의해 공동체에의 가입이 거부될 수 있다는 점을 자유주의가 지지하지 않을 수는 없을 것이다. 그러나 여전히 자유주의의 강조점은 이민 상대국이 자의적이지 않다면 가입은 보편적으로 허용될 것이라는 쪽에 있다고 보아야 한다.

3. 자유방임주의: 비공격성의 원칙

자유방임주의는 자유주의와 마찬가지로 사람들이 선한 삶에 대해 근본적으로 서로 다른 개념을 가지고 있다고 본다. 그러나 그 해결책은 자유주의가 제시하는 것보다 훨씬 급진적이다. 즉 자유방임주의는 서로 다른 삶의 의미와 방식을 추구하는 개인의 자유를 최대한 보호하기 위해서 시민이라는 개념이 가지는 정치적 의미를 탈색하고, 공공 영역을 자유로운 시장 교환에 맡기는 사적 영역으로 전환해야 한다고 주장한다. 국가의 역할 또한 개인의 재산권과 개인 간의 계약을 보호하는 최소한의 역할에 그쳐야 한다고 본다.

자유방임주의 세계에서 공동의 의사 결정은 자발적인 결사나 시장 교환 그리고 사적 활동에 의해 성취될 수 없는 일반 공공재가 필요할 때에만 의미를 갖는다. 오직 공동의 접근을 요구하는 공공재의 필요 때문에 우리는 시민이 된다. 따라서 자유방임주의에서 시민이라는 단어는 그 자체로서 의미 있는 개념이 아니다. 이 입장은 선택의 자유와 자발적인 계약이라는 최소한의 범위를 넘어서 시민이라는 개념에 대한 정의와 시민의 권리에 대한 어떤 합의가 반드시 있어야 한다고 보지 않는다. 누구도 자기 스스로 동의하기 전에는 다른 사람의 필요가 무엇이든지 간에, 예를 들어 그가 동료 시민이기 때문에 그를 도와야 한다와 같은 의무를 갖지 않는다.

예컨대 로버트 노직은 사적 계약을 보호하고 강제, 도둑질, 사기로부터 개인을 보호하는 제한된 역할만을 하는 최소 국가의 필요성을 주장한다. 그에 따르면, 국가는 일부 시민들로 하여금 다른 시민들을 돕게 만들기 위해 억압적 국가기구를 사용하거나, 자신의 즐거움이나 자기 보호를 위한 시민들의 활동을 금지하는 데 그 힘을 사용해서는 안 된다(Nozick, 1974: ix). 노직의 최소국가론은 기본적으로 의미 있는 삶에 대한 그의 독특한 정의로부터 추론된 것이다. 그에 따르면 한 사람의 삶은 오직 본인 스스로의 선택에 의해 자신의 삶을 형성해갈 때에만 의미를 갖는다(Nozick, 1974: 50). 노직은 복지 정책을 펴기 위해 국가가 세금을 거두는 것 역시 정의롭지 못하다고 본다. 이와 같은 재분배는 특정한 사람들을 다른 사람의 이익을 위한 도구로 사용하는 것이기 때문이다. 또한 노동으로부터 벌어들인 수입에 대해 세금을 매기는 것은 도둑질일 뿐 아니라 노예화와 똑같은 것이라고 주장한다.

하이에크의 이론에서도 국가는 오직 다른 사람에 의해 개인에게 강제된 상황을 제거하거나 개인의 자유를 증진하는 법의 지배를 가져오는 한에서만 정당화될 수 있다. 그렇다면 어떻게 하면 다른 사람에 의한 강제를 방지하도록 국가의 역할을 제한할 수 있을까? 특히 사적인 개인에 의해 그런 결과가 가능한 방법은 무엇일까? 하이에크는 개인이 국가와 다른 사람들에 의한 개입으로부터 스스로를 보호하면서 자유를 극대화하는 최선의 방법은 사유재산권을 보호하고 재산의 소유를 장려하는 것이라고 본다. 물질적인 뒷받침은 독점의 힘에 의해 조종당하지 않으면서 자신만의 어떤 계획이나 행동을 하는 데 반드시 필요하다. 그러나 사유재산이 없다면 개인은 곧 돈 많은 타인이나 독점 자본에 의해 간섭당하게 된다. 따라서 사유재산권에 근거한 시장경제는 하이에크의 이론에서 개인이 자신의 자유를 지키기 위한 가장 핵심적인 수단이다(Nozick, 1974: 140-142).

요약하면, 자유방임주의는 시민으로서 도덕적 의무감을 전제한 분배적 정의나 국가의 개입을 통한 사회보장이 개인의 독립적인 사고와 개인의 자유로운 선택권을 침해한다고 보고, 이러한 형태의 강제적인 외부 개입을 거부한다. 따라서 개인을 시민으로서의 의무감으로 짓누른 사회주의나, 공동체의 구성원으로 격하시킨 민족주의 등은 동일하게 조악한 부족적인 감정들로서 위대한 자유방임주의 사회의 달성에 방해가 된다고 본다(Hayek, 1976: 133-134).

그렇다면 이와 같은 입장을 갖는 자유방임주의적 개인과 사유재산권의 논의들은 특정 정치 공동체로부터의 탈퇴나 가입을 뜻하는 이민에 대해 어떤 함의를 가질까? 근대 국민국가의 경계를 인정하는 현실주의적 입장은 "이것은 우리의 나라이기 때문에 우리 마음대로 이민을 통제할 수 있다"는 주장을 당연한 것으로 전제한다. 이러한 주장은 국가재산권이나 집합적인 재산권을 근거로 하여 외부인을 배제하는 것으로 해석할 수 있다. 그러나 노직은 분명하게 국가의 영토는 시민들의 집합적 재산이 아니라고 말한다. 국가가 그 영토에 대해 합법적으로 행사할 수 있는 통제는 개인 소유자들의 권리를 보호하는 것으로 제한되어야 한다는 것이다(Nozick, 1974: 113-118).

카렌에 따르면 국가는 인간이 자연 상태에서 누렸던 권리들을 보호하는 것 외에 다른 어떤 일들도 행할 권한을 갖고 있지 않다. 개인들은 다른 개인들과 자발적인 교환에 응할 자유를 갖지만 이러한 권리를 시민으로서가 아니라 개인의 자격으로 갖는다. 또한 국가는 이들 사이의 자발적 교환이 다른 사람들의 권리를 침해하는 것이 아닌 한 개입할 권한을 가지지 못한다. 다시 말해 개인들 간의 자발적 거래가 평화롭고, 사유재산을 횡단하거나 훔치지 않는 한, 또는 다른 개인의 권리를 침해하지 않는 한, 국가는 이민을 제한할 어떤 권한도 가지고 있지 못한 것이다(Carens, 1987: 252-254).

자유방임주의에서 이러한 주장은 비공격성의 명제non-aggression axiom라고 불린다. 여기에서 공격성이란 개인이나 개인 소유의 재산에 대해 물리적인 폭력을 행사하거나 그것을 사용하겠다고 위협하는 것을 말한다. 국가에 의한 강제력의 사용은 오직 이러한 종류의 공격을 퇴치하는 경우에 정당화될 수 있다. 그러므로 자유방임주의 입장에서 이민 문제의 초점은 개인이나 개인 소유의 재산권을 침해하거나 횡단하는지 또는 그러한 침해의 위협을 가하는지의 여부에 모아진다.

무엇보다도 자유방임주의에서 국경은 나와 내 이웃의 땅을 구분하는 경계 이상의 어떤 도덕적 중요성도 가지고 있지 않다(Hillel, 1992: 83-94). 따라서 대부분의 자유방임주의자들은 이민을 규제하려는 움직임에 강력히 반대한다고 보는 것이 논리적으로 타당한 추론일 것이다. 만약 내가 내 땅을 다른 사람에게 세를 놓거나 팔거나 양도한다고 할 때 나는 그러한 계약을 삼가해야 할 의무를 갖고 있지 않으며, 국가는 나와 계약하는 그들이 내부인인지 외부인인지 확인해야 할 어떤 권위도 갖고 있지 않다. 그러나 반대로 만약 내가 내 땅에 외부인이 들어오는 것을 원하지 않는다면 국가는 외부인이 내 소유의 땅에 들어오는 것을 막을 힘과 의무를 갖고 있는 셈이 된다. 그러므로 자유방임주의의 사유재산권의 논리는 이민에 대한 전혀 다른 두 결론을 가능하게 하는데, 개인 재산 소유권자들이 그들의 땅과 재산에 이민자들이 들어오는 것을 허락하지 않기로 의견을 모은다면 국가에 의한 강력한 통제 역시 가능해지는 것이다.

그렇다면 이민자들이 주로 정치적, 경제적 자유를 위해서가 아니라 복지 혜택을 얻기 위해 이민을 하므로 이민을 당연히 통제해야 한다는 주장에 대해 자유방임주의는 어떻게 반응할까? 월터 블락은 이민자들이 복지 혜택을 받기 위한 대열에 합류할 것이라는 가정 아래 이민을 통제하는 것은 알 수 없는 미래에 일어날 행동을 미리 전제하여 현재 시점의 무고한 사람들을 공격하는 것이라는 이유로 이러한 주장에 반대한다. 이 경우에 이민 장벽은 무고한 사람들에 대한 물리적 폭력이 되고 이는 당연히 자유방임주의의 비공격성의 명제에 비추어 정당화될 수 없는 것이 된다(Block, 1998: 167-186).

비슷한 맥락에서 스타이너 역시 먼저 온 사람이 먼저 차지할 수 있다는 명제, 즉 소유되지 않은 사물에 대한 권리는 그것을 자연상태에서 맨 먼저 발견하여 가공한 사람이 정당한 소유자가 된다는 명제에 반대한다. 자유방임주의의 평등한 자유나 자기 소유권의 근본적인 권리는 자연자원은 모든 사람들에게 평등하게 속하는 것이라고 가르친다. 따라서 사람들은 지구의 자연자원에 대해 동등한 지분을 가지며, 이러한 보편적인 소유의 권리를 거부할 어떤 근거도 자유방임주의는 지지하지 않는다. 엑스델 역시 자유방임주의의 사유재산권 개념은 모든 개인이 자연으로부터 동등한 혜택을 받을 권리를 가진다는 사실을 지지한다고 주장한다(Exdell, 1977: 142-149). 결국 자유방임주의의 입장에서 보면, 먼저 정착한 사람들이 복지 혜택이나 자연자원에 대해 자신들의 권리를 주장하며 이민을 제한할 수 있는 논리적 근거는 거의 없는 셈이다.

그러나 같은 자유방임주의의 입장이지만 존 호스퍼스는 이민에 대해 다른 결론을 지지한다. 그는 강제력을 먼저 동원하지 않는 원칙, 소위 비공격성의 명제가 자유방임주의 세계에서 유일한 규칙은 아니라고 본다. 예를 들어 전염 가능한 병을 보유한 사람이나 살인자 또는 복지 혜택을 노리는 이민자를 무조건 받아들여야 하는 것은 아니다. 이민자들은 복지 혜택에 대해 처음에는 조금 부끄럽게 생각하지만 곧 보장된 수입을 혜택이 아닌 당연한 권리로 간주하기 시작한다. 따라서 호스퍼스는 어떤 자격도 필요 없는 절대적 권리absolute rights와, 반증 가능한 사례들에 의해 입증을 필요로 하거나 또는 다른 조건들에 의해 거부되지 않는 한에서 인정되는 상대적 권리prima facie rights로 나누어 이민을 인정해야 한다고 본다. 결국 호스퍼스의 논리에 따르면 자유방임주의의 느슨한 국경 통제의 전통은 상황에 따라 달라지는 것이 된다(Hospers, 1998: 155-157).

4. 공화주의: 윤리적 실체로서 정치 공동체

자유주의 및 자유방임주의와 비교할 때 공화주의는 시민의 정의와 개인의 자유 그리고 국가의 역할에 대해 매우 다른 입장을 보여준다. 공화주의는 무엇보다도 자유주의의 구속받지 않는 자아 또는 무연고적 자아unencumbered self라는 추상적인 개념이 많은 결점을 가지고 있다고 본다. 물론 자유주의가 개인에 대해 부여하는 해방적인 의미와 동등한 개성의 존중이라는 점은 긍정적으로 평가하지만, 공화주의는 한 개인의 정체성 형성에 영향을 미치는 공동체의 역할을 배제한 채 개인을 이해하는 것은 불가능하다고 본다. 즉 공화주의는 사회적 연대감이나 도덕적 의무 등 우리의 경험 속에서 개인의 삶에 영향을 미치는 모든 맥락을 고려해야 한다고 주장한다(Sandel, 1996: 12-13).

공동체의 삶 속에서 규정되는 자아라는 공화주의 관점에서 보면, 개인의 자유는 공동체의 자치self-government에 참여하는 정도에 따라 그 실현 여부가 달라진다. 여기에서 자치에 참여한다는 것은 동료 시민들과 함께 그 사회의 공동선에 대해 토의하고 자신들이 속한 공동체의 운명을 결정하는 데 있어 책임을 공유하는 것을 말한다. 따라서 공화주의 사회에서 시민은 공공 안건에 대해 정통해야 하고, 도덕적 덕목들을 스스로 체현해야 하며, 공동체에 대한 소속감과 연대감을 가져야 한다(Sandel, 1996: 5-6).

다시 말해 공화주의 전통에서 개인은 자신이 속한 정치 공동체의 시민으로서 공공 활동에의 적극적인 참여를 통해 비로소 스스로의 자유를 완성하고, 공동의 정체성을 통해 갖게 되는 시민들 사이의 소속감과 일체감은 궁극적으로 사회정의와 민주주의의 실현에 기여한다. 공화주의 전통에서는 국가 역시 자유주의에서 상정하는 중립적 조정자로서의 국가 개념과는 다르게 규정된다. 공화주의에서 국가는 정치과정의 중요한 참여자로서 정치 공동체가 지향하는 가치들을 보호하고 육성하기 위해 적극 개입하는 역할을 맡는 것으로 상정된다.

스키너는 로마 전통의 공화주의 입장에 서서 우리의 사적인 자유를 극대화하는 길은 정치적인 활동에 적극 참여함으로써 개인적 권리보다 앞서는 시민으로서의 의무를 먼저 완수하는 것이라고 주장한다(Skinner, 1992: 215). 스키너는 자유로운 국가를 유지하는 데 필요한 토대로서 마키아벨리가 말한 시민의 세 가지 덕목을 예로 제시한다. 첫째, 시민들은 결코 뇌물을 받아서는 안 된다. 뇌물이 난무하는 사회적 부패의 대가는 역사상 언제나 노예로의 전락이었다. 둘째, 시민들은 자신의 공동체를 정복하기 위해 침략하는 외부의 적에 대해 언제든지 맞서 싸울 단호한 의지를 가지고 있어야 한다. 셋째, 모든 시민은 자신들의 정부가 야망에 찬 몇몇 개인이나 자기 이익만을 추구하는 소수 집단의 손아귀에 들어가는 것을 막기 위해 반드시 노력해야 한다(Machiavelli, 1983[1531]: 153-165). 스키너는 시민들이 이러한 세 가지 공공의 의무를 다할 때 비로소 개인의 자유는 유지되고 극대화될 수 있다고 주장한다(Skinner, 1998: 85-86).

스키너가 로마 전통의 공화주의 이론을 지지한다면, 샌델은 그리스 전통의 공화주의 입장에서 정치 공동체의 역할과 시민의 덕목을 강조한다. 그는 아리스토텔레스의 논의를 따라 정치적 공동체가 단순히 동일한 장소에 거주하는 거주자들의 모임이라는 의미를 넘어선다고 본다. 샌델의 정치 이론에서 국가의 존재 이유는 시민들의 좋은 삶을 위한 것이다. 또한 시민들은 정치적인 결사에의 참여를 통해 비로소 자신들의 본성을 실현하고 삶의 최고 목표를 성취하게 된다(Sandel, 1996: 7).

샌델이 강조하는 시민의 덕목이란 종교적 경건성이나 명예를 소중히 여기는 감정, 적극적인 공공 활동 참여, 공동체에 대한 열정 등을 일컫는다. 물론 샌델에 따르면, 이러한 덕목들은 그 자체로서 이미 좋은 것이기 때문에 특별히 이 덕목들이 어떤 목적을 위해 좋게 쓰일 때에만 그 의미를 갖는 것은 아니다. 즉 시민의 덕목들은 그 자체로서 선한 인간성의 완성을 위해 필요한 요소이기 때문에 정치적 최선을 확보하기 위한 도구나 수단으로 쓰일 때에만 의미를 갖는 것은 아닌 것이다. 이 입장에서 보면 시민의 덕목과 정치적 참여는 자유를 확보하기 위한 절대적 요소들이고, 정치적 존재라는 인간의 본성 때문에 우리는 오직 사회의 공동선을 위해 토론하고 국가의 공공 활동에 참여할 때에만 자유로워진다.

그렇다면 참여와 공동체를 강조하는 공화주의는 이민에 대해 어떤 태도를 보일까? 아마도 시민의 의무와 정치 공동체에 대한 소속감을 강조하는 그 성격상 공화주의가 훨씬 엄격한 가입 조건을 제시할 것임은 쉽게 예측할 수 있을 것이다.

예를 들어 왈저는 국민국가의 기존 시민들은 이민을 통제할 수 있는 도덕적 권한을 가지고 있다고 본다. 그에 따르면 분배적 정의의 문제는 보편적인 인류의 관점보다는 정의에 대한 공동의 이해를 갖고 있고 공동의 문화를 공유하는 특정 정치 공동체의 구성원이라는 관점에서 고려되어야 한다. 그는 정의의 원칙 자체가 다양할 수 있다고 본다. 따라서 서로 다른 사회적 재화는 서로 다른 주체에 의해, 서로 다른 절차를 거쳐, 서로 다른 이유에 따라 분배되어야 한다. 이러한 차이는 역사적, 문화적으로 서로 다른 환경에서 사회적 공동선에 대해 서로 다른 이해를 갖게 된 데 따른 당연한 결과이다(Walzer, 1983: 6).

정의의 원칙 자체가 다양할 수 있다는 입장에서 보면, 특정 정치 공동체의 구성원은 자신들이 어떤 종류의 공동체를 갖기를 원하는가와 우리 공동체의 구성원이 된다는 사실이 그에게 무엇을 의미하는가를 기준으로 새로운 가입자를 선택할 수 있다. 즉 새로운 공동체에 가입하고자 하는 이민의 자유는 기존의 생활 방식을 유지하고자 하는 정치 공동체의 권리에 의해 제한될 수 있는 것이다. 공화주의 전통에서 시민들이 가지는 자치의 권리는 자기 공동체에 고유한 문화, 즉 자신들의 특별한 생활 방식을 유지하고자 하는 자기주장의 권리도 포함한다. 물론 왈저는 공동체에의 가입을 제한할 수 있는 권리가 기존 구성원의 탈퇴까지 제한할 수 있다는 것을 의미하는 것은 아니며, 외부인의 절박한 필요에 직면하여 가능한 여유 공간이 있음에도 불구하고 무조건 가입을 거부할 수 있는 권리를 의미하는 것도 아니라고 주장한다(Walzer, 1983: 32-45).

왈저의 이러한 주장은 카렌의 자유주의적 주장과 비교하면 보다 명확한 차이를 확인할 수 있다. 카렌은 기존 사회와 문화에 미치는 이민의 영향이 기본적인 자유민주주의의 가치를 위협하지 않는 한 이민 통제가 도덕적으로 정당화될 수 없다고 주장한 바 있다. 따라서 카렌이 보기에 왈저는 이민을 통제할 수 있는 공동체의 단위로서 국민국가가 갖는 도덕적 우위를 보다 강력하게 설명할 수 있어야 한다. 카렌은 이민이 기존 사회의 특징을 바꿀 수도 있지만 그렇다고 해서 아무 특징도 없이 남겨두는 것은 아니라고 주장한다. 이민은 일부에 의해 지지받는 기존의 생활 방식을 파괴할 수도 있고, 동시에 또 다른 일부에 의해 지지받는 새로운 문화를 만들어낼 수도 있다(Carens, 1987: 262-271).

그러나 왈저의 분배적 정의의 관점은 분배가 일어나는 경계를 기준으로 외부와 구분되는 세계를 전제한다. 사람들은 이 경계 안에서 우선 자기의 동료들과 사회적 재화를 공유하고, 교환하고, 분배한다. 오늘날 세계에서 이러한 교환과 분배가 이루어지는 지배적인 공동체의 단위는 국민국가이다. 따라서 국민국가는 새로이 구성원이 되기를 원하는 외부인에게 시민이 될 자격 조건을 제시할 수 있고, 조건을 충족하지 못하는 경우 가입을 제한할 수 있다. 무엇보다도 지배적인 정치 공동체로서 국민국가는 이민을 통제할 만한 현실적인 힘을 갖고 있다. 그렇다면 국민국가는 그 현실적인 힘에 버금가는 도덕적 우위도 가지고 있을까? 카렌이 국민국가의 경계에 부여하는 도덕적 중요성에 대해 밀러는 규범 이론 차원에서도 국민국가의 역할이 충분히 정당화될 수 있다고 주장한다.

왈저와 마찬가지로 밀러도 국민국가의 도덕적 우위에 대해 윤리적 보편주의와 특수주의라는 두 가지 관점을 중심으로 논의를 전개한다. 윤리적 보편주의는 도덕의 주체를 특정한 집단이나 제도에 소속된 개인이 아닌, 일반적인 힘과 능력을 소유한 추상적인 개인으로 본다. 예컨대 롤즈 이론의 초기 상태original position에서처럼 윤리적 보편주의의 모든 주체들은 자신의 정체성이나 소속감, 개인적인 가치 등에 대한 지식을 전혀 갖지 못한 상태에서 정의의 원칙을 선택할 것을 요구받는다(Miller, 1988: 649).

반면 윤리적 특수주의는 모든 주체들이 이미 다른 주체 및 집단과 다양한 약속 또는 의무를 맺고 있다는 사실로부터 윤리적 추론을 시작한다. 이 입장은 사회적인 제도로서 구현된 윤리적인 삶은 사랑이나 자존심, 부끄러움 등의 감정과 순전히 합리적 신념이라는 개인의 복합적인 동기를 인간의 자연스러운 본성으로 동시에 반영해야 한다고 본다(Miller, 1995: 50-58).

밀러는 윤리적 특수주의의 관점에서 국민국가의 경계는 도덕적으로 중요하다고 주장한다. 우리가 우리의 동료 시민에게 지는 의무는 그들이 우리의 가까운 동료라는 이유만으로도 외부인에 대해 지는 의무보다 훨씬 무겁다. 반면 우리는 단지 지구상의 동료 인간이라는 이유만으로 다른 사람이 그의 필요에 따라 나에게 정의를 요구할 수 있는지에 대해 어떠한 합의에도 이르지 못하고 있다. 다시 말해 세계적 차원의 분배적 정의가 아직 비현실적이라는 점에서 우리는 지구라는 하나의 정치 공동체를 갖고 있다고 말할 수 없는 것이다. 밀러에 따르면, 보다 현실적인 정의에 관한 선택은 훨씬 작은 단위인 가족이나 종교 사회, 국민국가 등에서 일어난다. 그러나 너무 작은 단위의 공동체는 그 자원의 한계로 말미암아 의미 있는 분배 자체가 지속되기 어렵고, 너무 큰 단위의 공동체는 분배에 대한 합의를 이끌어내기가 쉽지 않다. 밀러는 이러한 제약들 가운데서 국민국가가 유일하게 현실적인 분배적 정의의 단위로 기능하고 있다고 본다.

밀러가 보기에 오늘날 국민국가는 국가 정체성의 공유를 통해 다양한 집단들 사이에 필요한 신뢰와 집단의 범주를 넘어서는 연대를 제공해주는 유일한 공동체이다. 따라서 밀러는 시민들 사이에 공유되는 국가 정체성이 사회정의와 민주주의의 실현이라는 정치적 목표를 가능하게 해주는 전제 조건이라고 본다. 무엇보다도 국가 정체성은 상호 이해를 증진할 수 있는 공동의 자산을 제공해준다. 밀러는 이러한 관점에서 하버마스가 주장하는 헌법애국주의의 한계를 지적한다. 즉 관용의 원칙이나 법의 지배, 표현의 자유, 시민의 동의에 기초한 정부 등으로 구성된 헌법애국주의의 원칙들은 헌정의 기본 요소들을 똑같이 갖고 있음에도 불구하고 역사적으로 존재해온 정치 공동체 사이의 경계를 설명하지 못하고, 법의 지배를 채택한 많은 근대의 민주 국가들이 서로 다른 정체성을 갖는 이유에 대해서도 설명하지 못한다. 즉 국가 정체성은 각 정치 공동체가 갖는 고유한 문화와 전통을 반영하여 시민들 사이에 공유된 의식으로서 헌법애국주의의 원칙들보다 훨씬 두터운 개념인 것이다(Miller, 1995: 163).

따라서 밀러는 국민국가가 갖는 이와 같은 윤리적 중요성 때문에 국가의 역사를 다루는 공통의 교과과정이 반드시 필요하고, 공통의 언어 역시 필요하다고 본다. 이러한 입장에 따르면 공동체가 이민자에게 이제까지 성취한 역사와 문화에 대해 일정한 수준의 지식을 가질 것을 요구하는 것은 당연하다. 또한 공동체는 이민자에게 국가의 공공 안건이 무엇인가와 국가가 요구하는 의무가 무엇인가를 충분히 인식하고 국가로부터 부과되는 사회적 의무를 기꺼이 준수할 마음가짐을 요구하게 된다. 다시 말해 도덕적 정당화가 가능할 만큼 중요한 의미를 갖는 국민국가의 경계를 아무 조건 없이 횡단할 수 있다는 주장은 공화주의 전통에서는 성립할 수 없는 것이다.

그렇지만 밀러가 이민에 대해 완전히 닫힌 사회를 상정하는 것은 아니다. 그는 국가 정체성이 고정된 실체가 아니고 시간이 지남에 따라 다양한 문화 집단의 유입에 의해 영향을 받고 변해가는 유동적인 것이라고 본다. 따라서 보다 엄격한 조건에 의해 이민이 허용된다고 할지라도 이민자들이 단순히 기존 사회의 문화에 대한 수혜자로서 머무는 것이 아니라 그 사회의 미래를 결정하는 하나의 변수로서 자신들의 역할을 할 것이라고 기대한다. 즉 국민국가의 경계는 중요하지만 그 경계 안에서 이루어지는 활동은 모든 집단들이 서로 조우하는 기회와 우연 속에서 변해가는 것이고, 고정된 지배적인 정체성이 항상 지속되는 것은 아니라고 보는 것이다.

5. 경계와 시민권의 두 얼굴

20세기의 이데올로기 대립은 인류의 상상력을 위축시켰고 언어 표현의 규격화를 통해 우리의 비판 의식을 마비시킴으로써 결국 극단적인 세계 전쟁을 불러왔다. 이러한 의미에서 20세기를 야만의 시대라고 부른다면, 인종과 문화의 차이에서 비롯된 국지적인 분쟁과 폭력이 끊임없이 이어지고 있는 오늘의 세계 역시 야만의 시대이다. 이데올로기를 중심으로 자본의 카르텔을 봉쇄하던 사회주의 진영의 몰락은 자유주의의 승리와 함께 자본과 노동의 급속한 세계화를 가져왔다. 자본은 국민국가의 경계를 무너뜨리면서 이윤을 좇아 이동하고, 노동은 고용의 기회를 찾아 국경을 넘고 있다. 자본에 비해 노동의 이동은 상대적으로 경직성이 더하지만, 누구도 이제 자본과 노동의 세계적인 이동을 완벽하게 통제할 수는 없을 것이다.5

이와 같은 현실은 어떤 국민국가도 새로운 인종과 문화 그리고 종교의 유입을 완벽하게 통제할 수 없다는 사실을 의미한다. 이방인과 새로운 문화의 유입은 기존 시민들과의 사이에 문화 갈등을 불러일으킨다. 한편으로 세계시민의 이상을 찬양하는 국민국가는

---

5 1973년 오일쇼크 이전까지 서구의 선진국들은 급속한 경제 발전에 따른 노동력 부족을 보충하기 위해 상대적으로 느슨한 이민 정책을 실시하였다. 그러나 1973년을 기점으로 자국의 산업 현장의 필요에 따른 인력을 계산하여 이주 노동자의 쿼터를 정하는 노동허가제를 실시해오고 있고, 따라서 이민의 대부분은 정치적 망명과 기존 이주자의 가족 결합이라는 인도주의적 차원에서 이루어지고 있다. 우리나라는 대략 1987년 이후로 이주 노동자들이 입국하기 시작했지만 1991년까지는 체계적인 정책이 없었다. 그후 1991년 11월 산업연수생 제도를 도입했고, 2004년 8월부터 고용허가제를 실시하고 있다. 우리나라와 서구의 이민 정책에서 볼 수 있는 공통점은 모두 자국의 필요에 의해 인력 수급을 결정하여 이주 노동자의 입국을 허가한다는 점이고, 그렇지만 이주 노동자의 입국과 입국 이후 거주 기간을 완벽하게 통제하지 못하고 있다는 점이다. 따라서 불법 체류자가 끊임없이 생겨나고, 정부는 강제 추방을 시도하다가 결국 다시 이들의 존재를 양성화하는 법적 조치를 반복한다.

영내의 불안정성을 제거하기 위해 경계의 통제를 강화하고, 상대방이 자신들의 문화적 전통을 위협할지도 모른다고 생각하는 다수 집단은 지배적인 지위를 유지하기 위해 흡수와 동화를 강조한다. 이제는 세계 곳곳에서 흔한 일이 되었지만, 인종과 문화에 근거한 배타적인 시민권의 강화는 놀랍게도 사소한 인권 침해는 물론이거니와 상상을 초월한 폭력과 학살의 비극을 가져오고 있다.

프랑스혁명 이후 근대 세계 질서를 형성한 국민국가의 경계는 보편적 인권을 보장하고 민주주의를 가능하게 만든 정치 공동체라는 차원의 긍정적인 의미와, 경계를 중심으로 외부와 구별되는 문화적 배타성을 심화시켰다는 차원의 부정적인 의미를 함께 지니고 있다. 다시 말해 근대 국민국가는 동질적인 문화에 기반한 대내적 사회 통합을 통해 정당성의 문제를 해결하고 궁극적으로 민주주의를 가능하게 만든 진보적인 결사체였지만, 인종과 문화를 중심으로 외부에 대해 배타성을 심화시킴으로써 자신의 정당성을 스스로 훼손할 가능성을 항상 안고 있었다.

경계와 시민권의 어두운 면을 생각한다면, 나라와 나라 사이의 국경이 갖는 도덕적 중요성이 나와 내 이웃 사이의 경계가 갖는 중요성보다 더 나을 것이 없다는 자유방임주의 입장은 매력적이다. 비록 개인이 소유한 땅의 횡단 가능 여부를 해당 재산 소유자에게 허락을 받아야 한다고 할지라도, 국민국가의 경계를 중심으로 구성되어 있는 엄연한 현실 세계의 벽을 이보다 더 통쾌하게 부정하는 논리를 찾기는 쉽지 않을 것이다. 물론 집단과 국가의 역할을 부정하는 자유방임주의의 전통은 다문화 사회의 서로 다른 개인들이 어떻게 상호 신뢰를 유지할 최소한의 토대를 찾을 수 있는지에 대한 답을 제시하지는 않는다.

윤리적 공동체로서 국민국가가 갖는 중요성을 강조하는 공화주의 입장에서 보면, 서로 다른 문화와 서로 다른 정의의 원칙이 작동하는 공간을 나누는 경계의 의미는 매우 크다. 이 경계 안에서 시민들은 비로소 동료 시민과의 신뢰와 사회적 연대를 바탕으로 공동체를 위한 희생을 기꺼이 받아들이게 된다. 따라서 경계에 대한 통제의 강화와 동료 시민이 되고자 하는 사람들의 자격에 대해 묻는 것은 당연한 것이다. 그러나 공화주의 전통은 시민으로서의 일체성과 동질적인 문화에 대한 강조 속에서 다수의 전제 가능성과 문화적 소수에 대한 억압의 가능성을 항상 안고 있다.

반면 자유주의 전통은 탈퇴의 자연권과 가입의 시민권을 말한다. 자유주의는 소수 인종이나 소수민족의 권리를 따로 규정하기보다는, 인간으로서의 보편적 권리를 지속적으로 언급하고 있다. 예를 들어 자유주의 원칙에 기반한 세계인권선언은 개인의 기본 인권이 확고하게 보장된다면 민족이나 인종의 특수성에 따른 특별 권리를 부여하지 않아도 모든 인권이 보호될 수 있을 것이라는 신념을 강조하고 있다. 그러나 보편적인 인간의 권리로서 자유로운 이전이 경계에 부딪칠 때, 자유주의는 새로운 국민국가에의 가입은 근대 세계 질서를 전제로 한 시민권의 문제라고 말한다.

보편적 인권의 관점에서 보면 경계의 벽은 낮아져야 할 것이다. 그러나 이제까지 우리가 확보한 민주주의의 경험은 경계의 문제가 해결된 다음에야 비로소 민주주의가 가능했다는 사실을 보여준다. 즉 정치체제의 정당성과 재분배에 대한 시민들 사이의 동의는 공동의 정체성을 공유한 특정한 공간 안에서만 가능했다. 물론 경계를 확장하고자 하는 실험도 꾸준히 있어 왔다. 하지만 통합의 대표적인 사례인 유럽연합도 시민의 자격은 기존 회원국가의 시민으로 한정한다고 규정하여 새로운 경계를 분명히 하고 있다. 다시 말해 유럽연합의 현실은 경계를 무너뜨린 것이 아니라 경계를 넓혔다는 표현이 더 적절할 것이다. 그 결과 유럽 내부의 차이는 낮아지지만 유럽과 비유럽 사이의 경계는 더욱 높아져 간다. 즉 유럽연합의 경계는 그 넓이에서만 차이를 보일 뿐, 국민국가 사이의 경계와 똑같은 성격으로 재생산되고 있는 것이다.

유럽이 통합을 지향하면서도 경계의 문제를 분명히 하는 것은, 경계 안의 시민들이 다수결과 소수의 권리 보호라는 두 개념을 중심으로 이루어지는 민주적인 의사 결정에 승복할 수 있을 정도의 사회적 연대감을 유지해야 한다는 현실적인 필요를 반영하고 있다. 사회적 연대감은 공동의 문화와 역사적 정체성을 가지는 경우에 더 쉽게 유지될 수 있다. 따라서 공동의 경험과 유산을 근거로 하여 경계를 분명히 하고, 시민의 자격을 강화하려는 시도는 정치 공동체의 유지를 위해 불가피한 일이다. 그러나 이 과정에서 내부와 외부의 이방인을 향해 높아지는 경계의 벽은 유럽이 지향하는 민주주의의 궁극적인 이상과는 배치된다. 다시 말해 이주 노동자나 난민 자격으로 유럽에 거주하는 2,000만 명에 이르는 제3국 시민들에 대한 배제는 여전히 통합 과정에서 유럽의 민주주의를 위협하는 과제로 남게 되고, 비유럽을 향한 거대한 유럽의 발언은 유럽 밖의 나라들에게 국민국가의 경계가 더욱 확장되고 강화된 형태로 재생산되고 있다는 사실을 실감하게 만든다.

새로운 문화와 종교, 인종의 유입에 따라 돌이킬 수 없는 추세가 되고 있는 다문화 시대의 등장은 경계 안의 배타적인 지위로서 시민권을 강화하는 일이, 경계를 넘어서는 보편적 인권의 논리와 어떻게 양립할 수 있는지에 대해 끊임없이 질문을 제기하고 있다. 경계의 높이와 보편적인 인권의 존중에 대해 묻는 이 질문 앞에는 인류의 보편성과 세계성이 경계를 중심으로 철저하게 구획된 근대 국민국가의 출현에 의해 본격적으로 고양되기 시작했다는 역설이 자리 잡고 있다. 따라서 누구도 국경을 철폐하고 완전한 이주의 자유를 실현하자고 주장하지 못하지만, 동시에 어떤 사람도 국경을 철저히 봉쇄하고 이주자의 인권을 무시하자고 주장하지도 못한다.

우리나라의 현실 역시 이제 이러한 갈등으로부터 자유롭지 못하다. 재외 동포들과 탈북자들은 보다 나은 기회를 찾아 한국에 입국하기를 희망하고, 2017년 현재 218만여 명의 외국인이 국내에 체류하는 가운데 약 25만여 명이 불법 체류자로 분류되고 있다. 우리나라도 이제 어떻게 하면 보편적인 인권의 존중과 합리적인 국경 통제 사이에서 균형을 유지할 것인가라는 문제를 고민해야 하는 시점에 이른 것이다.

이 장에서 살펴본 시민권과 경계를 둘러싼 이론적인 논의들은 무엇보다도 국민국가의 경계가 민주주의 완성에 기여했던 긍정적 차원의 의미를 실현하는 일, 즉 개인의 자유와 존엄 및 기회의 평등을 보장하고, 궁극적으로 경계의 가치에 이의를 제기할 수 없을 정도의 민주적인 정치 공동체를 만드는 일이 중요하다는 것을 보여준다. 다시 말해 국경 통제가 그 정당성을 얻기 위해서는 국민국가의 경계가 갖는 의미의 긍정적인 차원, 즉 사회 통합과 정치적 정당성을 해결함으로써 민주주의를 가능하게 만든 진보적 결사체라는 점이 충분히 구현되어야 하고, 동시에 부정적인 차원, 즉 인종과 문화를 중심으로 외부에 대한 배타성을 심화시킴으로써 국민국가 자신의 정당성을 스스로 훼손할 가능성을 최소화하려는 노력을 필요로 하는 것이다.

10장 경계의 두 얼굴: 난민과 복수국적

1. 권리를 가질 권리

  인간이 정치 공동체에 속하지 않는다는 것은 어떤 의미일까? 자연 상태의 인간에 대해 홉스는 외롭고solitary, 가난하고poor, 형편없고brutish, 잔인하고nasty, 부족하다short고 묘사한 바 있지만 아렌트는 아예 인류의 범주로부터 추방당한 것이라고 설명하고 있다. 제2차 세계대전으로 인해 유럽 전역에서 무국적자가 증가하자 이들의 비참한 상황에 대한 관심이 증가했다. 무국적자란 정치 공동체에의 참여가 불가능한 사람을 의미했고 사실상 도덕과 법 사이의 모호한 공간에 버려진 이들을 가리켰다. 국가가 없다는 것은 곧 권리가 없다는 것을 의미했다. 그리고 권리가 없다는 것은 단지 생명이나 자유, 행복추구권을 빼앗기거나 또는 법 앞에서 평등할 권리를 빼앗긴다는 의미를 넘어서 어떤 정치 공동체에도 속하지 않음으로써 사실상 인류의 범주로부터 추방당했다는 것을 뜻했다(Arendt, 1968: 295-296).

아렌트가 보기에 인권은 오직 정치 공동체의 구성원이라는 조건이 갖춰진 후에야 존재 가능한 것이다. 이러한 권리는 결코 선천적인 인간의 존엄에 근거한 것이 아니다. 우리가 흔히 생각하는 선천적인 인간의 존엄이란 현실에 존재하지 않으며 인류가 역사에서 발명한 가장 오만한 최후의 신화일 뿐이다(Arendt, 1968: 631-632). 결국 아렌트는 '권리를 가질 권리a right to have rights'라는 말로서 정치 공동체에 속할 권리의 중요성을 강조하며 이 권리야말로 모든 사람에게 어떤 권리보다 우선해서 보장되어야 하는 기본적인 인권이라고 주장하였다.

이 논리의 연장선상에서 보면, 난민의 보편적 인권과 기존 시민들의 이해가 충돌할 때 당연히 우선권은 '정치 공동체에 속할 난민의 기본적인 권리'를 보장하는 쪽에 주어져야 한다. 아직 일어나지 않은 미래의 일자리 경쟁이나 치안의 불안이라는 시민들의 이해는 정치 공동체에 속할 인간의 기본적 권리와 같은 수준에서 논할 대상이 아닌 것이다.

이러한 권리는 단순히 기술적이고 법률적인 보장에 그치는 것이 아니라 공공 영역에의 접근 가능성을 실질적으로 보장하는 방식으로 이루어져야 하며, 이 경우에 공공 영역 또는 정치적인 장이란 특정 형태의 국가만이 아니라 인류 공동체 전체를 의미하는 포괄적인 개념이다. 물론 정치 공동체의 존재는 인권의 실현을 위해 불가피하지만 항상 오류의 가능성을 안고 있다. 특히 정치 공동체의 법적 수단들은 인간의 권리를 보호하는 역할을 하기도 하지만 동시에 지배의 프로젝트로 작동할 때도 있다. 따라서 인권에 대한 논의는 국가가 개인의 인권을 얼마나 적절하게 보호하는지에 대한 관점을 물론 포함해야 하지만 개인에 초점을 맞춰 인권의 비전을 살피는 것 역시 매우 중요하다(Oman, 2010).

난민과 복수국적자의 증가는 지구화의 흐름 속에서 국민국가의 경계를 둘러싸고 발생하는 양 극단의 얼굴들이다. 국민국가의 경계는 난민에게 너무 높지만 복수국적자에게는 관대하다. 어떤 사람은 단 하나의 국민국가 구성원 자격을 얻기 위해 분투하지만 어떤 사람은 두 개 또는 세 개의 구성원 자격을 가지고 있다. 국적 취득은 각국이 채택한 혈연과 영토를 기준으로 하는 속인주의나 속지주의 전통에 더해 혈통과 인종적 기원을 동원한 전략적 귀화나 원정 출산, 투자에 의한 시민권 획득 등의 방식이 추가되었지만, 난민은 여전히 "인종, 종교, 민족, 특정 사회 집단의 구성원, 정치적 견해에 따른 박해의 우려와 두려움이 있는 사람"이라는 1951년 제네바 협약의 기준에서 크게 벗어나지 못하고 있다.

흥미롭게도 난민과 복수국적 논의는 그 방향은 다르지만 두 가지 공통점을 갖고 있다. 첫째, 두 개념 모두 보편적 인권 대 공리주의적 이익이라는 대립 구도 아래 사회적 갈등이 치열해지면서 우리의 관심을 끄는 쟁점이 되고 있다. 둘째, 인간안보 개념이 등장함에 따라 국가 중심이 아니라 개인의 안전과 인권을 중시하는 안보 개념이 형성되었고 이러한 흐름에 맞춰 난민이나 복수국적 논의 역시 개인의 권리라는 관점에서 논의가 활성화되고 있다.

다음 절에서는 복수국적이 점점 보편적으로 받아들여지는 과정과 이것이 민주주의에 제기하는 문제, 복수국적의 유형 등에 대해 논의하고 이어서 난민 논의의 발전 과정과 쟁점을 설명할 것이다. 그리고 인간안보 차원에서 두 개념의 관계에 대해 논의하기로 한다.

2. 복수국적의 증가와 민주적 시민권

국민국가의 주권이 국민을 통제할 수 있는 배타적인 권리를 의미하고 자국의 영토를 배경으로 비로소 주권이 완성된다고 믿던 19세기에서 20세기 중반에 이르는 시기에 시민권이란 당연히 하나의 국가에 소속된 개인이 가지는 오직 하나의 국적을 의미했다. 예를 들어 국제연맹이 주도하여 1930년 헤이그 회의에서 채택된 '국적법 갈등과 관련된 특정 문제에 관한 협약Convention on Certain Questions relating to the Conflict of Nationality Law'은 그 전문에서 모든 사람이 국적을 가져야 하고 동시에 단 하나의 국적을 가져야 한다는 사실의 인도주의적 중요성에 대해 설명하고 있다. 이 회의의 가장 중요한 목표는 무국적 사례와 이중국적 사례 두 가지를 모두 없애는 것이었다. 특히 미국의 대통령 시어도어 루스벨트는 이중국적이 너무나도 자명하고 불합리한 모순이라며 이를 강하게 비판했다. 루스벨트는 이민에 반대한 것은 아니었지만 미국으로 이민 온 사람들은 미국의 시민권을 갖고 미국에 충성하는 길을 선택해야 한다고 믿었다. 이런 분위기를 반영하여 1940년 미국 국적법은 외국의 선거에서 투표권을 행사한 자국민에 대해 국외 추방을 규정하고 있었다(Spiro, 2010: 880-885).

1868년 반크로프트 조약Bancroft treaty은 미국이 국적 이탈을 불허하던 유럽의 여러 나라들을 상대로 반대를 누그러뜨리고 맺은 양자 협정으로서 미국에 건너 온 이민자들이 미국 시민권을 취득하는 권리를 인정해주는 대신 만약 2년 이상 다시 유럽의 원래 나라로 돌아가서 머물면 미국 국적을 취소할 수 있다는 규정을 담고 있었다. 새로운 시민권을 취득하면 기존의 시민권은 취소된다는 원칙renunciation, 그리고 출생에 의해 이중국적이 된 사람은 성인이 되는 일정 나이에 하나의 국적을 선택해야 한다는 원칙election이 자연스럽게 자리를 잡았다(Harpaz and Mateos, 2019: 845).

그러나 1990년대 이후부터 이중국적에 대한 반감은 빠르게 줄어들었고 오히려 이중국적에 대한 지지가 늘어나기 시작했다. 특히 2000년대에 들어서부터는 다른 나라로 이민을 떠나 새로운 국적을 얻더라도 기존의 국적을 포기해야 하는 경우가 줄어들었고 선척적인 이중국적자의 경우 일정 나이에 하나의 국적을 선택하도록 하는 의무 규정을 폐지하는 국가도 늘어났다. 이른바 이민자 송출 국가의 경우 이중국적 제도를 유지하는 것이 자신들의 국가 이해에 맞아 떨어졌기 때문에 적극적으로 이중국적을 용인했다.

이러한 변화는 무엇보다도 자본과 노동력의 이동을 근간으로 하는 지구화 시대의 도래와 함께 진행되었고 경제적인 교류로 세계적인 네트워크가 형성되고 국가들 간에 평화로운 관계가 정착

되면서 가능해졌다. 특히 지구화는 영토에 근거하여 유지되던 시민권이 영토적 제한을 벗어나도 성립할 수 있다는 새로운 공간 개념을 가져왔고 주권에 대해서도 소속 국민들에 대한 배타적인 통제권right to control을 의미하는 것이 아니라 오히려 보호해야 할 책임responsibility to protect을 의미하는 것으로 그 개념이 재규정되는 전기를 마련해주었다. 즉 주권은 국가에 의해 행사되는 선험적인 권력이 아니라 시민들의 의식과 생활에서 발견되는 구체적인 개념으로 재정의되기 시작한 것이다. 이 과정에서 시민권은 국가가 주체가 되어 부여하는 권한이 아니라 개인이 주체가 되어 선택할 수 있는 권리로 전환되기에 이르렀고 민주적인 국가에서 이중국적을 허용하는 것은 하나의 규범으로 자리 잡게 되었다(Weil, 2011).

한 개인이 민주적인 헌정이 정착된 여러 개의 정치 공동체에 속하는 것은 양립 불가능한 종교 집단에 속하는 것과는 다른 문제이다(Kochenov, 2011). 시민권 개념의 이러한 발전은 국가를 주체로 하던 기존의 국제법 전통에서 개인이 새롭게 주체로 떠오르기 시작하고 개인의 권리에 대한 법리가 집대성되는 과정과 맞닿아 있다. 예를 들어 2005년 '유엔 피해자 구제권리 기본 원리와 가이드라인Basic Principles and Guidelines on the rights to a remedy and reparation for victims of gross violation of international human rights law and serious violation of international humanitarian law'의 경우에는 국제인권법이나 국제인도법의 중대한 위반으로 피해를 입은 개인은 국가나 법인 또는 다른 개인을 상대로 직접 손해배상 청구권을 가진다고 선언하면서 국제법상 개인의 권리에 대한 중대한 변화를 담아내고 있다.

이중국적 여부가 개인의 권리에 속하는 문제로 정당화되기 시작하면서 그 표현도 대체로 부정적인 의미를 갖는 이중국적보다는 중립적인 의미를 갖는 복수국적이라는 말로 바뀌고 있다. 그러나 복수국적 제도는 자신이 속한 여러 국가에 대한 실질적인 정서상의 유대보다는 인생의 새로운 기회를 얻을 수 있는 수단이나 자유로운 여행을 위해 비자를 면제받을 수 있는 권리 정도의 편리함 등으로 간주되는 경우가 많다. 어떤 실제적인 유대 없이 단지 자신이 누리는 혜택을 위한 도구적인 수단으로 간주되는 것이다. 예컨대 일정 금액 이상의 투자 여부에 따라 국적을 부여하는 투자시민권 제도는 장기적인 기회구조로서 국적이 개인의 인생에 미치는 영향을 생각할 때 시민들 사이의 불평등을 가속화하는 결과를 가져온다. 특히 복수국적을 가진 부유한 사람들이 더 많은 삶의 기회를 갖는 것과 복수국적을 갖지 못한 가난한 사람들이 더 적은 삶의 기회를 갖는 것은 불평등의 사회적 현상이 지구적 차원으로 확산된다는 것을 의미한다.

나아가 복수국적 제도의 사회적 확산은 단지 부자와 가난한 사람들 사이의 경제적 기회구조에 차이가 생기는 데서 멈추는 것이 아니라 민주주의의 지속 가능성에도 심각한 도전을 제기한다. 즉 자신이 속한 정치 공동체에 정서적 유대감을 갖고 의사결정 과정에 적극적으로 참여하는 시민들의 존재를 민주주의 지속의 전제 조건이라고 할 때 단지 편리함의 이해를 추구하면서 정서적 유대emotional tie가 아닌 도구적 유대instrumental tie에 그치는 복수국적자들이 민주주의의 발전에 어떤 역할을 할 수 있을지 의문이 제기되는 것이다. 점점 보편화되어가는 개인의 자율성과 권리의 존중이라는 관점에서 복수국적 제도는 불가피한 선택일 수 있지만 지구적 차원에서 고립되고 파편화된 개인이 아무런 헌신 없이 국경을 가로지르며 편의에 따라 머무는 것은 민주적 시민권의 원칙과 지속 가능한 민주주의에 중대한 도전이 될 수 있다(Spiro, 2010: 896).

특히 비서구 사회에 속한 사람들이 전략적인 이유로 두 번째 시민권을 획득하는 경우가 늘고 있고 이러한 변화는 시민권에 대한 도구적 태도의 증가와 밀접하게 관련되어 있다. 예를 들어 비서구 사회의 시민들이 서구 사회에서 두 번째 시민권을 획득할 때 그 이유들 가운데에는 도구적 태도에 해당하는 사례가 많다. 자산을 모으기 위해서, 정치적, 사회적 불안정으로부터 탈출 또는 위험 분산을 위해서, 세대 간 부의 이전을 위해서, 혹은 가족을 보호하고, 사회복지 혜택을 누리고, 세금을 회피하기 위해서 등 다양한 이유가 존재한다. 실제로 많은 나라들은 자국에 거주하지 않는 복수국적의 시민들에게도 부재자 투표나 영사의 보호, 기본적인 복지 혜택 등을 부여한다. 더 이상 시민권이 특정 영토 안에 거주해야 한다는 조건이나 두 개의 시민권을 동시에 가질 수 없다는 배타적 조건 등에 얽매이지 않고 도구적 유대를 묶인 상태에서 무겁지 않게 부여되고 있는 것이다(Harpaz and Mateos, 2019: 847-849).

현실적으로 개별 국가의 시민권은 글로벌 맥락에서 가치가 다르고 사람들의 선호에서 차이를 보인다. 예를 들어 가장 경쟁력 있는 첫 번째 범주의 시민권은 서유럽과 북미, 오스트레일리아, 뉴질랜드, 그리고 아시아에서 일본과 한국을 들 수 있다. 그다음으로 선호되는 두 번째 범주의 시민권은 중동부 유럽 국가와 라틴아메리카 국가들, 이스라엘, 타이완, 싱가포르, 말레이시아, 터키, 아랍에미리트, 쿠웨이트, 모리셔스, 남아프리카공화국 등이 있다. 마지막 세 번째 범주의 시민권은 아시아, 아프리카, 중동의 나머지 국가들이다(Harpaz, 2019: 904).

사람들이 추가로 시민권을 획득하여 복수국적자가 될 때 대체로 그 방향은 세 번째나 두 번째 범주의 국가 출신으로서 첫 번째 범주 국가의 시민권을 획득하는 경우가 많다. 이 경우에 시민권 획득의 방법은 원정 출산birth tourism, 혈연 및 인종을 근거로 한 전략적 귀화, 투자에 의한 시민권 취득 등이 있고 대부분은 개인의 편리와 이해를 추구하는 도구적 유대에 그친다. 한 국가 안에서 불평등이 계급이나 젠더, 인종에 의해 영향을 받는다면, 지구적 차원에서 불평등은 국가에 따른 시민권의 차이에 의해 크게 영향을 받는다. 예컨대 소득 하위 5%의 미국인은 세계 소득분포를 기준으로 하면 상위 40%에 해당하고 덴마크의 소득 하위 5%에 속하는 사람은 세계 소득분포에서 상위 10%에 해당한다(Harpaz, 2019: 901). 이런 지표를 보면 더 안전한 삶과 정치적 권리, 경제적 기회를 위해 다양한 방법으로 두 번째 시민권을 추구하는 사람들의 합리적인 선택을 이해할 수 있다.

한국 사회는 전통적으로 복수국적 제도의 도입에 대해 비판적이었다. 복수국적자는 이중적인 태도로 인해 언제든지 조국을 배신할 수 있는 사람으로 간주되었고 복수국적은 일부 부유층만이 가질 수 있는 특혜적인 지위로 간주되었다. 그러나 복수국적제 도입에 대한 한국 사회의 분위기 역시 빠르게 변하고 있다. 2007년 노무현 정부에서 예외적인 복수국적제가 도입된 이후 점점 그 범위가 확대되고 있고 시민들의 인식도 일방적인 비판과 거부에서 그 불가피성에 대한 이해가 커져가고 있는 모양새다. 가장 최근의 국적법 관련 상황으로는 2010년 4월에 통과되고 2011년부터 시행된 국적법 개정안이 있다. 이 개정법안 통과로 외국인 우수 인력, 결혼 이민자, 성년 이전에 외국에 입양된 외국 국적자, 외국에서 거주하다가 만 65세 이후에 입국한 고령의 재외 동포 등에게는 복수국적이 제한적으로 허용되었다. 또한 기존 국적법에 따르면 복수국적자는 만 22세까지 1개 국적을 선택하지 않으면 한국 국적을 자동 상실하였지만, 개정된 국적법은 외국 국적을 행사하지 않겠다고 서약한 사람에 대해서는 복수국적을 유지할 수 있는 길을 열어줬다. 부정적 이미지를 내포하고 있는 이중국적자라는 용어도 복수국적자로 변경되었다(『매일경제』, 2010).

3. 복수국적의 유형들

오늘날 세계적으로 80여 개 국가들이 복수국적 제도를 시행하고 있는 것으로 알려져 있다. 복수국적 제도를 비판하는 사람들은 충성심의 불가분성, 사회 통합의 저해, 안보에 대한 위협, 불안정성의 증폭, 시민 사이의 불평등 문제 등을 이유로 도입을 반대한다.

첫째, 충성심의 불가분성은 배타적인 주권과 국가 간 뚜렷한 경계를 특징으로 하는 국민국가 체제에서 한 사람의 충성심이 두 개의 국가로 나뉠 수 없다는 것이다. 둘째, 복수국적의 도입이 사회통합에 저해가 된다는 것은 새로 이주한 나라의 시민권과 기존 나라의 시민권을 둘 다 가진 사람이 새로운 나라에 정치적 관심을 기울이기보다 떠나온 나라의 정치와 사회에 관심을 기울임으로써 결과적으로 새로 이주한 나라에 통합되지 못하는 상황을 가리킨다.

셋째, 안보에 위협이 된다는 것은 특히 주변의 국가들과 적대적인 상황이 계속되는 상황에서 복수국적 보유자들이 상대국의 이익을 위해 행동하거나 기밀을 유출하는 등의 방식으로 이주 국가의 안보에 잠재적 위협이 되는 상황을 말한다. 넷째, 불안정성이 증폭된다는 것은 국경을 넘나드는 인적 이동과 함께 재산과 세금, 선거권 등의 문제를 둘러싼 혼란이 국내 질서의 불안정성을 높일 수 있다는 우려를 표현한 것이다. 마지막으로, 시민들 사이에서 불평등 문제를 심화시킨다는 것은 사회경제적으로 부유한 계층의 사람들이 복수국적을 보유할 확률이 높기 때문에 복수국적의 보유가 우월한 지위를 나타내는 상징이 되고 그렇지 못한 사람들은 열등한 신분을 가진 것으로 나뉘어 또 다른 양극화 문제를 불러일으킬 수 있다는 것이다(Hansen and Weil, 2002).

이러한 비판에 대해 복수국적제의 도입을 찬성하는 사람들은 현실적으로 자본과 노동이 자유롭게 이동함에 따라 국경을 완벽하게 통제하는 것이 불가능해졌고 복수국적제의 도입은 이러한 지구화의 진전에 발맞추기 위한 불가피한 선택이라고 강조한다.

또한 복수국적제의 도입이 기존 출신 국가의 국적을 포기하지 못하고 현재 거주하는 국가의 시민권 취득을 미루는 이주자들에게 마음 놓고 새로운 시민권을 취득하도록 장려함으로써 오히려 사회 통합에 도움이 될 수 있다고 지적한다. 마지막으로 복수국적제의 도입이 이주자를 매개로 한 국가 간 가치와 제도의 이동을 자유롭게 하여 더 나은 민주주의의 발전에 기여할 수 있다는 점을 강조한다. 이 절에서는 이런 찬반의 내용을 중심으로 복수국적 제도 도입을 둘러싼 유형을 제국 경영형, 이민 송출형, 사회 통합형, 민족 확장형으로 구분하고 각 유형에 따른 대표적 사례들을 살펴본다.

1) 제국 경영형

영국, 프랑스, 스페인, 포르투갈, 네덜란드 등 제국 운영의 경험이 있는 국가들은 옛 식민지 국가들이 독립한 이후 경제적 교류나 인적 네트워크의 연계를 인정하는 차원에서 복수국적제를 지지하거나 묵인해왔다. 예를 들어 영국은 국왕에게 영구적인 충성을 맹세하는 모든 제국의 신민들에게 영국 국적을 부여했고 다른 나라 국적을 취득하더라도 영국 국적이 취소된다고 보지 않았다. 이 때문에 영국은 미국으로 이민한 영국인을 징집하여 미국과 마찰을 빚기도 했다. 1870년의 영국 귀화법은 영구적인 충성의 전통에서 벗어나 외국 국적을 취득할 시 영국 국적을 상실한다고 규정했지만 실제 국적 취소의 집행은 당사자의 명시적인 의사 표명에 따라 이루어졌다. 또한 1948년 영국 국적법은 내무장관에게 국적 포기 의사를 표시하고 내무장관의 결정에 의해 국적 취소가 가능하도록 규정했다.

대영제국의 신민으로 단일하게 규정되던 사람들은 1948년 영국 국적법에 따라 영국 및 식민지의 시민Citizen of the United Kingdom and Colonies과 독립 영연방 국가의 시민Citizens of Independent Commonwealth Countries이라는 두 부류로 구분되었다. 두 부류의 시민은 영국 국내에서 생활하고 체류하는 데 아무런 차이가 없었기 때문에 이 시기에 영국에서는 복수국적 자체가 큰 의미를 갖지 않았다. 하지만 영국은 1960년대부터 점점 영국 시민권을 구분하기 시작했고, 1981년 국적법은 출생지주의에서 벗어나 영국 시민권을 갖기 위해서는 영국에서 출생하고 부모 가운데 1인이 영국 시민권자거나 영주권자일 것을 요구하는 거주 자격 조건주의를 도입했다. 최근까지 영국의 시민권 정책은 영국인이 외국 국적을 취득하는 상황을 개별적으로 추적하지 않고 외국인이 영국 국적을 취득할 때도 기존 국적의 포기를 강제하지 않기 때문에 결국 복수국적을 용인함으로써 국내와 해외 거주 영국인을 시민권을 매개로 연계하는 제국 경영의 흔적을 보여준다.

미국의 경우 1967년 아프로임 대 러스크Afroyim vs. Rusk 사건에 대한 연방대법원의 판결을 계기로, 유럽 국가들과의 양자 협정으로서 1868년 이래 미국 국적 취득 시 유럽 국가의 국적을 취소하도록 규정하여 사실상 복수국적을 제약해온 밴크로프트 협정을 폐기하였다. 폴란드에서 태어난 후 미국으로 귀화한 베이 아프로임Beys Afroyim은 이스라엘의 선거에 참여하여 투표권을 행사했다는 이유로 미국 시민권을 박탈당했고 이에 불복하여 소송을 제기했다. 아프로임 대 러스크 사건에서 연방대법원은 수정헌법 제14조의 시민권 규정, 즉 어떤 국가도 미국 시민의 특권과 면책을 축소하는 법을 강제할 수 없고 법에 따른 정당한 절차 없이 미국 시민의 생명과 자유, 재산을 박탈할 수 없다는 조항의 적극적 해석을 통해 자발적인 의사 표명 없이 특정 행위를 근거로 국적 취소를 가능하게 한 연방법을 위헌으로 판결했다. 이 판결은 1958년 페레즈 대 브로넬Perez vs. Brownell 사건에서 유사한 행위를 한 사람에 대해 시민권을 박탈했던 판결을 뒤집음으로써 복수국적의 허용 가능성을 높이는 중요한 계기가 되었다.

남북전쟁 직후인 1865년부터 1870년 사이에 개정된 이른바 재건 수정헌법안 3개조 가운데 제13조는 노예제 폐지를 명시하고 있고, 제14조는 미국에서 출생한 사람에게 시민권을 부여하는 출생지주의를 규정하고 있으며, 제15조는 인종, 피부색 또는 이전의 예속 상태에 근거해 투표권을 제한당하지 않는다고 규정을 담고 있다. 미국 국적법의 근간을 이루는 출생지주의는 이처럼 노예제 폐지라는 역사적 배경 위에 헌법에 명시되어 있기 때문에 이를 변경하려는 행정적인 시도는 개헌이 뒤따르지 않는 한 쉽지 않으며 이는 복수국적을 관대하게 허용하는 구조적 토대가 되고 있다. 1988년에 미국은 외국 시민권 취득, 적대국 군 입대 또는 외국 국적 취득 후 그 국가의 공직을 맡은 경우라도 국적 포기 의사를 공식적이고 자발적으로 표명하지 않는 한 국적이 상실될 수 없도록 국적법을 개정했다. 이로써 미국은 복수국적제를 공식적으로 채택하지 않았음에도 사실상 광범위하게 복수국적을 허용하는 나라가 되었다.

2) 이민 송출형

복수국적의 유형 가운데 이민 송출형은 많은 수의 자국민이 해외에 이민자로 머무르는 경우 이들이 가져오는 경제적 기여나 일자리에 따른 자유로운 이동을 위해 적극적으로 복수국적을 허용하는 사례를 가리킨다. 독일에 다수의 이민자를 보낸 터키나 미국에 이민자를 보낸 멕시코, 콜롬비아, 도미니카, 브라질, 그리고 아시아에서 한국에 많은 이민자를 보낸 베트남 등이 이 유형에 속한다.

터키의 경우 자국민이 독일 국적을 취득하기 위해 독일 국적법에 따라 터키 국적을 포기해야 하는 상황에 부딪쳤을 때 추후 다시 터키 국적을 취득할 수 있게 지원해왔다. 즉 터키인이 독일 국적을 보유한 채로 예전에 상실했던 터키 국적을 다시 취득하는 경우 터키 정부가 적극적으로 국적 회복을 지원하는 것인데, 이런 사례에 직면한 독일은 2000년 국적법을 개정하여 후천적인 독일 국적 보유자가 외국 국적을 취득할 경우 예외적인 경우를 제외하고는 독일 국적을 상실하도록 국적법 내용을 수정했다. 베트남 국적법도 단일 국적주의를 취하고 있지만 외국인의 복수국적 취득을 광범위하게 허용하고 있고 베트남인들이 외국 국적을 취득하거나 재취득할 때 베트남 국적이 자동 상실되지 않게 규정하여 해외 거주 베트남인들의 국적 유지를 지원하고 있다(현준원 외, 2010).

멕시코 역시 미국에 이민을 간 자국민들의 요구에 부응하여 미국 국적을 취득하더라도 멕시코 국적을 그대로 보유할 수 있는 복수국적을 허용했고, 멕시코 국적을 취득하는 사람에게도 원래 국적의 나라가 복수국적을 불허하지 않는 한 두 개의 국적을 그대로 보유하는 것을 허용하고 있다. 예를 들면 미국, 영국, 캐나다, 스위스, 벨기에, 이탈리아, 핀란드, 프랑스, 덴마크, 호주, 스페인, 포르투갈 등은 복수국적을 허용하기 때문에 이 나라들 출신의 이민자는 멕시코 국적을 취득해도 원래 국적을 그대로 유지할 수 있고, 중국, 인도, 인도네시아, 말레이시아, 오스트리아 등에서 온 이민자는 멕시코 국적을 취득할 경우 이 나라들의 복수국적 불허 방침에 따라 원래 국적을 포기해야 한다. 이민 송출형 복수국적 유형의 증가는 일자리를 찾아 해외 이주를 떠나는 사례가 늘면서 생겨난 비교적 최근의 현상으로, 멕시코는 1998년에 복수국적제를 채택했고 다른 남미 국가들의 경우에는 1991년 콜롬비아, 1994년 도미니카, 1996년 브라질 등이 이민 송출형에 해당하는 복수국적제를 채택했다.

지구화 시대의 특징으로 언급되는 초국적 공간의 등장이나 국민국가의 경계를 넘나들면서 강둑의 양안에서 동시에 생활하는 모습은 이민 송출형 복수국적 체제 아래에서 가장 뚜렷하게 나타난다. 독일에서 생활하는 터키인들의 경우 66%의 사람들이 1년에 한 번 이상 터키를 방문하고, 터키인들의 유럽 최대 이슬람 정치

운동 조직인 밀리 괴뤼스Milli Görüs(민족의 비전이라는 뜻)나 터키에서 수니파에 이어 두 번째로 큰 신비주의적 이슬람 종교 공동체인 아나톨리안 알레비스Anatolian Alevis는 터키 총선에 투표하러 가는 사람들을 위해 전세비행기를 동원하여 무료 좌석을 제공하기도 한다(Kaya, 2012). 이들은 터키의 정치 사회에 관심을 갖는 데 그치지 않고 독일에 있는 공동체에 상응하는 조직을 터키에 만들기도 하는데, 독일 내부 공동체의 변화를 반영하여 터키에 있는 공동체의 모습이 변화해가는 현상을 볼 수 있고 이 조직들이 가진 서구 문명에 대한 비판적 시각이 독일 생활에 반영되는 것도 볼 수 있다. 즉 자본과 노동의 일방적이고 경직된 흐름과 달리 가치와 문화의 상호 교류가 서로의 생활양식에 영향을 미치는 실질적인 초국적 공간의 탄생을 목격할 수 있는 것이다. 이것은 복수국적 제도를 지지하는 사람들이 제기하는 중요한 이유 가운데 하나인 이주자를 매개로 한 가치와 제도의 확산이 민주주의의 미래에 영향을 미친다는 주장을 뒷받침하는 현상이라고 할 수 있다.

3) 사회 통합형

사회 통합 유형의 복수국적 도입은 자기 나라에 이민 온 이민자들의 사회 통합을 위해 이민자들이 이민 수용국의 국적을 취득할 때 원래 국적의 포기 조항을 없애는 경우를 말한다.

스웨덴은 이민자들이 늘어가는 현실에서 문화인종적으로 소수인 이들의 복지와 인권을 보호하고 노동시장에서 스웨덴 사회로의 통합을 강화하기 위해 의회의 토론을 거쳐 최종적으로 2001년 복수국적 제도의 도입을 결정하였다. 이에 따라 1951년 이래 복수국적을 금지한 국적 제도에 의해 외국 국적 취득 시 스웨덴 국적을 포기해야 했던 사람들은 소급해서 스웨덴 국적을 회복할 수 있게 되었고 복수국적의 대상이 되는 상대방 나라가 스웨덴과의 복수국적을 허용하면 이민자들도 기존 국적을 포기할 필요 없이 스웨덴 국적을 취득함으로써 복수국적을 보유할 수 있게 되었다.

스웨덴 국적법 개정 논의는 국가적 관점national perspective과 초국가적 관점transnational perspective으로 나누어 살펴볼 수 있다. 국가적 관점에서 보면 전통적인 국가의 모습은 동질적인 시민으로 구성되어 통합이 강조되는 사회이고 이민은 비정상적인 상황이며 국민국가의 질서에 잠재적인 문제점과 해악을 가져오는 것으로 파악된다. 국가에 대한 소속감은 분리될 수 없고 개인은 오직 하나의 국가에 충성을 맹세할 수 있기 때문에 정착, 부동성, 뿌리 등의 단어로 대표되는 국가적 관점에서 이민은 소속감과 통합으로부터의 임시적인 이탈로 간주되고 결국 이민자는 이주 국가를 더 선호하고 정착할 것을 요구받는다. 이러한 국가적 관점은 이민자를 사회적 악의 근원이나 힘없는 희생자로 묘사하여 낙인찍는 시각을 조장하며 또한 통합을 곧 동화로 간주하여 이민자로 하여금 기존 문화를 버리도록 강요한다는 비판을 받는다.

초국가적 관점은 복수의 국가에 대한 유대가 유용할 뿐 아니라 즐거운 일이며 이동성과 소속감이 반대의 의미가 아니라 상호 보완적인 의미를 갖는다고 본다. 이에 따르면 문제는 이민이 아니라 공공의 이민에 대한 인식이다. 이민은 일회성의 행사가 아니고 이민 수용국과 송출국 사이에 상호 연관성을 높이는 지속적인 관계를 가능하게 만든다. 이민자는 초국가적 자원들을 이해하는 유능한 행위자가 될 수 있고 두 나라를 오가며 긴밀한 접촉을 통해 두 사회의 자산이 될 수도 있다. 이러한 초국가적 관점에 대해 제기되는 근본적인 비판은 정치인이나 이민자 모두 이민 수용국에서 기대되는 사회 통합의 문제를 외면할 수 없다는 것이다.

국가적 관점에서 복수국적 허용에 반대하는 사람들은 스웨덴 사회를 중심으로 볼 때 복수국적이 이민자의 사회적 통합을 어렵게 하고 스웨덴에 대한 소속감을 형성하는 데 방해가 되며 국가 안보에 잠재적 위협이 된다는 점을 강조한다. 또한 이들은 이민자에 초점을 맞춰 그들이 거주 분리와 주변화, 외국인 혐오, 2등 시민 간주, 안정적 정체성의 확보 실패 등의 어려움을 겪는다고 강조한다. 이들이 보기에 복수국적의 허용은 끊임없는 이동과 원래 국가로의 회귀 가능성을 높이기 때문에 세계 질서의 불안정성을 점증시킨다. 따라서 이들은 이중 혜택보다는 정서적 유대와 도구적 유대 가운데 하나를 선택하는 게 바람직하며 그 경우 자신이 살고 있고 일하고 있는 곳의 시민이 되는 게 낫다고 본다.

반면 초국가적 관점에서 복수국적 허용을 지지하는 사람들은 지구화 시대에 정체성의 문제가 매우 중요하기 때문에 복수국적 허용을 통해 개인의 정체성과 선택의 자유를 보호해야 한다고 주장한다. 이민자는 두 가지 차원의 유대를 갖는데 정서적 유대감은 가족, 뿌리 의식, 문화적 소속감 등으로 표현되며 실질적 유대감은 직업, 사회적, 정치적 참여로 표현된다. 이 가운데 정서적 유대감을 잃는 것은 개인의 안전에 심각한 위협이 되기 때문에 초국가적 관점의 지지자들은 복수국적을 허용해서 이민자가 원래 국적을 유지할 수 있게 하고 이를 보장함으로써 이민자들이 스웨덴 국적을 더 기꺼이 취득하게 되고 결과적으로 이민자의 거주 분리와 주변화를 막고 정치적 통합도 촉진시킬 것으로 본다. 스웨덴 의회는 이러한 찬반 논의를 거쳐 복수국적을 허용하는 국적법 개정안을 채택했다(Gustafson, 2004; Faist et al., 2004).

4) 민족 확장형

복수국적 제도의 도입에서 민족 확장형은 이웃 국가에 같은 민족이 거주하고 있는 경우 이들을 대상으로 혈연에 근거한 복수국적을 허용하여 혈연적 민족의 확장을 꾀하는 사례를 일컫는다. 대개 정치적 야망에 따른 민족적 기획이나 투표권 부여, 여기에 정치인들의 집권에 도움이 되는 동원 전략이 더해지면서 현실적인 입법이 가속화된다. 일찍이 디아스포라 역사가 길었던 독일, 아일랜드, 이스라엘 등이 혈통을 같이하는 민족에게 예외적이고 비대칭적으로 복수국적을 허용한 나라들이고 최근의 예로는 루마니아와 헝가리를 들 수 있다.

루마니아는 인근 몰도바 인구의 60% 이상을 차지하는 루마니아계 사람들을 목표로 하여 1991년 복수국적을 허용하는 국적법 개정을 했다. 2007년 루마니아가 유럽연합에 가입함으로써 몰도바

국적으로 몰도바에 거주하더라도 루마니아 국적을 취득할 경우 솅겐조약에 가입한 유럽연합 국가들을 비자 없이 여행할 수 있다는 장점이 있기 때문에 선호가 높았고 그 결과 몰도바인들의 40% 이상이 복수국적을 갖게 되었다. 헝가리는 2001년부터 복수국적 논의가 시작되어 2004년에 한 차례 복수국적 제도 도입이 좌절된 바 있으나 2010년에 최종적으로 복수국적 제도가 도입되었다. 헝가리는 애초에 스웨덴처럼 헝가리 내부의 이주 노동자들을 대상으로 복수국적 제도 논의가 시작된 것이 아니고 인근 국가에 거주 중인 300만 명의 헝가리인과 그 후손들, 세계에 거주 중인 500만 명의 헝가리인과 그 후손들을 대상으로 복수국적 논의를 시작하였다(Kovacs, 2006).

루마니아와 헝가리가 채택한 민족 확장형 복수국적 제도에서 가장 핵심적인 내용은 해외 거주 루마니아인들이나 헝가리인들이 그 대상이며 국적 취득의 조건으로서 국내 거주요건을 규정하지 않는다는 점이다. 헝가리는 양 방향의 복수국적을 일찍부터 허용해오다가 헝가리 국내 거주요건 없이 외국에서 거주하고 있는 헝가리인에 대해 국적을 허용할지의 여부를 묻는 투표를 2004년에 실시하여 한 차례 부결되었으나 이후 2010년 4월 총선에서 우파 피데스당이 공약으로 내세우고 승리한 다음 2011년부터는 혈연에 근거하되 국내 거주요건 없는 복수국적제를 시행하고 있다. 오르반 헝가리 총리는 난민을 막기 위해 남쪽 국경에 장벽을 세우면서 난민 할당 찬반을 묻는 국민투표를 시행한 바 있고 사회적 보수주의를 바탕으로 국가주권 수호 및 민족 공동체 유지를 주장하고 있다.

헝가리는 이웃 국가들에서 거주 중인 헝가리인의 보호를 명분으로 복수국적 논의를 시작했고 이들의 정치적 권리를 인정함으로써 헝가리 내부의 정치적 지지 기반을 넓히려는 헝가리 정당들의 경쟁적 이해관계로부터 제도 도입이 결정되었다. 헝가리에서 복수국적 제도 도입은 국적 문제를 둘러싸고 혈통 중심의 속인주의를 강화함으로써 단일한 문화인종적 기원을 강화re-ethnicization of citizenship하는 결과를 가져온 것이다. 이러한 변화의 방향 역시 지구화 과정을 반영하는 하나의 모습이겠지만 우리가 흔히 생각하는 다양성이 증가하는 지구화 시대의 열린 모습이나 낮아지는 국경의 경계와는 거리가 먼 모습이다.

이민자 통합과 그들의 인권 및 복지라는 목표에서 복수국적 제도 논의를 시작한 스웨덴과 주변 국가로의 영향력 확대 및 국내 정치적 지지 기반 확대라는 정치적 이유에서 복수국적 제도 논의를 시작한 헝가리 사이에는 큰 차이가 존재한다. 모든 국가는 자신들이 처한 상황에서 생겨난 문제를 해결하기 위해 복수국적 논의를 시작한다. 스웨덴이 사회 통합 문제에 중점을 두었다면 헝가리는 정치적 위상 확대에 중점을 두었다는 점에서 다르다.

한국의 경우 스웨덴과 헝가리가 처한 두 가지 상황에 모두 직면하고 있지만 복수국적 논의와 관련하여 이주노동자의 사회 통합을 고려하는 단계에까지 이르지는 못했다. 사실 이주노동자를 중심으로 사회 통합 논의가 본격적으로 시작되기 위해서는 한국의 미래 방향에 대해 이민국가로의 전환이라는 국가적 정체성의 변화 문제를 정리하고 넘어가야 한다. 이 문제에 대한 논의는 학계에서 이미 시작되었지만 국가정책 차원에서는 아직 본격적인 논의가 시작되지 않고 있다.

한국에서 허용되는 복수국적 대상은 크게 세 유형으로 나눌 수 있다. 첫째, 한국 국민의 자녀가 미국, 캐나다 등 출생지주의 국가에서 출생한 경우와 국제결혼 가정에서 출생한 경우이다. 국제결혼 가정이란 한국인과 외국인 부부가 낳은 자녀, 다시 말해 출생한 당시에 부 또는 모가 대한민국의 국민인 사람을 가리킨다.

둘째, 외국인이 우리나라 국적을 취득하는 경우 예외적으로 복수국적이 허용된다. 구체적으로 ① 혼인 관계를 유지한 상태에서 귀화한 결혼 이민자, ② 대한민국에 특별한 공로가 있거나 우수 외국 인재로서 특별 귀화한 사람, ③ 과거 대한민국 국민이었다가 대한민국 국적을 상실한 후 다시 국적을 회복한 사람 중에서 특별한 공로가 있거나 우수 외국 인재로 인정되는 사람, ④ 미성년에 해외 입양되었다가 대한민국 국적을 다시 회복한 해외 입양인, ⑤ 외국 국적을 취득해 해외에서 장기 거주하다가 만 65세 이후 국내로 영주 귀국하여 대한민국 국적을 회복한 재외 동포, ⑥ 본인의 뜻에도 불구하고 외국의 법률 및 제도로 인하여 외국 국적 포기를 이행하기 어려운 자로서 대통령령에서 정하는 사람들이 이 범주에 해당한다.

셋째, 우리 국민이 본인의 의사와 무관하게 외국 국적을 취득하고 6개월 내에 대한민국 국적 보유 신고를 한 경우이다. 국적법 제15조 2항은 ① 외국인과의 혼인으로 그 배우자의 국적을 취득하게 된 자, ② 외국인에게 입양되어 그 양부 또는 양모의 국적을 취득하게 된 자, ③ 외국인인 부 또는 모에게 인지되어 그 부 또는 모의 국적을 취득하게 된 자, ④ 외국 국적을 취득하여 대한민국 국적을 상실하게 된 자의 배우자나 미성년자의 자로서 그 외국의 법률에 따라 함께 그 외국 국적을 취득하게 된 자 등으로 규정하고 있다.

2011년 복수국적제 도입 이후 통계를 보면 2011년 1만 5,235명이었던 복수국적 보유자 수는 2017년 8월에는 8만 5,965명으로 5.6배 증가하였다. 복수국적 취득 사유는 '출생'(44%), '혼인 귀화'(38%), '국적 회복'(12%), '외국 국적 포기 불가'(3%) 등의 순이고, 출신국은 베트남(26%), 미국(19%), 중국(4%), 필리핀(4%), 캄보디아(4%) 등의 순이었다. 다시 말해 '아시아 출신 혼인 귀화자'와 '미국 출신의 65세 이상 재외 동포 영주 귀국자'가 복수국적자의 대부분을 차지하고 있는 셈이다. 결국 복수국적 제도의 도입 취지로 표방한 '해외 우수 인재 유치' 및 '결혼 이민자의 사회 통합'에서 해외 우수 인재 유치는 아직 미비한 편임을 알 수 있다.

결혼 이민자 외에 이주노동자를 사회 통합의 대상으로 삼아야 하는 것 아닌가라는 질문이 있을 수 있는데 이 문제는 우리나라가 이민 국가로 방향을 전환한 이후 이주노동자의 체류기간 연장이나 가족 결합을 허용한 다음 본격적으로 검토해야 할 문제일 것이다. 설동훈의 논의에 따르면, 한국이 도입한 예외적 복수국적 허용의 세 가지 범주에서 한 가지 더 고려할 사항은 64세 이하 한국인이 외국 국적을 취득한 후 해외에 거주하는 경우에도 한국 국적이 자동 상실되는 사례이다. 외국인이 해외 우수 인재 유치의 범주 아래 복수국적이 허용되는 현재의 국적법을 생각하면 비례적으로 한국인이 외국 국적을 취득하고 해외에 거주하는 경우 복수 국적을 허용할 것인지의 여부가 앞으로 논의가 필요한 사안이 될 수 있다(설동훈, 2017).

속인주의와 단일 국적주의를 근간으로 하는 한국의 국적법 체계는 복수국적 제도의 확대를 위해 점진적으로 보충적 출생지주의를 추가적인 방향으로 삼아서 거주 자격 조건주의, 거주지주의, 이중 출생지주의 등 세 가지 대안의 채택을 고려할 수 있다. 첫째, 거주 자격 조건주의는 한국에서 출생한 이민 2세대에게 국적을 부여하되 부여의 요건은 부모의 거주 자격에 따르는 것이다. 예를 들어 부모가 영주권자이거나 영주 자격을 가지고 8년 이상 국내 거주 등의 조건을 충족하는지의 여부에 따라 국적을 부여하는 것이다. 둘째, 거주지주의는 외국에서 태어난 외국인 부모에게서 출생한 경우 자신이 일정 기간 한국 내 거주 요건을 갖추면 국적을 부여하는 것이다. 예를 들어 한국에서 태어났지만 부모가 외국인인 경우 자신이 18세가 되었을 때 한국 국적 취득을 신청할 수 있는데 18세에 이르기까지 연속해서 5년 이상 국내에 거주해야 한다는 등의 요건을 요구하는 것이다. 셋째, 이중 출생지주의는 부 또는 모가 한국에서 태어나고 자신도 한국에서 태어난 경우 한국 국적을 부여하는 것인데 이민의 역사 길어져서 3세대 이상 한국 생활을 하는 경우에 생겨날 수 있는 사례를 감안한 것이다(이철우, 2007).

세계적으로 복수국적 제도의 도입 사례는 증가하고 있다. 1930년 헤이그협약이 무국적과 이중국적 방지를 목표로 했지만 실제로는 이중국적에 대한 강력한 규제보다는 이중국적으로 생겨나는 폐해를 방지하기 위한 장치를 마련하는 데 주력했다면, 1963년 유럽평의회의 '복수국적 축소 및 복수국적하의 병역의무 사례에 관한 협약Convention on the Reduction of Cases of Multiple Nationality and Military Obligations in Cases of Multiple Nationality'은 다른 국적 취득 시 원국적의 상실을 규정함으로써 단일 국적주의를 지지했고, 1997년 '국적에 관한 유럽협약European Convention on Nationality'은 선천적 복수국적을 갖는 아동이나 혼인에 의해 자동으로 국적을 취득하는 사람의 원국적 보유의 권리를 선언하고 있으며 합리적인 이유가 없는 경우 국적의 이탈 또는 상실을 자국적의 취득 또는 보유의 조건으로 요구해서는 안 된다고 규정하여 복수국적을 용인하는 방향으로 전환을 보여준다. 이 협약은 또한 제5조에 성, 종교, 인종, 피부색, 국적, 문화인종적 차이에 따른 차별 금지를 규정하여 혈통을 우대하는 민족 확장형 복수국적 허용에 제약을 가할 수 있는 근거를 제공하고 있다. 전체적으로 개인의 권리와 선택의 자유를 보호하는 흐름 위에서 복수국적제 도입을 지지하는 경향이 늘고 있는 것이다.

4. 난민과 정체성

복수국적 허용을 둘러싼 논의에 국민국가의 경계가 중요한 개념으로 등장한다면 국경이 핵심 개념으로 등장하는 또 하나의 논의는 난민 문제이다. 1951년의 제네바 난민협약 제1조 A(2)에 따르면 난민이란 "인종, 종교, 국적, 특정 사회 집단의 구성원 신분 또는 정치적 견해를 이유로 박해의 공포에 대한 상당한 근거가 있어 자신의 국적국가나 살아오던 거주지를 떠나서 돌아갈 수 없거나 돌아가기를 원하지 않는 사람"을 일컫는다. 이 협약에 따르면 난민은 세 가지 조건을 충족할 때 성립한다. 첫째, 자신의 국적국 혹은 상주국 밖에 있는 사람, 둘째, 박해받을 수 있다는 공포에 상당한 근거가 있고 따라서 국적국의 보호를 받을 수 없거나 받기를 원하지 않는 사람, 셋째, 인종, 종교, 국적, 특정 사회 집단의 구성원 또는 정치적 의견 등 다섯 가지 근거 가운데 하나 또는 그 이상에 해당한다는 이유로 박해받을 우려와 두려움이 있는 사람이다.

다시 말해 난민 자격을 갖기 위해서는 자기 나라를 떠난 상태여야 하고 떠나게 된 두려움의 근거가 위에서 말한 다섯 가지 조건의 개인적인 박해에 해당하는 경우라야 한다. 그러나 개인적인 박해에 해당하지 않더라도 자연재해나 국내 분쟁에 의해 나라를 떠난 경우가 있고 나라를 떠나지 않았더라도 사실상 난민에 해당하는 상황에 처한 실향민들도 있다. 어떤 사람을 난민으로 규정할 것인가라는 난민의 정의에 관해서는 현실적인 정책과는 별개로 난민의 범주를 넓히는 포용적인 방향으로 지속적인 논의가 있어 왔다. 예를 들어 1969년 아프리카연합기구 협약Convention on the Specific Aspects of Refugee Problem in Africa은 1960년대 아프리카에서 빈번한 내전 상황에 따라 난민이 급속히 증가하자 개인에 대한 박해의 사유가 없더라도 외부의 침략 전쟁이나 내전 등으로 인해 자국을 떠나 외국으로 탈출한 경우 난민으로 규정될 수 있도록 포괄적인 난민 정의를 제안하고 있다.

중앙아메리카와 멕시코, 파나마의 난민 상황을 다룬 콜로키움에서 채택된 1984년 카타헤나 선언Cartagena Declaration on Refugees은 일반화된 폭력, 외국의 침략, 내전, 대규모 인권 유린 또는 기타 공공질서를 심각하게 교란하는 상황에 의해 생명, 안전, 자유가 위협받아온 사람을 난민으로 규정하도록 제안하고 있고, 2016년 뉴욕선언은 난민, 실향민, 정치적 망명 신청자의 기준과 자격요건을 따지기보다는 고통 받는 인간이 당연히 받아야 하는 인간적 대우와 생활필수품에 대한 접근을 제공해야 한다는 포용적 접근을 제시한다. 실향민은 국내에서 자신의 거주지를 떠난 사람internally displaced person으로 유엔의 1998년 국내 실향에 관한 지침에 따르면 무력 충돌, 폭력적 인권 유린 상황, 자연재해나 재난의 결과 그 영향을 피하기 위해 집 또는 거주지로부터 피난을 하였거나 떠나도록 강제된 사람 또는 집단으로서 국제적으로 인정된 국경을 벗어나지 않은 경우를 가리킨다. 이들은 1949년 제네바 협약과 1977년 추가의정서를 포함한 국제인도법의 보호를 받으면서 난민과 구분된다(박지원, 2016b).

난민에 대한 이와 같은 포용적인 접근에 반대하는 의견도 존재한다. 가난과 자연재해와 같은 원인에 따른 어려움은 박해의 공포가 있는 것은 아니기 때문에 원조와 발전 정책으로 접근하는 것이 더 바람직하고, 난민을 발생시키는 국가에 대한 직접 개입은 대부분 사례가 개입의 비례성 테스트에 실패하는 경우가 많다는 것을 근거로 이들은 결국 자기 나라를 떠나 난민을 신청하는 경우와 박해의 공포가 있는 경우로 난민의 범주를 좁히는 것이 난민에 대한 우리의 도덕적 의무를 다하는 데 적절하다고 주장한다(Lister, 2013).

폭넓은 난민에 대한 규정의 필요성이나 오히려 더 엄격하고 좁은 난민에 관한 정의의 필요성을 주장하는 논의의 이면에는 경제이주와 난민의 경로가 겹치는 혼합 이주의 문제로 실제 다양한 이주자들과 뒤섞여 난민의 이동성이 높아지는 현실이 자리 잡고 있다(김성진, 2018). 특히 급속하게 늘어나는 난민을 어떻게 보느냐는 관점에 따라 난민 보호의 위기보다는 난민을 수용하는 국가의 위기를 강조하는 사례가 많고 관리와 통제의 관점에서 난민을 보게 되면 난민은 국가안보에 위협을 가져오는 존재로 우선 인식되게 된다. 마찬가지로 국가의 위기라는 관점에서 보면 수용소에서 재정착을 기다리는 좋은 난민과 정치적 망명을 신청하는 나쁜 난민으로 이원화하여 난민 보호의 목적을 부차화하는 결과를 초래한다. 이와 같은 국가 중심의 인식은 궁극적으로 난민의 능동성과 주체성보다는 무력한 피해자와 보호의 대상으로서 난민의 이미지를 재생산하면서 개인에 초점을 맞춰 난민의 인권을 보장한다는 정책의 원래 목적이 흐려지는 결과를 가져오게 된다(신지원, 2015).

1951년 제네바 난민협약은 기본적으로 정치적 망명을 할 권리와 강제송환을 당하지 않을 권리를 가장 기본적인 난민의 권리로 규정하고 있다. 일방적인 송환금지non-refoulment라고 불리는 제33조는 난민의 자유에 대한 위협이 남아 있을 때 당사자의 의사에 반하는 본국으로의 추방이나 송환을 금지한다는 점을 명시하고 있다. 제네바 협약의 제1조 C(5)는 난민의 지위 종료를 결정하기 위해서는 본국의 상황 변화에 대해 근본적이고, 안정적이며, 지속적이고, 효과적인 증거를 요구한다. 이후 1967년의 뉴욕 의정서는 1951년 협약에서 정해진 바 있지만 더 이상 의미를 갖지 못하는 난민 지위에 관한 조항들, 예를 들어 "1951년 1월 1일 이전"에 발생한 난민 지위에 대한 시기적 제한 조항이나 "유럽 등 난민 발생의 장소" 제한 조항들을 수정 또는 삭제함으로써 난민의 범위를 확대하였다.

1992년 유엔난민기구는 보스니아 헤르체고비나 내전으로 인한 일시적인 대량의 난민 유입에 대처하기 위해 유럽 국가들에 임시보호Temporary Protection 정책을 채택해줄 것을 제안하였다. 임시보호 정책의 주요 내용은 대규모 난민의 발생 때문에 일일이 난민의 자격 여부를 심사하기가 어려운 상황에서 집단 단위로 난민 기준을 적용해 입국을 허가해줄 것, 체류 기간 중 기본적인 권리를 보장해줄 것, 상황 종료 후 본국 송환을 약속한다는 것, 그리고 난민이 보호국가에 임시 체류하는 동안 망명 신청을 허용하지 않는다는 등의 조항으로 이루어졌다. 이 정책을 합리화한 근거는 강제송환에 대비한 바람직한 보호를 제공하고, 정치적 해결을 통한 귀향을 기다리는 동안 인권 보호의 필요성, 그리고 대규모 난민 절차를 진행해야 하는 유입 국가의 부담 회피 등이었다(Luca, 1994: 535-538).

임시보호 정책의 역사적 기원은 1956년 헝가리 민주화 운동, 1970년대 베트남, 캄보디아, 라오스 등 동남아시아 지역의 분쟁에 따른 난민 발생에 대처하기 위해 유엔이 취한 정책으로까지 거슬러 올라갈 수 있다. 당시 유엔은 사태를 빠르게 해결하고 난민에게 즉각적인 도움을 주기 위해, 또한 제네바 난민협약의 당사국이 아닌 국가의 경우 재정적, 정치적 부담을 덜어주기 위해 정상적인 난민 수용과 다른 처리 기준을 제시했다. 한국의 경우에도 1992년 이전에는 제네바 난민협약 당사국이 아니었지만 1970년대 후반 베트남 난민들이 제3국으로 영구 이주해가기 전에 국내에서 임시 보호의 조건 아래 일시 체류한 적이 있었다.

1990년대 유럽에서 등장한 임시보호 정책은 제네바 난민협약에 따른 정상적인 난민 처리 과정과 두 가지 점에서 크게 다르다. 첫째, 유엔난민기구가 유럽 국가들이 난민 수용에 적극적이지 않을 것으로 예상하고 이를 감안하여 상황 종료 후 난민의 본국 송환을 약속했다는 점이고, 둘째, 난민들이 임시보호 조건 아래 유럽 국가에 체류하는 동안에는 정치적 망명 신청을 허용하지 않는다는 조항을 포함시켰다는 사실이다.

1990년대에 유고 내전으로 발생한 난민들은 정상적인 정치적 망명 신청 절차를 밟아 망명 기회를 가질 수 있었지만, 대규모 난민의 유입에 의해 공식 망명 절차가 불가능한 상황에서 임시보호 조치를 통해 유럽 국가에 입국할 수 있었다. 그러나 유럽 국가로의 입국은 임시보호 아래 현지 체류 시 망명 신청을 하지 않는다는 약속과 상황 종료 후 본국으로 송환된다는 조건을 전제한 것이었다. 즉 임시보호 정책에 동의한 유럽 국가들은 사실상 어떠한 상황에서도 난민으로 유입된 사람들이 유럽에 영구 거주하는 것을 원하지 않는다는 점을 분명하게 밝힌 셈이다. 임시보호 조건 아래 유럽에 수용된 유고 내전의 난민들은 또한 정상적인 난민의 지위를 획득한 사람들이 누릴 수 있는 제네바 협약 제10조에 명시된 가족 재결합의 권리, 제26조의 거주 이전의 자유나 여행허가 서류를 얻을 권리 등을 누리지 못하였다.

가장 이상적인 제네바 협약의 규범성과 국내 안보 차원에서 전략적 이익을 강조하는 개별 국가의 현실성 사이에서 난민 정책의 실제 운영 모습을 파악하기 위해 유럽연합의 정책들을 매개로 삼자의 관계를 살펴볼 수 있다. 우선 국내 안보 차원에서 전략적 이익을 강조하는 유럽 국가들이 불법 이민과 난민의 유입을 막기 위해 취하는 정책들을 살펴보면 크게 네 가지 공통된 흐름을 찾을 수 있다.[1]

첫째, 정식 서류를 갖추지 못한 망명 신청자의 입국을 아예 국경에서 차단하는 '도착 억제 정책non-arrival policy'의 강화이다. 유럽 국가들은 정상적인 서류를 갖추지 못한 승객을 싣고 온 비행기나 선박에 벌금을 물리는 '운송 규제carrier sanction'를 도입하고, 심지어는 이민연락관을 해외 주요 공항이나 부두에 파견하여 사전에 불법 이민자와 서류를 갖추지 못한 난민의 유입을 차단하기 위해 노력한다.

둘째, 이미 유럽 국가의 국경에 도착한 불법 이민과 난민들을

---

[1] 이하의 개별 국가, 유럽연합, 제네바 협약의 비교는 나의 논문 「유럽연합의 인권정책: 전쟁, 난민, 그리고 정체성」(『EU학연구』 제12권 2호(2007): 53-57)을 간략하게 정리하여 재인용한 것이다.

안전한 제3국으로 규정된 동유럽 국가들로 전환 배치diversion policy 하는 것이다. 대개 난민들이 유럽에 들어오기 전에 거쳤던 완충지대인 동유럽 국가들로 송환하는 것은 결국 끊임없는 재송환의 고리를 만들어 궁극적으로 1951년 제네바 난민협약이 정한 일방적인 송환 금지non-refoulment를 어기는 결과를 가져오기도 한다.

셋째, 난민들에게 불리한 정책들을 계속 만들어내서 망명 신청을 억제하는 효과를 유도한다. 난민이 도착하는 즉시 그들을 일정 장소에 억류하거나 거주 이전의 자유를 제한하고 캠프에 수용하는 것, 가족 재결합을 제한하는 것, 취업에서 당사국의 시민이나 합법적인 외국인에 비해 불리한 대우를 하는 것, 사회 복지 수혜를 제한하는 것 등이 이에 해당한다.

넷째, 난민의 정의를 제한적으로 해석하여 난민 자격 부여를 거부하거나 부차적인 난민 지위를 설정함으로써 제한적인 권리만을 부여하는 경향을 보인다. 즉 난민 보호의 필요성을 인정하지만 부차적인 지위를 부여하는 방식으로 제네바 협약 당사국으로서 난민을 지원해야 하는 의무를 가능하면 회피하고자 하는 것이다. 이러한 경우는 특히 정부의 공식적인 기구로부터 받는 위협이 아닌, 반군이나 부족 등 이른바 비국가적 행위자non-state agency에 의한 억압의 경우, 난민 자격을 구성하는 생명에 대한 위협이 충분하지 않다고 보는 것이다.

이와 같은 유럽 개별 국가의 정책과 가장 멀리 있는 원칙은 1951년 제네바 난민협약에서 찾아볼 수 있다. 난민 및 망명에 관한 제네바 협약의 원칙들은 유럽의 개별 국가들이 취하는 국내 안보 우선 경향과 비교할 때 보편적 인권의 가치를 우선시하는 이상주의적 원칙을 주장한다는 점에서 다르다.

첫째, 제네바 협약은 모든 난민들이 자유롭게 난민 지위를 신청할 권리를 가지며 조약 당사국은 이를 존중해야 한다고 규정하고 있다. 또한 난민 신청자들에게 비자를 요구해서는 안 되며 합법적인 서류를 갖추지 못한 난민 신청자를 수송한 항공기나 선박에 제재를 가해서도 안 된다고 주장한다.

둘째, 제네바 협약은 난민이 자신의 인종, 종교, 국적이나 사회적 소수의 신분, 정치적 의견 때문에 생명과 자유가 위협받는 상황에서 어떤 경우에도 난민의 강제송환을 금지한다고 규정하고 있다. 한 가지 가능한 예외는 난민이 국적을 갖고 있는 나라에서 심각한 범죄나 위험한 행위로 인해 최종적인 유죄판결을 받았을 경우에는 강제송환의 대상이 될 수 있다. 유럽의 개별 국가는 이 강제송환 금지 조항을 존중한다는 명목으로 실제 송환하지 않으면서 비슷한 효과를 가져오는 억류detention 정책을 취하는 경우가 많다.

셋째, 제네바 협약은 난민에게 인종이나 종교, 출신지에 따른 모든 차별을 금지하고 결사의 자유를 보장하고 있다. 난민은 주택과 교육을 제공받을 권리, 자유로운 거주 이전과 이동의 자유를 가지며, 불법적인 방법으로 난민 신청국에 도착하여도 즉시 불법적인 입국에 대한 이유를 설명하면 어떤 불리한 대우를 받지 않는다. 취업 제한은 당사국의 노동시장을 감안하여 기존 시민이나 합법적 체류 외국인을 우선 보호할 수 있다. 그러나 거주 이후 3년이 지났거나 가족이나 자녀가 당사국의 시민일 때는 해당되지 않는다.

넷째, 제네바 협약은 존엄하고 행복할 권리로서 난민의 권리와 지위를 인정하고 부차적인 지위나 임시보호 등에 대해서는 규정하고 있지 않다. 나중에 유엔난민기구가 임시보호를 정책화한 것은 제네바 협약의 범주로 포괄되지 않는 새로운 형태의 난민들을 보호하기 위해 자의적이고 시혜적인 보호를 넘어서 공식적인 정책을 통해 난민의 지위를 명문화하려고 시도한 것이다.

그렇다면 보편적 규범으로서 난민의 인권에 대해 규정한 제네바 협약과 국내 안보에 초점을 맞춰 전략적 이익을 우선하는 개별 국민국가들의 입장을 비교할 때 유럽연합은 이 두 입장 사이에서 어느 지점에 위치할까? 유럽연합의 입장은 확실히 개별 국가의 정책보다는 규범적인 성격이 강하지만 그렇다고 해서 제네바 협약이 규정하고 있는 원칙들을 그대로 구현하고 있는 것은 아니다.

우선 첫째, 난민 및 망명에 관한 유럽연합의 지침 어디에서도 도착 억제 정책에 대해 언급하거나 비자나 운송 규제에 대해 규정하고 있지 않다. 모든 지침들은 제네바 협약을 존중하고 인간의 보편적인 권리와 존엄성을 존중한다는 원칙을 전문에 천명하고 있다. 또한 임시보호나 난민 정책에 관해 정기적으로 유엔난민기구 및 국제기구들과 협의한다고 규정하고 있다. 이러한 규정들은 분명 개별 국가의 입장보다 규범적인 측면을 보이지만, 그러나 더블린 조약이 추구하는 망명 쇼핑 금지에 대한 시도나 사실상 유럽을 하나의 국경으로 간주하고 단 한 번의 망명 신청 기회만을 제공하겠다는 의지의 표현은 국민국가가 갖는 배타적 경계의 특징을 그대로 보여주고 있다고 말할 수 있을 것이다.

둘째, 유럽연합은 모든 지침에서 제네바 협약의 강제송환 금지 원칙을 준수한다고 표명하고 있다. 다만 예외적으로 회원국의 안보에 위험이 될 때나 회원국의 공동체에 해가 되는 심각한 범죄를 저질러 유죄가 확정되었을 때에는 송환을 인정하고 있다. 망명 신청 사유를 증명하는 서류가 없는 불법적인 입국의 경우에 이전 출발지로 보낸다는 규정은 없다. 이와 같은 현상은 유럽연합이 규범적인 측면을 중시한다는 증거가 될 수 있다.

셋째, 유럽연합의 망명 및 난민에 관한 지침들은 모든 형태의 차별을 금지하고 있다. 다만 유럽연합이 규정하고 있는 한 가지 가능한 차별은 취업의 경우에 회원국의 노동시장을 보호하기 위해 시민과 합법거주 외국인에게 우선권을 줄 수 있다는 것이다. 그 외에 또 한 가지 가능한 차별은 국적에 따른 차별이다. 즉 위험한 국가와 안전한 국가 그리고 안전한 제3국을 구분하여 난민 및 망명 신청자의 국적에 따라 신청 자체를 합법적으로 거부하는 차별은 가능하다.

넷째, 유럽연합이 정규 난민의 지위와 임시보호 등에 따른 부차적인 지위를 구분하고 있는 것은 사실이다. 특히 2004년 지침에서 정규 난민의 지위와 부차적인 지위를 구분한 다음 권리를 제한하거나 낮은 수준의 권리 부여, 가족구성원, 거주 허가의 기간, 여행 허가증, 사회복지 혜택, 건강보험 혜택 등에서 차별 대우를 규정하고 있다. 이러한 지침이 회원국에 정상적인 난민의 경우에도 부차적인 지위를 부여하고 난민 지원에 따른 지출을 줄이려는 혼란을

야기한다는 주장에 대해 각료이사회 사무국은 궁극적으로 집행위원회가 유럽재판소의 감시 아래 유럽연합 지침의 실행에 대해 책임을 질 것이라고 대답하고 있다.

〈표 1〉 규범적 성격과 전략적 이익을 기준으로 본 각 단위별 인권 정책의 비교

개별 국민국가	유럽연합	제네바 협약
• 서류 미비자 국경 입국 차단 등의 도착 억제 정책(non-arrival policy), 불법 이민자와 서류 미비자를 운송한 항공, 선박에 벌금을 물리는 운송 규제(carrier sanction) 실시	• 도착 억제 및 운송 규제 없음 • 더블린 조약 통한 망명 신청 • 기회 제한 시도	• 난민 지위 신청의 자유 인정 • 비자 및 서류 요구 불가 • 선박 항공기 제재 불가
• 이전 출발국가로의 전환 배치 • (diversion policy) 연쇄 고리 통한 송환 금지(non-refoulment) 규정 사실상 위반	• 강제송환 금지 • 안전한 제3국 개념 있음 • 유죄판결을 받은 경우 송환 가능 • 안전에 위협이 될 경우 송환 가능	• 강제송환 금지 • 유죄판결을 받은 경우 송환 가능
• 캠프 수용, 가족 재결합 제한, • 거주 이전의 자유 제한, 복지 수혜 제한 등 불리한 정책 통한 망명 신청 억제	• 차별 금지 결사의 자유 보장 • 노동시장 보호를 위한 자국민 취업 우선권 인정 • 국적에 따른 차별 가능	• 차별 금지 결사의 자유 보장 • 노동시장 보호를 위한 자국민 취업 우선권 인정
• 부차적 또는 제한적 권리 부여 통한 망명 인정의 명분과 망명 지원 삭감의 실리 추구	• 부차적 지위 인정 • 낮은 수준의 권리 부여	• 부차적 또는 임시적 지위 인정 않음

〈표 1〉은 개별 국가와 유럽연합, 제네바 협약의 난민 정책을 정리한 것이다. 이상의 비교를 통해 살펴보면 유럽연합은 확실히 개별 국가보다 규범적인 입장에서 회원국에 대해 구속력을 갖는 난

민 및 망명 지침 등을 규정함으로써 국가안보상의 전략적 이익을 우선 고려하는 각국의 선택에 영향을 미치고 있다. 그렇지만 대규모 난민의 유입 상황을 다루는 임시보호 정책에 대해서 유럽연합과 개별 국가는 공히 경제적 부담과 문화적 갈등을 염두에 둔 상태로 이 정책에 대해 긍정적인 입장을 취하고 있다. 예를 들어 1990년대 유고 내전으로 발생한 난민을 수용하는 방식으로 채택되었던 임시보호 정책은 2001년 이후 유럽연합의 정책 지침으로 자리 잡았다. 그렇지만 정작 2015년 시리아 난민 사태가 발생했을 때 대부분의 유럽 국가는 임시보호 정책을 채택하지 않았는데, 이는 이 정책이 법적으로 모호한 부분이 많고 오랜 협상 과정을 필요로 하며 동시에 책임의 공유가 불투명하고 최종적으로 정치적 결정에 좌우된다는 점에서 회원국들의 선택이 영향을 받은 결과로 보인다(Gluns and Wessels, 2017).

일종의 타협책이었던 임시보호 정책은 이 정책을 둘러싸고 참여하는 모든 주체들에게 논란을 피할 수 없게 만드는 측면이 있다. 이 정책을 처음 제안했던 유엔난민기구에는 단지 물과 음식을 제공하는 임시적인 처방을 넘어서 난민의 인권을 보호한다는 원래 목적을 어떻게 달성할 것인지에 관해 묻게 되고 개별 국가에는 실제 난민의 지위를 부여받을 수 있었던 사람들을 임시보호의 이름 아래 최소한의 경비로 관리하다가 돌려보내는 것으로 의무를 다했다고 볼 수 있는지 질문하게 된다. 이상적인 규범과 현실적인 수용 사이에서 갈등하는 많은 국가들은 난민 신청자들에게 정식 난민의 지위를 부여하지 않고 대신 보충적 보호의 인도적 지위를 부여하기도 한다.

예를 들어 2018년 갑자기 500여 명의 예멘인들이 한국의 제주공항으로 입국하여 난민 신청을 했을 때 사회적 논란 속에 한 명의 예멘인도 난민 지위를 얻지 못했지만 300여 명이 인도적 체류허가를 받았다. 난민 자격을 부여받으면 F-2 비자를 발급받고 3년 단위로 체류를 연장하며 가족 초청과 사회보험, 전국적인 이동과 취직이 가능한 반면, 인도적 체류는 G-2 비자를 발급받고 1년의 체류 허가 후 연장심사를 받아야 하며 제주도를 벗어나 국내 지역 이동이 가능하지만 가족 초청과 국외 여행증명서 발급은 안 되고 직장에 취직한 경우 직장건강보험 가입은 되지만 지역건강보험 가입은 안 된다. 개별 국가는 보편적 규범과 전략적 이익 사이에서 갈등하며 도덕적 의무와 국가적 이해의 적절한 타협점을 찾는다. 한국 역시 마찬가지일 것이다. 그러나 공리주의적 논리를 따른다고 하더라도 세계무대에서 차지하는 비중과 세계 경제체제에 참여함으로써 얻는 이익에 비추어 한국이 난민 등 세계 문제 해결에 기여하는 공헌의 정도가 적절한지에 대해 더 적극적으로 생각해봐야 한다.

5. 인간안보와 난민

난민이나 복수국적 문제가 보편적 인권 차원에서 개인의 권리라는 이름 아래 본격적으로 논의되기 시작한 최근의 상황은 인간안보human security 개념의 등장과 밀접한 연관을 갖고 있다. 인간안보는 국가안보와 대비되는 개념으로 개인의 권리와 자유의 보호 및 개인의 생존에 필요한 핵심적인 자원들의 개발에 초점을 맞추는 안보 논의를 말한다. 전통적으로 안보는 영토의 통합성과 정치적 독립을 유지하기 위해 정치적, 법적, 군사적 수단을 동원해 국가 또는 국제 수준에서 내부 및 외부의 위협으로부터 국가를 지키는 것을 의미한다. 이른바 국가를 중심으로 한 국가안보 논의가 개인 중심의 인간안보 논의로 무게중심을 옮기기 시작한 데는 적어도 세 가지 중요한 계기가 있었고, 그 첫 계기는 1975년 헬싱키 협정이었다.

헬싱키 협정은 1975년에 미국 중심의 나토와 소련 중심의 바르샤바 조약기구 소속의 35개 회원국이 안보 협력과 평화 공존을 목표로 체결한 조약이다. 이 협약은 냉전 종식을 알리는 서막이자 동구권 붕괴의 계기를 제공한 사건으로 평가된다. 물론 1970년대 중반에는 누구도 공산권의 붕괴를 예측하기 어려웠고 냉전은 안정적으로 지속될 것처럼 보였다. 따라서 냉전이 절정에 이른 시기에 동구권 국가들은 주권 존중과 영토 보장을 포함한 헬싱키 협정에 체제 급변의 두려움 없이 서명할 수 있었다.

그럼에도 불구하고 이 협정이 공산권의 붕괴를 가져온 것으로 평가되는 이유는 주권 존중 및 영토 보장과 함께 인권과 자유의 존중 등을 규정한 10개의 협력 원칙과 군사, 경제, 인도주의 교류 등 3개 분야의 신뢰 구축 정책들이 동구권에서 반체제 활동과 시민사회가 성장하는 지렛대를 제공했다는 데 있다. 1972년부터 3년

여에 걸친 협상 끝에 체결된 헬싱키 협정은 유럽안보협력기구Organization for Security and Cooperation in Europe를 탄생시켰고, 비록 1977년과 1978년 사이에 개최된 베오그라드 후속회의에서는 참가국들의 입장 차이로 합의문이 채택되지 못하기도 했지만, 1979년 마드리드 후속회의에서는 군사 분야 협의와 인권 분야 협의가 성사됐고, 1984년부터 1986년 사이에 지속된 스톡홀름 군축회의에서는 군사력 사용 위협 금지, 군사 활동의 사전 통보 및 감시, 군사 기동 및 이동 규모 제한 등을 포괄적으로 합의한 '스톡홀름 합의'를 이루어냈다.

1975년 이후 15년여 동안 지속된 이른바 헬싱키 프로세스에서 중요한 점은 군사 분야의 신뢰 구축이 실질적인 군비 통제에 관한 합의로 이어졌다는 것, 그리고 경제와 인권 등 비정치적 분야의 교류와 협력이 개혁 개방을 향한 공산주의 체제의 점진적인 이행을 불러왔다는 것이다. 이 과정에서 전통적인 안보 의제에 인도주의적 교류를 추가하고 인권과 자유 존중 등 개인의 권리 보호에 대한 항목을 설정하여 접근함으로써 냉전의 해체와 이후 인간안보 논의가 시작될 수 있는 기초적인 토대를 마련했다는 데 의의가 있다.

인간안보 논의의 본격적인 진전은 1994년 유엔개발계획(UNDP)의 인간개발보고서에서 비롯된다. 인간안보라는 개념을 처음 제시한 이 보고서는 인간안보의 두 가지 구성요소를 공포로부터의 자유와 결핍으로부터의 자유로 규정한다. 유엔은 항상 첫 번째 요소인 공포로부터의 자유를 두 번째 요소인 결핍으로부터의 자유보다 우선시했다. 유엔 보고서는 그렇지만 이제 국가안보에 대한 좁은 정의로부터 모든 분야를 아우르는 인간안보의 개념으로 이행할 시기라고 주장한다. 핵무기에 근거한 집단 자살의 공포는 항상 과장되었고 가난한 나라나 부유한 나라 모두에서 가난과 기아에 영향을 받는 인간의 삶은 현실이고 지속된다. 이와 같은 진정한 인간안보의 위협에 맞서는 지구적 차원의 안전장치도 없다. 따라서 안보 개념은 두 가지 방식으로 바뀌어야 하는데 첫째, 영토에 대한 배타적 안보에서 사람들의 안전에 대한 강조로 이행해야 하고, 둘째, 무장을 통한 안보에서 지속 가능한 인간 개발을 통한 안보로 바뀌어야 한다. 인간에 대한 위협의 예로서 유엔 보고서는 경제, 음식, 건강, 환경, 개인적, 공동체적, 정치적 안전의 일곱 분야를 예로 들고 있다.

다시 말해 지금까지 안보에 관한 정의는 외부의 공격에 따른 영토의 보전이나 외교에서 국가 이익의 보호, 핵 위협에 대한 글로벌 안보 등으로 너무 좁게 이해되어 왔다. 유엔개발계획의 보고서는 기본적으로 인간안보가 변화하는 현대사회의 네 가지 특징을 반영하고 있다고 주장한다. 첫째, 부유한 나라인지 아니면 가난한 나라인지와 상관없이 세계 어디에서든 사람과 관련된 실업, 마약, 범죄, 오염, 인권 침해 등은 공통된 위협이고 누구나 관심을 가진다는 점에서 보편적이다. 둘째, 기아나 질병, 테러, 인종 갈등 등의 인간안보는 세계 어디에서든 상호 연관을 갖고 연결되어 있고 국가의 경계 안에 국한되지 않는다. 셋째, 건강이나 교육 등의 인간안보는 사후에 개입하는 것보다 사전에 미리 예방하는 것이 훨씬 쉽다. 넷째, 인간안보는 사람에 초점을 맞추며 그들이 살고 숨 쉬는 사회에서 어떻게 기회를 갖고 자유롭게 선택하며 시장에 접근 가능한가에 대한 문제를 다룬다. 요약하면 인간안보는 기아, 질병, 억압 등의 위협으로부터의 안전과 일상생활의 갑작스럽고 고통스런 중단이 가져오는 위험으로부터 사람들을 보호하는 것을 의미한다.

  1994년 유엔의 이러한 개념 정의는 기존의 전통적인 국가안보에 대한 강조에서 인간안보로 무게중심의 이동, 공포로부터의 자유에서 결핍으로부터의 자유로 인간안보의 초점 이동 등을 분명하게 보여준다. 즉 국가에 대한 위협이 아닌 사람이 처한 위험에 관심을 둠으로써 국경을 넘어서는 보편적 인권의 보호에 관한 우리의 도덕적 의무를 상기시키고 난민과 실향민 보호가 단지 국가 사이의 정치적 문제가 아니라 국제사회가 공동으로 대응해야 할 인류의 문제임을 유추할 수 있게 만든다.

  인간안보 논의에서 중요한 세 번째 계기는 캐나다 정부가 2001년에 수립한 '개입과 국가주권에 관한 국제위원회International Commission on Intervention and State Sovereignty'에서 정교하게 정의한 '보호책임responsibility to protect' 개념의 확산과 관련이 있다. 이 위원회는 국가의 일차적 책임은 사람들의 생명을 보호하는 것이지만 만약 국가가 내전이나 폭동, 억압, 국가 실패 등에 원인에 의해 국경 내의 사람들을 보호하는 책임을 다하지 못하면 국제사회가 보호책임을 다하기 위해 인도주의적 개입을 할 수 있다고 주장한다. 보호책임 논의에서 국가의 주권이란 국가에 배타적으로 귀속되는 것이 아니고 해당 국가에 사는 사람들의 생활 속에서 발견되는 것이라고 새롭게 정의된다. 만약 국가가 시민들의 보호에 실패하면 사실상 주권이 원래의 기능을 다하지 못한 정지 상태이기 때문에 국제사회가 보호책임을 대신하기 위해 인도주의적 개입을 할 수 있고 이 경우에 주권 침해는 성립되지 않는다고 본다.

유엔 사무총장이었던 코피 아난은 2001년 그의 연설에서 외부의 공격으로부터 영토를 보호하던 전통적인 안보 개념과 내부의 폭력으로부터 개인이나 공동체를 보호해야 하는 새로운 개념의 인간안보를 구분하고, 인간안보는 더 이상 군사적 용어로 이해될 수 없으며 경제 발전과 사회정의, 환경보호, 민주화, 군축, 인권과 법의 지배에 대한 존중 등을 포괄하는 넓은 의미로 재정의되어야 한다고 주장한다(Annan, 2001). 그는 또한 2004년에 '더 안전한 세계: 우리 공동의 책임A More Secure World: Our Shared Responsibility'이라는 유엔 보고서를 발표하면서 캐나다의 '개입과 국가주권에 관한 국제위원회(ICISS)'가 앞서 정립한 바 있는 '보호책임'의 원칙을 지지하였고, 2005년 '확장된 자유: 모두를 위한 발전과 안보, 인권In Larger Freedom: Towards Development, Security and Human Rights for All'이라는 유엔 보고서에서도 보호책임의 원칙을 지지한 바 있다.

난민 문제 접근 방식에 중요한 의미를 갖는 보호책임의 논의는 주권에 대한 논의 및 주권 개념의 재규정과 밀접한 연관을 갖고 있다. 2001년 ICISS의 보호책임 논의는 확실히 주권의 절대성을 부정하고 개별 국가가 국민의 보호에 실패할 경우 인간안보의 주체는 국제사회로 이양되고 국제사회의 물리적 개입은 의무를 다하는 것일 뿐 권리의 행사로 볼 수 없다는 강력한 주장을 담고 있었다. 그러나 인도주의적 개입의 이름 아래 강대국들이 자신들의 이해를 관철시키는 패권적 침략을 정당화하는 상황에 직면하자 보호책임이 반드시 국민국가의 주권과 양립 불가능한 개념은 아니고 주권에 대한 존중과 보호책임이 함께 갈 수 있다는 입장, 또는 개별 국가의 주권에 대한 존중을 통해 보호책임이 효율적으로 달성될 수 있다는 주장이 제기되기 시작했다(이혜정·박지범, 2013).

예를 들어 2008년 유네스코는 '인간안보: 접근과 도전Human Security: Approaches and Challenges' 보고서를 통해 기존 유엔개발계획의 인간안보 개념이 경제안보에 치중되었고 안보 개념을 너무 확장시켜 현실적 위협과 잠재적 위협을 구분하지 못하였으며, 안보 개념의 무분별한 사용으로 설득력을 떨어뜨린 점 등을 비판하면서 위로부터의 보호protection와 아래로부터의 역량 강화empowerment 가운데 민주주의와 교육을 통한 역량 강화를 강조하였다. 당연히 아래로부터의 역량 강화는 국민국가의 주권에 대한 존중을 전제로 실천이 가능하기 때문에 유네스코는 인간안보가 국민국가의 주권과 양립 가능하다고 주장한다. 2010년과 2012년 유엔총회에 보고된 반기문 유엔사무총장의 '인간안보에 관한 사무총장 보고서Human Security: Report of the Secretary-General'도 국가 주권의 회복과 강화를 통해 인간안보와 주권이 상호 보완적 관계를 유지하는 것이 필요하다고 주장하면서 인간안보의 실천에 개별 국가의 참여와 지지를 얻기 위해 노력했다.

보호책임 논의는 국가주권에 대한 기존의 인식에 전환을 가져왔고 물리력을 동원한 인도적 목적의 개입이 주권국가와 국제사회가 함께 지는 책임의 적극적 실현이라고 주장함으로써 국제사회의 여론을 긍정적으로 이끄는 데 성공하기도 했다. 주권은 더이상 개입의 권리가 아닌 보호의 의무 차원에서 규정되기 시작했고 무력 사용의 적법성에 대한 비판보다는 인권 침해로 고통 받는 주민들에 대한 구제의 우선성이 강조되었으며 주권과 인권의 이분법적 대립은 책임으로서 주권이라는 해석 위에서 조화가 가능한 것으로 논의되기 시작했다(김부찬·이진원, 2011).

2011년 리비아 사태는 보호책임의 이름 아래 유엔안보리의 결의안을 통해 절차상 문제를 모두 해결한 상태로 국제사회의 개입이 진행된 대표적 사례이다. 그러나 리비아 사태 이후 보호책임 개념은 곤경에 빠진 것으로 보인다. 우선 보호책임의 주체는 개별 국가이고 국제사회는 보충적으로 개입한다는 원칙 위에서 민간인에 대한 보호를 목적으로 보호책임에 근거한 유엔결의안을 발동했지만 사실상 미국은 카다피 정권의 제거를 통해 개별 국가의 국민 보호수단을 없애버렸고 이후 지속된 무정부 상태는 광범위한 반인도적 범죄를 불러일으킴으로써 결과적으로 원래 목표했던 민간인 보호에 실패했다는 평가를 받는다. 즉 예방과 대응, 재건의 3단계로 이뤄진 보호책임의 진행 과정에서 대응에 초점을 맞춰 공중폭격 등을 통한 간접적 개입을 수행하고 유엔안보리 결의안이 언급하지 않은 카다피 정권의 제거를 실행함으로써 이후 더 심각한 반인도적 상황을 가져와 유엔의 군사개입이 사실상 카다피 정권의 폭정 아래 신음하던 벵가지는 구했지만 리비아는 구하지 못했다는 역설을 남긴 것이다(Teimouri and Subedi, 2018).

  인간안보의 논의 가운데 활발하게 주목받은 난민 문제는 결국 국민국가의 경계와 밀접하게 연관되어 있다. 정치 공동체에 속하지 않는 사람을 아예 인류의 범주로부터 추방당한 사람이라고 아렌트가 언급했듯이 난민은 자신의 나라를 떠나 돌아가기를 원하지 않는 사람이기 때문에 사실상 다른 어떤 사람보다 정치 공동체에 속할 기본적인 권리를 우선 제공받아야 한다. 국제사회는 보호 책임의 이름 아래 국민국가의 주권을 넘어서는 인도적 개입의 정당성을 강력하게 주장했지만 결과적으로 성공을 인정받은 개입의 사례는 거의 없다. 따라서 여전히 국민국가의 경계와 주권의 중요성은 줄어들지 않고 있다. 다만 통제할 권리로서 주권이 아니라 책임으로서 주권이라는 개념의 변화 속에 인권과 주권을 양립시킬 수 있다는 시각이 강해졌고 주권의 불가분성을 위협할 것 같던 복수국적 제도의 도입도 민주주의 국가가 보장해야 하는 인권의 일부가 되었다. 난민 문제 역시 이러한 상황을 시험하는 주요 의제로서 주권을 무시하는 국제사회의 전면적인 개입도 쉽지 않고 그렇다고 방치할 수도 없는 상태에서 매우 느리게 보편적 인권의 보장이라는 규범과 국민국가의 이해라는 현실 사이를 선회하고 있다.

제3부 다문화주의와 민주주의

11장 다문화 시대의 정치와 종교

1. 공공 영역에서 종교의 도전

개인의 발견과 국민국가 수립으로 대표되는 유럽의 근대는 무엇보다도 개인과 국가가 중세에 절대적이었던 종교의 영향력으로부터 벗어나기 시작한 시대였다. 나라마다 약간의 차이를 보이지만 중세의 종교전쟁이 가져온 유혈 사태의 해결은 공공 영역에서 교회의 역할을 배제하는 국가와 교회의 분리를 통해 이루어졌다. 개인의 존엄과 이성이 지배하는 근대의 도래와 함께 중세를 지배했던 종교는 사적 영역으로 급속하게 유폐되었다. 그러나 20세기 말에 이르러 냉전의 종식과 함께 종교의 부활을 관찰하거나 예측한 많은 연구서들이 출판되었다. 이 연구들은 이데올로기 중심의 갈등 구조가 사라진 자리에 민족과 문화 그리고 종교가 정치적 동원의 주요한 자원으로 등장하고 있음을 지적하고 있다(Kepel, 1987;

Casanova, 1994; Westerlund ed., 1996).

　이와 같은 종교의 재등장 현상은 다시 두 흐름으로 나뉜다. 첫째, 종교가 국가와 교회의 분리라는 세속주의 규범에 도전하면서 국가를 상대로 공공 영역에서 역할을 확대하는 경우이다. 둘째, 한 종교가 다른 종교를 상대로 정치적, 사회적 우위를 확보하기 위해 종교 간 유혈 투쟁으로 나아가는 경우이다. 가톨릭과 프로테스탄트가 충돌하는 북아일랜드, 힌두교도와 무슬림들이 경쟁하는 인도, 불교도와 힌두교도가 싸우는 스리랑카, 무슬림과 가톨릭 그리고 그리스정교 신자들이 전쟁을 벌인 옛 유고연방 등이 후자의 경우라면, 이 장에서 살펴보고자 하는 영국과 프랑스 등 유럽의 전통적인 국민국가들은 전자의 경우에 속한다.

　유럽의 다수 종교인 가톨릭과 기독교의 각 정파 사이에서는 더 이상 전투적인 차원의 경쟁이나 이미 확립된 정교분리의 원칙에 도전하려는 강력한 움직임을 찾아볼 수 없다. 크라우치는 가톨릭과 기독교의 종교 활동 참여자가 꾸준히 줄어드는 유럽의 현상을 세계적인 종교의 부활 움직임과 비교하여 '침묵의 대륙'이라고 표현한 바 있다(Crouch, 2000). 그러나 오늘날 유럽 역시 종교 갈등의 예외 지역은 아니다. 다만 그 내용은 기존의 기독교 정파 사이의 갈등이나 서로 다른 종교 사이의 투쟁이 아니라, 새로운 이민 그룹인 무슬림들이 자신들의 종교 활동 과정에서 자연스럽게 유럽의 정교분리 원칙에 도전하는 경우에 해당한다.

　이 장에서는 헤드스카프 논쟁과 루슈디 사건을 통해 성공회와 가톨릭이 다수인 영국과 프랑스에서 소수 종교인 이슬람이 제기하는 문화적 생존과 사회적 인정의 문제에 대해, 두 나라가 각각 어떻게 대응하는가를 살펴보려고 한다. 두 사건은 학문 분야와 관점에 따라 다양한 해석이 가능하지만, 이 장에서는 영국과 프랑스 정부 및 다수 문화 집단의 대응에 초점을 맞춰 살펴보고, 이러한 대응의 배경에 있는 원칙이 무엇인가에 대해 역사적으로 형성된 두 나라의 정치 문화에 근거하여 비교 설명하기로 한다. 따라서 헤드스카프 논쟁과 루슈디 사건을 통해 논의할 수 있는 여러 문제들, 예를 들어 이민자의 관점에서 동화 정책의 불합리성을 따지거나, 무슬림의 입장에서 종교의 자유를 옹호하는 것, 규범 이론의 입장에서 문화적 권리의 정당성을 따지는 것, 여성학의 관점에서 이슬람 여성의 인권을 문제 삼는 것 등은 이 장의 관심사가 아니다.

나는 이질적인 종교와 문화의 도전에 대응하는 두 나라의 방식을 비교하기 위해 로칸이 제기한 바 있는 유럽의 역사적 균열 구조에 입각하여 영국과 프랑스를 각각 다원신앙 문화 지역과 단일신앙 문화 지역으로 구분한다. 이와 같은 분류를 바탕으로 하여 두 나라가 역사적으로 고유하게 정립한 정치와 종교 관계의 틀을 각각 심의다문화주의deliberative multiculturalism와 공화주의republicanism라는 이름으로 설명한다. 철저한 정교분리의 세속주의를 앞세운 공화주의와, 대화와 타협을 통한 실용주의적 절충을 그 내용으로 하는 심의다문화주의라는 두 나라의 다문화 정책 및 종교 정책의 원칙은 루슈디 사건과 헤드스카프 논쟁에서 자신들의 종교적 정체성 보호를 요구하는 이슬람의 비슷한 문제 제기에 대해 전혀 다른 대응 방식을 보여준다. 나는 이 장의 마지막 절에서 만약 두 사건이 영국과 프랑스에서 바꾸어서 일어났다면 어떤 파장이 있었을까라는 추론을 통해, 국민국가가 갖는 서로 다른 문화적 규정력에 대해 논의한다.[1]

2. 유럽의 역사적 균열 구조: 단일신앙 문화 지역과 다원신앙 문화 지역

노르웨이의 정치학자 로칸은 자신의 고전적인 유럽 분열지형 연구를 통해 과거에 존재했던 갈등과 분열의 구조가 오늘날에도 일정한 그림자를 드리우면서 상황을 규정짓는 틀을 제공하고 있다고 주장한다. 로칸에 따르면, 유럽의 각국은 혈연과 종교 공동체 단계를 거쳐 민족 공동체로 이행하는 과정에서 네 가지 균열 구조, 즉 국민국가 형성기의 중심, 주변의 갈등과 종교 간 갈등, 그리

---

[1] 영국과 프랑스의 종교 인구는 통계에 따라 다양한 편차를 보인다. 프랑스의 경우 인구 5,800만 명 가운데 가톨릭이 약 4,200만 명(82%), 무슬림이 약 500만 명(8.4%)으로 추정되고, 영국은 인구 5,880만 명 가운데 성공회 3,100만 명(55%), 가톨릭 500만 명(9%), 기타 신교도 500만 명(9%), 무슬림 150만 명(2.5%)으로 추정된다. 물론 이 통계는 종교 활동에 적극적으로 참여하지 않지만 명목상 자신의 종교를 그렇게 간주하는 사람들을 포함한 추정치이다 (Madeley and Enyedi eds., 2003: 31-33). 프랑스의 무슬림들은 주로 옛 식민지였던 알제리, 모로코, 튀니지 등 북부 아프리카 출신들로서 마그레브라고 불리고, 영국의 경우는 옛 제국이었거나 영연방 국가인 인도, 파키스탄, 방글라데시 등 남아시아에서 이민 온 사람들이다. 따라서 영국과 프랑스의 경우 소수 인종과 소수 종교 집단은 대체로 중복된다.

고 산업혁명 시기의 농촌, 도시의 갈등과 계급 사이의 갈등을 겪었고 이들 갈등으로 이루어진 균열 구조는 체제의 형성에 영향을 미쳤다. 이 가운데 종교 갈등은 16-18세기에 중앙집권적 국민국가와 특권적 교회 사이에서 발생했는데, 그 형식은 교회 이익 대 세속화, 교권주의 대 반교권주의, 가톨릭 대 프로테스탄트 등으로 다양하게 나타났다(Lipset and Rokkan, 1967).

로칸의 역사적 균열 구조로부터 유추하면 종교개혁 시기와 국민국가 형성기를 거치면서 종교 갈등에 휩싸인 유럽은 특정 종교의 점유율이 80퍼센트 이상을 차지하는 단일신앙 문화 지역mono-confessional culture과, 비슷한 정도의 종교 세력이 공존하는 다원신앙 문화 지역multi-confessional culture으로 나뉜다. 단일신앙 문화 지역은 다시 루터교가 우세한 스웨덴, 노르웨이, 핀란드 등 북부 지역과, 그리스정교회가 우세한 그리스, 루마니아, 러시아 등 동부 지역, 그리고 가톨릭이 우세한 이탈리아, 스페인, 프랑스 등 남부 지역으로 뚜렷하게 구분된다. 반면 헝가리, 독일, 네덜란드, 영국 등은 유럽을 남북으로 비스듬히 잇는 벨트를 따라 다원신앙 문화 지역을 형성한다(Madeley, 2003: 23-50).

단일신앙 문화 지역은 타 종교에 대한 종교적 관용의 정도가 낮고 정치체제와 결부된 특정 종교의 득세가 결국 전면적인 저항에 부딪히는 모습을 보여준다(Martin, 1978: 6-7). 예를 들어 프랑스의 경우 1598년 소수 종교의 권리 보호를 명시한 앙리 4세의 낭트칙령으로 평화를 찾았지만 1685년 루이 14세의 칙령 폐지를 계기로 위그노들이 망명하고, 압도적인 가톨릭 세력은 정치체제와 결합하면서 소위 앙시앙 레짐의 한 축을 형성하였다. 가톨릭의 배타적인 득세는 1789년 프랑스혁명에서 공화주의자들의 전면적인 반격에 직면하였고, 자코뱅의 혁명가들은 공공 영역에서 가톨릭의 지배력을 배제하고 그 영향력을 주변화시켜서 사적 영역에 가두는 것을 의미하는 세속주의를 천명하였다. 이 시기를 전후하여 가톨릭교회는 구질서를 옹호하고 정치적 자유주의와 세속주의에 반대한다는 점에서 공화국의 적대 세력으로 간주되었다. 공화주의자들은 가톨릭의 정치사회 질서에 대한 영향력을 입법을 통해 완전히 파괴하고자 노력하였고, 결국 교회와 국가의 분리를 프랑스 공화주의의 주요한 원칙으로 정립하였다(Roberts, 1978).

프랑스혁명 인권선언 제10조는 사회의 법과 질서를 어지럽히지 않는 한 종교적 의견을 포함한 모든 의사 표현의 자유는 보장되어야 한다고 선언하고 있다. 루소 역시 배타적인 국가 종교의 존재 가능성을 부인하고 어떤 종교의 원리가 시민의 의무에 반하지 않는 경우 모두 관용되어야 한다고 주장하였다(Rousseau, 1997[1762]: 151). 이 두 주장은 공적 영역에서 가톨릭의 지배적인 영향력을 배제하려는 의도와 사적 영역에서 가톨릭과 기타 종교에 동등한 지위를 부여함으로써 종교의 자유를 실현하려는 의지를 나타내고 있다. 오늘날 종교의 자유는 국가의 간섭으로부터 개인의 선택에 따른 종교 활동을 보장한다는 뜻이 강하지만, 교회와 국가의 분리 원칙이 정립된 근대 초기에는 교회의 영향력으로부터 국가를 보호한다는 뜻이 훨씬 강했다.

프랑스의 공화주의는 세속주의 외에도 자유와 평등, 박애, 애국주의 등의 가치를 지향해왔다(Pilbeam, 1995). 공화주의에서 개인은 자신이 속한 정치 공동체의 시민으로서 공공 활동에의 적극적인 참여를 통해 스스로의 자유를 완성할 것을 요구받는다. 국가 역시 정치과정의 중요한 참여자로서 정치 공동체가 지향하는 가치들을 보호하고 육성하기 위해 적극 개입해야 하는 것으로 상정된다. 프랑스는 이러한 공화주의 원칙에 동의하는 한 모든 사람은 인종과 국적, 성, 종교에 상관없이 프랑스 시민이 될 수 있다고 천명해왔다. 즉 공화국의 시민이 된다는 것은 자신이 갖는 특별한 종교나 문화 정체성과는 상관없이, 공화국의 이상에 동의하고 참여하면 누구에게나 가능한 일이었다.

공화주의 원칙은 또한 프랑스 국경 안의 모든 세력들이 공화주의 정치 문화라는 단일 기준에 의해 전적으로 통일되어야 한다는 것을 의미하였다. 따라서 공화국과 시민 외의 관계, 즉 개인과 국가를 매개하는 중간 집단의 존재는 인정되지 않았다(Schnapper, 1991; Kriegel, 1998). 1791년의 유명한 르샤플리에법 Le Chapelier Law은 공화국과 시민 사이에서 소속감이나 정체성 형성에 영향을 미치는 중간 집단의 개입을 부정적으로 평가하여 아예 결사의 자유를 제한하였다. 프랑스는 1884년 발덱-루소법을 통해 노동조합의 자유를 인정함으로써 르샤플리에법을 완화했지만, 소수 인종 집단에게는 1981년에서야 부분적인 결사의 자유를 허용하였다.

프랑스혁명 이래 프랑스 다문화 정책과 종교 정책의 원칙으로서 공화주의의 지배적인 지위는 변하지 않고 있다. 예를 들어 이민자를 포용하는 1891년 국적법의 속지주의 정신과 1905년의 정교분리법은 여전히 유효하다. 1981년 대통령 선거 유세에서 사회당의 미테랑은 공화주의로부터 더 포괄적인 방향으로 나아간 다문화주의를 표명했지만 집권 후 이를 파기했고, 1986년 우파 시라크 총리는 공화주의로부터 더 배타적인 방향의 국적법 개정을 시도하다가 반대에 밀려 스스로 철회한 바 있다. 오늘날에도 여전히 프랑스의 공화주의 원칙은 개인이나 집단이 자신들의 종교적 정체성을 공공 영역에서 드러내는 것을 금지하고 있다. 종교와 문화의 차이를 적극적으로 인정하는 것보다는 그 차이를 아예 무시하고, 오직 공화주의 원칙에 근거해 평등한 개인들에 근거한 통합을 모색하는 것이 더 바람직하다는 프랑스의 독특한 전통은 헤드스카프 논쟁에서도 다시 확인할 수 있다.

단일신앙 문화 지역과 비교할 때 다원신앙 문화 지역은 비슷한 세력의 종교 집단들이 경쟁하면서 부분적인 갈등 과정을 거쳐 종교적 관용의 사회 분위기를 구축하였다. 영국의 경우 1534년 헨리 8세의 영국 국교회 수립을 계기로 가톨릭과의 갈등이 시작되었지만, 상당 기간 동안 어느 한쪽도 일방적인 우위를 점하지는 못하였다. 가톨릭과 성공회, 청교도 등이 경쟁하는 가운데 1688년 명예혁명과 1701년 가톨릭교도의 왕위 계승을 금지한 왕위계승법Act of Settlement 제정에 이르러 비로소 신교 우위와 가톨릭의 쇠퇴가 분명해졌다(박지향, 1997: 281-341).

왕위계승법은 영국의 왕은 성공회 신도여야 하며 영국 국교의 수장으로서 교회를 보호하고 성공회 계열의 왕위 계승을 유지해야 한다는 의무를 규정하고 있다. 그러나 그 제정 시기를 전후하여 이미 왕권이 급속히 약화되기 시작했다는 점에서 이 법의 제정이 국교로서 성공회의 지배적인 지위를 보여주는 것이라고 말하기는 어렵다. 예컨대 영국은 1827년에 가톨릭교도를 억압하는 장치였던 검증법Test and Corporation Acts을 폐지하였고, 1829년에는 가톨릭구제법Catholic Relief Act을 제정하여 가톨릭의 공직 취임 금지를 해제함으로써 종교적 타협 조치를 취하였다.

영국의 독특한 정치와 종교의 관계, 즉 정교분리의 경계가 논리적으로 분명하지 않고 국교의 존재에도 불구하고 종교적 관용의 분위기가 지배적인 현실은 대화와 타협을 강조하는 영국 고유의 의회주권parliamentary sovereignty 전통과 그 맥락을 같이하고 있다. 1628년 찰스 1세를 상대로 한 권리청원 제정과 명예혁명 직후인 1689년 권리장전 제정을 통한 왕권의 제한, 독일에서 온 조지 1세 시대에 총리의 내정 관할 등을 통해 영국의 주권은 왕에게서 의회로 본격적으로 이전되었고, 의회주권의 전통이 확립되었다.

의회주권의 전통은 적어도 두 원칙을 전제하고 있다. 첫째, 모든 시민들이 의회의 토론과 의사 결정 과정에서 빠짐없이 대표되어야 한다는 것이고, 둘째, 그렇게 대표된 의회의 결정은 국가 안에서 최고의 권위를 갖기 때문에 그 결정에 모두가 승복해야 하며, 법원을 포함한 누구도 그 결정을 뒤엎지 못한다는 점이다(Goldsworthy, 1999: 234). 이 원칙들에서 가장 핵심적인 요소는 충분한 대화와 토론을 통해 합의를 모색한다는 것이다. 불문헌법을 배경으로 한 의회주권의 전통에서 대화와 토론을 통한 의회의 의사 결정은 선험적인 형식 논리나 사소한 실정법에 구속되지 않는다. 이와 같은 맥락에서 19세기의 영국총리 디즈레일리는 "영국은 논리logic 에 의해 통치되지 않고 의회parliament에 의해 통치된다"고 말하였고, 20세기의 대표적인 보수주의자 스크루턴은 "영국은 법decree에 의해 지배받지 않고 판단judgment에 의해 지배받는다"고 말하였다 (Scruton, 2000: 251; Bogdanor, 1999: 166).

이 논문에서 살펴볼 루슈디 사건 역시 정치와 종교의 관계에 대한 영국의 대응 방식이 프랑스처럼 선험적인 가치를 따라 논리적으로 접근하는 것이 아니라 문제가 된 상황을 고려하고 당사자들의 이해관계가 충분히 대표되는 가운데 대화와 토론을 통해 타협점을 찾는 실용주의적 접근이라는 점을 보여준다. 블레어의 노동당 정권에서 이런 모습은 더욱 뚜렷해졌지만, 대처의 보수당 정권 역시 종교 정책에 관한 한 국교와 소수 종교의 양립을 추구했다는 점에서 예외는 아니었다. 실정법과 논리보다는 대화와 판단을 중요시하는 영국의 이와 같은 원칙은 종교를 포함한 인종과 문화 등 다양한 세력의 도전에 대해 포괄적으로 적용된다는 점에서 '심의 다문화주의'라고 부를 수 있을 것이다.

3. 프랑스의 공화주의와 헤드스카프 논쟁

프랑스혁명 이래 프랑스에서 세속주의 원칙에 대한 도전 세력은 주로 가톨릭이라고 이야기되어왔다. 그러나 1980년대부터는 가톨릭보다 이슬람 이민자들이 그들의 문화 및 종교적 정체성에 대한 공공 영역에서의 인정 요구를 통해 세속주의 원칙에 대한 강력한 도전 세력으로 떠오르고 있다. 1989년 가을에 일어난 이른바 헤드스카프 논쟁과 이후 계속되는 유사한 논쟁들은 프랑스 공화주의 전통과 세속주의 원칙이 다문화 시대의 현실에서 어떻게 도전받고 있는지 잘 보여준다.

1989년 9월 18일 파리 북부의 소도시 크레이Creil의 중등학교 가브리엘 아베Gabriel Havez에서 세 명의 무슬림 여학생(Fatima, Leila, Samira)이 수업시간에 헤드스카프를 착용했다는 이유로 학교로부터 추방되었다. 당시 이 학교의 학생 수는 876명이었으며 이 가운데 약 500명이 마그레브 이민자이거나 그 후손인 무슬림 학생들이었다(*Libération*, 1989. 10. 10). 이 세 명의 여학생들은 복도와 계단 등 강의실 밖에서는 스카프를 착용할 수 있다는 합의 아래 학교에 다시 나올 수 있었다. 그러나 10월 초부터 중앙 언론들이 이 사건을 다루기 시작하고, 전국적인 이슬람 조직과 정부가 이 사건에 개입하면서부터 문제는 국가 차원의 논쟁으로 비화되었다. 교장과의 합의를 통해 수업시간에 스카프를 벗었던 소녀들은 '프랑스 전국 무슬림 연합'의 회장 르클레르Daniel Youssourf Leclerq의 조언을 받고 나서 다시 스카프를 쓰기 시작했다(Kepel, 1997: 184-189). 이로써 사건의 성격은 개인의 선택과 종교의 자유 문제에서 정치적 문제로 바뀌었다.

이 사건의 당사자인 가브리엘 아베 학교의 교장 에르네스트 셰니에르Ernest Chénière는 "나는 정교분리의 원칙을 지지한다. 세속주의에 따라 공립학교는 교육이라는 연금술을 통해 차이를 제거하고 하나의 민족을 만들어내는 용광로가 될 수 있다. 그들은 스스로를 고립시키고 있다"고 주장하였다(*Le Nouvel Observateur*, 1989. 10. 12).

당시의 교육부장관 사회당의 리오넬 조스팽Lionel Jospin은 "세속주의가 또 다른 형태의 근본주의가 되어서는 안 된다. 학교 교육의 세속주의 원칙은 존중되어야 하고, 학교는 학생들이 스카프를 쓰는 것을 억제해야 하지만, 그런 이유로 학생들을 학교에서 쫓아내서는 안 된다. 학교는 학생을 받아서 가르치는 곳이지 학생을 내쫓는 곳이 아니다"라며 문제 해결의 원칙을 천명하였다(*Le Monde*, 1989. 10. 26).

이 의견은 사회당의 미셸 로카르Michel Rocard 총리에 의해서도 구체적이고 실용적이며 현실적인 정책으로 지지되었다. 그는 프랑스의 통합 정책은 엄격한 동화도 인종 간 동거도 아닌 상호 의무에 대한 인정이며 이민자들에 대해 프랑스 시민으로서 동등하게 취급하는 것이라고 주장하였다(*Le Monde*, 1989. 12. 1).

1989년 11월 4일에 교육부장관 조스팽은 종교적 상징의 착용이 프랑스 세속주의 원칙과 부합하는가에 대해 프랑스 최고행정재판소에 질문하였고, 최고행정재판소는 1989년 11월 27일에 내린 결정에서 "학생들이 자신의 종교적 신념을 나타낸다고 믿는 기호들을 학교에서 착용하는 것은 그 자체로서 세속주의 원칙에 위배되는 것은 아니다. 이것은 학생들이 자신의 표현의 자유와 종교적 신념을 표현할 권리를 행사하는 것에 속한다. 그러나 이 권리는 개인적으로나 또는 집단적으로, 뚜렷하고 전투적인 형태로 압력, 논쟁 유발, 선전, 개종 등을 강요하면서, 다른 학생들이나 교육 공동체 구성원들의 자유와 존엄을 위협하거나, 그들의 건강과 안전을 침해하거나, 교사의 교육적 역할이나 가르치는 활동을 방해하거나, 기관의 적절한 질서와 공공서비스의 정상적인 기능을 해치는 상태에서는 허용될 수 없다"라고 판결하였다(프랑스 최고행정재판소, 1989).

이 결정문은 두 가지 내용을 강조하고 있다. 하나는 종교적 상징물의 착용이 기본적으로 개인의 자유에 속하는 문제라는 것이고, 다른 하나는 그러나 그 자유의 행사가 개종 등을 강요하는 압박으로 쓰일 때는 허용될 수 없다는 것이다. 대법원의 이 결정은 학생들의 자유로운 선택권 행사와 학교 책임자의 주관적 판단이 상충할 가능성을 안고 있다는 점에서 논란의 여지가 있었다. 실제 대법원의 이러한 결정에 근거하여 교장은 자신의 판단에 따라 등교 금지 결정을 내릴 수 있었고, 학부모는 학생 추방에 항의하는 소송을 계속 제기할 수 있었다. 예를 들어 1992년 11월 2일 파리 교외의 몽페르메이Montfermeil중등학교에서도 학생 등교 금지 결정이 있었고, 학부모는 소송을 제기하였으며, 대법원은 학교 측의 등교 금지 결정을 뒤엎는 판결을 내렸다. 무슬림 학생들의 스카프 착용을 위한 도전도 계속되었다. 1994년 그르노블Grenoble중등학교의 여학생 셰라자드Schérazade는 스카프 착용을 이유로 내려진 등교 금지 결정에 항의하여 22일 동안 단식하였고, 그녀를 지지하는 수백 명의 사람들이 그르노블을 방문하여 스카프 착용 투쟁을 격려하였다. 학교는 마침내 체육시간 이외의 수업시간에 한정하여 스카프 착용을 허용하였다(Kepel, 1997: 225).

그러나 프랑스 대법원의 일견 타협적으로 보이는 1989년 판결이 명쾌한 답을 주지 못했다는 이유로 비난받아서는 안 될 것이다. 선험적인 원칙에 근거해 미래의 모든 사례까지 포괄할 수 있는 기준을 만들겠다는 터무니없는 욕심에 집착하기보다는, 때로는 정리될 수 없는 모호한 영역은 모호한 채로 남겨두는 것이 오히려 현실의 세계를 더 정확하게 반영하는 현명한 결정일 수 있을 것이다.

이 사건은 세 가지 관점으로 나누어서 이해할 수 있다. 가장 일반적인 관점은 세속주의 원칙에 근거하여 교육을 통해 국민 통합을 이룩하려는 프랑스의 공식적인 입장과, 종교의 자유와 다를 수 있는 권리를 주장하는 소녀들의 입장이 충돌하는 것으로 이 사건을 이해하는 것이다. 소녀들은 프랑스 시민으로서 가질 수 있는 종교의 자유와 공화주의 시민권이 보장하는 평등할 권리에 근거하여 자신들의 권리를 주장하고 있다. 그들은 사적 영역에서 인정되는 선택의 자유와 종교의 자유가 왜 공적 영역에서는 제한되어야 하는가라는 물음을 던지며 사적 영역과 공적 영역의 구별 자체에 도전하고 있다. 반면 프랑스는 이러한 문제 제기를 프랑스 전통의 근간인 세속주의 교육 원칙에 대한 중대한 도전으로 간주하고 여학생들의 스카프 허용 요구를 거부하고 있다.

그러나 학교 교육을 통해 공화주의적 가치를 확산시킨다는 프랑스의 이상적인 기준에 비추어보면, 이 사건은 가장 나쁜 해결책으로서 학생들을 사적 영역, 즉 집안으로 쫓아 보내는 결과를 가져왔다. 또한 프랑스 사회의 대응은 개인의 선택에 국가가 어디까지 개입할 수 있는가에 대한 근본적인 질문을 제기하고 있다. 공화주의자들이 믿는 것처럼 국가가 스카프 착용을 둘러싼 개인의 선택에 간섭한 결과 집안으로 유폐된 소녀들의 자율성이 궁극적으로 신장되었다고 볼 근거는 없다. 이 사건은 오히려 추상적이고 선험적인 원칙에 대한 고집이 구체적인 사례에 적용될 때 문제 해결에 도움이 되기보다는 위험한 결과를 초래할 수도 있다는 사실을 보여주고 있다.

두 번째는 이 사건을 프랑스 문화와 전통을 심각하게 위협하는 이슬람 근본주의 세력의 도전으로 이해하는 경우이다. 이슬람 근본주의의 등장에 대한 공포는 이 사건이 '프랑스 전국 무슬림 연합'이나 '프랑스 무슬림 그룹' 등 전국적 단위의 급진적인 이슬람 조직이 개입하면서 더욱 뚜렷해졌다. 실제 1980년대 후반을 고비로 프랑스의 이슬람 조직들의 지향은 일반적인 인권단체들의 반인종주의 정책에 동조하는 단계에서 벗어나 이슬람의 재조직화와 부흥을 목표로 하는 정치적 동원의 단계로 변했다(Kepel, 1997: 227-233). 이러한 움직임에 대한 프랑스인들의 공포는 설문조사에서 약 83퍼센트의 응답자가 이슬람 여학생들의 스카프 착용을 금지해야 한다고 답하는 결과로 나타났다(*Le Nouvel Observateur*, 1989. 11. 29). 또한 프랑스인들의 이슬람에 대한 이해가 점점 더 부정적으로 변해가는 것으로 나타났다(*Le Monde*, 1994. 10. 13).

그러나 무슬림에게 프랑스의 공화주의는 국가가 자신들을 하나의 종교 집단으로 인정하기를 거부하는 근거가 되거나, 자신들을 비종교적인 가치 속으로 동화시키기 위해 사용하는 수단으로 이해된다. 그들은 소위 공화주의적 근본주의자들이 세속주의라는 원칙에 근거해 무슬림 개인들의 의지를 파괴하려 한다고 믿는다. 결국 프랑스의 무슬림들은 세속주의가 이데올로기적으로 중립적인 정책이라고 생각하지 않기 때문에, 이에 대항해 정치적 동원을 통한 공공 영역에서의 사회적 인정을 추구하고 있는 것이다. 점점 더 전투적인 대결을 불러오는 이러한 방식의 헤드스카프 논쟁에 대한 이해는 오늘날 프랑스에서뿐만 아니라 전 세계적으로 확산되고 있는 것으로 보인다.

세 번째는 여자들에게만 스카프를 쓰게 하는 이슬람의 교리가 서구 사회의 남녀 평등 원칙에 도전하고 있다고 이해하는 경우이다. 남녀 차별에 초점을 맞추어 이 사건을 보면, 이슬람의 원칙에 따른 여성의 스카프 착용은 여성에 대한 남성의 우위와 지배를 상징하는 것으로 간주되고, 따라서 그러한 종교적 원칙에 따른 행위는 공화주의 원칙을 교육하고 재생산해내는 해방의 공간으로서 프랑스 학교에 대한 정면도전이 된다. 그러므로 스카프는 당연히 금지되어야 한다.

그러나 이 세 번째 입장은 서구 개인주의의 가치를 중심으로 한 제국주의적 이해라고 비판받을 수 있는 소지를 안고 있다. 정작 스카프를 쓰는 당사자인 무슬림 여성들은 스카프 안에서 비로소 마음의 안식과 평화를 느끼고 세상의 타락과 유혹으로부터 구별되는 자유를 느낀다고 주장하는 경우가 있기 때문이다(Okin, 1999). 사건을 보는 관점에 따라 이 사건은 여성 차별과는 전혀 다른 해석도 가능하다. 예를 들어 스카프 착용을 주장하는 소녀들의 입장이 동료 학생들 사이에서 특정 행동을 금지하는 기성 질서에 대한 도전으로 인식되어 지지를 받는 현상이 있었다. 다시 말해 이 사건은 오히려 소녀들이 자신들의 권리를 위해, 어른들이 부여한 일방적인 규칙을 거부하는 것으로 이해될 수도 있는 것이다(Kepel, 1997: 221). 결국 남녀 차별의 차원에서 헤드스카프 논쟁을 바라보는 것은 논리적 근거가 가장 취약한 일방적이고 자기문화 중심주의적인 이해가 될 수 있다.

공화주의 전통에서 보면, 문화적 생존을 주장하면서 정교분리의 원칙을 거부하는 무슬림들의 요구는 인종과 생물학적 집단에의 소속감을 강조하는 새로운 종류의 부족주의이자 인종차별주의로서 극우 집단인 장마리 르펜의 국민전선이 주장하는 이데올로기와 동일한 기반을 갖고 있는 것으로 평가된다. 공화주의자들은 보편주의보다 특수주의를 주장하는 다문화주의자들의 주장이 프랑스를 발칸반도나 아메리카처럼 분열시키는 역할을 할 것이라고 본다(Finkielkraut, 1989; Jelen, 1997a). 실제로 사회당의 전 교육부장관 슈벤망Chevenement은 헤드스카프 논쟁이 한창일 때 다를 수 있는 권리를 지지하는 아메리카 모델을 따르는 것은 단지 프랑스를 발칸이나 레바논처럼 분열시키는 결과를 가져올 것이라고 주장하였다(*Le Monde*, 1989. 11. 9). 특히 젤렌은 정치보다 문화, 개인보다 집단을 앞세우는 다문화주의가 소수에게 영원한 주변화를 보장할 뿐이고 나아가 집단 간 불평등한 권리와 인종과 종교에 따른 중간 집단의 형성을 허락함으로써 프랑스를 부족주의로 뒤엉킨 정글로 전락시킬 뿐이라고 주장하였다(Jelen, 1997b).

프랑스의 국가 정체성에 대한 공식 보고서는 이미 1980년대 후반에 문화적 생존과 사회적 인정을 요구하는 이와 같은 주장들이 가져올 궁극적인 위험성, 즉 프랑스 공화주의 전통과 제도의 침식 가능성 및 보편적인 가치들의 퇴색을 염려하고 있다(Long, 1988). 특히 이 보고서는 이슬람의 일부다처제나 남성과 여성 사이의 불평등, 미리 짝짓는 결혼 등의 풍습이 프랑스의 가치와는 양립할 수 없다는 것을 분명히 하고 있다. 이 보고서는 또한 사적 생활의 영역뿐만 아니라 공적 생활의 영역에서도 종교와 문화적 충성심을 요구하는 이슬람 근본주의의 등장은 마그레브 이민자들이 프랑스 사회의 완전한 구성원으로 통합되는 것을 방해하고 있다고 본다.

국가통합위원회는 1991년 보고서에서 "프랑스에서 정의의 원칙은 소수의 논리에 따르는 것이 아니라 평등의 논리를 존중하는 것이다"라고 주장하였다(Haut Conseil à l'Intégration, 1991: 19). 1997년의 보고서 역시 보편적인 가치를 존중하는 프랑스의 공화주의 전통은 소수의 권리나 특정 인종 집단의 요구를 수용하는 것에 반대한다고 강조하고, 특정 집단이나 소수의 집합적 권리를 인정하는 것은 공화주의 원칙에 어긋난다고 주장하였다. 이 보고서에 따르면, 프랑스 사회에서 향유할 수 있는 모든 권리는 개인의 자격으로 모든 시민들에게 평등하게 주어지는 것이며 따라서 프랑스에서 정의는 소수의 논리를 존중해준다는 것이 아니라 모든 개인들이 법 앞에 평등하다는 것을 의미한다(Haut Conseil à l'Intégration, 1997: 14).

비록 프랑스의 공식적인 입장이나 프랑스 내부의 지배적인 입장이 공화주의 전통에 대한 옹호일지라도 이에 대한 비판적인 의견도 엄연히 존재해왔다. 예를 들어 로망은 오늘날 프랑스가 당면하고 있는 위험이 사회적 소수의 집단적 권리 주장으로부터 오는 것이 아니라, 국가에 의해 시민사회와 그 다양성이 질식당할 지경에 이르렀다는 사실로부터 생겨나고 있다고 주장한다. 따라서 그는 국가와 사회의 수직적인 관계가 보장해온 소위 해방의 민주주의보다는 개인과 집단을 중심으로 한 수평적인 관계가 보장하는 사회적 인정의 정치가 더 필요한 시점이 되었다고 본다(Roman, 1998).

코슈로하바와 가스파르는 헤드스카프 논쟁에서 소녀들이 스카프를 쓴 이유는 현대사회의 무질서한 상황에서 스스로를 보호하기 위한 표현으로 해석되는 것이 더 맞다고 본다. 즉 소녀들의 행위를 프랑스 시민권을 거부하는 이슬람 근본주의의 표현으로 해석하기보다는 프랑스 사회의 주류에 편입되기를 원하지만 완전히 동화되는 것은 거부하는 두 문화 사이의 삶에 대한 고민이라고 정의한다. 이들은 마그레브 청소년들의 행동이 부모 세대가 갖는 인종적 뿌리에 대한 소속감보다 프랑스 사회 안에서 새로운 정체성을 형성하기 위한 노력이라고 파악하고, 이제 추상적인 보편주의는 사회적 소수를 통합하는 데 도움을 주기보다는 배제하는 데 더 큰 영향을 미치고 있다고 본다. 따라서 공화주의의 단선적이고 비타협적인 원칙들은 더 확장된 개념으로 바뀔 필요가 있다고 주장한다(Gaspard and Khosrokhavar, 1995).

시민사회 내의 다양한 논의에도 불구하고 2003년 프랑스 정부가 내놓은 소위 스타시 보고서는 세속주의 원칙에 대한 고수와 공공 교육기관에서 모든 종교적 표상을 금지하는 입법으로 이어졌다(Stasi, 2003). 2004년 2월 10일 프랑스 하원은 공공 교육기관에서 이슬람의 헤드스카프와 십자가, 유대인의 머리모자, 시크교도들의 터번 등 명백히 종교적인 표상의 착용을 금지하는 법을 통과시켰다. 이 법은 그 전문에서 학교는 공화주의의 이상의 뿌리를 심는 가장 중요한 기관이라고 규정하고, 스포츠와 육체적인 교육에서의 전면적인 평등을 강조했다. 이는 남녀 학생이 함께 체육수업을 받는 것에 대해 문제를 제기한 무슬림 학생들과, 인간의 성과 탄생을 보여주기 위해 생물 수업시간에 사용하는 사진에 대해 문제를 제기한 무슬림 여학생들에 대한 대답이었다.

시라크 대통령은 다시 한번 공화주의 전통이 프랑스를 통합시키는 가장 적절한 방법임을 강조했고, 교육부장관 페리는 신앙의 이유로 체육이나 생물 시간을 회피하는 것은 허용될 수 없으며 학교가 전투적인 종교 집단이나 인종주의, 반유태주의에 의해 분열되는 일이 없도록 막겠다고 공언하였다(*Le Monde*, 2004. 2. 11). 2004년 9월 1일부터 시행에 들어간 이 법은 약 두 달 동안 600여 건의 반발사례를 가져왔지만 새 교육부장관 프랑수아 필롱은 '대화'를 통해서 이러한 상황들이 해소되고 있다며 만족을 표시하였다. 물론 이 법에 반대하는 사람들은 소위 '대화'가 세속근본주의 이름 아래 개인을 파괴시키는 기계의 역할을 하고 있다고 비난하였다(*The New York Times*, 2004. 10. 22).

근대 이후 교회와 국가의 분리라는 세속주의 원칙 아래 공공 영역에서 종교의 역할을 허용하지 않았던 프랑스에서 헤드스카프 논쟁은 공화주의 전통에 대한 중대한 도전으로 간주되고 있다. 카사노바의 표현에 따르면 사적인 영역에 갇혀 있던 종교가 탈사유화deprivatization의 길을 시도하는 데 이슬람이 앞장서고 있는 셈이다. 중세의 유혈 종교 갈등을 세속주의 원칙으로 해결했다고 믿는 프랑스 공화주의자들에게 이러한 상황은 다시 중세의 전철을 밟으려는 어리석은 시도로 보일 것이다. 당연히 그들에게 원시적 부족주의와 종교적 신념이 싸우는 암흑의 정글로 떨어지지 않는 방법은 공화주의 원칙의 굳건한 고수일 수밖에 없을 것이다.

4. 영국의 심의다문화주의와 루슈디 사건

1988년 영국에서 시작되어 이듬해 세계적인 이슈로 번져갔던 루슈디 사건의 여파는 1989년 9월에 시작된 프랑스의 헤드스카프 논쟁에까지 닿아 있다.

살만 루슈디의 『악마의 시』는 1988년 9월에 영국의 펭귄출판사를 모그룹으로 하는 바이킹사에서 출판되었다. 무슬림들 사이에서 『악마의 시』는 예언자를 거짓말쟁이로 묘사하면서 그의 성 생활을 다룬 불경한 책이라는 이미지로 알려졌다. 영국의 무슬림 공동체가 펭귄사에 보낸 항의문에는 다음과 같이 불만이 적혀 있었다. "이 책은 유대인과 기독교인과 무슬림 모두에게 존경받는 예언자 아브라함을 악당이라고 부르고 있다. 은총의 예언자 무함마드를 악마와 가짜 예언자를 뜻하는 마훈드Mahound라는 이름으로 부르고 있고, 그의 동행자로 나오는 사람들은 부랑자나 깡패로 묘사되고 있다. 예언자의 부인들의 이름은 포르노가 난무하는 사창가의 여자 이름으로 사용되고 있으며, 이슬람의 성지 메카는 무지나 어둠을 뜻하는 자힐라Jahilia로 불리고 있다."(Appignanesei and Maitland eds., 1990: 65) 요컨대 이러한 묘사들은 문학의 이름을 빌려 이슬람의 신성함을 모욕한 것이고 이에 전 세계의 무슬림들은 분노하지 않을 수 없다는 것이 이들의 주장이었다.2

이 책은 출간된 지 열흘 만인 1988년 10월 5일에 인도에서 가장 먼저 판매가 금지되었고 이어서 남아프리카공화국, 파키스탄, 사우디아라비아, 이집트, 소말리아, 방글라데시, 수단, 말레이시아, 인도네시아, 카타르 등지에서도 판매가 금지되었다. 하지만 동시에 이 책은 1988년 11월 영국에서 휘트브레드 문학상을 수상하고 독일에서 올해의 작가상을 수상함으로써 사회적 소란과는 전혀 상반된 문학적 찬사를 받았다.

『악마의 시』 출판에 대한 영국 내 무슬림들의 초기 대응은 두

2 이 소설의 영문판 원본은 9개 장 547쪽으로 이루어져 있다. 소설은 비행기 사고가 나고 두 명의 남자 즉 지브릴 파리슈타Gibreel Farishta와 살라딘 참차Saladin Chamcha만이 살아남아서 각각 천사와 악마가 되는 것으로 시작된다. 특히 논란의 중심이 된 제2장은 천사가 된 지브릴이 꿈속에서 진리에 대해 묻는 마훈드를 만나 겪는 일들을 서술하고 있다(Rushdie, 1988). 루슈디는 봄베이의 이슬람 가문에서 태어났지만 종교적인 엄숙함을 강요받지 않는 자유로운 분위기에서 자랐고, 영국의 명문 사립 럭비스쿨을 졸업한 후 케임브리지대학에서 역사학을 전공하였다. 루슈디는 이미 자신의 1981년 소설 『한밤의 아이들Midnight's Children』로 영어권의 권위 있는 부커 문학상을 받은 작가였다. 『악마의 시』를 쓸 당시 루슈디는 자신이 이슬람의 종교적 분위기로부터 멀어져 있었다고 밝혔다. 그러나 1991년 1월 『가디언』과의 인터뷰에서 그는 자신은 무슬림이며 다시 종교적 성실함을 되찾았다고 말하였다(Reder ed., 2000: 142-151).

가지의 요구로 이루어져 있다. 첫 번째 요구는 『악마의 시』 판매를 금지해달라는 것이었고, 두 번째 요구는 17세기 이래 영국에 존재해온 신성모독죄의 범위를 넓혀서 루슈디를 이슬람에 대한 모독으로 처벌해 달라는 것이었다. 이들은 1988년 10월에 영국이슬람행동위원회를 결성하고, 우선 루슈디의 책 판매 금지를 요구하는 서명을 시작하였으며, 성공회만을 대상으로 하는 신성모독법의 범위를 넓혀서 이를 이슬람에도 적용해줄 것을 요청하는 편지를 총리에게 보냈다. 당시 영국 정부는 무슬림의 이러한 요구에 대해 어떤 공식적인 답변도 내놓지 않았다.

자신들의 주장이 반향을 불러일으키지 못하자 런던 북부의 도시 브래드퍼드의 무슬림 단체는 1989년 1월 14일 『악마의 시』를 불태우는 행사를 가졌다. 이 행사는 전국적인 주목을 끄는 데는 성공했지만 그 주목의 성격은 기대와는 정반대되는 무슬림들에 대한 거센 비난이었다. 영국인들은 무엇보다도 이 행사를 통해 나치 시대 분서의 역사를 떠올렸다. 책의 판매 금지 주장과 책을 불태우는 행사를 계기로 영국의 인권운동 단체와 좌파 그룹들도 이슬람 세력과의 연대를 끊었다. 이를 전기로 하여 사건의 초점은 종교적 신념의 보호에서 표현의 자유라는 가치로 바뀌게 되었다.

"표현의 자유라는 영국의 자유주의적 가치에 동의하지 못하는 무슬림 이민자들은 자신의 본래 나라로 돌아가라"는 보수당 의원 타운센드의 주장이 호응을 얻는 가운데, 1989년 2월 14일 이란의 지도자 호메이니는 루슈디에게 사형을 선고하였다. 호메이니는 "이슬람의 예언자와 코란을 비방하는 『악마의 시』의 저자 루슈디와 그 책을 출판하는 모든 사람들에게 죽음의 저주를 내린다"고 선언하였다. 또한 "용감한 무슬림들은 루슈디와 출판업자들이 어디에 있든지 간에 그들을 가능한 빠른 시일 안에 처형하여 다시는 감히 무슬림들이 성스럽게 여기는 것들을 모욕하지 못하도록 해야 한다"고 주장하였다(Observer, 1989. 2. 19). 호메이니는 사형 언도와 함께 이란에서의 책 판매를 금지하였고 루슈디의 목에 150만 달러의 현상금을 걸었다. 루슈디 처형을 선언한 호메이니의 언급이 있은 지 4일 후인 2월 18일에 루슈디는 자신의 책이 가져온 일련의 사태에 대해 "『악마의 시』의 저자로서 나는 많은 무슬림들이 내 책의 출판으로 인해 정신적 고통을 겪고 있음을 인정한다. 나는 그 고통에 대해 진심으로 유감스럽게 생각한다. 다양한 종교적 신념들이 공존하는 세계에서 이번 사건의 경험은 우리 모두가 다른 사람들의 신념에 대해 항상 민감하게 의식해야 한다는 사실을 깨우쳐준다"라고 짧은 유감을 표명하였다(Appignanesei and Maitland, 1990: 97-98). 그러나 이 성명은 무슬림들의 입장에서 보면 책의 내용에 대한 구체적인 사과나 판매 금지에 대한 언급이 없는 무의미한 것이었다. 호메이니는 바로 다음 날 성명에서 "비록 루슈디가 뉘우칠지라도 모든 무슬림은 그의 생명과 재산을 빼앗고 그를 지옥에 보내는 것이 임무"라고 재차 언급하였다(Appignanesei and Maitland, 1990: 99).

약 1년여에 걸친 이 사건의 소용돌이 속에서 영국 정부는 두 번의 경우를 제외하고는 사건에 개입하거나 언급하지 않았다. 그중 하나는 1989년 2월 브래드퍼드에서 행한 내무장관 더글러스 허드Douglas Hurd의 연설로서 그는 이슬람의 요구에 응하는 신성모독에 관한 법의 개정이나 폐지는 전혀 고려하고 있지 않고 있으며 무슬림 이민자들은 영국 사회의 규범을 존중하고 영국 사회에 보다 적극적으로 통합되어야 한다고 말하였다.

두 번째는 1989년 7월에 내무차관인 존 패튼이 영국이슬람행동위원회에 편지를 보낸 일이다(Ahsan and Kidwai eds., 1991: 341-345). 이 편지에서 패튼은 루슈디 사건에 대처하는 영국 정부의 원칙은 의사 표현의 자유와 법의 지배라는 두 가지 가치를 중심으로 이루어져 있다고 밝혔다. 의사 표현의 자유라는 원칙에 따라 무슬림들에게 집회와 행진이 허용되었으므로 저자의 권리 또한 같은 원칙에 의해 보호되어야 하고, 따라서 영국 정부는 루슈디 책의 판매를 금지할 권한을 가지고 있지 않으며 그러한 권한을 가지기를 원하지도 않는다는 것이 그의 주장이었다. 다만 이와 같은 의사 표현의 자유가 법의 테두리를 벗어난다면 제재를 가할 수 있는데 루슈디의 책은 영국의 법을 위반하고 있지 않다는 것이었다.

이에 대해 무슬림들은 신성모독에 관한 법의 범위를 넓혀서 이슬람의 신성에 대한 모독으로 루슈디를 처벌해 달라고 요구한 바 있었다. 패튼은 이 문제에 대해서도 신중하게 검토했지만 신성모독에 관한 법을 수정하는 것이 현명하지 못한 일이라는 결론에 이르렀다고 말하였다. 그 이유는 첫째, 신성모독의 내용과 범위를 결정하는 일이 현실적으로 불가능하기 때문이다. 즉 어떤 종교는 포함시키고 어떤 종교는 배제할 것인지에 대해 누구도 정답을 제시할 수가 없다. 둘째, 법의 수정이 종교들 사이의 관계를 손상시키는 끊임없는 소송 사태를 가져올 수 있기 때문이다. 패튼은 영국의 법과 제도가 이처럼 다양하고 분열적인 특징을 갖는 종교적 신앙과 개인의 신념의 문제를 다루기에는 부적절하다고 주장하였다. 말하자면 이와 같은 어려움 때문에 법을 개정할 것인지 또는 폐지할 것인지에 대해 일치된 합의에 도달할 수 없다는 것이 패튼의 결론이었다.

그렇다면 영국 정부가 제시하는 표현의 자유라는 원칙은 민주주의 사회에서 어떤 제한도 불가능한 절대적인 가치일까? 루슈디 사건에서 제기된 표현의 자유 논쟁에 대해 영국의 다문화주의 이론가인 파레크와 미국 컬럼비아대학의 정치철학자인 배리는 서로 다른 입장을 보여준다. 파레크는 만약 아우슈비츠의 비극적인 희생자들을 조롱하고 비웃으면서 그들의 고난을 사소한 것으로 간주하는 작가가 있다면, 사람들은 그의 소설에 대해 분노하고 소설의 존재 가치를 부정하고 작가에게 비난을 퍼부을 수 있다고 본다. 이러한 경우에 작가에게 좋은 것이 반드시 사회에 유익한 것은 아니다. 즉 작가는 사회의 관용을 이용하면서 자신의 자유를 남용하고 있는 것이다. 따라서 파레크는 작가의 표현의 자유는 개인이나 집단적인 자존심을 지키려는 다른 사람들의 권리와 균형을 이루어야 한다고 주장한다(Parekh, 1990: 695-709).

반면 배리는 조롱하고, 비웃고, 희화화할 수 있는 권리는 표현의 자유와 불가분의 관계라고 주장한다. 그는 이와 같은 표현의 자유가 보편적인 인권의 일부로서 문화나 종교의 압력에 의해 영향을 받을 수 있는 것이 아니라고 주장한다. 따라서 영국 정부가 루슈디를 처벌하지 않거나 그를 이란의 손에 넘겨주지 않는 이유는 표현의 자유가 영국의 문화의 일부여서가 아니라, 그것만이 문제 해결의 정당한 방식이고 세계 어느 곳에서도 반드시 지켜져야 할 보편적인 원칙이라고 믿기 때문이어야 한다는 것이 배리의 입장이다(Barry, 2001: 284).

영국 브래드퍼드의 무슬림 작가인 아크타는 전혀 다른 관점에서 이 문제를 이해하는 데 루슈디 사건에서 책의 판매 금지나 책을 불태우는 광경을 보고 영국 사람들이 분노한 진정한 이유는 무슬림들이 서구의 문화적 제국주의에 도전하는 무모함을 보였기 때문이라고 본다. 그는 루슈디 사건에서 표현의 자유는 전 세계 무슬림들에게 말할 수 없는 정신적인 고통을 안겨주었을 뿐, 서로 다른 종교 공동체 사이의 이해를 증진하는 데 공헌하는 것이 아니기 때문에 보호받을 가치가 없다고 본다. 다만 그는 루슈디에게 사형을 언도한 호메이니의 입장에는 동의하지 않는데, 책보다 저자를 목표로 하는 것은 서구 사회가 내심 원하고 있는 자유주의를 위한 순교자를 만들어주는 것이라고 믿기 때문이다(Akhtar, 1989).

그렇다면 영국 내 무슬림들이 신성모독에 관한 법을 통해 루슈디를 처벌하려고 한 시도는 어떤 의미를 갖는 것일까? 만약 표현의 자유가 영국 정부나 배리가 말하는 정도로 절대적 가치를 갖는 것이라면 신성모독죄는 당연히 폐지되어야 한다. 이 두 원칙은 그 존재 자체로서 서로 모순될 뿐 아니라, 신성모독죄는 역사적으로 표현의 자유를 제한해온 가장 대표적인 법이기 때문이다. 신성모독죄는 이단을 처형하는 종교적 배타성과 이교도를 처단하는 인종적 혐오를 바탕으로 중세의 서구 사회체제를 지탱해온 중요한 기둥이었다. 따라서 개인의 발견을 통해 개인의 존엄을 고양시켜 온 유럽의 근대성이라는 관점에서 보면, 신성모독의 행위는 강고한 지배체제를 타파하려는 해방을 향한 가장 중요한 시도 가운데 하나였다고 해석될 수 있다. 결국 루슈디 사건의 무슬림들은 자신들과 같은 이단과 이교도를 박해하던 신성모독죄에 기대어 스스로의 권리를 확보하려는 매우 역설적인 시도를 하고 있는 것이다.

의사 표현의 자유와 종교의 자유라는 두 개념의 상호관계에 대해 루슈디는 미국 수정헌법 제1조를 예로 들어 자신의 관점을 설명하고 있다. 그에 따르면 미국의 수정헌법 제1조는 종교의 자유와 의사 표현의 자유를 동시에 보장하고 있다. 루슈디는 1993년에 가진 한 인터뷰에서 "이 두 자유는 함께 지켜져야 한다. 종교적 언어가 그렇지 않은 다른 언어보다 더 특권을 가져야 한다는 것은 성립될 수 없다. 만약 그렇게 되면 특정 종교의 추종자들은 더 많은 자유를 갖게 될 것이다. 즉 그들은 자신들이 믿는 것을 믿을 자유를 가질 뿐만 아니라 다른 사람들이 그 믿음에 대해 동의하지 않는 것을 방해할 자유까지 갖게 되는 것이다"라고 주장하였다. 이러한 상태는 종교의 자유와 의사 표현의 자유가 함께 보장되는 자유로운 사회와는 거리가 먼 것이다(Chauhan ed., 2001: 127). 루슈디의 정의에 따르면, 모든 종교 근본주의자들은 자신들의 경전을 왜곡하여 신성한 경전을 '악마의 시'로 변형시킴으로써 자유로운 사회의 등장을 방해한다(Lawton, 1993: 188). 따라서 진짜 신성을 모독하고 있는 사람들은 종교 근본주의자들이라는 것이 루슈디의 입장이다.

신성모독죄의 역사적 맥락과 종교 사이의 평등 및 표현의 자유를 고려하여 영국의 다문화주의 정책을 담당하는 인종평등위원회Commission for Racial Equality는 이 법의 철폐를 요구하였고, 토니 벤을 비롯한 150여 명의 의원들은 1989년 4월에 신성모독죄의 철폐를 요구하는 법안을 제출하였다. 물론 이러한 시도는 가능한 한 개입을 회피하려는 영국 정부의 무대응 속에 성공하지 못하였다.

루슈디 논쟁에 나타난 종교와 정치 사이의 영국 특유의 모호성, 즉 기독교 전통의 신성모독을 금지하는 법의 개정이나 폐지 요구를 거부하면서 동시에 표현의 자유를 내세워 모든 종교들 사이의 평등과 공존을 강조하고, 성공회가 갖는 국교의 지위를 공식적으로 유지하면서도 종교를 중심으로 일어나는 문제에 가능한 한 개입을 회피함으로써 특정 종교에 대한 특혜 시비를 줄이는 독특한 전략은 2000년에 다른 형태의 모습으로 재등장한다.

2000년 12월 자유주의 성향의 권위지 가디언은 1701년에 제정된 왕위계승법의 철폐를 요구하는 캠페인을 시작하였다. 가톨릭 신자이거나 가톨릭교도와 결혼한 후손의 왕위 계승권을 제한한 이 법은 인종과 성, 종교에 근거한 차별을 금지한 유럽인권협약the European Convention on Human Rights과 이 협약에 근거해 제정된 1998년의 영국인권법the Human Rights Act을 위반하고 있다는 것이 캠페인 지지자들의 주장이었다. 이들은 캔터베리와 요크 대주교 등 26명의 성공회 성직귀족Lords Spirituals들이 당연직 상원의원이 되는 것에 대해서도 종교에 근거한 우대나 차별을 금지한 인권법 제9조 사상과 양심, 종교의 자유를 침해하고 있다고 주장하였다(*The Guardian*, 2000. 12. 6).

이러한 요구에 대해 하원의 토론에서 정부의 답변은 8개의 다른 법률을 함께 개정해야 하고, 적어도 15개 영연방 국가의 법률도 동시에 개정해야 하는 어려움 때문에 사실상 왕위계승법의 폐지가 불가능하다는 것이었다(*The Guardian*, 2002. 2. 11). 성공회가 갖는 국교의 지위 폐지 역시 교회가 먼저 요청하기 전에는 검토하지 않는다는 것이 정부의 대답이었다(*Hansard*(영국의회속기록), 2000. 7. 27; *The Guardian*, 2002. 2. 11). 2002년 7월에도 상원의장 어바인 경은 노동당 소속 폴크너 상원의원의 왕위계승법 폐지 건의에 대해 이 법을 바꿔야 할 확연하고 긴급한 필요가 없고, 새 법을 입안할 계획도 없다고 대답하였다(*The Guardian*, 2002. 7. 3).

명백한 논리적 모순을 아랑곳 않는 이와 같은 입장은 실정법과 논리보다는 대화와 판단을 중요시하는 영국의 의회주의 전통과 정확하게 맥락을 같이한다. 버크의 언어로 표현하면, 역사적으로 형성된 제도나 관습, 종교 등이 제공하는 사회 관리의 원칙들을 무시하고 검증되지 않은 정치적 가치나 추상적인 논리에 따라 행동하는 것은 신중하지 못한 태도인 것이다. 전통에 대한 존중과 개인의 자유를 중심으로 이해관계의 균형과 타협을 통해 평화를 유지하려는 영국의 실용주의적 입장에서 보면, 세속주의라는 선험적 가치를 중심으로 세계를 논리적으로 구획하려는 프랑스의 시도는 매우 무모한 해결책으로 보일 것이다.

5. 국민국가의 서로 다른 문화적 규정력

그렇다면 만약 헤드스카프 논쟁과 루슈디 사건이 각각 영국과 프랑스에서, 즉 나라를 바꾸어 일어났다면 어떤 결과가 일어났을까? 헤드스카프 논쟁이 영국에서 일어나고 루슈디 사건이 프랑스에서 일어났더라도 현재와 같은 파장을 불러일으켰을까?

루슈디 사건이 프랑스에서 일어났을 경우 무슬림들의 행동에 대한 프랑스의 대응은 공화주의 원칙을 중심으로 유추해볼 수 있다. 공화주의의 중요한 원칙 가운데 하나는 프랑스 국경 안의 모든 세력들이 공화주의 정치 문화라는 단일 기준에 의해 통일되어야 한다는 것이고, 따라서 공화국과 시민 외의 관계, 즉 개인과 국가를 매개하는 중간 집단의 존재는 인정되지 않는다. 프랑스의 이와 같은 전통은 인종과 문화, 종교에 따른 소수 집단의 존재를 인정하지 않고, 그들의 이익집단적 성격이나 단체 협상 시도 등의 조합주의적 접근을 거부하는 것에서도 나타난다.

다시 말해 시민은 집단의 일원으로서가 아니라 개인으로서 공공 영역에 참여하는 것이기 때문에 중간 집단의 존재는 인정될 수 없고, 개인으로서의 시민은 문화적, 사회적, 자연적 특징들과 무관하게 평등하기 때문에 공공 영역에서 자신을 나타내기 위해 특수한 정체성을 동원하는 것은 허용될 수 없다(Lamont, 2001). 더구나 종교적 정체성을 보호하기 위해 특정 그룹이 집단적인 움직임을 보이면서 공공 영역에서의 대응을 요구한다면 프랑스는 영국의 낮은 수준의 개입과는 다른, 분명하고 강력한 대책을 내놓았을 것이다.

공화주의 원칙을 고수하기 위한 프랑스의 이와 같은 적극적인 개입은 소수 집단에 의한 문제 제기를 종종 전국적인 차원의 논쟁으로 끌어올려 다른 어떤 나라보다도 큰 파장을 불러일으키고 있다. 실제로 1989년 미테랑 대통령은 루슈디 사건에 대해 "폭력을 통해 인간 정신의 자유로움과 의사 표현의 자유를 침해하는 모든 도그마는 절대적으로 악마적이다. 인류의 도덕적, 정신적 진보는 모든 형태의 광신적 믿음의 쇠퇴와 밀접한 관련을 갖는다"(*Independent*, 1989. 2. 23)라며 호메이니의 루슈디 처형 위협과 무슬림들의 문제 제기를 공개적으로 비난하였다.

그러나 프랑스의 무슬림들은 영국에서처럼 신성모독죄의 적용을 요구하는 것이 아니라 인종차별적 표현을 금지하는 프랑스의 법에 기대어 국가로부터 전혀 다른 결과를 끌어낼 수 있을지도 모른다. 프랑스는 1972년 플레벤법pleven law을 통해 인종차별적 발언을 금지하였고, 1990년 게소법Gayssot law을 통해 유대인 학살 사실을 부정하는 경우 처벌할 수 있게 함으로써 의사 표현의 자유를 제한한 바 있다(Bird, 2000). 이 두 법은 시민들의 자유를 실현하는 틀인 정치 공동체의 보호를 위해 의사 표현의 자유를 제한했다는 점에서 공화주의적이다. 하지만 결국 법의 보호 대상으로서 특정 소수 인종, 종교, 문화 집단의 존재를 인정한다는 점에서 법 앞에 평등한 개인 이외의 모든 중간 집단을 인정하지 않는 공화주의 원칙과는 모순된다.

그렇지만 이 법을 통해 프랑스의 무슬림들은 루슈디의 『악마의 시』로 인한 자신들의 정신적 고통을 유대인의 고난에 비유할 수 있는 실질적인 근거를 갖는 셈이 되고, 자신들의 고통이 유대인의 고난처럼 평등하게 보호받아야 된다고 주장할 수 있을 것이다. 나아가 루슈디의 작가적 입장과 『악마의 시』의 내용이 이슬람에 대한 비하에 그치지 않고, 궁극적으로 무슬림들에 대한 인종차별적 경향을 보인다고 주장할 수 있을 것이다. 이러한 주장이 어떤 결과를 가져올지는 알 수 없지만 그 파장의 크기는 영국의 경우에 못지않을 것이라고 충분히 짐작할 수 있다.

반면 헤드스카프 논쟁이 영국에서 일어났다면 사건 자체가 성립되지 않을 가능성이 높다. 영국의 공립학교 state school는 무슬림들이 헤드스카프를 착용하는 것에 대해 어떤 제한도 가하고 있지 않기 때문이다. 또한 영국은 개별 사건에 대해 논리적 원칙에 근거한 국가의 개입을 자제함으로써 사건을 가능한 한 해당 지역에 국한하려고 노력해왔다. 따라서 만약 수업에 방해가 되어 이를 문제 삼는 경우가 있더라도 그 학교 안에서 당사자 간의 대화를 통해 자체적으로 해결할 확률이 높다. 결국 학교에 따라 전혀 다른 복장 규정을 갖는 경우도 생길 것이다.

영국의 공립학교는, 철저한 종교와의 분리 속에 공화주의 이상을 가르치는 프랑스의 학교와는 다른 역사적 배경을 갖고 있다. 예를 들어 1944년의 교육법 개정을 통해 버틀러 교육부장관은 교육에 대한 중앙정부의 책임을 강화하기 위해 종교 단체가 운영하던 많은 학교를 지방정부의 책임 아래 귀속시켰다. 그러나 귀속의 조건은 특정 종교 색채가 강한 교육을 포기하는 대신 성경에 근거한 일반적인 기독교 교육을 허용하는 선에서 100퍼센트의 예산 지원을 보장하는 것이었다. 완전한 종교 교육을 원하는 학교에도 50퍼센트의 재정을 지원함으로써 학교의 운영에 종교 단체와 지방정부가 함께 참여하는 타협을 모색했다(Butler, 1982: 145-155). 1988년 대처 정부의 교육법 개정 역시 국가 정체성 교육 강화와, 영어 교육 강화, 기독교정신 교육 강화 등을 내용으로 함으로써 공립학교에서 완전히 종교 색채를 배제한 프랑스의 정책과는 거리가 있는 모습을 보였다(Gillbon, 1990: 206).

엄격한 정교분리를 강요하지 않고 공공 영역에서 종교의 역할에 대해 대화와 타협을 중시하는 영국의 입장은 이처럼 헤드스카프 논쟁 자체가 일어나지 않게 만들 것이다. 하지만 평등의 가치를 중심으로 보면 영국의 방식은 항상 자의적인 판단의 가능성을 안고 있다는 비판을 받을 수 있다. 예를 들어 1990년대 중반까지 영국에서 성공회와 가톨릭, 감리교, 유대교의 학교는 공공예산의 지원을 받을 수 있었지만, 이슬람과 유대정교, 모르몬 등의 학교는 지원을 받을 수 없었다. 전적인 지원도 아니지만 그렇다고 전적인 지원 금지라는 원칙도 없는 상태에서 해당 종교의 요구와 그 종교에 대한 사회적 인정, 지위, 신도 수 등을 고려하여 정부가 지원 여부를 판단하는 것인데 그러다 보면 특정 종파에 공정하지 못한 상황이 초래될 개연성은 항상 존재한다고 볼 수 있다.

논리적으로 일관되지 않은 이와 같은 상황은 1998년 인권법 제정과 2000년 인종관계법 개정을 통해 모든 종교를 보호하는 방향으로 해소되었다. 영국은 아마도 대화와 타협을 중시하는 이와 같은 점진적인 접근이 논리적 정합성이나 평등의 원칙을 지키기 위해 종교적, 문화적 소수 집단의 고통을 아예 무시하거나 외면하는 프랑스의 접근보다는 훨씬 우월하다고 믿고 있을 것이다.

정교분리의 세속주의 원칙과 공공 영역에서 종교의 역할에 대해 영국과 프랑스는 단일신앙 문화 지역과 다원신앙 문화 지역이라는 유럽의 역사적 균열 구조의 넓은 틀을 바탕으로 자신들만의 고유한 역사적 경로를 통해 형성된 문제 해결 방식을 고수하고 있다. 공화주의와 심의다문화주의라는 두 나라의 원칙은 공공 영역에서 자신들의 종교적 정체성을 보호할 수 있기를 요구하는 이슬람의 비슷한 문제 제기에 대해 전혀 다른 방식으로 접근하며 논의를 전혀 다른 방향으로 발전시켜 나간다.

오늘날 국민국가의 경계를 중심으로 그 안팎에서 벌어지는 이질적인 문화와 종교의 충돌은 정확하게 역사의 종언을 선언했던 자유주의 승리의 산물, 즉 자본과 노동의 세계화에 따른 불가피한 이주 노동자와 난민의 발생, 그리고 인종과 문화의 이동에 기인한다는 점에서 역설적이다. 다문화 사회의 등장은 국민국가의 경계를 위협하면서 다름과의 공존에 익숙해질 것을 요구하지만, 소수 종교 집단의 사회적 인정 요구에 직면한 영국과 프랑스의 대응 방식은 두 나라가 여전히 자신들이 역사적으로 정립해온 정치와 종교 관계의 틀에서 벗어나지 않고 있다는 사실을 보여준다.

12장 다문화의 도전과 사회 통합

1. 다문화의 도전과 사회 통합

오늘날 세계를 휩쓰는 지구화의 물결은 이념과 계급에서 비롯되는 전통적인 균열 구조를 대체할 새로운 갈등을 불러오고 있다. 이른바 인종과 종교, 그리고 문화에 근거한 새로운 소수자의 등장은 개별 국민국가 내부의 국민적 단일성을 위협하는 여러 유형의 갈등을 가져온다. 이 장에서는 유럽의 전통적인 국민국가인 프랑스와 영국, 그리고 이민의 역사로 이루어진 미국 등 세 나라의 사례를 통해 이질적인 문화의 도전에 대응하는 각국의 서로 다른 정책들이 어떤 원칙에 근거하고 있으며, 그 원칙들은 규범 이론의 입장에서 어떻게 정당화될 수 있는가를 살펴보고자 한다.

세 나라는 다음 절의 연구 분석틀에서 볼 수 있듯이 국민국가 형성 과정에서 정립된 시민권 형성의 전통과 사회 통합의 방법이라는 두 요소를 교차시켜 도출해낸 각 유형의 대표적인 국가들이다.

이 나라들은 공히 새로운 문화의 유입에 따라 점점 다양해지는 소수 집단과 다수 집단 사이의 사회적 갈등을 어떻게 조정하느냐 하는 과제를 안고 있다. 이 문제는 다시 첫째, 어떤 원칙에 근거하여 다수와 소수를 포용하고 사회적 연대를 증진할 수 있는가? 둘째, 동시에 대표의 문제를 공정하게 해소하고 민주주의를 발전시켜 나갈 수 있는가? 이처럼 두 가지로 요약될 수 있다. 영국과 프랑스 그리고 미국은 문화적 생존과 사회적 인정의 문제를 둘러싸고 벌어지는 갈등을 해결하는 데 있어서 매우 상이한 접근을 보여준다. 예를 들어 헤드스카프 착용을 둘러싼 논쟁에서 프랑스의 대응(박단, 2005; Bowen, 2007)이나, 살만 루슈디의 책 판매 금지를 둘러싼 영국의 대응(Modood, 1990; Parekh, 1990), 그리고 적극적 차별시정 정책이나 공립학교에서의 기도 문제를 둘러싼 미국의 대응(Anderson, 2004)은 각각 이 나라들의 다문화주의 정책과 원칙들이 상이하다는 사실을 보여주는 좋은 예이다.

이 사례들에 대한 분석은 다양한 시각에서 이루어질 수 있지만 이 장에서는 특히 각국의 다문화 정책이 형성된 배경에 자리하고 있는 고유한 정치사상의 전통에 주목하여, 프랑스의 사례를 공화주의 가치에의 흡수와 동화republican civic assimilation로, 미국의 경우를 자유방임주의적 선의의 묵인libertarian benign neglect으로, 그리고 영국의 예를 자유주의적 심의다문화주의liberal deliberative multiculturalism로 이름 붙여 설명하고자 한다.[1]

지금까지 서구 사회의 다문화 정책과 사회 통합 정책 연구에서 공공 정책의 일반적인 비교와 그 정책의 정당성에 대한 이론적인 해석을 결합한 시도는 많지 않았다. 다문화 정책에 대한 정치사상적인 접근은 정책에 대한 공공 영역에서의 아이디어와 담론들이 어떻게 구조적인 틀로서 작용하며 정책 결정자들의 선택 범위를 규정하고, 사회적 합의의 공간을 제약함으로써 결과적으로 특정 정책 결과를 가능하게 만드는지 보여준다. 다시 말해 다문화주의 정책에 대한 정치사상적인 접근은 각국이 자신들의 정책을 정당화하는 이론적인 기반을 규명하고 그 논리의 강점과 약점을 추적함으로써 각국의 정책을 보다 근본적으로 이해할 수 있게 도와준다.

그러나 정책과 사건에 대해 정치인이나 학자, 언론 등이 구성하는 공공 영역에서의 담론은 사건을 더 생생하게 이해할 수 있게 해주고 사건의 주체로서 인간의 지위를 분명하게 해주는 장점이 있지만, 주관성에 대한 천착은 항상 선입견과 왜곡의 가능성을 안고 있다. 따라서 나는 사건이나 논쟁에서 서로 반대되는 주요 의견을 동시에 고려함으로써 각각의 의견에 대해 객관적인 위치를 부여하고, 이를 통해 전체적인 사건과 논쟁의 개요를 보여주기 위해 노력할 것이다. 각국의 다문화 정책 역사에서 주요 사건

1 미국의 현실을 'benign neglect'라는 개념으로 설명한 학자는 네이션 글레이저Nathan Glazer로서 1975년에 그의 책 *Affirmative Discrimination: Ethnic Inequality and Public Policy*에서 처음 이 개념을 사용한 것으로 알려져 있다. 영국을 설명하는 심의다문화주의라는 개념은 나의 박사 학위 논문 및 일반 논문(김남국, 2004; 2005; Kim, 2011a)과 책(Kim, 2011b)에서 처음 사용되었다. 프랑스를 설명하는 공화주의적 흡수 동화 개념을 쓴 이로는 Brubaker(1995) 등이 있다.

이나 논쟁, 즉 인권법과 이민법, 국적법의 개정을 둘러싼 논쟁, 소수 집단의 문화적 권리 인정 여부를 둘러싼 논쟁 등을 통해 각국에서 정책들이 일관되게 갖는 원칙들을 찾아내고, 이를 사상적 맥락에서 해석하여 그 원칙들이 어떻게 이론적으로 정당화될 수 있는지, 그 과정에서 어떤 장점과 한계를 갖는지 궁극적으로 고찰하고자 한다.

구조로서 전통이 가지는 규정력과 행위자로서 정책 결정자가 가지는 자율적인 판단을 동시에 고려하는 일반적인 비교의 틀을 통해 다문화 사회로의 이행 과정을 분석하고 그 정당성을 정치사상적으로 추적하는 일은 흥미로운 작업이다. 이 장의 2절과 3절에서는 소기의 연구 목적을 달성하기 위한 3국 비교의 틀을 어떻게 만들 수 있는가에 초점을 맞춰 시론적인 논의를 진행한다. 다문화주의 이행의 3단계 모델이나 다문화 정책을 결정하는 구조와 수준별 행위자, 시민권의 전통과 사회 통합을 변수로 본 각국의 다문화주의 지형 등이 내가 제시하는 이론 틀이 될 것이다. 4절에서는 이 틀에 근거하여 영국, 프랑스, 미국 세 나라를 비교한 기초적인 연구결과를 소개하기로 한다.

2. 세 나라 비교 연구를 위한 기초적인 분석틀

다문화주의는 동질적인 전통적 국민국가가 다양한 소수의 등장과 함께 다원화되어가는 과정을 가리키는 '서술적 의미'로 쓰이기도 하고, 현대사회에서 사회적 소수의 정체성을 존중하는 문제가 중요하다는 것을 인정하면서 공공 영역에서 이들의 지위를 보호하기 위한 각종 차별 시정 정책의 시행을 지지하는 '규범적 의미'로 쓰이기도 한다(김남국, 2008: 344-346). 또한 규범적 의미로 다문화주의를 사용할 때는 다문화 공존과 다문화주의를 구분하기도 한다. 다문화 공존은 규범적인 원칙의 유무보다는 공존의 양상에 초점을 맞춰 낮은 수준의 다문화 이행 단계를 논의할 때 주로 쓰인다. 이 분류에 따르면 오늘날 지구화의 세례를 받고 있는 거의 모든 국민국가는 서술적 의미에서 다문화 사회로 이행하고 있다고 말할 수 있다. 다문화주의가 서로 다른 문화 집단이 각자의 문화가 갖는 가치와 원칙을 존중하면서 평화롭게 공존하는 것을 이상으로 생각한다면 이 단계에서 한 걸음 더 나아간 융합에 초점을 맞추는 '혼종hybrid'에 관한 논의도 있다. 혼종은 서로 다른 두 문화가 만나 제3의 새로운 문화를 만들어내는 것을 뜻한다. 혼종의 논의에서는 혼종화의 결과 생겨나는 창조성이 긍정적인 점으로 평가되는 반면 문화 집단 사이에 불평등한 권력 관계가 혼종의 이면에서 여전히 관철되고 있을 수 있다는 부정적인 평가가 있다(Canclini, 1995; Young, 1995; Bhabha, 2004; 하이브리드컬처연구소 편, 2008). 이런 점에서 서로 다른 문화 집단이 일정한 규범적 원칙을 중심으로 평등하게 공존하는 것을 이상으로 삼는 다문화주의의 논의는 여전히 의미를 갖고 있다(Kymlicka, 2007; Parekh, 2000a; Benhabib, 2002).

오늘날 서구 사회에서는 문화적 소수가 자신들의 인종적, 문화적, 종교적 차이를 공공 영역에서 인정받기 위해 전투적으로 투쟁하고 있고 극우 집단은 유럽 고유의 전통문화를 지킬 권리를 주장하며 반이민, 반다문화 선전을 통해 선거에서 승리함으로써 지방정부의 공식적인 의사 결정 과정에 참여하고 있다(Ignazi, 2006). 최근 서구에서 일어나는 대규모 소요 사태는 대부분 문화적 갈등을 중심으로 일어난다. 문화적 갈등이 발생할 때 각국 정부는 그 사회에서 역사적으로 형성된 나름의 원칙을 갖고 문화적 소수의 주장에 대응하거나 다수와 소수의 갈등에 개입한다. 그러나 민족적 소수 집단national minority과 문화인종적 소수 집단ethnic minority 그리고 원주민indigenous people 등으로 나뉘는 다양한 소수 집단의 서로 다른 요구는 사회 통합의 문제에 대한 국가의 대응을 어렵게 만든다(Kymlicka and He, 2005).

하나의 정치공동체를 유지하는 데 있어서 핵심적인 문제는 다수와 소수가 합의할 수 있는 원칙을 찾아낼 수 있는가와 그 원칙에 근거해 사회 통합을 이루어낼 수 있는가 여부이다. 이 문제는 단순히 소수의 권리를 보장해야 한다는 규범적인 차원의 투쟁이나 다수의 권리가 관철되어야 한다는 기득권의 보호 차원을 넘어선다. 근대 국민국가는 인간의 존엄성과 개별성을 고양시켜 인권 담론을 보편적인 수준으로 끌어올리고 사회적 연대와 정치적 정당성의 문제를 해결했기 때문에 역사 발전에 긍정적으로 기여할 수 있었다. 즉 민주주의는 다수와 소수를 묶어주는 사회적 연대를 전제하는 것이고 이 연대를 바탕으로 정치적 정당성의 문제를 해결해야 한다. 이러한 차원에서 보면 근대 국민국가는 민족을 중심으로 안과

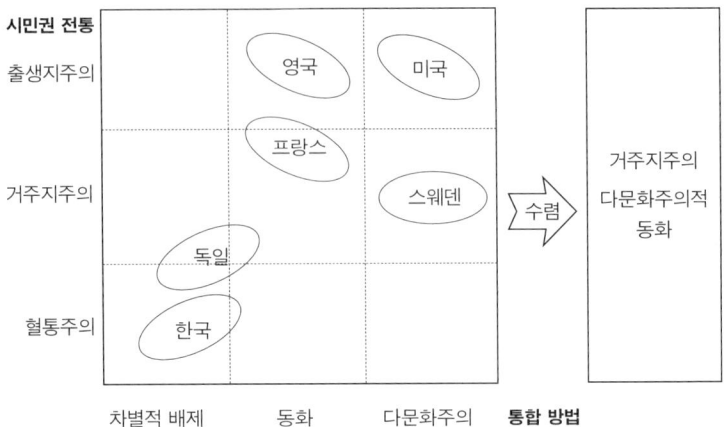

〈그림 1〉 시민권 형성 전통과 사회 통합 유형을 통해 본 각국의 다문화주의

출처: 설동훈(2000), Castles and Miller(2003), Kim(2009).

밖을 구분하는 경계를 뚜렷하게 만듦으로써 연대와 대표의 문제를 동시에 해결했다고 볼 수 있다. 그러나 최근 들어 국민국가의 경계는 통합과 정당성의 긍정적 기여보다 배제와 차별의 의미가 더 강하게 드러나면서 부정적인 평가를 받기 시작하고 있다.

〈그림 1〉은 각국이 채택하고 있는 시민권 형성의 전통과 사회 통합의 형태를 교차시켜 유형을 만든 다음, 각 유형에 속하는 대표적인 국가를 선정한 것이다. 시민권을 부여하는 전통은 영토를 기준으로 하는 속지주의jus soli와 부모의 국적 여부를 기준으로 하는 혈통주의jus sanguineness로 나눌 수 있고, 통합의 유형은 차별적 배제와 적극적인 다문화주의로 나눌 수 있다. 속지주의와 다문화주의, 혈통주의와 차별적 배제는 서로 선택적 친화력을 갖는다. 두 흐름의 중간에 최근 각국에서 중요하게 등장하기 시작하는 거주

지주의와 동화 정책을 추가하였다.

　시민권 형성의 전통에서 한국과 독일은 속인주의 또는 혈연주의를 기반으로 정책을 수립하고 사회 통합 전략에서 상대적으로 차별과 배제의 경향을 보여왔다. 그러나 한국의 정책들은 최근 들어 과거보다 다문화주의를 지지하는 쪽으로 이동하고 있고 독일 역시 마찬가지의 변화를 보여주고 있다. 영국과 프랑스는 속지주의 전통을 존중하면서 전통적인 문화로의 동화 모델에 가까운 모습을 보여왔다. 그러나 최근에는 무조건적인 속지주의 전통에서 벗어나 시민권 부여에 따르는 제한 규정을 늘리고 있는 추세이고, 통합의 방법을 둘러싸고도 영국이 상대적으로 다문화주의에 가까운 모습을 보인다면 프랑스는 동화 쪽으로 이동하는 모습을 보여주고 있다. 미국과 스웨덴은 속지주의와 다문화주의를 표방하는 대표적인 나라들이다. 그러나 이 나라들도 9.11 테러 이후에는 적극적인 속지주의와 다문화주의 유형에서 조금씩 후퇴하는 양상을 보인다. 그림에서 타원형의 위치는 이러한 수렴의 경향을 나타낸 것이고 각 유형에 속한 2개의 국가 중 위쪽에 있는 나라는 상대적으로 사회 중심의 전통을 가진 나라들, 아래쪽은 국가 중심의 전통을 보여주는 나라들이다.

　〈그림 1〉의 오른쪽에 표시된 긴 네모는 각국에서 최근 보이는 점진적인 변화의 내용을 거주지주의와 다문화적 동화라는 수렴 현상으로 정리한 것이다. 즉 혈통주의 또는 속인주의 전통을 가진 나라들은 점점 과거의 폐쇄적인 전통으로부터 벗어나 일정 기간이 지난 체류자에게 시민권을 부여하는 거주지주의를 따르는 모

습을 보이고 있고, 출생지주의 또는 속지주의 전통의 나라들 역시 과거의 개방적인 태도보다는 점점 더 규제적인 입법을 통해 거주 지주의로 이동하는 모습을 보인다. 사회 통합의 방법에서도 차별적 배제를 강조했던 국가는 동화로 이동하고 있고 적극적인 다문화주의를 추진했던 나라 역시 동화의 방향으로 상대적인 후퇴를 보이고 있다. 다문화주의적 동화란 시민 통합과 차별 금지를 통해 소수 집단을 배려하지만 궁극적으로 동화를 강조하는 방향으로 이론과 담론, 정책 측면에서 변화하고 있는 서구 사회의 최근 경향을 표현한 것이다.[2]

〈그림 2〉는 세 나라의 다문화주의가 서로 다른 양상을 보이는 원인을 비교 분석하기 위해 정책 방향과 강도에 영향을 미치는 구조적 요인과 수준별 행위자를 종합하여 생각해낸 분석틀이다. 보통 다문화주의의 발전에 가장 큰 영향을 미치는 요소는 사회적 소수가 문화적 권리를 요구하는 강도와 이 요구를 받아들일 것인가를 놓고 보여주는 정부의 태도라고 말한다. 그러나 이 두 요소는 가장 직접적인 변수들임에도 불구하고 각국의 정책 방향을 완벽하게 설명하지는 못한다. 개별 국가의 다문화주의 채택 여부와 그 방향을 종합적으로 설명하기 위해서는 사회적 소수와 정부라는

---

2 이 장에서 제시하는 〈그림 1〉과 〈그림 2〉는 나의 논문 "Multicultural Challenges in Korea"(Kim, 2014a)에서 한국을 분석하기 위해 사용된 바 있다. 이 그림들은 다문화 사회를 분석하기 위한 기초적인 틀로서 서구 국가를 설명하는 데도 유용하다. 그림을 약간 수정했고 분석틀을 설명하는 내용은 대폭 수정, 보완했다.

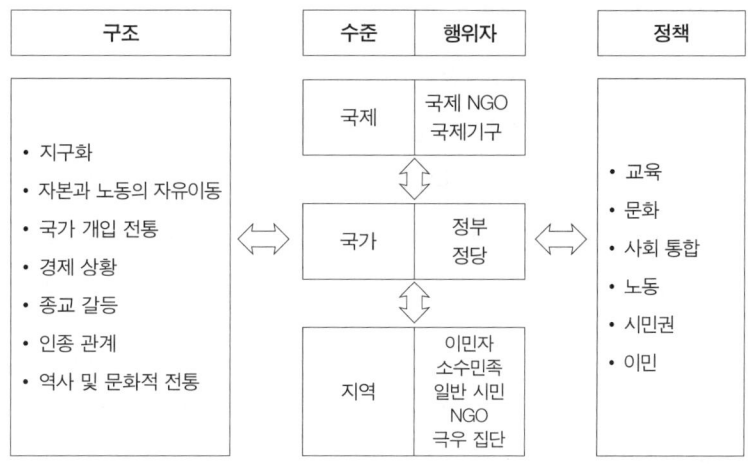

〈그림 2〉 다문화주의 정책 방향을 결정하는 구조와 수준별 행위자 요소들

자료: Nam-Kook Kim(2014a).

두 대표적 행위자를 고려해야 하지만 동시에 역사적, 문화적으로 형성된 사회의 구조적 요인도 고찰해야만 한다. 구조적 요인 가운데 가장 중요한 것은 지구화의 조류 가운데 해당 국가가 어느 지점에 위치하고 있느냐는 것이다. 예를 들어 세계적인 자본의 흐름과 국제적인 분업 및 노동력 공급의 사슬 속에서 어떤 국가는 노동 수입국이고 어떤 국가는 노동 송출국일 수 있으며, 어떤 국가는 자본 유입국이고 어떤 국가는 자본 수출국일 수 있다. 여기에 덧붙여 그 나라의 경제 상황과 인종 및 종교 구성도 중요한 구조적 요인이 된다. 이 모든 상황들이 개별 국가의 다문화 정책을 규정하는 역사적, 문화적 전통을 구성하고, 이 전통이 바탕이 된 가운데 해당 국가가 그동안 보여왔던 국가 개입의 범위와 정도가 중요한 구조적 변수가 된다.

행위자의 선택은 이러한 구조적 요인의 바탕 위에서 이루어진다. 구조는 행위자의 선택을 제한하고, 행위자의 전략에 따라 구조역시 장기적으로 변화한다. 행위자는 다시 지역과 국가, 국제라는 세 수준으로 나누어볼 수 있다. 다문화 현상을 둘러싼 갈등과 화합은 지역 수준에서 가장 첨예하게 드러난다. 날마다의 생활이 이루어지는 이웃에서 이민자 집단과 극우 세력은 충돌하거나 화해하고 일반 시민들의 지지를 얻기 위해 전력투구한다. NGO 단체로 조직된 시민들은 이 상황에 적극적으로 개입하지만, 대다수의 일반 시민들은 폭력적인 갈등의 표출에 이르지 않는 한 소극적인 태도로 지켜본다. 그러나 일반 시민의 태도는 궁극적으로 사회적 소수의 요구를 받아들인 것인지, 받아들인다면 어떤 방식으로 어느 선까지 받아들인 것인지를 결정하는 데 가장 큰 영향을 미치는 변수가 된다.

지역 수준에서 다양한 행위자들의 활동은 국가 수준에서 정당에 의해 대표되고 정부의 정책 결정 과정에서 최종적인 내용을 갖는 다문화주의 정책으로 나타난다. 물론 정부 내부에서도 각 부처 간 입장 차이에 따른 갈등과 경쟁이 있기 때문에 국가의 대응이 단일한 입장으로부터 유래한 것이라고 볼 수는 없다. 국가 수준의 정책 결정도 지역과 국가 수준의 상호관계에서 끝나는 것이 아니라 국제 수준에서 국제기구와 국제 NGO의 감시와 견제를 받는 가운데 이루어진다. 국제 인권 단체들은 개별 국가의 인권 상황을 통계와 사례를 통해 모니터링하고 그 결과를 공개함으로써 끊임없이 다문화 정책의 결정 방향에 압력을 행사한다. 국제기구들 역시 개별 국가가 지켜야 할 국제적 기준을 제시하고 그 이행을 감시함으로써 다문화 정책의 결정 방향에 영향을 미친다.

이처럼 지역과 국가, 국제 수준에서 이루어지는 행위자의 역동적인 활동과 선택을 고찰하고, 이를 규정짓는 구조에 대한 고찰이 동시에 진행되어야 각국의 다문화주의 현실에 대한 종합적인 이해와 서로 다른 정책 방향에 대한 비교 분석이 가능해진다. 이 장에서는 이와 같이 복합적인 다문화 정책의 결정 요소들이 존재한다는 점을 전제하고, 그 가운데 사회적 구조 차원에서 국가 개입의 전통과 역사적 배경, 행위자 차원에서 사회적 소수의 요구와 정부의 대응, 그리고 정책 차원에서 특별히 사회 통합 정책에 초점을 맞춰서 논의를 진행한다.

3. 세 나라 비교 연구를 위한 이론적 시각

구조와 행위자의 상호작용 속에 형성된 각국의 다문화주의를 하나의 기준 아래 각각 어떤 발전 단계에 속하는지 비교 분석할 수 있을까? 다문화주의의 발전 단계를 비교 분석하는 틀에 관한 논의는 다문화주의에 관한 논의 가운데 가장 덜 주목받는 분야이다. 아마도 욥케가 제시하는 공식적 다문화주의official multiculturalism와 실질적 다문화주의de facto multiculturalism(Joppke, 2004), 밴팅과 킴리카가 제시하는 세 종류의 문화적 권리와 그 내용들(Kymlicka and Banting, 2006), 설동훈이나 캐슬과 밀러가 제시하는 시민권 전통과 통합 방식에 따른 다문화국가 분류 정도가 체계적으로 다문화주의의 이행 모습과 내용을 구분하는 분석틀일 것이다.

욥케는 호주와 뉴질랜드, 캐나다처럼 국가가 공식적으로 다문화주의를 표명한 경우에 이를 공식적 다문화주의 국가로 보고, 기타 서유럽의 국가들처럼 국가가 따로 공식적인 표명을 한 적이 없고 수동적이라고 평가할 수 있지만 사실상 다문화주의 정책을 시행하고 있는 국가들을 실질적 다문화주의 국가로 본다. 킴리카는 문화적 권리를 문화인종적 소수의 다문화의 권리, 민족적 소수의 대표의 권리, 원주민의 자치의 권리 등으로 나눈 바 있다. 설동훈과 캐슬, 밀러 등은 앞 절에서 내가 수정, 제시한 것처럼 시민권의 전통과 사회 통합의 방식을 조합하여 각국의 현재 위치를 파악하는 모형을 제안했다.

나는 여기에서 다문화주의의 발전 단계를 비교 분석할 수 있는 하나의 틀로서 첫째, 관용의 단계, 둘째, 비차별의 제도화 단계, 셋째, 본격적인 다문화주의 단계로 이루어진 다문화 이행의 3단계 모델을 제시하고, 이를 통해 영국, 프랑스, 미국 세 나라의 다문화주의 발전 단계를 비교 설명하고자 한다. 곧 살펴보겠지만 이 세 단계가 반드시 순차적으로 나타나거나 배타적으로 진행되는 것은 아니다.[3]

[3] 나는 2006년에 발표한 「유럽에서 다문화의 도전과 대응」(김남국, 2006b)에서 영국과 프랑스 등 서구 나라들을 비교 분석하는 틀로서 다문화 이행의 3단계 발전모델을 도표가 아닌 설명의 형태로 간단하게 제시한 바 있다. 이후 나는

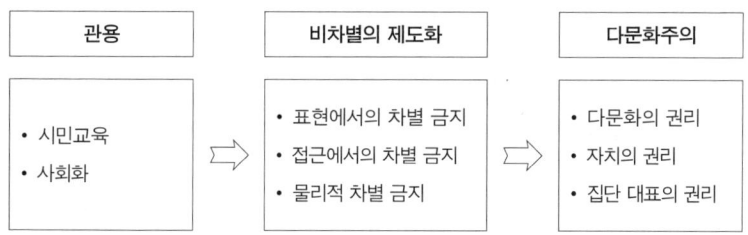

〈그림 3〉 다문화주의 발전의 3단계와 그 내용

자료: Raz(1995), Kymlicka(1995), Bleich(2003), Kim(2009).

　〈그림 3〉에서 보듯이 다문화 사회로의 이행에 직면한 대부분의 사회가 보여주는 첫 단계의 대응은 '관용'이다. 관용은 나와 다른 문화가 공존할 수 있는 능력을 의미하는 개념으로서 다문화 사회의 중요한 덕목이다. 관용은 미디어의 역할과 교육 및 사회화 과정을 통해 향상될 수 있다. 그러나 본질적으로 관용은 다수가 소수의 다름을 사회의 평화를 위해 너그러운 마음으로 참아주는 것을 뜻하는 사적 영역의 덕목이다. 즉 다수 중심의 평화가 깨지지 않는 한 참아준다는 의미에서 관용은 물론 중요한 덕목이지만, 그와 같은 인내는 다수의 필요와 판단에 따라 언제든지 자의적으로 멈출 수 있다는 한계를 갖고 있다. 개인적 덕목으로서 관용은 근본적으로 사회적 다수와 소수 사이의 권력관계가 해체되거나 역

라즈, 킴리카, 블라히 등의 논의를 참고하여 더 구체적인 내용을 담은 3단계 발전모델을 만들었고 이를 통해 한국을 분석하는 "Multicultural Challenges in Korea"(김남국, 2014)을 썼다. 〈그림 3〉에 제시된 3단계 발전모델은 해당 논문에 수록된 것을 그대로 인용한 것이다. 이 발전모델로 모든 것을 다 포괄하여 설명할 수는 없겠지만 나는 이것이 한국뿐 아니라 서구 국가들을 비교 분석하는 하나의 기준이 될 수 있다고 생각한다.

전되지 않는 상황을 전제하고 있다. 또한 관용은 공적 영역에서 법으로써 강제할 수 있는 것이 아니고 관용을 발휘하지 않는다고 해서 그 사람을 처벌할 수 있는 것도 아니다. 그렇지만 이런 한계에도 불구하고 관용은 다문화 이행의 모든 단계에서 필수적인 덕목임에 틀림없다.

두 번째 단계의 대응은 비차별의 법제화이다. 이 단계에서 사회는 개인적 덕목인 관용에 의존하던 대응에서 한 걸음 더 나아가 불법과 처벌에 관한 구체적인 지침을 법을 통해 제도화함으로써 강제력을 높인다. 다수에 의한 소수의 차별은 때로는 인종 혐오를 드러내는 말이나 전단, 인터넷 등에 쓰인 표현expressive의 형태로, 또는 특정 자격시험에서나 직업, 가게, 집을 구하는 일 등에서 접근access을 방해하는 형태의 차별로, 더욱 심하게는 소수자에게 인종차별적인 동기에서 직접 폭력을 행사하는 물리적physical 형태로 나타나기도 한다. 이러한 차별에 대해 그 내용을 구체적으로 법제화하여 가중 처벌하는 것은 임의적 덕목이었던 관용보다 한 단계 더 진전된, 사회의 대응이다. 아직 이 단계까지는 사회적 다수와 소수의 권력관계가 역전되거나 해체되지 않는다. 법제화 역시 소수의 투쟁에서 시작하지만, 관용의 경우와 마찬가지로 다수의 동의와 묵인을 전제로 하는 것이기 때문이다.

세 번째는 본격적인 다문화주의에 접어든 단계로서 사회는 비차별의 법제화에서 한 걸음 더 나아가 정책적으로 문화적 권리를 지원한다. 다문화주의는 단순히 단일 문화에서 다양한 문화로 변화해가는 사회의 현상을 가리키는 가치중립적 용어로 쓰일 수도 있고, 소수의 권리를 적극적으로 보호해야 한다는 규범적 의미로 쓰일 수도 있다. 후자의 입장에서 보면, 다문화주의란 사회적 소수 집단의 정체성과 문화적 이해를 공공 영역에서 적극적으로 인정하려는 정책으로 정의할 수 있다. 경제나 복지 차원의 재분배보다는 문화적 권리와 문화적 생존의 공식적 인정을 중요하게 생각하는 이러한 규범적 접근에서는 사회적 소수를 보호하기 위해 예외적인 우대 정책을 만드는 일이나 소수 집단의 문화적 표현을 공공 영역에서 인정하는 일, 중앙정부와 지방정부 차원에서 집단 대표나 집단적 자치의 권리를 허용하는 일 등이 사회 통합을 위한 중요한 문제가 된다. 이 단계는 다수 중심으로 설정된 힘 관계의 근본적인 변화를 수반해야 한다는 점에서 주류 사회의 기존 제도와 법의 틀 안에서 큰 양보 없이 실현 가능했던 관용 및 비차별의 법 제화 단계와는 구별된다. 다문화 정책의 구체적인 내용은 킴리카의 제안처럼 정책 대상을 민족적 소수, 문화인종적 소수, 원주민으로 구분하고 각각에 대해 집단 대표의 권리, 다문화의 권리, 그리고 자치의 권리 등 다른 종류의 권리를 어떻게 허용할 것인가에 따라 달라질 것이다.[4]

다문화 사회로 진입하는 사회는 새로운 구성원과 기존의 시민들이 함께 동의할 수 있는 사회 통합의 원칙에 대한 이론 작업을 필요로 한다. 즉 점차 다원화되는 사회에서 사회적 다수와 사회적

---

[4] 세 가지 권리의 구체적인 내용들은 밴팅과 킴리카가 편집한 다음의 책에서 찾아볼 수 있다. Keith Banting and Will Kymlicka eds., *Multiculturalism and Welfare State*(Oxford: Oxford University Press, 2006). pp. 49-91.

소수, 또는 기존의 시민들과 새로운 이주자들이 함께 공존할 수 있는 사회 구성의 원칙을 찾는 일은 다문화의 도전에 직면한 사회가 광범위한 토론과 성찰을 통해 풀어나가야 할 중요한 과제이다. 다문화 이행의 3단계 모델은 각국이 당면한 다문화의 현실에서 어떤 정책에 우선순위를 두어야 할지 가늠하게 도와주고, 사회적 다수와 소수 사이의 갈등과 협력이 어떤 수준에서 어느 정도로 진행되고 있는지 국가별로 비교 분석할 수 있는 하나의 기준을 제공하고 있다.

4. 세 나라 비교 연구의 기초적 분석 결과

그렇다면 영국, 프랑스, 미국 세 나라의 다문화 정책과 사회 통합 정책을 관용, 비차별의 제도화 그리고 본격적인 다문화주의 시행이라는 3단계 모델에 비추어보면 어떤 결과를 얻을 수 있을까? 다문화 이행의 3단계 모델은 이제까지와는 다른 세 나라에 대한 이해를 도출해낼 수 있을까? 이 절에서는 다문화 이행의 3단계 모델을 일관되게 적용하여 영국과 프랑스 그리고 미국의 다문화적 현실이 어떻게 변해왔는지 설명하기로 한다. 각 단계는, 사회적 구조 차원에서 역사적 배경과 국가 개입의 전통, 행위자의 차원에서 사회적 소수의 문화적 권리 요구 정도와 정부의 대응을 고려하여 평가될 것이다. 즉 자유주의적 심의다문화주의는 영국의 역사적인 자유주의 전통과 심의에 중점을 두는 사회적 소수 및 정부라는 행위자의 모습에 초점을 맞춘 것이고 공화주의적 시민동화주의나 자유방임주의적 선의의 묵인은 각각 프랑스와 미국의 역사적 전통이라는 구조와 사회적 소수 및 정부의 정책에 초점을 맞춘 것이다. 각국의 전통에 대한 정치사상적 해석은 자유주의, 자유방임주의, 공화주의가 보여주는 개인의 자유와 사회의 책임, 그리고 국가 개입의 범위라는 세 가지 기준을 중심으로 분류하여 각국의 사례 해석에 적용하였다.5 이러한 적용을 통해 영국의 경우 국가 중립성과 최소주의 전략, 프랑스의 경우 시민의 덕목과 문화적 일체성, 그리고 미국의 경우 탈정치화와 개인의 자유 우선의 원칙을 강조하는 전통에 주목하고자 한다.

1) 영국의 자유주의적 심의다문화주의: 국가 중립성과 최소주의 전략

자유주의 전통에서 개인의 자유는 주로 외부의 강제로부터 자유로운 개인의 선택을 보장하는 것을 의미하는 소극적 자유를 말한다. 자유주의 사회의 개인들은 대부분의 경우 사적 영역에 머물면서 개인적인 삶을 살다가 시민으로서 의무가 요구되는 때에만 공적 영역에 나아가 시민이 된다. 즉 자유주의를 지지하는 많

---

5 이 절에서 설명하는 세 가지 사상적 전통, 즉 자유주의, 자유방임주의, 공화주의에서의 개인의 자유와 사회의 책임 그리고 국가 개입의 범주에 대한 논의는 나의 논문 「경계와 시민」(김남국, 2005a)과 「다문화 시대의 시민」(김남국, 2005c)에서 자세하게 다루고 있다. 이어지는 각 소절은 두 논문에서 다룬 사상적 전통에 대한 논의를 간략하게 재구성하고 이를 영국과 프랑스, 미국의 현실 해석에 적용한 것이다.

은 이론가들은 이 다원화된 세계에서 개인들이 합의할 수 있는 시민으로서의 의무는 매우 단순하고 얕을 수밖에 없기 때문에 개인은 오직 공공 영역에 관한 일에서만 시민의 역할을 요구받는다고 본다. 나아가 시민의 개념은 소속감을 강조하는 국가 정체성과 큰 관련이 없다고 주장한다. 오히려 자유주의 전통은 국민국가의 경계를 넘어서는 보편적인 원칙들, 즉 법의 지배, 표현의 자유, 관용의 원칙, 그리고 국민의 동의에 기초한 정부 등 누구나 받아들일 수 있는 최소한의 가치를 중심으로 한 사회적 연대의 모색에 더 주력해왔다.

자유주의 전통은 또한 국가의 역할에 대해 사회의 갈등을 공정하게 타결하려고 하는 중립적인 조정자로 전제한다. 이러한 입장에서 보면 소수 문화 집단에 대한 동화 정책은 국가가 중립성의 의무를 위반해가면서 기존의 다수 문화 집단에게 단지 그 규모가 크다는 이유만으로 소수 문화 집단을 흡수할 수 있는 정당성을 부여하는 것이 된다. 동시에 소수 집단에 특별한 지위를 부여하고 그 집단을 보호하는 것 역시 국가가 어떤 집단은 인정하고 어떤 집단은 배제할 것인가를 놓고 당연히 요구되는 중립적 위치에서 벗어나 자의적으로 판단할 가능성이 있다고 지적한다. 즉 자유주의 입장에서 바라본 다문화주의는 구성원의 평등, 자유주의적 중립성, 그리고 자의적 판단의 배제라는 자유주의의 세 가지 원칙과 갈등 관계에 있다.

자유주의 전통은 사회의 책임을 점차 인정하는 방향으로 진화해왔다. 롤즈에 따르면 소득과 부의 분배가 역사적, 사회적 행운에 의하여 이루어지는 것을 허용할 이유가 없는 것과 마찬가지로 타고난 자산의 유무에 의해 소득과 부의 분배가 이루어지는 것도 허용할 이유가 없다. 하지만 현실적으로 기회 균등의 원칙은 가족 제도가 존재하는 한 불완전하게 이루어질 수밖에 없다. 천부적 능력이 계발되고 성숙되는 정도는 모든 종류의 사회적 조건과 계급에 영향을 받는다. 또한 가치 있는 존재가 되고자 하는 의욕 그 자체까지도 가정 및 사회적 조건에 의존한다. 실제 비슷한 능력을 가진 사람들에게 완전하게 동등한 기회를 보장한다는 것은 불가능하다. 따라서 우리는 이 사실을 시인하고 천부적인 운이 가져오는 자의적인 영향을 완화시키는 원칙을 채택해야 한다. 그 결과 자유주의는 개인이 혼자 대응할 수 없는 비선택적 운과 구조적 불평등의 문제를 사회 책임을 통해 해소하고자 노력해왔다(롤즈, 2005: 111-122).

영국의 현실을 자유주의적 심의다문화주의라고 부르는 것은 영국 사회가 보여주는 국가 중립성의 원칙과 최소주의적 접근의 특징을 염두에 둔 것이다. 영국은 현대사회에서 보편적인 정교분리 원칙과 다르게 성공회를 국교로 갖고 있고 국가를 상징적으로 대표하는 왕이 성공회 수장을 겸하고 있다. 동시에 영국은 소수 문화 집단이나 종교 집단의 특별한 지위도 인정하고 있다(Milbank, 2009). 그러나 다문화의 도전에 따른 구체적인 사회 통합의 과제를 수행하는 것은 실제 사건이 일어나고 서로 다른 문화가 직접 만나는 지역의 기구나 조직이고, 국가는 거의 개입하지 않는다(정희라, 2007). 영국의 현실은 특정한 정치사상의 가치를 중심으로 일목요연하게 정리하기가 쉽지 않은데 이에 대해서는 영국이 역사적으로 합리적 대화와 상호 존중이라는 자유주의적 원칙 위에서 모든 세력들의 이해를 타협시켜왔다는 설명이 가장 적절할 것이다. 이 점에서 우리는 영국의 현실을 심의다문화주의라고 부를 수 있다. 이런 타협의 전통과 최소주의 전략은 영국에서 전국 단위의 극우파 세력이 미미한 이유이기도 하다.

그렇다면 관용의 관점에서 영국의 심의다문화주의를 어떻게 평가할 수 있을까? 앞의 논의에서 관용은 어느 시점에서나 중요한 덕목이지만 법적 구속력이 없는 개인적 덕목이므로 사회 여론이 바뀌고 다수의 의견이 바뀌면 언제든지 철회될 수 있다는 것을 지적하였다. 영국의 심의다문화주의는 적어도 다수와 소수가 합의만 한다면 무슨 내용이든 담을 수 있는 유연한 그릇임에 틀림없다. 그러나 모든 이론의 흐름들을 아우르는 영국의 이처럼 유연한 접근은 뚜렷한 원칙에 의존하기보다는 정세의 변화에 민감하고 세력 관계에 쉽게 영향을 받는다는 단점이 있다. 특히 성문법에 의해 일일이 규정된 권리를 따르기보다 보이지 않는 사회의 규범과 관습이 지배하는 불문법의 나라에서 관용은 더욱 쉽게 여론에 의해 영향을 받을 수 있다.

영국 사회가 새로운 이주자들과 그들의 문화에 대해 보여준 관용의 수준은 역사의 주요 사건들을 계기로 변화해왔다. 적어도 1962년 최초의 이민법이 제정되기 전까지 모든 대영제국의 신민은 인종과 문화, 종교, 국적과 상관없이 누구나 영국에 입국할 수 있고 정착할 수 있었다. 아시아와 카리브해로부터의 이민이 본격화하고 더 강화된 이민 정책이 시행된 이후에도 영연방 국가로부터 유입된 이민자들은 영국 내에서 일정한 시간을 거주한 후에는 영연방 국가의 시민 자격으로 영국에서의 정치적 권리를 인정받았다. 따라서 정치적 대표의 문제는 쉽게 해결되었고, 소수 집단의 문화적 정체성 역시 대영제국의 긍정적인 유산으로 생각하여 그 권리를 보장함으로써 문화 갈등의 여지를 줄여왔다. 그러나 1958년에 런던 교외 노팅힐에서 전후 최초의 인종 폭동이 일어나면서 영국의 관용 정신은 시험대에 오르기 시작했고 이 사건은 1962년의 첫 이민법 제정으로 이어졌다. 이 사태에서 소요를 처음 일으킨 가해자는 백인 노동자들이었고, 피해자는 주로 카리브해 지역에서 이민 온 흑인 노동자들이었다(Kim, 2005a: 135-139).

이후 1960년대 후반부터 이민을 주요 정치적 의제로 삼아 선거에 이용하려는 에녹 파월 등 보수당 의원들의 반이민 선동이 시작되었다. 1971년 이민법은 이러한 반이민 선동과 석유 위기 상황에 영향을 받아 사실상 카리브해와 아시아 영연방 국가들로부터의 미숙련 노동자의 이민을 중단하는 조치를 포함하였고 가족 재결합의 가능성 정도만을 남겨두었다. 1970년대 후반에서 1980년대 초반에는 이미 슬럼화된 도심 지역에서 흑인 청소년들과 백인 경찰들이 대치하다가 방화와 파괴를 동반한 폭동 사태로 치닫는 일이 지속적으로 발생하였다. 이 시기의 충돌은 흑인들이 주체가 되어 먼저 시작한, 차별에 저항하는 분노의 폭발이었다. 이러한 상황은 1948년 국적법 이후 줄곧 인정해오던 과거 영국 식민지 국가 출신의 시민권 조항을 삭제함으로써 대영제국의 유산과 정식으로 결별하는 1981년 국적법 개정으로 이어졌다(Kim, 2010).

2001년 5월에는 중서부 공업지대인 리버풀과 맨체스터 지역 북부에 위치한 작은 도시 올담에서 시작된 소요 사태가 곧 리즈, 번리, 브래드퍼드로 번지는 일이 일어났고, 2005년 7월에는 52명이 죽고 700여 명의 사상자를 낸 런던 지하철 테러가 발생했다. 2001년의 소요는 아시아인들에 의해 시작된 최초의 인종 폭동이라는 점에서 새로운 현상이었고, 2005년 테러는 영국에서 나고 자란 영국 국적의 무슬림들이 일으킨 테러라는 점에서 충격적인 사건이었다. 9.11 테러를 전후하여 일어난 일련의 사건들에 의한 영국 사회의 변화는 2002년과 2006년에 개정된 '이민과 망명 및 국적에 관한 법'에 반영되어 있다. 2002년 법은 시민권 테스트와 시민권 의식을 규정하였고, 2006년 법은 입국을 거부당한 외국인이 항소할 수 있는 권한을 축소했다. 이 법은 또한 지문 등을 포함한 생체 정보를 요구할 수 있는 권한을 이민국에 부여하였으며, 이민자가 시민권을 취득한 경우라도 공공의 이익을 위해 필요하다면 내무장관의 명령에 의해 이를 박탈할 수 있다는 내용의 조항을 포함하였다.

1988년의 루슈디 사건과 2000년의 파레크 보고서를 둘러싼 논쟁은 영국이 생각하는 관용의 정도를 추론해볼 수 있는 중요한 사건들이다(김남국, 2004b). 영국의 무슬림들은 루슈디의 『악마의 시』가 이슬람의 예언자 무함마드를 모욕했다는 이유로 이 책의 출판을 금지하고 작가를 신성모독죄로 처벌해달라고 영국 정부에 요구하였다. 하지만 영국 정부의 대응은 루슈디와 영국의 무슬림 모두 의사 표현의 자유를 가지고 있고 그 표현의 자유를 행사하는 방법이 평화로운 공공질서 유지라는 법의 원칙을 벗어나지 않는 한 정부는 개입하지 않는다는 것이었다. 신성모독법에 의거하여 루슈디를 처벌하는 일은 이 법이 원래 기독교를 모독한 범죄를 처벌하는 것이 목적이었던 만큼 개정하기가 쉽지 않고, 끊임없는 소송을 불러 일으킬 것으로 예상되는 일에 정부가 개입할 수는 없으며, 또 정부가 어떤 종교는 보호하고 어떤 종교는 보호하지 않기로 판단하는 일이 쉽지 않다는 것이 영국 정부의 공식적인 입장이었다.

2000년에 나온 파레크 보고서는 미래 영국의 모습을 다문화인 종 국가multi-ethnic state로 예상하면서 미래 영국에서는 다양한 공동체들이 평등하게 공존할 것이며 국가는 이처럼 다양한 공동체 가운데 하나에 지나지 않을 것으로 묘사했는데 발간 직후 예상치 못한 역풍에 직면했다. 무엇보다 영국의 많은 언론들이 영국적 특징Britishness의 해체를 우려하며 반격에 나섰고 결국 국민의 세금으로 영국을 분열시키려는 시도라는 비판에 직면한 파레크가 위원회의 뜻이 잘못 전달되었다며 사과하는 사태가 벌어졌다(Parekh, 2000b: 40-56). 대처 정부의 내무장관이었던 허드는 국가가 관용의 덕목을 시민들에게 법으로 강제할 수 없다고 주장한 바 있다. 영국 사회의 사회적 소수에 대한 관용은, 국가가 중립성의 원칙과 최소주의 전략을 고수하는 가운데 여론의 방향에 따라 부침을 겪고 있다. 하지만 보이지 않는 규범과 관습이 지배하는 불문법의 나라에서 이러한 부침은 사회적 소수에게 반드시 유리하게 작용하지는 않는다(Capdevila and Callaghan, 2008).

그렇다면 비차별의 법제화라는 차원에서 본다면 영국은 전후 어떤 발전을 이룩했을까? 영국의 심의다문화주의가 문제 상황을 고려하고 당사자들의 이해관계가 충분히 대표되는 가운데 대화와 토론을 통해 타협을 모색하는 실용주의적 접근을 추구한다는 점은 앞서 설명한 바 있다. 영국의 문화적 갈등이 사람들의 눈에 덜 띄는 이유도 문제를 당사자 중심의 지역 차원의 일로 국한시키면서 전국 차원의 단일 원칙에 따른 일관된 접근 시도를 아예 지양한다는 데 있다. 그러나 영국 정부가 문제를 전국 차원으로 비화하지 않도록 막는다는 것이 해당 안건의 중요성을 부인한다는 의미는 아니다. 즉 영국 정부는 새로운 안건은 받아들이되 그 안건과 결부된 새로운 사회 세력의 등장을 막아왔다고 보는 게 정확하다. 특히 보수당과 노동당 양당은 자신들의 이념의 날개를 좌우로 더 넓히거나 중도로 이동하는 방식을 통해 어떻게든 사회적 소수에 의해 제기되는 문제들에 대답해왔다. 그 대표적인 근거 중 하나는 영국이 1965년 유럽 국가 가운데 최초로 인종관계법을 제정했다는 사실이다. 1965년의 법은 피부색이나 인종, 국적에 따른 표현상의 차별에 초점을 맞춰 처벌을 규정한 것이었다. 다만 이 법은 형사 처벌이 아니라 민사 배상에 관한 것이었다. 1968년에 개정된 인종관계법은 접근에 있어서의 차별, 즉 고용과 집을 구하는 일에 있어서의 차별 금지를 포함하였고, 1976년에 개정된 법은 인종평등위원회Commission for Racial Equality를 출범시키면서 교육과 공공 부문까지 포함한 영역에서 직접적, 간접적 차별 금지를 명문화하였다. 동시에 고용이나 직업 훈련, 노조, 전문직업 집단에서 과소 대표된 문화인종 집단에 대한 적극적 대우positive action를 규정하였다(Ruhs and Anderson, 2010).

1983년 버밍햄의 파크그로브 학교에서 일어난 사건Mandla vs. Dowell-Lee은 1976년에 개정된 인종관계법과 직접 연관되어 있다. 교장이 시크교도 학생에게 터번 착용 금지를 명령한 이 사건에 대해 법원은 교장의 명령이 1976년 인종관계법이 금지한 간접적 차별에 해당한다고 판결하였다. 또한 터번이 학교생활의 근본 목적을 달성하는 데 방해가 되지 않기 때문에 착용해도 무방하다고 판단하였다. 1989년의 고용관계법 역시 공사장에서 시크교도가 안전모 대신 터번을 착용해도 좋다고 허용하였다. 그 대신 사고가 일어났을 때 안전모를 착용했을 경우의 부상 정도를 기준으로 보상금액을 산정한다는 제한을 두었다. 이 판결에 대해 영국 정부는 어떤 대응도 한 적이 없다. 즉 영국 정부는 터번이나 헤드스카프 착용에 관한 전국 차원의 규칙을 스스로 나서서 정하려는 시도 자체를 하지 않았고, 설사 헤드스카프 착용을 둘러싼 문제가 생긴다고 하더라도 당사자들의 합의로 결정하라고 맡겨놓았다. 그 결과 법원은 터번이 학교의 본래 목적을 달성하는 데 방해가 되지 않는다는 판결을 내렸고 결국 모든 학교는 각자 나름의 규정에 문화적 해석을 덧붙인 독특한 복장이 가능해졌다. 이러한 상황은 평등의 관점에서는 어수선해 보일 수 있지만, 실정법과 논리보다 대화와 판단을 중시하는 영국의 보통법과 의회주의 전통에서 보면 이상한 일이 아닐 수 있다.

1993년에 런던 동남부 교외의 버스정거장에서 흑인 로렌스를 살해한 것으로 의심받던 다수의 백인 청소년들이 무혐의로 풀려난 사건이 있었고 이를 재조사한 1999년의 맥퍼슨 보고서는 영국 사회에 자리 잡고 있는 제도적 인종차별institutional racism을 중요하게 지적하였다. 무지나 선입견, 낙인찍기 등을 통해 소수 문화인종에 속하는 사람들에게 정당한 서비스를 제공하는 데 실패한 제도의 한계를 드러낸 이 논쟁 이후 영국 정부는 2000년에 다시 기존의 인종관계법을 개정하였다. 새로운 법은 인종차별에 대해 공공기관의 더 강력한 대처와 공적 임무를 수행하는 사적 기관들 즉 병원, 학교, 지방의회, 주택회사, 지역개발기구 등이 적극적인 차별 금지 정책과 인종 간 관계 증진에 기여할 것을 규정하였다. 나아가 2006년 제정된 '인종과 종교 혐오 금지에 관한 법'은 종교 혐오를 불러일으키는 선동에 대해 처벌할 것을 규정하고 있다. 이러한 영국의 정책들은 차별 금지와 사회 통합을 위해 영국 정부가 단지 중립적 조정자에 머물지 않고 적극적인 역할을 해왔다는 사실을 보여준다. 다시 말해 영국은 사회적 소수와 관련된 사건이 있을 때마다 그 사건을 계기로 제도적 장치를 마련하는 데 있어 유럽에서 가장 앞선 성취를 보여왔다(최동주, 2009: 104-106).

그렇다면 관용과 비차별의 법제화 단계를 지나 본격적인 다문화주의 단계에서 영국은 문화적 권리의 인정에 대해 어떤 모습을 보여왔을까? 영국에는 역사 속에서 전쟁이나 조약을 통해 강제적으로 병합된 스코틀랜드, 웨일스, 북아일랜드 등의 민족적 소수 집단이 있고, 바하마와 자메이카 등에서 자발적으로 이민 온 카리브해 흑인이나 인도와 파키스탄, 방글라데시 등에서 이민 온 아시아인들로 이루어진 문화인종적 소수가 있다. 스코틀랜드와 웨일스는 1999년 실시한 국민투표를 통해 자치의 권리를 인정받았는데, 스코틀랜드는 런던의회가 정한 세금의 비율을 조정할 수 있는 권한을 가진 의회Scottish Parliament를 인정받았고, 웨일스는 행정자치 권한에 집중된 의회Wales Assembly를 인정받았다(Aughey, 2001). 이 소수민족 집단들은 자신들의 언어가 지역이나 전국 차원에서 고유 언어로서 공식적인 지위를 부여받고 있고, 소수 언어 사용 학교나 미디어의 운영에 있어 공적인 재정을 지원받으며, 국제회의나 기구, 스포츠 시합 등에 자기 민족의 대표자를 내보낼 수 있다.

소수 문화인종 집단들도 대영제국의 유산과 영연방 체제 아래서 이중국적이 허용되고 있고, 문화 활동을 위한 재정 지원을 받으며, 약 7,000여 개의 종교적 교육기관이 지방정부의 재정 지원 아래 운영되고 있다. 1997년까지만 해도 영국에서 성공회와 가톨릭, 감리교, 유대교의 학교는 공공예산의 지원을 받을 수 있었지만, 이슬람과 유대정교, 모르몬교 등의 학교는 지원을 받을 수 없었다. 그러나 1998년 인권법과 2000년 인종관계법의 개정과 더불어 모든 종교 학교들이 지방정부의 재정 지원을 받을 수 있게 되었다. 2010년 현재 38개의 유대교 학교, 11개의 무슬림 학교, 4개의 시크교 학교, 1개의 그리스정교 학교, 1개의 힌두학교, 1개의 퀘이커 학교, 1개의 제칠일 안식일 교회 학교 등이 지방정부의 재정 지원을 받고 있다.6

---

6 지방정부의 재정 지원을 받는 종교 학교 통계는 다음을 참조.

그 외에도 영국은 미디어에서 소수 인종의 출연을 보장하고 있고 법으로써 자유로운 복장이나 종교 행위를 보장하고 있으며 1976년 인종관계법 이래 불리한 이민자 집단을 위한 적극적 차별시정positive action 정책을 시행하고 있다. 이처럼 국가 차원에서 다문화 정책의 원칙을 공식적으로 천명하지 않던 영국에서 의외로 소수민족이나 소수 문화인종을 위한 구체적인 정책들이 많이 시행되고 있음을 알 수 있다. 이 점이 대화와 타협을 중시하면서 유연성을 특징으로 하는 영국의 심의다문화주의의 장점이지만 공정성이라는 측면에서 보면 누구는 포함시키고 누구는 포함시키지 않는가에 대한 논리적 일관성의 부족과 문화적 권리의 부여 과정에서 생기는 선정의 자의성 문제 때문에 항상 비판에 노출되어 있다. 영국은 9.11 테러 이후 영국적 특징의 강화를 통해 통합을 강조하는 한편으로 다양한 문화적 권리에 대한 인정이 분리주의를 조장하는 것이 아님을 강조하고 있다. 그럼에도 불구하고 영국은 유럽 국가들 가운데 인종주의적 테러나 극우 그룹의 활동이 가장 낮은 비율로 발생하고 있고 이런 이유로 다문화의 도전에 직면하여 사회 통합에 성공한 사례로 이야기된다(김용찬, 2007: 148-151).

2) 프랑스의 공화주의적 시민동화주의: 시민의 덕목과 문화적 일체성

공화주의 전통은 시민의 자유와 사회의 책임 그리고 국가의 역

---

http://www.teachernet.gov.uk/wholeschool/faithschools(검색일: 2010.11.28).

할에 대해 자유주의나 자유방임주의 전통과는 다른 입장을 보여준다. 공화주의에서 개인은 자신이 속한 정치 공동체의 시민으로서 공공 활동에의 적극적인 참여를 통해 스스로의 자유를 완성한다. 따라서 개인은 사적 영역에 머무르기보다는 정치 공동체의 시민으로서 소속감을 갖고 연대와 헌신, 애국 등의 덕목을 통해 공동체의 발전에 기여할 것을 요구받는다. 공화주의의 개인은 공동체의 환경에서 벗어난 추상적인 자아가 아니라 공동체의 역사와 전통에 의해 규정받는 자아이다. 이런 맥락에서 공화주의의 개인은 외부의 강제에 의해 간섭받지 않을 소극적 자유를 목표로 하는 자유주의의 개인과는 다르다. 즉 외부의 간섭으로부터 자유로울 소극적 자유를 추구하는 동안 자신이 서 있는 공동체의 토대 자체가 무너질 수 있고, 일단 공동체의 유지가 어려운 상황이 되면 개인의 자유를 논할 수 없기 때문이다.

공화주의 전통에서 국가는 정치과정의 중요한 참여자로서 정치 공동체가 지향하는 가치들을 보호하고 육성하기 위해 적극 개입해야 하는 것으로 상정된다. 자유주의에서 상정하는 중립적 조정자로서의 국가와는 달리 정치 공동체의 역할을 중시하는 공화주의 전통은 국가가 뚜렷한 목표를 가지고 시민들을 교육하고 사회화하는 역할을 수행하는 주체가 될 것을 요구하는 것이다. 이와 같은 과정을 통해 형성된 국가 정체성은 시민들 사이의 소속감과 연대를 증진하고 시민들 사이의 그러한 일체감은 곧 사회정의와 민주주의 실현을 위해 긍정적인 역할을 한다고 평가된다.

공화주의 전통은 시민과 국가의 직접적인 관계를 전제하기 때문에 이 둘 사이를 매개하는 사회의 역할을 제한적인 것으로 간주한다. 즉 공화국에 충성하는 시민의 헌신이 중간 집단에 의해 분산되거나 왜곡되는 것을 막기 위해 인종이나 종교, 문화에 의해 구획되는 중간 집단의 존재는 인정하지 않는다. 이런 입장이기 때문에 공화주의 전통은 정치 공동체 사이의 경계에 중요한 의미를 부여하게 되고 따라서 공동체 바깥으로부터의 새로운 문화적 유입에 대해 상대적으로 폐쇄적이며 소수 문화 집단의 인정에 대해서도 소극적인 태도를 보여준다. 또한 공화주의 전통은 문화적 생존을 요구하는 소수 문화인종 집단의 다양한 목소리에 대해 공화주의의 가치와 원칙으로 차별 없이 평등하게 대우할 때 가장 정의로운 사회가 구현된다고 믿는다. 즉 공화주의자들은 공화주의의 일관된 원칙을 고수하는 것이 다문화주의가 갖는 자의성의 함정에 빠지지 않고 소수 집단을 평등하게 대우하는 지름길이라고 보는 것이다.

다문화의 도전에 대응하는 프랑스의 사회 통합 유형을 '공화주의적 시민동화주의'라고 부르는 것은 프랑스가 혁명 이래 자유, 평등, 박애, 세속주의, 애국주의 등으로 이루어진 공화주의 이념을 소수 문화인종의 요구에 대응하는 원칙으로 삼아왔다는 것을 뜻한다. 프랑스는 1989년 이후 지속된 헤드스카프 논쟁과 2004년 종교적 상징물의 착용 금지법 제정에서 볼 수 있듯이 공공 영역에서 자신의 종교적 정체성을 드러내는 것을 금지해왔고 그러한 시도를 프랑스 사회를 지탱하는 세속주의에 대한 중대한 위협으로 간주해왔다(Bowen, 2007: 63-152). 즉 인종적, 문화적, 종교적 정체성의 표현을 인정함으로써 사회가 파편화되는 것보다는 공화주의 원칙을 중심으로 단일한 공화국을 유지하는 것이 사회적 소수에게 더 나은 평등의 기회를 제공할 수 있다고 보는 것이다. 프랑스 공화주의자에게 공공 영역에서의 문화적 정체성의 인정은 원시적 부족주의와 종교적 신념의 싸움으로 점철되었던 중세 암흑시대로의 회귀를 의미한다. 중세의 종교전쟁을 공적 영역과 사적 영역의 분리를 통한 세속주의 원칙으로 해결했다고 믿는 프랑스 공화주의자들에게 인종, 종교, 문화 등의 개인적 및 집단적 정체성을 공공 영역에서 드러낼 수 있게 하는 다문화주의의 수용은 중세의 전철을 다시 밟으려는 어리석은 시도인 것이다(김남국, 2006b: 12). 프랑스는 1960년대의 미국이 바로 이러한 길을 가고 있다고 생각했고 인종, 문화, 종교에 따라 파편화되어가는 미국 모델을 따라가서는 안 된다고 주장해왔다.

프랑스가 자랑하는 관용의 전통은 이처럼 공화주의 원칙에 대한 존중을 전제로 한 관용이기 때문에 공화주의 원칙에 의문을 제기하며 도전하는 소수 집단에는 적용되지 않는다. 따라서 프랑스의 관용 전통은 뚜렷이 다른 두 얼굴을 갖는다. 이 추상적인 통합의 원칙은 공화주의 정신과 공화주의적 제도가 충실하게 구현되고 있을 때에는 긍정적인 힘을 발휘하지만, 만약 인종주의적 차별과 배제가 엄연하게 존재하는 상황이라면 문화적 정체성을 드러내지 못하는 것은 억압이 되고 이는 소수 집단에게는 최악의 상황이 된다(엄한진, 2007b). 프랑스는 1915년에 유럽에서 가장 먼저 적대국 출신의 이민자가 취득한 프랑스 시민권을 박탈하는 법을 제정한 적이 있고 석유 위기 직후인 1974년부터 미숙련 노동자의 이민을 엄격히 제한한 바 있다. 1993년의 파스쿠아법은 1891년 국적법 이래 지속되어온 속지주의 원칙에 근거한 프랑스 시민권 부여 전통을 제한하여 프랑스에서 태어난 외국인의 경우 자동적인 시민권 취득이 보장되는 것이 아니라 18세가 되었을 때 시민권 취득의사를 밝히고 그로부터 이전 5년간 프랑스에서 거주한 사실이 있어야 하며 같은 기간 범죄기록이 없어야 한다는 조건 등을 요구하였다.

공화주의 원칙에 따라 중간 집단을 허용하지 않는 프랑스의 전통은 1791년 르샤플리에법에서 규정된 이후 1884년 발덱-루소법에 의해 노조 활동을 허용함으로써 완화되었지만 사회적 소수 집단에는 1981년에야 문화나 인종, 종교에 따라 결사를 형성할 수 있는 자유가 허용되었다. 이미 프랑스는 1970년대 후반에 리옹 등에서 인종 소요를 경험해왔고 1983년에는 인종차별 철폐와 폭력 추방을 기원하면서 10만여 명의 무슬림과 프랑스 시민들이 마르세유에서 파리에 이르는 길을 행진하는 시위가 있었다. 1990년의 보정블랑 폭동, 1995년 발푸레 폭동 등은 마그레브 청소년들과 경찰의 충돌을 계기로 시작되어 이민자들의 소외와 분노가 폭발한 전형적인 인종 폭동이었다. 같은 유형의 소요로 2005년 10월부터 약 한 달간 프랑스 전역에서 일어난 폭동은 68혁명 이후 최대 규모의 소요로 기록되었다. 9.11 테러 이후 서구 사회의 전반적인 보수 회귀 분위기 속에서 2005년 소요는 프랑스 사회에서 반이민자, 반무슬림 정서가 강화되는 계기가 되었다(Ossman and Terrio, 2006). 이러한 일련의 폭동과 1980년대 후반에 시작된 헤드스카프 논쟁을 거치면서 프랑스는 1990년 고위통합위원회를 설치하여 이민자들의 사회 통합 문제를 다루기 시작하였다.

9.11 테러와 2005년 소요 사태 이후 프랑스 사회의 분위기 변화는 다양한 입법에 반영되어 있다. 프랑스는 2003년에 불법 이민 근절에 초점을 맞추는 이민법을 제정한 바 있고, 2006년에는 선택적 이민을 강조하는 '이민과 통합에 관한 법률'을 제정한 바 있다. 이 법은 자신의 능력과 재능을 통해 의미 있고 지속적인 방식으로 프랑스의 경제적 발전에 참여할 수 있는 사람을 이민자로서 우대하는 것이다. 또한 이 법은 시민권 취득 조건을 강화하여 프랑스인과 결혼한 외국인의 경우 국적 취득을 위한 자격 요건을 체류 2년에서 4년으로 연장하였으며, 이주 노동자가 자신의 가족을 프랑스로 데려오기 위해 필요한 기간을 12개월에서 18개월로 늘렸다. 2007년에는 앞의 두 법을 통합하여 일명 오르트페법으로 불리는 '이민 통제, 동화, 망명에 관한 법'을 제정하였고 이 법을 집행할 '이민, 통합, 국가 정체성 및 개발연대부'를 정부 부처로 신설하였다(박선희, 2010: 202).

이와 같은 현실의 변화는 프랑스에서 관용의 수준이 그 원칙적인 주장과는 다르게 제한적인 방향으로 변화해왔으며 최근에는 공화주의가 차별과 배제를 위한 정치적 동원의 근거로 사용된다는 비판의 원인이 되기도 한다(박선희, 2010: 208). 즉 프랑스의 공화주의의 세속주의 원칙이 종교적 선의 구현을 중요하게 생각하는 무슬림들의 생활 방식을 부정하고 있기 때문에 근본적인 갈등이 생기는 것이며, 프랑스가 이 세속근본주의를 고집하는 한 소수집단을 관용하기보다는 그들의 사회적 통합을 불가능하게 만드는 배제의 결과를 가져올 뿐이라는 비판이 가능한 것이다.

프랑스의 다문화 정책을 비차별의 제도화라는 차원에서 보면 인종차별과 관련된 범죄에 대해 별도의 입법을 통해 처벌하기보다는 기존 민법이나 형법의 틀을 적용하여 해결하려는 공화주의의 영향이 나타난다. 프랑스는 보편적인 공화국의 제도와 형법 이외에 인종 갈등과 인권 침해를 시정하기 위해 새로운 국가기구를 설립하거나 인종차별 금지법을 제정하는 등 특별기구와 특별법을 제정하는 데 소극적이었다. 특히 인구 조사에서 인종이나 종교에 따른 통계를 허용하지 않는 엄격함은 1940년대 비시 정권 아래에서 유대인들을 색출해 강제수용소로 보냈던 과거의 부정적인 역사적 경험도 중요하게 자리 잡고 있다. 2006년에는 가시적 소수visible minority라는 간접적인 용어를 써서 사회 조사에 사용하려고 하였으나 정부에 의해 최종적으로 채택되지 않았다(김복래, 2009: 221). 그러나 프랑스의 공화주의 전통이 반드시 예외적인 입법을 막는 것은 아니다. 예컨대 프랑스는 1972년에 플레벤법Pleven Law을 제정하여 인종차별적 표현을 금지한 바 있고 1990년 게소법Gayssot Law을 통해서는 유대인 학살 사실을 부정하는 경우 처벌할 것을 규정하기도 하였다(Lieberman, 2001).

또한 프랑스 정부는 1998년 이후 각종 공공 및 민간 기관들과 인종차별 금지 협정을 체결하고 '통합과 차별 금지 지원기금(FASILD)'을 통해 재정을 지원한다. 협정 체결 기관들은 자체적으로 인종차별 금지를 전담하는 부서를 만들고 인종차별 현황을 조사하며 인종차별 금지 전문가를 양성해야 한다. 2001년에는 '차별 금지에 관한 법'을 제정하여 고용을 포함한 차별에 대해서 시민단체도 피해자를 대신하여 법원에 고발할 수 있도록 하였으며 차별 행위에 대한 사실 여부 증명의 책임을 가해자에게 부과하였고 인종차별에 관해 증언한 사람은 처벌이나 해고의 위협으로부터 보호를 받을 수 있도록 규정하였다. 2005년에는 '차별 금지와 평등 증진을 위한 고위기구(HALDE)'를 설치하였고 2006년에 제정된 '기회균등법'은 일반적인 청년실업 문제를 포함하여 소수 집단의 고용 기회 강화 등을 규정하고 있다(한승준, 2008: 478-479).

세 번째 단계인 다문화주의 단계는 공공 영역에서 사회적 소수의 예외적 지위를 인정하고 예산 지원을 통해 집단 자치, 집단 대표, 다문화의 권리 등을 보장하는 것인데, 프랑스에서 이러한 정책 사례를 찾아보기는 힘들다. 프랑스는 알제리, 모로코, 튀니지 등 마그레브 지역에서 온 아랍인과 베트남에서 온 아시아인, 세네갈 등에서 온 아프리카인 등의 소수 문화인종이 있고, 알자스, 바스크, 브르타뉴, 프로방스, 코르시카 등의 소수민족이 있다. 프랑스는 이 소수민족들의 언어나 문화의 보존에 소극적이었으며 2000년 조스팽 정부가 코르시카를 위한 점진적인 자치 계획을 발표하였지만 2003년 코르시카 주민투표에서 자치 확대 계획이 부결됨에 따라 코르시카는 여전히 프랑스의 26개 행정 지역 가운데 하나로 남아 있다. 프랑스는 항상 헌법 제1조의 분리 불가능한 단일한 공화국을 근거로 프랑스가 인종이나 종교에 기반한 공동체로 분열되는 것을 막고 공화주의를 바탕으로 한 통일된 정치 공동체를 유지하고자 했다.

프랑스에서 문화 집단 사이의 갈등이 국가적인 차원의 논쟁으로 빠르게 비화하고 전 세계의 이목을 집중시키는 데에는 이른바 공화주의 원칙에 근거해 다문화의 도전에 대응하려는 프랑스 정부의 일관된 원칙이 한 원인으로 자리 잡고 있다. 이러한 상황은 극우 집단과 이민자 집단 모두에게 자신들의 의사를 표현하고 세력을 넓힐 수 있는 공개적인 기회와 구조를 제공한다. 그 결과 오늘날 프랑스는 전국 차원의 소수 문화인종 집단 조직이 유럽에서 가장 많고, 이에 맞서는 전국 차원의 극우정당 활동 역시 유럽에서 가장 활발하다. 공화주의의 분명한 원칙은 논리적으로 명쾌한 결론을 보여주지만 문화적 생존을 요구하는 사회적 소수는 자신들의 필요가 무시되는 현실에 불만을 가질 수 있다. 공화주의가 성공적인 다문화의 대응 방식이 되기 위해서는 공화주의적 원칙들이 현실에서 확실하게 지켜지면서 공정하게 작동하고 있어야 한다. 만약 공화주의적 제도와 정신이 쇠퇴하고 평등한 시민으로서의 대우가 보장되지 않는 가운데, 문화적 생존의 요구까지 무시된다면 소수 문화인종 집단에게 이런 사회는 아무런 장점이 없는 최악의 사회가 될 것이다(김남국, 2006b: 12-14). 사르코지 시기에 프랑스의 공화주의 현실은 사회 전반의 우경화 분위기 속에 초기의 개방적인 특징보다는 소수 집단에게 불리한 차별과 배제의 특징이 두드러진다는 평가를 받기도 했다.

3) 미국의 자유방임주의적 선의의 묵인: 탈정치화와 개인의 자유 우선의 원칙

자유방임주의 전통에서 개인의 자유와 사회의 책임, 국가 개입의 범위는 공화주의 전통과는 큰 차이를 보인다. 자유방임주의에서 가장 우선시되는 덕목은 개인의 자유로운 선택의 권리이다. 개인은 외부의 어떤 간섭도 없이 자신이 원하는 것을 선택할 수 있을 때 비로소 자유롭다고 말할 수 있다. 따라서 자유방임주의 전통에서 볼 때 정치 공동체를 전제하는 시민권은 그 자체로서 의미 있는 개념이 아니다. 이 전통의 이론가들은 시민의 개념에서 정치적 의미를 제거하고 가능한 한 많은 공공 영역을 사적 영역으로 바꿔서 개인의 권리를 방해하는 외부의 간섭을 줄이려고 시도해왔다. 즉 개인은 자신들의 힘으로 해결할 수 없는 공동의 문제가 생겨서 논의를 해야 할 때만 잠시 공공 영역의 시민으로서 참여한 다음 바로 사적 영역의 개인으로 돌아간다.

자유방임주의의 세계에서 국가의 역할은 개인들의 자발적 계약을 보호하는 최소한의 수준으로 국한된다. 자유방임주의자는 아나키스트들처럼 국가의 역할을 전면적으로 부정하는 것은 아니다. 하지만 오직 필요할 때만 그 역할과 개입을 최소한으로 인정한다. 만약 국가의 적극적 역할이 있다면 그것은 개인의 자유를 증진하기 위한 것이어야 하고 세금을 통한 재분배도 오직 개인의 자유를 보호하기 위한 것일 때만 동의할 수 있다. 이렇게 보면 사실 국가는 치안을 유지하기 위한 자치 조직과 큰 차이가 없다. 따라서 자유방임주의 전통에서 국가의 경계가 갖는 의미는 도덕적 중요성이란 측면에서 개인의 사유재산을 표시한 울타리와 별 다른 차이가 없다. 즉 나라 사이의 국경과 이웃 사이의 울타리는 똑같은 정도의 중요성을 가지고서 존재하며 따라서 이 세계에서 이민은 그렇게 중요한 사회문제가 될 이유가 없다.

자유방임주의 전통은 사회의 역할 역시 최대한 배제하고 개인의 선택에 최고의 가치를 두기 때문에 다문화주의를 지지하는 강력한 논리를 제공해줄 수 있다. 왜냐하면 자유방임주의의 가치 다원주의 입장에 따르면 국민국가의 전통을 선점한 다수 집단의 문화나 새로운 집단의 문화 모두 동등한 중요성을 갖는 개인들의 생활양식일 뿐이며 그 이상의 의미는 없기 때문이다. 자유방임주의의 개인들은 사회와 국가의 역할을 부정하거나 최소화하면서 모든 공공의 관계로부터 벗어나 탈정치화한다. 그리고 시장에서 만나 자율적인 조정 과정을 거친다. 서로 다른 문화도 평등한 조건으로 시장에서 만날 수 있다. 그러나 이 만남이 서로 다른 문화 집단 사이에서 엄연히 관철되고 있는 비대칭적인 권력 관계를 도외시한 채 이루어지는 것은 아니다. 즉 개인이 자기 스스로는 자유롭다고 생각할지 몰라도 실제로는 다수 문화 집단이 제시하는 규범을 준거로 하여 자신의 가치와 원칙을 설정하고 이를 내면화하고 구체적인 선택을 하는 경우가 많다.

미국은 상대적으로 동질적이었던 유럽의 국민국가와 달리 출범 초기부터 다양한 이민의 역사로 이루어져 왔다. 이민의 주요 세력이 달라짐에 따라 초기에 영국인들이 중심을 이룬 앵글로 아메리카 시기를 거쳐 유럽인들이 주류를 이룬 유럽 아메리카 시대, 아시아와 남미로부터 본격적인 이민자들이 들어오면서 시작된 다문화주의 시대, 그리고 최근에는 문화 집단 사이의 경계를 넘어서는 초민족 아메리카post ethnic America 시대라는 담론을 선보이면서 나아가고 있다(Hollinger, 1995: 105-130; Lind, 1995: 17-138). 미국은 미국식 법의 지배를 존중하는 한 개별 소수 인종들의 문화가 미국 문화에 풍요로움을 더해준다는 이유로 그 이질성을 묵인해왔다. 즉 미국을 대표하는 자유방임주의의 전통은 공적 영역과 사적 영역 모든 부문에서 문화적 정체성의 표현에 대한 선의의 묵인을 통해 개인 또는 집단 간의 문화 갈등을 최소화하고, 궁극적으로 개인의 상상력을 해방시킴으로써 생산력의 극대화를 추구해왔다.

미국에서도 관용은 국제정세와 국내 분위기에 따라 부침을 겪었다. 영국인이나 유럽인들이 미국으로 이민을 오던 시기에 미국은 상대적으로 개방적인 나라였다. 그러나 미국은 1882년 중국인 배제법을 통해 중국인의 이민을 금지했고 1907년에는 일본과의 신사협약을 통해 일본인의 이민을 사실상 중단시켰다. 1924년에 이민법을 제정했지만 국적별로 일정 인원을 할당하였고 아시아인을 여전히 배제하였다.

미국은 1924년에 모든 아메리카 원주민에게 별도의 법 제정을 통해 시민권을 부여하였다. 중국을 비롯한 아시아인의 이민이 정식으로 재개된 것은 1952년의 이민법을 통해서였고, 1965년 이민법에서 국가별 할당제가 철폐되자 아시아와 남미로부터 본격적인 이민이 시작되었다. 미국 경제의 호조와 남미와 아시아계의 이민이 제공하는 노동력이 긍정적인 평가를 받던 1990년에 개정된 이민법의 경우에는 문화 다원성을 장려하는 다양성 비자 프로그램을 통해 추첨으로 이민의 기회를 부여하기도 하였다. 적어도 이 시기에 미국은 다양한 국적과 계층의 사람들에게 이민의 기회를 부여함으로써 미국 사회의 문화 다양성을 증진하고 일자리를 창출하며 기존 이민자들의 가족 재결합 문제를 해결하기 위해 적극적인 정책을 시행하였다.

그러나 1992년 캘리포니아에서 일어난 폭동은 자유방임의 원칙 아래 개인의 선택권을 존중하고 선의의 묵인을 통해 탈정치화를 추구하는 사회 통합 정책이 미국 내 문화 집단 사이에 존재하는 불평등한 권력관계의 현실을 극복하는 데 실패했음을 분명하게 드러냈다. 흑인들은 백인 경찰로 대표되는 구조적 차별에 대해 폭발적인 분노를 드러냈고 흑인과 한국인 그리고 남미계 이민자들은 자신들끼리 서로를 공격하고 희생양을 찾으면서 책임을 전가하는 모습을 보여주었다. 이 사건 이후 1994년에 캘리포니아주는 주민 투표를 통해 불법 이민자의 의료 및 교육 혜택을 축소하는 내용의 '주민발의안 187'을 통과시켰다. 하지만 이 안건은 법률로 입안되어 최종 통과되던 1996년에 이르면 원래 강경했던 내용이 많이 완화되어 있었다. 1996년 클린턴은 사회복지 정책에서 무조건적인 혜택의 부여가 아니라 노동의 기회를 주고 그에 따른 개인의 책임을 묻고자 하는 방향으로 복지법을 개정하였다.

소수 문화인종으로 이루어진 이민자들을 겨냥하여 가장 큰 영향을 미친 법은 9.11 테러 직후 2001년에 제정된 애국법 Patriot Act

일 것이다. 이 법은 테러 방지를 위한 수사 목적으로 시민의 기본권을 제한할 수 있다고 규정하면서, 구체적으로 테러 용의자를 구치하고, 수상한 단체를 감시하고, 용의자의 사무실과 집에 대한 수색을 허용하고, 변호사의 접근을 거부할 수 있는 권한을 당국에 부여했다.

1965년 이민법 개정 이후 이민 정책과 불법 이민에 대한 대처 등에서 영국이나 프랑스와 비교되는 미국의 가장 큰 특징은 직접 이해가 걸린 고용주나 이들의 이익을 대표하는 의원들로 이루어진 이익집단의 정치에 의해 그 정책의 강도와 방향이 결정된다는 점이다(Joppke, 1999: 54-61). 욥케는 이 현상을 왜 자유주의 국가는 원하지 않는 이민을 받아들일 수밖에 없는가라는 질문으로 바꾼 다음 이익집단의 정치 때문이라고 답한 바 있다(Joppke, 1998). 미국 사회의 점진적인 변화는 1960년대 '인종의 도가니melting pot'에서 1990년대 '아메리칸 모자이크American mosaic'로 바뀐 다문화 정책의 개념에 반영되어 있다. 이 개념은 미국 문화로의 완전한 동화에서 자신의 문화를 보존한 채 서로 공존하는 다문화의 이상을 담고 있다. 그러나 다양한 문화의 공존을 주장하는 가운데서도 자유, 평등, 민주주의, 개인주의, 인권, 법치, 사유재산의 원칙 등으로 이루어진 미국적 신조American creed에 대한 강조는 계속되고 있고 관용의 수준을 현저하게 낮춘 2001년의 애국법은 역설적이게도 이 미국적 신조가 표방하는 원칙에 모순되는 것이었다(Huntington, 2004; Lipset, 1997).

비차별의 제도화라는 차원에서 미국은 세계 어느 나라보다도 복잡한 자국의 사회문제를 해결하기 위해 많은 노력을 기울여왔고 긍정적인 정책들을 선보여왔다. 남북 간 내전을 통해 해방된 흑인 노예의 시민권, 투표권 등은 1865년부터 1870년 사이에 수정된 헌법 제13, 제14, 제15조에 명시되었다. 그러나 흑백 분리와 차별은 현실적으로 계속되었고, 1896년 대법원의 플레시 대 퍼거슨 사건Plessy v. Ferguson 판결은 '분리하되 평등하게separate but equal'라는 원칙 아래 철도 등의 사적 사업 분야에서 루이지애나 인종분리법이 합헌임을 결정하였다. 이 결정은 1954년 브라운 대 교육위원회Brown v. Board of Education 판결에서 대법원이 '인종적으로 분리된 모든 교육기관은 그 자체로 불평등하다'고 보고 인종 분리는 수정헌법 제14조의 평등한 보호 조항을 위반한 것이라고 판결함으로써 뒤집혔다. 브라운 판결 이후 10여 년 동안 계속된 시민들의 투쟁은 1964년 민권법의 제정으로 완성되었다. 1964년 민권법은 학교와 직장에서 인종 분리를 금지하고 소수 인종의 투표권을 보장했으며 뒤이어 출범한 1965년의 고용평등위원회Equal Employment Opportunity Commission는 민권법의 제7장에 근거하여 고용 분야와 직장을 대상으로 적극적 차별 시정 정책affirmative action을 본격적으로 시행하기 시작했다. 이 법은 기업주들에게 인종과 성 기준을 명시한 고용 보고서를 의무적으로 제출하게 함으로써 영향력을 발휘했다.7

---

7 테리 앤더슨은 적극적 차별 시정 정책이 1930년대의 루스벨트 정부와 1950년대 트루먼 정부 시절에 이미 시작되었다고 본다(Anderson, 2004: 1-48).

적극적 차별 시정 정책은 처음에는 고용 분야에 집중되었지만 점차 학교에서 인종을 기준으로 학생을 선발할 수 있느냐의 문제로 초점을 옮겨갔다. 이 정책은 첫째, 역사적으로 누적된 불리한 기회를 보상해야 하고, 둘째, 사회의 다원성을 확보하는 것은 그 자체로서 사회 발전에 긍정적이라는 두 가지 이유에서 지지를 받았다.

그러나 이 정책의 시행으로 인해 자신들이 역차별을 당했다고 주장하는 사람들이 생겨났고 이들은 주기적으로 소송을 통해 이 정책의 정당성에 의문을 제기하였다. 1978년 버클리대학의 소송(Bakke v. California Board of Regent)과 2004년 미시간대학의 소송(Gratz v. U. of Michigan, Grutter v. U. of Michigan) 등이 대표적인 사례이다. 전국적인 논쟁을 불러일으키며 대법원까지 올라간 2004년의 소송은 다양성이 미국의 절대적인 이해라는 원칙 아래 적극적 차별 시정 정책이 헌법에 위배되지 않는다는 판결로 끝났다. 즉 대학 입학에 요구되는 다양한 다른 기준과 함께 인종에 대한 고려도 개인의 입학 사정에 참고할 수 있지만 일정한 할당 인원과 무조건적인 점수를 사전에 일괄 배정하는 것은 허용되지 않는다고 판결한 것이다(Perry, 2007; Chavez, 1998). 적극적 차별 시정 정책은 어느 사회, 어떤 시기에나 보편적으로 적용될 수 있는 정책은 아니다. 다시 말해 이 정책은 특정한 역사적 조건 아래 다원적인 사회를 달성하기 위해 시민들이 합의한 경우에만 시행 가능한 정책이기 때문에 그 정당성에 의문을 제기하는 사람들의 도전이 계속해서 있을 수 있다.

그렇다면 미국은 상대적으로 잘 정비된 비차별의 법제화를 넘어서 어떤 문화적 권리를 소수 집단에게 부여하고 있을까? 사실 미국의 다문화 정책과 사회 통합 정책이 가진 '자유방임주의적 선의의 묵인'이라는 특징은 다문화의 권리 부여라는 차원에서 볼 때 가장 잘 드러난다. 미국은 정교분리의 원칙을 수정헌법 제1조에 명시해놓았고 원칙적으로 공공 영역에서 특정 인종이나 종교적 정체성에 근거한 의례를 못하게 하지만 실제에서는 심각한 경우가 아니고서는 그냥 묵인하고 지나치는 경우가 많다. 문화 다양성의 긍정적인 역할을 기대하면서 특정 종교의 축제일을 허가하고, 전통 복장의 착용에 간섭하지 않으며, 종교 단체에 세금 면제 혜택을 주고, 심지어는 지방정부가 종교 단체에 재정 보조를 하기도 한다. 이중국적도 적대국의 장교로 복무하지 않는 한 특별한 제한 없이 허용되며 아메리카 원주민에게는 보호구역과 지원금을 제공하고 있다.

그러나 중앙정부나 지방정부의 무간섭에도 불구하고 정교분리의 원칙을 묻는 시민 단체의 소송이 주기적으로 제기되고 있다. 공립학교의 바우처voucher 운영이나 학교에서의 기도 문제, 국가 복지 예산의 종교 단체 배분을 문제로 지목하는 소송이 대표적 사례들이다. 2000년의 대법원 판례(Santa Fe Independent School Dist. v. Doe)는 학교 스포츠 시합에 앞서 학생들을 모아놓고 기도를 하는 것이 정교분리를 규정한 헌법에 위배된다고 판결하였고, 2006년 대법원 판례(Kevin and Julia Anderson v. Durham School)는 원고인 메인 주의 학생들이 공립학교에 진학하는 대신 그 수업료voucher를 가지고 종교 교육기관에 등록한 행위가 정교분리를 규정한 헌법에 위배된다고 판결하였다.

미국은 9.11 테러 이후 2003년 국토방위부를 정부 부처로 신설했고, 2004년부터는 '국경 보안 및 입국비자 개선법'을 제정하여 미국에 입국하는 모든 외국인의 신체 정보를 수집하고 있다. 이후 2007년까지 진행된 이민법 개정 논의는 문화 다양성의 증진과 이익집단의 정치에 방점이 찍혀 있던 1965년 이후 이민에 관한 논의와는 다르게 안보 차원과 개인 능력을 보는 것으로 그 기준점이 이동하고 있음을 보여준다. 민족, 언어, 종교, 피부색 등 개인의 문화적 정체성을 결정짓는 요소들을 배제한 채 개인의 교육 수준, 전문직 종사 여부, 영어 구사 여부 등 개인의 능력을 중심으로 이민 허가 여부를 결정한다는 것은 문화 다원주의로부터의 후퇴를 의미하며 한편으로는 프랑스식 공화주의 원칙을 연상하게 한다(유성진 외, 2007: 159-166). 자유방임주의의 개인의 자유 우선 원칙과 탈정치화는 개인의 해방이라는 차원에서 공감할 수 있는 급진적인 프로젝트이지만 어떤 문화 집단에도 속하지 못하고 급속하게 주변화되어 사라져가는 개인들이 늘어가는 현실 그리고 원자화된 개인들 사이에 보이지 않게 지속되고 있는 구조적 차별은 미국의 사회 통합과 다문화 정책이 해결해야 할 중요한 과제가 되고 있다.

5. 경로 의존성과 일반적 수렴 현상

지금까지 논의는 영국, 프랑스, 미국을 교차 분석하는 일반적인 비교의 틀을 제시하고 각국이 가진 다문화 정책의 역사적, 사상적 기원과 정책 결정자의 자율적 판단 두 측면을 함께 고려하여 세 나라의 다문화 상황에 대한 이해와 분석을 시도한 것이다. 특히 4절에서는 세 나라가 보여주는 정책의 모습들이 어떤 역사적 구조 및 사상적 기원을 갖는지에 대해 관용과 비차별의 법제화, 본격적인 다문화주의의 3단계로 나누어 살펴보았다. 이처럼 개별 국가의 다문화 정책 및 사회 통합 정책은 자신들이 걸어온 역사적, 문화적 전통의 규정 아래 있다는 것을 강조하는 연구를 우리는 역사제도주의적 접근이라고 부를 수 있을 것이다. 많은 학자들이 이와 같은 역사제도주의의 시각에서 비가시적인 가치와 원칙들로 이루어진 사회문화적 전통이 어떻게 현재의 정책을 만들어냈는가와 초기의 투자비용 때문에 새로운 정책을 채택하기 쉽지 않은 경로의존성path dependency의 개념 등을 중심으로 논의를 진행해왔다 (Brubaker, 1999; Favell, 1998; Hansen, 2002; Kastoryano, 2002). 나의 작업은 이러한 논의의 연장선상에서 개별 국가뿐만 아니라 서로 다른 나라를 비교할 수 있는 몇 가지 틀을 제시하고 그 틀 아래 어떤 분석이 가능한지 모색하고 여기에 정치사상적 해석을 결합하고자 한 것이다. 이 작업은 공공 정책에 반영된 철학적 흐름을 파악하고 그 사회에 고유한 정치사상적 해석을 덧붙인다는 점에서 넓은 의미에서 역사제도주의의 시각을 따르고 있다고 말할 수 있다.

그러나 최근 들어 이민과 시민권 문제를 둘러싼 다문화 정책 및 사회 통합 정책에서 대부분의 국가들이 비슷한 방향으로 수렴하는 현상을 보인다는 주장들이 등장하고 있다. 예를 들어 욥케는 네덜란드와 프랑스, 독일을 비교한 연구에서 세 나라가 모두 기존의 다문화 정책보다는 시민 통합civic integration과 차별 금지antidiscrimination라는 두 가지 개념으로 묶일 수 있는 비슷한 정책을 채택하고 있다고 주장하였다(Joppke, 2007). 네덜란드는 1998년 이민자 통합법1998 Newcomer Integration Law을 통해 이민자들은 600시간의 네덜란드어 수업을 포함하여 12개월에 이르는 사회 통합 수업에 참석해야 한다고 규정하였다. 프랑스도 2003년 이민자 통합법2003 Welcome and Integration Contract에서 프랑스어와 역사에 대한 지식을 강조하고 500시간의 수업 참여를 의무로 규정했고, 독일 역시 2004년 이민법2004 Immigration Law에서 독일어와 역사에 대한 충분한 지식 습득을 권리이자 의무로 규정하였다.

이처럼 네덜란드, 프랑스, 독일은 시민 통합 정책을 마련하는 한편으로 이미 입국한 이민자들에게 가해지는 차별에 대해 이를 강력하게 처벌하는 차별 금지 정책을 동시에 채택하고 있다. 네덜란드는 차별 금지 정책을 강화하고 유럽연합의 지침을 반영하는 차원에서 앞서 1994년에 제정된 바 있는 평등대우법을 2004년에 개정하였고 이를 통해 소수 집단의 고용 비율을 높이는 방법을 강구하였다. 프랑스는 2001년 입법에서 유럽연합 지침이 규정한 최소한의 범주를 넘어서 적극적으로 차별 금지를 수용하였고, 독일 역시 2006년 유럽연합 지침을 수용한 평등대우법을 제정하였다. 다시 말해 각국은 차별 금지와 시민 통합의 강화라는 두 갈래의 정책을 통해 한편으로는 불법 이민을 철저히 차단하고 다른 한편으로는 이미 입국한 이민자들을 통합하겠다는 강력한 의지를 드러내고 있는 것이다. 여기에서 이와 같은 변화를 가져온 주요 변수는 물론 일차적으로는 9.11 테러 이후 보수적으로 변화한 서구의 여론을 꼽을 수 있겠지만 유럽연합의 존재도 빼놓을 수 없다. 유럽연합은 2000년에 '유럽연합 인종지침2000 EU Race Directive'을 제정한 뒤 회원국들을 상대로 2003년까지 지침을 채택해달라고 요구하여 각국의 차별 금지 정책에 영향을 미쳤고, 회원국의 이민 정책을 조율함으로써 불법 이민을 배제하는 공동 정책을 입안하는 데도 영향을 미치고 있다(Albrecht, 2002; Chou, 2009).

 영국과 독일을 비교 분석한 한국 학자의 연구 역시 이주 노동자 정책에서 영국과 독일이 공히 이주 노동자를 저숙련 노동자와 고숙련 노동자 두 부류로 구분하고 각각에 대해 서로 다른 권리와 통제를 부과하는 정책을 채택하고 있다고 주장한다(김용찬, 2008). 즉 영국은 원래 저숙련 노동자 충원 정책이 따로 존재하지 않았지만 이미 1990년대부터 계절 노동자 고용을 중심으로 임시 이주 노동자 프로그램을 발전시켜온 독일의 전례를 따라 2000년대부터 노동허가제에 기초한 임시 이주 노동자 프로그램을 시행하게 되었고, 고숙련 이주 노동자의 경우에는 이와 반대로 영국이 1990년대 중반부터 개별 프로그램을 실행해온 반면 독일에는 그에 해당하는 것이 없었는데 2000년대에 들어서서 독일도 유사한 정책을 시행하기 시작했다고 본다. 또 다른 한국 학자 역시 2000년대 이후 세계의 이민 정책이 확대와 포섭의 방향으로 수렴하고 있으며 한국의 경우도 1980년대 후반부터 시작된 초기의 수립 단계를 지나 2004년 고용허가제, 2007년 방문취업제 및 재한 외국인 처우 기본법의 시행으로 확대와 포섭의 수렴 현상을 보이고 있다고 주장한다(이혜경, 2008). 물론 욥케의 주장이 다문화 정책에 초점을 맞춘 것이라면 한국학자들의 연구는 그 전 단계인 이민에 초점을 맞춘 것이어서 서로 다른 단계에서의 수렴을 이야기하고 있지만 이민 정책과 다문화 정책의 긴밀한 관계를 생각하면 두 논의는 연속성을 가진다고 볼 수 있다.

  이러한 수렴 논의는 최근 세계 흐름의 특징을 잘 보여주는 장점을 갖고 있다. 그러나 이 주장은 정책이 변화하는 조건으로서 사회문화적 구조와 행위자의 동기를 과도하게 일반화하는 문제점도 보여주고 있다. 즉 국민국가의 경계 안에서 구조가 갖게 되는 우연성과 정책 결정자가 갖게 되는 자율성을 지나치게 과소평가하는 것이다. 예를 들어 영국과 프랑스, 미국 세 나라에는 모두 무슬림 이민자들이 거주하고 있지만 프랑스가 겪고 있는 것과 같은 헤드스카프 사건이 영국이나 미국에서 일어나지는 않는다. 프랑스에서 불법화되어 있는 공공 영역에서의 히잡이나 부르카, 키파, 십자가 등의 종교 상징물은 영국과 미국에서는 사람들이 잘 신경 쓰지 않고 선의로 묵인하는 장식물일 뿐이다. 적극적 차별 시정 정책은 미국에서 이미 1960년대에 시작되었지만 영국에서는 1970년대에 유사한 정책이 채택되기 시작했고 프랑스는 아직 이 정책의 채택에 반대하고 있다. 프랑스는 여전히 공화주의적 통합 원칙의 유효성을 믿으며 미국에서 보이는 것과 같은 문화 갈등에 따른 사회의 파편화를 염려하고 있다. 또한 영국처럼 성공회라는 국교가 존재하면서 여타 종교들에 대한 정부 지원이 자연스러운 상황을 프랑스와 미국에서는 상상하기 어렵다. 프랑스는 보편적인 공화주의 제도와 법으로 모든 문화인종 갈등을 포괄적으로 다룰 수 있다고 믿고 있기 때문에 공식 인구통계에서도 문화인종 관련 사항을 묻지 않는다. 이러한 차이들은 아직도 국민국가의 다문화 및 사회 통합 정책이 서로 다른 문화와 역사적 경험을 바탕으로 독특한 궤적을 그리고 있으며 그 차이가 쉽게 사라지지 않을 것이라는 점을 보여준다.

수렴과 분화 논의에서 더욱 중요한 점은 이민자를 선별하여 제한하고 불법이민을 차단하는 대신 이미 거주하고 있는 이민자들을 대상으로 차별 금지를 강조하고 통합을 강화하는 최근의 흐름이 사실 1970년대 초반 석유 위기 이후 영국과 프랑스가 이미 취해온 정책으로 볼 수 있다는 점이다. 두 나라는 1970년대 초반 이민법의 개정을 통해 사실상 미숙련 노동자의 이민을 종료시켰고 가족 재결합의 가능성만을 남겨둔 바 있다. 그리고 이민을 강력하게 억제하는 대신 엄격한 이민 통제의 정당성을 높이기 위해 이미 거주하고 있는 이민자에 대한 차별을 금지하고 복지 혜택을 제공하는 방식으로 사회 통합에 노력을 기울였다. 그럼에도 불구하고 두 나라가 그후 30년 넘게 걸어온 길은 전혀 다르다. 결국 차별 금지와 시민 통합을 강조하는 비슷한 환경의 제약 아래서 무엇이 이 두 나라의 모습을 다르게 만들었는가에 대한 질문은 여전히 중요한 것이다.

이 장의 시도처럼 영국을 '자유주의적 심의다문화주의'라는 이름 아래 이해하는 것이나 프랑스를 '공화주의적 시민동화주의'라는 이름으로 이해하는 것, 미국을 '자유방임주의적 선의의 묵인'이라는 틀 아래 이해하는 것은 아이디어와 담론들이 어떻게 정책 결정자의 선택 범위를 제한하고 사회적 합의의 공간을 제약함으로써 일정한 방향의 정책을 만들어내는 구조적인 틀로서 작용하는가를 보여준다. 다시 말해 다문화주의 정책과 사회 통합 정책에 대한 제도주의적 접근과 사상적인 접근의 결합은 각국이 걸어온 길 가운데 어떤 역사적 전통이 초기 비용으로 남아 이후의 경로를 제한하고 있는가에 관한 설명을 제공해주는 것이다. 또한 그러한 정책을 정당화하는 각국의 이론적인 기반이 무엇인지, 그리고 그 논리의 강점과 약점은 무엇인지를 보여줌으로써 각국의 정책에 대해 더 근본적인 이해를 가능하게 해준다.

물론 각국을 설명하는 이러한 개념들이 현실에서는 다른 모든 접근을 배제하는 것이 아니고 때로는 자기모순적으로 중첩되어 나타난다는 점도 인정해야 한다(김복래, 2009: 216). 또한 오늘날 일반적으로 진행되고 있는 전 지구화 과정은 각국 사이의 유사성을 증가시킴으로써 구조가 갖는 우연성을 줄어들게 만들고 정책 결정자가 갖는 자율성의 폭을 좁히고 있다는 점도 인정해야 한다. 결국 행위자의 선택은 구조에 영향을 미치고 구조와 행위자가 상호작용하는 가운데 각국은 자신들이 걸어온 과거의 경험을 재해석하면서 정책의 수렴과 지속적인 분화를 동시에 경험해갈 것이다. 이러한 상황에서 우리는 유사성과 상이성을 추적하는 뚜렷한 목적과 과학적인 방법을 가지고 비교 작업을 수행함으로써 우리의 경험을 해석하고 정책을 설정하는 데 필요한 도움을 얻을 수 있다.

이 장은 국가 간 비교 분석을 위한 틀과 이론적 논의를 개괄적으로 다룬 시론으로서 각 세부 주제에 따라 개별 국가를 분석하는 연구는 오랜 시간이 걸리는 방대한 작업이 될 것이다. 영국과 프랑스 그리고 미국의 비교 연구는 우리의 현실에 크게 세 가지 차원에서 시사점을 던져준다. 첫째, 현실 정책의 차원에서 각국의 서로 다른 원칙들에 대한 근본적이고 체계적인 이해는 우리 사회의 지역이나 세대, 종교, 이념 갈등을 해결하는 데 필요한 좋은 사례를 제공하고, 한국의 다문화 정책을 수립하고 평가하는 데 있어 기준이 될 만한 지표를 제공한다. 둘째, 사회적 차원에서 그동안 다를 수 있는 권리나 차이의 인정 등 슬로건의 수준에 머물러 온 다문화주의 담론에 깊이 있는 이론적 토대를 제공함으로써 우리 사회의 다문화주의 담론의 활성화에 기여할 수 있다. 셋째, 학문적 차원에서 고전적인 정치 이론 연구주제 외에 문화를 중심으로 한 이론의 흐름을 고찰함으로써 문헌 해석과 역사 비평을 넘어서 정치사상 연구의 다원화와 지평 확대에 기여할 수 있다.

13장 다문화 정책의 정당화 논리: 보편적 인권 대 다양성의 혜택

1. 자유주의 보편적 인권 대 공리주의적 다양성의 혜택

　우리 사회에서 다문화 사회로의 이행이나 다문화 정책에 대한 주장들은 대체로 큰 반발 없이 지구화 시대에 우리가 직면해야 할 불가피한 현상으로 받아들여져 왔다. 그동안 다문화 정책에 대한 갈등이 전면화되지 않은 상황에 대해서는 이 책의 1장 서론에서 언급했듯이 크게 세 가지 이유를 제시할 수 있다. 첫째는 다문화 정책의 진전을 결정하는 주요한 변수 가운데 하나인 문화적 소수cultural minorities의 요구 자체가 문화적 차이에 대한 존중보다는 사회적 다수와의 동등한 사회경제적 대우를 받는 데 초점이 맞춰져 있었다. 둘째는 문화적 소수의 요구에 대응하는 국가의 정책이 일국적 차원의 민주화를 넘어서 세계주의적 보편성을 달성하려는 정치적 올바름political correctness의 압력 아래 문화적 소수의 권리 보호를 적극적으로 지지해왔다. 셋째는 문화적 소수와 국가의 관계를 매개하는 시민 단체의 관심이 아직 다문화적 이행에 따른 문제점을 검토하는 데 미치지 않았다. 특히 우리 사회의 극우 집단은 다문화 정책을 아직 본격적인 의제로 삼지 않고 있고, 문화적 소수에 우호적인 대부분의 NGO들은 종교적인 배경을 가진 단체들로서 문화적 차이에 대한 관심보다는 인간의 보편적 권리에 초점을 맞추어왔다.

그러나 최근 들어 이러한 상황은 변화하고 있는 것으로 보인다. 아직 거리에서 본격적인 반다문화 시위가 발생하고 있지는 않지만 문화적 소수는 그 숫자가 빠르게 증가하고 있고 더 분명하게 자신들의 문화적 권리와 정체성의 인정에 대해 목소리를 내기 시작하고 있다. 이와 동시에 인터넷에서 이주 노동자의 증가나 다문화 정책이 가져오는 갈등과 피해를 선동하는 글도 늘어나고 있다. 구체적인 예산과 인력이 수반되는 정부의 다문화 정책 집행은 주무 부처 사이의 예산 확보와 영향력 강화를 위한 경쟁을 불러일으키면서 한국이 사실상 유럽 국가보다 나은 이민자 복지 정책을 펴고 있다는 비판을 받기도 한다(Seol, 2010; 김혜순, 2011). 특히 다문화 정책의 고객을 확보하기 위해 정부와 지방자치단체, 시민 단체 등이 경쟁하는 이와 같은 상황은 한국인에 대한 역차별의 문제를 제기한다. 더구나 체류 외국인의 90퍼센트가 아시아인이고 그 가운데 58퍼센트가 중국인, 20퍼센트가 동남아시아인으로 이루어진 현실은 다문화주의라는 이름 아래 사실상 중국과의 위험한 동거를 시작한 것이라고 비판하는 학자도 있다. 서구에서 다문화주의의 실패를 언급하는 정치인이 적지 않고 실제로 다문화주의의 폐해를 드러내는 것으로 여겨지는 사건들이 자주 발생하고 있다. 그런 가운데 한국의 시민사회 내부에서도 다문화 이행 현상에 대한 우려의 목소리가 커져가고 있는 것이다.

이러한 변화는 그동안 당연하게 받아들여진 다문화 정책이 어떤 논리에 근거해 있고 왜 정당화되어야 하는지 의문을 갖게 만든다. 특히 다문화 정책이 특정한 집단을 목표로 예산과 예외적인 인력을 동원하여 소수 문화 집단의 구성원들에게 다양한 혜택을 제시하면서 오히려 한국인에게는 역차별을 가할 때, 따라서 정치 공동체의 구성원 모두에게 평등한 기회를 제공해야 한다는 원칙에서 벗어난 것으로 보일 때 도대체 이러한 정책들은 어떤 이론적 근거에 의해 정당화될 수 있는가라는 질문을 제기하게 만드는 것이다.

이 장에서는 다문화 사회로의 이행과 다문화 정책을 지지하는 두 논리를 '보편적 인권'의 보장과 '다양성의 혜택'으로 구분하고 각 주장의 이론적 근거를 미국의 사례를 통해 밝힌 다음 우리 사회가 어떤 논리로 다문화 사회로의 이행을 보고 있는지 분석하고자 한다. 다문화 사회로의 이행과 문화적 권리에 대한 적극적 평가가 자체 정당화가 가능한 보편적 인권의 규범적 논리에 근거해 있는 경우와 다양성을 받아들이는 것이 사회의 안정과 평화에 이익이 되기 때문에 관용한다는 공리주의에 근거해 있는 경우 각각의 논리에 따라 미래의 결과는 크게 차이 날 수 있다. 특히 공리주의에 근거한 다문화적 상황의 합리화는 인종적, 문화적, 종교적 다양성이 가져다주는 이익이 사라질 때 쉽게 철회될 수 있고, 갑작스럽게 차별적인 상황의 초래로 치달을 수 있다. 따라서 다문화 사회로의 이행에 대한 규범적 정당화 논의가 필요하고 그러한 논의가 활성화되어 구성원들 사이에 내면화될 필요가 있다. 이 장에서는 특히 미국의 적극적 평등 실현 정책affirmative action 사례를 통해 특정 집단을 대상으로 예외적인 혜택을 제시하는 정책의 이론적 근거를 추론하고 그 논리를 우리 사회의 현실에 적용하여 한국 정부의 정책과 언론 및 여론 조사 결과를 검토했을 때 얻을 수 있는 함의에 대해 논의한다.

2. 미국의 적극적 평등 실현 정책에서 보상과 다양성의 논리

'적극적 평등 실현 정책'은 미국을 비롯하여 인도, 말레이시아, 나이지리아, 스리랑카 등에서 구체적인 사례를 찾아볼 수 있다. 특정 집단에게 예외적인 혜택을 줌으로써 정치 공동체의 구성원 모두에게 평등한 기회를 제공해야 한다는 원칙을 스스로 거스르는 이 정책을 정당화하는 논리는 크게 두 가지로 나눌 수 있다.

첫째는 역사적으로 과거에 시행된 잘못된 정책에 의해 차별이 누적되어 한 집단이 현재 구조적으로 불리한 상태에 있을 때 그 집단의 상태를 교정해주기 위한 보상compensation의 차원에서 이 정책이 필요하다는 것이다. 이 논리는 자유롭고 평등한 인간의 보편적인 권리를 규범적으로 전제하고 이에 어긋난 상황을 교정해야 한다는 것으로서 여기서 말하는 보상의 이면에는 보편적 인권의 논리가 잠재되어 있다.

둘째는 여러 기준으로 다양하게 분화된 사회에서 공동체의 구성원이 각 분야에서 적정하게 대표되어 있을 때 사회가 안정되고 평화롭게 유지된다는 관점 아래 다양성diversity의 증진 차원에서 이 정책의 당위를 구하는 것이다. 이 논리는 다양성을 유지했을 때 얻는 이익, 즉 경제 성장을 위한 경쟁력이 높아진다거나 사회 발전을 위한 안정의 혜택이 돌아온다고 강조한다는 점에서 공리주의적 논리가 잠재되어 있다.

각국의 정책 과정을 보면 시행 초기에 강조되었던 보상의 논리가 시간이 지남에 따라 목표 집단이 사라지거나 목표 집단이 넓어지면서 다양성의 논리로 대체되어가는 것을 볼 수 있다. 미국의 경우에도 보편적 인권에 근거한 규범적 논리가 우세했던 1960년대 상황에서 최근에는 다양성에 근거한 공리주의적 정당화가 지배적인 상황으로 변화해간다(Lipson, 2008). 따라서 이 정책의 명칭도 초기에 보상의 성격이 강했을 때는 적극적 차별 시정 정책이 적절하고, 이후 다양성의 성격이 더 강해진 때는 적극적 평등 실현 정책이 더 적절하다고 보인다.

미국에서 적극적 평등 실현 정책은 1964년 민권법Civil Rrights Act of 1964이 제정되고 이 법의 7장에 명시된 고용평등위원회Equal Employment Opportunity Commission가 역할을 부여받으면서 본격적으로 시작되었다. 물론 1830년대 인디언 담당 사무국The Bureau of

Indian Affairs에 의해 아메리칸 인디언이 고용에서 더 나은 기회를 부여받은 일이나(Sowell, 2004: 116), 1933년 루스벨트 행정부가 '공정한 고용 실천위원회Fair Employment Practice Committee'를 만들고 공공 근로Public Works Administration의 고용과 계약에서 인종차별을 금지하고 일정한 비율의 사회적 소수의 선발을 규정한 것, 그리고 1947년 트루먼 대통령이 '시민권 위원회Committee on Civil Rights'를 만들어서 『다양한 권리를 보장하기 위하여To Secure These Rights』라는 책자를 발행하고 군대의 인종분리 철폐를 규정한 것Universal Military Training 등이 적극적 평등 실현 정책의 기원으로 거론되기도 한다(Anderson, 2004: 46-48).

그렇지만 미국에서 최초로 '적극적 평등 실현 정책affirmative action'이라는 용어가 사용된 것은 1961년 케네디 대통령의 행정부 시행령 제10,925호에서부터였다. 이 시행령에서 케네디 대통령은 연방정부의 모든 계약에서 지원자들은 그들의 인종과 신념, 피부색, 민족적 기원과 상관없이 평등하게 고용되고 대우받아야 한다고 강조했다. 이때 그가 사용한 적극적 평등 실현 정책의 방법은 피부색과 상관없이color blindness 소수 인종이 동등하게 대우받는 사회를 만드는 것이었다. 1963년 링컨 기념관에서 있었던 킹 목사의 연설 역시 사람들이 피부색으로 판단되지 않고 그들이 가진 개성의 내용으로 판단되는 나라를 꿈꾸는 것이었다. 그의 연설도 이른바 피부색에 상관없이 동등하게 대우받는 나라를 구현하는 것에 대해 말하고 있었다.

그러나 1964년 고용평등위원회가 민권법의 7장에 부합하는 구체적인 평등 실현 방법으로 제시한 기준은 궁극적으로 피부색에 상관없는 평등한 사회를 이룩하기 위해 피부색의 차이를 적극적으로 고려color consciousness해야 한다는 것이었다. 즉 고용주는 사회적 소수와 여성에게 특정 직업을 수행할 기회와, 기술, 경험을 제공하는 훈련 프로그램을 채택해야 하고, 광범위한 채용 방법을 고안해내고 승진과 해고 절차를 이들의 존재를 고려하여 수정해야 한다는 것이었다. 또한 이 기준은 지원자의 인종과 성, 민족적 기원을 고려하는 적절한 채용 방법을 만들어내고 일정 직업에서 특정 집단에게 불리한 배제 효과를 제거하기 위해 진입 기회가 결여되고 기술이 부족한 사람들에게 더 많은 기회를 줄 수 있는 체계적인 노력을 해야 한다고 규정하였다(Rosenfeld, 1991: 47).

1965년 하워드대학 연설에서 존슨 대통령은 우리가 추구하는 것은 단순한 법적 평등이 아니라 실제적인 능력의 평등이며 권리와 이론으로서 평등이 아니라 사실과 결과로서의 평등이라고 주장하였다(Perry, 2007: 14). 그는 같은 해 행정부 시행령 제11,246호를 통해 노동부에 '연방계약 준수 위원회Committee on Federal Contract Compliance'를 창설하였고, 1968년 이 위원회는 목표를 설정하고 이 목표goal를 이루기 위한 시간계획timetable과 적정한 대표representation 여부에 관한 기준을 제시하였다. 그러나 이러한 기준은 아직 완전하고 평등한 고용 기회를 즉각 달성하기 위해 일정 채용 인원을 기계적으로 할당한다는 쿼터quotas에 대해 규정하고 있지는 않았다. 그렇지만 1970년에 이르면 닉슨 행정부는 더 분명하게 결과 지향적인 절차에 대해 논의하기 시작했고 1971년에는 적극적 평등 실현 정책에서 목표와 시간계획은 사회적 소수와 여성의 고용이 실제적으로 늘어나야 한다는 의미로 바뀌었다. 즉 사회적 소수와 여성이 특정 직업에서 합리적으로 기대되는 고용 가능한 수보다 적게 고용되었을 경우 이것을 교정할 책임은 고용주에게 있으며 이때부터 적극적 평등 실현 정책은 목표와 할당량의 수적 결과 개념으로 그 의미가 변화하였다(Sowell, 2004: 124-125).

1960년대 초기 적극적 평등 실현 정책은 고용과 계약, 교육의 세 분야에서 시작되었지만 이후 사회적 관심은 고용에서 교육으로 옮겨갔다. 이 정책의 지속 여부를 시험하기 위한 가늠자로서 대표적인 사례였던 1978년 캘리포니아대학의 배키Bakke 사건과 2003년 미시간대학의 그루터Grutter 사건이 있다. 두 사건은 대법원에 의해 적극적 평등 실현 정책의 정당성을 지지하는 결과의 판결을 받았다. 하지만 그 지지의 논리는 중요한 차이를 보여주고 있다. 1978년 배키 사건이 다양성의 문제를 제기했지만 상대적으로 보상의 논리에 더 초점을 맞추었다면 2004년의 그루터 사건은 본격적으로 다양성의 논리에 초점을 맞추고 있는 것이다.

ROTC 출신 대위로 베트남에 참전했고 나사(NASA)에서 엔지니어로 일했던 앨런 배키는 1973년과 1974년 두 차례에 걸쳐 캘리포니아대학 데이비스캠퍼스 의과대학에 지원했으나 실패하였다. 34살이 되던 1974년에 배키는 자신의 불합격에 대해 캘리포니아대학이 수정헌법 제14조에 규정된 평등한 보호 원칙과 1964년 민권법 6장에 규정된 인종에 근거한 차별 금지 원칙을 어겼다고 소송을 제기하였다. 캘리포니아주 대법원은 데이비스캠퍼스 의과대학이

100명의 입학생 가운데 16석을 사회적 소수 지원자를 위해 애초부터 제외해놓은 할당제를 도입하고 있었다는 점을 근거로 데이비스 의과대학이 수정헌법의 평등보호 조항과 민권법 6장을 위배했으며 따라서 쿼터는 철폐되어야 하고 배키의 입학은 허가되어야 한다고 판결하였다. 캘리포니아대학은 이 판결에 대해 연방대법원에 상고 하였고 대법원은 1978년 6월에 최종 판결을 내렸다. 판결 내용은 적극적 평등 실현 정책이 위헌은 아니며 이 정책의 시행 과정에서 인종race과 문화인종ethnicity을 적극적인 변수로 고려할 수 있지만 사전에 특정 집단을 위해 기계적으로 대우받을 숫자를 제외시켜놓는 할당제는 안 된다는 것이었다(Ball, 2000: 46-48).

대법원의 심리 과정에서 캘리포니아대학 측 변호인은 개인적인 이해를 위한 목적이나 의도가 있지 않는 한 미국의 비극적 역사의 결과를 재조정하고 더 높은 인종적 통합을 이루기 위해 인종을 적극적으로 고려하는 것이 수정헌법 제14조에 위배되는 것이 아니라는 입장을 밝혔다(Ball, 2000: 94). 브레넌 대법관은 특정 인종 집단을 모욕하거나 야유할 의사가 아니라 과거의 인종적 편견에 의해 사회적 소수에게 주어졌던 불이익을 치유하기 위해 정부가 적절한 사법적, 입법적, 행정적 기관과 함께 행동하기 위해 인종을 고려하는 것은 가능하다는 의견을 제시하였다. 마셜 대법관은 3세기에 걸친 흑인들의 인권을 부정한 부끄러운 역사와 남북전쟁 이후 20세기 중반까지 강제된 인종 분리의 역사를 지적하고 오늘날 흑인들의 지위는 비극적인 불평등 대우의 결과이며 의미 있는 평등은 흑인들에게는 먼 꿈이라고 제시하였다. 그는 만약 미국이 완전하게 통합된 사회라면 사람들의 피부색이 그들에게 주어진 기회를 결정하지 않겠지만 그렇지 않은 현실에서 미국의 과거를 진실하게 바라보는 사람은 과거의 부정적인 유산을 치유하기 위해 적극적 평등 실현 정책이 필요하다는 점을 부정하지 않을 것이라고 주장하였다(Ball, 2000: 135-144). 파월 대법관은 캘리포니아 대법원이 입학허가 프로그램에서 인종과 문화인종적 기원을 다양하게 고려하는 것이 미국의 중요한 이해라는 것을 인식하는 데 실패했다고 주장하였다. 그는 의과대학에 소수 인종 출신의 의사가 없는 현실을 바꾸기 위해서나 과거의 사회적 차별을 교정하기 위해 또는 의료 혜택을 못 받는 지역에서 근무할 수 있는 소수 인종 출신의 의사 숫자를 늘리기 위해 적극적 평등 실현 정책이 필요하다는 캘리포니아대학의 설명을 거부하는 대신 학문의 자유를 증진하는 다양한 학생 집단을 구성하기 위해 인종을 입학의 기준으로 사용할 수 있다는 논리를 제시하였다.

배키 사건으로부터 25년여가 지난 2003년에 적극적 평등 실현 정책은 다시 미시간대학 법학대학원에 입학이 거부된 바버라 그루터의 소송으로 대법원의 심리를 받게 되었다. 1997년 미시간대학 로스쿨에 지원했을 때 두 아이의 엄마이자 43세였던 그루터는 자신이 3.8점의 평균 학점과 161점의 LSAT 점수에도 불구하고 로스쿨 입학을 거부당하자 인종에 근거한 적극적 평등 실현 정책의 결과 역차별을 당한 것이라며 소송을 제기하였다. 2001년 3월에 연방 지방법원은 미시간대학의 정책이 수정헌법 제14조의 평등한 보호 조항과 민권법 6장의 인종에 근거한 차별 금지를 위반한 것이라고 판결하였지만 2001년 6월에 연방 제6순회법원은 미시간대학의 정책이 수정헌법 제14조의 평등한 보호 조항에 어긋나지 않는다고 판결하였다. 그루터 측은 다시 대법원에 상고하였고 대법원 2003년 6월에 미시간대학의 입학 정책에 나타난 적극적 평등 실현 정책이 합헌이라는 연방 항소 법원의 판결을 확인하였다.

이 소송에서 미시간대학 측이 제시한 논리는 다양한 학생 집단의 구성이 가져오는 교육적 혜택educational benefit of diversity에 초점을 맞춘 것이었다. 미시간대학은 1963년부터 1966년까지 능력에 근거한 엄격한 입학 정책을 펼쳤을 때 단 한 명의 흑인 학생도 입학하지 못한 사실을 교훈으로 삼아 1992년부터 흑인과 히스패닉, 인디언 원주민에 대해 특별한 배려를 실시하기 시작하였다. 로스쿨 입학 통계에 따르면 적극적 평등 실현 정책의 영향 아래서 LSAT 점수가 164점에서 166점 사이이고 학점 평균이 3.25에서 3.49 사이인 백인이나 아시아인 학생은 약 22퍼센트의 합격률을 보이지만 특별한 배려를 받은 소수 집단 출신의 학생은 100퍼센트의 합격 확률을 보였다. 미시간대학은 이러한 차이에 대해 2000년의 경우 학점 평균이 3.5점을 넘고 LSAT 점수에서 165점 이상인 학생은 흑인의 경우 전국적으로 26명이 있었지만 백인이나 아시아인 학생은 3,173명이 있었기 때문에 다양한 학생 집단의 구성이라는 차원에서 보면 소수 집단의 학생에게 베푼 호의적인 배려가 정당할 수 있다고 주장하였다(Perry, 2007: 60-61).

대법원 판결에서 적극적 평등 실현 정책을 지지한 오코노 대법관은 미국 정부가 어떤 정책의 시행 과정에서 인종을 기준으로 사용할 때 이러한 접근이 엄밀한 법적 검증 과정strict scrutiny을 거치고도 살아남는 길이 반드시 과거의 차별에 대한 교정의 차원일 경우만을 의미하는 것은 아니라고 주장하였다. 그는 오늘날 다양한 학생 집단을 구성하는 것이 미국의 매우 사활적인 이해compelling state interest이며 이 목적을 위해 대학 입학에서 인종을 기준으로 사용하는 것이 정당화될 수 있다고 지적하였다. 특히 미시간대학의 입학 정책은 단순히 인종에 따른 할당제가 아니라 총체적 관점에서 각 개인의 서류와 자질을 충분히 검토하고 그들이 다양한 교육 환경을 이룩하는 데 어떤 기여를 할 수 있는지 고려했기 때문에 위헌이 아니라고 보았다. 오코노 대법관은 이 판결문에서 미시간대학이 입학 정책에서 인종을 기준으로 사용한 경우라도 매우 엄격하게 재단된narrowly tailored 개인 위주의 고려를 신중하게 진행했기 때문에 합헌이지만 이처럼 피부색을 감안하는 정책이 적어도 앞으로 25년 안에 더 이상 인종 선호를 고려하지 않아도 되는 인종 중립적인 정책으로 미국 사회가 바뀌기를 희망한다고 말하였다(Perry, 2007: 142-143).

배키와 그루터 사건이 보여주듯이 오늘날 미국의 적극적 평등 실현 정책은 1960년대 민권운동 차원의 적극적 차별 시정 정책과는 그 정당성의 논리를 달리한다. 과거의 사회적 차별에 대한 보상에서 사회적 안정을 위한 다양성 증진으로 정당화의 논리가 바뀐 지금은 주로 이민자를 비롯하여 과거의 역사적 차별과 전혀 상관없는 사람들도 이 정책의 대상이 되고 혜택을 받는다. 미국의 대학에서 다양한 교육환경을 유지하고 다양한 학생 집단을 유지하는 것이 왜 중요한가라는 질문에 대해 미국을 대표하는 기업의 회장들이나 군의 지휘부는 국가의 지도자들을 훈련시키는 기관으로서 대학의 다양성은 더 효율적인 작업장 환경과 경영자 및 군을 만들어내는 데 도움을 준다고 주장한다. 기업의 고객이 다양한 인종으로 구성되어 있고 군의 병사들이 다양한 인종으로 구성되어 있을 때 그 고객과 군을 상대하는 기업의 직원과 군의 간부들도 다양한 인종으로 구성되어야만 효율적으로 기업 활동을 할 수 있고 그러한 인재를 대학들이 미리 키워줄 필요가 있기 때문에 적극적 평등 실현 정책은 매우 중요하고 지지되어야 한다는 것이다.

3. 상속된 책임성과 다양성의 가치

다양성 관리diversity management라는 개념을 처음 주장한 경영학자 루스벨트 토머스는 이미 1990년에 적극적 차별 시정 정책이 곧 자연적인 죽음을 맞이하고 다양성 관리가 그 역할을 대신할 것으로 예상하였다(Thomas, 1990). 다양성의 논리가 적극적 평등 실현 정책을 정당화하는 주요 논리로 자리 잡으면서 1960년대식 사회 정의에 관한 자유주의적 논의 대신에 기업 경영의 이해나 군사적 통합력을 강조하는 보수적이고 공리주의적 방향으로 이 정책의 논의 초점도 전환되고 있는 것이다.

적극적 평등 실현 정책을 지지하는 이들은 이제 조직의 목적과 자신들의 도구적 이해를 위해 다양성을 주장하고 공리주의적 인종 포괄 정책을 주장한다. 미시간주 공화당 의장이었던 베시 드보스나 2006년 미시간주 공화당 주지사 후보였던 딕 드보스가 보수적인 공화당원임에도 불구하고 미시간대학의 적극적 평등 실현 정책을 지지하였던 것이나, 보수적인 부시 행정부가 2003년의 대법원 판결에서 적극적 평등 실현 정책의 목표 자체에 도전하기보다는 미시간대학의 입학 정책이 사실상 할당제가 아니라 평등한 보호 원칙에 맞게 엄격하게 재단된 절차를 밟고 있는가라는 이 정책의 수단에 초점을 맞췄던 것도 이와 같은 맥락에서 이해할 수 있다(Lipson, 2008: 699).

그렇다면 보상의 논리는 어떻게 사회적인 개념이 되었고 왜 다양성의 논리에 밀려 그 영향력을 잃어가는 것일까? 보상적 정의compensative justice는 분배적 정의distributive justice와 비교할 때 상대적으로 사적인 차원의 논리이다. 어느 개인이나 집단이 다른 개인이나 집단에게 손해를 끼쳤거나 정당하지 않은 이득을 얻었을 때 당사자 사이의 합의나 합리적인 중재, 또는 강제에 의해 그 손실을 보전하거나 이득을 반환하는 것이 보상이다. 가해자와 피해자가 당사자로서 모두 살아 있을 때 보상의 문제는 간단하다. 그러나 시간이 흘러서 가해자와 피해자가 모두 죽고 없을 때 따라서 내가 보상을 해줘야 하는 가해자도 아니고 내 이웃이 보상을 받아야 하는 피해자도 아닐 때 이른바 상속된 책임성inherited responsibility의 문제가 제기된다. 보상해줘야 하는 피해의 유형은 경제적인 박탈이나 주변화, 낙인찍기 등의 상징적인 차별일 수도 있고, 정치적 대표의 기회를 제한당한 것일 수도 있다. 특히 사적인 차원의 보상이 사회적인 차원의 문제가 되고 그 책임성이 상속되기 위해서는 적어도 다음의 두 조건이 충족되어야 한다.

첫째는 현재의 우리가 과거 피해자가 입은 사회적 손실이나 가해자가 얻은 사회적 이득의 영향력 아래 있어야 한다. 미국의 노예제나 나치의 유대인 학살은 가해자나 피해자의 후손 모두에게 확실히 현재에도 영향을 미치고 있다. 흑인의 보편적 인권을 부정한 과거의 차별은 여전히 그 후손들에게 영향을 미치고 있고 오늘날 대부분의 백인들은 흑인들의 강제 노역으로 미국 사회가 얻은 이득의 영향 아래 있다.

책임이 상속되기 위한 두 번째 조건은 이와 같은 역사적 궤적을 밟아온 정치 공동체에 대해 현재의 개인들이 어느 정도 소속감을 갖느냐는 정체성의 존재 여부이다.

이 두 가지 조건 즉 사회적 손실과 이득의 영향력이 지속되고 있고 그러한 역사를 갖는 정치 공동체에 대한 정체성을 개인들이 공유할 때 보상의 책임은 상속된다. 그러나 이 보상은 정치 공동체가 집단으로 져야 할 정치적 책임political responsibility의 문제이기 때문에 개인이 사적으로 죄책감guilty을 가져야 한다는 의미는 아니다. 과거의 사회적 차별에 대한 보상을 주장하는 적극적 차별시정 정책이 시간이 흐름에 따라 자연적인 죽음을 맞이한다는 것은 이 두 조건이 모두 약해진다는 것을 뜻한다. 즉 역사적 차별로 인해 누적된 유산의 영향력이 줄어들고 그 유산을 물려받은 정치 공동체의 운명에 책임을 공유하려는 사람들의 정체성도 약해진다는 것을 의미한다.

미국의 적극적 평등 실현 정책도 이와 같은 길을 가고 있는 것으로 보인다. 1960년대의 보편적 인권에 근거한 사회정의에 관한 논의로부터 최근의 사회적 안정을 위한 다양성의 논의로 이 정책의 정당화 논리가 바뀌어가는 것은 노예제의 유산으로부터 시간적으로 멀어짐으로써 직접적인 정책 목표가 되는 집단의 존재가 희미해지고, 그 대신 이민자를 비롯한 새로운 정책 목표 집단이 늘어나고 있는 현실을 반영하고 있다. 동시에 미국 사회가 갖는 부정적인 유산에 대해 보상의 책임을 공유하려는 정체성을 갖는 사람들의 숫자는 줄어들고 있다는 것을 의미한다. 이러한 흐름은 환경의 변화에 영향을 덜 받는 규범적인 정당화의 논리가 약해지고 다양성이 주는 이익을 좇는 공리주의적 정당화 논리가 강해지는 것을 의미하기 때문에 서로 이익을 다투는 과정에서 더 큰 이익의 논리가 관철되거나 더 이상의 이익이 없을 때 쉽게 정책의 철회로 이어질 가능성을 안고 있다.

여기서 제기할 수 있는 한 가지 이론적인 문제는 다양성이 그 자체로서 규범적인 차원에서 정당화가 가능할 정도의 충분한 가치를 갖고 있지 않을까 하는 점이다. 다시 말해 다양성의 가치는 어떤 목적 없이도 존재 그 자체에 의해 가치 있고 좋은 것으로 인정받을 수 있지 않을까? 이 질문에 대답 가능한 한 가지 방법은 개인과 문화 집단 사이의 관계를 살펴보는 것이다. 한 사람의 개인은 우연contingency과 무한infinity의 두 영역이 다양한 방식으로 결합할 때 세계 내의 유일한 존재unique being가 된다. 우연은 개인이 선택하지 않았거나 선택할 수 없었던 환경의 제약들을 개인에게 부과한다. 예를 들어 내가 한국인으로 태어나거나 황인종의 피부색을 갖게 된 것은 나의 선택이 아니었다. 이 점은 어떤 개인도 우연으로 형성된 문화적 환경으로부터 완전하게 자유로울 수 없음을 뜻한다. 그러나 인간은 또한 우연이 부과하는 그러한 제약을 넘어서 무한성을 추구하는 본질을 갖고 있다. 한 개인을 둘러싼 우연과 무한을 향한 개인의 소망이 결합하여 보편성을 추구할 때 그 개인은 세계 내의 독특한 존재가 된다(Kateb, 1994). 특히 우연이 부과하는 제약에 의해 영향을 받는 존재로서 한 개인은 그 우연으로 말미암아 다른 사람과 달라진다는 점에서 이미 인간들 사이의 자연스러운 차이를 전제하고 있다. 이러한 점에서 인간들 사이의 다양성은 그 자체로서 가치를 가질 가능성을 가진다.

그러나 이러한 다양성이 문화적 집단 권리에 적용될 때 문화적 권리를 지지하지 않는 사람들은 그러한 문화적 다양성의 본질적인 가치 자체를 부정한다. 그들은 문화적 다양성이 개인의 존엄함을 드러내는 데 기여할 때만 가치를 갖는 도구적이거나 일시적인 것이라고 주장한다. 문화적 집단 권리는 점점 보편적 권리의 지위를 획득해가고 있는 것이 사실이지만 그 보편적 지위는 9.11 이후 사회적 환경의 변화에 따라 흔들리고 있는 것 또한 현실이다. 특히 미국의 적극적 평등 실현 정책은 문화적 집단 권리의 차원에서 규정되는 다양성의 가치를 지지하지 않는다. 미국적 맥락에서 다양성의 가치는 개인이 갖는 장점의 차원, 즉 개인화된 다양성이 사회 전체의 경쟁력을 강화시키는 도구적 이익을 가져올 때 의미 있는 것으로 이해된다. 다시 말해 다양성의 본질적 가치를 승인하는 데 비판적인 사람들은 다양성이 오직 개인의 자유와 평등, 기회를 고양시키는 데 기여하는 한에 있어서 가치를 지닌다고 주장하는 것이다(Gutmann, 2003).

4. 한국 정부의 정책에 나타난 정당화의 논리

그렇다면 한국의 다문화 정책은 어떤 정당화의 논리를 가지고 시행되고 있을까? 정치 공동체 구성원 모두에게 평등한 기회를 보장해야 한다는 원칙에서 보면 특정 집단에게 예외적인 기회와 혜택을 주는 다문화 정책은 넓은 의미에서 미국과 같은 적극적 평등 실현 정책에 속한다고 볼 수 있다. 그러나 한국의 경우는 다문화 정책의 대상이 되는 인종적, 문화적, 종교적 소수가 비교적 최근인 1980년대 이후 유입되었기 때문에 과거의 사회적 차별로 인해 역사적으로 누적된 불이익이 문제가 되는 미국처럼 보상의 논리가 강할 것이라고 생각하기는 어렵다. 오히려 애초부터 다양성이 주는 혜택에 초점을 맞추는 공리주의 논리로 다문화 정책을 정당화해왔을 것으로 추정할 수 있는 것이다. 그런데 우리나라에서도 실제 다문화 정책의 초기 단계의 논리는 보편적 인권 보호에 근거한 차별 시정에 초점을 맞추고 있었다는 사실을 발견할 수 있고 미국의 경우처럼 그 논의의 중심이 차별 시정에서 다양성으로 이동하고 있다는 점도 확인할 수 있다.

한국에서 다문화 정책의 초기에 보편적 인권과 차별 시정이 중요하게 등장한 배경에는 1991년부터 시행된 해외투자기업 연수생 제도와 1993년에 도입된 산업연수생 제도 아래에서 연수생 선정 과정의 부정 및 불법 체류자의 양산, 외국인 노동자의 인권 침해가 늘어난 현실 등이 자리 잡고 있다. 이주 노동자에 대한 인권 침해와 불법 체류자 양산이 문제점으로 지적되자 한국 정부는 2004년에 3년 기한의 상대적으로 안정적인 체류가 가능한 고용허가제를 도입하였다. 또한 1994년 이후 한중 국교 정상화와 2003년 7월 1일 한중 양해각서 폐지로 한국이나 중국 어느 일방 국가에서 혼인등기(신고)를 할 수 있도록 제도를 변경한 후 중국인과의 국제결혼이 빠르게 증가하였고 2000년대 이후에는 국제결혼 중개업체를 통해 베트남 등 동남아시아 지역의 결혼 이주 여성들의 입국이 증가하였다. 이 분야에서도 국제결혼 중개업체들의 불법적 관행과 이주 여성들의 인권 침해 사례가 늘어가자 정부는 2006년 빈부격차·차별시정위원회 주도로 정부 부처가 함께 마련한 결혼 이민자 종합 대책을 발표하였고 2007년에 결혼중개업의 관리에 관한 법률을 제정하고 다문화 가족지원법을 제정, 시행하기에 이르렀다.

2006년 4월에 빈부격차·차별시정위원회가 주관하여 발표한 결혼 이민자 종합 대책은 안정적 체류 지원, 생활 정보 제공, 언어 및 문화 이해 교육, 가족관계 증진 및 가정폭력 피해자 지원, 기초생활보장 및 훈련, 일자리 연계 지원 등 6개 분야의 현안을 중심으로 외국인 이주 여성과 그 자녀의 인권 실태 및 차별 개선 추진을 대통령 지시 과제로 관리할 것을 강조하고 있다. 이 보고서는 인권 침해적인 대규모의 속성 국제결혼 중개 시스템으로 인해 외국 여성과 한국 남성의 피해가 다수 발생하여 양 국가에서 사회문제로 대두하고 있고 외국 여성의 출신 국가와 마찰이 생겨나면서 한국의 국가 위상이 저하되는 현실을 대책의 필요 이유로 제시하는 한편, 다문화주의 전통이 없고 순혈주의 중시 풍토로 여성 결혼 이민자에 대한 편견 및 차별이 존재하는 상황에서 편견과 차별이 지속될 경우 이로 인한 사회적 갈등이 표출될 가능성을 염두에 두어야 한다고 강조한다(빈부격차·차별시정위원회, 2006).

따라서 그 대책 가운데 하나로 여성 결혼 이민자가 배우자의 귀책사유 등으로 인해 혼인을 지속하기 어려운 경우에도 거주비자(F-2)에서 방문동거(F-1)로 체류 자격이 변경됨으로써 불리한 입장에 처했던 점 등을 개선하기 위해 2005년 9월부터 2년 이상 거주한 경우 영주(F-5) 자격을 부여하고 있다. 또한 배우자의 사망 실종, 한국인 배우자의 귀책사유로 혼인 관계가 중단된 경우 입증 서류를 구비하거나 미성년 자녀 양육 시 거주 자격(F-2)으로 계속 체류를 허가할 것을 발표하였다. 그리고 여성 결혼 이민자에 대한 편견 및 차별 해소를 위한 정기적인 교육을 실시하기로 하고 중앙과 지방 공무원의 교육훈련 프로그램에 여성 결혼 이민자 차별 예방 관련 내용을 반영하고 여성 결혼 이민자 업무 관련 부처에서는 지속적인 학습 기회 제공을 통해 업무 담당자의 전문성 확보 및 역량을 제고하기로 하였다. 법무부와 경찰청에서도 가정폭력 인권침해 피해자에 대한 경찰공무원의 대응 기술 및 응용 능력 등에 대한 교육을 실시하기로 하였고 사회복지 보건 의료 서비스 종사자에게도 여러 문화권 출신의 여성 결혼 이민자에게 적절하게 대응할 수 있도록 다문화에 대한 지식, 문화적 편견을 해소할 수 있는 교육 훈련 기회를 제공하고, 여성가족부, 노동부, 행자부 등 산하 교육기관의 각 교육과정에도 여성 결혼 이민자 관련 교과목을 포함시킬 것을 규정하였다.

이와 같이 차별 시정에 초점을 맞춘 정책들과 함께 2003년 주민투표법 제정과 2005년 공직선거법 개정을 통해 영주권을 가진 후 3년이 지난 외국인에 대해 지방 투표에서의 참정권을 부여한 것도 중요한 차별 시정 정책의 사례이다. 외국인이 자신이 거주하는 지방자체단체의 의사 결정에 참여하고 자신의 일상생활에 영향을 미치는 정책 형성 과정에 참여할 수 있게 된 것은 새로운 이주자도 기존의 시민과 동등한 권리를 갖는 정치 공동체의 구성원이라는 사실을 부분적으로 인정한 결과인 것이다. 또한 2003년 1월 개정된 초중등교육법시행령 제19조 1항을 통해 외국인 노동자 자녀들이 부모의 체류 신분과 상관없이 학교에 입학할 수 있게 한 것도 보편적 권리의 차원에서 다문화 정책에 접근해간 중요한 사례이다. 이미 2001년 3월 교육부는 불법 체류 외국인 노동자 자녀의 교육권을 보장하기 위한 행정 지침을 마련했으나 실제 별다른 진전이 없자 2003년 1월 유엔아동권리위원회로부터 모든 외국인 어린이에게도 한국 어린이들과 동등한 교육권을 보장하라는 권고를 받은 바 있었다.

그러나 다문화를 수용하는 한국 정부의 정책은 그 근거가 보편적 인권에 초점을 맞춘 차별 시정이었던 초기의 사례들과 달리 시간이 지나면서 점점 현실적인 이해에 근거한 구체적인 정책 목표를 분명히 해가는 변화가 나타난다. 노무현 정부의 다문화 정책은 통제와 관리 중심으로부터 외국인의 처우 개선 및 인권 옹호에 중점을 둔 사회 통합 정책으로 추진되었고, 단편적 정책 추진에 그쳤던 것에서 종합적이고 체계적인 외국인 정책과 이를 위한 총괄 추진 체계를 구축하였다. 그러나 2008년 12월 외국인정책위원회를 통과한 제1차 외국인정책기본계획(2008-2012)은 앞서 참여정부에서 마련된 기본계획을 상당 부분 수정하여 확정하였다. 수정 내용을 살펴보면 노무현 정부 때 정책의 비전 등에서 열린 사회, 다문화 사회라는 지향성을 담고 있었으나 이를 세계 일류 국가로 변경하여 발표하였다. 또한 이 기본계획에 따른 총리실 보도자료의 제목에서 보듯이 '우수 인재 적극 유치 등 개방적이고 질서 있는 외국인 정책'이 외국인 정책의 주요 기조가 되면서 참여정부에서 제기한 외국인 정책의 의미가 달라진 것으로 보인다(국무총리실, 2008).

다문화 정책의 큰 틀로서 기능하는 2007년에 제정된 재한 외국인처우기본법은 재한 외국인이 대한민국 사회에 적응하여 개인의 능력을 충분히 발휘할 수 있도록 하고, 대한민국 국민과 재한 외국인이 서로를 이해하고 존중하는 사회 환경을 만들어 대한민국의 발전과 사회 통합에 이바지함을 목적으로 한다고 규정하고 있다. 이 법에 따르면 법무부 장관이 관계부처와 협의하여 매 5년마다 외국인 정책의 기본목표와 추진 방향을 담은 기본계획을 수립해야 한다. 또한 이 법은 국무총리 산하에 외국인정책위원회를 설치하고 5년 단위의 외국인 정책 기본계획 실시를 감독해나갈 것을 규정하고 있다. 이에 따라 제1차 외국인정책 기본계획(2008-2012)

〈표 1〉 외국인 정책 기본계획 영역별 주요 과제 내용

정책 목표	중점 과제	세부 과제 수
적극적인 개방을 통한 국가 경쟁력 강화	우수 인재 유치를 통한 성장 동력 확보	17
	국민경제의 균형 발전을 위한 인력 도입	12
	외국인에게 편리한 생활환경 조성	12
질 높은 사회 통합	다문화에 대한 이해 증진	12
	동포의 역량 발휘를 위한 환경 조성	14
	이민자 자녀의 건강한 성장 환경 조성	17
	결혼 이민자의 안정적 정착	16
질서 있는 이민 행정 구현	외국인 체류 질서 확립	16
	국가안보 차원의 국경 및 외국인 정보 관리	13
	건전한 국민 확보를 위한 국적 업무 수행	7
외국인 인권 옹호	외국인 차별 방지 및 권익 보호	7
	보호 과정의 외국인 인권 보장 강화	11
	선진적 난민 인정, 지원 시스템 구축	5
4개 영역	13개 정책 과제	169

자료: 제1차 외국인정책기본계획(법무부, 2008).

이 발표되었고 제1차 기본계획은 〈표 1〉에서 보듯이 정책의 목표를 적극적 개방을 통한 국제 경쟁력 강화, 질 높은 사회 통합, 질서 있는 이민 행정 구현, 그리고 외국인 인권 옹호라는 네 주제 아래 169개의 세부 과제를 제시하고 있다(외국인정책위원회, 2008).

이 기본계획에서 가장 먼저 강조되는 목표는 우수 인재를 유치하여 성장 동력을 확보하고 국민경제 발전에 기여할 수 있는 외국 인재를 초청하여 국가와 기업이 필요로 하는 우수 인재 유치를 위

한 환경을 조성해줌으로써 국가 경쟁력을 강화하는 것이다. 예를 들어 적극적인 개방을 통한 국가 경쟁력 강화 사업의 사례로서 교육과학기술부에서는 정부 초청 외국인 장학생 사업, 해외 유수의 외국 교육기관 유치 및 확대 사업을 실시했고, 법무부는 간접투자 이민제도 개선, 우수 인재에 대한 특별귀화 제도 도입, 전문 인력을 대상으로 온라인 사증 신청제도인 HuNet Korea를 통해 온라인 비자 발급을 확대 실시하고 있다. 또한 지식경제부는 해외 전문 인력 유치 지원사업인 Contact Korea를 통해 우수 인재 발굴 및 유치 활성화를 꾀하고 있다. 고용노동부는 기업이 필요로 하는 수준의 외국 인력 도입, 외국 인력 고용절차 간소화 및 안정적 고용 여건을 강화하고 중소기업청은 중소기업의 우수 해외 전문 인력 발굴 및 도입 비용을 지원하고 지역별, 직종별 수요를 고려한 숙련 기능 인력과, 기업 수요와 사회비용을 고려한 단순 기능 인력을 적절하게 유치하고 있다. 〈표 2〉에서 보듯이 네 가지 기본 정책목표 중 개방적 이민 허용을 위한 국가 경쟁력 강화 분야와, 질 높은 사회 통합 분야에 전체 사업예산의 약 91%인 5,573억 원이 배정되어 있어 기본계획이 추구하는 목표 달성을 위한 예산 배정은 거의 이 두 부분에 집중되고 있음을 알 수 있다.

또한 한국 사회를 위해 각 외국인 집단이 제공할 수 있는 현재적 또는 잠재적 기여의 정도도 중요한 기준이다. 여성 결혼 이민은 한국의 결혼 적령기 여성의 농어촌 기피 현상과 그에 따른 농어촌 출신 남성의 결혼과 저출산이라는 사회문제를 해결하기 위한 하나의 대안으로 시작되었다. 한국 사회에서 여성 결혼 이민자

〈표 2〉 한국 정부의 연차별 다문화 정책 예산계획(단위: 억 원)

연도		2008	2009	2010	2011	2012	합계
분야별	개방적 이민 허용	373.24	431.45	436.24	457.57	469.59	2,168.09
	질 높은 사회 통합	385.52	490.25	743.01	879.10	907.41	3,405.29
	질서 있는 이민 행정	60.50	44.00	58.00	76.00	102.00	340.50
	외국인 인권 옹호	9.03	41.84	48.73	54.06	59.39	213.05
합계		828.29	1,007.54	1,285.98	1,466.73	1,538.39	6,126.93

자료: 외국인정책위원회 기본계획(법무부, 2008).

들과 이주 노동자는 사회 통합이나 정책적 통합의 측면에서 상이한 의미를 지니는 이주자 집단으로서 현재 한국 정부는 결혼 이주민들과 외국인 노동자에 대해 다른 목표를 가지고 사회 통합 정책을 추진하고 있다. 즉 결혼 이주민 여성들은 잠재적인 한국 국민으로서 한국 체류 자격을 부여받을 수 있으며 사회에 통합되어야 할 대상으로 간주되며 각종 지원 정책이 집중된다. 반면 외국인 노동자의 경우 비국민들로서 단기 체류 후 본국으로 귀환해야 할 외국인 집단으로 간주되며 사회 통합의 기제가 강력하게 적용되지 않는다(최무현, 2008).

2010년에 발표된 다문화가족 지원 정책 기본계획(2010~2012)은 다문화가족 증가가 생산가능인구 증가, 다양성과 창의성 제고 등으로 국가 경쟁력 제고에 기여한다는 점에 기초를 두고 있으며 사회 통합이 지연된다면 인구의 빈곤화와 인종 및 계층 간 갈등에 따른 사회경제적 비용이 더욱 증가할 것을 우려하는 예방적 접근preventive perspective을 취하고 있다. 또한 다문화가족이 안정적으로 정착하여 향후 글로벌 경쟁력을 갖출 수 있도록 이중 언어 교육과 취학자녀 및 청소년 대상 지원서비스 강화bilingualism as a competitive skill in the global world를 통해 우수한 다문화가정 학생을 한국과 부모의 출신국 간 핵심 교류인재로 육성하는 글로벌 브리지 정책을 추진하고 있다. 다시 말해 결혼 이민은 일종의 인구 정책의 일환으로 볼 수 있고 이 기준에서 본다면 여성 결혼 이민자는 도구적 효용이 상당히 높으며 이는 여성 결혼 이민자를 다른 외국인 집단과 다르게 취급하는 것을 정당화하는 근거가 된다(조정인, 2011).

 결국 최근의 한국 정부 정책은 보편적 권리의 문제가 아니라 다문화 사회가 가져다주는 이익에 초점을 맞추는 쪽으로 점점 이동하고 있음을 알 수 있다. 다시 말해 한국 정부의 다문화 정책 목표들은 다문화 이주자의 보편적 권리에 초점을 맞춘 논리라기보다는 그들을 통해 한국 사회가 얻을 수 있는 이익을 어떻게 하면 극대화할 수 있는가의 관점에서 설정된 것들이다. 물론 외국인의 인권 옹호를 위해 차별을 방지하고 보호 과정의 인권 보장을 강화하며 난민 지원 체계를 구축하는 등의 목표도 함께 제시되고 있지만 국가 경쟁력 강화라는 주목표에 따른 부차적인 보완책으로 보인다.

5. 한국의 언론과 여론조사에 나타난 정당화의 논리

이 절에서는 한국의 언론과 여론조사에서 나타난 다문화 정책 정당화의 논리들을 마찬가지로 보편적 인권과 다양성의 혜택이라는 두 개념을 중심으로 나누어 분석하기로 한다. 한국의 언론에 대한 분석은 7개 전국 단위 신문사에서 기획한 2006년부터 2011년 사이 다문화 특집 기사 488건을 분석 대상으로 삼아 이루어졌다.

〈표 3〉 한국 주요 신문의 연재기사 제목 및 기사 수

신문	기획 연재 제목	기사 수
경향신문	새 이웃, 다문화가족	7
	차이와 공존	10
동아일보	다문화에 사는 사람들	24
	달라도 다함께	177
문화일보	다문화 코리아 元年	94
세계일보	다문화 한가족 시대 1-3부	111
조선일보	이제는 문화다!	3
한겨레	다문화가 미래다	9
	국제결혼 이주자 다문화 사회 디딤돌로	6
한국일보	따로 또 같이, 다문화 우리문화!	47

한국의 국가정책과 마찬가지로 언론에서도 공리주의와 보편적 인권이라는 정당화의 논리 두 가지가 혼재되어 드러나고 전체적으로 보편적 인권을 정당화의 근거로 제시하는 기사보다는 다문

화가 가져올 수 있는 구체적인 공리주의적 이익을 언급하고 있는 기사들이 많다. 다문화 정책을 국가 경쟁력 제고를 위한 수단으로 제시하는 기사들에 지면의 대부분이 할애되고 있는 것이다. 그렇다고 해서 보편적 권리를 위한 차별 시정을 주요 논리로 제시하는 모든 기사들이 엄격하게 규범적 차원의 논의를 펼치는 것도 아니다. 표면적으로는 보편적 인권을 근거로 제시하는 것처럼 보이는 기사들 중 일부는 이주민들을 동등한 사회의 구성원이 아닌 온정의 대상, 시혜의 대상으로 바라보고 있다는 한계를 지니고 있다.

한국의 언론매체를 지배하고 있는 다문화 정책에 관한 공리주의적 담론은 미국과 마찬가지로 '다양성의 이익'에 초점이 맞춰져 있다. 그러나 한국 언론에 나타난 '다양성의 이익'은 미국에서 논의되는 것보다 더 실리 중심적이며 이해타산적인 특성을 지니고 있다. 미국의 다문화 담론에서는 다양성이 가져오는 이익도 물론 중요하게 다루어지지만 다양성 자체가 추구되어야 할 가치로 간주된다. 반면 한국에서의 다문화 담론은 아직 다양성의 내재적 가치를 인정하는 단계에 도달하지 못했다고 볼 수 있다. 언론의 다문화 논의는 이익을 위한 수단으로서의 다양성에 집중되고 있다. 정책적 근거가 공리주의적인 방향으로 옮겨가고 있다는 공통점이 있기는 하지만 한국 언론에서의 논의는 미국보다 하위 차원에서 제한적으로 이루어지고 있는 것이다.

다문화 정책의 궁극적인 목적은 국가 경쟁력의 제고에 있음이 여러 언론사들의 기사에서 간접적으로 드러난다. 차별의 시정과 권리의 부여가 보편적 당위의 영역이 아닌 이익으로 치환 가능한 영역에 귀속되는 것이다. 언론에서 공통적으로 논의되는 다문화국가가 가져다주는 이익에는 국가 이미지와 위상의 제고, 경제적 생산력의 증대, 노동력의 보충, 우수 인재의 유치, 농촌 사회의 유지와 발전, 출산율 저하의 완화 등이 있다. 미래에 발생할 사회 통합 비용을 줄이기 위한 수단으로서 차별 시정적인 정책들이 시행되어야 한다는 내용의 소극적 이익이 제시되기도 한다. 이 모든 세부 이익들은 국가 경쟁력의 제고라는 상위 목표를 추구하며 공리주의적 정당화 논리의 일부를 구성한다고 볼 수 있다.

우선 다문화 정책들이 국가의 위상과 이미지 제고에 긍정적인 영향을 끼치므로 이를 적극적으로 시행해야 한다는 일련의 주장들을 살펴보자. 이 주장들은 크게 두 종류로 나뉜다.

첫 번째는 세계화 시대를 맞아 "글로벌화한 정도"가 국가와 도시 위상의 새로운 기준이 되었기 때문에 다문화 이주민들을 적극 수용하며 세계적으로 인정받는 국제적 도시 및 국가로 발돋움 하자는 주장이다. "다문화 경쟁력이 곧 글로벌 경쟁력"이라고 주장하는 기사들은 파리, 런던, 도쿄, 뉴욕 등을 이상적인 도시로 제시하면서 이주 인구의 양적, 질적 유입에 대해 긍정적으로 서술한다 (『동아일보』, 2009년 2월 5일).

두 번째는 재한 외국인들에 대한 처우가 국가의 이미지와 직결되기 때문에 국가 이미지를 제고하는 차원에서 그들에게 호혜적인 정책을 펼쳐야 한다는 주장이다. 특히 여기에서 강조되는 것은 부당한 처우를 받은 이주민들이 가지게 되는 반한 감정에 대한 우려이다. 이러한 주장은 "일상 속에서 어려움을 겪는 외국인들은 한국 사회에 반감을 갖게 되고 이들의 반한反韓 감정은 국가 이미지와 경쟁력을 떨어뜨리는 요인이 되기 십상"등의 언어로 표현된다(『동아일보』, 2009년 2월 2일). 결국 국가 이미지와 위상 제고, 즉 국가 경쟁력 제고를 위한 수단으로서 다문화 정책이 옹호되고 있는 것이다.

언론이 다문화 정책의 가장 지배적인 근거로 사용하는 것 중 하나는 인력 수급, 즉 노동력의 필요성이다. 이 기사들은 한국 사회가 지속적인 경제 성장을 달성하는 데 있어 이주 노동자들이 제공하는 값싼 노동력의 의미와 필요성을 역설하며 이들의 처우 개선을 호소한다. 언론의 이러한 논조는 이주 노동자들을 경제적 효용성의 기준에서 조명하며 이들을 경제적 논리 아래 종속시키는 결과를 낳는다. "중소업체의 고질적인 문제점인 인력난을 해소하는 데 외국인 근로자의 존재는 반드시 필요"(『문화일보』, 2011년 5월 4일a)하고 "외국인 근로자의 존재가 국익에 도움"(『문화일보』, 2011년 8월 4일)이 된다는 식으로 그들의 필요성을 역설하며, 이를 근거로 "[외국인 근로자들이] 한국 산업과 노동 현장의 공백을 채워주는 역할을 하고 있는 만큼 이들의 실체를 인정하고 인력의 질을 높이며 관리 체계를 다듬는 전략이 필요하다"(『문화일보』, 2011년 5월 4일b)라는 식으로 그들의 권리 부여를 주장하는 것이다. 외국인 근로자들이 '조직화'된 것, 한국 실정을 잘 알아 힘든 일을 하지 않으려 한다는 불만 등이 같은 연재 기사 내에 함께 실린 것을 미루어볼 때 이는 보편적 차원의 권리 부여와는 거리가 있다. 노동자들이 장차 가져올 이익을 위해 차별을 시정하자는 논리는 단지 단순 기능직 노동자들의 경우에만 해당하는 것이 아니라 고급 인력의 유치 논의로까지 확장된다.

이주민 중 다수를 차지하는 결혼 이주 여성에 대한 권리 부여 또한 공리주의적인 관점에서 논의되고 있다. 한국 사회의 오랜 골칫거리인 농촌 총각들의 혼인 문제 해결책으로서 이주민 여성의 가치가 인정되고 있는 것이다. 결혼 이주 여성들을 통해 인구의 도시 편중 현상과 출산율 저하 문제를 간접적으로 해결할 수 있을 것이며, 더 장기적으로는 농촌 사회의 유지와 보존을 도모할 수 있을 것이라는 기대가 작동하고 있다. "농업과 농촌의 미래가 이들[다문화가족 자녀]에게 달려 있다"(『문화일보』, 2011년 4월 26일), "다문화가정의 정착을 돕는 것이 결국 농어업인의 권익을 실현하는 일"(『문화일보』, 2011년 9월 1일), "미래에 인구가 하락하면서 발생할 수 있는 위험 부담금도 사실상 이들[결혼 이주 여성]이 감소시키고 있는 것"(『한국일보』, 2011년 8월 11일) 등의 논조에서 드러나듯이 결혼 이주 여성과 그들의 자녀들은 농촌 사회가 봉착한 제반 문제들을 해결하는 방편으로서 수단화되고 타자화되고 있다.

지금까지의 사례들이 이익의 획득을 목표로 한 기사들이라면 비용 절감이라는 차원의 공리주의적 주장도 언론에서 자주 다루어지고 있다. 다양한 문화의 인구가 한국 사회에 유입되기 시작하면서 사회적으로 잠재적 갈등 요인들이 배태되기 시작했기 때문에 이주민들에 대한 차별이 계속될 경우 이들은 결국 세력화되어 자신들의 요구를 전면에 내세울 것이고, 이것이 거세질 경우 차후 더 큰 비용을 초래하게 될 것이므로 현 단계에서 적절한 수준의 차별 시정이 이루어지는 것이 한국 사회에 이롭다는 것이다. 즉 분열과 갈등으로 인한 사회적 비용의 감소를 다문화 정책의 근거로서 제시하는 것이다. 이러한 주장들은 흔히 미래에 일어날 수 있는 갈등에 대한 엄중한 경고를 수반하며 "[외국인들을] 원만하게 정착시켜야 사회적 갈등 비용이 줄어든다"(『문화일보』, 2011년 5월 12일)라거나 "다문화 자녀들을 [사회안전망 속에 포섭해야] 장기적으로 다문화 통합 비용도 줄일 수 있다"(『문화일보』, 2011년 6월 30일)라는 식으로 권리 부여와 이익을 직접적으로 결부시킨다는 특징을 지닌다.

이와 같이 공리주의적 정당화 논리가 다양한 모습과 형태로 언론 지면에 나타난 것과는 대조적으로, 보편적 인권에 근거한 정당화 논리는 매우 단편적이고 기초적인 수준에 머물러 있다. 이는 '보편적 인권' 자체가 구체적 근거를 제시하기 어려운, 하나의 추상적인 규범이자 당위라는 속성을 지니기 때문이기도 하다. 상세하고 실질적인 논의를 풀어나가야 하는 신문 기사의 특성상 이러한 추상성을 다루는 일은 쉽지도 매력적이지도 않을 것이다. 그러나 이런 이유보다는 한국 사회의 구성원들이 아직 이주민들을 우리와 같은 보편적인 인권의 주체로 보는 인식을 확립하지 않은 상태라는 것이 보다 더 근본적인 이유일 것이다.

그나마 언론에서 찾아볼 수 있는 보편적 인권 담론들은 다음과 같은 단순한 언어로 표현되고 있다. "이들[다문화가족]을 우리의 평범한 이웃으로 보는 인식 [필요]"(『조선일보』, 2010년 10월 28일), "다문화가족은 '그들'이 아니라 '우리'입니다"(『문화일보』, 2012년 1월

5일), "[이주민들이] 무엇을 필요로 할 것이라고만 생각했지 이들이 무엇을 원하는지 진정한 목소리를 듣는 데 소홀했다"(『한겨레』, 2008년 11월 20일). 즉 논의가 보편적 인권의 당위성으로까지 확장되지 못한 채 '그들과 우리가 같은 사람'이라는 사실을 확인하는 수준에서 그치고 있는 것이다. 이보다 확장, 발전된 논의라고 할지라도 "편견과 차별 정책을 허물고 그들[이주민들]의 인권에 대해 생각"(『경향신문』, 2009년 6월 16일)해봐야 한다는 식의 피상적이고 일반 상식을 확인하는 수준에 머무르고 있다. 보편적 인권을 언급하는 기사는 공리주의적 정당화를 옹호하는 기사들에 비하면 양적으로 부족하고 구체적인 설득력도 현저하게 떨어진다. 〈표 4〉는 한국 신문에 나타난 이상의 두 가지 논의에 해당하는 구체적 사례들을 정리한 것이다.

한 가지 특기할 만한 점은, 진보적 성향의 언론과 보수 언론 간의 논조가 상당히 명확하게 구분된다는 사실이다. 동아일보, 조선일보와 같은 보수 언론들은 다분히 실리적인 관점에서 다문화 정책들을 옹호했으며, 대기업들의 다문화가정 지원을 통한 사회적 공헌과 기여를 홍보하는 기사들이 큰 비율을 차지했다. 반면 한겨레나 경향신문의 특집 기사들은 비록 온정에 호소하는 측면이 있기는 하지만 한국 사회와 정부가 아닌 이주민들의 관점에서 다문화 문제에 접근하려는 성향을 보였다. 또한 진보 언론들은 이주민들을 어떠한 특수한 이익을 가져다줄 특정 집단으로 간주하기보다는 성 소수자, 장애인 등과 함께 사회의 소수자, 약자라는 큰 범주 안에 포섭하려는 경향을 보였다. 보수 언론들은 공리주의적 정

〈표 4〉 한국의 주요 신문에 나타난 두 가지 논리의 구체적 사례

공리주의적 정당화 논리	보편적 인권에 근거한 정당화 논리
• 국가 위상과 이미지 제고 • 장래 다문화 전문 인력의 양성 • 해외 고급 인력의 유치 • 저임금 노동력의 유입을 통한 인력난 해소와 시장 경쟁력 강화 • 문화적 다양성의 증대 • 결혼 이주 여성들과의 국제결혼을 통한 농촌 사회의 유지 및 보존(지역사회의 발전) • 출산율의 증가(고령화 완화) • 미래 사회 통합 비용의 감소 • 다문화 가정 지원을 통한 기업의 이미지 개선	• 이주 노동자들도 나와 같은 사람이라는 인식 필요(차별화가 아닌 동일시) • 사랑, 온정의 도덕적 가치 • 인권 차원에서의 접근 필요 • 시혜적 입장에서의 인권, 정책 논의 탈피의 필요성

당화 논거에, 진보 언론사들은 보편적 인권 논리에 치우쳐 있는 경향성을 확인할 수 있었다.

결국 현재 언론에서 광범위하게 드러나고 있는 공리주의적 논리가 다문화 정책의 근간이 된다면, 이주민들의 권리는 그들이 실리적 교환가치를 지니고 있을 때에만 안전하게 보장될 것이다. 다시 말해 한국의 경제 여건이나 사회 상황이 어떻게 변하느냐에 따라 이주민들은 우호적인 다문화 정책이나 권리가 언제든지 철회될 수 있는 취약한 지위에 머물게 되는 것이다. 언론매체가 지니는 의제 설정 능력과 여론을 조성, 주도하는 힘을 고려할 때 이처럼 공리주의적 주장이 주류를 이루는 현재의 상황은 다문화 정책의 시행에 있어 도구적인 입장을 지나치게 강화할 우려가 있다.

이와 같은 우려는 한국 사회의 변화를 보여주는 여론조사에서도 확인할 수 있다. 동아시아연구원과 고려대학교 아시아문제연구소가 공동 실시한 2010년 조사에 따르면, 한국 국민의 60퍼센트가 다민족 다문화 국가를 지지함으로써 다문화 국가로의 이행이라는 현실적 변화를 객관적으로 받아들이고 있는 것으로 나타난다. 그러나 그 변화를 수용하는 한국인의 주관적 태도는 이러한 높은 수용 비율과 반드시 일치하지는 않는다. 특히 2007년에 실시된 여성정책연구원의 조사와 비교하면 이러한 차이를 확인할 수 있다. 2007년 조사는 한국인의 다문화 수용성을 보편적 권리 수용과 집합적 위협 인지라는 두 종류로 구분하였다. 이 가운데 이주민에게 노동권, 가족 결합권, 투표권, 국적 취득권 등을 부여해야 한다는 보편적 권리 차원의 인식에 대해 한국인들은 5점 척도 기준 3.509점을 얻어 다소간 긍정적인 태도를 보여주는 것으로 나타났다. 반면 이주자들이 일자리를 빼앗아간다든가 이주자들 때문에 임금이 낮은 수준에 머무른다, 범죄율이 높아진다 등을 그 내용으로 하는 집합적 위협 차원의 인지는 3.065점을 얻어 중립적인 수준이었다(황정미, 2010: 168-172).

그러나 이 결과를 구체적인 문항에 따라 2010년의 조사와 비교하면 집합적 위협의 인지와 관련된 항목들, 즉 다문화적 이주자가 늘어나면 한국인의 일자리가 위협받고 범죄율도 늘어날 것이라는 부정적 인식이 더 악화된 것으로 나타난다. 예를 들어 이주자가 한국인의 일자리를 위협할 것이라는 문항의 경우 2007년에 3.222였지만 2010년에는 2.826으로, 이주자의 증가 때문에 범죄율이 상승할 것이라는 문항의 경우에는 2007년에 2.914에서 2010년 2.597로 평균이 악화되었다. 즉 2007년과 2010년 사이에 다문화 이주자들이 한국 사회에 해를 끼칠 수도 있다는 인식이 더 확산된 것이다. 반면 문화적 다양성의 증대 자체가 우리 문화를 풍부하게 만들 것이라는 문항의 경우에는 2007년 3.200에서 2010년 3.071로, 국가 경쟁력을 증대시킬 것이라는 인식을 묻는 문항의 경우에는 2007년 3.546에서 2010년 3.287로 눈에 띄게 감소하였다. 다시 말해 문화 다양성이라는 추상적 가치에 대한 지지 자체가 줄어들고 다문화 사회가 가져오는 이익에 대해서도 인식의 대립이 심화된 것이다(황정미, 2011: 198).

이러한 변화 경향은 2003년에 실시된 한국종합사회조사와 비교하면 더욱 뚜렷하게 드러난다. 〈표 5〉는 2003년과 2010년의 여론조사를 비교한 것이다. 외국인 이민자들이 범죄율을 높일 것이라고 생각한다고 대답한 비율은 2003년에는 32.4퍼센트였지만 2010년에는 49.4퍼센트로 증가하였다. 이민자들이 한국인의 일자리를 빼앗아간다는 문항에도 2003년에는 23.1퍼센트의 사람들만이 그렇다고 생각했지만 2010년에는 40.3퍼센트의 사람들이 그렇다고 응답하였다. 즉 한국인들은 2003년과 2010년 사이에 외국인 이민자에 대한 인식이란 측면에서 보편적 권리의 수용보다는 집합적 위협 요인에 더 민감하게 반응하게 된 것이다. 반면 외국인 이민자들이 일반적으로 한국 경제에 도움을 준다는 문항에는 2003년에는 52.9퍼센트의 사람들이 그렇다고 대답했지만 2010년에는 47.8퍼센트로 그 비율이 줄어들었다.

〈표 5〉 2003년과 2010년 여론조사 비교(단위: %)

	2003년 한국종합 사회조사(KGSS)	2010년 국가 정체성 조사
외국인 이민자들이 범죄율을 높인다	32.4	49.5
이민자들은 일반적으로 한국 경제에 도움을 준다	52.9	47.8
이민자들은 한국인의 직업을 빼앗아간다	23.1	40.3
이민자들은 한국 사회의 문화를 더 풍요롭게 만든다	27.8	33.6
한국 정부는 이민자들을 돕는 데 너무 많은 돈을 쓴다	13.1	27.8

결국 한국 정부의 정책이 보편적 권리의 문제가 아니라 다문화 사회가 가져다주는 이익에 초점을 맞추고 있을 때, 동시에 언론이 공리주의적 논리에 초점을 맞추면서 외국인 이민자에 대한 도구적 입장의 관점을 확산시키고 있을 때, 특히 노동시장에서 이주자와 직접 경쟁하는 계층에서는 어떤 제어장치도 없이 다문화 수용성이 언제든지 급속히 악화될 가능성이 있음을 알 수 있다. 만약 사회 전반적으로 실업률이 높아지고 이에 따른 삶의 질 저하가 심화된다면 외국인을 아무런 사회적 기여도 없는 기생 계층으로 보고 다문화 정책의 철회를 요구하는 사회적 분위기가 빠르게 확산될 것이다.

6. 보편적 인권에 근거한 규범적 정당화의 필요성

　다문화주의를 둘러싼 활발한 논의가 일어나고 다문화 정책이 본격적으로 시행되면 서로 다른 문화들끼리 평화롭게 공존할 수 있을 것이라는 믿음은 점점 도전받고 있다. 한 정치 공동체 안에 서로 다른 여러 소통의 방식과 문제 해결 방식이 존재하고 있음을 의미하는 '다문화 사회'는 본질적으로 치열한 투쟁과 갈등의 가능성을 안고 있다. 오늘날 유럽의 많은 나라들에서 기존의 자유주의적 다문화 정책이 쇠퇴하고 시민적 사회 통합civic integration과 반차별적 정책anti-discrimination 두 방향으로 다문화 정책이 수렴 현상을 보이는 것도 이러한 갈등을 어떻게 줄일 것인가에 대한 고민의 결과일 것이다(Joppke, 2007).

　이 장에서 나는 의미와 상징을 둘러싼 권력투쟁의 측면을 중심으로 문화와 정치의 관계를 이해하여, 경제 중심의 정치에서 문화 중심의 정치로 초점을 옮기는 현대사회의 변화 가운데서 특히 다문화의 도전에 대응하는 한국 사회의 정당화 논리를 보편적 인권에 바탕을 둔 차별 시정의 논리와 다양성이 주는 이익에 근거한 공리주의적 논리로 구분하여 비교하고, 공리주의적 논리가 강해질 때 나타나는 우려에 대해 지적하고자 하였다. 다시 말해 다문화 수용성의 두 방향 즉 다양성의 이익을 강조하는 접근과 보편적 인권에 근거한 규범적 정당화를 추구하는 접근 가운데서 다양성의 이익만을 일방적으로 강조할 때 특히 경제적 후퇴기의 사회 환경 변화에 따라 새로운 다문화 이주자들과 이해가 충돌하는 계층은 쉽게 다문화 수용성이 저하할 수 있으며 사회적 차별이 심화될 수 있음을 살펴보았다.

왜 다문화 정책의 정당화 논리가 중요한가는 우리 사회의 민주주의가 어떻게 지속 가능하게 유지될 수 있느냐의 문제와 밀접하게 연관되어 있다. 지속 가능한 민주주의란 시민이 주체가 되어 사회적 불평등과 정치적 소외를 극복하고, 구성원 사이의 사회적 연대를 바탕으로 정치과정에 참여하여 정부를 구성하며, 공동체 운영의 주체로서 역동성을 보여줄 때에 달성 가능한 것이다. 다문화의 도전은 사회 통합의 문제를 제기하고, 사회 통합의 실패는 다시 정치적 정당성의 문제를 제기한다. 사회 통합이 실패한 상황은 정치적 정당성의 문제와 함께 정치 공동체의 정체성에 혼란을 초래하게 된다. 이런 의미에서 사회 구성원이 공유하는 가치에 근거한 정체성은 구성원들에게 요구되는 소속감의 원천이자 재분배의 사회정의와 민주주의의 실현에 중요한 자산이 된다. 다시 말해 다문화의 도전이 가져오는 대표의 위기와 연대의 위기를 극복하고 새로운 공동체의 정체성을 형성하는 데 성공했을 때 민주주의도 실현 가능해지는 것이다. 그 새로운 공동의 정체성의 기준이 구성원들이 서로에게 이익이 되는가 여부에 의존한 것일 수는 없다. 정치 공동체의 구성원이 된다는 것은 권리뿐만 아니라 의무도 함께 수반하는 것이다. 이익이나 혜택을 얻기 위한 공리주의적 접근뿐만 아니라 이익이나 혜택이 없더라도 다해야 하는 의무 차원의 규범적 접근도 동시에 이루어져야 안정적인 정치 공동체의 구성이 가능하고 그 공동체의 구성원이 될 충분한 자격이 완성되는 것이다.

  미국에서 다양성의 논리가 적극적 평등 실현 정책을 정당화하는 주요 논리로 자리 잡으면서 논의의 초점이 1960년대식 사회정의에 관한 자유주의적 논의 대신에 기업 경영의 이해나 군사적 통합력을 강조하는 보수적이고 공리주의적 방향으로 전환되었듯이, 다문화 정책을 지지하는 이들은 이제 조직의 목적과 자신들의 도구적 이해를 위해 다양성을 주장하고 공리주의적 인종 포괄 정책을 주장할 가능성이 높아졌다. 이러한 흐름은 환경의 변화에 영향을 덜 받는 규범적인 정당화의 논리가 약해지고 다양성이 주는 이익을 좇는 공리주의적 정당화의 논리가 강해진다는 것을 의미한다. 따라서 서로 이익을 다투는 과정에서 더 큰 이익의 논리를 수반한 정책이 관철되거나 더 이상의 이익이 없을 때 쉽게 정책의 철회로 이어질 가능성을 안고 있다. 이런 상황에서 규범적 정당화의 논의가 필요하고 그러한 논의가 활성화되어 구성원들 사이에 내면화될 필요가 있는 것이다.

14장 다문화 시대의 민주주의 원칙과 제도

1. 민주화 이후 민주주의에 대한 불만

민주화 이후 한국에서 선거는 공정한 경쟁의 주요 방법이 되었고, 민주주의는 모두가 추구하는 유일한 게임only game in town이 되었다(Di Palma, 1990). 민주주의 이행 시기에 정권을 잡았던 정당이 차기 선거에서 패한 다음, 다시 정권을 잡는 과정에서 상대 정당이 평화적인 정권 교체에 동의하는 이른바 '두 번의 정권 교체 검증two-turn over test'이란 측면에서도 한국은 이미 민주주의를 이룩한 국가임에 틀림없다(Huntington, 1991: 266-267). 민주주의의 공고화를 의미하는 다섯 조건들, 즉 자유롭고 활성화된 시민사회, 제도화되고 자율적인 정치사회, 헌정주의 확립과 실질적인 법의 지배, 민주적으로 통제되는 국가 관료, 정치적, 사회적으로 규제되는 시장경제 등의 조건(Linz and Stephan, 1996)에 비추어 봐도 우리나라의 민주주의는 공고해지고 있는 것으로 보인다.

아마도 한국 민주주의가 아직 완전한 민주주의 단계에 이르지 못했다고 비판하는 학자들이 사용하는 유일한 개념은 '위임민주주의delegative democracy'일 것이다. 위임민주주의는 대통령을 중심으로 한 행정부의 권한이 입법부와 사법부의 정상적인 의사 결정에 영향을 미칠 정도로 커서 국가기구 간 수평적 책임성horizontal accountability에 문제가 있을 때 사용한다.1 그러나 이마저도 노무현 정부 시절에 권위주의 청산을 기치로 한 개혁의 결과 대통령과 행정부의 권한이 압도적이라고 말할 수 없는 상황이 되었다. 물론 노무현 정부 시절의 권위주의 청산은 제도적인 개혁에까지 이르지 못하고 대통령의 개인적인 선호에 의해 진행되었기 때문에 이명박 정부 이후 위임민주주의적 경향이 다시 부활하고 있다는 지적도 있다.

그러나 시민들이 여전히 한국 정치에 대해 가지는 근본적인 불만은 우리가 이룩한 정기적인 선거와 평화적인 정권 교체 등의 형식적, 절차적 민주주의의 완성에 관한 것이라기보다는 민주화 이전의 시기와 비교했을 때 과연 경제적 풍요, 삶의 질, 인간 가치의

---

1   물론 이들의 비판에서 국가보안법의 존재는 언론사상의 자유를 구속하는 중요한 한국 민주주의의 결점으로 지적된다. 비교정치학자들이 분류하는 아직 완전하지 않은 민주주의의 나머지 세 종류에는 시민 일부가 정치과정에서 근본적으로 배제되어 있는 배제적exclusive 민주주의, 정기적인 선거의 실시에도 불구하고 실질적 변화가 수반되지 않는 비자유적illiberal 민주주의, 정상적인 절차를 거친 의사 결정을 뒤집을 수 있는 비토 그룹이 존재하는 갇힌en-clave 민주주의 등이 있다(Croissant, 2004; O'Donnell, 1994).

존중 등의 차원에서 의미 있는 발전이 있었는지에 대한 회의에서 비롯된다. 이러한 불만의 원인과 그 극복 방법에 대해서는 다양한 진단과 처방이 있어왔다.

  우선 좌파는 경제적 불평등과 사회 양극화를 심화시키는 신자유주의적 시장의 영향력을 문제의 원인으로 지목하고 사회운동의 활성화를 통해 참여를 증진함으로써 한국 민주주의의 내용을 향상시킬 수 있다고 본다(신영복·조희연 편, 2006; 김호기·유팔무 편, 2013). 반면 우파는 신자유주의적 질서의 규정력을 인정하고 경제력 집중과 불균형을 통한 성장을 추구하면서 개인과 공동체를 조화시킨다면 현재의 상태를 넘어서 선진화의 길로 들어설 수 있다고 본다(박세일, 2006; 복거일, 2016). 강조점은 다르지만 두 입장 모두 자본과 노동의 세계화, 사회 양극화의 심화, 다문화 사회의 출현 등으로 특징지어지는 지구화 시대를 한국이 헤쳐나가야 할 주요 환경으로 전제하고 있다.

  한국 사회의 현재를 진단하고 처방을 제시하는 이들 논의는 형식적, 절차적 민주주의 차원에서 한국이 이룩한 성취를 인정하면서 더 이상 제도에 대한 관심은 우리 현실에서 중요하지 않다는 생각을 전제하고 있다. 혹시 관심이 있다고 해도 이들의 논의는 대통령의 임기 조정 문제나 부통령제 도입 문제, 대통령 선거에서 결선투표제의 도입 문제 등에 국한되고 있다. 무형의 사회 개조 전략에 초점을 맞추는 이와 같은 논의들에서 현재의 제도적 틀을 다시 생각하고 근본적인 제도 개혁의 가능성을 모색하는 것은 더 이상 관심이 대상이 아닌 것이다.

물론 현재의 제도를 바탕으로 약간씩 수정을 가하는 이러한 종류의 제도 변화도 한국 정치의 성숙을 위해 중요한 실험이 될 수 있을 것이다. 그러나 이 장에서 나는 오늘날 한국 민주주의가 직면한 가장 큰 문제점을 기존 대의제의 한계에서 비롯된 대표의 위기와 연대의 위기라는 두 가지 차원으로 제시하고, 이 위기를 해소하기 위해서는 제도적 틀을 지금의 다수제 민주주의majoritarian democracy에서 합의제 민주주의consensus democracy로 바꾸는 작업이 필요하다고 주장할 것이다. 다시 말해 이 글에서 나는 그동안 한국 사회가 이룩해온 형식적, 절차적 민주주의의 방향과 적실성에 의문을 제기하며 민주화 이후 시민들이 삶의 질과 인간 가치의 존중 등의 측면에서 느끼는 불만이 제도의 문제와 밀접한 연관이 있음을 논의하고자 한다.

2. 대표의 위기와 연대의 위기

그동안 한국 현대사를 바꾼 중요한 정치적 사건들은 대부분 대의제의 틀 밖에서 일어났다. 1960년의 4월 혁명이나 1961년과 1979년의 군사쿠데타, 1980년 서울의 봄과 1987년 민주 대항쟁, 2002년 대선의 인터넷 혁명과 2004년 총선의 낙선 운동 등은 모두 대의제의 틀 밖에서 학생과 군인, 시민에 의해 주도되었다는 특징을 갖는다. 이러한 현실은 사회 각 부분의 이해가 정당에 의해 대표되고 정당 정치에 의해 매개되는 대의제의 작동에 심각한 결함이 있었음을 의미한다.

대의제의 가장 핵심적인 측면은 시민들의 의사가 적절하게 대표되고 있는가에 있다. 시민들은 자신의 이해를 직접 또는 이익집단을 통해 표출하고, 정당은 이를 집약하여 선출된 대표를 통해 의사 결정 과정에 반영한다. 결국 대표의 위기는 대의제의 핵심인 정당 정치의 위기를 의미한다. 변화하는 환경에도 불구하고 사회의 갈등 및 이해를 제대로 반영하지 못하는 정당 정치의 위기는 유럽의 사례와 비교하면 더 분명해진다.

노르웨이의 정치학자 로칸에 따르면, 유럽의 각국은 혈연과 종교 공동체 단계를 거쳐 민족 공동체로 이행하는 과정에서 네 가지 균열 구조, 즉 국민국가 형성기의 중심, 주변의 갈등과 종교 간 갈등, 그리고 산업혁명 시기의 농촌, 도시의 갈등과 계급 사이의 갈등으로 이루어진 역사적 균열 구조가 형성되었고, 이러한 갈등 구조를 반영하여 1920년대에 형성된 보수-진보의 정당 체계가 1960년대에도 그대로 영향을 미쳤다(Lipset and Rokkan, 1967). 이른바 '동결 가설freezing thesis'로 불리는 이 주장은 유권자 선호 이전에 정당 구조가 먼저 형성되어서 대안 정당의 등장을 제한하고 유권자 선호 자체에도 제약을 가한다는 내용이다.

과거에 존재했던 갈등과 분열의 구조가 오늘날에도 일정한 그림자를 드리우면서 상황을 규정짓는 틀을 제공하고 있다는 이러한 설명은 여전히 유럽 정치를 설명하는 데 있어 적실성을 갖지만, 오늘날 유럽에서는 새로운 갈등이 출현하고 있고, 이를 반영한 새로운 대표 체계가 등장하고 있는 것 또한 사실이다. 지구화

시대의 산물이라고 할 수 있는 지역주의를 반영한 민족주의 정당, 반이민 정서를 대표하는 극우 정당, 탈근대 정치를 표방하는 녹색 정당 등이 그들이고, 이 새로운 정당들은 지방 정치와 중앙 정치에서 영향력을 확대해가고 있다.

우리나라 역시 유럽과 같은 균열 구조를 반영한 정당 정치의 동결 현상을 경험해왔다. 즉 한국전쟁을 계기로 남북한 간의 이념 대립이 증폭되면서 남한에서는 우파 정당들이, 북한에서는 좌파 정당들이 우세한 상태의 동결 구조가 형성되었다(최장집, 2002). 이러한 동결 구조는 남북한 간 이념 대립의 완화나 남한 내에서 진보 세력의 성장과는 상관없이 보수 정당을 중심으로 한 정치 질서를 지속시킴으로써 새로운 균열을 대표하는 정당의 등장을 막아왔다. 유럽과 비교하면 한국은 첫 동결 구조에서 보수 중심의 협소한 세력만을 대표하는 정당 체계를 구축했을 뿐만 아니라, 이 체계의 동원과 재생산 능력 때문에 지구화 시대의 흐름을 반영하는 새로운 갈등의 대표는 말할 것도 없고, 전통적인 좌파 진영의 대표도 충분하게 이루어지지 않았다고 할 수 있다. 이와 같은 대표의 위기는 단순히 특정 세력이 인적으로 대표되지 않는다는 문제에 그치지 않고, 보수가 지니는 헤게모니 아래에서 보수 이외의 세력들이 지니는 모든 가치와 세계관이 정당하게 존중받지 못하게 되는 결과를 가져온다.

한국 사회가 겪는 대표의 위기는 다문화 사회로의 이행과 함께 더욱 심화되고 있다. 즉 지구화의 진전과 함께 상대적으로 동질적인 문화와 인종, 종교의 전통을 갖고 있던 국민국가는 다문화의 도전에 직면하게 되고, 다문화 사회에서 점점 늘어가는 소수 집단은 스스로를 대표할 정치적 권리를 가지고 있지 못한 경우가 많다. 이들은 정치과정에서 스스로의 선택에 의해 자신들을 대표하지 않거나, 또는 대표를 원함에도 불구하고 제도적 제한에 의해 대표되지 못한다. 이들 역시 자신이 거주하고 있는 정치 공동체를 위해 소비세나 부가가치세 등의 간접세를 납부할 것이다. 그러나 이들 대부분은 정치적 권리를 행사하는 시민권citizenship을 가지지 않은 채 영주권denizenship을 보유하는 데 그친다. 분명히 공동체 안에 존재하고 있지만 정치과정에서 그 목소리가 반영되지 않는 사각지대의 사람들이 늘어간다는 사실은 사회 구성원이 빠짐없이 대표되어야 한다는 민주주의 원칙에 비추어보면 결코 바람직한 현상이라고 할 수 없다.

예컨대 아렌트 레이파트는 1996년에 행한 자신의 미국정치학회 회장 연설에서 미국 사회의 낮은 투표 참여율 문제를 심각하게 지적하면서 벨기에와 호주가 채택하고 있는 의무투표제의 도입을 제안하였다. 그는 지방선거에서 나타나는 30퍼센트 안팎의 낮은 투표율도 문제지만 그나마 투표 참가자들을 분석해보면 사회경제적으로 여유 있는 계층이 압도적으로 많고 사회경제적 약자와 소수의 목소리가 정치과정에 거의 반영되지 않는 현실을 발견할 수 있는데 이러한 상황은 중대한 대표의 위기 문제를 제기한다고 보았다(Lijphart, 1997). 대체로 사회경제적 약자와 인종적, 종교적, 문화적 소수 집단은 그 인적 구성이 겹친다. 레이파트의 지적처럼 자발적인 소극적 정치 참여도 문제지만, 구조적으로 대표의 권리를 거부당하는 집단이 점점 늘어간다는 것은 민주주의 원칙에 비추어볼 때 결코 긍정적인 현상은 아닌 것이다.

유럽과 미국의 사례에 비추어보면 한국은 세 차원에서 대표의 위기가 심화되고 있다고 말할 수 있다. 첫째, 보수 정당 중심의 협소한 대표 체계가 개선되지 않음으로써 다양한 이념과 가치가 대표되지 못하는 정당 정치의 위기, 둘째, 한국 사회가 2016년 기준 외국인 170여만 명이 넘는 다문화 사회로 이행해가는 가운데 한국이라는 정치 공동체 안에 존재하고 있지만 누구에 의해서도 정치 과정에서 대표되지 않는 이주 노동자와 외국인이 증가하는 다문화의 위기, 셋째, 1987년부터 2017년까지 역대 대선의 투표율 추이를 보면 89.2%, 81.9%, 80.7%, 70.8%, 62.9%, 63%, 75.8%인데 탄핵에 이은 대선이라는 특수한 경우였던 2017년을 제외하고는 투표율이 낮아지고 있고, 1985년부터 2016년에 이르는 총선의 경우에도 84.6%, 75.8%, 71.9%, 63.9%, 57.2%, 60.6%, 46.1%, 54.2%, 58%로 점점 낮아지는 투표율에서 보이는 낮은 정치 참여의 위기이다.

이와 같은 대표의 위기는 사실 사회적 연대의 위기를 해소해야 하는 더 근본적인 문제와 연관되어 있다. 다시 말해 사회적 다수는 새로운 이웃과 사회적 소수에 대한 충분한 신뢰가 없다면 그들의 대표권을 인정하려 들지 않고, 대표권이 없는 사회적 소수는 사회적 다수와 연대감을 느낄 가능성이 낮다. 대표의 문제를 둘러싼 위기는 더 근본적인 차원에서 사회적 연대의 위기를 불러오고, 연대의 위기는 다시 대표의 위기를 악화시키는 것이다. 그렇다면 왜 사회적 연대가 중요할까?

민주적인 정치과정은 다수결의 원칙과 소수의 권리 보호라는 두 축을 중심으로 이루어진다. 즉 사회적 다수와 소수가 대의제의 틀 안에서 문제를 비폭력적으로 해결하기 위해서는 다수결의 원칙에 동의해야 하고, 사회적 다수는 소수의 권리 보호를 위해 노력한다는 원칙에 동의해야 한다. 내가 소수의 일원임에도 불구하고 다수결의 원칙을 받아들이고 소수에 속하는 내 의견을 포기하는 데에는 두 가지 조건이 전제되어 있다. 첫째는 의사 결정의 규칙이 누구에게나 공평하여 그 규칙을 통해 내가 이 사회의 소수가 될 때도 있고 다수가 될 때도 있을 것이라는 기대가 가능해야 한다. 항상 내가 소수가 되고 항상 내가 희생해야 하는 규칙에는 누구도 동의할 수 없을 것이다. 둘째는 비록 이번에 내가 소수로서 나의 의견을 포기하더라도 다수가 나의 이익을 보호하기 위해 애쓸 것이라는 사회적 다수에 대한 신뢰가 있어야 한다. 다시 말해 다수결의 원칙과 소수의 권리 보호라는 두 원칙을 공동체의 구성원 모두가 받아들인다는 사실은 그들 사이에 공정한 규칙에 대한 합의가 존재하고, 그 합의를 존중하기 위해 소수에 속하는 자기의 희생을 감수할 수 있을 정도로 사회적 다수와 소수 사이에 사회적 연대감이 존재한다는 것을 의미한다.

그러나 보수 중심의 협소한 정당 체계에 의해 구조적으로 대표되지 않는 우리 사회의 좌파나 사회경제적 약자 그리고 이주 노동자가 자신들의 의견을 포기할 때 그들은 과연 사회적 다수에게 어느 정도의 연대감과 신뢰를 갖고 있을까? 그들이 과연 지금은 소수로서 내 의견을 포기하지만 언젠가는 내가 이 사회의 다수가 될 수도 있고, 내가 비록 내 의견을 포기하더라도 승리한 다수가 나의 권리 보호를 위해 노력해줄 것이라는 신뢰를 갖고 있을까? 또한 그들은 우리가 합의한 규칙의 공정함을 믿고 있으며 따라서 공동체를 위해 기꺼이 희생을 감수해야 한다고 생각할까? 물론 우리 사회의 다수는 이러한 전제 없이도 다수결이 이미 널리 받아들여지는 원칙이기 때문에 당연히 소수가 포기해야 한다고 주장할 수도 있다. 그러나 다수 의견에 기꺼이 승복할 만한 아무런 신뢰 없이 기계적인 포기를 강요당하는 사회를 우리가 바람직한 민주주의라고 부를 수는 없다. 결국 우리 사회의 대표의 위기는 사실 구성원 간 사회적 연대의 위기를 그 바탕에 안고 있는 것이다.[2]

다문화 사회로 이행하는 과정에서 사회적 연대의 위기는 더 어려운 환경에 직면하게 된다. 사회경제적 기준의 균열 외에도 문화적 기준의 균열이 추가되기 때문이다. 문화적 배경과 정체성의 차

---

[2] 한국 정치과정에서 대표되기를 원하는 또 하나의 집단으로는 재외 한인 동포가 있다. 한국 국적을 갖는 재외 동포의 참정권은 문화와 언어, 역사적 정체성을 공유한다는 점에서 긍정적으로 검토될 수 있지만 재분배와 사회정의가 이루어지는 정치 공동체가 서로 다르다는 점에서 한계가 있다. 즉 생활의 근거를 다른 나라에 두고 그 사회에서 경제활동을 하며 그 나라에 세금을 납부하는 재외 동포와, 우리와 함께 생활하면서 한국에 세금을 납부하며 정부의 정책 결정에 직접적인 영향을 받는 이주 노동자 가운데 누구에게 참정권을 주는 것이 우선인가를 생각해볼 수 있다. 법적 논리로는 국가 차원의 선거에는 국적을 가진 사람에게 투표권을 주고, 지방선거는 이주 노동자에게 투표권을 줄 수도 있다는 추론도 가능하다. 실제 우리나라에서는 2004년의 주민투표법 및 2005년의 공직자선거법에 따라 3년 이상 거주하여 영주권을 가진 외국인은 지방선거에 참여할 수 있다.

이는 사회적 연대의 위기에 어떤 영향을 미칠까? 이 질문은 여러 문화권의 시민들이 공존할 때 그들이 합의할 수 있는 규칙의 범위는 어느 정도인가라는 질문으로 바꿀 수 있다. 서로 다른 역사적, 문화적 정체성을 가지는 인종, 종교, 문화 집단은 구성원 사이에 상대방이 제시하는 의사 결정의 규칙에 동의할 수 없는 경우가 있다. 그 규칙이 만들어진 역사적 맥락과 사회적 기준이 서로 다를 수 있기 때문이다. 개인의 자유와 사회의 역할 그리고 국가 개입의 범위에 대해 전혀 다른 개념을 가지고 있는 두 문화권의 시민들이 그들이 속한 정치 공동체의 목표와 그 목표를 이루는 데 필요한 방법에 합의하는 것은 쉽지 않은 일이다.

예를 들어 유럽에서 오랫동안 거주해온 기독교도 시민과 무슬림 이민자가 함께 정치 공동체의 의사 결정 과정에서 만났을 때 그들이 특정 문제를 이해하는 문화적 배경의 차이를 생각해보자. 유럽을 한데 묶을 수 있게 해주는 공통의 유산으로는 그리스, 로마의 전통과 봉건제의 영향 그리고 기독교 문화를 들 수 있다. 그리스 문화는 이성의 힘에 대한 존중과 참여 정치를 강조했고, 로마는 공화국의 시민권과 법의 지배를 보편화시켰다. 중세 봉건제는 계약과 분권의 문화를 탄생시켰고, 기독교 전통은 신 앞에 평등한 인간의 존엄성에 대해 가르쳤다(Barnavi, 2002: 87-94). 무엇보다도 이 모든 전통을 아우르는 가장 중요한 유럽의 성취는 불가침의 자유와 존엄할 권리를 갖는 개인의 발견일 것이다. 유럽의 근대가 발견해낸 이 평등한 개인의 개념은 공공 영역과 사적 영역의 분리, 그리고 세속적인 영역과 종교적인 영역의 분리라는 근대의 또 다른 성취와 함께 진행되었다.

  그러나 이슬람 문화의 사회 구성 원리는 개인의 지위와 사회의 책임 그리고 국가 개입의 범주에 대한 정의에서 유럽 문화와는 다르다. 우선 개인은 가족과 집단의 일원으로서 존재한다고 본다. 개인은 사회적으로 의미 있는 행위자가 아니고 집단과 관련하지 않고는 정체성을 갖지 못한다고 보는 것이다. 이슬람 문화에서 개인들은 집단을 통해 합의의 사회적 가치를 체득하며 이 합의는 위로부터의 권위와 수평적인 자문 과정을 거쳐 이루어진다. 이처럼 합의와 자문을 중시하는 이슬람의 의사 결정은 개인 간의 경쟁과 의견의 차이를 당연시하는 유럽의 의사 결정 문화와는 다르다. 이슬람 문화는 사회의 목적 역시 개인의 자유를 보호하고 물질적 부를 추구하는 것이 아니라, 선을 증진하고 악을 방지하여 도덕적인 풍요로움을 추구하는 것이라고 주장한다. 이슬람 전통에서 국가는 집단에 기초하여 부족과 지배계급으로 구성되는 조합주의적 성격을 갖고 있고, 유럽과 달리 정치와 종교가 분리된 세속적인 국가 개념은 존재하지 않았다(Cantori, 2000).[3]

  이렇게 이질적인 문화적 배경을 가진 시민들이 유럽이라는 동일한 경계 안에 함께 거주할 때 그들이 다수결의 원칙을 받아들이고 그 합의를 지키기 위해 자신의 희생을 감수할 것이라고 기대하는 것은 불가능하지는 않지만, 그들이 공유하는 낮은 공동의 정체

---

[3] 이슬람 문화에 대한 이러한 내용은 나의 논문「유럽통합과 민주주의의 결여」(김남국, 2004a)에서 다룬 바 있다.

성과 그 정체성에 기반한 낮은 수준의 사회적 연대는 유럽이 해결해야 할 지속적인 과제가 될 것이다. 결국 다문화 사회에서 사회적 연대는 사회경제적 균열을 뛰어넘고 문화적 차이까지 뛰어넘어야 하는 복잡한 과제를 안고 있다. 빠른 속도로 다문화 사회로의 이행을 경험하고 있는 한국 역시 이러한 과제로부터 자유롭지 못하다.[4]

3. 다수제 민주주의와 합의제 민주주의

그렇다면 우리 사회의 점증하는 대표의 문제와 사회적 연대의 문제를 해결할 수 있는 제도적 대안으로는 어떤 것이 있을까? 서로 다른 선호를 가진 시민들의 의사를 반영하여 정부를 구성하고 정책 결정을 하는 방법은 크게 두 가지로 나눌 수 있다. 하나는 그 사회의 '다수의 선호simple majority'를 존중하여 정부를 구성한 다음 정책 결정을 하는 것이고, 다른 하나는 단순 다수를 넘어서 '가능한 한 많은 사람들의 선호as many people as possible'를 존중하여 정

---

[4] 이 글에서 사용하는 사회적 연대의 위기와 비슷한 개념으로는 퍼트남의 사회적 자본, 후쿠야마의 신뢰, 바버의 강한 민주주의, 샌델의 공화주의적 덕목 등이 있다(Barber, 2004; Fukuyama, 1996; Putnam, 1995; Sandel, 1996). 이들의 논의가 공동체의 신뢰 회복을 위해 시민의 자발적인 덕목virtue에 초점을 맞춘다면, 나는 공정한 결정의 규칙과 소수에 대한 권리 보호를 통해 자신의 이해interest를 의사 결정 과정에 반영하려는 대표의 문제를 해결함으로써 연대의 수준을 높일 수 있다고 본다.

부를 구성함으로써 정책 결정의 정당성을 높이는 것이다. 레이파트는 전자를 '다수제 민주주의'라고 부르고 후자를 '합의제 민주주의'라고 부른다.

레이파트는 이 두 제도를 구분하는 기준으로 행정부와 정당 체계를 중심으로 한 다섯 가지 특징, 그리고 연방제와 단일제를 중심으로 한 다섯 가지 특징을 든다. 우선 다수제 민주주의의 특징으로는 단일 정당이 정부 구성을 독점하는 경우, 행정부가 입법부보다 우위에 있는 경우, 양당제가 정착된 경우, 단순다수제 선거제도를 채택하는 경우, 다원주의적 이익대표 체계가 정착된 경우를 들 수 있다. 또한 단일제의 중앙 집중적인 정부를 갖는 경우, 단원제의 의회를 갖는 경우, 단순 다수에 의해 수정 가능한 헌법 체계를 갖는 경우, 입법부가 최종적인 헌법 제정 및 해석 권한을 갖는 경우, 중앙은행이 행정부에 의존적인 경우를 든다.

반면 합의제 민주주의의 특징으로는 다수당이 연립정부를 구성하는 경우, 행정부와 입법부의 권한이 균형을 이루는 경우, 다당제가 정착된 경우, 비례대표제를 채택하는 경우, 조합주의적 이익대표체계가 정착된 경우를 들 수 있고, 연방제와 분권화된 정부를 갖는 경우, 양원제 의회를 갖는 경우, 특별한 다수에 의해 수정 가능한 헌법 체계를 갖는 경우, 대법원이나 헌법재판소에 의해 사법심사제도가 정착된 경우, 독립적인 중앙은행이 존재하는 경우를 든다(Lijphart, 1999: 3-4).

다수제 민주주의의 대표적 예로는 영국과 뉴질랜드, 바베이도스가 있고, 합의제 민주주의의 대표적 예로는 벨기에와 스위스, 그리고 유럽연합이 있다. 한국은 이 분류 기준에 따르면 부분적으로 합의제적 특징을 갖기도 하지만, 단순다수에 근거한 대통령제, 단일 정당이 구성하는 단독 정부, 단순다수 소선거구제에 근거한 단원제 의회와 약한 비례대표제 등 승자가 모든 전리품을 독식하는 경직된 다수제 민주주의에 속한다.

다수제 민주주의를 채택하는 나라는 비교적 동질한 문화와 역사적 경험을 갖고 있다. 상대적으로 동질적인 사회에서 사람들은 비폭력적인 문제 해결을 위해 다수결의 원칙에 쉽게 합의하고, 다수의 의사를 존중한다는 단순다수의 기준은 대표의 문제 역시 간단하게 만든다. 그러나 다수제 민주주의 아래에서 다수결의 원칙은 이론과 달리 '가장 큰 소수 집단the largest minority'(Lijphart, 1999: 290)을 대표하는 데 그치기도 한다. 예를 들어 1987년부터 2017년까지 일곱 차례에 걸친 한국의 대통령 선거에서 승리한 후보는 각각 36.7%, 42%, 40.3%, 48.9%, 48.7%, 51.6%, 41.08%의 지지율로 당선되었고, 이를 투표권을 가진 전체 국민 대비 비율로 바꾸면 32.7%, 34.4%, 32.5%, 34.6%, 30.6%, 38.8%, 31.6%의 지지를 받아 승리한 셈이 된다. 어느 누구도 과반수에 미치지 못한 지지를 받았고 여러 소수 집단 가운데 그나마 가장 큰 집단의 지지를 얻은 후보가 당선된 것이다.

반면 합의제 민주주의를 채택하고 있는 나라들은 인종적, 종교적, 지역적, 문화적으로 다양한 집단들이 공존하고 있다는 특징이 있다. 만약 한 정치 공동체가 다양한 기준에 따라 분화되어간다면, 그리고 그 결과 구조적으로 대표될 가능성이 전혀 없는 소수 집단이 늘어간다면, 동질적인 사회를 전제로 단순 다수를 묻는 다수결의 원칙은 가능한 한 많은 사람들의 의견을 대표할 수 있는 합의제 원칙으로 바뀌는 것이 바람직하다. 합의제 민주주의는 두 측면에서 대표의 위기와 연대의 위기를 해소하는 데 기여할 수 있다. 첫째, 합의제 민주주의는 그동안 대표되지 않던 사회적 소수를 의사 결정 과정에 끌어들임으로써 대표의 수준을 높일 수 있다. 둘째, 합의제 민주주의는 단순다수에 의한 승자 독식보다는 양보와 타협을 통해 승자와 패자의 간격을 줄임으로써 사회적 연대의 위기를 해소하는 데 도움을 줄 수 있다.

합의제의 대표적인 형태인 '협의제 민주주의consociational democracy'는 네 가지 원칙으로 이루어진다. 첫째는 사회 내의 다양한 하부 집단sub-segments의 자율성을 인정하는 것이다. 둘째는 이렇게 인정된 집단의 대표들이 참여하는 대연정grand coalition을 통해 정부를 구성하는 것이다. 셋째, 대연정을 구성하는 원칙으로서 참여 집단의 크기에 따른 비례성proportionality의 원칙을 존중하는 것이다. 마지막으로 넷째, 각각의 집단은 상호거부권mutual veto right을 갖는 것이다. 상호거부권으로 인해 모든 정책 결정 과정이 멈추는 상황을 예상할 수 있지만, 유럽의 경험은 대체로 각 집단이 학습 효과를 통해 거부권을 행사하기보다는 대화와 타협을 통해 정국을 운영해나간다는 사실을 보여준다(Lijphart, 1977).

대체로 대통령제보다는 의원내각제가, 단순다수제보다는 비례대표제가, 단일제보다는 연방제가 합의제 민주주의에 가깝고 승자와 패자의 간격을 줄이는 것으로 나타난다(Anderson and Christine,

1997). 예컨대 한국에서 더 강화된 지방자치와 비례대표제, 의원내각제가 결합된다면 현재처럼 지역 대결 구도의 영향을 받는 다수 정당이 구조적으로 나오기 어렵고 결국 정당 간 제휴를 통한 연정이 불가피해질 것이다. 합의제 민주주의로의 이와 같은 패러다임 변화는 양극화의 심화에 따른 사회경제적 약자, 정치적 권리를 갖지 못하는 문화적 소수, 정치과정에 참여를 포기하는 소극적 시민 등의 증가로 생겨나는 대표의 위기를 해결하고 궁극적으로 연대의 위기를 해소하는 데 도움을 줄 것이다.

〈표 1〉과 〈표 2〉처럼 2012년 19대 총선과 2016년 20대 총선의

〈표 1〉 연동형 비례대표제에 따른 정당별 의석수 모의실험 결과(19대 총선, 2012)

	새누리당	민주통합당	통합진보당	자유선진당	무소속
지역구/ 정당 득표율	43.3/ 42.8	37.9/ 36.5	6.0/ 10.3	2.2/ 3.2	9.4
실제 의석수	152	127	13	5	3
조정 의석수	141	117	33	10	3

자료: 『한겨레』(2018. 8. 22).

〈표 2〉 연동형 비례대표제에 따른 정당별 의석수 모의실험 결과(20대 총선, 2016)

	새누리당	더불어 민주당	국민의당	정의당	무소속
지역구/ 정당 득표율	38.3/ 33.5	37.0/ 25.5	14.9/ 26.7	1.6/ 7.2	7
실제 의석수	122	123	38	6	11
조정 의석수	108	102	84	23	8

자료: 『한겨레』(2018. 8. 22).

정당별 의석 분포를 합의제적 원칙에 근거한 권역별 정당명부 비례대표제 방식에 따라 다시 산출해보면, 지역 대결 구도에 의해 보장받던 다수 정당의 의석수가 줄어들고 소수 정당의 의석수가 늘어나면서 단독 과반수 정당의 탄생이 어려워지고 정당 간 협력이 불가피해져서 결국 승자와 패자의 간격이 줄어든다는 것을 알 수 있다. 중앙선거관리위원회가 제시한 이 모의실험은 국회의 전체 의석을 19대 국회의 지역구 246석, 비례대표 54석, 20대 국회의 지역구 253석, 비례대표 47석 등을 지역구 200석과 비례대표 100석(총 300석)으로 조정한 가운데 실시되었다. 연동형 비례대표제로 불리는 이 방식은 정당이 얻은 득표율을 기준으로 최종 의석수를 정하되 각 정당이 지역구에서 당선된 의석을 우선 계산하고 나머지 의석은 서울, 인천·경기·강원, 대전·세종·충남·충북, 광주·전남·전북·제주, 부산·울산·경남, 대구·경북 등 6개 권역으로 나눈 권역별 정당명부에 따라 비례대표 의석을 배정하는 것이다.

　이 방식에 따른 의석 배분은 19대에 4석, 20대에 25석 등 애초 정해진 300석을 넘는 초과 의석이 불가피하게 발생할 수 있고, 과반수 의석 정당이 출현하지 못한 상태로 여소야대가 일상화되며, 한 권역에서 어떤 정당이 지역구 의석을 전국 득표율보다 초과해서 차지하는 경우 권역에 따라 비례대표 의원을 한 명도 배정하지 못하는 사례가 생길 수도 있다. 그럼에도 불구하고 단순다수 소선거구제가 승자와 패자를 가르는 분명한 우열 속에서 득표율과 의석수를 과장되게 왜곡시켜 '일할 수 있는 다수 working majority'를 만들어내는 장점이 있다면, 독일식에 가까운 연동형 비례대표제는 득표율과 의석수의 비율을 최대한 일치시키면서 청년, 노동자, 여성, 이민자 등의 대표 가능성을 제도적으로 높임으로써 의회의 정당성을 고양시키는 장점이 있다.

물론 선거제도가 공정한 대표에 신경을 쓸수록 의회는 다당제화거나 파편화함으로써 과반수 의석을 점유하는 단독 정당을 만들어내기 힘들다. 따라서 모든 선거 제도는 '대표의 공정성fair representation'과 함께 '통치 가능성governability'을 동시에 고려한다. 이렇게 보면 그동안 한국의 선거제도는 통치의 효율성에 과도하게 초점을 맞춘 반면 득표율과 의석수의 비례성을 확보하여 대표의 위기를 해소하는 데 무관심했다. 이와 같은 대의제의 한계를 지적하는 많은 논의와 시민운동이 있었지만 대체로 최종 입법 단계에서는 시민을 배제한 채 대표를 독과점한 엘리트들 사이의 타협으로 결론이 내려지는 경우가 많았다. 한국 헌정사에 중요한 변화를 가져온 1960년 4월 혁명과 1980년 서울의 봄, 1987년 민주 대항쟁 등은 시민들의 참여로 시작된 사회운동이었지만 최종 단계에서는 보수 중심의 협소한 정당 체계를 대표한 기존 정치 엘리트 간의 타협으로 끝나고 말았다(박명림, 2005).

한국 사회가 지금 당장 유럽식의 협의제 민주주의를 실시해야 할 정도로 균열을 보이고 있는 것은 아니지만 지구화의 준거적 현상으로서 이주 노동자의 증가나 사회경제적 양극화가 가져오는 균열의 확대 경향이 있음은 분명해 보인다. 특히 기존의 사회경제적 균열과 문화적 균열 이외에 미래의 남북 통일에 따른 새로운 균열을 고려한다면 연립정부를 통해 다수와 소수가 공존하고 승자와 패자의 간격을 줄여서 정치적 지지를 광범위하게 끌어내는 합의제적 민주주의의 원칙은 더 절실해진다.

이른바 문화적 균열의 차원에서 한국은 그동안 자발적 이민에 근거한 소수 인종의 요구는 있었지만 역사 속에서 강제적인 병합, 정복 등을 통해 생겨난 소수민족의 문제는 없었다. 예를 들어 영국에는 스코틀랜드, 웨일스, 북아일랜드 등의 소수민족이 있고, 인도, 파키스탄, 방글라데시 등 서남아시아나 자메이카, 바하마 등 카리브해에서 이민 온 소수 인종이 있다. 이들은 역사적 형성 배경이 다른 만큼 요구도 다르다. 소수 인종은 정치, 경제, 사회 모든 면에서 주류 사회에 진입하기를 원하고 문화적 정체성을 보존하기 위한 다문화의 권리를 요구하지만, 소수민족은 다문화의 권리 이외에도 자신들이 거주하는 영토에 근거하여 자치권과 집단 대표의 권리 등을 요구한다. 통일 이후 한국 정치에서 북한은 소수민족의 역할을 할 가능성이 크다. 지역, 인구, 경제적인 측면에서 뚜렷하게 구분되는 사회적 소수로서 북한이 존재하는 경우 기존의 다수제 민주주의 틀은 단지 북한의 소외감을 증폭시키는 배제의 기제로 작동하게 될 것이다(Kim, 2007a).

동질적인 사회에 기반한 다수제 민주주의가 1차 방정식이라면, 합의제 민주주의는 고차원의 방정식이라고 말할 수 있다. 즉 분화하는 사회 구조를 반영해 생겨나는 복잡한 문제는 더 정밀한 고차원의 제도를 통해 복잡하게 풀어가야 할 것이다. 사회경제적 균열과 문화적 균열 그리고 남북 간의 균열 등 예상되는 많은 균열이 심화되는 다문화 사회에서 모든 사회 집단을 만족시킬 거대 담론이 존재하기는 힘들다. 따라서 다문화 사회의 정치과정은 어떤 명쾌한 결론도 없이 서로의 이해관계에 따라 대화와 타협을 통해 이익을 주고받는 반복되는 나날이 될 확률이 높다. 우리는 이제 한 차례의 선거나 한 사람의 위대한 정치인을 통해 모든 문제가 해결될 수 있다는 환상을 버리고 끊임없이 반복되는 갈등을 관리하는 다문화적 정치 상황에 점차 익숙해져야 할 것이다. 이러한 사회적 변화의 흐름은 가장 큰 소수 집단에 의한 승자 독식을 보장함으로써 패자의 수를 늘리고 승자와 패자의 간격을 넓히는 다수제 민주주의 원칙으로는 해결하기 어려운 상황을 끊임없이 초래할 것이다.

4. 합의제 민주주의 비판에 대한 반론

합의제 민주주의의 이와 같은 장점에도 불구하고 모든 사람들이 합의제 민주주의를 지지하는 것은 아니다. 합의제 민주주의를 비판하는 흐름은 대체로 결과주의적 입장을 취한다. 즉 비판자들은 레이파트 학파의 합의제 민주주의 우월성 주장이 마치 이데올로기처럼 자리 잡아서 이 제도가 실제 민주주의에 미치는 영향과 관계없이 지지되고 있다고 비판하면서 과연 현실에서 운용되는 합의제 민주주의의 실적이 어떤가를 추적한다.

합의제 민주주의에 대한 대표적 비판은 네 가지 정도로 요약할 수 있다. 첫째는 이 방식이 비민주적이라는 것이다. 즉 시민의 직접 투표에 의한 대표보다는 집단 간 타협에 의해 소수의 대표를 보장하는 과정에서 자의적인 왜곡이 생겨날 수 있다는 것이다. 따라서 의회 정치의 책임성 역시 약화될 수 있다고 주장한다. 둘째는 비효율적이라는 것이다. 합의를 추구하는 과정에서 의사 결정의 속도가 느리고 집단 사이의 타협에 의해 정부의 자율성이 제약받기 때문에 경쟁력이 떨어질 수 있다고 본다(선학태, 2005: 385-408). 셋째는 오히려 갈등과 폭력이 증가함으로써 사회적 소수와 다수의 분리를 공고화한다는 것이다. 예컨대 북아일랜드나 레바논, 사이프러스, 나이지리아 등에서 합의제가 시도되었지만 실패한 사례가 존재한다(Horowitz, 2000: 253-284). 넷째는 시민들의 선호가 반드시 합의제 민주주의를 지지하지는 않는다는 것이다(홍재우, 2006). 즉 합의제 민주주의에 가까운 의회중심제나 비례대표제, 지방분권화와 민주주의의 상관관계를 시민에게 물어보면 대부분 '원칙으로서의 민주주의'는 지지하지만 실제로서의 '민주주의'에 대한 지지율은 낮게 나타나거나 오히려 부정적인 상관관계를 갖는다고 주장한다.

이와 같은 비판에 대해 우선 합의제 민주주의가 비민주적이라는 주장부터 살펴보자. 대화와 협상을 통해 가능한 한 많은 수의 대표를 참여시키는 합의제는 대표의 직접성이나 책임성이라는 차원에서 다수제에 비해 명쾌하지 않은 측면이 있는 것이 사실이다. 그러나 협상을 통해 지지의 범위를 넓힘으로써 대표의 위기와 연대의 위기를 해소하는 과정이 비민주적이라는 비판에는 동의하기 어렵다. 정의가 사회적 소수의 이해를 고려하는 것만을 의미하지는 않지만 소수의 요구를 배제한 상태의 정의는 불완전하다. 또한 민주주의는 공정한 대표와 통치 가능성, 사회적 형평성과 경제적 효율성의 딜레마를 조화시켜나가는 과정에서 구체적인 방식의 분화를 겪는다.

예를 들어 영국은 스코틀랜드와 웨일스 그리고 북아일랜드에 각각 서로 다른 권한과 지위를 갖는 자치 의회를 부여하면서 지방분권화를 실현하였다. 이와 같은 분권화는 평등의 관점에서 보면 이해될 수 없는 비대칭적인 것이었다. 세 지역에 수립한 것과 똑같은 의회를 잉글랜드에도 허락해야 한다고 주장하는 평등주의자들에 대해 브라운은 "정치는 수학이나 논리학이 아니다. 수학과 논리학은 수학자와 논리학자에게 맡겨야 한다"고 말한 바 있다(Brown, 1998). 영국 인구의 5분의 4를 차지하는 잉글랜드에도 똑같은 자치 의회를 허락하는 것이 평등의 관점에서는 옳은 방향일지 몰라도, 평등이라는 명쾌한 하나의 원칙을 관철시키는 것이 민주주의의 전부는 아닌 것이다. 만약 잉글랜드에도 자치의회를 허락한다면 그것은 그 크기와 힘으로 영국의회를 사실상 지배할 것이고 그렇게 되면 분권화의 의미가 퇴색하기 때문에 영국만의 독특한 비대칭적 분권화asymmetrical devolution를 실시한다는 것이 블레어 정부의 논리였다. 이러한 시도를 비민주적이라고 평가할 수는 없다.

두 번째의 비효율적이라는 주장은 공정한 대표보다는 통치 가능성에, 사회적 형평성보다는 경제적 효율성에 중점을 두는 입장이다. 단순다수 소선거구제에 근거한 다수제 민주주의는 많은 경우 '조작된 다수manufactured majority', 또는 '일할 수 있는 다수working majority'를 만들어냄으로써 통치의 효율성을 높인다. 그러나 다수제 민주주의에서 의사 결정의 속도는 더 빠르고 정부의 자율성은 더 나을지 모르지만 이것을 궁극적으로 효율적이라고 봐야 하는지에 대해서는 의문의 여지가 있다. 즉 합의제 민주주의가 계급, 지역, 종교 갈등의 불확실성을 제도화하여 통제 가능하게 만듦으로써 사회 통합에 기여하고 궁극적으로 효과적인 정책 집행을 가능하게 만든다면 어떤 제도가 더 효율적인지 구별하기가 쉽지 않다. 레이파트는 합의제 민주주의를 채택하고 있는 나라가 거시경제 지표로 본 경제 발전, 여성의 정치 참여, 민주주의의 질에서 더 나은 결과를 보인다고 주장한다(Lijphart, 1999: 258-300).

세 번째의 합의제가 갈등과 폭력을 불러오고 소수와 다수의 벽을 영구화한다는 비판은 다문화주의와 동화주의의 딜레마를 보여준다. 다문화주의는 인종적, 종교적, 문화적 차원에서 다양한 집단으로 구성된 사회에서 시민 사이의 불평등이 사회경제적 요인 이외에도 그들이 갖는 문화나 종교, 인종에 근거할 수 있다는 점을 인정하고 공공 영역에서 사회적 소수의 문화적 권리를 인정하고, 때로는 국가가 이들의 권리를 적극적으로 지지하기 위해 역차별적인 정책을 채택하기도 하는 경우를 일컫는다. 반면 동화주의는 다양한 문화적 배경을 가진 시민들이 공존하더라도 그들의 문화와 인종, 종교의 차이를 공공 영역에서 인정하기보다는 서로가 지켜야 할 공통의 원칙을 중심으로 사회적 다수와 소수를 동등하게 대우해야 더 나은 사회 통합의 결과를 가져온다는 주장이다. 만약 문화와 종교, 인종의 차이를 인정하기 시작하면 중세의 종교전쟁이나 종족 간의 전쟁 같은 암흑 상태가 다시 올 수 있다는 것이다. 물론 다문화주의자는 동화주의자가 제시하는 통합의 원칙이 대체로 사회적 다수에게 유리한 것들이기 때문에 그 결과는 소수의 문화적 생존을 위협하는 것이라고 주장한다.

두 주장 모두 이론 차원에서 정당화할 수 있는 나름의 근거를 갖고 있지만 현실적으로 어떤 결과를 가져올지는 대상이 되는 정치 공동체의 역사적 맥락에 따라 달라질 수 있다. 예컨대 모든 면에서 동질적인 사회는 굳이 다문화주의를 채택할 필요가 없을 것이다. 물론 오늘날 지구화의 흐름은 순수하게 동질적인 사회를 찾아보기 힘들게 만든다. 또한 비슷한 다문화주의라도 호주와 캐나다, 영국은 구체적인 정책에서 다른 면을 보여준다. 하나의 정책이 모든 나라에서 똑같은 모습으로 성공할 수는 없다. 합의제 민주주의는 스위스, 벨기에, 유럽연합에서 갈등을 유연하게 조정하고 폭력을 줄이면서 사회적 다수와 소수의 공존을 가능하게 만들고 있지만, 엘리트 간 타협의 문화 경험이 없는 레바논 등에서는 실패할 수 있다. 그러나 그 실패 사례가 합의제 민주주의의 존재 가치를 통째로 부정하는 것은 아니다.

네 번째 비판은, 합의제적 성향이 강한 제도를 가지고 있는 사회의 시민들이 다수제적 성향이 강한 공동체의 시민들보다 민주주의에 대한 지지가 더 높다는 가설에 대해 민주주의 지지의 유형을 세분화하여 살펴보면 꼭 그렇지만은 않은 결과가 나온다는 것이다. 예를 들어 합의제적 사회의 시민들이 다수제적 사회의 시민들보다 원칙으로서 민주주의에 대한 지지는 더 강하지만, 실제로서의 민주주의 항목에서는 다른 결과를 보여준다. 실제로서의 민주주의는 다시 수행 능력에 대한 지지, 제도에 대한 지지, 공직자에 대한 지지로 나누어 조사해볼 수 있는데, 이 항목들과 합의제 성격을 갖는 의원내각제, 비례대표제, 강한 분권화와의 관계를 살펴보면 각 항목에 대한 시민들의 지지가 대통령제나 단순다수제, 약한 분권화일 때보다 항상 높지는 않다는 것이다. 이 비판은 39개 나라의 사례를 세계은행이나 세계가치조사 등의 자료를 사용하여 계량화한 이른바 대규모 모집단large N 연구로서 결과주의적 추론의 한계를 보여주고 있다.

결과주의적 추론consequentialist reasoning이란 어떤 정책이나 제도가 가져올 효과가 바람직하기 때문에 그 제도를 지지하는 것을 말한다. 이와 반대되는 접근은 의무론적 추론deontological reasoning으로서 어떤 정책이나 제도가 그 자체로서 규범적인 정당화가 가능한 가치가 있기 때문에 지지하는 것이다(Kay, 2003). 합의제 민주주의에 대한 네 가지 비판 가운데서 첫 번째 경우를 제외하고 두 번째부터 네 번째 주장은 모두 결과주의적 추론에 근거해 있다.

하나의 제도가 그 시행의 결과에 의해 정당화가 가능한가 하는 것은 매우 어려운 문제이다. 왜냐하면 첫째, 제도의 시행 이후에 나타나는 결과는 그것이 어디까지가 제도 도입의 순효과net effects이고 어디까지가 부분적 효과partial effects인지 구분하기가 쉽지 않기 때문이다. 모의실험에서는 모든 조건이 동일하다면ceteris paribus이라고 하여 새 제도를 제외한 다른 변수를 통제할 수 있지만 현실에서 이러한 시도는 거의 쓸모가 없다. 제도는 다른 변수들과 더불어 시민의 선호에 영향을 미치고 시민들의 기대 수준과 평가는 제도 도입의 복합적인 결과와 함께 변해간다. 둘째, 제도 도입 이후 나타나는 효과는 단기적인 결과short term consequence와 장기적인 결과long term consequence가 다를 수 있기 때문이다. 특정 시점에서 결과가 장기적으로 지속되리라고 전제할 수 없고, 장기적인 결과가 단기적인 결과의 누적에 따른 것이라고 볼 수도 없다. 셋째, 과도기적 효과transitional effects와 지속적인 효과steady state effects를 구분하기가 쉽지 않기 때문이다. 제도 도입 이후 나타난 효과가 잠깐 있다가 사라질 것인지 아니면 지속적으로 유지될 효과인지 구분하기가 어렵다.

이처럼 결과를 기준으로 제도를 평가하는 것이 어려움에도 불구하고 이 방식을 정당화할 수 있는 한 가지 논리는 처음 제도를 도입할 때 제도의 합리성에 대한 확신 없이 그냥 시도해보고 결과를 본 다음에 다시 생각하기로 했다고 아예 스스로의 합리성 자체를 부인하는 것이다. 대부분의 합의제 민주주의 비판이 이와 같은 한계를 안고 있는 결과주의적 추론을 채택하고 있는데 이 점에서는 레이파트도 다르지 않다. 그 역시 36개국의 거시경제 지표로 본 경제 발전, 여성의 정치 참여, 민주주의의 질을 계량화한 다음 합의제 민주주의가 더 친절하고 부드러운 결과를 가져오기 때문에 우월하다고 주장한다. 그러나 합의제 민주주의가 역사적, 사회적 배경과 상관없이 더 나은 결과를 가져오기 때문에 모든 국가가 정형화된 이 제도를 채택해야 한다고 주장하는 것은 이미 다툼이 가능한 학문적 발견이 아니라 이데올로기이자 도그마이다.

합의제 민주주의일지라도 그 효과를 측정하기는 쉽지 않다. 결과는 시간에 따라 다를 수 있고 나라에 따라 다를 수 있다. 합의제 민주주의는 벨기에, 스위스, 유럽연합처럼 성공한 사례도 있고, 나이지리아, 레바논, 사이프러스처럼 실패한 사례도 있다. 레이파트처럼 합의제 민주주의가 더 나은 정책 효과를 가져온다고 통계를 통해서 입증하는 사람도 있고, 그렇지 않다는 사실을 통계를 통해 입증하는 사례도 있다. 따라서 정책의 효과를 따지는 결과주의적 추론에 근거해 합의제 민주주의에 대한 일관된 평가를 내린다는 것은 사실상 불가능하다. 합의제 민주주의는 다수제 민주주의보다 선험적으로 우월한 제도가 아니지만 동시에 선험적으로 열등한 제도도 아닌 것이다.

그러나 의무론적 관점에서 합의제 민주주의의 정당성은 인종적, 문화적, 종교적으로 다원화된 사회에서 대표의 위기와 연대의 위기를 해소하여 민주주의를 공고화하기 위해 적합하다는 데 있다. 여기에서 중요한 가치는 대표의 공정성과 사회적 연대의 고양이고, 구조적으로 의사 결정 과정에 대표되지 않는 사회적 소수가 늘어가는 한국의 현실은 이들의 참여를 보장하는 합의제 민주주의를 정당한 제도로 간주하게 만든다. 물론 의무론적 관점에서도 정책의 결과는 중요하지만 그 결과가 절대적인 평가의 기준이 되어서 평가 대상이 되는 제도 자체의 가치를 부정하기보다는 다양한 형태의 하위 실천 방식을 찾기 위한 기준을 제시한다는 데 그 중요성이 있다.

예를 들어 지방분권화는 의무론적 관점에서 가치 있는 제도라고 말할 수 있다. 자신의 일상생활에 영향을 미치는 정책 결정에 시민의 참여를 높이기 위해 의사 결정의 중심을 지방으로 끌어내렸기 때문이다. 이처럼 그 자체로서 가치를 가지는 제도는 특정 시점에서 측정한 정책의 결과가 나쁘다고 해서 제도 자체를 포기하게 만들지는 않는다. 그 결과에 근거해 오히려 지방분권화를 더 잘 구현할 수 있는 실천 가능한 다른 방식을 모색해야 하는 것이다. 마찬가지로, 의무론적 관점에서 보면 경제 성장이라는 결과가 있었다고 해서 박정희의 군사쿠데타가 정당화될 수 없고, 근대화라는 결과가 있었다고 해서 일본의 식민 지배를 정당화할 수는 없다.

합의제 민주주의가 추구하는 대표의 포괄성은 곧 정치적 권리의 중요성을 의미한다. 가능한 한 많은 사람이 정치적 권리를 갖고 의사 결정 과정에 참여하여 스스로를 대표하는 일은 가치 있는 일이다. 대표의 정치적 권리가 그 자체로서 가치 있는 일이라면 대표의 수준을 높이기 위한 제도의 시행 결과가 특정 시점에서 나쁘다고 해서 포기할 수 있는 것은 아니다. 그렇다면 결과와 상관없이 왜 정치적 권리는 중요할까? 한 가지 이유는 좋은 결과의 대표적 형태인 경제적 이익의 제공이 민주주의 없이도 가능하다는 점이다. 독재하에서도 상당 기간 동안 지속적으로 경제적 유인을 제공하는 데 성공한 나라들이 있었다. 그러나 우리가 그 나라들을 이상적인 정치 공동체라고 부르지는 않는다. 정치적 권리를 갖는 시민들의 자발적 참여 없이도 가능한 경제적 이익의 지속적인 제공에 근거해서 어떤 제도의 정당성을 옹호하는 것은 매우 위험한 논리이다.

다른 한 가지 이유는 민주주의 없는 결과로서의 경제적 유인 또는 사회복지는 경제 후퇴기에 언제든지 시민의 동의 없이 일방적으로 철회될 수 있다는 점이다. 대체로 그 피해는 사회적 소수부터 입게 된다. 정치적 권리를 갖는 시민들의 광범위한 참여에 기반한 정치 공동체는 경제적 이익의 여부에 따라 시민들 사이의 사회적 연대가 근본적으로 무너지지는 않는다. 그러나 대표의 위기와 연대의 위기를 겪고 있는 공동체가 경제적 이익마저 제공하지 못하면 이 공동체는 곧 심각한 도전에 직면할 것이다. 정책이나 제도의 효과에 근거해 그 정책과 제도의 정당화 여부를 판단하는 결과주의적 접근은 이와 같은 자기모순의 상황에 쉽게 빠질 수 있다. 결국 그 효과가 좋지 않기 때문에 지지할 수 없다는 합의제 민주주의에 대한 결과주의적 비판은, 대표와 연대의 문제를 해결하는 데 그 자체로서 가치 있는 제도이기 때문에 합의제 민주주의를 지지할 수 있다는 의무론적 관점에서 반박될 수 있다.

5. 새로운 대표와 연대를 위한 체계

완전한 민주주의 단계에 도달하지 못한 네 가지 유형, 즉 위임delegative, 비민주적illiberal, 배제exclusive, 그리고 갇힌enclave 민주주의의 구분은 국가권력이 시민에 의해 적절하게 통제되고 있는가 하는 수직적 책임성vertical responsibility과 국가기관 사이에 권한의 분리와 견제 및 균형이 잘 작동하고 있는가 하는 수평적 책임성horizontal responsibility에 초점을 맞추어 도출된 것이다. 그러나 이와 같은 조건을 모두 충족시킨다고 해도 규범적인 차원에서 보면 여전히 민주주의 결여democratic deficit의 가능성은 남아 있다. 만약 대의제 기구를 지지하는 시민들 사이에 공동의 정체성과 사회적 연대가 없다면 대의제의 존재만으로 민주주의가 작동하고 있다고 말할 수는 없을 것이다.

예를 들어 정기적인 선거가 실시되고 다수결의 원칙이 평화롭게 지켜지는 현실은 한국 민주주의의가 이룬 큰 성취이지만, 대표되지 않는 사회적 소수가 증가하고 사회적 다수와 소수 사이에 자신의 소수 의견을 기꺼이 희생할 만큼 서로에 대한 신뢰가 충분하지 않다면 우리는 여전히 민주주의의 결여를 경험하고 있는 것이다. 한국 민주주의는 그동안 대표의 위기와 연대의 위기에 충분한 관심을 기울이지 않았다. 다수제 민주주의 아래 한국 정치는 시민들의 자발적 참여와 대의제를 지지하는 시민들 사이의 사회적 연대에 관심을 갖기보다는 국가주의적 지름길statist shortcut, 즉 시민의 의사를 제일 먼저 결집하고 그에 바탕하여 헌법을 만들고 최종적으로 국가기구를 구성하는 순서가 아니라, 엘리트의 기획에 의해 외부에서 주어진 제도가 가장 먼저 만들어지고 다음 단계로 헌법을 만들고 이러한 모든 정치과정을 정당화하는 주체로서 시민이 맨 나중에 등장하는 거꾸로 된 순서를 밟아왔다.

이처럼 효율성에 근거한 결과주의적 추론이 우세한 정치는 지구화의 진전과 함께 결국 대표의 위기와 연대의 위기를 불러오고 민주주의 결여를 불가피하게 만든다. '강한 민주주의'는 엘리트의 기획에 의해 프로젝트로서 만들어지는making 정치가 아니라, 시민들 사이에서 자라나는grow up 정치이다. 또는 엘리트에 의한 기획이 시민들의 광범위한 참여에 의해 지지받고 통제되는 정치이다. 합의제 민주주의는 대표의 범위를 넓힘으로써 승자와 패자의 간격을 줄이고 궁극적으로 연대의 위기를 해소함으로써 민주주의 결여를 줄이는 데 도움을 줄 수 있다. 이러한 변화는 시민의 자발적인 정치 참여를 늘림으로써 기존 대의제 한계를 보완하는 직접민주주의적 요소도 갖는다.

합의제 민주주의를 논하는 대표적인 학자들인 임혁백, 선학태, 박찬욱의 논의에는 약간씩 차이가 있다. 임혁백 교수가 세계화 시대의 이상적인 체제로 조합주의적 노동에 근거하여 민주주의를 공고화하기 위한 합의제를 이야기한다면, 선학태 교수는 유럽의 사회협약체제를 모델로 하여 국가, 시민사회, 정치사회, 노동 등 사회 전반적인 패러다임의 합의제적 변화를 주장하고 있다. 박찬욱 교수는 정치 분야에 국한하여 경직된predominantly 다수제 민주주의를 온건한moderate 다수제 민주주의로 바꾸고 이를 다시 구심성centripetal 합의제 민주주의로 바꾸는 것이 바람직하다고 본다. 그는 협의제consociational 민주주의 또는 원심성centrifugal 합의제 민주주의는 한국 현실과 동떨어져 있다고 주장한다(박찬욱, 2005; 선학태, 2006; 임혁백, 2011).

나는 연대의 위기를 해소하기 위한 정치 문화로서 합의제적 원칙이 중요하고, 대표의 위기를 해소하기 위한 제도로서 합의제 민주주의가 중요하다고 본다. 또한 합의제 민주주의가 한국 현실에서 더 나은 대안으로서 의무론적 관점에서 정당화될 수 있다면 합의제적 원칙을 구현할 수 있는 다양한 하위 정책의 실험이 가능하다고 생각한다. 사회 집단 간 상호거부권을 갖는 협의제 단계는 한국 사회의 균열의 진전에 따라 결정될 문제일 것이다. 그러나 남북통일 이후를 생각한다면 상호거부권이나 협의제 민주주의가 아주 먼 이야기는 아닐 수도 있다.

합의제 민주주의를 향한 실험과 관련하여 한 가지 흥미로운 사건은 노무현 대통령의 대연정 제안이었다. 2005년 한나라당을 향해 던진 이 제안은 여야 모두로부터 호응을 얻지 못하고 곧 사람들의 관심에서 멀어졌다. 그러나 이 제안은 그의 국회의원 선거법 개정 시도와 함께, 지역 구도로 인해 다수제 민주주의 아래에서 구조적으로 대표될 가능성이 낮은 소수 세력이 한국 정치의 틀을 합의제 민주주의로 바꾸려고 한 중요한 시도였다고 볼 수 있다. 노무현 정부의 업적은 다수제 민주주의 아래 구조적으로 보장되는 다수의 관행과 관습을 타파하려는 시도에 있었다. 그의 시도는 많은 경우 어떤 정책은 그 자체로서 가치가 있다는 의무론적 추론에 근거해 있었다. 우리는 그를 소수 세력 출신으로서 승자 독식의 부정적인 관행을 해체하고 파괴하려고 한 발칸Balkan형 대통령이었다고 부를 수 있을 것이다. 역사는 때로 발칸형 대통령을 필요로 한다. 만약 그가 비난받아야 한다면 더 많은 구태를 일관되게 파괴해야 하는 자신에게 주어진 역할을 다하지 못한 데 있을 것이다. 그러나 그의 시도는 시민사회의 토론이나 동의 없이 갑자기 제안되는 엘리트 기획의 성격이 강했고 그 결과 한국 사회의 분열과 갈등을 증폭시킴으로써 합의제 민주주의의 성공 조건인 합의의 정치 문화를 저해했다는 비판을 받는다.

반면 이명박 정부의 실용주의는 경제적 이익의 효과를 가장 중요시하겠다는 결과주의적 추론에 근거해 있었다. 그는 성장을 통한 경제적 이익을 공유함으로써 모든 시민이 아늑한 소비자cozy consumer가 될 수 있다고 유혹했다. 그러나 경제적 이익은 상대적인 것이다. 더 많은 물질적 이익이 시민들에게 돌아가더라도 만약 양극화 역시 동시에 심화되어 많은 사람들이 상대적 박탈감을 느낀다면 시민들은 여전히 불만을 갖는다. 경제적 이익이라는 결과에 의해 시민들 사이의 사회적 연대가 높아질 가능성은 낮은 것이다. 더구나 신자유주의는 경제력 집중과 불균형 성장을 통해 승자와 패자의 거리를 벌린다. 승자가 창출한 경제적 이익에 의해 패자도 도움을 얻을 것이라고 주장하지만 신자유주의가 더 높은 성장을 보장할 것이라고 주장하는 것은 하나의 신화이다. 신자유주의 아래에서 기업은 기업합병을 걱정해 투자자금을 내부유보하고 시민들은 해고를 우려해 소비를 줄이는 대신 저축을 늘린다. 저투자와 저소비는 저성장을 가져오고 저성장은 낮은 고용 창출을 의미한다. 이러한 악순환은 신자유주의가 제시하는 성장 사회의 아늑한 소비자가 되는 길이 결코 쉽지 않을 것임을 의미한다.

신자유주의가 승자 독식의 논리를 당연하게 생각함으로써 대표의 위기와 연대의 위기를 더욱 심화한다면 실용주의는 민주주의 가치를 둘러싼 담론들의 중요성을 낮게 평가하고 따라서 대표의 위기와 연대의 위기에 무관심하다. 이와 같은 상황에서 보수 중심의 협소한 정당 체계에 의해 대표되지 않는 좌파 세력, 이주 노동자와 외국인 등의 문화적 소수, 정치과정에 참여하기를 포기하는 소극적 시민 등을 대표 체계 안으로 끌어들이고 이들 사이의 사회적 연대를 높이는 대안으로서 합의제 민주주의에 대한 관심이 더욱 절실하게 요구된다. 합의제 민주주의는 결과주의적 추론에 근거한 많은 비판에도 불구하고 한국 민주주의의 공고화를 위해 시도해볼 가치가 있는 정책과 제도인 것이다.

15장 결론:
다문화의 도전과 지속 가능한 민주주의

1. 지구화와 정체성의 위기

　지금까지 이 책은 현대사회의 정치과정에서 중요한 변수로 떠오르는 문화에 대한 정치철학적 성찰을 통해 모호한 채로 남아 있는 문화의 개념 및 문화를 둘러싼 정치 현상의 이해를 모색하고, 이런 이해를 바탕으로 사회경제적 균열과 사회문화적 균열을 동시에 고려하면서 민주주의의 문제들을 해결해나가는 데 필요한 이론적, 제도적 대안을 제시하고자 했다. 이러한 논의는 지구화 시대에도 여전히 민주주의의 실현과 재분배의 정의를 완성하기 위해 정체성을 공유하는 국민국가의 역할이 중요하다는 점을 전제하고 있다. 이 장에서는 특히 국민국가의 시민들이 사회 통합과 정치적 정당성 문제를 해결하기 위해 공유해야 하는 정체성의 역할을 강조하고 한편으로 그 정체성은 어떤 기준에 근거해야 하는

가에 대해 논의하고자 한다. 또한 집단 경험과 생물학적 특징에 근거한 정체성을 공유하는 근대 국민국가의 영향력을 인정하면서도 정체성이 사회적으로 구성되는 과정을 추적하여 해석하고 이렇게 해석된 시민 개념을 어떻게 제도적으로 뒷받침할 수 있는지에 대해 논의하고자 한다.

오늘날 지구화는 세계의 지역과 대륙을 가로지르는 다양한 관계의 팽창을 통해 서로 멀리 떨어진 공동체를 연결하면서 인간 조직의 내용과 규모에 근본적인 변화를 불러일으키고 있다. 인류는 고대에도 제국의 팽창을 통해 지중해 중심의 지구화를 경험한 바 있고 19세기 제국주의 시대에 이미 세계적 단위의 식민지에서 이루어지는 생산과 소비의 지구화를 경험하였다. 그러나 21세기에 일어나는 현대의 지구화는 과거의 경험과 비교할 때 적어도 세 가지 차원, 즉 변화의 속도, 변화의 양 그리고 변화의 다양성 측면에서 이전의 모든 변화를 압도하고 있다(Pieterse, 2004: 26).

이와 같은 지구화 현상은 불가피하게 근대 세계를 특징짓는 국민국가 체제에 변화를 가져오고 있다. 국민국가는 여전히 시민들 사이에서 정의가 집행되고 재분배가 이루어지는 물리적 단위로서 가장 강력한 정치 공동체의 지위를 유지하고 있지만 지구화가 그 전통적인 위상을 위협하고 있는 것이다. 지구화의 정의에 대해 서로 다른 견해를 보이는 학자들도 지구화가 국민국가의 변화와 밀접하게 연관되어 있다는 점에는 동의한다. 물론 이들은 지구화가 기술적 발전에 의해 촉발되어 불균등하게 진행되고 있으며 다양한 지역기구의 등장 및 지방화의 진전과 함께 진행되고 있다는 사실도 인정한다.

　이들 가운데 일부 학자들은 지구화의 진전에 따라 국민국가가 약화되고 있다고 주장한다. 위로는 초국가적 네트워크의 등장과 아래로는 분권화 및 지방화가 국민국가의 지위와 힘을 약화시키고 있다고 보는 것이다. 마치 이 상황은 국민국가로부터 연결된 줄에 의해 모든 행동을 조종당하던 피노키오가 더 이상 그 줄이 존재하지 않게 되었을 때 어떤 권위를 존중하고 어떤 도전에 저항해야 할지 몰라 혼란스러워하는 것처럼, 기존의 국민국가가 쇠퇴하고 아직 지구적 거버넌스의 중심이 등장하지 않은 상태에서 새로운 충성심과 정체성은 어디로 향해야 하는지 질문을 하게 만든다(Ohmae, 1992; Strange, 1996).

　그러나 또 다른 학자들은 근대 국민국가가 현재 진행되고 있는 지구화 과정의 희생자가 아니라 사실상 지구화 과정의 촉매제이자 산파 역할을 하면서 자신의 영향력과 위상을 새로운 방식으로 공고화하고 있다고 본다. 유럽연합과 같은 초국가적 네트워크도 결국 영국이나 프랑스, 독일과 같은 강력한 국민국가들이 자신의 이익을 극대화하는 과정에서 생겨난 결과일 뿐이며 일본과 한국 등 발전국가 전통의 나라들도 국가가 새로운 지구화 환경에 적응하면서 나타난 것이라며 국가가 전체 변화를 선도하거나 통제하면서 여전히 그 힘을 잃지 않고 있다고 보는 것이다(Mann, 1997; Weiss, 1998; Moravcsik, 1998).

　지구화가 근대 국민국가 체제에 상이한 변화를 초래하고 있다는 관점과 마찬가지로, 지구화와 지구화가 국민국가에 미치는 영향을 보는 관점 역시 하나로 통일되지는 않는다. 지구화를 이야기할 때 우리는 보통 개인의 자유를 극대화하려는 시장에서의 개인과, 최소주의 국가가 주체로 활약하는 신자유주의적 지구화를 떠올린다. 이와 같은 신자유주의적 지구화는 시장의 규제를 철폐하고 관료적 국가를 해체하고자 시도하며 법의 지배를 받는 지구적 차원의 자유 시장을 건설하고자 한다. 그러나 지구화를 보는 시각은 지구화를 지지하는 진영에서 신자유주의 이외에도 자유주의적 국제주의자나 제도적 개혁주의자 등이 있을 수 있고, 반反지구화 진영에서 지구적 전환론자, 보호주의적 국가주의자, 그리고 급진주의자 등으로 구분할 수 있다(Held and McGrew, 2002: 98-117).

우선 자유주의적 국제주의자는 인권과 공유된 책임의 바탕 위에 정부 및 시민들과 국제기구 등이 주체가 되어 국제적인 자유무역과 투명하고 개방적인 국제 거버넌스를 만들어서 자유무역을 통한 상호의존을 심화시키고 궁극적으로 협력적인 형태의 정부간주의intergovernmentalism를 만들어내는 것을 목표로 한다. 국가와 시민사회의 역할을 강조하는 제도적 개혁주의자는 투명성과 책임성의 정신 위에 시민사회와 국가, 국제기구 등이 책임 있는 주체가 되어 정치 참여를 넓히고 지구적 공공재를 확보하며 민주적인 지구 거버넌스를 통해 절제 있는 지구화 과정을 달성하고자 한다.

이런 입장들이 친親지구화 진영을 대표한다면 반지구화 진영의 지구적 전환론자들은 정치적 평등과 자유, 사회적 정의 등의 원칙 아래 지역에서부터 지구적 차원에 이르기까지 다층적인 거버넌스를 추진하는 시민들이 주체가 되어 구성원 모두의 평등한 자율성이 보장되는 민주적인 코즈모폴리턴 정치체제를 구축하고자 한다. 반면 보호주의적 국가주의자들은 국가이익과 공유된 사회문화적 정체성, 공통의 정치적 열정이라는 원칙 아래 국가와 시민 그리고 국내 시장이 주축이 되어 강화된 국가의 통치력을 바탕으로 국제적인 협력을 달성하고자 한다. 이보다 한 걸음 더 나아가 근본주의자들은 평등과 공동선, 자연환경과의 조화라는 원칙 아래 자치 공동체의 시민들이 주축이 되어 아래로부터의 사회 변화를 통해 지역화나 지방화, 분권화, 탈지구화 등을 완성하고자 한다(Held and McGrew, 2002: 117).

지구화에 대한 정의와 서로 다른 시각을 이렇게 세분화하고 나면 한국이나 한국인의 지구화에 대한 관점 역시 그렇게 간단하지 않을 것임을 유추할 수 있다. 즉 지구화에 대응하여 한국 정부는 어떤 입장을 취하고 있으며 지구화의 진전과 더불어 한국의 국가에는 어떤 변화가 일어나고 있는지, 지구화는 한국인의 의식과 생활 태도에 어떤 변화를 가져오고 있는지에 대해 단일한 시각이 아니라 다양한 스펙트럼이 존재하고 있음을 생각해볼 수 있는 것이다.

우선 '세계화'라는 단어를 보자. 1993년 문민정부 시절 한국 정부가 내세운 이 슬로건은 흔히 경제적 차원에서 지구화의 흐름에 대응하여 한국의 국가이익을 극대화하려는 전략으로 이해되어왔다. 이 슬로건을 위에서 살펴본 여섯 가지 지구화에 대한 입장에 대입해보면 친지구화적 입장에서 신자유주의자들의 주장과 반지구화적 입장에서 보호주의적 국가주의자들의 주장이 흥미롭게 공존하고 있음을 발견할 수 있다. 이 슬로건 아래 한국의 국가는 그 역할이 약화되거나 쇠퇴하기보다는 지구화의 흐름을 통제하고 촉매하는 산파로서의 역할을 하고 있다. 따라서 세계화는 중립적인 학문적 용어라기보다는 지구화에 대응하는 한국의 입장을 보여주는 한 시기의 국가개입주의적 정책으로서 의미를 갖는다.

또한 '글로컬라이제이션'이라는 단어는 친지구화 진영의 신자유주의자들이 반지구화 진영의 근본주의자들을 포섭하여 자신들의 이익을 달성하기 위해 만들어낸 전략적인 슬로건이다. 이 단어는 소니의 회장 아키오 모리타가 만들어낸 조어로서 비록 회사는 다국적 기업이더라도 결국 모든 비즈니스는 지방에서 이루어진다는 뜻을 담고 있다. 즉 세계 시장에서 성공하려는 기업들은 진출하고자 하는 지역의 문화와 시장에 적응해야 하고 따라서 이 정책은 '기업의 현지화를 통한 성공 전략principle of insiderization'으로 이름 붙일 수 있을 것이다(Ohmae, 1992: 93).

이러한 단어들은 지구화의 다양한 차원을 보여주는 하위 개념으로서 지구화라는 개념에 그 의미들이 모두 포괄될 수 있다. 또한 이러한 하위 개념들은 지구화가 전통적인 국민국가를 직접 겨냥하거나 또는 우회하여 위로부터나 아래로부터 기존 체제에 끊임없는 변화를 초래하고 있음을 보여주고 있다. 따라서 국민국가와 시민들의 세계 인식에 변화가 일어날 수 있으며 이러한 변화들은 상대적으로 안정적이었던 국민국가 체제에 정체성의 문제를 제기하고, 때때로 급속하게 진행되는 이러한 과정은 정체성의 위기를 가져올 수도 있다.

2. 지구화 시대의 국민국가와 민족 정체성

정체성은 기본적으로 우리가 다른 사람과 공유하고 있는 가치와, 공유하고자 하는 가치에 근거하여 형성된다. 정체성은 개인이 서 있는 맥락과 위치를 확인해주며 다른 사람과의 사회적 관계를 설명해주기도 한다. 정체성은 결국 누군가가 다른 사람들과 어떤 공통점을 갖고 있고 또 어떻게 다른가를 그 내용으로 하는 소속감의 문제이다. 따라서 정체성은 중립적인 개념은 아니다. 정체성은 때로는 갈등하는 가치들을 근거로 우리가 믿고, 희망하고, 되고자 하는 것들에 대해 말해준다. 서로 갈등하는 이러한 믿음과 필요, 욕구 등은 개인의 정체성 형성에 영향을 미치지만 집단의 정체성 형성에도 영향을 미친다. 우리가 누구이고 무엇이 되고 싶은지에 대한 정체성의 논의는 개인적 필요를 바탕으로 한 개인의 정체성과 정치 공동체의 구성원으로서 갖게 되는 집단적 정체성 사이에서 화해와 양립을 필요로 한다(Giles and Middleton, 1999: 50-51).

정체성은 또한 주어지기도 하고 선택되기도 한다. 본질주의적인 입장에서 보면 생물학적 특징들은 주어진다. 그러나 비본질주의적 입장에 따르면 정체성은 물질적 요소만으로 결정되지 않고 사회적 관계와 우연성에 의해 결정되기도 한다. 정체성은 남과 나 또는 다른 사람과 우리를 구분하는 유사성과 차이의 상징적인 표시에 의해 형성된다. 따라서 정체성의 많은 특징들은 생물학적으로 주어진 것보다는 남과의 관계에 의해 사회적으로 구성된 경우가 많다. 그러나 생물학적 특징들이 개인의 정체성을 구분하는 중요한 상징으로서 사용되는 것 또한 사실이다. 정체성은 시간과 장소, 환경에 따라 달라지는 우연적인 특징을 갖는다. 따라서 역사, 장소, 종족, 계급 등의 차원에서 발생하는 급격한 사회 변화는 정체성의 혼란을 가져오기도 한다. 20세기 후반부터 시작된 지구화와 국제 이주의 증가, 이데올로기 대립의 약화 등은 오늘날 정체성의 위기를 가져온 주요 요인들이다(Giles and Middleton, 1999: 54-55).

특히 문화는 개인이나 집단에게 자기 정체성을 구성하는 주요한 준거가 된다. 지구화가 국민국가 체제에 변화를 가져옴과 동시에 국민국가 내부의 구성에 여러 차원의 위기를 불러일으킨다는 사실은, 다양한 문화의 유입에 따라 정체성 구성의 준거가 되는 여러 문화가 서로 경쟁하고 있음을 의미한다. 문화 사이의 위계질서는 일단 문화 집단의 구성원 수에 의해 결정되지만 궁극적으로는 사회 구성원들 사이에서 의미를 생산해내고 그 의미를 유통시키는 힘에 의해 결정된다. 지구화가 다문화 사회를 가져온다고 할 때 다수 문화 집단이 이러한 이행을 걱정하는 이유는 소통의 방식과 문제 해결의 기준이라는 자신들이 갖는 우월한 지위를 양보해야 하는 상황이 닥칠 수도 있다는 우려 때문이다.

개인의 정체성 형성은 감성에 의존하는 귀속적 애착과, 성취적 판단에 의존하는 합리적 반성의 두 차원을 필요로 한다. 한 개인의 성숙한 정체성은 생물학적 특징에 의해 주어지는 상징을 넘어서 자아 내부에 합리적 반성을 가능하게 만드는 내적인 공적 영역inner public sphere을 형성하는지의 여부에 의해 결정된다. 내적인 공적 영역은 자아 내부에 자아를 객관화할 수 있는 비판적 거리를 확보하게 해주며 이러한 거리는 이성의 초월성에 근거하여 유지된다. 이렇게 구성된 개인의 내적인 공적 영역은 첫째, 자신의 경험을 타인과의 관계 속에서 재구성하여 스스로를 규정하는 작업을 수행하며, 둘째, 초월적 자아와의 자기 성찰적 대화를 통해 자신이 해야 하는 일의 발견과 그 일의 정당성 문제를 해결한다. 개인의 정체성이 합리적 반성 위에 서기 위해서는 초월적 자아와의 대화를 가능하게 만드는 비판적 거리가 중요한 것이다.

집단적 정체성의 형성 과정에서도 이 점은 마찬가지다. 집단적 정체성이 합리적 자기반성 위에서 유지되기 위해서는 사회 구성원 상호 간에 대화가 지속되어야 한다. 그런데 민족이나 종교, 문화 등에 근거한 어떤 특정 집단이 초월적 자아의 위상을 독점하는 경우에 이성의 초월성에 기반한 비판적 거리는 사라질 수 있다. 이와 반대로 여러 문화가 공존하며 경쟁하는 다문화적 상황은 다양한 비교의 관점을 접함으로써 합리적 자기반성을 지속할 수 있다는 점에서 긍정적으로 생각할 수 있다. 이와 같은 다문화적 환경 위에서 역사의 경험 속에 축적된 다양한 문화적 자원을 동원하여 집단적 자기 정체성을 만들어낸다면 그 정체성은 귀속적 애착과 합리적 반성의 두 차원이 균형 있게 반영된 정체성이라고 말할 수 있을 것이다(유홍림, 2001: 806-811).

물론 여러 문화 집단이 공존하는 상황이 항상 그렇게 대등한 조건에서 공정한 경쟁을 보장하거나 합리적 자기반성의 긍정적인 결과만을 가져오지는 않는다. 오히려 다문화 사회는 다수의 지배를 정당화하는 슬로건의 역할에 그칠 수도 있다. 이론적으로 보면 서로 다른 문화가 만났을 때 적어도 세 가지 결과를 예상할 수 있다. 첫 번째는 문화의 충돌로서 소통과 문제 해결의 공식적인 지위를 놓고 두 문화가 평행선을 유지하며 싸우는 것이다. 두 번째는 이른바 맥도날드화라고 부르는 경우처럼 하나의 문화가 다른 문화를 흡수하여 동화시키는 것이다. 세 번째는 두 문화가 만나서 전혀 다른 제3의 문화를 만들어내는 혼종hybridization의 경우이다. 아마도 케이팝 중심의 한류는 가수의 충원과 자본 동원, 다양한 작곡의 수입 등이 합쳐진 혼종의 경우에 해당할 것이다. 따라서 다문화적 상황에서 벌어지는 문화 집단들 간의 투쟁이 평화롭게 진행될 것이라고 낙관할 수는 없지만 그렇다고 해서 다수 집단이 항상 일방적으로 우위를 점할 것이라고 비관할 필요도 없다.

근대 국민국가는 단일성과 동질성을 특징으로 하는 다수의 민족 집단을 그 구성원으로 하여 집단 정체성을 형성함으로써 사회 통합의 문제와 정치적 정당성 문제를 해결하였다. 즉 민족과 결합한 국민국가는 구성원들 사이의 집단적 정체성을 바탕으로 사회 통합의 문제를 해결할 수 있었고 문화인종적 연대ethnic solidarity를 바탕으로 정치권력의 정당성 문제를 해결함으로써 민주주의 발전에 기여했다는 긍정적인 평가를 받는다. 그러나 지구화의 진전과 더불어 문화와 인종, 종교 등의 차원에서 다양성의 도전에 직면한 국민국가는 세계주의적 이해보다는 자민족 중심주의적 이해를 앞세우면서 문화인종적으로 다른 집단을 억압하고 배제하는 부정적인 측면을 보이기 시작했다. 이제 역사적으로 사회 통합과 정치적 정당성 문제의 해결에서 국민국가가 보여주었던 긍정적인 기여보다는 배제와 억압의 메커니즘이라는 부정적인 기여가 더 큰 경우도 생겨나고 있는 것이다(Habermas, 1999: 115).

한반도에서도 근대 국민국가의 등장과 한민족의 결합은 한국(인)의 정체성을 추적하는 데 중요한 실마리를 제공한다. 혈연에 근거한 민족의 개념이 한국(인)의 정체성을 규정하는 가장 강력한 단위로 자리 잡았고 지금까지 단일 민족이나 단일 문화에 근거한 민족주의 담론이 서로 경쟁하는 계급이나 지역, 종족 등의 개념을 무력화하면서 한국(인)의 정체성을 규정하는 요소로서 핵심적인 지위를 지켰다는 사실은 분명하다. 한국의 근대사에서 민족이 어떻게 등장했는지에 대해서는 일반론적인 민족 이론에 근거해 유추할 수 있다.

일군의 학자들은 민족이 오랫동안 지속된 문화인종적 공동체로부터 발전한 것이라기보다는 역사적으로 발명된 전통invented tradition이라고 본다. 민족의 연속성이나 문화적 순수성은 민족주의에 의해 만들어진 신화일 뿐이며 민족주의가 민족을 만들어냈다는 것이다. 특히 이들에 따르면 민족은 19세기 이후 국가나 국기, 그리고 교육의 확산과 매스미디어의 역할, 정치적 사회화를 통해 구성된 것이다(Hobsbawm, 1990; Hobsbawm and Ranger, 1993; Anderson, 1983; Gellner, 1983). 이와 같은 구성주의적 입장에서 보면 한민족의 기원은 근대 민족주의 이데올로기의 산물로서 그 이전의 한국 사회는 양반과 노비가 한 민족이라는 의식을 갖기 힘든 수직적 위계질서의 신분 사회일 뿐이었다. 특히 양반들은 자신들이 중국 중심의 세계주의적 문명의 일원이라고 생각했지만 평민, 노비와 함께

한민족 공동체의 일원이라고는 생각하지 않았다(엄헨리, 1999).

반면 근대주의나 구성주의적 입장에 비판적인 학자들은 근대화와 민족주의의 연계를 비판하면서 근대의 민족modern nation과 전근대적 문화인종 공동체premodern ethnic community 사이의 연속성을 강조한다. 즉 공동의 문화유산과 언어는 국가의 수립이나 민족의 독립 이전에도 존재했으며 오랫동안 역사적으로 스며들어 있다가 정치적 주권에 대한 자각을 바탕으로 자연스럽게 근대 민족으로 전환되었다고 본다(Geertz ed., 1963; Smith, 1986; Connor, 1994). 이 입장에서 보면 한국 민족은 단군 이래 동일한 지역에서 혈연과 언어, 문화, 역사 등을 공유해온 오래된 문화인종 공동체이고 현재의 민족은 과거의 문화인종적 공동체의 연속선상에서 존재하는 것이다.

이 두 견해 가운데 어느 입장을 따르든 한국에서 근대적 의미의 민족주의가 본격화된 것은 외세의 침략과 식민지 상황을 거치면서 정치적 주권에 대한 자각이 시작된 19세기 말 20세기 초반 이후일 것이다. 우리의 근대가 처음부터 민족을 말했던 것은 아니다. 즉 1898년 만민공동회의 헌의 6조를 보면 개인의 생명과 재산의 보호를 주장하는 시민적 권리에 대한 자각이 중심 내용을 이룬다. 만민공동회는 우리 근대사에서 개인이 어떻게 발견되고 있는가를 보여주며 개인의 정치적 참여에 기반한 직접 민주주의의 원형을 보여준다(전인권, 2006; 김홍우, 2007). 독립신문도 국가 차원보다는 개인 차원의 자유를 강조하는 의미에서 독립이라는 개념을 주로 사용하였다(정용화, 2004). 그러나 개인의 자유와 권리를 바탕으로 한 근대적 담론들은 외세의 개입과 제국주의적 침략이 본격화되면서부터 급속하게 민족주의 담론으로 대체되고 민족을 중심으로 한 담론은 경쟁하는 계급, 지역, 종족 등 여타 담론들을 압도하면서 무력화시켰다. 이러한 민족주의 담론의 패권적 지위는 분단이라는 상황 아래 남북한 간 경쟁을 통해 더욱 강화되었다(신기욱, 2009).

그러나 한국인이 공유하는 민족의식과 민족 정체성의 지위는 이제 지구화 시대를 맞아 아래로부터의 도전에 직면해 있다. 다문화의 도전은 기존의 민족 정체성을 어떻게 인류 보편의 이상과 조화시킬 것인가에 대한 논의를 요구한다. 한국인의 민족 정체성을 다시 규정하고 대한민국의 국가 정체성을 재구성하는 논의의 필요성은 이러한 역사적 맥락 위에서 설정된 것이다(양승태, 2010).

3. 다수제 민주주의와 합의제 민주주의

오늘날 한국이 당면한 지구화의 흐름이 민족 담론의 패권적 지위를 위협한다고 할 때 그 원인은 두 가지 위기로부터 오고 있다. 첫 번째 위기는 경제적 불평등의 심화에 따른 사회경제적 균열이고, 두 번째 위기는 다문화 사회로의 이행에 따른 사회문화적 균열이다. 이러한 두 차원의 균열은 다시 우리 사회의 민주주의를 심각하게 위협하는 대표의 위기crisis of representation와 연대의 위기crisis of solidarity를 가져온다. 대표의 위기는 사회적 소수의 목소리가 의사 결정 과정에서 배제되어 누구에 의해서도 대표되지 않는 현상을 가리키고, 연대의 위기는 사회적 소수와 다수 사이에 충분한 신뢰가 존재하지 않는 상황을 뜻한다. 이러한 상황은 근대주의자들이 19세기의 한국을 뚜렷한 계급적 질서 아래 하나의 민족 공동체가 존재하지 않았던 시기로 해석하듯이 이제 21세기 대한민국도 그 구성원들이 혈연에 근거한 민족 담론으로 포용되지 않을 정도로 서로 간에 차이가 커지고 있음을 의미한다.

한국 사회에서 지구화의 진전과 함께 수반되는 시장과 경쟁에 대한 찬사는 빈부의 격차를 확대시키고 있다. 한국보건사회연구원의 2016년 빈곤통계연보에 따르면 1인 가구를 포함한 전 가구 대상 소득 상위 20%가 차지하는 평균소득을 하위 20%가 차지하는 평균소득으로 나눈 5분위 배율의 소득 점유율은 2006년 6.3배에서 2015년 7.5배로 격차가 커졌다. 소득 상위 10%의 평균소득을 하위 10%의 평균소득으로 나눈 10분위 배율의 차이는 더 커져서 2006년 12.9배에서 2015년에는 20.8배로 늘어났다.

빈부 격차의 확대와 여성과 아동, 노인 빈곤율의 증가는 현상 자체로 큰 문제지만 이러한 흐름이 더 심각한 근본적인 이유는 단

〈표 1〉 5분위 및 10분위 배율에 따른 소득 점유율 변화(2006-2015년, 단위 %)

	2006	2007	2008	2009	2010	2011	2012	2013	2014	2015
5분위 배율	6.3	6.7	7.0	7.2	7.2	7.1	6.9	7.0	7.3	7.5
10분위 배율	12.9	14.0	15.3	17.2	17.8	17.8	17.1	17.8	20.3	20.8

자료: 한국보건사회연구원, 『빈곤통계연보 2016』.

순히 경제적 궁핍 때문에 고통 받는 것을 넘어서 오늘날 한국 사회에서 이들이 갖는 사회적 지위와 노동의 가치 및 생활양식 등이 총체적으로 부정당하고 경멸당한다는 데 있다. 이들의 존재 자체를 무화시키는 한국 사회의 분위기가 가능한 가장 큰 이유는 사회경제적 약자들이 정치적으로 대표되지 않는다는 데 있다. 우리 현대사는 분단과 남북 대결을 거치면서 보수 중심의 정당 체제를 형성했고 이러한 초기의 환경들이 동결됨으로써 새로운 대표체계의 출현을 봉쇄하거나 배제하는 과정을 보여주고 있다. 우리 역사의 중요한 고비마다 발생했던 정치적 사건들의 집단 경험들은 사회 통합을 가능하게 만드는 정체성 형성에 중요한 요소가 되지만 동시에 그러한 집단 소속감은 다른 집단과의 차이를 강조하면서 소통의 장벽이 될 수도 있다. 2002년 월드컵 응원을 하면서 하나가 되었던 경험은 우리 정치 공동체의 중요한 자산이지만 그 경험으로 빈부의 격차까지 덮을 수는 없는 것이다. 즉 하나 된 경험을 가진 민족 집단의 패권적 지위가 지구화 시대의 늘어가는 빈부 격차와 궁극적인 사회경제적 균열을 모두 포괄하지는 못하는 것이다.

우리 사회의 또 다른 경향으로서 사회문화적 균열을 상징하는 소재인 외국인의 수는 2017년 말 기준 218만여 명으로 전체 인구의 약 4.21퍼센트를 차지한다. 아직 절대적인 숫자에서 그 비중이 크지 않지만 우리가 인종, 문화, 종교 차원의 사회적 소수 문제와 이들의 증가에 따른 다문화적 이행에 관심을 가지는 이유는 이들의 존재가 지구화 시대의 등장을 반영하는 불가역적인 준거적 현상이고, 우리 사회의 가장 주변적인 부분에서 우리 사회의 존엄과 민주주의를 시험하는 사례가 되고 있기 때문이다. 이들 역시 대표의 문제를 겪는다. 이민자들은 정치적으로 스스로를 대표하기를 포기하거나 아니면 제도적 제약 때문에 포기를 강요받는다. 이들도 정부의 정책에 직접적인 영향을 받으며 일상생활을 영위하고 거주하는 국가에 세금을 납부한다. 분명히 정치 공동체 안에 존재하지만 정치적으로 대표되지 않는 사람들이 늘어가는 이런 상황은 모든 사람들이 정치적으로 대표되어야 한다는 민주주의의 원칙에 비추어 결코 바람직하다고 볼 수는 없을 것이다.

사회경제적 균열과 사회문화적 균열은 구성원의 관점에서 보면 대체로 서로 겹친다. 즉 인종적, 문화적, 종교적으로 사회적 소수인 사람들이 사회경제적 약자에 속하는 경우가 많다. 사회경제적 또는 사회문화적 차원의 소수가 겪는 대표의 위기는 곧 연대의 위기를 불러일으킨다. 즉 공동체의 의사 결정 과정에 구조적으로 대표되지 않는 사회적 소수가 늘어갈수록 그들이 사회적 다수에게 연대감을 느낄 가능성은 낮아진다. 하나의 정치 공동체는 다수 의견이 요구하는 희생에 소수 의견을 가진 사람들이 승복할 수 있을 정도의 일체감을 요구한다. 갈등을 비폭력적인 방법으로 해결하기 위해서는 시민들이 다수결의 원칙에 동의해야 하고, 그 원칙에 동의할 수 있을 정도의 사회적 연대가 가능하기 위해서는 공동의 정체성이 필요하다. 지금까지 우리 사회는 그러한 공동의 정체성을 민족 담론으로 유지해왔다고 볼 수 있다. 그러나 이제 지구화의 진전과 함께 발생하고 있는 사회경제적 균열과 사회문화적 균열은 민족 담론의 패권적 지위와 역할에 의문을 제기한다. 여전히 우리가 한 공동체의 구성원인가에 대해 회의를 품는 사람들이 늘어나고 있는 것이다.

대표의 위기와 연대의 위기는 두 가지 관점에서 대안을 제시할 수 있다. 첫 번째는 정치제도적 차원의 대안이고, 두 번째는 민족 담론의 재구성이다. 정치제도적 차원의 대안은 다수제 민주주의majoritarian democracy에서 합의제 민주주의consensual democracy로의 전환이고, 민족 담론의 재구성은 문화인종적 민족ethnic nation에서 시민적 민족civic nation으로 담론의 중심을 이동시켜야 한다는 것이다. 이 둘은 밀접하게 연관되어 있다. 다수제 민주주의에서 다수를 구성하는 기준이 상대적으로 동질성과 단일성을 강조하던 한국 민족의 문화나 혈연이었다면 합의제 민주주의에서 다수는 사회적 정의와 재분배가 이루어지는 정치 공동체에 대한 헌신과 애국심이라는 시민적 원칙에 따라 결정되어야 한다.

다시 말해 지구화의 진전에 따른 사회의 빠른 변화와 다양성의 심화는 우리 사회에서 향후 정치 개혁을 정당화할 수 있는 하나의 논리를 제공한다. 즉 아래로부터 분화하는 사회는 그에 상응하는 정치제도의 변화를 요구하고, 우리는 이에 대해 다수제 민주주의에서 합의제 민주주의로의 이행이 하나의 대안이라고 말할 수 있을 것이다. 다수제 민주주의가 구체적인 정치제도로서 대통령제, 단방제, 단순다수 소선거구제와 친화력을 갖는다면, 합의제 민주주의는 의원내각제, 연방제, 비례대표제 등과 친화력을 갖는다.

다수제 민주주의는 비교적 동질적인 사회와 문화, 역사적 경험을 전제로 한다. 상대적으로 동질적인 사회에서 사람들은 문제를 비폭력적으로 해결하기 위해 다수결의 원칙에 쉽게 합의한다. 다수결의 원칙을 받아들인다는 사실에는 다시 두 가지 사실이 전제되어 있다. 하나는 내가 지금은 이 사회의 소수이지만 다른 경우에는 다수가 될 가능성이 있다는 믿음이다. 다른 하나는 내가 비록 소수 의견이기 때문에 양보할지라도 다수가 내 권리를 보호하기 위해 노력해줄 것이라는 소수의 권리 보호에 대한 믿음이다. 다시 말해 한 정치 공동체의 구성원들이 다수결의 원칙을 받아들인다는 사실은 이와 같은 두 가지 전제를 바탕으로 다수가 요구하는 희생에 소수가 기꺼이 동의할 수 있을 정도의 신뢰, 즉 사회적 연대감을 갖고 있다는 사실을 의미한다. 다수가 소수에 대해, 또는 소수가 다수에 대해 가지는 신뢰를 전제하지 않고는 다수 결의가 성립될 수 없다. 물론 그것이 이미 성립된 제도이기 때문에 모두가 받아들일 것이라고 기대할 수는 있다. 그러나 다수 의견에 기꺼이 승복할 만한 아무런 신뢰 없이 기계적인 포기를 강요당하는 사회를 우리가 바람직한 정치 공동체라고 부를 수는 없다. 특히 이념, 지역, 인종, 문화, 종교 등을 기준으로 다양하게 분화된 사회에서 특정 집단이 구조적으로 다수가 될 가능성이 전혀 보이지 않는다고 할 때 그런 상황에서 실시하는 다수 결의는 소수 집단을 상대로 끊임없는 희생을 강요하는 폭력이 될 뿐이다.

따라서 만약 한 정치 공동체가 다양한 기준에 따라 분화되어간다면, 그리고 그 결과 전혀 대표될 가능성이 없는 소수 집단이 늘어간다면, 동질적인 사회를 전제로 51%의 단순 다수 simple majority를 묻는 다수결의 원칙은 가능한 한 많은 사람들의 의견을 대표할 수 있는as many people as possible 합의제의 원칙으로 바뀌어야 한다. 합의제의 대표적인 형태인 협의제 민주주의consociational democracy는 네 가지 원칙으로 이루어진다. 첫째, 사회 내의 다양한 하부 집단의 자율성을 인정하는 것이다. 둘째, 이렇게 인정된 집단의 대표들이 참여하는 대연정을 통해 정부를 구성하는 것이다. 셋째, 대연정을 구성하는 원칙으로서 참여 집단의 크기에 따른 비례성의 원칙을 존중하는 것이다. 마지막으로 넷째, 각각의 집단은 상호거부권을 갖는 것이다. 상호거부권으로 인해 모든 정책 결정 과정이 멈추는 상황을 예상할 수 있지만, 유럽의 경험은 대체로 각 집단이 학습효과를 통해 거부권을 행사하기 보다는 대화와 타협을 통해 정국을 운영해나간다는 사실을 보여준다.

　물론 우리 사회가 당장 협의제 민주주의를 실시해야 할 정도로 균열을 보이는 것은 아니다. 그렇지만 이 방향으로의 장기적인 발전 경향은 분명해 보인다. 이미 우리 사회는 사회경제적 기준에 따른 양극화의 심화로 대표되지 않는 집단이 늘어가고 있다. 그리고 이러한 경향이 빠른 시일 내에 역전될 가능성도 보이지 않는다. 여기에 더해 인종적, 문화적, 종교적 소수 집단도 빠르게 증가하고 있다. 만약 가까운 장래에 통일이 실현된다면 남과 북의 차이는 우리 사회에 더욱 더 다문화적인 상황을 가져올 것이다. 다문화 사회에서 정치는 가능한 한 많은 사람들의 합의를 도출해낼 수 있는 합의제 민주주의로 근본적인 패러다임의 변화를 필요로 한다. 즉 분화하는 사회 구조를 반영해 생겨나는 복잡한 문제는 더 정밀한 고차원의 제도를 통해 복잡하게 풀어가야 할 것이다.

따라서 다문화 사회의 정치에서는 모든 사회 집단을 만족시킬 어떤 거대 담론도 존재할 수 없고, 말 그대로 서로의 이해관계에 따라 대화와 타협을 통해 이익을 주고받는 지루한 일상이 될 확률이 높다. 우리는 이제 단 한 번의 선거, 한 명의 위대한 정치인을 통해 모든 문제를 해결할 수 있다는 환상이 사라져버린 다문화적 정치 상황에 점차 익숙해져야 할 것이다.

4. 문화인종적 민족과 시민적 민족

지구화의 진전에 따라 발생하는 대표의 위기와 연대의 위기를 해결하는 두 번째 대안은 문화인종적 민족에서 시민적 민족으로 한국의 국가 구성 원칙을 바꾸는 것이다(Smith, 1999; Takao, 2007). 다시 말해 한국 사회의 새로운 정체성을 기존의 문화인종적 민족ethnic nation이 아닌 시민적 민족civic nation을 중심으로 재구성하고, 그 정체성의 핵심으로 우리 사회의 발전에 누구나 참여하고 기여할 수 있는 지속 가능한 민주주의를 제시하는 것이다. 정체성의 요소를 기존의 인종이나 종교, 문화에서 찾지 않고 한국의 현대사가 성취한 가장 큰 업적인 민주주의 이행과 공고화를 중심으로 하여 시민적 정체성을 새롭게 재구성하는 작업은, 상대적으로 동질적이고 일국적이었던 민주화 시기의 시민들이 지구화 시대를 맞아 이질적이고 다양한 시민들로 바뀌어갈 때 우리 사회의 정체성은 어떤 기준에 의해 재구성되고 우리 사회의 민주주의는 어떤 원칙에 의해 지속될 수 있을 것인가 하는 질문에 대한 대답이다.

그렇다면 무엇이 시민적 민족의 구성 원칙인가? 배리에 따르면 우리의 인종에 대한 의무는 단순히 육체적인 것이지만 정치적 국민국가에 대한 의무는 윤리적인 것이기 때문에 근대 국민국가의 의미는 인종 집단의 종합으로 축소될 수 없다. 다시 말해 종족에 따른 생물학적인 조상을 따지는 것하고 인간의 필요와 목적을 완성하기 위한 근대적인 성숙한 시민의 이해와는 아무 상관이 없는 것이다. 따라서 민주주의와 인권을 발전시켜온 토대이자 시민들 사이의 재분배를 보다 쉽게 받아들일 수 있게 만드는 국민국가라는 이 특별한 정치 공동체 내부에서 인종이나 문화 등 생물학적 분류에 따른 권리를 요구하는 것은 종교 간 신념의 다툼이나 종족적 투쟁으로 점철된 중세로의 회귀를 의미할 수 있다(Barry, 1983: 121-154).

물론 이러한 주장이 기존 민족 단위의 완전한 해체나 민족문화의 완전한 부정을 의미하는 것은 아니다. 정체성은 본질적으로 규정되지 않는 사회적 구성의 산물이지만 그 구성의 결과에 연속성을 파악할 수 있게 해주는 역사와 전통이 있음을 간과해서는 안 된다. 즉 3.1 운동과 한국전쟁, 4월 혁명, 6월 항쟁 등의 집단 경험은 한국인과 한국의 정체성을 규정하는 중요한 사건들이고 이 정치적 사건들은 한국 민족이라는 혈연 집단과 밀접하게 결합되어 있는 것이 사실이다. 그렇지만 혈연에 근거한 집단이나 그 문화가 정치 공동체를 구성하는 전부가 될 필요는 없는 것이다. 즉 생물학적인 귀속적 애착은 합리적 반성의 역할에 의해 균형을 찾아

〈표 2〉 한국인이 되기 위한 중요한 자격(단위 %)

	2005년	2010년	2015년	비고
한국 핏줄을 갖는 것	80.9	84.1	82.8	귀속적
한국 영토에서 태어나는 것	81.9	87.7	88.1	귀속적
한국 국적을 유지하는 것	88.2	89.4	92.9	성취적
한국의 법과 질서에 따른 것	77.5	87.3	88.6	성취적
한국 언어를 사용하는 것	87.0	87.8	86.5	성취적
한국 역사와 문화를 이해하는 것	82.1	85.9	76.2	성취적

출처: 강원택(2007), 강원택·이내영(2011) 이내영·윤인진(2016) 재구성.

야 한다. 집단적 자기 정체성 형성에서 단일 문화가 아닌 다문화적 시각의 수용은 비교를 통한 집단적 자기 성찰을 통해 민주주의를 지속적으로 유지할 수 있는 조건이 되고 다양한 문화가 경쟁하면서 서로에게 이성적인 성찰이 가능한 비판적 거리를 제공하는 것은 시민적 민족의 형성에 영향을 미친다. 시민적 민족은 정치적인 가치와 원칙들에 근거해 형성되며 그것은 개인의 자유와 평등, 기회의 균등, 헌신과 애국심 등을 포함한다. 시민적 민족의 형성에서 특히 중요한 애국심이 반드시 귀속적 애착에 근거한 민족주의를 필요로 하는 것은 아닌 것이다.

실제 우리 사회에서도 이런 경향의 변화를 찾아볼 수 있다. 〈표 2〉는 한국인이 되기 위한 자격으로 간주되던 대표적인 귀속적 특성인 혈연이나 출생 장소를 많은 한국인이 점점 중요하지 않게 생각하고 있으며 오히려 성취적인 특성으로서 국적의 유지나 법과 질서를 존중하는 것이 더 중요하다고 생각하고 있음을 보여준

〈표 3〉 외국인 노동자를 향한 한국 노동자의 사회적 거리 1997 & 2007(단위 %)

질문	조선족		중국인		동남아인		일본인		미국인	
한국 국민	49.5	51.1	25.1	33.7	16.3	31.9	14.0	30.8	18.7	38.9
동료 노동자	79.8	82.5	69.9	73.8	68.5	81.7	59.7	74.1	64.2	79.5
이웃	80.4	78.9	70.6	71.8	64.8	74.4	59.3	72.3	74.5	78.3
친한 친구	61.9	64.5	51.9	54.4	51.5	58.5	46.3	62.4	62.1	69.0

출처: 오계택(2007).

다. 이러한 경향은 2005년과 2010년, 2015년의 조사에서 나타나는 유의미한 변화를 통해 확인할 수 있다. 물론 여전히 많은 사람들은 혈연과 출생이 한국인이 되기 위한 중요한 자격이라고 생각하지만 성취적 요인을 강조하는 이와 같은 흐름은 한국인들이 외국인을 받아들이는 태도가 개방적인 방향으로 변하고 있음을 보여준다.

〈표 3〉은 한국인들이 새로운 이주자를 자신의 동료 시민이나 이웃, 작업장 동료, 친한 친구 등으로 받아들일 수 있는지에 대한 대답을 정리한 통계이다. 1997년 결과와 비교할 때 모든 결과가 다양한 외국인 집단에 대한 관용이 커지고 사회적 거리가 줄어들었음을 보여준다. 그러나 외국인을 공식적인 한국 국적을 갖는 동료 시민으로 받아들이는 것은 다른 항목에 비해 상대적으로 낮은 수용 비율을 보여준다. 물론 이 분야에서도 1997년과 2007년 사이에 수용의 비율은 늘어나고 있다. 이러한 통계는 외국인에 대한 배타

성이 줄어들고 있지만 한국인들이 아직 단일 민족 전통으로부터 완전히 멀어진 것은 아님을 나타낸다.

역사적으로 문화적 소수의 권리는 누군가가 일방적으로 부여하거나 선험적인 지위로 주어지는 것이 아니었다. 많은 경우 그러한 권리들은 오랜 투쟁을 거쳐 쟁취되었고 점차 보편적 권리의 지위를 확보해갔다. 따라서 지구화 시대에 다문화 사회로의 이행 과정에서 어떻게 시민적 민족을 구성하는 원칙을 확보하느냐 하는 문제 역시 그렇게 평화롭지만은 않은 심한 갈등을 수반하는 과정으로 예상할 수 있다. 지구화가 가져오는 사회문화적 균열은 이성과 과학을 앞세워 전 세계를 구획해가면서 자유주의의 보편적 세례를 통해 개인을 해방시킨다는 논리와, 이와 같은 보편성의 논리에 저항하여 반서구의 효과적인 진지를 구축한다는 문화적 자기 결정권의 논리를 모두 담고 있었다. 자유주의의 보편성에 저항하면서 개별 문화의 가치와 원칙을 고수한다는 점에서 다문화주의는 한편으로 탈근대적이지만 여전히 개인과 집단의 주체성을 부정하지 않고 해체하지 않는다는 점에서 근대적 기획이기도 하다. 그러나 이성적 성찰이 결여된 다문화주의는 언제든지 비합리적인 관습과 행태를 문화적 자기 결정권이라는 이름 아래 정당화하는 논리로 작동할 수 있다. 지구화는 또한 공동선이나 민주적 자치를 지향하는 노력들을 도외시하고 경제적이고 도구적인 합리성을 추구하면서 정의와 정당성을 추구하는 정치 영역의 독자성을 부정하는 얼굴도 가지고 있다. 시민적 민족을 중심으로 집단 정체성을 형성하는 과정에서 등장하는 합리적 반성의 영역에서는 이러한 문제들에 대한 비판적 검토도 이루어져야 할 것이다. 우리 사회가 직면하고 있는 위기의 성격과 대안에 대한 지금까지의 논의를 그림으로 간단하게 정리하면 다음과 같다.

〈그림 1〉 다문화 시대 지속 가능한 민주주의의 제도 및 이론적 대안

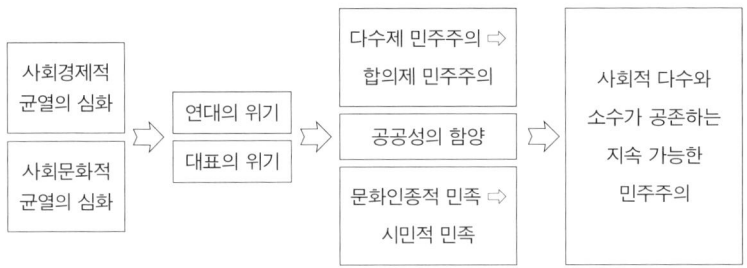

다시 요약하면, 다문화의 도전에 직면하여 사회경제적 균열과 사회문화적 균열이 동시에 심화될 때 이러한 변화에 따르는 가장 큰 도전은 연대의 위기와 대표의 위기를 가져옴으로써 우리가 성취한 민주주의의 원활한 작동을 위협하는 것이다. 또한 우리 사회의 근본적인 변화를 반영하는 지속 가능한 민주주의는 사회적 다수와 소수의 갈등을 넘어서 새로운 거버넌스의 형태로서 다수제 민주주의에서 합의제 민주주의로의 전환을 필요로 하고, 그 핵심적 원칙은 공공성public spirit의 함양을 중심으로 시민적 정체성을 새롭게 재구성하는 데서 찾아야 한다. 이러한 접근은 특히 우리 사회가 새로운 정체성을 기존의 문화인종적 민족이 아닌 시민적 민족을 중심으로 재구성하고 그 정체성의 핵심에는 우리 사회의 발전에 누구나 참여하고 기여할 수 있는 지속 가능한 민주주의

가 자리 잡고 있어야 한다는 점을 전제하고 있다.

5. 정체성과 애국심

새로운 이주자들이 우리 사회의 발전에 누구나 기여하고 참여할 수 있다고 해도 여전히 국민국가의 경계는 도덕적으로 중요하다. 세계적 차원의 분배적 정의가 아직 비현실적이라는 점에서 현실적으로 정의에 관한 선택은 훨씬 작은 단위에서 일어난다. 그러나 너무 작은 단위의 공동체는 그 자원의 한계로 말미암아 의미 있는 분배 자체가 지속되기 어렵고, 너무 큰 단위의 공동체는 분배에 대한 합의를 이끌어내기가 쉽지 않다. 이러한 제약들 가운데서 국민국가는 현실적인 분배적 정의의 단위로 기능하고 있으며 결국 시민들 사이에 공유되는 국가 정체성이 사회정의와 민주주의 실현이라는 정치적 목표를 가능하게 해주는 전제 조건이 된다. 무엇보다도 국가 정체성은 상호 이해를 증진시킬 수 있는 공동의 자산을 제공해주기 때문이다.

이러한 관점에서 보면 국민국가는 하버마스가 주장하는 헌법애국주의보다는 더 두터운 정치적 대표와 사회적 연대의 기반을 필요로 한다. 즉 관용의 원칙이나 법의 지배, 표현의 자유, 시민의 동의에 기초한 정부 등으로 구성된 헌법애국주의의 원칙들은 헌정의 기본 요소들을 똑같이 갖고 있음에도 불구하고 역사적으로 존재해온 정치 공동체 사이의 경계를 설명하지 못하고, 법의 지배를 채택한 많은 근대의 민주국가들이 서로 다른 정체성을 갖는 이유를 설명하지 못한다. 국가 정체성은 각 정치 공동체가 갖는 고유한 문화와 전통을 반영하여 시민들 사이에 공유된 의식으로서 헌법애국주의의 원칙들보다 더 두터운 개념인 것이다(Miller, 1988). 따라서 우리는 이민자에게 공동체가 이제까지 성취한 역사와 문화에 대해 일정한 수준의 지식을 가질 것을 요구할 수 있고 또한 국가로부터 부과되는 사회적 의무를 준수할 마음가짐을 요구하게 된다. 도덕적 정당화가 가능할 만큼 중요한 의미를 갖는 국민국가의 경계를 아무 조건 없이 횡단할 수는 없는 것이다. 그러나 더 엄격한 조건에 의해 이민이 허용될지라도 이민자들이 단순히 기존 사회의 문화에 대한 수혜자로서 머무는 것이 아니라 그 사회의 미래를 결정하는 하나의 변수로서 자신들의 역할을 할 것이라고 기대해야 한다. 즉 국민국가의 경계는 중요하지만 그 경계 안에서 이루어지는 활동은 모든 집단들이 서로 조우하는 기회와 우연 속에서 변해가는 것이고 고정된 지배적 정체성이 항상 지속되는 것은 아닌 것이다.

사회적 정의가 집행되고 재분배가 이루어지는 단위로서 국민국가는 그 공동체를 유지하기 위해 시민들의 애국심을 필요로 한다. 시민들이 정치 공동체에 대해 갖는 헌신은 개인에 대한 존중을 기초로 정치 공동체의 존재의의에 동의하는 사회 통합이 이루어졌을 때 가능하다. 즉 사회적 통합을 가능하게 하는 정치 공동체의 정체성은 개인의 정체성을 전제로 구성되어야 하는 것이다. 다시 말해 시민들이 애국심을 가지기 위해서는 자유롭고 평등한 개인의 해방이 먼저 전제되어야 하고 개인을 억압하는 관습과 부정적인 관행들은 자유주의의 보편적 세례를 통해 타파되어야 한다. 개인의 차이를 존중하는 합리적인 사회 통합의 원칙이 제시되어야 하고 개인의 차이를 차별의 근거로 삼아 특정 개인이나 집단에 대해 부정적인 낙인을 찍은 다음 사회적 차별을 정당화하는 행위가 금지되어야 한다. 사회적 다수와 소수에게 내가 속한 정치 공동체의 운명을 결정하는 데 참여할 수 있는 정치적 대표의 권리가 보장되어야 하고 그 권리의 행사 과정에서 비로소 시민적 주체가 생겨나고 그들 사이의 사회적 연대가 형성될 것을 기대해야 한다.

정체성은 결국 소속감을 중요한 기준으로 삼는다. 그것은 배제와 포용의 동학 속에 형성된다. 그리고 그 내용은 자기 시대를 살아가는 각각의 세대에 의해 끊임없이 재구성된다. 소속감은 또한 불가피하게 타자화의 진행과 함께 형성된다. 그러나 이것이 배타적인 자기 재생산을 의미해서는 안 될 것이다. 민족 이전에 개인의 발견을 통한 개인적 정체성의 확립이 선행되어야 하고 민족 담론의 패권적 지위를 이용하여 도그마처럼 강요하거나 이데올로기처럼 선동하는 것은 개인에게 선택의 기회를 빼앗는 것이 된다. 귀속적 애착과 합리적 반성의 균형을 통해 개인 및 집단적 정체성을 형성해가는 것이 중요하지만 이 과정 역시 집단 정체성의 추상적 가치들이 개인적 이해의 물질적 욕구들과 균형을 이루어야 한다. 현저하게 개인의 이익에 반하는 희생이 집단 정체성의 추상적 가치들에 의해 강요되어서는 안 된다. 자신이 속한 정치 공동체에 대한 애국심은 이러한 균형들 속에서 생겨날 때 비로소 의미를 갖게 된다.

요약하면 오랫동안 한국(인)의 정체성을 규정해왔던 민족은 지구화의 진전과 함께 찾아온 사회경제적 균열과 사회문화적 균열 속에서 여타 개념들과의 경쟁을 요구받고 있다. 이러한 두 차원의 균열은 대표의 위기와 연대의 위기를 가져오고 있고 이 위기를 해소하기 위해 다수제 민주주의에서 합의제 민주주의로의 전환과 문화인종적 민족에서 시민적 민족으로 사회 구성의 원칙을 바꿀 것을 우리 사회의 미래 발전 방향으로 제시할 수 있다. 이렇게 전환된 정치 공동체에서도 사회정의와 민주주의 실현을 위해 여전히 정체성과 애국심은 중요하다. 그러나 그 애국심은 혈연적 민족의 패권적 지위를 위한 것이 아니라 개인 및 집단 정체성을 형성하는 과정에서 귀속적 애착과 합리적 반성의 균형을 통해 생겨난 정치적 가치와 원칙을 위한 것이어야 한다.

6. 민주주의 위기와 권위주의의 귀환에 맞서는 시민

그렇지만 정치적 가치와 원칙을 중심으로 정의된 규범적인 개념으로서 애국심과 정체성의 주장은 오늘날 심각한 도전에 직면하고 있는 것이 사실이다. 최근 세계적으로 나타나는 공통적인 사회현상 가운데 하나는 보수와 진보의 갈등이 심화되는 가운데 민주주의가 후퇴democracy in retreat하고 대의민주주의에 대한 신뢰가 저하하고 있는 것이다. 민주주의의 후퇴는 이미 민주주의의 이행과 공고화 과정을 거친 서구와 아시아의 많은 나라들에서 민주화 이후 민주주의가 가져다주는 삶의 질에 실망한 시민들이 계속되는 민주주의 심화 요구에 지지를 철회하고 있는 현상을 말한다(Kurlantzick, 2013). 이들은 정기적인 선거를 통한 최소한의 절차적 정의만 확보된다면 더 이상 민주주의 문제에 신경을 쓰기 보다는 경제적 혜택과 안정된 삶의 유지에 더 신경을 쓰고 이를 위해 심지어 권위주의적인 정부의 등장도 용인하는 태도를 보인다. 이와 같은 민주주의 후퇴의 이면에는 현대사회의 사회경제적 균열과 사회문화적 균열에 대해 시민들이 느끼는 무력감과 절망이 반영되어 있다.

최근 사회경제적 균열의 심각함을 보여주는 논의로는 마치 19세기처럼 세습된 자본의 영향력이 커지는 현상을 강조하는 가산제적 자본주의patrimonial capitalism로의 회귀 주장이 있다(Piketty, 2014). 돈이 돈을 버는 자본의 이윤 증가 속도가 일을 해서 돈을 버는 성장의 속도보다 빠르기 때문에 빈부의 사회적 격차가 꾸준히 커지고 있다는 이 주장은 그 근거로서 1977년부터 2007년 사이 미국의 상위 1%가 같은 기간 국민소득 증가의 60퍼센트를 차지했으며, 2012년 미국의 상위 1퍼센트가 전체 소득의 22.5퍼센트를 차지하고 있다는 자료를 제시한다. 이른바 자본의 수익률(r)이 경제 성장(g)을 능가한다는 $r > g$의 자본 축적에 관한 새로운 주장은 현재 진행 중인 세계적인 빈부 격차의 확대가 불가역적이라는 비관적인 전망을 제시하고 있다.

사회경제적 균열과 함께 사회문화적 균열의 심각함을 보여주는 현실은 다문화주의 공포multiculturalism of fear라는 개념으로 표현되고 있다. 다문화주의 공포의 심화는 미국 뉴욕의 2001년 9.11 테러, 영국 런던의 2005년 7.7 테러 이후 문화적 소수자들의 증가가 가져오는 문화적 충돌의 공포를 체험하면서 분절된 문화인종적 공동체를 만들어내는 다문화주의에 대한 회의가 늘어가는 현상을 일컫는다(Levy, 2000). 서구의 정치 지도자들은 다문화주의의 실패를 언급하면서 기존 서구의 자유주의 원칙을 중심으로 한 사회 통합을 강조하고 있고, 다른 한편에서는 상호문화주의적 대화intercultural dialogue를 대안으로 제시하는 큰 흐름 속에서 문화적 동화나 반이민을 강조하는 극우 정당들이 지지를 얻어가고 있다.

사회경제적 균열과 사회문화적 균열이 심화되는 가운데 나타나는 민주주의의 후퇴가 시민들의 의식과 사회 분위기에 미치는 영향은 무엇보다도 사회적 약자에 대한 배려와 민주주의의 규범적 가치들에 대한 관심이 줄어든다는 점이다. 시민들은 문화적 소수자의 유입에 따른 갈등에 대해 배타적인 생각을 가지기 시작하고 사회경제적 약자에 대한 연대의 신념이 약해지면서 다문화적 균열과 경제적 양극화가 민주주의의 후퇴를 가져오는 것에 대해 체념하기 시작한다. 이런 현상은 특히 빈부 격차가 커지는 지구적 경제 위기 상황을 맞아 더욱 심화된다. 최근의 위기 국면에서 국가는 가장 주변적인 집단부터 경제적 혜택의 축소를 시도하고 시민들의 규범적 지지를 잃은 사회적 소수 집단은 모든 의사 결정 과정에서 우선적으로 배제된다.

이러한 현실은 대의민주주의의 가장 핵심적인 원칙으로서 시민들의 의사가 적절하게 대표되어야 한다는 전제가 무너지고 있음을 의미한다. 시민들은 자신의 이해를 이익집단을 통해 표출하고 정당은 이를 집약하여 선출된 대표를 통해 의사 결정 과정에 반영한다. 따라서 대표의 위기는 곧 대의제의 핵심인 정당 정치의 위기를 의미하고 대표의 위기는 다시 사회적 연대의 위기를 해소해야 하는 더 근본적인 문제와 연관되어 있다. 즉 대표의 문제를 둘러싼 위기는 사회적 연대의 위기를 불러오고, 연대의 위기는 다시 대표의 위기를 악화시키는 것이다.

그렇다면 어떻게 이와 같은 대의민주주의의 위기를 극복할 수 있을까? 보수와 진보의 갈등과 대립은 사회적 균열을 가속화하고 이 균열을 보는 서로 다른 시각과 서로 다른 대안은 더 깊어진 보수와 진보의 대립으로 반영된다. 이 갈등을 공존으로 바꾸기 위해 한국 사회는 그 구성 원칙으로서 '공공성'의 함양에 주목할 필요가 있을 것이다. 공공성은 사적 영역과 구분되는 공적 영역에서 정치 공동체의 운명에 자발적으로 참여하는 시민으로서 역할을 할 때 발휘되는 덕목이다. 사적 영역이 개인과 가족의 공간으로 정의된다면 공적 영역은 이 공간을 제외한 나머지 공간으로 정의할 수 있다. 또는 공적 영역을 국가와 정부의 업무와 관련된 영역으로 한정하고 나머지 공간을 사적 영역으로 정의하기도 한다. 이와 같은 두 가지 정의의 방법이 공적 영역과 사적 영역을 최소화하는 양쪽 끝의 개념 정의라면 오늘날 우리 사회에서 공적 영역의 공간은 점점 커져가고 있지만 그 공간을 채울 우리의 공공성은 점점 더 희미해져가고 있는 것이 현실이다.

서울대학교 사회발전연구소가 SBS와 공동연구한 2014년 11월의 발표에 따르면 OECD 33개 국가의 공공성을 구체적 수치를 통해 분석한 결과 한국의 공공성은 가장 낮은 33위로 나타났다. 항목별로 보면 한국은 공공성을 구성하는 4대 요소(공익성, 공정성, 공개성, 공민성) 가운데 공민성이 32위(33위는 헝가리), 공개성은 31위(32위 이탈리아, 33위 헝가리), 그리고 공정성과 공익성은 최하위인 33위를 기록하였다. 이처럼 한국 사회의 공공성이 낮은 이유는 관용이나 평등의 가치보다는 경쟁이나 성공 등의 가치가 중요하게 자리 잡고 있는 한국인의 '가치관 구조'에 기인한다는 것이 연구 결과이다.

시민들의 공공성에 대한 낮은 관심과 민주주의에 대한 지지 철회의 또 다른 원인에는 긴 노동 시간, 빠른 노동 속도, 상시적인 고용 불안 등 시민을 정치적으로 탈동원화하고 더 이상 정치에 관심을 가질 여유가 없는 개인으로 만드는 지구적인 무한 경쟁의 흐름이 있다. 불안정한 고용에 시달리면서 경쟁을 강요받는 사회에서 사람들은 기약 없는 정치 참여에 시간을 쏟기보다 권위주의적 정치가 주는 안정과 가부장적 보호를 선호하게 되는 것이다. 그렇다면 어떻게 이 구조적 악순환에서 벗어날 수 있을까? 민주주의의 위기를 가져오는 이와 같은 시장의 무정부성에 저항하는 방법은 결국 시민들의 강력한 연대와 적극적인 참여를 통한 정치적 통제의 강화밖에 없을 것이다. 이런 맥락에서 시민과 시민사회의 역할은 아무리 강조해도 지나치지 않다.

구조는 행위자의 선택을 제한하지만 행위자의 누적된 선택에 의해 구조 역시 궁극적으로 변화한다. 고용 불안과 경쟁 속에서 개인들의 선택은 제한받지만 시민들이 연대와 참여를 통해 민주적 정부를 수립하고 견제할 때 구조 역시 점진적으로 변화해갈 것이다. 그러나 시민의 역할에 대한 무조건적 기대에도 함정은 있다. 예를 들어 586세대는 민주화 이후의 사회를 이상화하면서 시민으로서 과도한 도덕적 의무를 당연시했고 이 과정에서 사적 개인에 대한 관심은 상대적으로 적었다. 이와 같은 상황은 곧 민주화 이후의 실망과 단절로 이어졌고 도덕적 과부하와 거대 담론의 영향 아래 왜소화되었던 개인들이 정체성 위기와 자기부정에 직면하는 모습을 보여주었다.

훌륭한 시민은 외부적 긴장과 타인의 시선에 의지해 유지되는 것이 아니라 사적인 개인으로서의 성찰과 그에 비례하는 공적인 실천에 의해 유지된다. 그러므로 우리는 생각의 힘과 그 힘을 통해 드러나는 인간의 존엄함을 믿는 인문주의자를 길러내야 하고 자신과 자신의 주위 상황에 대한 깊은 성찰을 통해 어떤 거대한 외부의 힘에 맞서서도 당당하게 자신의 의견을 말할 수 있는 독립적인 개인들을 길러내야 한다. 개인의 자유와 자유로운 내면의 가치를 지지하고 다른 사람과의 문화적 차이를 존중하면서 동시에 자신의 주변에서 일어나는 정치과정에 적극적으로 참여하고 있는 사람만이 민주주의 후퇴와 권위주의 귀환을 저지하는 강한 시민이 될 수 있을 것이다(김남국, 2015a에서 재인용).

참고 문헌

강원택, 2007, 『한국인의 국가정체성과 한국정치』, 서울: 동아시아연구원.
강원택·이내영 편, 2011, 『한국인, 우리는 누구인가?』, 서울: 동아시아연구원.
강정인 외, 2001, 『민주주의의 한국적 수용』, 서울: 책세상.
강휘원, 2006, 「한국 다문화사회의 형성 요인과 통합 정책」, 『국가정책연구』 20권 2호: 5-33.
곽준혁, 2007, 「다문화 공존과 사회적 통합」, 『대한정치학회보』 15권 2호: 23-41.
곽준혁, 2009, 「공화주의와 인권」, 『정치사상연구』 15권 1호: 31-53.
구견서, 2003, 「다문화주의의 이론적 체계」, 『현상과 인식』 27권 3호: 29-53.
구은숙, 2000, 「다인종 다문화시대의 문화연구: 〈미국문학과 문화〉 수업을 중심으로」, 『국제문화연구』 18권: 75-81.
국가인권위원회 편, 2016a, 『(2016년) 국민인권의식조사: 2016년도 인권상황 실태조사 연구용역보고서』, 서울: 국가인권위원회.
국가인권위원회 편, 2016b, 『혐오 표현 실태조사 및 규제방안 연구: 2016년도 인권상황 실태조사 연구용역보고서』, 서울: 국가인권위원회.
국무총리실, 2008, 「외국인 정책 기본계획 수립 관련 보도자료」, 2008년 12월 17일 자.

권수현, 2014, 『민주화 이후 젠더개혁 연구』 고려대학교 정치외교학과 박사학위논문.

권혁범, 2004, 『국민으로부터의 탈퇴』, 서울: 삼인.

귄터 그라스 외, 2005, 『세계화 이후의 민주주의』, 이승협 옮김, 서울: 평사리.

김경근, 2014, 「다문화가정 학생의 학교생활 적응과 심리정서적 특성」, 통계개발원, 『한국의 사회동향 2014』, 대전: 통계청 통계개발원.

김경근·이자형, 2014, 「한국 초등학생의 다문화 수용성 영향요인」, 『교육학연구』 52권 4호: 55-81.

김경근·이자형·박현준, 2014, 「한국 청소년의 다문화 수용성 영향요인」, 『한국교육』 41권 3호: 5-34.

김남국, 1993, 『부하린: 혁명과 반혁명의 사이』, 서울: 문학과지성사.

김남국, 2004a, 「유럽통합과 민주주의의 결여」, 『국제정치논총』 44권 1호: 281-302.

김남국, 2004b, 「영국과 프랑스에서 정치와 종교: 루시디 사건과 헤드스카프 논쟁을 중심으로」, 『국제정치논총』 44집 4호: 341-362.

김남국, 2005a, 「경계와 시민: 국민국가의 국경통제는 정당한가?」, 『한국과 국제정치』 21권 2호: 153-180.

김남국, 2005b, 「심의다문화주의: 문화적 권리와 문화적 생존」, 『한국정치학회보』 39권 1호: 87-107.

김남국, 2005c, 「다문화 시대의 시민: 한국사회에 대한 시론」, 『국제정치논총』 45집 4호: 97-121.

김남국, 2006a, 「문화와 정의」, 『국제평화』 3권 2호.

김남국, 2006b, 「유럽에서 다문화의 도전과 대응」, 『국회도서관보』 43권 5호: 4-15.

김남국, 2007, 「유럽연합(EU)의 인권정책: 전쟁, 난민 그리고 정체성」, 『EU학연구』 12권 2호.

김남국, 2008, 「한국에서 다문화주의 논의의 전개와 수용」, 『경제와 사회』 80호: 343-361.

김남국, 2010, 「문화적 권리와 보편적 인권」, 『국제정치논총』 50권 1호: 261-284.

김남국, 2011a, 「정치제도와 거버넌스」, EAI 거버넌스연구팀 편, 『한국의 내셔널 어젠다』, 서울: 동아시아연구원.

김남국, 2011b, 「한국의 대학원 정치학 교육 경쟁력 향상을 위한 방안」, 『한국정치연구』 20집 2호: 181-208.

김남국, 2014, 「표현의 자유와 혐오 발언의 처벌」, 『한겨레』, 2014년 10월 6일.

김남국, 2015a, 「민주주의 후퇴와 권위주의의 귀환」, 『한겨레』, 2015년 3월 23일.

김남국, 2015b, 「샤를리 에브도와 프랑스 공화주의 전통」, 『한겨레』, 2015년 1월 26일.

김남일, 2007, 「열린 사회 구현을 위한 외국인정책 방향」, 동북아시대위원회 편, 『한국적 "다문화주의"의 이론화: 최종보고서』, 서울: 동북아시대위원회.

김대영, 2005, 『공론화와 정치평론』, 서울: 책세상.

김두식, 2004, 『헌법의 풍경: 잃어버린 헌법을 위한 변론』, 서울: 교양인.

김민정, 2007, 「프랑스 이민자정책: 공화주의적 동화정책의 성공과 실패」, 『세계지역연구논총』 25권 3호: 5-34.

김민정, 2019, 「2015년 이후 한국 여성운동의 새로운 지평」, 한국정치정보학회 춘계학술대회 발표 논문, 2019년 5월 17일.

김민정·유명기·이혜경·정기선, 2006, 「국제결혼 이주여성의 딜레마와 선택: 베트남과 필리핀 아내의 사례를 중심으로」, 『한국문화인류학』 39권 1호: 159-176.

김범수, 2008, 「민주주의에 있어 포용과 배제」, 『국제정치논총』 48권 3호: 173-198.

김범수, 2009, 「공동체주의 인권 담론 연구-권리 향유자와 의무 이행자의 범위 설정 문제를 중심으로」, 『정치사상연구』 15권 1호: 54-79.

김복래, 2009, 「프랑스, 영국, 미국의 다문화주의에 대한 비교고찰: 삼국의 이민통합정책을 중심으로」, 『유럽연구』 27권 1호: 207-236.

김부찬·이진원, 2011, 「인도적 개입과 보호책임」, 『법학논총』 31권 3호: 609-640.

김비환, 1996a, 「롤즈의 정치적 자유주의 비판」, 『한국정치학회보』 30권 2호: 5-23.

김비환, 1996b, 「포스트모던 시대에 있어 합리성, 다문화주의 그리고 정치」, 『사회과학』 42권: 205-236.

김비환, 2007, 「한국사회의 문화적 다양화와 사회 통합: 다문화주의의 한국적 변용과 시민권 문제」, 『법철학연구』 10권 2호: 317-348.

김비환, 2009, 「가치다원주의 시대의 인권규범 형성-정치철학적 접근」, 『정치사상연구』 15권 1호: 7-31.

김선미·김영순, 2008, 『다문화교육의 이해』, 서울: 한국문화사.

김선욱, 2003, 「다원주의의 논점들과 정치: 윤리적 관점」, 『사회와 철학』 6권: 7-38.

김성곤, 2002, 「다문화주의와 인문학 교육의 미래」, 『철학과 현실』 52권: 39-51.

김성윤, 2006, 「하인스 워드: 인종의 정치가 시작됐다」, 『문화과학』 47권: 315-333.

김성진, 2018, 「유럽 내 시리아 난민과 사회안보」, 『정치정보연구』 21권 1호: 99-128.

김시홍, 2003, 「유럽연합 시민권과 정체성의 사회적 차원」, 『유럽연구』 18권: 89-109.

김용찬, 2006, 「유럽통합과 연합의 현실과 과제」, 『민족연구』 26권: 134-146.

김용찬, 2007, 「영국의 다문화주의 담론과 정책」, 『민족연구』 30권: 144-159.

김용찬, 2008, 「외국인노동력 국제이주정책의 수렴경향과 원인에 관한 연구: 영국과 독일 사례 연구」, 『유럽연구』 26권 2호: 293-316.

김욱동, 1998, 「다문화주의의 도전과 응전」, 『미국학논집』 30권 1호: 29-49.

김은미·김지현, 2008, 「다인종·다민족 사회의 형성과 사회 조직」, 『한국사회학』 42권 2호: 1-35.

김이선·김민정·한건수, 2006, 『여성 결혼이민자의 문화적 갈등 경험과 소통 증진을 위한 정책과제』, 서울: 한국여성개발원.

김현미, 2001, 「글로벌 사회는 새로운 신분제 사회인가?」, 『진보평론』 7호:

76-96.

김현미, 2006, 「국제결혼의 전 지구적 젠더 정치학」, 『경제와 사회』 70호: 10-37.

김현숙, 2004, 「부산지역 여성이주노동자들의 노동상태 및 생활경험에 관한 연구」, 『부산정책연구』 2권: 69-144.

김혜순 외, 2007, 『한국적 "다문화주의"의 이론화』, 서울: 동북아시대위원회.

김혜순, 2006, 「한국의 '다문화사회' 담론과 결혼이민자: 적응과 통합의 정책 마련을 위한 기본 전제들」, 『동북아 다문화시대 한국사회의 변화와 통합 자료집』, 한국사회학회.

김혜순, 2011, 「한국 다문화 정책의 현황, 문제, 과제」, 고려대학교 평화와민주주의연구소 라운드 테이블 발표문.

김호기·유팔무 편, 2013, 『시민사회와 시민운동』, 파주: 한울.

김홍우, 2007, 「독립신문과 사회계약」, 『한국정치의 현상학적 이해』, 파주: 인간사랑.

김홍우, 2012, 『법과 정치: 보통법의 길』, 파주: 인간사랑.

김희강, 2006a, 「서구페미니즘 이론의 동향과 쟁점」, 『21세기 정치학회보』 16권 2호: 27-49.

김희강, 2006b, 「운평등주의에서 '자율'에 대한 페미니스트 비판」, 『한국정치학회보』 40권 3호: 79-101.

김희강, 2009, 「여성인권의 딜레마」, 『한국정치학회보』 43권 4호: 99-123.

김희강, 2013, 「다문화주의의 역설」, 『담론201』 16권 4호: 67-95.

노석태·김남철, 2007, 「한국에서의 외국인의 인권」, 『법학연구』 48권 1호: 255-288.

누스바움, 마사, 2015, 『혐오와 수치심』, 조계원 옮김, 서울: 민음사.

롤즈, 존, 2005, 『정의론』, 황경식 옮김, 서울: 이학사.

류성환, 2007, 「현장에서의 다문화 교육 사례」, 오경석 외, 『한국에서의 다문화주의』, 파주: 한울.

문경희, 2005, 「다문화주의, 그 차이의 정치」, 『부산여성정책연구』 3호.

문경희, 2008, 「호주 다문화주의의 정치적 동학」, 『국제정치논총』 48권 1호:

267-291.

박경신, 2008, 「문화다양성협약과 WTO협정 사이의 상호지지적인 관계정립을 위하여」, 『법과 사회』 34권.

박경태, 2005, 「이주노동자를 보는 시각과 이주노동자 운동의 성격」, 『경제와 사회』 67호: 88-112.

박구용, 2004, 「인권의 보편주의적 정당화와 해명」, 『사회와 철학』 7호: 153-196.

박남수, 2000, 「다문화 사회에 있어 시민적 자질의 육성-사회과를 통한 다문화교육의 모색」, 『사회과교육』 33호: 101-117.

박노자, 2006, 『당신들의 대한민국』, 서울: 한겨레출판.

박단, 2005, 『프랑스의 문화전쟁: 공화국과이슬람』, 서울: 책세상.

박단, 2006, 「2005년 프랑스 '소요사태'와 무슬림 이민자 통합문제」, 『프랑스사연구』 14권: 225-261.

박동천, 2001, 「영국 민주화 과정, 한국적 경험에 대한 함의」, 강정인 외, 『민주주의의 한국적 수용』 서울: 책세상, 2001.

박명림, 2005, 「헌법, 헌법주의, 그리고 한국 민주주의」, 『한국정치학회보』 39권 1호: 253-276.

박선희, 2009, 「유네스코 「문화다양성협약」과 프랑스의 전략」, 『한국정치학회보』 43권 3호: 195-217.

박선희, 2010, 「프랑스 이민정책과 사르코지(2002-2008년)」, 『국제정치논총』 50권 2호: 193-211.

박세일, 2006, 『대한민국 선진화 전략』, 서울: 21세기북스.

박이문, 2002, 「문화다원주의 타당성과 그 한계」, 『철학과 현실』 52권: 22-38.

박지원, 2016a, 「혐오표현의 제재 입법에 관한 소고」, 『미국헌법연구』 27권 3호: 103-136.

박지원, 2016b, 「난민, 실향민과 국제인도법에 대한 연구」, 『인도법논총』 36호: 69-116.

박지향, 1997, 『영국사』, 서울: 까치.

박찬욱, 2005, 「지역균열의 해소와 균형정치: 선거구제 개편 논의를 중심으로」, 『한국정치연구』 14권 2호: 69-125.

박현석, 2006, 「UNESCO 문화다양성협약과 WTO 협정의 충돌 문제」, 『국제법학회논총』 51권 1호: 41-65.

배영수, 2002, 「인종과 민족과 계급의 삼각 관계: 백인성에 관한 최근 연구의 함의와 맥락」, 『미국학』 25권: 1-42.

법무부 난민과 난민통계 현황, 2017. http://www.index.go.kr/potal/main/EachDtlPageDetail.do?idx_cd=2820

복거일, 2016, 『대한민국 보수가 지켜야 할 가치』, 서울: 북앤피플.

빈부격차·차별시정 위원회, 2006, 『결혼이민자 종합대책 보고서』.

서동진, 2001, 「성적 소수자의 인권: 같음과 다름 사이에서 다를 수 있는 권리, 하나가 아닌 것들을 위한 권리를 위하여」, 『인권과 평화』 2권 1호: 37-51.

서동진, 2005a, 「인권, 시민권 그리고 섹슈얼리티」, 『경제와 사회』 67호: 66-87.

서동진, 2005b, 「차이의 윤리라는 몽매에서 어떻게 벗어날 것인가」, 『문학판』 16권: 95-108.

서울대 정치학과 독립신문강독회, 2004, 『독립신문 다시 읽기』, 전인권 편, 김홍우 감수, 서울: 푸른역사.

선학태, 2005, 『민주주의와 상생정치: 서유럽 다수제 모델 vs 합의제 모델』, 서울: 다산출판사.

선학태, 2006, 『사회협약정치의 역동성』, 한울아카데미.

설규주, 2004, 「세계시민사회의 대두와 다문화주의적 시민교육의 방향」, 『사회과교육』 43권 4호: 31-54.

설동훈, 2000, 『노동력의 국제이동』, 서울: 서울대학교출판부.

설동훈, 2005, 「이민과 다문화 사회의 도래」, 『한국사회론』, 전북대학교출판부, 3-23쪽.

설동훈, 2006a, 「선진 외국의 다인종 다문화 정책 사례」, 『월간 지방의 국제화』.

설동훈, 2006b, 「한국의 다문화사회 실태」, 『다문화사회의 교육: 현황과 대안』, 유네스코 아시아태평양 국제이해교육원.
설동훈, 2017, 「현행 복수국적제도 개선책 마련해야」, 『계명대신문』, 2017년 12월 4일.
설동훈·박경태·이란주·고유미, 2004, 『외국인 관련 국가인권정책기본계획 수립을 위한 연구』, 서울: 국가인권위원회.
설한, 2005, 「재분배의 정치와 인정(認定)의 정치」, 『한국과 국제정치』 21권 2호: 181-213.
신기욱, 2009, 『한국민족주의의 계보와 정치』, 이진준 옮김, 서울: 창비.
신문수, 2004, 「인종의 의미망: 성·계급·민족과 관련하여」, 『미국학』 27권: 1-30.
신병현, 2004, 「다문화주의와 다양성 관리 담론에서 타자성의 문제」, 『경영연구』 29권 1호: 279-306.
신영복·조희연 편, 2006, 『민주화·세계화 "이후" 한국 민주주의의 대안 체제 모형을 찾아서』, 서울: 함께읽는책.
신지원, 2015, 「이주-비호의 연계성 담론과 난민보호 위기에 관한 정책적 고찰」, 『민주주의와 인권』 15권 3호: 417-457.
신지원·최서리·이로미·이창원·류소진, 2013, 『반인종차별 정책에 관한 연구: 미국, 캐나다, 호주 사례 연구』, 고양: IOM 이민정책연구원.
아감벤, 조르조, 2008, 『호모사케르』, 박진우 옮김, 서울: 새물결.
아렌트, 한나, 2006, 『예루살렘의 아이히만』, 김선욱 옮김, 서울: 한길사.
아리스페, 로르데스 외, 「문화다양성, 갈등, 다원주의」, 유네스코한국위원회 편, 『유네스코와 문화다양성』, 서울: 집문당.
안경식, 2008, 『다문화 교육의 현황과 과제』, 서울: 학지사.
안성호, 2001, 『스위스연방민주주의연구』, 서울: 대영문화사.
양승태, 2010, 『대한민국이란 무엇인가: 국가 정체성 문제에 대한 정치철학적 성찰』, 서울: 이화여자대학교출판부.
양영자, 2007, 「한국의 다문화교육 현황과 과제」, 오경석 외, 『한국에서의 다문화주의』, 파주: 한울.
양운덕, 2003, 「공적 합리성의 가능조건: 보편적 인권의 정당화와 관련하여」,

『시대와 철학』 14권 1호: 251-282.

양철호·김영자·손순용·양선화·신봉관·조지현, 2003, 「외국인 주부의 인권과 복지에 관한 연구: 광주·전남을 중심으로」, 『사회복지정책』 16권: 127-149.

엄한진, 2006, 「전지구적 맥락에서 본 한국의 다문화주의 이민논의」, 한국사회학회 기타 간행물, 13-46쪽.

엄한진, 2007a, 「세계화시대 이민과 한국적 다문화사회의 과제」, 동북아시대위원회 편, 『한국적 "다문화주의"의 이론화』, 서울: 동북아시대위원회.

엄한진, 2007b, 「프랑스 이민통합 모델의 위기와 이민문제의 정치화」, 『한국사회학』 41권 3호: 253-286.

엄헨리, 1999, 「근대적, 민주적 구성물로서의 민족」, 신기욱·마이클 로빈슨 편, 『한국의 식민지 근대성』, 도면회 옮김, 서울: 삼인, 2006.

오경석, 2007, 『한국에서의 다문화주의: 현실과 쟁점』, 파주: 한울.

오계택, 2007, 『외국인 근로자에 대한 한국인 근로자의 인식』, 서울: 한국노동연구원.

오영달, 2001a, 「두 가지 주권론과 인권과의 관계: 영국정부의 유럽인권협약에 대한 정책태도의 분석을 중심으로」, 『유럽연구』 13권: 323-350.

오영달, 2001b, 「주권과 인권에 대한 홉스와 로크이론의 비교연구」, 『평화연구』 10권: 143-167.

외국인정책위원회, 2008, 『제1차 외국인 정책 기본계획 2008-2012』, 과천: 법무부 출입국·외국인정책본부.

유길상·이규용·설동훈·박성재, 2005, 『이민정책연구』, 서울: 고령화및미래사회위원회.

유네스코한국위원회 편, 2008, 『유네스코와 문화다양성』, 서울: 집문당.

유성진·김희강·손병권, 2007, 「2007년 미국 이민법 개정 논쟁: 과정과 함의 그리고 미국의 다원주의」, 『미국학논집』 39권 3호: 139-172.

유엔난민기구, 2016, 『연간글로벌 동향보고서 2016』. https://www.unhcr.or.kr/unhcr/files/pdf/2017Q2_2016_AnnualReport_Korean.pdf

유정석, 2003, 「캐나다: 다문화주의 제도화의 산실」, 『민족연구』 11권: 12-26.

유팔무, 2004, 『한국의 시민사회와 새로운 진보』, 서울: 논형.
유홍림, 2001, 「한국인의 정체성에 대한 세계화의 도전 논평」, 한국정신문화연구원 편, 『새천년 한국인의 정체성』, 성남: 한국정신문화연구원.
유홍림, 2003, 『현대 정치사상 연구』, 고양: 인간사랑.
윤수종, 2005, 「소수자 운동의 특성과 사회운동의 방향」, 『경제와 사회』 67호: 12-38.
윤수종·설동훈 외, 2005, 『우리 시대의 소수자운동』, 서울: 이학사.
윤인진, 2008, 「한국적 다문화주의의 전개와 특성」, 『한국사회학』 42권 2호: 72-103.
이경숙, 2006, 「혼종적 리얼리티 프로그램에 포섭된 '이산인'의 정체성」, 『한국방송학보』 20권 3호: 239-276.
이내영·윤인진 편, 2016, 『한국인의 정체성: 변화와 연속 2005-2015』, 서울: 동아시아연구원 고려대학교아세아문제연구소.
이명진, 2005, 『한국 2030 신세대의 의식과 사회정체성』, 서울: 삼성경제연구소.
이석호, 2000, 「다문화시대의 문학교육: 포스트콜로니얼리즘의 관점으로 본 정전 다시 읽기의 의미」, 『영미문학교육』 4권: 37-50.
이선옥, 2007, 「한국에서의 이주노동운동과 다문화주의」, 오경석 외, 『한국에서의 다문화주의: 현실과 쟁점』, 파주: 한울.
이수자, 2004, 「이주여성 디아스포라」, 『한국사회학』 38권 2호: 189-219.
이용승, 2004, 「호주의 다문화주의」, 『동아시아연구』 8권: 177-205, 고려대교 BK21 동아시아교육연구단.
이윤성, 1998, 「탈식민주의와 다문화주의 그리고 불협화음」, 『안과밖』 4호: 365-378.
이윤환, 2005, 「국내 장기거주외국인의 참정권에 관한 연구」, 『법과 정책연구』 5권 1호: 181-208.
이재정, 2003, 「한국에서의 다문화주의 모색: 재외한국인 정책을 중심으로」, 『민족연구』 11권: 103-116.
이종서, 2010, 「EU의 공동이민·망명정책: 초국적 대응 프로그램의 배경과 한계」, 『유럽연구』 28권 1호: 169-201.
이종원, 2004, 「EU 사회정책 패러다임 변화와 사회적 시민권」, 『유럽연구』 19권: 51-72.
이철우, 2007, 『대한민국 국적제도의 개선방안』, 법무부.
이철우, 2017, 「다문화주의 지속가능성: 유럽의 다문화주의 정책 현실에 대한 진단과 유럽인권재판소 판결의 분석」, 『법학논총』 30권 1호: 199-254.
이혜경, 2007, 「이민정책과 다문화주의」, 동북아시대위원회 편, 『한국적 "다문화주의"의 이론화』, 서울: 동북아시대위원회.
이혜경, 2008, 「한국 이민정책의 수렴현상」, 『한국사회학』 42권 2호: 104-137.
이혜정·박지범, 2013, 「인간안보: 국제규범의 창안과 변형, 확산」, 『국제지역연구』 22권 1호: 1-37.
임혁백, 2000, 『세계화 시대의 민주주의: 현상·이론·성찰』, 서울: 나남출판.
임혁백, 2011, 『1987년 이후의 한국 민주주의』, 서울: 고려대학교출판부.
장동진, 2006, 「서양 정의이론의 동아시아 수용」, 『정치사상연구』 12권 2호: 80-100.
장동진·황민혁, 2007, 「외국인노동자와 한국 민족주의」, 『21세기정치학회보』 17권 3호: 231-256.
장미경, 1999, 「페미니스트 근대론자들-낸시 프레이저, 아이리스 영, 앤 필립스를 중심으로」, 『경제와 사회』 43호: 154-174.
장미경, 2005, 「한국사회 소수자의 시민권의 정치」, 『한국사회학』 39권 6호: 159-182.
장승진, 2010, 「다문화주의에 대한 한국인들의 태도」, 『한국정치학회보』 44권 3호: 97-119.
장은주, 2000, 「문화적 차이와 인권」, 『철학연구』 49권: 155-178.
장은주, 2003, 「문화다원주의와 보편주의」, 한국철학회 편, 『다원주의, 축복인가 재앙인가』, 서울: 철학과현실사.
장은주, 2006, 「사회권의 이념과 인권의 정치」, 『사회와 철학』 12호: 187-216.
장은주, 2009, 「인권의 보편성과 인도적 개입의 정당성」, 『사회와 철학』 17호:

285-324.

장주영, 2015, 『미국수정헌법 제1조와 표현의 자유 판결』, 서울: 육법사.

장준호, 2008, 「국제사회의 국제법과 지구시민사회의 만민법」, 『한국정치외교사논총』 29권 2호: 155-183.

장지표, 2008, 「다문화 사회통합프로그램 이수제」, 『다문화 사회통합프로그램 구축방안 마련을 위한 공청회』, 법무부 출입국외국인정책본부.

전경옥, 2006, 『문화와 정치』, 서울: 숙명여자대학교출판부.

전규찬, 1999, 「'인종'의 한국 문화연구내 배치에 관한 계보학적 고찰」, 『한국언론정보학보』 12호: 99-136, 한국언론정보학회.

전규찬, 2001, 「인종주의의 전지구적 형성과 미디어 연관성에 관한 연구」, 『언론과 사회』 9권 3호: 73-105.

전규찬, 2004, 「텔레비전과 문화다양성, 질 평가의 연관성」, 『방송연구』 23권 2호: 7-31.

전규찬, 2005, 「소수(자)성, 매체문화연구 진화의 일단」, 『프로그램/텍스트』 12호: 97-124.

전인권, 2004, 「독립신문의 재해석과 한국의 사회과학」, 서울대 정치학과 독립신문강독회, 『독립신문 다시읽기』, 서울: 푸른역사.

전인권, 2006, 「만민공동회: 한국 근대 정치의 원형」, 『전인권이 읽은 사람과 세상』, 서울: 이학사.

정미라, 2005, 「문화다원주의와 인정윤리학」, 『범한철학』 36권 225호: 211-233.

정용화, 2004, 『문명의 정치사상: 유길준과 근대 한국』, 서울: 문학과지성사.

정윤재, 2005, 「정치평론, 한국정치학, 그리고 한국민주주의」, 한국정치평론학회 2005년 춘계 심포지엄 발표 논문.

정태욱, 2002, 『정치와 법치』, 서울: 책세상.

정희라, 2007, 「영국의 자유방임식 다문화주의」, 『이화사학연구』 35권: 1-27.

조규범, 2017, 『혐오 표현 규제의 국제적 동향과 입법과제』, 서울: 국회입법조사처.

조정인, 2011, 「누가 왜 여성결혼이민자들과 생산기능직 근로자들의 유입 증가를 반대하는가」, 『한국정치학회보』 45권 2호: 281-305.

조한승, 2008, 「문화다양성협약에 대한 국제정치-국제법 학제적 조망」, 『한국정치학회보』 42권 4호: 409-428.

지젝, 슬라보예, 2006, 「반인권론」, 김영희 옮김, 『창작과 비평』 2006년 여름호.

진은영, 2008, 「다문화주의와 급진적 인권」, 『철학』 95권: 255-283.

천선영, 2004, 「'다문화사회' 담론의 한계와 역설」, 『한·독사회과학논총』 14권 2호: 363-380.

최동주, 2009, 「영국의 이민 관련 제도와 다문화 사회통합을 위한 정책」, 『다문화사회연구』 2권 1호: 93-133.

최무현, 2008, 「다문화시대의 소수자정책 수단에 관한 연구」, 『한국행정학보』 42권 3호: 51-77.

최성희, 2006, 「다문화주의의 허와 실: 아시아계 미국 드라마에 나타난 양상을 중심으로」, 『영어영문학』 52권 1호: 3-30.

최우용, 2003, 「외국인의 참정권에 관한 연구」, 『공법학연구』 4권 2호: 315-340.

최장집, 2002, 『민주화 이후의 민주주의』, 서울: 후마니타스.

최진홍, 2009, 『법과 소통의 정치』, 서울: 이학사.

탁석산, 2000, 『한국의 정체성』, 서울: 책세상.

하버마스, 위르겐·요제프 라칭거, 2009, 『대화: 하버마스 對 라칭거 추기경』, 윤종석 옮김, 서울: 새물결.

하승수, 2007, 『지역, 지방자치, 그리고 민주주의: 한국 풀뿌리민주주의의 현실과 전망』, 서울: 후마니타스.

하이브리드컬처연구소 편, 2008, 『하이브리드 컬처』, 서울: 커뮤니케이션북스.

한건수, 2003, 「타자만들기: 한국사회와 이주노동자의 재현」, 『비교문화연구』 9권 2호: 157-193.

한경구, 2008, 「다민족·다문화사회로의 전환: 문제점과 전략」, 『젠더리뷰』 8권: 40-47.

한경구·한건수, 2007, 「한국적 다문화 사회의 이상과 현실」, 동북아시대위원회 편, 『한국적 "다문화주의"의 이론화』, 서울: 동북아시대위원회, 71-116쪽.
한국보건사회연구원, 2017, 『빈곤통계연보 2017』, 세종: 한국보건사회연구원.
한국염, 2005, 『이주의 여성화와 국제결혼: 이주여성인권센터 3주년 기념 심포지엄 발표문』, 한국이주여성인권센터.
한상희, 1998, 「「민주공화국」의 헌법적 함의: 공화주의논쟁과 동태적 주권론」, 『일감법학』 3권: 115-141.
한승준, 2008, 「프랑스 동화주의 다문화 정책의 위기와 재편에 관한 연구」, 『한국행정학보』 제42권 3호.
함께하는 시민행동 편, 2007, 『헌법 다시 보기: 87년헌법, 무엇이 문제인가』, 파주: 창비.
함한희, 1995, 「한국의 외국인노동자 유입에 따른 인종과 계급문제」, 『한국문화인류학』 28권: 99-221.
헌법재판소 편, 2008, 『기본권 영역별 위헌심사의 기준과 방법』, 서울: 헌법재판소.
현준원 외, 2010, 『결혼이민자 다수 발생국가의 국적법제 연구』, 한국법제연구원.
호사카 유지, 2003, 「Japan: 일본의 정주외국인 정책과 재일코리안」, 『민족연구』 11권: 58-70.
홍성수, 2015, 「혐오 표현의 규제」, 『법과 사회』 50호: 287-336.
홍윤기, 2005, 「국민헌법에서 시민헌법으로」, 창비시민행동 공동 심포지움 '87년 체제의 극복을 위하여, 헌법과 사회구조의 비판적 성찰' 발표 논문.
홍재우, 2006, 「민주주의 지지에 대한 정치제도의 영향력」, 『한국정치학회보』 40권 1호: 25-46.
홍지영·고상두, 2008, 「공화국 시각에서 본 반이슬람 정서」, 『한국정치학회보』 42권 1호.
홍태영, 2005a, 「프랑스 공화주의 축제와 국민적 정체성」, 『정치사상연구』 제11권 1호.

홍태영, 2005b, 「프랑스 공화주의모델의 형성: 제3공화국과 민주주의의 공고화, 1885-1940」, 『한국정치학회보』 제39권 3호: 59-81.

황정미, 2010, 「한국인의 다문화 수용성 분석」, 『아세아연구』 53권 4호: 152-184.

황정미, 2011, 「한국인의 다문화 수용성과 국가정체성」, 강원택·이내영 편, 『한국인, 우리는 누구인가?』, 서울: 동아시아연구원.

『경향신문』, 2009년 6월 16일, 「[새 이웃 다문화가족]공존, 자립을 넘어 베풂으로」.

『동아일보』, 2009년 2월 2일, 「[달라도 다함께] 다문화가 답이다」.

『동아일보』, 2009년 2월 5일, 「[달라도 다함께] 한국은 이미 다문화 사회… 달라도 다함께!」.

『매일경제』, 2010년 4월 21일, 「'복수국적 범위 확대' 국적법 국회 통과」.

『문화일보』, 2011년 4월 26일, 「[다문화 코리아 원년] 다름이 하나되는 울타리. 농촌이 앞장」.

『문화일보』, 2011년 5월 4일a, 「[다문화 코리아 원년] 외국인 근로자 없인 공장이 안 돌아가요」.

『문화일보』, 2011년 5월 4일b, 「[다문화 코리아 원년] 무한신뢰, 무한열정, 차별없는 복지… '한솥밥 동료애' 모락」.

『문화일보』, 2011년 5월 12일, 「[다문화 코리아 원년] 외국인 차별 안받게 주거 환경 개선 지원」.

『문화일보』, 2011년 6월 30일, 「[다문화 코리아 원년] 다문화 가정, 또 다른 '가난 대물림' 우려」.

『문화일보』, 2011년 8월 4일, 「[다문화 코리아 원년] 외국인 근로자가 없으면 문닫고 국내직원도 실직」.

『문화일보』, 2011년 9월 1일, 「[다문화 코리아 원년] 다문화 테마사업 발굴 창업지원, 일자리 알선」.

『문화일보』, 2012년 1월 5일, 「[다문화 코리아 원년], 다문화 여성 취업 적극 지원, 사회복지발전연구원도 설립」.

『조선일보』, 2010년 10월 28일, 「[이제는 문화다!] 외국인 새댁 아닌 옆집 새댁일 뿐…」.

『한겨레』, 2008년 11월 20일, 「[다문화가 미래다] 한국의 오바마를 꿈꾸며… 2010년 지방의원 도전」.

『한국일보』, 2011년 8월 11일, 「[따로 또 같이, 다문화 우리문화!] 출신국, 한국사회 잇는 민간 외교관 역할 기대」.

Agustín, Óscar García, 2012, "Intercultural Dialogue Visions of the Council of Europe and the European Commission for a Post-Multiculturalist Era", *Journal of Intercultural Communication* Vol. 29, August.

Ahsan, Muhammad Manazir and Abdur Raheem Kidwai, 1991, *Sacrilege versus Civility: Muslim Perspectives on The Satanic Verses Affair*, Islamic Foundation.

Akhtar, Shabbir, 1989, *Be Careful with Muhammad*, London: Bellow.

Albrecht, Hans-Jörg, 2002, "Fortress Europe?-controlling Illegal Immigration", *European Journal of Crime, Criminal Law and Criminal Justice* Vol. 10, No. 1: 1-22.

American Anthropological Association, 1947, "Statement on Human Rights", *American Anthropologist* Vol. 49, No. 4: 539-543.

American Anthropological Association, 1999, "Declaration on Anthropology and Human Rights", Drawn from: http://www.aaanet.org/about/Policies/statements/Declaration-on-Anthropology-and-Human-Rights.cfm.

Anderson, Benedict, 1983, *Imagined Communities: Reflections on the Origin and Spread of Our Times*, London: Verso.

Anderson, Christopher J. and Christine A. Guillory, 1997, "Political Institutions and Satisfaction with Democracy: A Cross-National Analysis of Consensus and Majoritarian Systems", *American Political Science Review* Vol. 91, No. 1: 66-81.

Anderson, Terry H., 2004, *The Pursuit of Fairness: A History of Affirmative Action*, Oxford: Oxford University Press.

An-Na'im, Abdullahi Ahmed, 2010[1992], *Human Rights in Cross-Cultural Perspec-*

tives: A Quest for Consensus, Pennsylvania: University of Pennsylvania Press.

Annan, Kofi(United Nations Secretary-General), 2001, *Millenium Report*, Chapter 3, pp. 43-44. http://www.un.org/millennium/sg/report/full.htm

Appignanesi, Lisa and Sara Maitland, 1990, *The Rushdie File*, Syracuse: Syracuse University Press.

Arendt, Hannah, 1968, *The Origin of Totalitarianism*, San Diego: Harcourt.

Arnold, Matthew, 1963[1896], *Culture and Anarchy*, London: Cambridge University Press.

Aughey, Arthur, 2001, *Nationalism, Devolution, and the Challenge to the United Kingdom State*, London: Pluto.

Avis du Conseil d'Etat du, 27 Novembre 1989. http://www.unc.edu/depts/europe/conferences/Veil2000/annexes.pdf

Baber, H.E., 2012, "Dilemmas of Multiculturalism", *The Monist* Vol. 95, No. 1: 3-16.

Baier, Annette, 1991, *A Progress of Sentiments*, Cambridge: Harvard University Press.

Ball, Howard, 2000, *The Bakke Case: Race, Education, & Affirmative Action, Landmark Law Cases and American Society*, Lawrence: University Press of Kansas.

Banting, Keith and Will Kymlicka, 2006, *Multiculturalism and the Welfare State: Recognition and Redistribution in Contemporary Democracies*, Oxford: Oxford University Press.

Barber, Benjamin, 2004, *Strong Democracy: Participatory Democracy for a New Age*, LA: University of California Press.

Barnavi, Elie, 2002, "European Identity and Ways of Promoting it", in Henry Cavanna ed., *Governance, Globalization and the European Union*, Dublin: Four Courts Press, pp. 87-94.

Barrett, Martyn, 2013, "Interculturalism and Multiculturalism: Concepts and Controversies", Martyn Barrett, ed., *Interculturalism and Multiculturalism: Similarities and Differences*, Strasbourg: Council of Europe.

Barry, Brian, 1983, "Self-Government Revisited", in David Miller and Larry Siedentop eds., *The Nature of Political Theory*, Oxford: Clarendon Press, pp. 121-154.

Barry, Brian, 2001, *Culture and Equality*, Cambridge: Harvard University Press, 2001.

Bauböck, Rainer and John F. Rundell, eds., 1999, *Blurred Boundaries*, London: Ashgate.

Bauböck, Rainer, 1995, *Transnational Citizenship*, London: Edward Elgar.

Benhabib, Seyla, 2002, *The Claims of Culture: Equality and Diversity in the Global Era*, Princeton: Princeton University Press.

Bentham, Jeremy, 2002, "Nonsense upon Stilts", *Rights, Representation, and Reform,* Oxford: Clarendon Press, pp. 318-401.

Berkowitz, Peter, 1999, *The Weekly Standard*, Nov. 1.

Berlin, Isaiah, 1969, "Two concepts of Liberty", *Four Essays on Liberty*, Oxford: Oxford University Press.

Bhabha, Homi, 2004, *The Location of Culture*, London: Routledge.

Biggs, Stephen, 2012, "Liberalism, Feminism, and Group RIghts", *The Monist* Vol. 95, No. 1: 72-85.

Bird, Karen L., 2000, "Racist Speech or Free Speech? A Comparison of the Law in France and the United States", *Journal of Comparative Politics* Vol. 32, No. 4: 399-418.

Bleich, Erik, 2003, *Race Politics in Britain and France: Ideas and Policy Making since the 1960s*, Cambridge: Cambridge University Press.

Bleich, Erik, 2006, "Religion, violence and the state in Western Europe", paper presented at the Council for European Studies conference, Chicago, 29 March-2 April.

Block, Walter, 1998, "A Libertarian Case for Free Immigration", *Journal of Libertarian Studies* Vol. 13, No. 2: 167-186.

Bogdanor, Vernon, 1999, *Devolution in the United Kingdom,* Oxford: Oxford University Press.

Bowen, John Richard, 2007, *Why the French Don't like Headscarves: Islam, the State, and Public Space*, Princeton: Princeton University Press.

Brandenburg v. Ohio, 395 U.S. 444, 1969.

Broadie, Alexander, 2006, "Sympathy and the Impartial Spectator", in Haakonssen, K. ed., *The Cambridge Companion to Adam Smith*, Cambridge: Cambridge University Press, pp. 158-188.

Brogan, Albert P., 1931, "Objective Pluralism in the Theory of Value", *The International Journal of Ethics* Vol. 41, No. 3: 287-295.

Bronner, Stephen, 1995, *Ideas in Action*, CT: Rowman & Littlefield.

Brown, Archie, 1998, "Asymmetrical Devolution: The Scottish Case", *The Political Quarterly* Vol. 69, No. 3: 215-223.

Brubaker, Rogers, 1999, *Citizenship and Nationhood in France and Germany*, Cambridge: Harvard University Press.

Butler, Judith, 1990, *Gender Trouble*, New York: Routledge.

Butler, Judith, 1993, *Bodies that Matter*, New York: Routledge.

Butler, Judith, 1997, *Excitable Speech: A Politics of the Performative*, London: Routledge.

Butler, Richard, 1982, *The Art of Memory*, London: Hodder and Stoughton.

Byman, Daniel, 2002, *Keeping the Peace: Lasting Solutions to Ethnic Conflicts*, Baltimore: JHU Press.

Canclini, Nestro, 1995, *Hybrid Cultures: Strategies for Entering and Leaving Modernity*, Minnesota: Minnesota University Press.

Cantle, Ted, 2001, *Community Cohesion: A Report of the Independent Review Team*, London: Home Office.

Cantle, Ted, 2008, *Community Cohesion: a New Framework for Race and Diversity*, London: Palgrave Macmillan.

Cantle, Ted, 2012, *Interculturalism: the New Era of Cohesion and Diversity*, London: Palgrave Macmillan.

Cantle, Ted, 2013, "Interculturalism as a New Narrative for the Era of Globalization and Super-Diversity, Martyn Barrett, ed., *Interculturalism and Multiculturalism: Similarities and Differences*, Strasbourg: Council of Europe.

Cantori, Louis, 2000, "The Limitations of Western Democratic Theory: The Islamic Alternative", in *Middle East Studies Association Conference Paper.*

Capdevila, Rose and Jane E.M. Callaghan, 2008, "'It's Not Racist. It's Common Sense'. A Critical Analysis of Political Discourse around Asylum and Immigration in the UK", *Journal of Community & Applied Social Psychology* Vol. 18, No. 1: 1-16.

Carens, Joseph H., 1987, "Aliens and Citizens: The Case for Open Borders", *The Review of Politics* Vol. 49, No. 2: 251-273.

Carens, Joseph H., 2006, "Free Speech and Democratic Norms in the Danish Cartoons Controversy", *International Migration* Vol. 44, No. 5: 32-41.

Carens, Joseph, 1988, "Immigration and the Welfare State", in Amy Gutmann, ed., *Democracy and the Welfare State*, Princeton: Princeton University Press, pp. 207-230.

Casanova, Jose, 1994, *Public Religion in the Modern World,* Chicago: University of Chicago Press.

Castles, Stephen and Mark J. Miller, 2003, *The Age of Migration, New York*, Guilford Press.

Charney, Evan, 2003, "Identity and Liberal Nationalism", *American Political Science Review* Vol. 97, No. 2: 295-310.

Chauhan, Pradyumna S., 2001, *Salman Rushdie Interviews: A Sourcebook of His Ideas*, Westport: Greenwood Press.

Chavez, Lydia, 1998, *The Color Bind: California's Battle to End Affirmative Action*, Univ. of California Press.

Chou, Meng-Hsuan, 2009, "The European Security Agenda and the 'External Dimension'of EU Asylum and Migration Cooperation", *Perspectives on European Politics and Society* Vol. 10, No. 4: 541-559.

Christensen, Erik, 2011, "Revisiting Multiculturalism and Its Critics", *The Monist* Vol. 95, No. 1: 33-48.

Cohen, Joshua, Matthew Howard, and Martha Nussbaum, 2009, *Is Multiculturalism Bad for Women?*, Princeton: Princeton University Press.

Connor, Walker, 1994, *Ethnonationalism: The Quest for Understanding*, Princeton: Princeton University Press.

Cottee, Simon, 2016, "Flemming Rose: The Reluctant Fundamentalist", *The Atlantic*.

Council of Europe, 2008, *White Paper on Intercultural Dialogue-Living Together as Equals in Dignity*, Strasbourg: Council of Europe.

Council of Europe, 2011, *Living Together-Combining Diversity and Freedom in 21st Century Europe*, Strasbourg: Council of Europe.

Cranston, Maurice, 1967, "Human Rights, Real and Supposed", in D.D. Raphael (ed.), *Political Theory and the Rights of Man*, London: Macmillan.

Croissant, Aurel, 2004, "From Transition to Defective Democracy: Mapping Asian Democratization", *Democratization* Vol. 11, No. 5: 156-178.

Crouch, Colin, 2000, "The Quiet Continent: Religion and Politics in Europe", in David Marquand and Colin Crouch eds., *Religion and Democracy*, Oxford: Blackwell.

Dennis v. United States, 341 U.S. 494, 1951.

Devlin, Patrick, 1965, *The Enforcement of Morality*, Oxford: Oxford University Press.

Di Palma, Giuseppe, 1990, *To Craft Democracies: An Essay on Democratic Transitions*, California: University of California Press.

Donnelly, Jack, 1982, "Human Rights and Human Dignity: An Analytic Critique of Non-Western Conceptions of Human Rights", *American Political Science Review* Vol. 76, No. 2: 303-316.

Donnelly, Jack, 2003, *Universal Human Rights in Theory and Practice*, Ithaca: Cornell University Press, pp. 89-106.

Donnelly, Jack, 2007, "The Relative Universality of Human Rights", *Human Rights Quarterly* Vol. 29, No. 2: 281-306.

Dworkin, Ronald, 2012a, "Forward", in Michael Herz and Peter Molnar, eds., *The Content and Context of Hate Speech*, Cambridge: Cambridge University Press, pp. v-ix.

Dworkin, Ronald, 2012b, "Reply to Jeremy Waldron", in Michael Herz and Peter Molnar, eds., *The Content and Context of Hate Speech*, Cambridge: Cambridge University Press, pp. 342-343.

European Court of Human Rights, 2004, *Leyla Sahin v. Turkey,* Application no. 44774/98, June 29.

Evans, Tony, 2005, *The Politics of Human Rights: A Global Perspective*, Pluto Press.

Exdell, John, 1977, "Distributive Justice: Nozick on Property Rights", *Ethics* Vol. 87, No. 2: 142-149.

Faist, Thomas, Jagen Gerdes, and Beate Rieple, 2004, "Dual Citizenship as a Path-Dependent Process", Working Paper No. 7. Center on Migration, Citizenship, and Development, University of Applied Science Bremen.

Favell, Adrian, 1998, *Philosophies of Integration,* London: Macmillan.

Feldblum, Miriam, 1999, *Reconstructing Citizenship: The Politics of Nationality Reform and Immigration in Contemporary France*, New York: SUNY Press.

Finkielkraut, Alain, 1989, "La nation disparaît au profit des tribus", *Le Monde*, July 13.

Forman-Barzilai, Fonna, 2010, *Adam Smith and the Circles of Sympathy: Cosmopolitanism and Moral Theory*, Cambridge: Cambridge University Press.

Fouquet, M. Oliver, Jean Claude Mallet, and M. Jean Merlin, 1988, *Être Français Aujourd'hui et Demain: Rapport, Les Auditions Publiques* Vol. 1045, Union générale d'éditions.

Fourest, Caroline, 2015, *In Praise of Blasphemy: Why Charlie Hebdo is Not Islamophobic*, Paris: Grasset.

Francioni, Francesco and Martin Scheinin, 2008, *Cultural Human Rights: Interna-*

tional Studies in Human Rights, Leiden, The Netherlands: Martinus Nijhoff Publishers.

Françoise, Gaspard and Khosrokhavar Farhad, 1995, *Le Foulard et La République*, Paris: La Découverte.

Fraser, Nancy and Axel Honneth, 2003, *Redistribution Or Recognition?: A Political-Philosophical Exchange*, London: Verso.

Frazer, Michael L., 2010, *The Enlightenment of Sympathy: Justice and the Moral Sentiments in the Eighteenth Century and Today*, Oxford: Oxford University Press.

Fukuyama, Francis, 1996, *Trust: Social Virtue and the Creation of Prosperity*, New York: Free Press.

Geertz, Clifford, 1963, *Old Societies and New States: The Quest for Modernity in Asia and Africa*, New York: Free press of Glencoe.

Geertz, Clifford, 2000[1973], *The Interpretation of Cultures*, New York: Basic books.

Gellner, Ernest, 1983, *Nation and Nationalism,* Ithaca: Cornell University Press.

Gewirth, Alan, 1982, *Human Rights: Essays on Justification and Applications*, Chicago: University of Chicago Press.

Giles, Judy and Timothy Middleton, 1999, *Studying Culture: A Practical Introduction*, New Jersey: Wiley-Blackwell.

Gillborn, David, 1990, *Race, Ethnicity and Education*, London: Unwin Hyman.

Gilles Kepel, 1987, *The Revenge of God: the Resurgence of Islam, Christianity and Judaism in the Modern World,* Syracuse: Syracuse University Press.

Gilroy, Paul, 1987, *There Ain't No Black in the Union Jack*, London: Hutchinson, 1987.

Gilroy, Paul, 2000, *Against Race: Imagining Political Culture Beyond the Color Line*, Cambridge: Harvard University Press.

Glazer, Nathan, 1975, *Affirmative Discrimination: Ethnic Inequality and Public Policy*, Cambridge: Harvard University Press.

Gluns, Danielle and Janna Wessels, 2017, "Waste of Paper or Useful Tool? The Potential of the Temporary Protection Directive in the Current Refugee

Crisis", *Refugee Survey Quarterly* Vol. 36, No. 1: 57-83.

Goetz, Jennifer L., Dacher Keltner, and Emiliana Simon-Thomas, 2010, "Compassion: An Evolutionary Analysis and Empirical Review", *Psychological Bulletin* Vol. 136, No. 3.

Goldsworthy, Jeffrey, 1999, *The Sovereignty of Parliament,* Oxford: Clarendon Press, p. 234.

Gould, Carol C., 2004, *Globalizing Democracy and Human Rights*, Cambridge: Cambridge University Press.

Greenawalt, Kent, 1993, "Grounds for Political Judgment: The Status of Personal Experience and the Autonomy and Generality of Principles of Restraint", *San Diego L. Rev.* 30.

Griswold Jr., Charles L., 2006, "Imagination: Morals, Science, Arts", in Knud Haakonssen, ed., *The Cambridge companion to Adam Smith*, Cambridge: Cambridge University Press.

Gurin, Patricia, 2004, *Defending Diversity: Affirmative Action at the University of Michigan*, Ann Arbor: University of Michigan Press.

Gustafson, Per, 2004, "International Migration and National Belonging in the Swedish Debate on Dual Citizenship", *Acta Sociologica* Vol. 48, No. 1: 5-19.

Gutmann, A., 2003, *Identity in Democracy*, Princeton: Princeton University Press.

Gutmann, A., ed., 1994, *Multiculturalism*, Princeton: Princeton University Press.

Habermas, Jürgen, 1994, "Three Normative Models of Democracy", *Constellations* Vol. 1, No. 1: 1-10.

Habermas, Jürgen, 1996, "Citizenship and National Identity", *Between Facts and Norms*, MA: MIT Press.

Habermas, Jürgen, 1999, "The European Nation-State", in Cronin and Greiff, eds., *The Inclusion of the Others,* Cambridge: The MIT Press.

Haidt, Jonathan, 2003, "The Moral Emotions", in R.J. Davidson, K.R. Scherer, & H.H. Goldsmith, eds., *Handbook of Affective Sciences* Oxford: Oxford University Press, pp. 852-870.

Hall, Stuart, 1989, "Ethnicity: Identity and Difference."*Radical America* Vol. 23, No. 4: 9-20.

Hall, Stuart, 1991, "The Local and Global: Globalization and Ethnicity", in Anthony D. King, ed., *Culture, Globalization and the World System*, London: Macmillan.

Hall, Stuart, 1993, "Culture, Community, Nation", *Cultural Studies* Vol. 7, No. 3: 349-363.

Hansen, Randall and Patrick Weil, 2002, *Dual Nationality, Social Rights, and Federal Citizenship in the US and Europe*, New York: Bergahn Books.

Hansen, Randall, 2002, *Citizenship and Immigration in Post-War Britain,* Oxford: Oxford University Press.

Hansen, Randall, 2006, "The Danish Cartoon Controversy: A Defence of Liberal Freedom", *International Migration* Vol. 44, No. 5: 7-16.

Harpaz, Yossi and Pablo Mateos, 2019, "Strategic Citizenship: Negotiating Membership in the age of Dual Nationality", *Journal of Ethnic and Migration Studies* Vol. 45, No. 6: 845.

Harpaz, Yossi, 2019, "Contemporary Citizenship: Dual Nationality as a Strategy of Global Upward Mobility", *Journal of Ethnic and Migration Studies* Vol. 45, No. 6.

Harrington, James, 1998, *The Commonwealth of Oceana and A System of Politics,* J.G.A. Pocock, ed., Cambridge: Cambridge University Press.

Hatch, Elvin , 1983, *Culture and Morality: The Relativity of Values in Anthropology,* New York: Columbia University Press.

Haut Conseil àl'Intégration, 1991, *Pour un Modèle français d'intégration*, Paris: La Documentation Française.

Haut Conseil àl'Intégration, 1997, *Affaiblissement du lien social, enfermement dans les particularismes et intégration dans la cité*, Paris: La Documentation Française.

Hayden, Patrick, 2001, "The Philosophy of Human Rights St.", Paul, MN: Paragon House.

Hayek, Friedrich, 1944, *The Road to Serfdom*, Chicago: University of Chicago Press.

Hayek, Friedrich, 1960, *The Constitution of Liberty*, University of Chicago Press.

Hayek, Friedrich, 1976, *Law, Liberty, and Legislation* Vol. 2, Chicago: University of Chicago Press.

Held, David and Anthony McGrew, 2002, *Globalization and Anti-Globalization*, London: Polity.

Herzog, Don, 1985, *Without Foundations: Justification in Political Theory*, Ithaca: Cornell University Press.

Hietalahti, Jarno, Onni Hirvonen, Juhana Toivanen, and Tero Vaaja, 2016, "Insults, Humor, and Freedom of Speech", *French Cultural Studies* Vol. 27, No. 3: 245-255.

Hirsch, Joachim, 1995, *Der Nationale Wettbewerbsstaat: Staat, Demokratie Und Politik Im Globalen Kapitalismus*, Edition ID-Archiv.

Hobbes, Thomas, 1996[1651], *Leviathan*, Richard Tuck, ed., Cambridge: Cambridge University Press, p. 149.

Hobsbawm, Eric and Terence Ranger, 1993, *The Invention of Tradition*, Cambridge: Cambridge University Press.

Hobsbawm, Eric J., 1996, "The Future of the State", *Development and Change* Vol. 27, No. 2: 267-278.

Hobsbawm, Eric, 1990, *Nations and Nationalism since 1780*, Cambridge: Cambridge University Press.

Hollinger, David, 1995, *Post ethnic America*, N.Y.: Basic Books.

Holloway, John, 1994, "Global Capital and the National State", *Capital & Class* Vol. 18, No. 1: 23-49.

Honig, Bonnie, 1999, "My Culture made Me Do It", in Joshua Cohen and Matthew Howard, eds., *Is Multiculturalism Bad for Women?*, Princeton: Princeton Univerisity Press, pp. 35-40.

Hooghe, Liesbet, 1993, "Belgium: From Regionalism to Federalism", *Regional & Federal Studies* Vol. 3, No. 1: 44-68.

Horowitz, Donald L., 2000, "Constitutional Design: An Oxymoron?", in Ian Shapiro and Stephen Macedo, eds., *Designing Democratic Institution*, New York: New York University Press, pp. 253-284.

Hospers, John, 1998, "A Libertarian Argument Against Open Borders", *Journal of Libertarian Studies* Vol. 13, No. 2: 153-166.

House of Lords, July 27 2000, *Hansard*(영국의회속기록), col. 571.

Hume, David, 1998[1751], *An Enquiry Concerning the Principles of Morals: A Critical Edition*, Tom L. Beauchamp ed., Oxford: Clarendon Press.

Hume, David, 2007[1738], *A Treatise on Human Nature*, Oxford: Oxford University Press.

Huntington, Samuel P., 2004, *Who Are We?: The Challenges to America's National Identity*, New York: Simon and Schuster.

Huntington, Samuel, 1991, *The Third Way: Democratization in the Late Twenties Century*, Norman: University of Oklahoma Press, pp. 266-267.

Huntington, Samuel, 1996, *The Clash of Civilization and the Remaking of World Order*, New York: Simon & Schuster.

Ignazi, Piero, 2006, *Extreme Right Parties in Western Europe*, Oxford: Oxford University Press,.

Immordino-Yang, Mary Helen, Andrea McColl, Hanna Damasio, and Antonio Damasio, 2009, "Neural Correlates of Admiration and Compassion", *Proceedings of the National Academy of Sciences* Vol. 106, No. 19: 8021-8026.

Ishay, Micheline, 2008, *The History of Human Rights: From Ancient Times to the Globalization Era*, California: University of California Press.

Jack, Donnelly, 2003, *Universal Human Rights in Theory and Practice*, Ithaca: Cornell University Press.

Jacob, Levy, 2000, *The multiculturalism of fear*, Oxford: Oxford University Press.

Jagger, Alison, 2009, "Okin and the Challenge of Essentialism", in Debra Satz and Rob Reich, eds., *Toward a Humanist Justice*, Oxford: Oxford University Press, p. 180.

Jelen, Christian, 1997a, "La Régression Multiculturaliste", *Le Débat* No. 97: 137-143.

Jelen, Christian, 1997b, *Les Casseurs de la République*, Paris: Plon.

Jelen, Ted G. and Clyde Wilcox, 2002, *Religion and Politics in Comparative Perspective: The One, the Few, and the Many*, Cambridge: Cambridge University Press.

Johnson, James, 2000, "Why Respect Culture?", *American Journal of Political Science* Vol. 44, No. 3: 405-418.

Joppke, Christian, 1998, "Why Liberal States Accept Unwanted Immigration", *World Politics* Vol. 50, No. 2: 266-293.

Joppke, Christian, 1999, *Immigration and the Nation-State: The United States, Germany, and Great Britain*, Oxford: Clarendon Press.

Joppke, Christian, 2004, "Ethnic Diversity and the State", *The British Journal of Sociology* Vol. 55, No. 3: 451-463.

Joppke, Christian, 2007, "Transformation of Immigrant Integration: Civic Integration and Antidiscrimination in the Netherlands, France, and Germany", *World Politics* Vol. 59, No. 2: 243-273.

Joppke, Christian, 2014, "European Immigration Integration After Multiculturalism", Graziano Battistella, ed., *Global and Asian Perspectives on International Migration*, Swiss: Springer.

Joppke, Christian, 2017, "Civic Integration in Western Europe: Three Debates", *Western Eropean Politics* Vol. 40, No. 6: 1153-1176.

Joshua, Cohen, Howard Matthew, and Martha C. Nussbaum, 1999, *Is Multiculturalism Bad for Women? Susan Moller Okin with Respondents*, Princeton: Princeton University Press.

Kahan, Dan M., 1998, "'The Anatomy of Disgust'in Criminal Law", *Michigan Law Review* Vol. 96, No. 6: 1621-1657.

Kant, Immanuel, 1998[1785], *The Groundwork of the Metaphysics of Morals*, Cambridge: Cambridge University Press.

Kass, Leon, "The Wisdom of Repugnance: Why We Should Ban on Human

Cloning", in Leon Kass and James Wilson, eds., 1998, *The Ethics of Human Cloning*, Washington D.C.: AEI Press.

Kastoryano, Riva, 2002, *Negotiating Identities: States and Immigrants in France and Germany*, Princetion: Princeton University Press.

Kateb, George, 1994, "Note on Pluralism", *Social Research* Vol. 61, No. 3.

Kay, Adrian, 2003, "Evaluating Devolution in Wales", *Political Studies* Vol. 51, No. 1: 51-66.

Kaya, Ayhan, 2012, "Transnational Citizenship: German-Turks and Liberalizing Citizenship Regimes", *Citizenship Studies* Vol. 16, No. 2: 153-172.

Kepel, Gilles, 1997, *Allah in the West: Islamic Movements in America and Europe*, Palo Alto: Stanford University Press.

Keysers, Christian, 2010, "Mirror Neurons", *Current Biology* Vol. 19, No. 21.

Kim, Eun Mee and Jean S. Kang, 2007, "Seoul as a Global City with Ethnic Villages", *Korea Journal* Vol. 47, No. 4: 64-99.

Kim, Hyun Mee, 2007a, "The State and Migrant Women: Diverging Hopes in the Making of 'Multicultural Families'in Contemporary Korea", *Korea Journal* Vol. 47, No. 4: 100-122,

Kim, Jonathan, 2014c, "A Defense of Okin's Feminist Critique of Multiculturalism and Group rights", *Ephemeris*.

Kim, Nam-Kook, 2005a, "Ethnic Violence and Ethnic Cooperation in New Labour's Britain", *Korean Political Science Review* Vol. 39, No. 5.

Kim, Nam-Kook, 2005b, "The End of Britain? Challenges from Devolution, European Integration, and Multiculturalism", *Journal of International and Area Studies* Vol. 12, No. 1.

Kim, Nam-Kook, 2007b, "Constitution and Citizenship in the Multicultural Korea: Limitations of a Republican Approach", *Korea Journal* Vol. 47, No. 4: 196-220.

Kim, Nam-Kook, 2008, "Consensus Democracy as an Alternative Model in Korean Politics", *Korea Journal* Vol. 48, No. 4.

Kim, Nam-Kook, 2010, "Revisiting New Right Citizenship Discourse in Thatcher's Britain", *Ethnicities* Vol. 10, No. 2.

Kim, Nam-Kook, 2011a, "Deliberative Multiculturalism in New Labour's Britain", *Citizenship Studies* Vol. 15, No. 1.

Kim, Nam-Kook, 2011b, *Deliberative Multiculturalism in Britain*, Oxford: Peter Lang.

Kim, Nam-Kook, 2014a, "Multicultural Challenges in Korea: the Current Stage and a Prospect", *International Migration* Vol. 52, No. 2.

Kim, Nam-Kook, 2014b, "The Universalization of Locality and Localization of Global Norm in Europe and East Asia", in Nam-Kook Kim, ed., 2014, *Multicultural Challenges and Sustainable Democracy in Europe and East Asia*, London: Palgrave, pp. 1-12.

Kimball, Roger, 1991, "Tenured Radicals: A Postscript", *The New Criterion* Vol. 9, No. 5: 4-13.

Kitschelt, Herbert, 2004, "Diversification and Reconfiguration of Party Systems in Postindustrial Democracies", *Europäische Politik*, International Policy Analysis Unit, Friedrich Ebert Stiftung.

Kiwan, Nadia, 2016, "Freedom of Thought in the Aftermath of the Charlie Hebdo Attacks", *French Cultural Studies* Vol. 27, No. 3: 233-244.

Klausen, Jytte, 2006, "Rotten Judgment in the State of Denmark", *Spiegel Online* 8.

Klug, Brian, 2016, "In the Heat of the Moment: Bringing 'Je Suis Charlie' into Focus", *French Cultural Studies* Vol. 27, No. 3: 223-232.

Kochenov, Dimitry, 2011, "Double Citizenship in the EU: an Argument for Tolerance", *European Law Journal* Vol. 17, No. 3: 323-343.

Kovacs, Maria, 2006, "The Politics of Dual Citizenship in Hungary", *Citizenship Studies* Vol. 10, No. 4: 431-451.

Kriegel, Blandine, 1998, *Philosophie de La République*, Paris: Plon.

Kukathas, Chandran, 1992, "Are There Any Cultural Rights?" *Political Theory* Vol. 20, No. 1: 105-139.

Kukathas, Chandran, 1994, "Explaining Moral Variety", *Social Philosophy and Policy*

Vol. 11, No. 1: 1-21.

Kurlantzick, Joshua, 2013, *Democracy in Retreat: the Revolt of the Middle Class and the Worldwide Decline of Representative Government*, New Haven: Yale University Press.

Kymlicka, Will and Baogang He, 2005, *Multiculturalism in Asia*, Oxford: Oxford University Press.

Kymlicka, Will and Keith G. Banting, 2006, *Multiculturalism and the Welfare State: Recognition and Redistribution in Contemporary Democracies*, Oxford: Oxford University Press.

Kymlicka, Will, 1995a, *Multicultural Citizenship*, Oxford: Oxford University Press.

Kymlicka, Will, 1995b, "Misunderstanding Nationalism", *Dissent*(Winter): 130-137.

Kymlicka, Will, 1998, *Finding Our Way: Rethinking Ethnocultural Relations in Canada*, Oxford: Oxford University Press.

Kymlicka, Will, 1999, "Liberal Complacencies", in Joshua Cohen, Matthew Howard, and Martha Nussbaum, eds., *Is Multiculturalism Bad for Women?*, Princeton: Princeton Univerisity Press.

Kymlicka, Will, 2001, *Politics in the Vernacular*, Oxford: Oxford University Press.

Kymlicka, Will, 2007, *Multicultural Odysseys: Navigating the New International Politics of Diversity*, Oxford: Oxford University Press.

Kymlicka, Will, 2012, *Multiculturalism: Success, Failure, and the Future*, Washington D.C.: Migration Policy Institute.

Laegaard, Sune, 2009, "Normative Interpretations of Diversity: The Muhammad Cartoons Controversy and the Importance of Context", *Ethnicities* Vol. 9, No. 3: 314-333.

Lamont, Michèle, 2001, "Immigration and the Salience of Racial Boundaries among French Workers", *French Politics, Culture & Society* Vol. 19, No. 1: 1-21.

Lampert, Khen, 2005, *Traditions of Compassion: From Religious Duty to Social Activism*, London: Springer.

Larmore, Charles, 1996, *The Morals of Modernity*, Cambridge: Cambridge University Press.

Lauren, Paul Gordon, 2011, *The Evolution of International Human Rights: Visions Seen*, Philadelphia: University of Pennsylvania Press.

Lawton, David, 1993, *Blasphemy*, London: Harvester Wheatsheaf.

Lee, Hye-Kyung, 2008, "International marriage and the state in South Korea: Focusing on Governmental Policy", *Citizenship studies* Vol. 12, No. 1: 107-123.

Lieberman, Robert, 2001, "A Tale of Two Countries: The Politics of Color-Blindness in France and the United States", *French Politics, Culture, and Society* Vol. 19, No. 3: 32-59.

Lijphart, Arend, 1977, *Democracy in Plural Societies: A Comparative Exploration*, New Haven: Yale University Press.

Lijphart, Arend, 1997, "Unequal Participation: Democracy's Unresolved Dilemma", *American Political Science Review* Vol. 91, No. 1: 1-14.

Lijphart, Arend, 1999, *Patterns of Democracy: Government Forms and Performance in Thirty-Six Countries*, New Haven: Yale University Press.

Lijphart, Arend, 2007, *Thinking about Democracy: Power Sharing and Majority Rule in Theory and Practice*, London: Routledge.

Lind, Michael, 1995, *The Next American Nation*, N.Y.: The Free Press, pp. 17-138.

Linz, Juan J. and Alfred Stephan, 1996, *Problems of Democratic Transition and Consolidation: Southern Europe, South America, and Post-Communist Europe*, Baltimore: JHU Press.

Lipset, Seymour Martin and Stein Rokkan, 1967, "Cleavage Structure, Party System and Voter Alignments", in Seymour Martin Lipset and Stein Rokkan eds., *Party Structure and Voter Alignments*, New York: The Free Press.

Lipset, Seymour Martin, 1997, *American Exceptionalism: A Double-Edged Sword*, New York: WW Norton & Company.

Lipson, Daniel N., 2008, "Where's the Justice? Affirmative Action's Severed Civil Rights Roots in the Age of Diversity", *Perspectives on Politics* Vol. 6, No. 4: 691-706.

Lister, Matthew, 2013, "Who Are Refugees?", *Law and Philosophy* Vol. 32, No. 5: 645-671.

Long, Marceau, 1988, *Être Français aujourd'hui et demain: Rapport de la Commission de la nationalité*, Paris: La Documentation Française.

Luca, Donatella, 1994, "Questioning Temporary Protection", *International Journal of Refugee Law* Vol. 6, No. 4: 535-538.

Machiavelli, Niccolo, 1983[1531], *The Discourses*, Bernard Crick, ed., London: Penguin Books.

MacIntyre, A. C., 1981, *After Virtue*, Indiana: University of Notre Dame Press.

Madeley, John and Zsolt Enyedi eds., 2003, *Church and State in Contemporary Europe*, London: Frank Cass.

Madeley, John, 2003, "A Framework for the Comparative Analysis of Church-State Relations in Europe", in John Madeley and Zsolt Enyedi eds., *Church and State in Contemporary Europe*, London: Frank Cass, pp. 23-50.

Malik, Maleiha, 2013, "Extreme Speech and Liberalism", in Ivan Hare and James Weinsein, eds., *Extreme Speech and Democracy*, Oxford: Oxford University Press.

Mann, Michael, 1990, *The Rise and Decline of the Nation State*, Oxford: Blackwell.

Mann, Michael, 1997, "Has Globalization Ended the Rise of the Nation-State?", *Review of International Political Economy* Vol. 4, No. 3: 472-496.

Manners, Ian, 2002, "Normative Power Europe: A Contradiction in Terms?", *Journal of Common Market Studies* Vol. 40, No. 2: 235-258.

Marshall, Thomas H., 1950, *Citizenship and Social Class*, Cambridge: Cambridge University Press.

Martin, David, 1978, *A General Theory of Secularization*, Oxford: Blackwell.

Meer, Nasar and Modood, Tariq, 2012, "How does Interculturalism Contrast with Multiculturalism?", *Journal of Intercultural Studies* Vol. 33. No. 2: 175-196.

Milbank, John, 2009, "Multiculturalism in Britain and the Political Identity of Europe", *International Journal for the Study of the Christian Church* Vol. 9, No. 4:

268-281.

Miles, Robert, 1995, *Transnational Citizenship: Membership and Rights in International Migration*, Oxford: Oxford University Press.

Miller, David, 1988, "The Ethical Significance of Nationality", *Ethics* Vol. 98, No. 4: 647-662.

Miller, David, 1995, "Citizenship and Pluralism."*Political Studies* Vol. 43, No. 3: 432-450.

Miller, David, 1995, *On Nationality*, Oxford: Clarendon Press.

Moddod, Tariq, 1990, "British Asian and Muslims and the Rushdie Affair", *The Political Quarterly* Vol. 61, No. 2: 143-160.

Modood, Tariq and Fauzia Ahmad, 2007, "British Muslim Perspectives on Multiculturalism", *Theory, Culture & Society* Vol. 24, No. 2: 187-213.

Modood, Tariq, 2005, *Multicultural Politics: Racism, Ethnicity and Muslims in Britain*, Edinburgh: Edinburgh University Press.

Modood, Tariq, 2006, "The Liberal Dilemma: Integration or Vilification?", *International Migration* Vol. 44, No. 5: 4-7.

Moravcsik, Andrew, 1998, *The Choice for Europe: Social Purpose and State Power from Messina to Maastricht,* London: UCL Press.

Morsink, Johannes, 1999, *The Universal Declaration of Human Rights: Origins, Drafting, and Intent*, Philadelphia: University of Pennsylvania Press.

Morsink, Johannes, 2009, *Inherent Human Rights: Philosophical Roots of the Universal Declaration*, Philadelphia: University of Pennsylvania Press.

Mutua, Makau, 2013, *Human Rights: A Political and Cultural Critique*, Philadelphia: University of Pennsylvania Press.

Nettler, Ronald and David Marquand, 2001, *Religion and Democracy*, New Jersey: Wiley-Blackwell.

Norton, David Fate, 1975, "Hume's Common Sense Morality", *Canadian Journal of Philosophy* Vol. 5, No. 4: 523-543.

Norton, David, 1982, *David Hume: Common-Sense Moralist, Sceptical Metaphysician,*

Princeton: Princeton University Press.

Nozick, Robert, 1974, *Anarchy, State and Utopia*, New York: Basic Book.

Nozick, Robert, 2001, *Invariances: the Structure of the Objective World*, Cambridge: Harvard University Press.

NSPA v. Skokie 432 U.S. 43, 1977.

Nussbaum, Martha C., 1992, "Human Functioning and Social Justice: In Defense of Aristotelian Essentialism", *Political Theory* Vol. 20, No. 2.

Nussbaum, Martha C., 1997a, *Poetic Justice,* Boston: Beacon Press.

Nussbaum, Martha C., 1997b, "Capabilities and Human Rights", *Fordham L. Rev.* 66.

Nussbaum, Martha C., 2001, *Upheavals of Thought: The Intelligence of Emotions,* New York: Cambridge University Press.

Nussbaum, Martha C., 2003, "Compassion & Terror", *Daedalus* Vol. 132, No. 1.

O'donnell, Guillermo A., 1994, "Delegative Democracy", *Journal of Democracy* Vol. 5, No. 1.

O'Leary, Brendan, 2006, "Liberalism, Multiculturalism, Danish Cartoons, Islamist Fraud, and the Rights of the Ungodly", *International Migration* Vol. 44, No. 5: 23-33.

Ohmae, Kenichi, 1992, *The Borderless World: Power and Strategy in the Global Market,* London: Harper Collins.

Ohmae, Kenichi, 1995, *The End of the Nation State: The Rise of Regional Economies*, New York: Simon and Schuster.

Okin, Susan, 1992, "Women, Equality, and Citizenship, *Queens Quarterly* Vol. 99, No. 1: 56-71.

Okin, Susan, 1998, "Feminism and Multiculturalism: Some Tensions", *Ethics* Vol. 108, No. 4: 661-84.

Okin, Susan, 1999, "Is Multiculturalism Bad for Women?"in Joshua Cohen, Matthew Howard, and Martha Nussbaum, eds., *Is Multiculturalism Bad for Women?* Princeton: Priencetion University Press.

Okin, Susan, 2002, "Mistresses of Their Own Destiny: Group Rights, Gender, and Realistic Rights of Exit", *Ethics* Vol. 112, No. 2: 205-230.

Okin, Susan, 2005, "Forty Acres and a Mule for Women: Rawls and Feminism", *Politics, Philosophy, and Economics* Vol. 4, No. 2: 233-248.

Oman, Natalie, 2010, "Hannah Arendt's Right to Have Rights: A Philosophical Context for Human Security", *Journal of Human Rights* Vol. 9, No. 3: 279-302.

Ossman, Susan and Susan Terrio, 2006, "The French Riots: Questioning Spaces of Surveillance and Sovereignty", *International Migration* Vol. 44, No. 2: 5-21.

Parekh, Bhikhu, 1990, "The Rushdie Affair: Research Agenda for Political Philosophy", *Political Studies* Vol. 38, No. 4: 695-709.

Parekh, Bhikhu, 1999, "A Varied Moral World", in Joshua Cohen and Matthew Howard eds., *Is Multiculturalism Bad for Women?*, Princeton: Princeton University Press, pp. 69-75.

Parekh, Bhikhu, 2000a, *Rethinking Multiculturalism*, Cambridge: Harvard University Press.

Parekh, Bhikhu, 2000b, *The Future of Multi-Ethnic Britain: Report of the Commission on the Future of Multi-Ethnic Britain*, London: Profile Books.

Parekh, Bhikhu, 2000c, "Defining British National Identity", *Political Quarterly* Vol. 71, No. 1. pp, 1-14.

Parekh, Bhikhu, 2001, "Rethinking Multiculturalism: Cultural Diversity and Political Theory", *Ethnicities* Vol. 1, No. 1: 109-115.

Parekh, Bhikhu, 2012, "Is There a Case for Banning Hate Speech?", in M. Herz and P. Molnar, eds., *The Content and Context of Hate Speech: Rethinking Regulation and Responses*, Cambridge: Cambridge University Press, pp. 37-56.

Patchen, Markell, 2003, *Bound by Recognition*, Princeton: Princeton University Press.

Perry, Barbara, 2007, *The Michigan Affirmative Action Cases*, Kansas: Univ. Press of Kansas.

Perry, Michael J., 2000, *The Idea of Human Rights: Four Inquiries*, Oxford: Oxford University Press.

Perry, Michael J., 2006, *Toward a Theory of Human Rights: Religion, Law, Courts*, Cambridge: Cambridge University Press.

Phillips, Ann, 2007, *Multiculturalism without Culture*, Princeton: Princeton University Press.

Pieterrse, Jan Nederveen, 2004, *Globalization and Culture*, Lanham: Rowman & Little field Publisher.

Piketty, Thomas, 2014, *Capital in the twenty-first century*, Cambridge Massachusetts: The Belknap Press of Harvard University Press.

Pilbeam, Pamela, 1995, *Republicanism in Nineteenth-Century France*, London: Palgrave Macmillan.

Pocock, J. G. A., 1999, "The Ideal of Citizenship since Classical Times", in Gerson Shafir, ed., *The Citizenship Debates,* Minneapolis: University of Minnesota Press.

Pollitt, Katha, 1999, "Whose Culture?", in Joshua Cohen and Matthew Howard eds., *Is Multiculturalism Bad for Women?*, Princeton: Princeton University Press, pp. 27-30.

Pollitt, Katha, 2015, "The Courage of Charlie Hebdo", *The Nation*, pp. 8-10.

Preis, Ann-Belinda S., 1996, "Human Rights as Cultural Practice: An Anthropological Critique", *Human Rights Quarterly* Vol. 18, No. 2: 286-315.

Putnam, Robert, 1995, "Bowling Alone: America's Declining Social Capital", *Journal of Democracy* Vol. 6, No. 1: 65-78.

Quentin, Skinner, 1998, *Liberty before Liberalism*, Cambridge: Cambridge University Press.

R.A.V. v. City of St. Paul, 505 U.S. 377, 1992.

Raphael, David Daiches, 1967, *Political Theory and the Rights of Man*, Bloomington: Indiana University Press.

Rawls, John, 1993a, *Political Liberalism*, New York: Columbia University Press.

Rawls, John, 1993b, "The Law of Peoples", in Stephen Shute and Susan Hurley, eds., *On Human Rights: The Oxford Amnesty Lectures*, New York: Basic Books.

Rawls, John, 1997, "The Idea of Public Reason Revisited", *The University of Chicago Law Review* Vol. 64, No. 3: 765-807.

Raz, Joseph, 1995, *Ethics in the Public Domain*, Oxford: Clarendon Press.

Raz, Joseph, 1999, "How Perfect Should One Bet? and Whose Culture Is?", in Joshua Cohen and Matthew Howard eds., *Is Multiculturalism Bad for Women?*, Princeton: Princeton University Press, pp. 95-99.

Reder, Michael ed., 2000, *Conversations with Salman Rushdie*, Jackson: University Press of Mississippi.

Renteln, Alison Dundes, 1985, "The Unanswered Challenge of Relativism and the Consequences for Human Rights", *Human Rights Quarterly* Vol. 7, No. 4: 514-540.

Rizzolatti, Giacomo et. al., 1996, "Action Recognition in the premotor Cortex", *Brain* Vol. 119, No. 2: 593-609.

Roberts, John, 1978, *The French Revolution*, Oxford: Oxford University Press.

Rokkan, Stein, 1970, *Citizens, Elections, Parties: Approaches to the Contemporary Study of Processes of Development*, Oslo: Universitetsforlaget.

Roman, Joël, 1998, *La Démocratie des individus*, Paris: Calmann-Lévy.

Rorty, Richard, 1993, "Human Rights, Rationality, and Sentimentality", In Stephen Shute & Susan Hurley, eds., *On Human Rights*, New York: Basic Books.

Rorty, Richard, 2007, "Philosophy as Cultural Politics", *Philosophical Papers*, New York: Cambridge University Press.

Rosenfeld, Michel, 1991, *Affirmative Action and Justice*, New Haven: Yale University Press.

Rosenfeld, Michel, 2012, "Hate Speech in Constitutional Jurisprudence", in Michael Herz and Peter Molnar eds., *The Content and Context of Hate Speech*, Cambridge: Cambridge University Press.

Rostboll, Christian, 2010, "The Use and Abuse of Universal Values in the Danish Cartoon Controversy", *European Political Science Review* Vol. 2, No. 3: 401-422.

Rousseau, Jean-Jacques, 1994[1755], *Discourse on Inequality*, New York: Oxford University Press.

Rousseau, Jean-Jacques, 1997[1762], Victor Gourevitch ed., "Of the Social Contract", *The Social Contract and other Later Political Writings*, Cambridge: Cambridge University Press.

Rudolph, Sussan and James Piscatori, eds., 1997, *Transnational Religion and Fading States*, Boulder: Westview.

Ruhs, Martin and Bridget Anderson, 2010, "Semi Compliance and Illegality in Migrant Labour Markets: An Analysis of Migrant, Employers and the State in the UK", *Population, Space, and Place* Vol. 16.

Rushdie, Salman, 1988, *The Satanic Verses*, London: Viking.

Said, Edward, 1993, *Culture and Imperialism*, London: Vintage.

Sandel, Michael, 1996, *Democracy's Discontent*, Cambridge: Harvard University Press.

Sandel, Michael, 1998, *Liberalism and the Limits of Justice*, Cambridge: Cambridge University Press.

Sandel, Michael, 1999, "Reply to Critics", in Anita Allen and Milton Regan, eds., *Debating Democracy's Discontent*, New York: Oxford University Press.

Sassen, Saskia, 1999, "Culture beyond Gender", in Joshua Cohen and Matthew Howard eds., *Is Multiculturalism Bad for Women?*, Princeton: Princeton University Press, pp. 76-78.

Satz, Debra and Rob Reich, eds., 2009, *Toward a Humanist Justice*, Oxford: Oxford University Press.

Scanlon, Thomas, 2003, *The Difficulty of Tolerance, Essays in Political Philosophy*, Cambridge: Cambridge University Press.

Schenck v. United States, 249 U.S. 47, 1919.

Schmitter, Philippe, 2000, *How To Democratize the European Union and Why bother?*, New York: Rowman & Littlefield.

Schnapper, Dominique, 1991, *La France de l'intégration*, Paris: Gallimard.

Scruton, Roger, 2000, *England: An Elegy*, London: Chatto & Windus.

Sen, Amartya, 2004, "Elements of a Theory of Human Rights", *Philosophy & Public Affairs* Vol. 32, No. 4: 315-356.

Sen, Amartya, 2009, *The Idea of Justice*, Cambridge: Harvard University Press.

Sen, Amartya, 2010, "Introduction", In *The Theory or Moral Sentiments*, New York: Penguin Books, 2010.

Seol, Dong-Hoon, 2010, "Which Multiculturalism? Discourse of the Incorporation of migrants into Korean Society", *Korea Observer* Vol. 41, No. 4: 593-614.

Shachar, Ayelet, 2009, "What we Owe Women", in Debra Satz and Rob Reich, eds., *Toward a Humanist Justice*, Oxford: Oxford University Press.

Shue, Henry, 1980, *Basic Rights: Subsistence, Affluence and U.S. Foreign Policy,* Princeton: Princeton University Press.

Skinner, Quentin, 1992, "On Justice, the Common Good and the Priority of Liberty", in Chantal Mouffe, ed., *Dimensions of Radical Democracy*, London: Pluto.

Skinner, Quentin, 1998, *Liberty before Liberalism*, Cambridge: Cambridge University Press.

Slote, Michael, 2010, *Moral Sentimentalism*, Oxford University Press.

Smith, Adam 2005[1790], *The Theory of Moral Sentiments*, Drawn from http://www.ibiblio.org/ml/libri/s/SmithA_MoralSentiments_p.pdf.

Smith, Anthony, 1986, *The Ethnic Origins of Nations*, Oxford: Basil Blackwell.

Smith, Barbara Herrnstein, 1988, *Contingencies of Value: Alternative Perspectives for Critical Theory*, Cambridge: Harvard University Press.

Smith, Roger, 1999, *Civic Ideals,* New Haven: Yale University Press.

Sondhi, Ranjit, 2009, Speech to the Awards for Bridging Culture, Dec. 01.

Sowell, Thomas, 2004, *Affirmative Action around the World: An Empirical Study*, New haven: Yale University Press.

Spiro, Peter, 2010, "The Equality Paradox of Dual Citizenship", *Journal of Ethnic and Migration Studies* Vol. 45, No. 6.

Stamatopoulou, Elsa, 2007, *Cultural Rights in International Law*, Leiden: Brill.

Stasi, Bernard, 2003, *Le Rapport de la Commsssion Stasi sur La Laïcité, Le Monde*, 2003년 12월 12일 자 부록.

Steiner, Hillel, 1992, "Libertarianism and Transnationalism", in Brian Barry and Robert Goodin, eds., *Free Movement*, University Park: Pennsylvania University Press, pp. 83-94.

Strange, Susan, 1996, *The Retreat of the State: The Diffusion of Power in the World Economy*, Cambridge: Cambridge University Press.

Takao, Yasuo, 2007, *Reinventing Japan: From Merchant Nation to Civic Nation*, Berlin: Springer.

Tate, John William, 2016, "Toleration, Skepticism, and Blasphemy: John Locke, Jonas Proast, and Charlie Hebdo", *American Journal of Political Science* Vol. 60, No. 3.

Taylor, Charles, 1997, "Cross-Purposes: the Liberal-Communitarian Debate", *Philosophical Arguments*, Cambridge: Harvard University Press, pp. 181-203.

Taylor, Charles, 2012, "Interculturalism or Multiculturalism?", *Philosophy & Social Criticism* Vol. 38, No. 4: 413-423.

Teimouri, Heidarali and Surya Subedi, 2018, "Responsibility to Protect and the International Military Intervention in Libya in International Law", *Journal of Conflict & Security Law* Vol. 23, No. 1: 3-32.

Teson, Fernando R., 1984, "International Human Rights and Cultural Relativism", *Virginia Journal of International Law* Vol. 25: 869-898.

Thomas Pangle, 1999, *Justice among Nations: One the Moral Basis of Power and Preace*, Kansas: University of Kansas Press.

Thomas, R. Roosevelt, 1990, "From Affirmative Action To Affirming Diversity", *Harvard Business Review* Vol. 68, No. 2: 107-117.

Tilley, John J., 2000, "Cultural Relativism", *Human Rights Quarterly* Vol. 22, No. 2: 501-547.

Todd, Emmanuel, 2015, *Who Is Charlie?: Xenophobia and the New Middle Class*, New

York: John Wiley & Sons.

Tomasi, John, 2009, "Can Feminism be Liberated from Governmentalism?" in Debra Satz and Rob Reich, eds., *Toward a Humanist Justice: The Political Philosophy of Susan Moller Okin*, Oxford: Oxford University Press, pp. 67-90.

Turner, Bryan S., 1986, *Citizenship and Capitalism: The Debate over Reformism*, New York: Allen & Unwin.

UNESCO, 2001, *Report by the Director-General on the Progress of the UNESCO Draft Declaration on Cultural Diversity*, UNESCO document 161 EX/12 Annex.

Valentini, Laura, 2012, "In What Sense Are Human Rights Political? A Preliminary Exploration", *Political Studies* Vol. 60, No. 1: 180-194.

Veninga, Jennifer Elisa, 2016, "Echoes of the Danish Cartoon Crisis 10 Years Later: Identity, Injury and Intelligibility from Copenhagen to Paris and Texas", *Islam and Christian-Muslim Relations* Vol. 27, No. 1: 25-34.

Virginia v. Black, 538 U.S. 343, 2003.

Volpp, Leti, 2001, "Feminism versus Multiculturalsim", *Columbia Law Review* Vol. 101, No. 5: 1190.

Waldron, Jeremy, 2012a, "Hate Speech and Political Legitimacy", in Michael Herz and Peter Molnar, eds., *The Content and Context of Hate Speech: Rethinking Regulation and Responses*, Cambridge: Cambridge University Press, pp. 329-340.

Waldron, Jeremy, 2012b, *The Harm in Hate Speech*, Cambridge: Harvard University Press.

Walzer, Michael, 1983, *Spheres of Justice*, Oxford: Martin Robertson.

Weil, Patrick, 2011, "From Conditional to Secured and Sovereign: the New Strategic Link between the Citizen and the Nation-State in a Globalized World", *International Journal of Constitutional Law* Vol. 9, No. 3-4: 615-635.

Weiss, Linda, 1998, *The Myth of the Powerless State*, Cornell University Press.

Westerlund, David ed., 1996, *Questioning the Secular State: the Worldwide Resurgence of Religion in Politics*, London: Hurst & Co.

Whelan, Frederick G., 1981, "Citizenship and the Right to Leave", *American Political Science Review* Vol. 75, No. 3.

Williams, Raymond, 1958, "Culture is Ordinary", in Jim McGuigan, ed., *Raymond Williams on Culture & Society: Essential Writings*, London: Sage, 1958.

Wilson, Richard, ed., 1997, *Human Rights, Culture & Context*, London: Pluto Press.

Yates v. United States 354 U.S. 298, 1957.

Yoon, In-Jin, 2008, "Korean Diaspora and Transnationalism: the Experience of Korean Chinese", 『문화역사지리』 20권 1호: 1-18, 한국문화역사지리학회.

Young, Iris, 1990, *Justice and the Politics of Difference*, Princeton: Princeton University Press.

Young, Iris, 2000, *Inclusion and Democracy*, Oxford: Oxford University Press.

Young, Robert, 1995, *Colonial Desire: Hybridity in Theory, Culture, and Race*, London: Routledge.

Younge, Gary, 2010, *Who Are We: and Should It Matter in the 21 Century?*, Glasgow: Viking.

Zapata-Barrero, Ricard, 2015, "Exploring the Foundations of the Intercultural Policy Paradigm: A Comprehensive Approach", *Identities: Global Studies in Culture and Power* Vol. 23, No. 2: 155-173.

Žižek, Slavoj, 2011, "Against Human Rights", in Aakash Singh Rathore & Alex Cistelecan, eds., *Wronging Rights?: Philosophical Challenges to Human Rights*, London: Routledge.

Cambridge Dictionaries, "hate speech". https://dictionary.cambridge.org/dictionary/english/hate-speech(검색일: 2017. 12. 15).

Le Monde, 1989. 10. 26, "M. Jospin en appelle au respect de la laicitémais demande qu'aucune élève ne soit exclue".

Le Monde, 1989. 11. 9, "Les prolongements de la polémique sur le foulard islamique M. Jospin devant les députés socialistes: 'Laique, de toute éternité'".

Le Monde, 1989. 12. 1, "La rencontre multiraciale de Marly-le-Roi sur l'Afrique du

Sud M. Rocard constate 'le lent dégel de l'apartheid'".

Le Monde, 1994. 10. 13, "LA FRANCE ET L'ISLAM L'Etat et la mouvance islamiste L'extrême prudence de la diplomatie française Tout en mesurant ses mots, Paris prône une attitude sans concessions à l'égard des intégristes".

Le Nouvel Observateur, 1989. 11. 29, SOFRES 설문 조사.

Oxford Dictionaries, 2017, "hate speech". https://en.oxforddictionaries.com/definition/hate-speech(검색일: 2017. 12. 15).

The Guardian, 2000. 12. 6, "The act of settlement, 1701".

The Guardian, 2002. 2. 11, "Bill seeks to end ban on Catholic monarchs".

The Guardian, 2002. 7. 3, "Yesterday in parliament".

The New York Times, 2004. 10. 22, "France turns to tough policy on students' religious garb".

The New York Times, 2015, "Danish Cartoon Controversy". https://www.nytimes.com/topic/subject/danish-cartoon-controversy(검색일 2019. 10. 2).

The Telegraph, 2015. 5. 4, "Prophet Mohammed Cartoons Controversy: Timeline". http://www.telegraph.co.uk/news/worldnews/europe/france/11341599/Prophet-Muhammad-cartoons-controversy-timeline.html

찾아보기

사항

ㄱ

가능한 한 많은 사람들의 선호 537
『가디언』 224, 418, 425
가부장적 33, 592
가장 큰 소수 집단 539, 545
가족 결합권 519
가족지원법 503
가치 다원주의 64, 71, 134, 139, 140, 291
가톨릭 398-406, 425, 430
간첩법 231
갇힌 민주주의 526, 554
감리교 430, 459
강한 민주주의 537, 556
개별 문화 181, 254, 269, 583
개인의 자유 우선성 36, 253, 289, 325, 449, 469
개입과 국가주권에 관한 국제위원회(ICISS) 393, 394

객관성 136, 141, 145, 161
거울 뉴런 153
거주지주의 372, 438
검증법 405
게소법 428, 466
결과주의(론)적 추론 550-552, 555, 556
결선투표제 527
결핍으로부터의 자유 388, 390
결혼 이민자 7, 34, 274, 357, 370, 371, 503-510
결혼 이주자 28, 503, 509, 511, 515
경로 의존성 50, 478
경제적 토대 5, 21
경제적, 사회적, 문화적 권리에 관한 국제 규약(ICESCR) 115
경직된 다수제 민주주의 539, 556
『경향신문』 511, 517
계몽 133, 244
고려대학교 아시아문제연구소 519
고립주의 7, 17-20, 44

찾아보기 639

고용평등위원회 474, 489, 490
고위통합위원회 465
공감 136, 141, 145, 151-157, 163-168
공개성 592
공공성 51, 127, 302, 584, 591, 592
공공재 287, 292, 293, 307, 328, 563
공공 정책 11, 434, 478
공공질서법 228
공동선 63, 77, 89, 242, 289, 294-297, 308, 312, 334-337, 564, 583
공동의 귀속감 38, 58, 59
공동의 정체성 40, 83, 273, 334, 345, 523, 536, 555, 575
공론장 32, 33, 36, 44, 128, 197, 242, 302, 304, 312
공리주의(적) 51, 215, 298, 386, 485, 489, 498, 501, 513, 516-522
공민성 592
공산주의 53, 231, 232, 388
공익성 592
공적 이성 281-286
공정성 543, 552, 592
공정한 관찰자 136, 137, 168
공직(자)선거법 43, 502, 531
공포로부터의 자유 388, 390
『공화국』 279
공화주의적 덕목 246, 537
공화주의적 시민동화주의 50, 449, 460, 483
관 주도형 34-36
관용의 단계 444
구성주의(적) 270, 272, 571, 572

구속받는 자아 292
9.11 테러 7, 174, 268, 439, 454, 460, 464, 472, 477, 590
구축 효과 47
국가권력 53, 285, 290, 323, 554
국가안보 41, 213, 376, 387, 389, 390
국가 정체성 55, 60, 87, 171, 190, 199, 310, 340, 414, 430, 461, 521, 572, 585
국가개입주의적 정책 565
국가 관료 197, 525
국가보안법 526
국가사회주의자당 233
국가의 개입 38, 291-293, 313, 329, 429
국가이익 564
국가적 관점 365, 366
국가주의(적) 270, 302-304, 309, 555
국가 중립성 76, 280, 285, 312, 323, 449-451
국가통합위원회 414
국경 통제 17, 24, 49, 315, 318, 333, 347
국경 보안 및 입국비자 개선법 477
국내 안보 389, 382
국민전선 413
국적 취득권 519
국적법 갈등과 관련된 특정 문제에 관한 협약 354
국적에 관한 유럽협약 373
국적주의 362, 372
국제결혼 28, 370, 503, 511, 518
국제기구 382, 441-443, 563

국제법 95, 122, 123, 139, 356
국제사회 47, 109, 209, 326, 390
국제연맹 헌장 19, 354
국제인권법 356
국제인도법 375
국제펜클럽(PEN) 211
국제형사재판소(ICC) 95
국토방위부 477
군사쿠데타 528, 553
권리를 가질 권리 351
권리장전 405
권리청원 405
권역별 정당명부 비례대표제 542
귀속적 애착 47, 256, 567, 582, 587
규범 이론 55, 80, 195, 278, 300, 338, 399, 432
규범적 권력 107
규범적 상대주의 103, 126
규범적 의미 44, 437
규정받는 자아 57, 461
균열 구조 22, 201, 400, 431, 529
그래츠 대 미시간대학 475
그루터 대 미시간대학 409
그르노블 중등학교 409
그리스 134, 294-298, 320, 535
그리스정교 398, 401
극단주의 190, 240
극우 43, 90, 179, 201, 275, 325, 413, 437, 441, 452, 460, 468, 486, 530, 590
근대 민족 571
근대주의 571

근대화 257, 571
근본적인 정의의 문제 282
근본주의 190, 246, 261, 408, 411-416, 424, 466
글로벌 브리지 정책 510
글로컬라이제이션 565
기회균등법 467

ㄴ

나이지리아 488, 546
나치 95, 114, 144, 225, 233, 499
나토(NATO) 387
낙선 운동 528
난민 18, 22, 50, 53, 96, 171, 195, 285, 316-321, 351-354, 373-386, 391, 431
남북통일 28, 557
남북전쟁 265, 361
남아프리카공화국 114, 356, 418
남유럽 184
남유틀란트주 207
내가 샤를리다 211, 224, 243
내가 아흐메드다 243
내용 중립적 규제 217, 231-234
내적인 공적 영역 567, 568
냉전 50, 387, 397
네덜란드 108, 198, 315, 359, 401, 479
네덜란드 이민자 통합법 479
노동 송출국 441
노동 수입국 441
노동권 519
노동당 426, 456

찾아보기 **641**

노동부 491, 505, 508
노동시장 25, 171, 182, 194-198, 275, 324, 364, 381-384, 521
노동허가제 342, 480
노르웨이 209, 401
노무현 정부 357, 506, 526, 557
노팅힐 172, 453
녹색당 201, 202
뉴욕 231, 513, 590
뉴욕 의정서 377
뉴욕 총회 116
『뉴욕 타임스』 224
뉴질랜드 117, 444, 538
닉슨 행정부 491

ㄷ
다국적 기업 565
다문화 공존 436
다문화 교육 31
다문화가족 503
다문화가족 지원 정책 기본계획 509
다문화의 권리 26-28, 32, 38, 42, 75, 85, 118, 444, 447, 467, 476, 544
다문화주의 공포 590
다문화주의 단계 444-467
다민족주의 28, 119
다수의 선호 537
다수의 전제 64, 230, 299, 306-309, 344
다수제 민주주의 51, 528, 537-540, 544-557, 572, 588

다양성의 모순 186
다양성의 이익 512, 522
다양성의 혜택 51, 485, 487, 511
『다양한 권리를 보장하기 위하여』 490
다원신앙 문화 지역 399-401, 404, 431
다인종 30, 198
단순다수 소선거구제 539, 542, 576
단일신앙 문화 지역 400-404, 431
단일제 538, 540
대연정 540, 557, 578
대영제국 360, 452, 453, 459
대의제의 한계 528, 543
대통령 탄핵 사태 305
대표의 공정성 543, 552
대표의 위기 51, 56, 81, 277, 311, 523, 528-534, 540-543, 552-559, 575-579, 584
'더 안전한 세계: 우리의 공동 책임' 391
더불어민주당 541
덴마크 만평 사건 49, 205-211, 239, 243, 246
덴마크 형법 208, 235
도구적 유대 354-356
도덕 심리학 153
도덕적 최소주의 283, 285, 323
도둑맞은 세대 170
도착 억제 정책 379, 382, 384
독립 영연방 국가의 시민 360
『독립신문』 301, 571

독립적인 주체성 237
독일 이민법 479
독일 형법 235
동결 가설 529
동구권 387
동성애 178, 236, 302
동아시아연구원 45, 519
『동아일보』 511-514, 517
동정심 136, 141-159, 164-168
동정적 상상 156-159
동질성 34, 53, 59, 193, 269, 283, 302, 570, 577
동화 54, 73, 86, 112, 193, 276, 343, 433, 439
동화 정책 399, 439, 450
동화주의 49, 175, 181, 194, 269, 460, 546
두 번의 정권 교체 검증 525
득표율 542
디아스포라 187, 367

ㄹ

라우치 판결 196
라코타 부족 261
라틴아메리카 356
러시아 108, 401
런던 지하철 테러 173, 454
레바논 208, 299, 413, 549, 552
로마 134, 295-298, 320, 335
루마니아 364, 398
루슈디 사건 398, 399, 406, 417
루스벨트 행정부 354, 474, 490

루이 14세의 칙령 폐지 401
루이지애나 인종분리법 474
루카의 자유국가 295, 296
루터교 401
르샤플리에법 403, 464
리버풀 173, 454
『리베라시옹』 210
리비아 사태 393

ㅁ

마그레브 27, 400, 407, 414, 464, 467
마드리드 후속회의 388
마후이카 117
마훈드 417, 418
만민공동회 301, 571
망명(자) 96, 315, 321, 375-385
『매거진넷』 299
『매일경제』 357
맥도날드화 569
맥락주의 147, 148, 154, 160
맥퍼슨 보고서 458
맨체스터 173, 454
머리모자 416
메인주 476
메카 418
멕시코 362, 375
명백하고 현존하는 위험 217, 218, 231-234
명예혁명 405
모든 형태의 인종차별 철폐에 관한 국제 협약 217
모르몬 430, 459

모스크 209
몰도바 367
몽페르메이 중등학교 409
무슬림 7, 27, 62, 173, 190, 207-211, 224-229, 239-248, 398-400, 407-429
무연고적 자아 251, 268, 334
무정부 상태 393
무한성 66, 127, 501
무형문화유산 보호협약 122
문민정부 301, 564
문화 다양성 협약 97, 115, 122-124
문화 다원주의 30, 267, 477
문화 상대주의 48, 97, 107, 132, 144
문화 적응 45
문화 중심의 정치 5, 20, 522
문화 충돌 45, 101
문화 흡수 45
문화의 도구적 역할 56, 81
문화의 비교 불가능성 58, 61, 102, 174, 268, 286
문화인류학 133, 138, 154
문화인종적 민족 576, 584, 588, 590
문화인종적 연대 569
『문화일보』 511, 514-516
문화적 다원성 38, 58, 134
문화적 보수주의 127
문화적 보편주의 105
문화적 소속감 67, 363
문화적 인정 37, 171
문화적 자결권 79, 129, 257, 286
문화적 자치권 55
문화적 절대주의 104, 126, 127
문화적 정체성 38, 56, 69, 85, 89, 276, 453, 463, 471, 535, 544, 564
뮌헨안보회의 174
미국인류학회(AAA) 110, 111, 138
미국적 신조 473
미국정치학회 82, 531
미시간대학 472, 492-498
민권법 474, 489-494
민족 공동체 85, 368, 400, 529, 571
민족 담론 572-576
민족 확장형 184, 359, 367, 373
민족자결권 115
민족주의 18-20, 53, 179, 186, 202, 570-572, 581
민주 대항쟁 525, 540
민주적 개인주의 64-66
민주적 공론장 32, 36, 44
민주적 국가 114
민주적 사회 114
민주주의 결여 555, 556
민주주의 후퇴 51, 588-593
민주주의의 공고화 552, 556, 559
민주통합당 541
밀리 괴뤼스 367

ㅂ

바베이도스 538
바스크 467
바우처 476
반집시 178

반공산주의 231
반교권주의 401
반세속주의 224
반이민 18, 437, 453, 464, 530, 590
반인류적 범죄 95, 96, 114
반차별 정책 185, 188, 193, 199
반크로프트 조약 355
반한 감정 513
발덱-루소법 403, 464
발명된 전통 570
발전국가 562
발칸반도 413
발칸형 대통령 557
발푸레 폭동 464
방글라데시 400, 418, 458, 544
방문취업제 481
배제적 민주주의 526
배키 사건 492-496
배타주의 18, 44, 45
버밍햄 457
버지니아 사건 234
버클리대학 475
번리 173
범죄조직법 232
법실증주의 128
베니스위원회 180
베오그라드 후속회의 391
베트남 27, 362, 371, 377, 467, 503
벨기에 19, 82, 108, 113, 198, 315, 363, 531, 549
벵가지 394
병리학적 감정 137, 146, 166, 167

보수당 406, 419, 453, 456
보수주의 104, 127, 368, 406
보스니아 헤르체코비나 374
보이지 않는 손 74
보정블랑 폭동 464
보편 문화 181
보편적 규범 382, 386
보편적인 공동선 63
보편적인 자유주의적 권리 42
보호주의적 국가주의자 563, 564
보호책임 390-393
복수국적 199, 351-373, 397
복수국적 축소 및 복수국적하의 병역의무 사례에 관한 협약 373
〈복종〉 206
복지국가 46, 98, 290, 324
복지법 472
본질주의(적) 96, 130, 139, 144-149, 154 253, 254, 566
본질주의적 자유주의 페미니스트 253
볼가포럼 177
봉건제 535
부르카 481
부시 행정부 498
부족주의 244, 413, 463
부커 문학상 418
부통령제 527
북대서양 문명 78
북아일랜드 27, 398, 458, 544, 546
분권화 547, 550
분리된 거주지 172, 173, 186
분리주의 29, 110, 171, 186, 262, 460

분리하되 평등하게 474
분배적 정의 291, 329, 338, 339, 498, 585
불문법 452, 455
브라운 대 교육위원회 474
브라질 113, 362, 363
브래드퍼드 173, 419, 420, 423, 454
브렉시트 17, 18
브르타뉴 27, 467
블레어 정부 406
비공격성의 명제 327, 332
비공적 이성 281
비교 문화 연구 133
비국가적 행위자 380
비대칭적 분권화 547
비례대표제 538-542, 546, 550, 576
비례성 375, 540, 543, 578
비엔나 선언 120
비자유적 민주주의 526
비정부기구(NGO) 35, 301
비지배적 상호주의 101, 129
비차별의 제도화 444, 448, 466, 473
비판 이론 230
빈민화된 거주지 172, 173
빈부 격차 573, 574, 589, 590
빈부격차·차별시정위원회 503

ㅅ

사법심사제도 538
사상의 자유 177, 214, 238, 526
4월 혁명 528, 543, 580
사유재산권 290, 329-332

사이프러스 546, 552
4차 산업혁명 18
사형제 107, 108
사회 통합형 359, 364
사회경제적 균열 5, 20, 51, 173, 201, 537, 544, 560, 572-575, 588-590
사회계약론 127, 213, 214
사회 공동체 33
사회당 231, 408, 413
사회문화적 균열 51, 173, 201, 257, 560, 572-575, 583, 588-590
사회적 소외 246
사회적 연대 22, 83-89, 97, 277, 311, 323, 344, 433, 523, 532-537, 552, 575, 585, 591
사회적 인정 77-80, 246, 259, 276, 292, 299, 399, 412-415, 430-433
사회적 합의 41, 434, 483
사회적 화합 38, 58
사회정의 39, 52, 67, 270, 334, 340, 391, 461, 500, 523, 534, 585
사회주의 국가 114
사회협약체제 556
사회화 68-72, 284, 445, 570
산마리노 선언 177
산업혁명 401, 529
3.1 운동 580
상대적 권리 333
상대주의 97-111, 126-134, 138, 157, 162

상상(력) 137, 142, 151, 156, 166, 306, 341, 471
상속된 책임성 497, 498
상원의원 425, 426
상호문화적 대화 48, 173-185, 191-193, 269, 271
상호 보호를 위한 결사 288
상호거부권 540, 557, 578
상호문화적 대화 보고서 175
상호문화주의 175, 185-194, 198, 268, 269
상호의존 563
상호 존중 56, 89-92, 129, 174, 241, 248, 280, 311-314, 452
샤를리 에브도(사건) 49, 205-211, 224-227, 243-247
샤리아법 210
서구 중심주의 79, 257, 258
서술적 상대주의 103, 109, 111, 125-130
서술적 의미 40, 44, 432, 433
서울대학교 사회발전연구소 592
서울의 봄 528
석유 위기 453, 464, 482
성경 429
성공회 398, 404, 419, 425, 451, 459, 482
성문법 452
성적 소수자 29, 30
성 평등 31, 272
세계문화유산 및 자연유산 보호협약 122

세계인권선언 20, 48, 105-115, 121, 125, 138, 212, 227, 262, 326, 344
세계저작권협약 122
세계주의적 제국주의자 254
세계화 17, 18, 54, 561
세금 25, 46, 288, 324, 329, 355, 455, 459, 476, 534, 575
세속근본주의 246, 416, 466
세속주의 108, 209, 221, 224, 227, 239, 244, 398, 399, 402-417, 426, 431, 462-465
세인트폴 233
셍겐조약 368
소극적 의미의 자유 90
소극적 자유 449, 461
소니 565
소련 114, 387
소멸 264-267
소수민족 19, 20, 26-29, 75, 117-119, 344, 459, 467, 544
소수 언어 28, 119, 183, 459
소수 종교 398-401, 406, 431
소수 인종 27, 68, 75, 118, 258, 321, 344, 400, 403, 428, 460, 471, 474, 490, 494, 544
소수자 연합 34
속인주의 372, 439
속지주의 353, 403, 438, 439, 464
수정헌법 232, 233, 361, 424, 474, 476, 492-495
수직적 위계질서 570

수직적 책임성 555
수치심 137, 146
슈퍼 다양성 186
수평적 책임성 526
순교자 207, 423
술탄 296
스리랑카 398, 488
스미스법 231, 232
스스로 선택한 인종분리 187
스와스티카 233, 234
스웨덴 198, 364-369, 401, 439
스위스 108, 198, 538, 549, 552
스코키 233
스코틀랜드 118, 458, 459, 544, 547
스타시 보고서 415
스톡홀름 군축회의 388
스톡홀름 합의 388
스트라스부르 175, 184
스페인 20, 181, 359, 363, 401
슬럼 172, 184, 453
시리아 내전 172
시민권 위원회 490
시민 단체 32, 43, 44, 467, 476, 486
시민사회 43, 120, 286, 300, 415, 487, 525, 556, 563, 592
시민의 자치 214
시민적 민족 576, 579-583, 588
시민적, 정치적 권리에 관한 국제 규약(ICCPR) 115-117, 121, 212, 218, 262
시크교 416, 457
식민 지배 553

식민지 52, 79, 113, 171, 359, 400, 453
신고립주의 7, 17-20
신교도 400
신성모독 106, 208, 211, 224-229, 243, 246, 419-425
신식민주의 253
신자유주의(적) 122, 185, 263, 307, 320, 527, 558
신자유주의적 지구화 563
실용주의(적) 195, 399, 406, 426, 456, 558
실정법 57, 94, 128, 236, 405, 426
심의 88, 91, 448
십자가 196, 233, 234, 416

ㅇ
아나키즘 287, 294
아나톨리안 알레비스 364
아늑한 소비자 558
아랍인 221, 467
아래로부터의 역량 강화 392
아메리칸 모자이크 473
아미쉬 261
아우슈비츠 106, 422
아이보리코스트 27
아이히만 95, 96
아프로임 대 러스크 357, 360
아프리카연합기구 협약 374
『악마의 시』 227, 229, 417-420, 428
알자스로렌 27
알제리 27, 400, 467
앙리 4세의 낭트칙령 401

앙시앙 레짐 402
애국법 472, 473
애국주의 462
애버리지니 27, 113, 118, 170
양당제 538
양도에 대한 논의 288
양심의 자유 177
양심적 병역 거부 302
양심적 소수자 29, 30
어업권 117
『에밀』 279
엘리트 543, 555-558
여성가족부 505
여성 이주자 31
역차별 26, 28-29, 36, 60, 119, 199, 292, 475, 486-487, 494, 548
연대감 38, 40, 67, 73, 83, 87, 299, 307, 313, 334, 345, 532-533, 575, 577
연대의 위기 51, 56, 81, 277, 523, 528, 532, 534-535, 537, 540, 552, 554-556, 558-559, 572-573, 575-576, 579, 584, 588, 591
연동형 비례대표제 541-542
연립정부 538, 543
연민 48, 136-137, 141-142, 145-147, 151-155, 158, 163-169
연방계약 준수 위원회 491
연방제 28, 119, 538, 540, 576
열린 공정성 161
열린 사회 225, 506
영국 국교회 404

영국 및 식민지의 시민 360
영국 국적법 360
영국 귀화법 359
영국이슬람행동위원회 419, 421
영국적 특징 455, 460
영주권 81, 505, 531, 534
예루살렘 96
예멘인 386
예방적 접근 509
예이츠 판결 232
오르트페법(이민 통제, 동화, 망명에 관한 법) 465
오미나약 117
온건한 다수제 민주주의 556
완전주의 이론 297
완전한 민주주의 526, 554
왕위계승법 404, 425-426
외국인정책기본계획 506
외국인정책위원회 506
외국인 혐오 178-179, 366
외국인처우기본법 506
우연(성) 66, 96, 104, 127, 130, 138, 243, 325, 341, 483, 500-501, 566-567, 586
우파 201-202, 527, 530
원심성 합의제 민주주의 556
원자적 관점 77
원정 출산 350, 356
원주민 27, 29, 96, 110-111, 116-120, 124-125, 170, 198, 241-242, 248, 258, 263, 437, 444, 447, 471, 476, 495

찾아보기 **649**

원초적 감정 151
웨일스 458-459, 544, 547
위계질서 6, 21, 24
위로부터의 보호 392
위임민주주의 526
월란스 포스텐 206-210, 239-240
유고 내전 172, 378-379, 385
유고연방 398
유네스코(UNESCO) 99, 121-122, 392
유네스코 문화 다양성 협약(유네스코 협약) 109, 125
유네스코 세계 문화 다양성 선언 120, 263
유대교 154, 430, 459
유대인 95-96, 225, 233-234, 417, 428-429, 466, 499
유럽안보협력회의(CSCE) 116
유럽연합 인종지침 480
유럽연합 집행위원회 181, 269
유럽연합(EU) 17, 20, 83, 107, 180, 345, 367-368, 379, 382-385, 479-480, 539, 549, 552, 562
유럽인권재판소 108, 175, 178, 196
유럽인권협약 213
유럽평의회 175-178, 180-181, 183, 193, 269, 373
유엔 피해자 구제권리 기본 원리와 가이드라인 353
유엔헌장 122
유엔개발계획(UNDP) 388-389, 392
유엔난민기구(UNHCR) 316, 377-378, 382, 385
유엔사무총장 392
유엔안보리 393
유엔안보협력회의 코펜하겐 문서 116
유엔인권위원회 112-113, 117
6월 항쟁 580
유일한 게임 525
유일한 존재 500
유럽사회헌장 178
68혁명 464
윤리적 보편주의 338-339
윤리적 특수주의 339
의무론적 추론 51, 550
의무투표제 82, 531
의미와 상징 5, 20-21, 522
의석수 541-543
의원내각제 540, 550, 576
이기심 158, 168
이누이트 170
이데올로기 53, 179, 193, 230, 237, 341-342, 397, 412, 552, 567, 570
이명박 정부 558
이민 송출형 359, 362-363
이민, 통합, 국가 정체성 및 개발연대부 465
이민과 통합에 관한 법률 465
이민법 435, 452-453, 465, 471, 473, 477
이성 48, 128, 133-137, 139-142, 144, 146-147, 154-155, 158-162, 164, 166, 168, 227, 244,

257, 281-282, 284, 286, 397, 535, 568, 583
이스라엘 95-96, 121, 356, 361, 367
이슬람 공포증 225
이슬람 국가 105, 114, 208
이슬람 근본주의 411, 414-415
이슬람 혐오 178
이슬람협력기구(OIC) 209
이주 노동자 7, 22, 27, 31-32, 42, 178, 185, 273-275, 286, 299, 304, 320, 342, 345, 368, 431, 465, 480, 486, 503, 509, 514, 518, 532-534, 543, 559
이주민 공동체 31
이주자 25, 31-35, 43, 46, 88, 91, 183, 194-195, 274-277, 285, 292, 303, 310, 314, 325, 342, 346, 359, 448, 452, 505, 509-511, 519, 521-522, 582, 585
이중국적 28, 119, 351-352, 354, 357, 372, 459, 476
이질성과 인정의 교환 가설 47
이질성과 재분배 교환 가설 46
인간개발보고서 388
인간안보 50, 350-351, 387-392, 394
'인간안보: 접근과 도전' 392
인간안보에 관한 사무총장 보고서 392
인권 제국주의 128
인도적 개입과 국가주권에 관한 국제위원회 390
인도주의적 개입 390, 392

인디언 담당 사무국 489
인류학자 30, 103
인종 집단 37, 63, 403, 414, 580
인종과 종교 혐오 금지에 관한 법228, 458
인종관계법 228, 430, 456-460
인종의 도가니 473
인종적 소수자 30
인종차별(적) 57, 73, 178, 217, 221, 225-226, 428-429, 458, 464, 466-467, 490
인종차별주의(자) 179, 190, 216, 275, 413
인종평등위원회 425, 456
일반의지 63, 306
일방적인 송환금지 376
일할 수 있는 다수 542, 548
임시보호 정책 377-378, 385
잉글랜드인 27

ㅈ

자기결정권 139
자민족 중심주의 78, 253-254, 569
자발적 자기 귀속성 241
자아실현 25, 256
자연법(적) 127-128, 132, 134-135, 288
자유 시장 214, 289, 563
자유무역 563
자유무역협정(FTA) 123
자유방임주의적 선의의 묵인 50, 433, 449, 469, 483

찾아보기 **651**

자유선진당 541
자유주의 사회적 문화 75
자유주의적 국제주의자 563
자유주의적 심의다문화주의 50,
　　433, 448-449, 451, 483
자유주의적 절차규칙 90, 242
자코뱅 402
자힐라 418
장기적인 결과 551
제3국 345, 378, 380, 383-384
재외 동포 346, 357, 370-371, 534
저성장 20, 568
적극적 차별 시정 정책 433, 460, 474
　　-475, 481, 489, 496-497, 499
적극적 평등 실현 정책 488-490,
　　492-498, 500-502, 524
전근대적 문화인종 공동체 571
전략적 이익 379, 382, 384-386
전미유색인지위향상협회(NAACP) 68
전복적 전유 237
절대적 권리 212, 333
절차주의(적) 128, 312
정교분리 108, 398-399, 405, 407,
　　413, 430-431, 451, 476-477
정교분리법 404
정부간주의 563
정서적 유대(감) 354, 366-367
정언명령 139
정의당 541
정의의 원칙 76, 288, 322, 326, 336-
　　337, 339, 344, 414
정책 능력 34

정책 지지의 차원 77
정체성의 정치 5, 17-20, 26, 189, 258
정치의 사법화 305
정치적 대표(권) 22, 258, 261, 453,
　　585, 587
정치적 올바름 42, 171, 190, 486
정치적 정당성 22, 53, 215, 283, 320,
　　347, 437, 523, 560, 569
정치적 주권 571
정치제도(적) 8, 18, 31, 59, 576
정치철학 20, 56, 87, 212, 215-216,
　　249, 309, 422, 560
정치학자 31, 148, 400, 529
제1차 세계대전 231
제2차 세계대전 23, 99-100, 110,
　　114, 231, 262, 348
제3의 길 49, 175, 181
제칠일 안식일 459
제국 경영형 359
제국주의 24, 30, 52, 79, 128-129,
　　133, 171, 254, 286, 309, 412,
　　423, 561, 572
제네바 난민협약 373, 376, 378, 380
제네바 협약 350, 375, 377, 379-384
제도적 개혁주의자 563
제도적 인종차별 458
젠더 176, 187, 250-251, 253-256,
　　259, 261, 266, 270, 356
『조선일보』 511, 516
조스팽 정부 467
조작된 다수 548
조합주의(적) 427, 536, 538, 556

존엄성 102-105, 120, 124, 126, 139-140, 176, 217, 220, 236, 263, 298, 382, 437, 535
존재론적 차원 76-77, 79
종교적 다양성 51
종교전쟁 397, 463, 549
좌파 201, 209, 417, 527, 530, 533, 559
주관주의적 142, 144-145, 148, 167
주권국가 393
주민발의안 187 472
주민투표법 43
줄루족 78
중국인 배제법 471
중동부 유럽 356
중세 134, 244, 397, 417, 424, 463, 535, 549, 580
중소기업청 508
중앙선거관리위원회 542
중앙아메리카 375
중앙은행 538
중앙정부 28-29, 119, 195, 429, 447, 476
중첩적 합의 94, 239
지구적 분업 18, 45
지구적 전환론자 563
지방분권화 546-547, 553
지방정부 178, 429-430, 447, 459, 476
지배적 지위 21
지배적인 문화 24, 68, 101, 111-112, 176
지속 가능성 21, 354

지속 가능한 민주주의 8, 51, 355, 523, 560, 579, 584
지속적인 효과 551
지중해 561
지지와 요구의 원칙 195
직접 민주주의(적) 197, 556, 571
진화 심리학 153
질서 있는 사회 281
질투 137, 146, 165
집단 대표(권) 26-28, 75-76, 118-119, 445, 447
집단 자치(권) 26-29, 76, 118-119, 467
집합행동 215

ㅊ

차별 금지에 관한 법 467
차별 금지와 평등 증진을 위한 고위 기구(HALDE) 467
차별금지법 238, 272
차별 시정 정책 433, 436, 460, 474-475, 481, 489, 496-497, 499, 505
차별적 배제 438
참여정부 506
책임감 139, 224, 291
초과 의석 542
초국가적 관점 365-366
초국가적 네트워크 562
초국가주의적 18
초기 상태 338
초민족 아메리카 471

초윤리적 상대주의 103-104, 109, 126-128, 130-131
초중등교육법시행령 505
총체적 관점 77, 496
최소주의 국가 563
출생지주의 360-361, 370, 372, 438, 440
7.7 테러 590
침묵의 대륙 398
침식 효과 가설 46

ㅋ

카다피 정권 393
카르텔 272, 342
카리브해 172, 452-453, 458, 544
카타헤나 선언 375
카탈루냐 20
캄보디아 27, 371, 377
캐나다 76, 117, 170, 192-193, 197, 199, 273, 363, 370, 390-391, 444, 549
캘리포니아(주) 472, 492, 494
캘리포니아대학 492-494
케이팝 569
케임브리지대학 418
코란 207, 419
코메디아 181
코즈모폴리턴 정치체제 564
콘스탄티노플 295-296
쿠아치 형제 210
퀘벡 170, 193
퀘이커 459

큐클럭스클랜(KKK) 68

ㅌ

타이완 356
탈근대 정치 530
탈물질 33
탈사유화 417
탈식민 258
탈정치화 287, 449, 469-470, 472, 477
탈지구화 17-20, 44-45, 564
탈퇴와 결사의 자유 241, 267, 285
〈터미널〉 315
터번 207, 210, 416, 457
터키 108, 183, 356, 362-364
터키인 362-363
테러리즘 182, 190
토지권 29, 119
『톰 아저씨의 오두막』 142
통치 가능성 543, 547
통합과 차별 금지 지원기금(FASILD) 466
통합진보당 541
투표권 43, 352, 361, 367, 474, 519, 534, 539
트루먼 정부 474

ㅍ

파나마 375
파레크 보고서 454-455
파리 174, 184, 209-210, 315, 407, 409, 464, 513

파리 공항 315
파벌 39, 86
파스쿠아법 464
파시즘 53
파크그로브 학교 457
파키스탄 183, 400, 418, 458, 544
패권(적) 53, 230, 260, 392, 572, 574-575, 587, 588
페레즈 대 브로넬 361
펭귄(출판사) 417
편견에 기반한 범죄 조례 233
평등대우법 479
평등주의자 547
평등한 상호성 91, 241, 267
평행한 공존 7, 173-175, 180, 186
폴란드 18, 360
프랑스 무슬림 그룹 411
프랑스 전국 무슬림 연합 407, 411
프랑스 최고행정재판소 408
프랑스혁명 244, 286, 319, 327, 343, 402-403, 406
프랑스혁명 인권선언 402
프로테스탄트 398, 401
플라톤 279
플레벤법 428, 466
플레시 대 퍼거슨 474
피데스당 368
피부색 217, 235, 361, 373, 456, 477, 490-491, 494, 496, 501

ㅎ
하워드대학 491

『한겨레』 511, 517, 541
한국(인)의 정체성 45, 570, 580, 588
한국보건사회연구원 573
『한국일보』 511, 515
한국전쟁 530, 580
한국종합사회조사(KGSS) 520-521
한나라당 557
한류 569
한민족 570-571
『한밤의 아이들』 418
합리적 반성 567-568, 580, 583, 587-588
행자부 505
헌법소원 305
헌법 애국주의 284, 322-323, 340, 585-586
헌법재판소 180, 538
헌정국가 282
헌정의 주요 요소 281-282
헌정주의(적) 180, 270, 525
헝가리 18, 367-369, 377, 401, 592
헤게모니 530
헤드스카프 논쟁 50, 398-399, 404, 406-407, 412-413, 415-417, 427, 429-430, 462, 465
헤이그 회의 351
헬싱키 프로세스 388
헬싱키 협정 387-388
현대사회 5, 20-21, 26, 39, 168, 222, 250, 389, 415, 436, 451, 522, 560, 589
혈연(적) 184, 350, 356, 367-368,

400, 529, 570-571, 573, 576, 580-582, 588
혈연주의 439
혈통주의 438-439
혐오감 137, 165, 220
협의제 민주주의 540, 543, 556-557, 578
형성의 정치 313
호주 27, 82, 113, 118, 170, 263, 444, 531, 549
혼종 189, 199, 436, 569
홀로코스트 179, 245
확장된 자유: 모두를 위한 발전과 안보, 인권 391
회의주의(자) 143, 144
후기 세속 사회 128
희생양 43, 90, 472
히스패닉 6
히잡 196, 481
힌두교도 398

ABC

BBC 224
Contact Korea 508
HuNet Korea 510
Independent 428
Le Monde 408, 411, 413, 416
Le Nouvel Observateur 408, 411
Observer 420
SBS 592

인명

ㄱ

가스파르, 프랑수아즈 415
거트만, 에이미 55-56, 61, 67, 68-69
그리스월드, 찰스 159

ㄴ

나세리, 메르한 카리미 315
노직, 로버트 278, 287-289, 328-330
노턴, 데이비드 144, 162-163
누스바움, 마사 136-137, 141, 144-147, 151-153, 163-167, 219

ㄷ

대처, 마거릿 406, 430, 455
드보스, 딕 498
드보스, 베시 498
드워킨, 로널드 215-217
디즈레일리, 벤저민 406

ㄹ

라스무센, 라르스 뢰케 208
라즈, 조셉 55-56, 71-74, 79, 264, 445
레이파트, 아렌트 82, 531, 538, 545, 548, 551-552
레픈, 라르스 207
로망, 조엘 415
로즈, 플레밍 206
로카르, 미셸 408
로칸, 스테인 397-401, 529

로터파트, 헤르시 112
로티, 리처드 135-137, 140-144, 148
롤즈, 존 239, 241, 265, 278, 280-285, 321-322, 325-326, 338, 450
루소, 장 자크 163, 279, 402
루슈디, 살만 50, 62, 78, 106-107, 211, 227, 229, 398-399, 406, 417-425, 427-429, 433, 454-455
루스벨트, 시어도어 351, 474, 450
르클레르, 다니엘 유수프 407
르펜, 장마리 413

ㅁ
마셜 대법관 493
마셜, T. H. 97, 279
마키아벨리, 니콜로 335
매킨타이어, 알래스데어 94, 135
메르켈, 앙겔라 174
모두드, 타리크 187-188, 226
모리타 아키오 565
무함마드 206, 209-210, 224, 229, 243, 417, 454
미어, 나사르 187
미테랑, 프랑수아 404, 428
밀, 존 스튜어트 214
밀러, 데이비드 338-341, 444

ㅂ
바버, 벤저민 494, 537
바우벡, 라이너 279

박정희 553
박찬욱 556
반 고흐, 테오 206
반기문 392
발렌티니, 로라 138
배리, 브라이언 26, 37, 40, 55-56, 61-64, 69, 85, 106-107, 212, 422-423, 580
배키, 앨런 492-494
밴팅, 키스 118, 443, 447
버크, 에드먼드 246, 426
버틀러, 리처드 429
버틀러, 주디스 236-238
베스테르고르, 쿠르트 207, 210
벤, 토니 425
벤구리온, 다비드 96
벤담, 제러미 94, 135
벤하비브, 세일라 91, 240-241, 267
블락, 월터 332
빅스, 스티븐 265

ㅅ
사르코지, 니콜라 174, 468
사센, 사스키아 266
샌델, 마이클 278, 296-298, 335-336, 537
샤르보니에, 스테판 210-211
선학태 556
설동훈 371, 444
설한 26
센, 아마르티아 158-159, 161
셰니에르, 에르네스트 407

찾아보기 657

솅크, 찰스 231
슈벤망, 장피에르 411
스미스, 애덤 135-137, 141, 154-165, 168
스크루턴, 로저 406
스키너, 퀜틴 295-296, 298, 335
시라크, 자크 174, 414

ㅇ

아난, 코피 391
아렌트, 한나 95, 349
아리스토텔레스 295-297, 335
아퀴나스, 토마스 134
앤더슨, 테리 474
어바인 경 426
엑스델, 존 332
오경석 35
오코노 대법관 495-496
오킨, 수전 몰러 249-253, 258-265, 267
올랑드, 프랑수아 209
왈저, 마이클 336-338
욥케, 크리스티안 175, 194-198, 443-444, 473, 479, 481
임혁백 556

ㅈ

전인권 301
젤렌, 크리스티앙 413
조스팽, 리오넬 408, 467

ㅊ

찰스 1세 405

ㅋ

카사노바, 호세 416-417
카스, 레온 220
칸트, 임마누엘 139, 144, 288
캐머런, 데이비드 174
캔틀, 테드 173, 175, 185-188
케네디, 존 F. 490
케이텝, 조지 55-56, 61, 64-67, 69
케이헌, 댄 220
크라우치, 콜린 398
크랜스턴, 모리스 94
클린턴, 빌 472
키케로, 마르쿠스 툴리우스 295
키트셸트, 허버트 201
킴리카, 윌 55-56, 74-76, 79, 85, 118, 198-200, 259, 261, 268, 279, 443-445, 447

ㅌ

테일러, 찰스 55-56, 76-79, 81, 192-193
토마시, 존 270
토머스, 루스벨트 497
톨스토이, 레프 78
트럼프, 도널드 17-18
트루먼, 해리 S. 474, 490
틸리, 존 138

ㅍ

파레크, 비쿠 38, 55, 58-60, 102,
    106-107, 212, 265, 422, 454-
    455
패튼, 존 421-422
팽글, 토머스 298
퍼트남, 로버트 537
포만-바질라이, 포나 160
푸레, 카롤린 224
프레이저, 낸시 26, 162
필롱, 프랑수아 416

ㅎ

하버마스, 위르겐 40, 91, 128, 278,
    283-285, 322, 340, 585
하우스너, 기드온 96
하이에크, 프리드리히 278, 289-
    291, 329
한센, 랜달 226
해링턴, 제임스 296
해치, 엘빈 138
행크스, 톰 315
허드, 더글러스 455
헤겔, 게오르크 빌헬름 프리드리히
    295
헤르조그, 돈 148-149
헨리 8세 404
호네트, 악셀 26
호니그, 보니 264
호메이니, 아야톨라 루홀라 419-
    420, 423, 428
호스퍼스, 존 333

홀, 스튜어트 55-57, 60
홈즈, 올리버 웬들 214
홉스, 토머스 295-296, 348
후쿠야마, 프랜시스 537
흄, 데이비드 135-137, 143-144,
    147-152, 154-156, 161-165
히틀러, 아돌프 19, 113